Spatial Econometrics
Modern Models and Methods

空间计量经济学
现代模型与方法

王周伟 崔百胜 张元庆 编著

北京大学出版社
PEKING UNIVERSITY PRESS

图书在版编目 (CIP) 数据

空间计量经济学：现代模型与方法 / 王周伟，崔百胜，张元庆编著. —北京：北京大学出版社，2017. 3

ISBN 978-7-301-28067-6

Ⅰ. ①空… Ⅱ. ①王… ②崔… ③张… Ⅲ. ①区位经济学 – 计量经济学 – 研究 Ⅳ. ① F224.0

中国版本图书馆 CIP 数据核字 (2017) 第 024491 号

书　　名	空间计量经济学：现代模型与方法 Kongjian Jiliang Jingjixue: Xiandai Moxing yu Fangfa
著作责任者	王周伟　崔百胜　张元庆　编著
责任编辑	旷书文
标准书号	ISBN 978-7-301-28067-6
出版发行	北京大学出版社
地　　址	北京市海淀区成府路 205 号　100871
网　　址	http://www.pup.cn　　新浪微博：@ 北京大学出版社
电子信箱	zpup@pup.cn
电　　话	邮购部 62752015　发行部 62750672　编辑部 62757857
印 刷 者	三河市北燕印装有限公司
经 销 者	新华书店
	787 毫米 ×1092 毫米　16 开本　20.25 印张　460 千字
	2017 年 3 月第 1 版　2021 年 12 月第 4 次印刷
定　　价	59.00 元

前　言

空间计量经济学是以计量经济学、空间统计学和地理信息系统等学科为基础，以探索建立空间经济理论模型为主要任务，利用经济理论、数学模型、空间统计和专业软件等工具对空间经济现象进行研究的一门新兴交叉学科。空间计量经济学已经成为计量经济学的重要分支。近年来，空间计量经济学在应用经济领域的运用呈现出爆炸的增长态势，成为西方经济计量理论中的一个亮点。

最近几年，国内对于空间计量经济学的研究与应用也取得了较大进步，相关成果日益丰富，但国内研究多集中在空间计量经济学理论模型的应用与普及上。系统介绍空间计量经济学理论与应用，包括空间计量经济学的基本理论、模型设定、参数估计与模型检验，并对空间计量经济学的最新进展进行评述的著作尚不多见。

在此背景下，上海师范大学空间计量研究团队于 2012 年开始筹划、组织、编写《空间计量经济学：现代模型与方法》一书。团队成员经过 3 年多时间的艰辛努力，多次补充修改撰写大纲、查阅大量国内、国外文献，初稿完成后几经修改，最终得以定稿出版。

本书涵盖了空间计量经济学的主要模型与方法，并系统地介绍了每类模型的理论基础、设定原理、检验与估计方法。《空间计量经济学：现代模型与方法》分为 5 个部分 16 章。

其中，第 1 章为空间计量经济模型构建的空间经济理论部分。第 1 章是空间经济效应及其统计分析，包括空间相关性、空间权重矩阵、空间异质性、空间收敛性、空间集聚性、空间扩散效应、空间辐射力与范围分析、空间区域网络。

第 2 章至第 5 章为空间计量经济学的基础部分及比较基本的单方程模型与估计方法部分。第 2 章是空间过滤动态合成数据模型，包括空间过滤动态合成数据模型的建立、空间滤波方法，以及空间过滤动态合成数据模型的估计与检验。第 3 章是截面空间计量经济模型，包括基本的截面空间计量经济模型、空间杜宾模型、空间杜宾误差模型、截面空间误差分量模型、一般空间模型、条件自回归模型、广义空间自回归(GSAC)模型、广义嵌套式空间模型(GNS)、动态截面空间计量模型、动态截面空间SUR 模型。第 4 章是空间计量经济模型的选择与模拟分析，包括空间计量模型选择概述、基于统计检验的空间计量经济模型选择方法，基于信息准则的空间经济计量经济模型选择方法、基于模型后验概率的贝叶斯选择方法、基于 MCMC 的空间计量经济模型选择方法。第 5 章是空间计量经济模型的估计方法，包括极大似然估计法、拟极大似然估计法、两阶段最小二乘法与工具变量法、广义矩估计法、贝叶斯估计法、非参数估计方法、有限样本情况下空间计量经济模型的检验与估计。

第 6 章至第 9 章为特殊的单方程空间计量经济模型部分。第 6 章是空间离散选择模型,包括空间 Probit 模型、空间 Tobit 模型、序数空间概率模型、结构化效应的空间概率单位模型、贝叶斯估计的空间概率模型。第 7 章是空间分位数回归模型,包括分位数回归概述、空间自回归模型的分位数回归估计、空间分位数回归模型估计的 Stata 软件实现。第 8 章是贝叶斯空间计量经济模型,包括贝叶斯估计概述、线性单方程计量经济学模型的贝叶斯估计、贝叶斯 FAR 模型、贝叶斯 SAR 模型、贝叶斯空间计量经济模型的 MCMC 估计。第 9 章是变系数空间计量经济模型,包括变系数空间计量经济模型概述、地理加权回归模型的估计与检验、混合地理加权回归模型的估计与检验、地理加权空间计量模型的估计与检验、面板数据的地理加权空间回归模型。

第 10 章至第 13 章为多方程的空间计量经济模型部分。第 10 章是空间面板模型,包括空间面板模型概述、空间面板混合模型、空间面板变截距模型、空间面板变截距参数模型、动态空间面板数据模型、空间面板似不相关模型、空间面板误差分量模型。第 11 章是空间联立方程模型,包括空间联立方程模型概述、空间联立方程模型的假设、空间联立方程模型检验、空间联立方程模型的估计。第 12 章是空间向量自回归模型,包括空间向量自回归模型概述、设定、估计。第 13 章是空间误差修正模型,包括空间误差修正模型的概述、设定、检验与估计。

第 14 章至第 16 章为利用特殊的空间权重矩阵的空间计量经济模型与方法部分。第 14 章是时空相关经济模型,包括时空调整的空间计量经济模型概述、空间可加经济模型的估计与检验。第 15 章是空间计量经济交互模型,包括空间计量经济交互模型概述与估计。第 16 章是矩阵指数空间计量经济模型,包括矩阵指数空间计量经济模型概述、MESS 空间自回归模型的设定与似然估计、MESS 空间自回归模型的贝叶斯估计方法、MESS 空间自回归模型的扩展及其贝叶斯估计、MESS 空间误差模型的设定与似然估计、MESS 空间杜宾模型的设定与似然估计、MESS 空间计量模型的最新研究进展。

本书编写过程中,参阅了大量的国内外文献、教材与专著,特别是詹姆斯·勒沙杰、凯利·佩斯主编的《空间计量经济学导论》,保罗·埃尔霍斯特编著的《空间计量经济学——从横截面数据到空间面板》,沈体雁、冯等田、孙铁山编著的《空间计量经济学》,林光平、龙志和编著的《空间计量经济学:理论与实证》等等。在此我们一并表示最诚挚的谢意。

本书提供每章的教学课件、研究数据和软件实现主要过程及上机练习的数据资料,具体下载地址为上海师范大学金融工程研究中心网页(http://fb.shnu.edu.cn/Default.aspx?tabid=13755)。读者可以根据自己的兴趣与需要,使用软件进行操作练习,以熟练掌握空间计量经济模型与分析方法。

经过空间计量系列研讨,本书由王周伟、崔百胜、张元庆三位老师与所指导的研究生们共同合作完成的。由王周伟拟定全书撰写大纲,确定内容框架体系;团队成员分头撰写初稿,相互交叉修改,王周伟、崔百胜、张元庆三位老师与伏开宝博士共同终审,最终定稿。对本书写作分工如下:

1. 胡金群、唐虞、梁士勇、王周伟，第 1 章，空间经济效应及其统计分析

2. 李超、王周伟，第 2 章，空间过滤动态合成数据模型

3. 柳闫、王衡、杨欢、欧阳立轩、付妙玉、王周伟，第 3 章，截面空间计量经济模型

4. 张岚、王周伟，第 4 章，空间计量经济模型的选择与模拟分析

5. 陶志鹏、王周伟、伏开宝，第 5 章，空间计量经济模型的估计方法

6. 林丽、赵正丽、孟祥荣、赵星、郭得庆、侯志坚、李昌盛、崔百胜，第 6 章，空间离散选择模型

7. 胡宇晓、崔百胜，第 7 章，空间分位数回归模型

8. 梁士勇、张元庆、伏开宝，第 8 章，贝叶斯空间计量经济模型

9. 赵宗源、张元庆，第 9 章，变系数空间计量经济模型

10. 吴平、高蓓蓓、杨晓勤、朱麟、徐丽雯、崔百胜，第 10 章，空间面板模型

11. 谢沐、崔百胜，第 11 章，空间联立方程模型

12. 王建金、崔百胜，第 12 章，空间向量自回归模型

13. 杜永康、张元庆，第 13 章，空间误差修正模型

14. 宋韫赟、张元庆，第 14 章，时空相关经济模型

15. 刘晓罡、张元庆，第 15 章，空间计量经济交互模型

16. 周水松、崔百胜、伏开宝，第 16 章，矩阵指数空间计量经济模型

当然，由于自身水平有限，而空间计量经济学又处在蓬勃发展的态势中，编写过程中难免存在不足、遗漏与错误，恳请同行专家和读者对本书提出宝贵意见和建议，以使我们今后能够不断对之加以完善。

编者

2015 年 11 月

目　录

第1章 空间经济效应及其统计分析

1.1 空间相关性

空间相关性，也称空间依赖性，是指不同区域的事物和现象之间在空间上的互相依赖、互相制约、互相影响和互相作用，是事物和现象本身所固有的空间经济属性，是地理空间现象和空间过程的本质属性。空间依赖可以定义为观测值及区位之间的依赖性。当相邻区域特征变量的高值或低值在空间上呈现集聚倾向时为正的空间自相关，反之，当相邻区域特征变量取值与本区域变量取值高低相反时则为负的空间自相关。

1.1.1 区域经济溢出视角的空间相关性理论分析

区域经济具有明显的开放性，因为区域经济系统之间存在着广泛的商品贸易技术扩散和要素流动等各种经济联系，所以区域之间广泛存在着溢出反馈关联效应。同时，区域之间的空间溢出效应对相邻区域的经济增长也存在着显著的贡献，不完全竞争和规模报酬递增的条件下，金融外部性有着清晰的福利效应，这种福利效应引起正向或负向的空间溢出效应，正向并外溢效应大的地区会形成良性的"因果循环积累效应"，不仅能有效地促进本地区的经济发展，还能依靠这种正向外部性造成的空间溢出促进周边地区的经济发展；而具有正向性、外部性不明显的地区，则只能促进本地区的经济发展，并不能带动其他地区的经济发展，形成较弱的，区域经济差异明显的区域经济关联；而具有负外部性、溢出效应大的地区会通过空间溢出效应造成周边地区也承担这种非正向的经济外部性，从而造成区域经济之间的恶性循环机制，形成边缘区域。因此，区域经济溢出效应构成了空间相关性的原因。下面将从市场潜能、外部经济、增长极理论、扩散理论、涓滴理论、金融相关六个方面分析区域经济溢出影响：

1. 市场潜能

市场潜能指以空间距离为权重，把具有空间相关性的周边地区国内生产总值加权汇总，来衡量一个地区生产产品和服务的潜在需求规模。这个指标说明了本地区的经济发展同时受本地区到其他地区市场潜能的影响，即当本地区市场潜能高时，相应的其他周边地区市场潜能也会高，这实际上就表现为区域经济的外部性和关联性①。

2. 外部经济

其含义是一些人的经济活动会给另一些人带来收益或损失，而那些获得收益的人

---

① 赵伟光，敬莉. 区域经济关联与经济增长的空间溢出效应[J]. 财经科学，2015，3(10)：131—140.

无需付费,而蒙受损失的人也无法得到补偿。目前外部经济不再局限于“点”状,而是向区域化方向发展,正是由于外部经济区域化的存在,使得城市与城市之间、城市与郊区之间、郊区城镇之间的经济联系日趋密切,造成区域经济溢出,使得区域经济之间存在空间相关性。

3. 增长极理论

该理论强调区域经济发展的不平衡性,主张尽量把有限的稀缺资源集中投入到发展潜力大、规模经济和投资效益明显的少数地区或行业,使主导部门或有创新能力的企业或行业在一些地区或大城市聚集,形成一种资本与技术高度集中、具有规模经济效益的增长迅速并能对邻近地区产生强大辐射作用的“增长极”,通过具有“增长极”的地区的优先增长,带动相邻地区的共同发展,形成区域经济溢出效应①。

4. 扩散理论

扩散理论的出发点主要是特定区域与其他区域的互动关系。从影响因素上看,扩散理论着重探讨特定区域的发展方向,探讨如何在自然资源、资金、技术、交通通讯、人力资源开发等方面受到其他区域的扩散、辐射,或者如何在这些方面依赖于其他区域的,即空间区域经济溢出效应的影响机制。该理论认为随着经济扩张中心地的基础设施的改善等情况的发生,资本、人才等会流向中心地周围地区,进而刺激本地区的发展,逐步赶上中心地②。

5. 涓滴理论

涓滴效应,也称做“涓滴理论”(又译作利益均占论、渗漏理论、滴漏理论),指在经济发展过程中并不给予贫困阶层、弱势群体或贫困地区特别的优待,而是由优先发展起来的群体或地区通过消费、就业等方面惠及贫困阶层或地区,带动其发展和富裕。统计显示,2011 年北京市人均 GDP 已超 1.2 万美元,城市化率在 2008 年已超 80%,这意味着北京应该已进入从“极化效应”向“涓滴效应”过渡的阶段,区域经济溢出效应明显。

6. 金融相关

信息不对称理论是指在市场经济活动中,各类人员对有关信息的了解是有差异的;掌握信息比较充分的人员,往往处于比较有利的地位,而信息贫乏的人员,则处于比较不利的地位。信息腹地对金融集聚的影响主要体现非标准信息对金融机构布局的约束,即信息区位优势是金融集聚的基本条件。由于区域间存在经济溢出效应,由信息不对称理论及信息腹地理论可知,离信息中心区域(经济发达地区)越近的区域,得到的信息质量越高,越有利于区域发展③④。

---

① 刘芬,邓宏兵,李雪平. 增长极理论、产业集群理论与我国区域经济发展[J]. 华中师范大学学报:自然科学版,2007,41(1):130—133.

② 张敦福. 扩散理论与中国区域发展研究[J]. 山东师大学报:人文社会科学版,2001,46(5):100—102.

③ 李勇,梁琳. 信息腹地、溢出效应与金融集聚研究综述[J]. 金融经济:理论版,2013(12):76—78.

④ 王宇伟,范从来. 南京建设区域金融中心的信息腹地战略[J]. 南京社会科学,2011(1):143—148.

1.1.2 空间相关性的图形分析

1. 分位数分布图

分位数分布图也称分位数空间分布图，就是将与空间相对应的某一指标值，如某省的人均GDP，按要求的几分位数等分，并在地图上标出对应的区域，以颜色由浅及深表示数值的由小及大[①]。该图可以由 Open Geoda 软件里的 Quantile Map 功能显示。图1.1我国各区域经济包容性增长水平四分位图中，由白色到褐色，随着颜色的加深区域经济包容性增长水平也在增大，即白色地区的区域经济包容性增长水平最低，褐色最大，而且可以看到该地区及其相邻地区的区域经济包容性增长水平状况，有助于直观理解该指标的空间相关性。

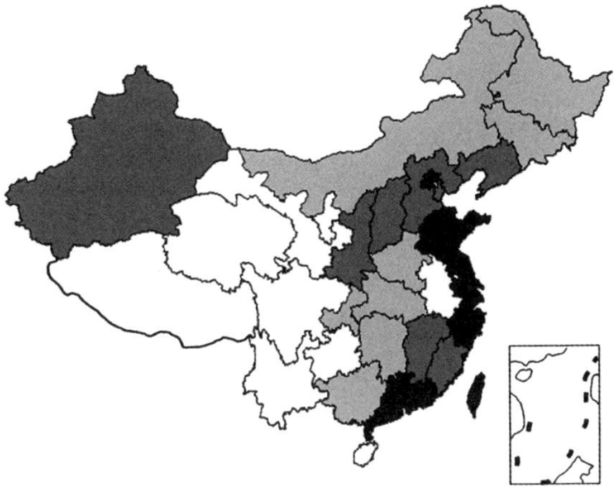

图1.1 各区域经济包容性增长水平四分位图

2. 热力图

热力图(Heat Map)，又叫等值线地图(choropleth map)，是超越了传统地图意义的一种新型地图，在现代GIS(地理空间数据可视化)中使用很广泛。其是传统地图与现代数据结合的产物，最大的特点是它的数据范围有边界，而这个边界，是由传统地图或者说人为划定的。

以中国各地安全指数热力图为例，在图1.2上可以很清楚地看到各省及其相邻地区的安全指数，方便直观地理解某个指标是否存在空间相关性。

3. Moran 散点图

Moran 散点图可以进行局部空间自相关分析，对空间滞后因子 $\boldsymbol{W}_z$ 和 z 数据进行可视化的二维图示。Moran 散点图用散点图的形式描述变量 z 与空间滞后(即该观测值周围邻居的加权平均)向量 $\boldsymbol{W}_z$ 间的相互关系。该图的横轴对应变量 z，纵轴对应空间滞后向量 $\boldsymbol{W}_z$，它被分为四个象限，分别识别一个地区及其邻近地区的关系。

Moran 散点图的四个象限分别对应于空间单元与其邻近单元之间四种类型的局部

① 庞敏. 中国经济包容性增长水平的测度及区域差异分析[D]. 湖南大学，2013.

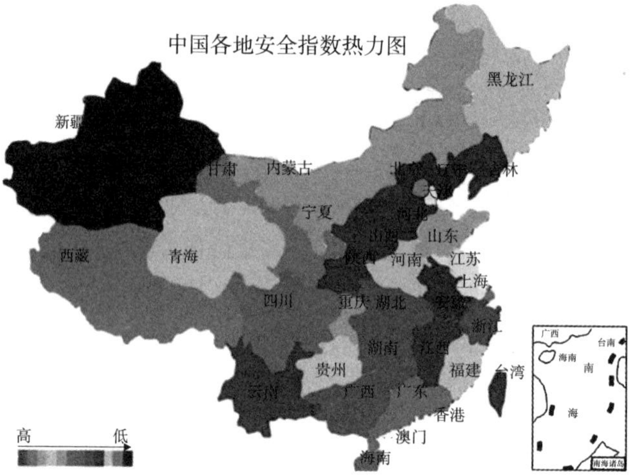

图 1.2　中国各地安全指数热力图

空间联系形式:第一象限(HH)代表了高观测值的空间单元,其相邻区域仍是高值的空间联系形式;第二象限(LH)代表了低观测值的空间单元,其相邻区域是高值的空间联系形式;第三象限(LL)代表了低观测值的空间单元,其相邻区域仍是低值的空间联系形式;第四象限(HL)代表了高观测值的空间单元,其相邻区域是低值的空间联系形式。

以图 1.3 为例,多数点位于第一和第三象限内,即 HH 集聚和 LL 集聚,表现为正相关,说明观测点高值与高值关系紧密,低值与低值关系紧密。

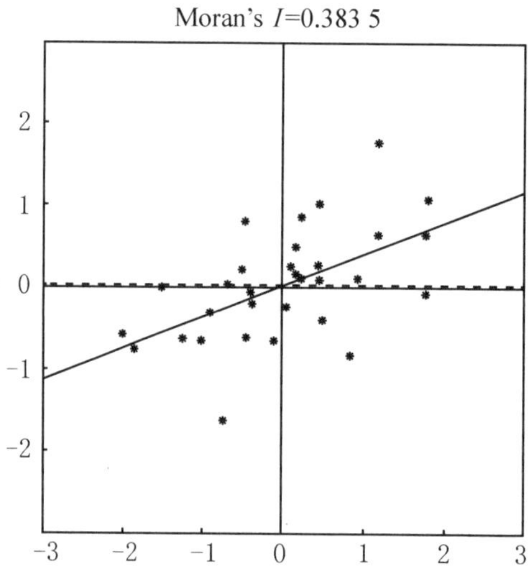

图 1.3　Moran 散点图

与局部 Moran 指数相比,虽然 Moran 散点图不能获得局部空间集聚的显著性指标,但其是形象的二维图像非常易于理解,其重要的优势还在于能够进一步具体区分空间单元和其邻近单元属于高值和高值、低值和低值、高值和低值、低值和高值之中的哪种空间联系形式。并且,对应于 Moran 散点图的不同象限,可识别出空间分布中存在着哪几种不同的实体。

4. Moran 显著性水平图

将 Moran 散点图与空间联系的局部指标(LISA)显著性水平相结合,可以得到所谓的“Moran 显著性水平图”,图中会显示出显著的 LISA 区域,并分别标识出对应于 Moran 散点图中不同象限的相应区域。

区域 i 的局部 Moran 指数可以写为:$I_i = z_i \sum_{j \neq i} w_{ij} z_j$,式中,z_i 和 z_j 是区域 i 和 j 上观测值的标准化,w_{ij} 是空间权重,其中 $\sum_j w_{ij} = 1$。

若 I_i 大于 0 且 z_i 大于 0,则区域 i 位于 HH 象限;若 I_i 大于 0 而 z_i 小于 0,则区域 i 位于 LL 象限;若 I_i 小于 0 而 z_i 大于 0,则区域 i 位于 HL 象限;若 I_i 小于 0 而 z_i 小于 0,则区域 i 位于 LH 象限。以上四个象限的含义与 Moran 散点图相同,I_i 的显著性可以采用 Bonferroni 标准加以判断。当总的显著性水平设定为 α 时,每一个区域的显著性要根据 α/n 的原则进行判断。在给定显著性水平 α 时,若 I_i 显著大于 0,说明区域 i 与周边地区之间的空间差异显著小;若 I_i 显著小于 0,说明区域 i 与周边地区之间的空间差异显著大。

5. 分位数分布图的 ArcMap 制作

地图显示在 ArcMap 中丰富多彩,单一符号地图、唯一值地图、颜色分级地图、符号分级地图、多变量地图,甚至图标地图、栅格地图、TIN 地表地图,多种多样的地图显示表明了 ArcMap 作为地理信息系统平台在地图制作中的优势和特点。

虽然每种地图显示方式不同,但是使用方法都大同小异,在此为了与 GeoDa 作对比,仅提供“分级显示”的软件操作方法。

分级显示是在实际操作中经常遇到的分类方法,用颜色、符号和比例的方式表达分级可以更加清晰地表达数据分级,在实际操作特别是专题应用中经常遇到。在分级显示中,有“分级色彩”“分级符号”和“比例符号”。本部分只介绍“分级色彩”,其它类同。

在对数据进行分类时,可以根据需求使用 ArcMap 提供的任何一种标准分类方案,也可以创建自定义分类方案。如果对数据进行主动分类,只需要选择相应的分类方案,并设定分类数目即可。如果想自定义分类,可以通过手工操作来添加类的间断点,并设置分类范围,从而创建适合用户数据的分类标准。

用分级颜色对数据进行符号化,主要是通过改变符号颜色及大小来表达数量的变化,比如可以用橙色色度的变化,表达不断变化的省会城市的人均 GDP。

具体操作方法如下:

右击目标图层,例如本例中目标图层为“BountRegionProv_clip. shp”的面状图层,在弹出来的快捷菜单中选择【属性】命令,弹出【图层属性】对话框。

单击【符号系统】标签,在“显示”选项中单击【数量】→【分级色彩】。

在【字段】的“值”下拉列表中选择“人均 GDP”,在“归一化”下拉列表框中可以不选择(表示不需要对数据进行标准化处理),在“类”下拉列表框中选择“4”,表示将 31 省份的数据值分成 4 类,如图 1.4 所示。默认分类方法是“自然间断点分级法”,点击

“分类”选项卡,弹出【分类】对话框,如图 1.5 所示。点击“方法”选项卡后的下拉箭头,如图 1.6 所示,可以看见,分类方法有“手动”“相等间隔”“定义的间隔”“分位数”“自然间断点分类法”“几何间隔”“标准差”。在这里,我们选择“分位数”分类法。“类别”选项卡中填写“4”,这样,我们对 31 省人均 GDP 所做的分类,即为四分位法。完成后,点击“确定”,得到 31 省份人均 GDP 的四分位图,如图 1.7 所示。其他分级显示的方法和效果,读者可以自己尝试。

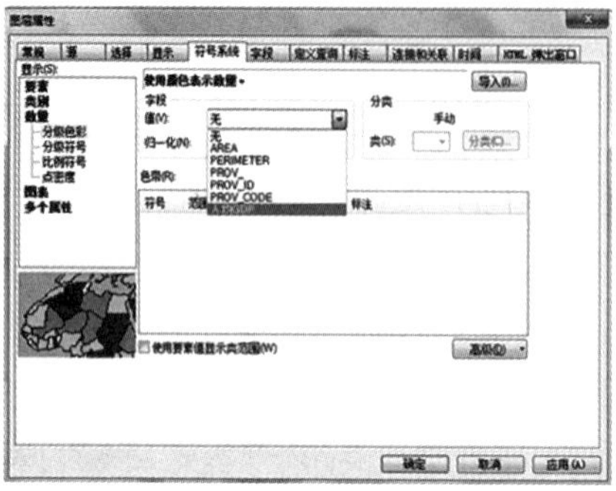

图 1.4　分级色彩设置界面

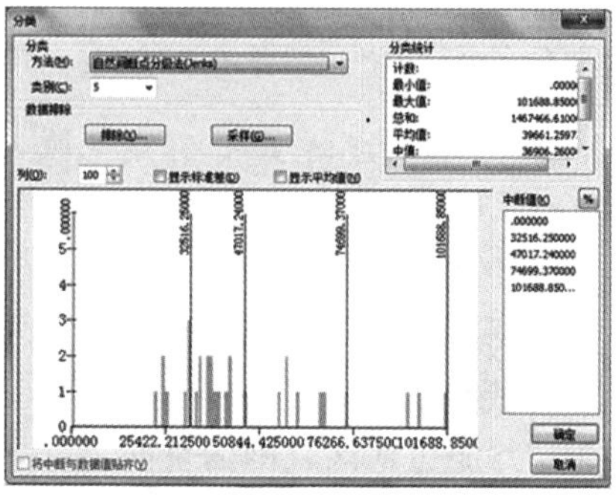

图 1.5　分类方法和类别选择

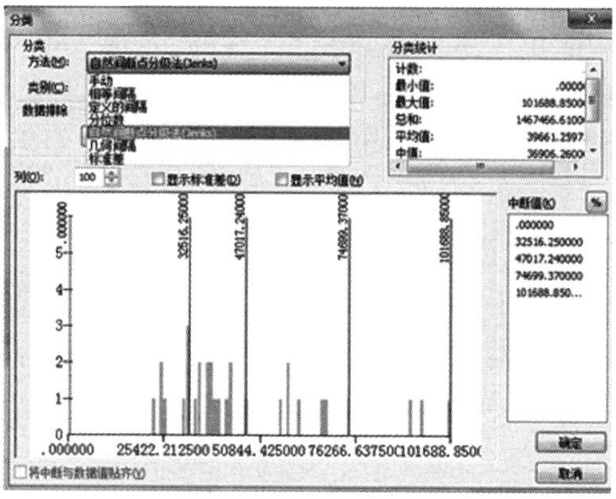

图 1.6　分类方法的选择

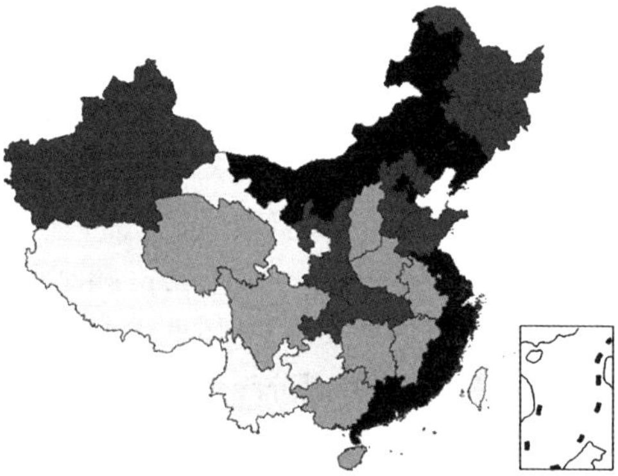

图 1.7　ArcMap 做出的 31 省份人均 GDP 的四分位图

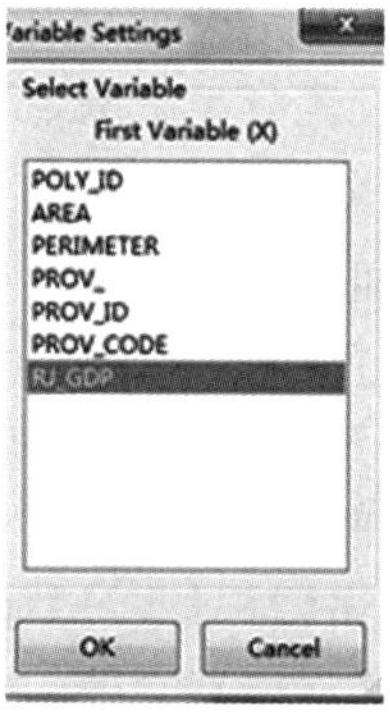

图 1.8　用 GeoDa 生成人均 GDP 的四分位图

6. 分位数分布图的 GeoDa 制作

用 GeoDa 制作 31 省份人均 GDP 的四分位图，以便与 ArcMap 中所制作的四分位图作对比。

在刚才已导入数据的前提下，点击【Map】→【Quantile Map】，在出现的列表中选择"RJ_GDP"表示做人均 GDP 的分位图，【OK】后选择所做的到底是几分位图（默认的是 4 分位图）点击【确定】，得到 GDP 的四分位图，如图 1.9 所示：

图 1.9　用 GeoDa 生成人均 GDP 的四分位图

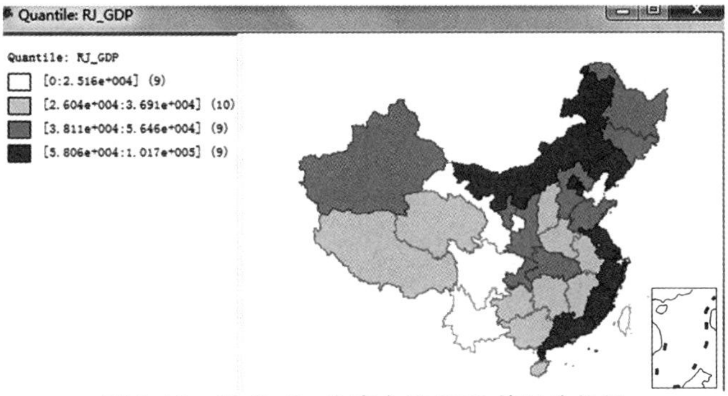

图 1.10　用 GeoDa 生成人均 GDP 的四分位图

1.1.3　空间相关性的度量

探索性空间数据分析空间相关性，主要是利用全局相关性与局部相关性。全局相关性用来分析空间经济数据在整个时空系统中表现的相关性情况；局部相关性则是分析局部区域或子系统表现出的相关性情况①。

1. 全域空间相关性的度量

(1) Moran's I 指数

Moran's I 指数是最早应用于全局聚类检验的方法（Cliff 和 Ord，1973）。它检验整个研究区域中邻近地区间是相似、相异（空间正相关、负相关），还是相互独立的。Moran's I 指数的计算公式如下：

$$I=\frac{n\sum_{i=1}^{n}\sum_{j=1}^{n}w_{ij}(x_i-\bar{x})}{\sum_{i=1}^{n}\sum_{j=1}^{n}w_{ij}(x_i-\bar{x})^2}=\frac{\sum_{i=1}^{n}\sum_{j\neq 1}^{n}w_{ij}(x_i-\bar{x})(x_j-\bar{x})}{S^2\sum_{i=1}^{n}\sum_{j=1}^{n}w_{ij}} \tag{1.1}$$

式中，n 是研究区域内地区总数，w_{ij} 是空间权重（如以区域 i 和区域 j 是否相邻设定 w_{ij}：区域 i 和区域 j 相邻时，$w_{ij}=1$；区域 i 和区域 j 不相邻时，$w_{ij}=0$）；x_i 和 x_j 分

① 本部分整理编辑自：沈体雁等．空间计量经济学[M]．北京大学出版社 2010 年版．

别是区域 i 和区域 j 的属性；$\bar{x}=\frac{1}{n}\sum_{i=1}^{n}x_i$，是属性的平均值；$S^2=\frac{1}{n}\sum_{i}(x_i-\bar{x})^2$，属性的方差。

Moran's I 指数可以看作是观测值与它的空间滞后（spatial lag）之间的相关系数。变量 x_i 的空间是 x_i 在邻域 j 的平均值，定义为：

$$x_{i,-1}=\sum_{j}w_{ij}x_{ij}\Big/\sum_{j}w_{ij} \tag{1.2}$$

因此，Moran's I 指数的取值一般在 -1 到 1 之间，大于 0 表示正相关，值接近于 1 时表明具有相似的属性集聚在一起（即高值与高值相邻，低值与低值相邻）；小于 0 表示负相关，值接近 -1 时表明相异的属性集聚在一起（即高值与低值相邻，低值与高值相邻）。如果 Moran's I 指数接近于 0，则表示属性是随机分布的，或者不存在空间自相关性。

（2）Geary 指数 C

与 Moran's I 指数相似，Geary 指数 C 也是全局聚类检验的一个指数。计算 Moran's I 指数时，用的是中值离差的叉乘，但是，Geary 指数 C 强调的是观察值之间的离差，其公式为：

$$C=\frac{(n-1)\sum_{i=1}^{n}\sum_{j=1}^{n}w_{ij}(x_i-x_j)^2}{2\sum_{i=1}^{n}\sum_{j=1}^{n}w_{ij}\sum_{i=1}^{n}(x_i-\bar{x})^2} \tag{1.3}$$

Geary 指数 C 的取值一般在 0 到 2 之间（2 不是一个严格的上界），大于 1 表示负相关，等于 1 表示不相关，小于 1 表示正相关。因此，Geary 指数 C 与 Moran's I 指数正好相反。Geary 指数 C 有时也被称为 G 系数（Getis-general G）。

2. 局部空间相关性的度量

（1）局部 Moran's I 指数

Anselin(1995)提出了一个局部 Moran 指数（local Moran index），或称 LISA（local indicator of spatial association），用来检验局部地区是否存在相似或相异的观察值集聚在一起。区域 i 的局部 Moran 指数用来度量区域 i 和它相邻区域之间的关联程度，定义为：

$$I_i=\frac{(x_i-\bar{x})}{S^2}\sum_{j\neq i}w_{ij}(x_j-\bar{x}) \tag{1.4}$$

正的 I_i 表示一个高值被高值包围，或者一个低值被低值所包围。负的 I_i 表示一个低值被高值包围，或者一个高值被低值所包围。

（2）局部 Geary 指数

Getis 和 Ord(1992)开发了一个 Geary 指数的局部聚类检验，称之为 G_i 指数，用来检验局部地区是否存在统计显著的高值或低值。G_i 指数的定义如下：

$$G_i=\sum_{j\neq i}w_{ij}x_j\Big/\sum_{j\neq 1}x_j \tag{1.5}$$

这个指数用来检验局部地区是否有高值或低值在空间上趋于集聚。高的 G_i 值表示高值的样本集中在一起，而低的 G_i 值表示低值的样本集中在一起。G_i 指数还可用于回归分析中的滤值处理，解决空间自相关问题。

3. 利用 ArcMap 求全局 Moran I 指数值

ArcMap 中关于空间自相关(Moran I) 的分析，可以根据要素位置和属性值使用 Global Moran's I 统计量测量空间自相关性。

操作步骤为，在 ArcToolbox 中点击【空间统计分析】→【空间自相关(Moran I)】，得到图 1.11，其中“输入要素类”“空间关系的概念化”“距离法”“标准化”“距离范围或距离阈值(可选)”都已介绍；

“输入字段”表示用于评估空间自相关的数值字段；

“生成报表(可选)”表示指定工具是否将创建结果的图形汇总。

▷ 选中—图形汇总将以 HTML 文件形式创建。

▷ 未选中—不会创建图形汇总。这是默认设置。

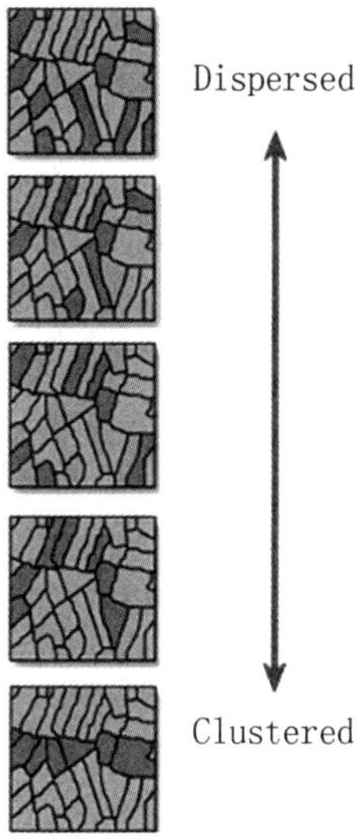

图 1.11　ArcMap 生成 Moran I 指数

“权重矩阵文件(可选)”包含权重(其定义要素间的空间关系以及可能的时态关系)的文件的路径，只有当我们在“空间关系的概念化”选择了“GET_SPATIAL_WEIGHTS_FROM_FILE”(即主动说明需要自己另外找权重矩阵)时才会用到。

图 1.12　空间自相关(Moran I)对话框

在此,我们在“输入要素类”中输入“BountRegionProv_clip”,在“输入字段”中输入“人均 GDP”(表示求人均 GDP 的 Moran *I* 指数值),如图 1.13 所示。

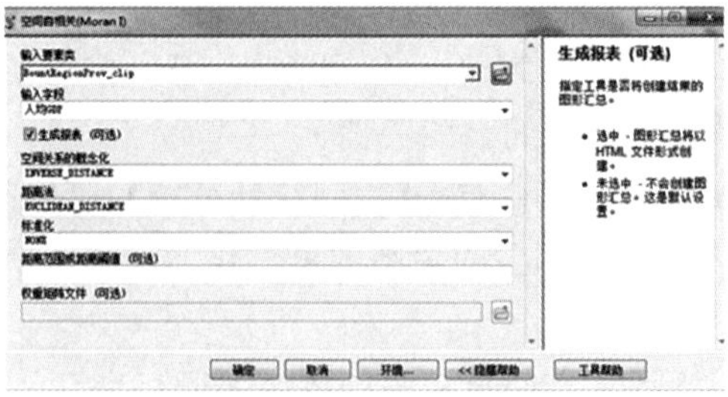

图 1.13　空间自相关(Moran *I*)对话框选填结果

确定后,得到图 1.14,由此,我们可以得出,运用 queen contiguity 方法生成矩阵,对中国 31 省市 2013 年人均 GDP 求全局 Moran *I* 指数,得到结果 Moran *I* 指数值为 0.598 904,预期指数:−0.027 778,方差:0.026 078,z 得分:3.880 673,p 值:0.000 104。

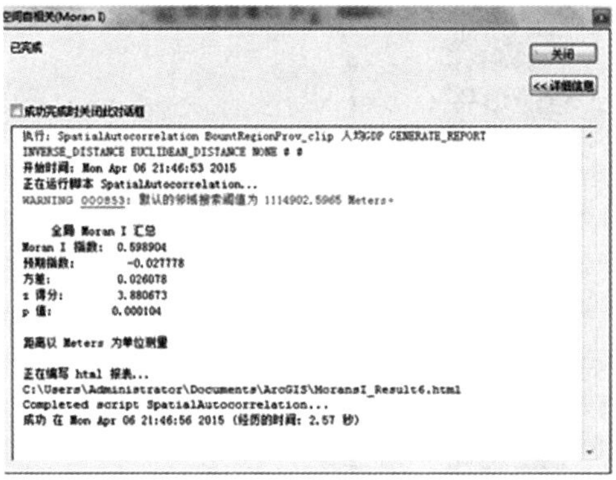

图 1.14　ArcMap 得到的空间自相关(Moran *I*)指数结果

4. ArcMap 求局域 Moran *I* 指数值

在 ArcMap 中,可以进行聚类和异常值分析(Anselin Local Moran *I*),即给定一组加权要素,使用 Anselin Local Moran's *I* 统计量来识别具有统计显著性的热点、冷点和空间异常值。如图 1.15。

图 1.15　ArcMap 中:进行聚类和异常值分析

其步骤为,在 ArcToolbox 中,【空间统计工具】→【聚类分布制图】→【聚类和异常值分析(Anselin Local Moran *I*)】,如图 1.16。

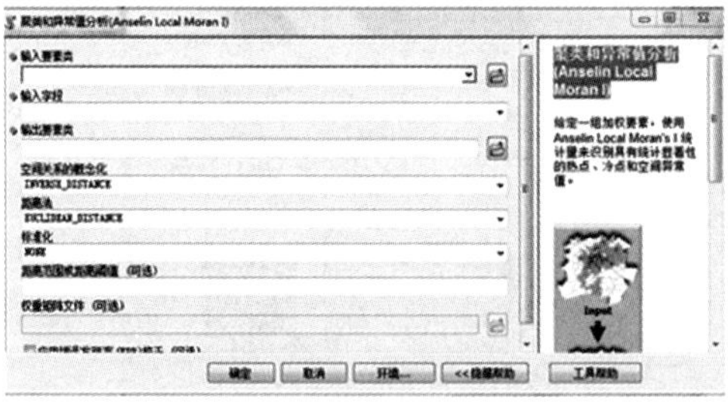

图 1.16　ArcToolbox 中运行聚类和异常值分析(Anselin Local Moran *I*)

其中,“输入要素类”表示要执行聚类/异常值分析的要素类;

“输入字段”表示要评估的数值字段;

“输出要素类”表示用于接收结果字段的输出要素类;

“应用错误发现率(FDR)校正(可选)”表示指定在评估统计显著性时是否使用FDR校正。

▷ 选中—统计显著性将以置信度为95%的错误发现率校正为基础。

▷ 未选中—p 值小于0.05的要素将显示在COType字段中,反映置信度为95%的统计显著性聚类或异常值。这是默认设置。

其余选项已介绍。

在此,本文选填项如图1.17所示,确定后,得到图1.18所示。

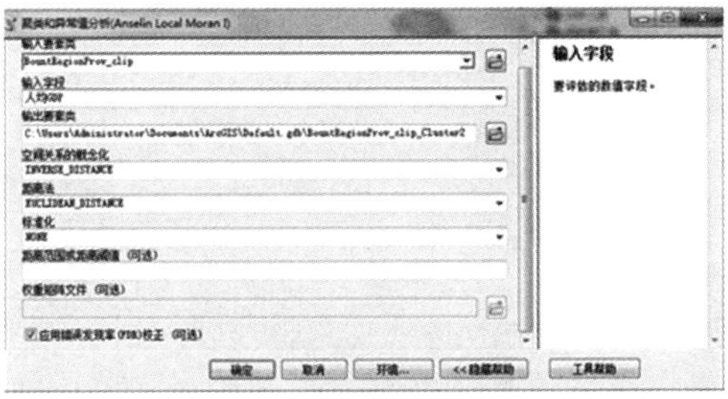

图1.17 聚类和异常值分析(Anselin Local Moran *I*)对话框选填结果

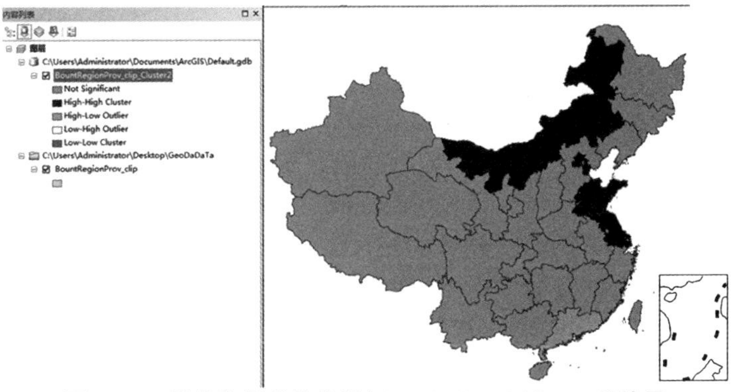

图1.18 聚类和异常值分析(Anselin Local Moran *I*)结果

由图1.18可知,在选用queen contiguity方法生成矩阵,对中国31省市2013年人均GDP求局域Moran *I* 指数时,北京、天津、江苏,以及上海处在高-高区域中,而广东省则处在高-低区域中,其余省市均不显著。

5. 空间相关系数的GeoDa软件计算

点击GeoDa软件中的Space/Univariate Moran's *I*,选择【RJ_GDP】表示对GDP求Moran's *I* 指数及其统计量,确定后得到如图1.19所示。

在Moran's *I* 散点图上右键单击,选择如图1.20所示,即可得到对应Moran's *I* 指数的 *P* 值和 *F* 值等统计量,如图1.21所示:

至此,就求得了Moran'*I* 指数。

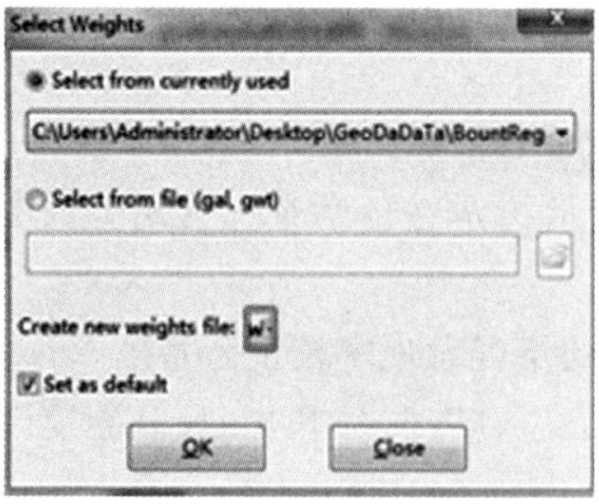

图 1.19 用 GeoDa 生成 Moran's *I* 指数

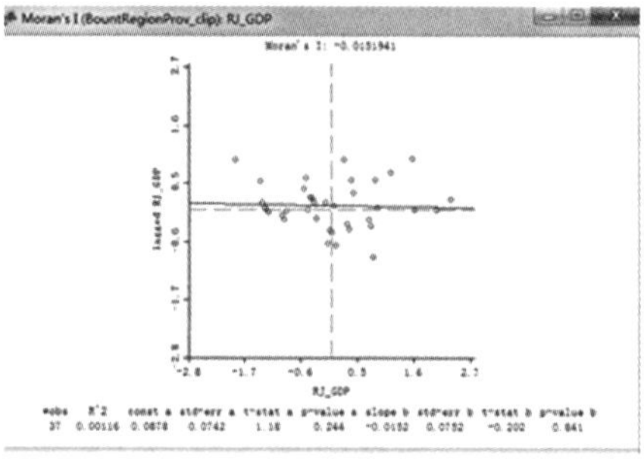

图 1.20 用 GeoDa 生成 Moran's *I* 指数

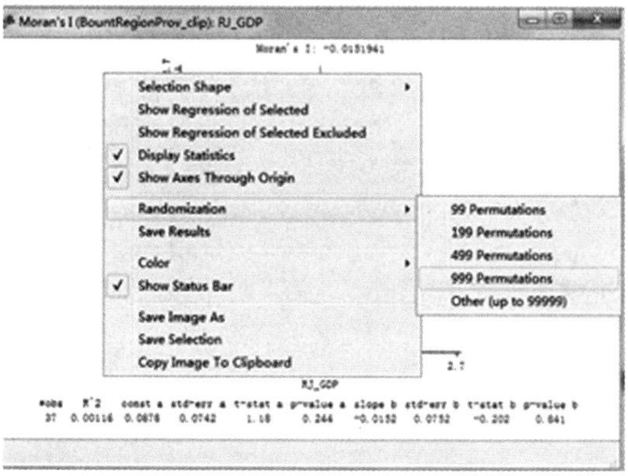

图 1.21 用 GeoDa 生成 Moran's *I* 指数

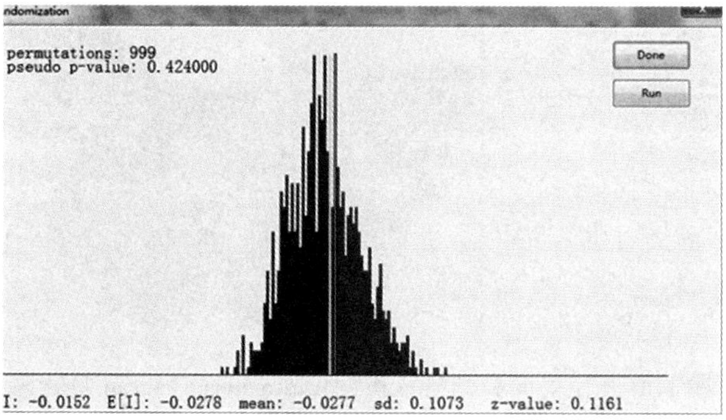

图 1.22 用 GeoDa 生成 Moran's *I* 指数指数

1.1.4 事前空间相关性检验

事前空间相关性检验的方法主要有①:

1. Moran's *I* 检验

Moran's *I* 检验是空间相关性检验的经典方法。检验的原假设是变量之间不存在任何形式的空间相关性;备择假设是变量之间至少存在某种形式的空间相关性。该

① 本部分整理编辑自:林光平,龙志和. 空间经济计量:理论与实证[M]. 科学出版社 2014 年版.

检验最早是由 Moran(1950)提出,Cliff 和 Ord(1972)在变量满足独立同分布的假定下,推导出大样本条件下 Moran's I 的统计分布。

基于简单线性回归模型 $Y=X\beta+\varepsilon$,Moran's I 的一般表达式为:

$$I=\frac{Ne'\boldsymbol{W}e}{Se'e} \tag{1.6}$$

其中,N 是观测个数;$\boldsymbol{W}$ 是空间权重矩阵;$S=\sum_{i,j}\boldsymbol{W}_{ij}$;$e$ 是回归方程 OLS 估计的残差。在实际应用中,为了便于计算及对结果进行解释,通常要对 $\boldsymbol{W}$ 进行标准化,此时 I 的表达式简化为:

$$I=\frac{e'\boldsymbol{W}e}{e'e} \tag{1.7}$$

在干扰项 ε 满足正态独立同分布假设条件下,Moran's I 近似服从 $N[E(I),V(I)]$ 分布。其中,均值 $E(I)$ 和方差 $V(I)$ 所示如下:

$$E(I)=\mathrm{tr}(\boldsymbol{MW})/(N-K)$$

$$V(I)=\{\mathrm{tr}(\boldsymbol{MWMW'})+\mathrm{tr}[(\boldsymbol{MW})^2+[\mathrm{tr}(\boldsymbol{MW})]^2\}/$$
$$[(N-K)(N-K+2)]-E(I)^2$$

其中,K 是自变量 X 的列数;$\boldsymbol{M}=I_N=X(X'X)^{-1}X'$,$I_N$ 是 N 阶单位矩阵。当 I 值显著且为正(负)时,说明观测点之间存在正向(负向)的空间相关性;当 I 值不显著时,即认为观测点之间不存在空间相关性。

在满足经典假设条件下,Moran's I 检验是局部最优不变量(local best invariant)(King,1981),仿真实验的结果表明 Moran's I 检验的功效一致优于其他检验统计量(Bartels and Hordijk,1977)。

若变量不满足经典假设条件,Moran's I 检验的功效会减弱。由于正态独立同分布分布的假定过于苛刻,为了得到更适合的 Moran's I 检验的统计量,可以通过放松该假设并对 Moran's I 检验统计量的性质进行研究。例如,Waldhor(1996)推导出存在异方差条件下的 Moran's I 检验统计量;Anselin 和 Kelejian(1997)推导出包含内生变量和空间滞后项模型的 Moran's I 检验统计量的渐近分布等。

2. 联合 LM 检验

联合 LM 检验(或得分检验)是指针对多个假设条件的联合检验。该检验只需对原假设下的简单模型进行估计,不必估计备择假设下的复杂模型,计算简便。空间相关性的联合 LM 检验包括随机扰动项服从同方差和存在异方差正态分布两种情况。

(1) 随机扰动项服从同方差正态分布(或正态独立同分布),即 $\varepsilon\sim N(0,\sigma^2 I)$。

空间相关性的联合 LM 检验的原假设为不存在任何形式的空间相关性;备择假设是至少存在某种形式的空间相关性。针对一般空间模型,Anselin(1988c)提出了联合 LM 统计量,其表达式为:

$$\mathrm{LM}=\boldsymbol{d}_R'\boldsymbol{I}_R^{-1}\boldsymbol{d}_R:\ \chi^2(q) \tag{1.8}$$

其中,$\boldsymbol{d}_R$ 是原假设下的得分向量(即对数似然函数的一阶倒数向量);$\boldsymbol{I}_R$ 是原假设下的信息矩阵(即对数似然函数二阶导数矩阵期望值的相反数);q 是原假设条件的个数,该检验统计量服从自由度为 q 的渐近 χ^2 分布。空间自相关联合 LM 检验下有两个假设条件,即自变量和随机扰动项都不存在空间自相关,对应的联合 LM 检验统计量渐近服从 $\chi^2(2)$分布。空间自相关的联合 LM 检验统计量是:

$$\mathrm{LM}=E^{-1}\{(R_Y)^2T_{22}-2R_YR_eT_{12}+(R_e)^2(D+T_{11})\} \tag{1.9}$$

其中,$R_Y=e'\boldsymbol{W}_1Y/\sigma^2$;$R_e=e'\boldsymbol{W}_2e/\sigma^2$;$T_{ij}=tr\{\boldsymbol{W}_i\boldsymbol{W}_j+\boldsymbol{W}_i'\boldsymbol{W}_j\}$,$i,j=1,2$;$D=\sigma^{-2}(\boldsymbol{W}_1X\beta)'\boldsymbol{M}(\boldsymbol{W}_1X\beta)$;$\boldsymbol{M}=\boldsymbol{I}_N-X(X'X)^{-1}X'$;$E=(D+T_{11})T_{12}-(T_{12})^2$。

(2)随机扰动项服从异方差正态分布,即 $\varepsilon\sim N(0,\boldsymbol{\Omega})$,$\boldsymbol{\Omega}$ 是对角矩阵,对角线上的元素 $\boldsymbol{\Omega}_{ii}=h_i(za)$,$z$ 包含决定异方差形式的 p 个参数 a 和一个方差项系数 σ^2。

以 SARAR 模型为例,Anselin(1988b,1988c)提出空间自相关和异方差同时出现的联合 LM 检验,该检验的原假设 H_0 是 $\theta_1=[\lambda,\rho\alpha']'=0$,即不存在空间自相关和异方差;备择假设 H_1 为 $\lambda\neq0$、$\rho\neq0$ 或 $\alpha\neq0$,即存在空间自相关或异方差,或同时存在空间自相关和异方差。标准的空间滞后误差自相关模型包含 $3+K+p$ 个参数,因为在原假设下,β 和 σ^2 都是模型 OLS 估计量,该模型的联合 LM 检验统计量满足 $LM\sim\chi^2(2+p)$,其中 p 是 Ω 中参数的个数。因此,异方差形式的联合 LM 检验统计量为:

$$\mathrm{LM}=(1/2)f'\boldsymbol{Z}(\boldsymbol{Z}'\boldsymbol{Z})^{-1}\boldsymbol{Z}'f+E^{-1}\{(R_Y)^2T_{22}-2R_YR_eT_{12}+(R_e)^2(D+T_{11})\} \tag{1.10}$$

其中,$f_i=(\sigma^{-2}e_i^2-1)$,f_i 是 f 的第 i 个元素;$\boldsymbol{Z}$ 包含变量 z 的 $N\times(p+1)$矩阵;其他变量含义同上。

3. 极大似然 LM-Lag 检验

联合 LM 检验与 Moran's I 检验都只能检验变量是否存在空间相关性,无法确定空间相关性在模型中的具体设定形式。为了确定模型中空间相关性的设定形式,需要对空间滞后模型和空间误差模型自相关(或空间误差移动平均)模型分别采用极大似然 LM-Lag 检验或极大似然 LM-Error 检验。首先介绍极大似然 LM-Lag 检验。

Anselin(1988b) 提出了检验空间滞后模型因变量是否存在自相关的极大似然 LM-Lag 检验,LM-Lag 检验的原假设是不存在因变量空间自相关($\lambda=0$);备择假设是存在因变量自相关($\lambda\neq0$)。该检验的前提条件是不存在空间误差自相关 $\rho=0$ 且 $\theta=0$ 和不存在空间异方差($\alpha=0$)。

极大似然 LM-Lag 检验统计量表达式为:

$$\text{LM-Lag}=(e'\boldsymbol{W}Y/\hat{\sigma}^2)^2/J \tag{1.11}$$

其中,$\boldsymbol{W}$ 是空间滞后模型的空间权重矩阵 $T=\mathrm{tr}(\boldsymbol{W}'\boldsymbol{W}+\boldsymbol{W}^2)$;$J=[T+(\boldsymbol{W}\hat{\beta})'\boldsymbol{M}(\boldsymbol{W}X\hat{\beta})/\hat{\sigma}^2$。

4. 极大似然 LM-Error 检验

Burridge(1980)最早提出误差项是否存在空间相关性的极大似然 LM-Error 检验。LM-Error 检验的前提条件是不存在因变量的空间自相关($\lambda=0$)和不存在误差异方差($\alpha=0$);原假设是不存在空间误差自相关,即在模型 $Y=X\beta+\mu\ \mu=\gamma\boldsymbol{W}\varepsilon+v$ 中,$\rho=0$ 且 $\theta=0$;备择假设是存在空间自相关,即 $\rho\neq0$ 或 $\theta\neq0$。该检验的表达式为:

$$\text{LM-Error}=(e'\boldsymbol{W}_2e/\sigma^2)^2/T \tag{1.12}$$

其中,LM-Error$\sim\chi^2(1)$;e 是 OLS 估计的残差;$\boldsymbol{W}$ 是空间误差自相关(或空间误差移

动平均)模型的空间权重矩阵;$\hat{\sigma}^2=e'e/N$;$T=\mathrm{tr}(\boldsymbol{W}'\boldsymbol{W}+\boldsymbol{W}^2)$。

LM-Error 可以检验误差项是否存在空间相关性,但是无法区分空间误差相关性存在形式究竟是空间误差自相关模型,还是空间误差移动平均模型。

5. 稳健 LM-Lag 检验

在数据生成过程满足模型经典假设的情况下,基于渐近分布理论的极大似然 LM-Error 检验和 LM-Lag 检验具有很强的功效。然而,当数据生成过程不满足模型经典假设条件时,如残差不满足正态分布假定或者存在异方差情况下,极大似然 LM-Error 检验和 LM-Lag 检验的功效都会减弱。为了保证经典假设条件不满足的情况下 LM 检验仍可用,Bera 和 Yoon(1993)提出误差项存在空间自相关被忽视时的稳健 LM-Lag 检验统计量。

稳健 LM-Lag 检验统计量的表达式为:

$$\text{LM-Lag}^*=(\mathrm{e}'\boldsymbol{W}_1Y/\hat{\sigma}^2-e'\boldsymbol{W}_2e/\hat{\sigma}^2)^2/(J-T) \tag{1.13}$$

其中,$\boldsymbol{W}_1$ 是因变量空间滞后项的空间权重矩阵,$\boldsymbol{W}_2$ 是误差空间滞后项的空间权重矩阵,其他变量的含义与前文相同。

6. 稳健 LM-Error 检验

与稳健 LM-Lag 检验提出的背景相同,Bera 和 Yoon(1993)又提出了因变量存在自相但被忽略时的稳健 LM-Error 检验统计量,其表达式为:

$$\text{LM-Error}^*=[\mathrm{e}'\boldsymbol{W}_2e/\hat{\sigma}^2-TJ^{-1}(e'\boldsymbol{W}_1Y/\hat{\sigma}^2)]^2/(T-T^2J^{-1}) \tag{1.14}$$

式中各变量的含义与稳健 LM-Lag 检验统计量的含义相同。当空间权重矩阵 $\boldsymbol{W}_1=\boldsymbol{W}_2=\boldsymbol{W}$ 时,Bera 和 Yoon(1993)的稳健 LM 检验和 Anselin(1988b)的联合 LM 检验存在如下关系:

联合 LM 检验=LM-Lag 检验+稳健 LM-Error 检验=LM-Error 检验+稳健 LM-Lag 检验。

此外,各种 LM 检验之间还存在以下关系:随机扰动项异方差的联合 LM 检验等于异方差的 Breusch 和 Pagan 检验与随机扰动项同方差下的联合 LM 检验之和;LM-Error 检验和 LM-Lag 检验中,分别假定不存在空间滞后和空间误差自相关;稳健 LM-Error 检验和稳健 LM-Lag 检验分别在 LM-Error 检验和 LM-Lag 检验基础上,考虑被忽略的空间相关性的修正检验。

1.1.5 事后空间相关性检验

事后空间相关性检验方法主要有[①]:

1. 条件 LM 检验

空间自相关的联合 LM 检验是针对所有空间效应(如空间自相关和异方差同时存在)进行检验;极大似然 LM-Lag 检验和 LM-Error 检验是分别针对空间滞后模型和空间误差自相关(或空间误差移动平均)模型的边际检验(即假设不存在其他空间效应的检验)。如果只对存在部分空间自相效应进行检验时,以上检验方法将不适用。为

① 本部分整理编辑自:林光平,龙志和. 空间经济计量:理论与实证[M]. 科学出版社 2014 年版.

此,Anselin(1988b,1988c)提出了存在其他形式的空间效应时,检验空间相关性的条件 LM 检验。

当存在空间异方差($\alpha \neq 0$)时,误差项自相关检验的条件 LM 检验统计量为(H_0:$\rho=0$):

$$LM_{\rho,\alpha}=[e'\hat{\boldsymbol{\Omega}}^{-1}\boldsymbol{W}e]^2/T \sim \chi^2(1) \tag{1.15}$$

其中,$\hat{\boldsymbol{\Omega}}^{-1}$是随机扰动项方差协方差矩阵的极大似然估计值;$e$ 是极大似然估计残差值,其他变量的含义与前文相同。

当存在因变量空间滞后项($\lambda \neq 0$)时,误差项自相关检验的条件 LM 检验统计量为(H_0:$\rho=0$):

$$LM_{\rho,\lambda}=(e'\boldsymbol{W}e/\hat{\sigma}^2)^2\{T_{22}-(T_{21A})^2\text{Var}(\hat{\lambda})\}^{-1} \sim \chi^2(1) \tag{1.16}$$

其中,模型中的参数估计值为空间滞后模型的极大似然估计值,e 是极大似然估计残差值,$T_{22}=\text{tr}(\boldsymbol{W}_2\boldsymbol{W}_2+\boldsymbol{W}_2'\boldsymbol{W}_2)$,$T_{21A}=\text{tr}(\boldsymbol{W}_2\boldsymbol{W}A_1^{-1}+\boldsymbol{W}_2'\boldsymbol{W}A_1^{-1})$,$A=\boldsymbol{I}_N-\lambda\boldsymbol{W}_1$,$\boldsymbol{W}_1$ 是因变量空间滞后项的空间权重矩阵,$\boldsymbol{W}_2$ 是误差空间滞后项的空间权重矩阵,其他变量的含义与前文相同。当 $\lambda=0$,该条件 LM 检验等价于 LM-Error 检验。

当存在误差自相关($\rho \neq 0$)时,因变量空间自相关检验的条件 LM 检验统计量为(H_0:$\lambda=0$):

$$LM_{\lambda,\rho}=[e'\boldsymbol{W}_1Y/\hat{\sigma}^2-T_{12}T_{22}^{-1}e'\boldsymbol{W}_2e/\hat{\sigma}^2]^2/[J-(T_{21})^2T_{22}^{-1}] \tag{1.17}$$

当 $\boldsymbol{W}_1=\boldsymbol{W}_2=\boldsymbol{W}$ 时,上式化简为:

$$LM_{\lambda,\rho}=[e'\boldsymbol{W}Y/\hat{\sigma}^2-e'\boldsymbol{W}_2e/\hat{\sigma}^2]^2/[J-T] \tag{1.18}$$

当 $\rho=0$ 时,该条件 LM 检验等价于 LM-Lag 检验。

2. LR 检验

LM 检验只需估计约束模型,更适用于增加约束条件后模型形式变得简单时的情形。LR 检验和 Wald 检验是 LM 检验的替代方法。LR 检验通过对约束模型和非约束模型的极大似然估计值进行比较来检验约束条件是否成立。Anselin(1988c)分别概括了 LR 检验、Wald 检验和 LM 检验的一般表达式。其中,LR 检验是在备择假设(LR_{ur})和原假设(LR_r)下模型似然函数值之差,下标 ur 是无约束时的结果,下标 r 是有约束时的结果,其表达式为:

$$\text{LR}=2(LR_{ur}-LR_r) \tag{1.19}$$

LR 检验统计量服从渐近的 $\chi^2(p)$是自由度,p 等于约束条件的个数。

3. wald 检验

与 LR 检验一样,由 Anselin(1988c)概括的 Wald 检验通过测量无约束估计量与约束估计量之间的距离来检验约束条件是否成立,该检验只需对无约束模型进行估计。

Wald 检验的表达式为:

$$\text{Wald}=g'[G'VG']^{-1}g \tag{1.20}$$

其中,Wald 统计量服从渐近的 $\chi^2(q)$分布,q 是自由度,等于约束条件的个数;$\boldsymbol{\theta}$ 是参数向量，$\boldsymbol{g}$ 是代入无约束条件下 $\boldsymbol{\theta}$ 估计值的 $q\times1$ 维约束条件；$G=\frac{\partial g'}{\partial \boldsymbol{\theta}}$，$V$ 是对应参数渐近方差协方差阵的估计值。$q=1$ 时，Wald 检验统计量的平方根渐近等价于 t 统计量，因此 Wald 检验通常当作渐近 t 检验（Anselin，1988c）。

从表达式可以看出，LR 检验需要同时估计约束模型和无约束模型，Wald 检验只需要估计无约束模型，LM 检验只需要估计约束模型。在大样本下，LR 检验、Wald 检验和 LM 检验渐近等价；在有限样本下，三个统计量满足如下不等式（Anselin，1988c）：

Wald 统计量≥LR 统计量≥LM 统计量

4. 记分检验

Anselin（2001a）提出了空间相关性的记分检验（Rao's score test）。该检验渐近服从卡方分布，原假设为线性回归模型，备择假设为 $SARMA(p,q)$ 模型或者空间误差分量模型。在备择假设的空间误差分量模型下，LR 检验和 Wald 检验没有标准的渐近性质，但是记分检验渐近服从自由度为 1 的卡方分布。

$$\text{RS}=[e'\boldsymbol{WW}'e/\hat{\sigma}^2-T_1]^2\Big/2\left(T_2-\frac{(T_1)^2}{N}\right) \tag{1.21}$$

其中，$T_1=\text{tr}(\boldsymbol{WW}')$，$T_2=\text{tr}(\boldsymbol{WW}'\boldsymbol{WW}')$，$\boldsymbol{W}$ 是空间误差分量模型的空间权重矩阵。在原假设下，RS 检验统计量依分布收敛于自由度为 1 的卡方分布，$RS\xrightarrow{D}\chi^2(1)$。

5. Hausman 检验

Hausman（1978），Hausman 和 Talor（1981）的文献基本解决了普通面板数据的模型的 Hausman 检验。伴随着空间效应引入面板模型的分析框架，学者们逐渐地认识到经典的面板 Hausman 检验并不适用于空间面板数据模型。为此，在各种空间面板数据模型下，对空间 Hausman 检验进行研究。

Pace 和 LeSage（2009）从模型定价的角度提出了空间 Hausman 检验的概念，但其研究并非判断个体效应，而是用来识别 OLS 估计和面板数据空间误差自相关模型，即并非真正意义上的空间 Hausman 检验。Hausman 检验的原假设为 OLS 估计和空间误差自相关模型的参数估计无显著差异，备择假设为 OLS 估计和空间误差自相关模型的参数估计存在显著差异。

Hausman 检验统计量为：

$$H=\gamma'(\hat{\boldsymbol{\Omega}}_O-\hat{\boldsymbol{\Omega}}_S)^{-1}\gamma \tag{1.22}$$

其中，$\hat{\boldsymbol{\Omega}}_O=\hat{\sigma}^2(\boldsymbol{M}-\boldsymbol{I}_N)(\boldsymbol{I}_N-\hat{\rho}\boldsymbol{W})^{-1}(\boldsymbol{I}_N-\hat{\rho}\boldsymbol{W}')(\boldsymbol{M}-\boldsymbol{I}_N)'$，$\gamma=\hat{\beta}_{\text{OLS}}-\hat{\beta}_{\text{SEAR}}$，$\hat{\sigma}^2$ 和 $\hat{\rho}$ 是空间误差自相关模型的极大似然估计值，$\hat{\boldsymbol{\Omega}}_S=\hat{\sigma}^2[(X'\boldsymbol{I}_N-\hat{\rho}\boldsymbol{W})'(\boldsymbol{I}_N-\hat{\rho}\boldsymbol{W})X]^{-1}$。

上述介绍的 Moran's I 检验、LM 检验、Wald 检验和 LR 检验是空间相关性检验的主流方法。其中，Moran's I 检验的备择假设无具体空间经济计量模型形式，LM-Error 检验的备择假设是空间误差自相关和空间误差移动平均模型，LM-Lag 检验的备择假设是空间滞后模型。Moran's I 检验只能够检验出变量之间是否存在空间自相关，LM-Error 检验和 LM-Lag 检验则进一步对变量空间自相关的存在形式进行检验。稳健 LM-Error 检验和 LM-Lag 检验是对出现模型误设时的 LM-Error 检验和 LM-Lag 检验的修正。作为事前检验,Moran's I 检验和 LM 检验只需计算模型的 OLS 估计残差;作为事后检验,Wald 检验和 LR 检验需要模型的极大似然估计值,计算相对复杂。

1.1.6 空间相关模式及其检验

空间相关模式就是事物或现象的空间分布格局与特征及其演变、相关联系与相关作用等。其主要成因在于时间上或空间上的关联。根据关联的原因不同,空间相关模式分为:

(1) 时间关联模式:空间区位相同的事物或现象在不同的时间之间的相互关联、相互作用的模式;

(2) 空间关联模式:在同一时间,不同空间区位的事物或现象之间的相互关联、相互作用的模式;

(3) 空间关联模式:在不同时间,不同空间区位的事物或现象之间的相互关联、相互作用的模式。

在空间计量经济学中,一般是利用变量的空间滞后因子,把空间相关性引入非空间的经济计量模型中,得到相应的空间经济计量模型;根据相关因素不同,可以分为因变量的空间相关性、自变量的空间相关性与模型残差项的空间相关性三种基本方式。

Galka 和 Ozaki 的非线性检验①方法是建立在如下假设基础之上的:相对线性模型而言,非线性模型可以更准确地对非线性时间序列进行建模。利用以线性自回归模型为代表的线性模型与以指数自回归模型为代表的非线性模型不同的预测能力作为时间序列非线性的测度。

具体地说,给定时间序列 x_i,$i=1,2,\cdots,N$,假定该序列具有 0 均值单位方差(可以通过简单的线性变换来实现),我们可以得到一个自回归模型(AutoRegressive Model,AR):

$$x_i = f(x_{i-1},\cdots,x_{i-p}) + \varepsilon_i \tag{1.23}$$

其中 p 是模型阶数,ε_i 是随机扰动项。如果将 $f(\cdot)$ 取为线性函数,我们可以得到一个线性自回归模型(Linear Autoregressive model,LAR):

$$x_i = \sum_{j=1}^{p} a_j x_{i-j} + \varepsilon_i = \hat{x}_i + \varepsilon_i \tag{1.24}$$

其中,$\hat{x}_i$ 是 x_i 的预测值。

指数自回归模型(Exponential Autoregressive Model,EAR)定义如下:

$$x_i = \sum_{j=1}^{p}\left[a_j + b_j \exp\left[\frac{-x_{i-1}^2}{h}\right]\right]x_{i-j} + \varepsilon_i = \hat{x}_i + \varepsilon_i \tag{1.25}$$

其中,h 可以通过下式估计出来:

---

① 张玉芹,林桂军,汪寿阳. 东盟五国汇率序列的非线性检验[J]. 系统工程理论与实践,2006,26(11):1—7.

$$h=-\frac{\max x_{i-1}^{2}}{\log c} \tag{1.26}$$

c 是事先选择的一个较小的数。这里,我们采用 Galka and Ozaki 的选择,取 $\log c=-30$。

基于上述模型(2)和(3),构造如下非线性检验统计量:

$$\delta(p)=\frac{1}{N}(AIC(LAR(p))-AIC(\exp AR(p/2))) \tag{1.27}$$

其中 AIC 是判断模型阶数的准则值,定义如下:

$$AIC = N\log\left[\frac{1}{N-p}\sum_{i=p+1}^{N}(x_i-\hat{x}_i)^2\right]+2(P+1) \tag{1.28}$$

其中 p 是模型阶数,P 是数据自适应参数,也就是出现在模型中的 a_i 和 b_j 的个数。对于 LAR 模型而言,$P=p$,而对于 q 阶 ExpAR 模型而言,$P=2p$。为了比较 LAR 模型和 ExpAR 模型的预测能力,则需要使得这两个模型具有同样的数据自适应参数,因此我们取 $p\equiv 2q$。在 p 足够大的情况下,检验统计量 δ 可以提供一种非常有效的检验时间序列非线性的定量测度。

1.2 空间权重矩阵

1.2.1 空间权重的设定

在空间回归分析中,地理空间的相互影响可用空间相关这一概念来描述。空间相关概念源于时间相关,但比后者复杂。主要是因为时间是一维函数,而空间是多维函数。因此,在度量空间自相关时,还需要解决地理空间结构的数学表达,定义空间对象的相互邻接关系。空间经济计量学引入了空间权重矩阵,这是与传统计量经济学的重要区别之一,也是进行空间计量分析的前提和基础。如何合适地选择空间权重矩阵,一直以来是空间计量分析的重点和难点问题。

定义空间权重,首先要对空间单元的位置进行量化。对位置的量化一般依据"距离"而定。距离的设定必须满足有意义、有限性和非负性。通常采用的距离有邻接距离、地理距离、经济距离、产业距离和技术距离等,其中,最常用的距离有空间距离和经济距离。

1.2.2 邻接关系

邻接关系可以用相邻距离反应,是一种最常用的空间距离①。通过空间中的相对位置定义相邻时,需要根据地图上所研究区域的相对位置,决定哪些区域是相邻的,并用"0—1"表示,即"1"表示空间单元相邻,"0"表示空间单元不相邻。对于一个具有 n 个空间单元的系统,相邻矩阵 $\boldsymbol{W}_1$ 是一个 $n\times n$ 稀疏的 0—1 矩阵,对角线元素为 0,相邻元素为 1。具体可分为:

① 本部分整理编辑自:沈体雁等. 空间计量经济学[M]. 北京大学出版社 2010 年版.

(1) 线性相邻:如区域 i 和区域 j 在左侧和右侧有相邻的边,则称区域 i 和区域 j 线性相邻,记 $\boldsymbol{W}_{ij}=1$;否则,记 $\boldsymbol{W}_{ij}=0$。

(2)"车"相邻:如区域 i 和区域 j 有共同的边,则称区域 i 和区域 j"车"相邻,记 $\boldsymbol{W}_{ij}=1$;否则,记 $\boldsymbol{W}_{ij}=0$。"车"相邻也称 r 相邻,且按照 r 相邻规则,相邻矩阵 $\boldsymbol{W}$ 具有对称性。

(3)"象"相邻:如区域 i 与区域 j 有共同的顶点但没有共同的边,则称区域 i 与区域 j 是"象"相邻,记 $\boldsymbol{W}_{ij}=1$;否则,记 $\boldsymbol{W}_{ij}=0$。

(4)"后"相邻:如区域 i 和区域 j 有共同的顶点或共同的边,则称区域 i 和区域 j 是"后"相邻,记 $\boldsymbol{W}_{ij}=1$;否则,记 $\boldsymbol{W}_{ij}=0$。"后"相邻也称 q 相邻。

对相邻关系的更多复杂的定义可能区别在相邻边的长度上。如果在条件是是否有顶点的情况下,"车"相邻判断排除了具有相邻关系的可能性,而"象"相邻和"后"相邻判断则表明有相邻关系。这说明,选择相邻关系定义的首要原则取决于建模问题的本质特点,以及其他额外的可获得 非数据信息。例如,存在一条连接区域 2 和区域 3 的主要高速公路,而且区域 2 是在区域 3 工作的人的居住区,已知这样的非数据信息,就不应采用 r 相邻方法,因为在这两个区域之间存在显著的空间相互作用。

1.2.3 地理距离

地理距离指根据空间地理位置坐标计算的两区域之间的欧氏距离,也是常用的空间距离。由于空间距离的设定一直极富争议,Pace(1997)提出了有限距离的设定,即以距离阈值设定权重(在阈值范围内定为 1,在阈值范围外定为 0)。具体设定方法:令 d_{ij} 表示两个区域(不一定相邻)之间的欧式距离,$d_{\max i}$ 为最大空间相关距离,对于区域 i,若 $d_{ij}\leqslant d_{\max i}$,则 $\boldsymbol{W}_{ij}=1$;否则,记 $\boldsymbol{W}_{ij}=0$。同样 $\boldsymbol{W}$ 的对角线元素 $\boldsymbol{W}_{ij}=0$。

Anselin(1988)提出了负指数距离,具体设定为 $w=\exp(-\beta d_{ij})$,d_{ij} 表示两个区域(不一定相邻)之间的欧式距离,β 为预先设定的参数。

1.2.4 经济距离

经济距离是以运费、时间、便利程度(或舒适程度)来表示的两地之间的距离。经济距离主要受交通运输技术进步和设施改善的影响而变化。经济距离的度量可以仿照欧式距离进行计算,即知道某项经济指标,衡量两区域之间的经济距离时,可以计算两区域经济指标的差值。经济距离的设定存在零距离问题,例如在研究收入差距时,两个区域的经济距离是 $d_{ij}=|z_i-z_j|$,其中 z_i,z_j 是两个区域的居民收入。当 $z_i=z_j$ 时,$\boldsymbol{W}_{ij}=0$。

1.2.5 产业距离

产业是具有某种同类属性的经济活动的集合或系统,产业距离表示两种产业之间的相似程度,即产业距离越大,产业之间的相似程度越小;产业距离越小,产业之间的相似程度越大。对于产业距离的设定,我们可以考虑设定地理距离的方法,找到能够代表该产业的综合指标 c,令 c_{ij} 表示两个产业之间的产业距离,$c_{ij}=|c_i-c_j|$,其中 c_i,c_j 是代表两个产业的综合指标值,$c_{\max i}$ 为最大产业相关距离,对于产业 i,若 $c_{ij}\leqslant c_{\max i}$,

则$W_{ij}=1$；否则，记$W_{ij}=0$。同样W的对角线元素$W_{ij}=0$。

1.2.6 技术距离

Jaffe在1986年提出技术距离的概念，表示两地之间技术水平之间的相似程度①。度量公式为：

$$Tec_{ij}=F_iF_j'/[F_iF_i')(F_jF_j')]^{1/2}=\sum_{k=1}^{120}f_{ik}f_{jk}\Big/\sqrt{\sum_{k=1}^{120}f_{ik}^2\sum_{k=1}^{120}f_{jk}^2} \tag{1.29}$$

其中，Tec_{ij}为两地之间的技术距离，1～120表示按照国际专利分类把专利分为120类，f_{ik}代表i地区k类专利拥有量，f_{jk}代表j地区k类专利拥有量，如果该数值趋近于1，表示两地之间的技术结构相似，技术距离相近；如果该数值趋近于0，则相反。

1.2.7 综合距离

对空间单元的位置进行量化通常可以采用邻接距离、地理距离、经济距离、产业距离和技术距离等，选择的距离形式不同，对于空间相似性的度量结果就会发生改变，例如，地理上邻近的区域北京和河北，其在经济、产业和技术方面都存在很大差异。因此，采用单个距离指标对空间单元的位置进行量化，构造空间权重矩阵，不能全面衡量空间相关性。基于此，根据研究问题的不同，我们以邻接距离、地理距离、经济距离、产业距离和技术距离等的相对重要程度为权重，进行加权平均，即可计算得到综合距离。

1.2.8 空间核函数权重矩阵

空间核函数权重矩阵是一种基于距离函数的空间权重矩阵。具体来说，这种遵循核密度函数"远小近大"原理构造的空间权重矩阵，与观测点越近，被赋予的权重越大；反之则权重越小。空间权重矩阵中的元素与距离的核函数间具有如下的关系：

$$W=K-I_N \tag{1.30}$$

其中，K是观测点间空间距离的核函数矩阵；I_N是单位对角矩阵。核函数有多种不同的形式，如指数核函数、高斯核函数、样条核函数等。构造空间权重矩阵最常见的核函数为指数核函数和高斯核函数②。

(1) 指数核函数

核函数为指数型时，空间距离的核函数矩阵中的元素定义为：

$$k_{ij}=k(x_i,x_j)=\exp(-\|x_i-x_j\|/(2\sigma^2)) \tag{1.31}$$

其中，$\|x_i-x_j\|$是观测点间i和j之间的距离，距离的度量主要有欧式距离(Euclidean distance)和弧度距离(arc distance)两种，在空间经济计量研究中大多采用弧度距离方法；σ^2是不随观测点变化的常数。

(2) 高斯核函数

高斯核函数是最常用的径向基函数(Radial Basis Function，RBF)，是空间中任一点到某一中心之间欧式距离的单调减函数。高斯核函数形式如下：

---

① 刘志迎，单洁含. 技术距离、地理距离与大学-企业协同创新效应——基于联合专利数据的研究[J]. 科学学研究，2013，31(9).

② 本部分整理编辑自：林光平，龙志和. 空间经济计量：理论与实证[M]. 科学出版社2014年版.

$$k_{ij}=k(x_i,x_j)=\exp(-\|x_i-x_j\|^2/(2\sigma^2)) \tag{1.32}$$

与空间邻接矩阵相比,空间核函数权重矩阵包含更多的信息,能够较准确地反映经济社会中的复杂空间关系,然而它也将增大模型检验和估计的计算量。

1.2.9 空间权重矩阵的构建

依据上述定义的多种"距离",可以构建不同的空间权重矩阵,空间权重矩阵是对称的,而且按照经济意义,矩阵的主对角线一般为零(沈体雁等,2010)。其中,基于邻接概念构造的空间权重矩阵包括一阶邻近矩阵和高阶邻近矩阵,本节只介绍到二阶邻近矩阵,三阶及以上邻近矩阵以此类推①。

(1) 一阶空间权重矩阵

一阶空间权重矩阵反应区域之间的第一秩序连续关系,即两个地区之间有共同边界时,空间关联才会发生。具体来说,当区域 i 和区域 j 有共同边界时,$w_{ij}=1$,否则,$w_{ij}=0$,依照此方法构造的空间权重矩阵即为一阶空间权重矩阵。

(2) 二阶空间权重矩阵

类似于梯度发展,利用"相邻之相邻关系"构造的空间权重矩阵被称为二阶空间权重矩阵。具体来说,当区域 i 和区域 j 相邻时,$w_{ij}=1$,区域 j 和区域 k 相邻时,$w_{jk}=1$,且此时,区域 i 和区域 k 之间是相邻之相邻的关系(可能相邻也可能不相邻),取 $w_{ik}=1$,依据此方法构造的空间权重矩阵即为二阶空间权重矩阵。

空间经济计量模型中"相邻之相邻"可反映空间扩散的进程,即随着时间的推移,起初对相邻区域产生的影响将会扩散到更多区域。不断传播的影响可被视为从相邻地区不断向外扩散的过程。

(3) 标准化空间权重矩阵

在分析工作中经常采用下式对空间权重矩阵进行变换:

$$\boldsymbol{W}_{ij}^{*}=\frac{\boldsymbol{W}_{ij}}{\sum_{j}\boldsymbol{W}_{ij}} \tag{1.33}$$

通过对相邻矩阵进行变换,使之行和为1,这个过程称为相邻矩阵的标准化。这样就得出了标准化后的第一秩序连续的关系矩阵。这时,$\boldsymbol{W}$ 很自然地就是所有空间单元与单元在相邻关系中的权,矩阵 $\boldsymbol{W}$ 的行和为1,但其列和不一定为1,即矩阵 $\boldsymbol{W}$ 不一定是对称矩阵。

1.2.10 空间权重矩阵的 ArcMap 软件生成

ArcMap 中的 ArcToolbox 可以构建一个空间权重矩阵(SWM)文件,以表示数据集中各要素间的空间关系。如图 1.23 所示。

生成空间权重矩阵的步奏需要先调出 ArcToolbox 工具箱。选择【空间统计工具】→【空间关系建模】→【生成空间权重矩阵】,如图 1.24。

确定后,出现"生成空间权重矩阵"对话框,如图 1.25 所示。其中:

① 本部分整理编辑自:沈体雁等.空间计量经济学[M].北京大学出版社 2010 年版.

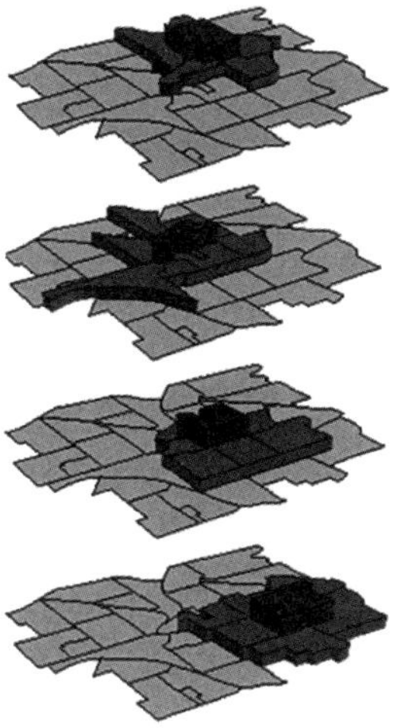

图 1.23 ArcMap 生成空间权重矩阵

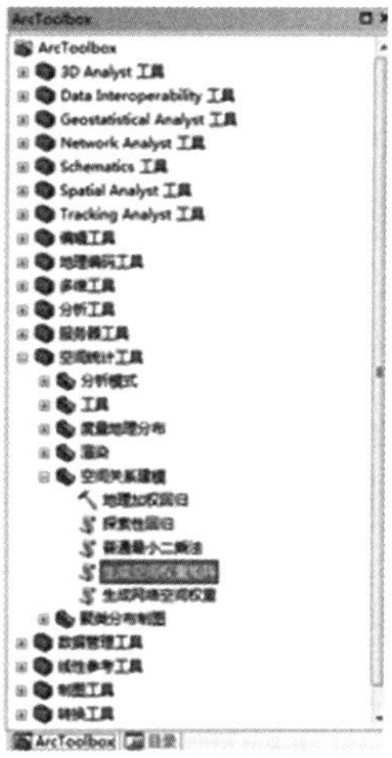

图 1.24 ArcToolbox 工具箱打开生成空间权重矩阵的功能

图 1.25 ArcMap 生成空间权重矩阵对话框

“输入要素类”表示将被评估要素空间关系的要素类；

“唯一 ID 字段”表示包含输入要素类中每个要素不同值的整型字段；

“输出空间权重矩阵文件”表示要创建的空间权重矩阵文件(SWM)的完整路径；

“空间关系的概念化”表示指定要素空间关系的概念化方式。

- INVERSE_DISTANCE——一个要素对另一个要素的影响随着距离的增加而减少。
- FIXED_DISTANCE—将每个要素指定临界距离内的所有要素都包含在分析中；将临界距离外的所有要素都排除在外。
- K_NEAREST_NEIGHBORS—将最近的 k 要素包含在分析中；k 是指定的数字参数。
- CONTIGUITY_EDGES_ONLY—共用一个边界的面要素是相邻要素。
- CONTIGUITY_EDGES_CORNERS—共用一个边界和/或一个结点的面要素是相邻要素。
- DELAUNAY_TRIANGULATION—基于要素质心创建不重叠三角形的网格；使用相同边且与三角形结点关联的要素是相邻要素。

- SPACE_TIME_WINDOW—相邻要素是指在指定的临界距离内且在彼此的指定时间间隔内出现的要素。
- CONVERT_TABLE—在表中定义空间关系。

注:只有具有 ArcMap for Desktop Advanced 级别许可才能使用"面邻接"方法。

"距离法(可选)"表示指定计算每个要素与邻近要素之间距离的方式。

- EUCLIDEAN—两点间的直线距离。
- MANHATTAN—沿垂直轴度量的两点间的距离(城市街区);计算方法是对两点的 x 和 y 坐标的差值(绝对值)求和。

"指数(可选)"表示反距离计算参数。典型值是 1 或 2。

"阈值距离(可选)"表示为空间关系的"反距离"和"固定距离"概念化指定中断距离。它是用在环境输出坐标系中指定的单位输入值,为空间关系的"空间时间窗"概念化定义"空间"窗的大小。

零值表明应未应用任何距离阈值。此参数留空时,将根据输出要素类范围和要素数量计算默认阈值。

"相邻要素的数目(可选)"用于表示相邻要素最小数目或精确数目的整数。对于 K 最近邻,每个要素的相邻要素数正好等于这个指定数目。对于反距离或固定距离,每个要素将至少具有这些数量的相邻要素(如有必要,距离阈值将临时增大以确保达到这个相邻要素数)。如果存在一些岛屿面,并且选择了一个有关邻接的空间关系的概念化,则指定的最近面的数目将与这些岛屿面关联。

"行标准化(可选)"表示当要素的分布由于采样设计或施加的聚合方案而可能出现偏离时,建议使用行标准化。

▷ 选中—按行对空间权重执行标准化。每个权重都除以它的行总和。

▷ 取消选中—不对空间权重执行标准化。

在此,本文在输入要素类"中填入"C:\Users\Administrator\Desktop\GeoDaDaTa\BountRegionProv_clip.shp",在"唯一 ID 字段"中填入"PROV_ID"(因为 PROV_ID 是表示每个省市的标识);在"输出空间权重矩阵文件"中填入"C:\Users\Administrator\Desktop\GeoDaDaTa\生成的矩阵.swm"(也即生成的矩阵保存路径);在"空间关系的概念化"中填入"CONTIGUITY_EDGES_CORNERS"(也即选择使用 queen contiguity 方法生成矩阵);并且选中"行标准化"。如图 1.26 所示。

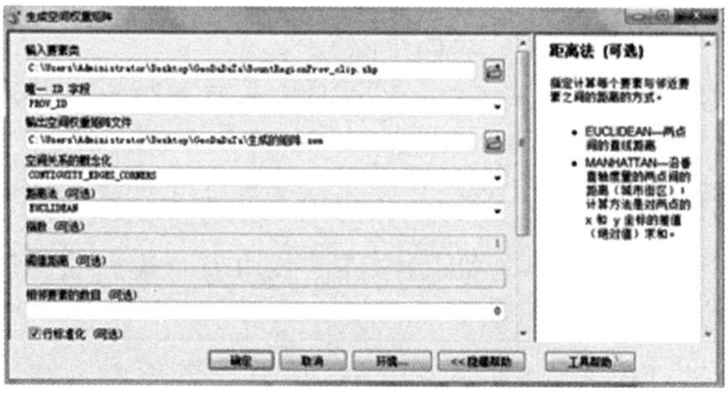

图 1.26 ArcMap 生成空间权重矩阵对话框选填内容

确定后，出现运行过程(如图 1.27)，并得到结果(结果窗口一般较小，可以扩大，以便显示全部信息，如图 1.28)。

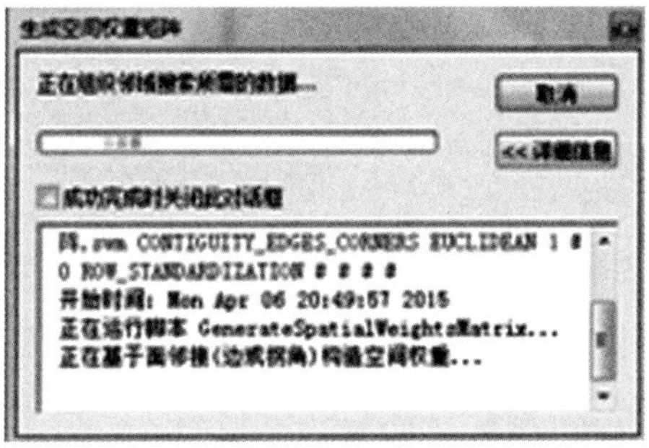

图 1.27　ArcMap 生成空间权重矩阵的运行过程

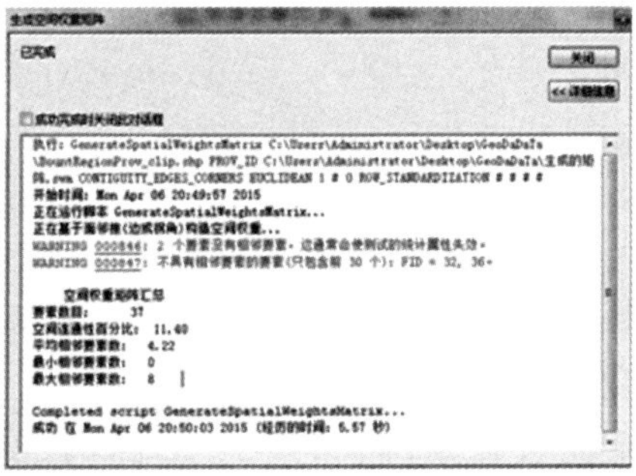

图 1.28　ArcMap 生成空间权重矩阵运行结果信息

这时，我们可以看到，刚刚设置的指定路径 C:\Users\Administrator\Desktop\GeoDaDaTa\中生成了名为“生成的矩阵”的矩阵文件，其格式为“*.swm”，我们如法直接打开该文件。要显示该矩阵的内容，我们需要用 ArcMap 将该矩阵转换成表格的形式。其方法是，【空间统计工具】→【工具】→【将空间权重矩阵转换为表】，如图 1.29 所示。

图 1.29(1)　将空间权重矩阵转换为表

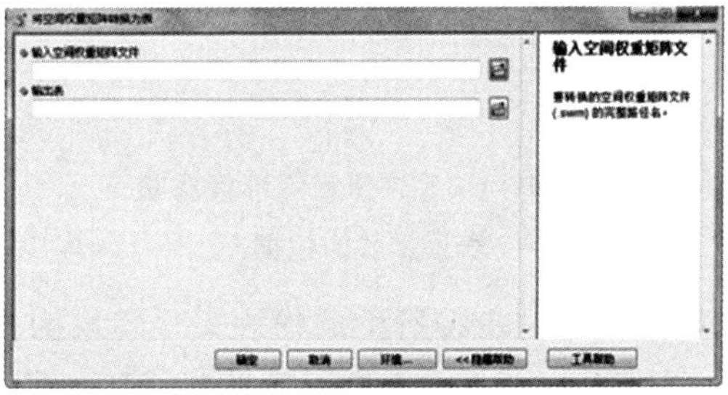

图 1.29(2)　将空间权重矩阵转换为表

图 1.29(3) 将空间权重矩阵转换为表

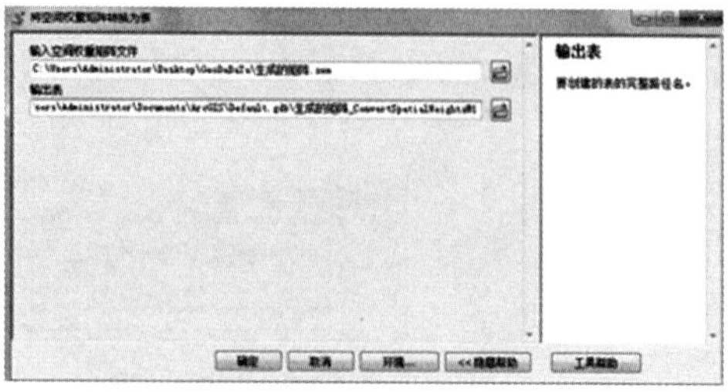

图 1.29(4) 将空间权重矩阵转换为表

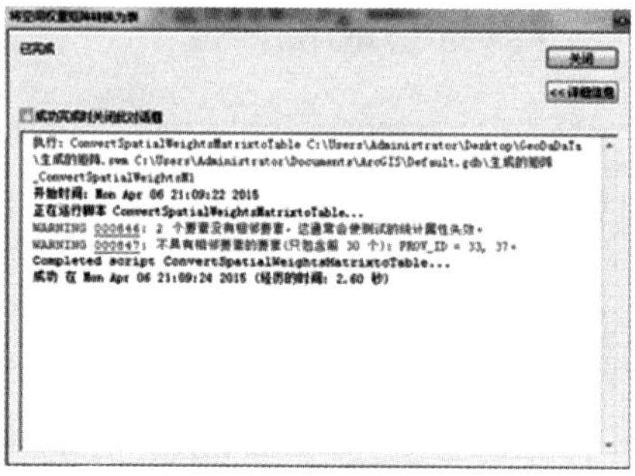

图 1.29(5)将空间权重矩阵转换为表

"将空间权重矩阵转换为表"功能是将二进制空间权重矩阵文件(*.swm)转换为表文件,以便于我们观察数据。

将 ArcMap 生成的空间权重矩阵文件(*.swm)转换为表文件后,我们得到图 1.30 所示的结果。同时,我们可以通过查看表的位置,查看生成的表文件,如图 1.31。

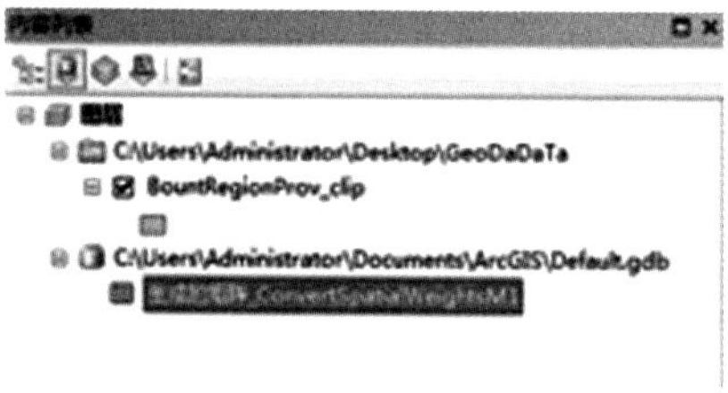

图 1.30(1) 空间权重矩阵转换成表后加载的数据

OBJECTID *	PROV_ID	NID	WEIGHT
1	20	2	.25
2	20	16	.25
3	20	26	.25
4	20	31	.25
5	31	20	.25
6	31	26	.25
7	31	28	.25
8	31	32	.25
9	26	14	.142857
10	26	16	.142857
11	26	17	.142857
12	26	20	.142857
13	26	23	.142857
14	26	28	.142857
15	26	31	.142857
16	32	28	.25
17	32	29	.25
18	32	31	.25
19	32	36	.25
20	36	1	.142857
21	36	27	.142857

图 1.30(2) 空间权重矩阵转换成表后加载的数据

如果要进一步将所生成的表文件转换为格式为"*.xlsx"的 EXCEL 表,可以通过 ArcToolbox 工具中【转换工具】→【Excel】→【Excel 转表】功能实现如图 1.32 所示。注意,表 1.32(2)中,"输入表"路径可以通过图 1.31 中路径找到。

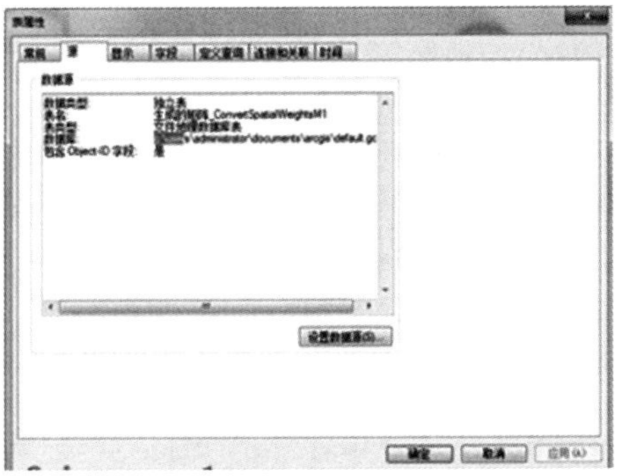

图 1.31　查看生成的表文件的“源”

图 1.32(1)　ArcToolbox 中 Excel 转表

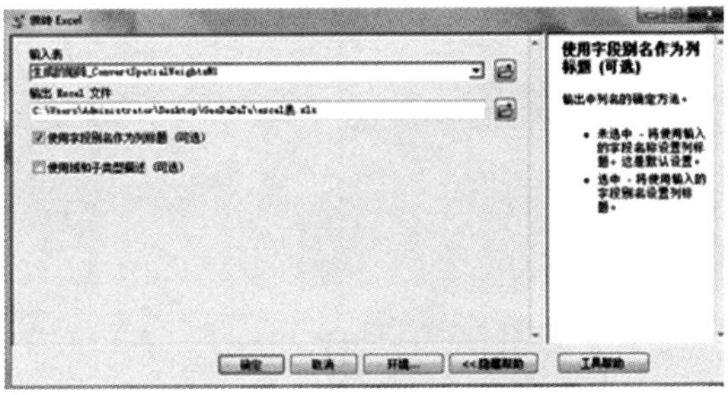

图 1.32(2)　ArcToolbox 中 Excel 转表

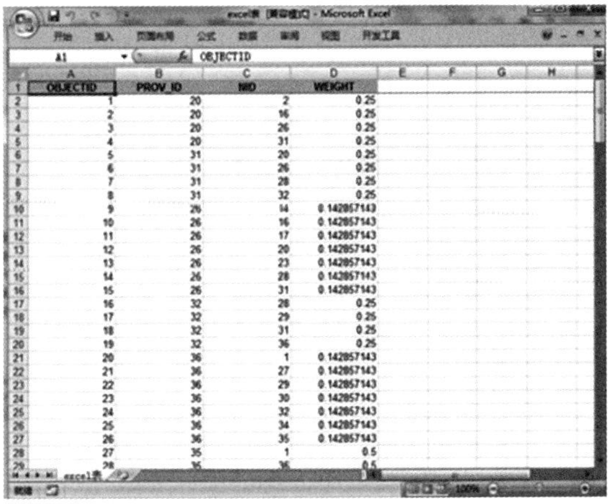

图 1.32(3)　ArcToolbox 中 Excel 转表

1.2.11　空间权重矩阵的 GeoDa 软件生成

点击 GeoDa 软件中的 Space/Univariate Moran’s *I*，选择【RJ_GDP】表示对 GDP 求 Moran’s *I* 指数及其统计量，确定后得到如图 1.33 所示。

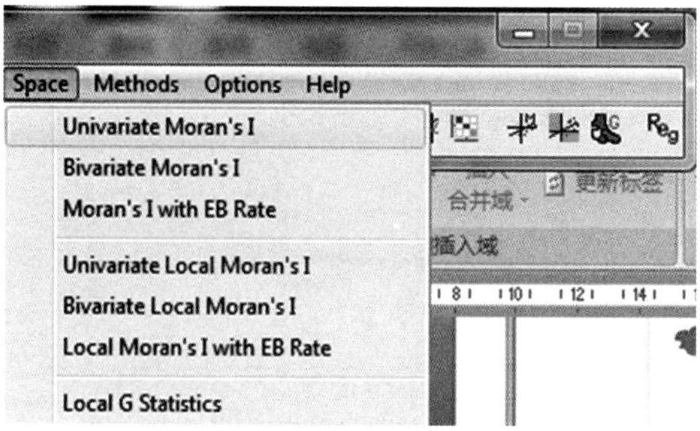

图 1.33(1) 用 GeoDa 生成权重矩阵

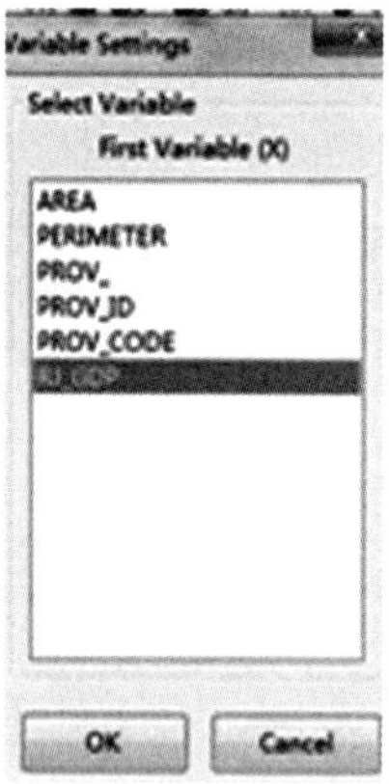

图 1.33(2) 用 GeoDa 生成权重矩阵

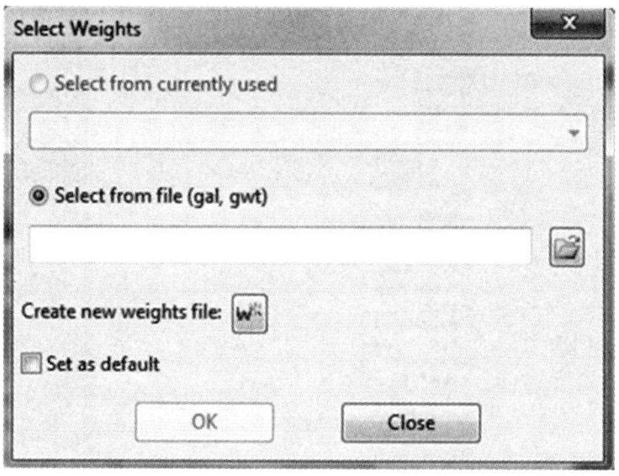

图 1.33(3) 用 GeoDa 生成权重矩阵

点击 Create new wights file 后的按钮求出权重矩阵，Add ID Variable/(选择 POLY_ID)后【OK】，如图 1.34 所示：

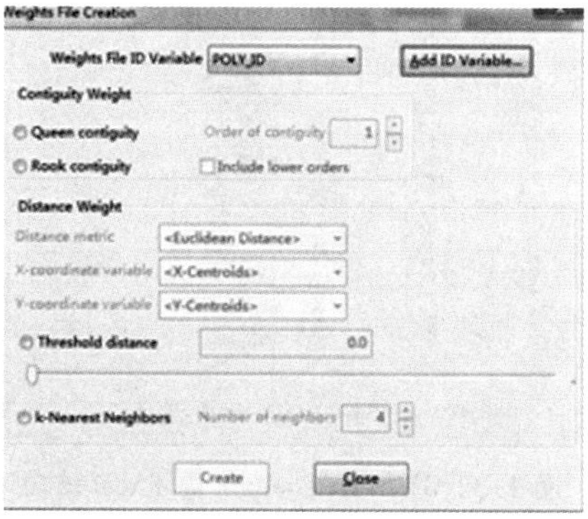

图 1.34 用 GeoDa 生成权重矩阵

在 Contiguity Weight 中选择 Queen contiguity，然后点击确定，并将生成的权重矩阵保存在默认位置，如图 1.35-37：

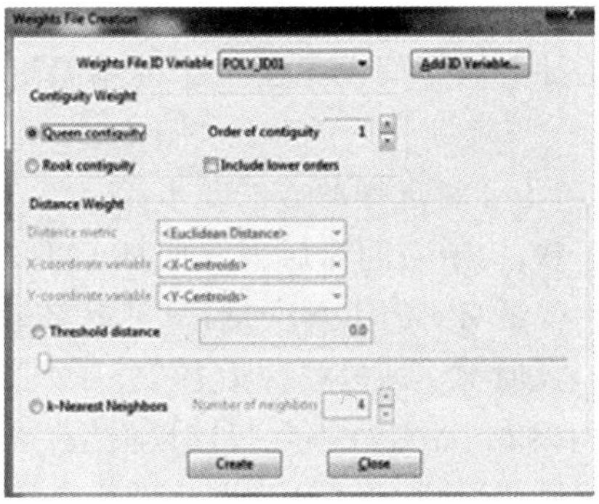

图 1.35　用 GeoDa 生成权重矩阵

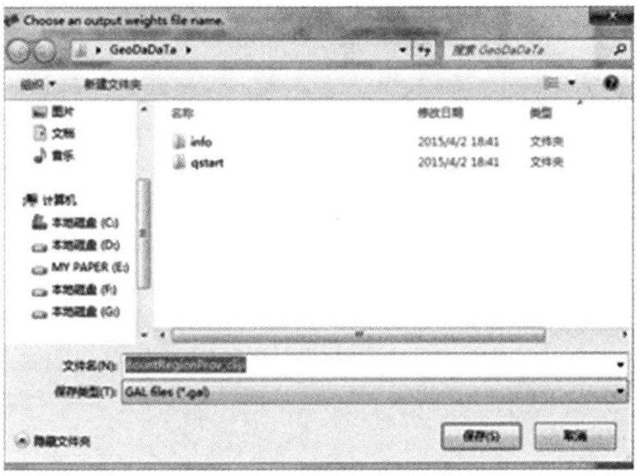

图 1.36　用 GeoDa 生成权重矩阵保存

图 1.37　用 GeoDa 生成的权重矩阵成功保存

1.2.12　空间权重矩阵的选择

综上所述，根据不同的“距离”指标构造的空间权重矩阵也不一样，例如基于地理邻接关系的 0—1 权重矩阵、距离权重矩阵、经济权重矩阵等，而权重矩阵的选择正确与否关系到模型的最终估计结果，本节将在空间滞后模型框架下，把空间权重矩阵选择问题转化为变量选择问题，然后利用 CWB(Component-wise Boosting)方法进行变量选择①。

空间滞后模型形式为：

$$y=\lambda \boldsymbol{W}y+X\beta+\mu \tag{1.34}$$

其中，y 为 $n\times 1$ 维因变量，X 为 $n\times k$ 维解释变量，$\boldsymbol{W}$ 为 $n\times n$ 维空间权重矩阵，λ 为空

① 本部分整理编辑自：任英华，游万海．一种新的空间权重矩阵选择方法[J]．统计研究，2012(6)：99—105；王守坤．空间计量模型中权重矩阵的类型与选择[J]．经济数学，2013(3)：57-63.

间自相关系数。空间依赖性的表现形式不止空间滞后模型一种,常见的还包括空间误差模型,然而忽略空间滞后比忽略空间误差所带来的结果更为严重,故本节主要针对空间滞后模型进行讨论。

空间权重矩阵的选择转为变量选择的方法及步骤:

① 针对每个权重矩阵 $\boldsymbol{W}$,构造空间滞后因变量 $\boldsymbol{W}y$ 以及空间滞后解释变量 $\boldsymbol{W}X$;

② 选取 $\boldsymbol{W}X$ 作为内生变量 $\boldsymbol{W}y$ 的工具变量,分别就 $\boldsymbol{W}y$ 对 $\boldsymbol{W}X$ 做回归,计算得到各个 $\boldsymbol{W}$ 相应的拟合值 $\boldsymbol{W}\hat{y}$,此时 $\boldsymbol{W}y$ 即投影称为 $\boldsymbol{W}\hat{y}$。

③ 将 y 对 X 和 $\boldsymbol{W}\hat{y}$ 做回归。针对每一空间计量模型,空间权重矩阵($\boldsymbol{W}$)选择问题转化为了变量($\boldsymbol{W}\hat{y}$)选择问题,然后利用 CWB 方法进行变量选择。

Boosting 方法是机器学习(即根据过去观测值研究提高预测精度的一种自动技术)中常用的方法,其主要优点为其能在负自由度下拟合模型,即预测变量个数超过观测值个数。可描述为:

假如有一组观察值(y_i,x_i),$i=1,2,\cdots,n$,其中 y 为因变量,x 为解释变量,y 对 x 的条件期望表示为 $E(y|x)=h(\eta(x))$,其中 $h(\cdot)$为一个固定响应函数。与一般线性模型不同,在 Boosting 中,$\eta(x)$不要求为协变量 x 的线性函数,而可以表示为可加形式 $\eta(x)=\beta_0+\sum_{j=1}^{r}f_j(x)$,其中,$f_j(x)$定义为不同协变量的一般表示,通常可以为线性形式、非参数平滑形式,因此,

$$y=\eta(x)+\xi=\beta_0+\sum_{j=1}^{r}f_j(x)+\xi \tag{1.35}$$

利用 CWB 方法进行变量选择和模型选择。其基本思想是关于 η 最小化期望损失函数 $E(\rho(y,\eta(x)))$,即为:

$$\eta^*(x)=\arg\min E(\rho(y,\eta(x))) \tag{1.36}$$

其中,$\rho(\cdot,\cdot)$为损失函数,如 L2-loss 或者负对数似然函数。在实际求解中,最小化 $E(\rho(y,\eta(x)))$等价于最小化 $n^{-1}\sum_{j=1}^{n}\rho(y_i,\eta(x_i))$。

给出 η 的初始值 η_0,其迭代步骤主要为:

① 计算负梯度 $\mu_i=-\frac{\partial\rho(y_i,\eta)}{\partial\eta}\Big|\eta=\hat{\eta}_{m-1}(x_i)$,$i=1,2,\cdots,n$。此处 $m=1,2,\cdots,m_{stop}$,m_{stop} 表示最大迭代次数,计算得到 $\mu=(\mu_1,\cdots,\mu_n)$。

② 利用 $\mu=(\mu_1,\cdots,\mu_n)$和 $x=(x_1,\cdots,x_n)$,通过定义一个基过程,得到 $\hat{g}_j(\cdot)$:

$$(x_i,\mu_i)\xrightarrow{base\ procedure}\hat{g}_j(\cdot)$$

基过程的定义方式有多种,本节只考虑最小二乘回归基过程:

$$\hat{g}(x)=\hat{\beta}^{(j^*)}x^{(j^*)} \tag{1.37}$$

其中,$\hat{\beta}_j=\sum_{i=1}^{n}x_i^{(j)}\mu_i\Big/\sum_{i=1}^{n}(x_i^{(j)})^2$,$j^*=\underset{1\leqslant j\leqslant r}{\arg\min}\sum_{i=1}^{n}(\mu_i-\hat{\beta}^{(j)}x_i^{(j)})^2$。

③ 对应函数 $\hat{f}_j$ 迭代更新过程为:

$$\hat{f}_{j^*,m}(\cdot)=\hat{f}_{j^*,m-1}(\cdot)+v\hat{g}_{j^*}(\cdot) \tag{1.38}$$

当 $\hat{j}\neq j^*$ 时，$\hat{j}_{j^*,m-1}(\cdot)=\hat{j}_{j^*,m-1}(\cdot)$，$\upsilon\in(0,1)$。

CWB 方法中仅有一个基学习(j^*)被选择作为每步的更新迭代。在函数形式给定的情况下，选择一个基学习也即对应选择了一个变量。需注意的是，变量选择过程并不是选择最显著的变量，而是根据最小化残差平方和选择变量的，即选择对模型拟合贡献最大的那个变量。

在实际应用中，需要选择合适的迭代步长 υ 及最大迭代次数 m_{stop}，选择 $\upsilon=0.1$ 被实践证明效果很好，而 m_{stop} 可以根据折叠交叉验证法、抽样交叉验证法、AIC 准则及 GMDL 准则等选择。

利用 CWB 方法进行变量选择并不能保证只有唯一的空间权重矩阵被选取，然而利用此方法选取了一些适合的权重矩阵将会大大减少空间权重矩阵误设问题。当然，也可以通过其他方法对这些潜在的空间权重矩阵作进一步选择，最后选择出唯一的权重矩阵。

1.3 空间异质性

根据表现形式的不同，空间异质性分为空间结构的非均衡性(structural instability)与空间异方差。空间结构的非均衡性表现为主体行为之间存在明显的结构性差异。空间异方差分为离散性异质性与连续性异质性两种，分别利用区位虚拟变量、随空间位移变动的参数函数形式来描述。与此相对应，空间异质性的设定形式主要有两种：其一，方差的空间异质性，即模型误差的空间异方差性；其二，模型系数的空间异质性，通常表现为空间变系数或空间变结构(林光平等，2014)。

1.3.1 空间异质性的度量

1. 离散指标

离散指标是用来测定总体各单位直接差异程度的统计指标，反应了变量值的离散趋势。一般来说，离散指标值愈小，则说明社会经济活动过程愈均衡；离散指标值愈大，则说明社会经济活动过程存在陡起陡落的现象，需要加以调控。其包括：

(1) 平均重心距离

加权平均重心距离反映的是空间点集相对于分布重心的径向离散程度，具有长度属性。空间点 $p_i(x_i,y_i)$ 的属性值为 a_i，则点集的分布重心坐标为：

$$\begin{cases} x_g=\sum a_i\cdot x_i\Big/\sum a_i \\ y_g=\sum a_i\cdot y_i\Big/\sum a_i \end{cases} \tag{1.39}$$

其中，d_i 为点 p_i 到分布重心 $p_g(x_g,y_g)$ 的欧氏位置距离，为 $d_i=\sqrt{(x_i-x_g)^2+(y_i-y_g)^2}$，则点集到分布重心的属性加权平均距离为：

$$\bar{d}=\sum a_i d_i\Big/\sum a_i \tag{1.40}$$

(2) 平均间距

考虑到空间点集既有位置坐标又有属性坐标，两个点状对象之间的空间距离既受位置坐标的控制又受属性特征的影响,因此引用属性加权方法来计算两点之间的空间距离,即定义两点 $p_i(x_i,y_i)$、$p_j(x_i,y_j)$之间的距离为:

$$d_{ji}=a_i\sqrt{(x_i-x_j)^2+(x_i-x_j)^2} \tag{1.41}$$

$$d_{ij}=a_j\sqrt{(x_i-x_j)^2+(x_i-x_j)^2} \tag{1.42}$$

则点集之间的平均间距为:

$$\bar{d}=\frac{\sum_i\sum_j d_{ij}}{n\sum_i a_i} \tag{1.43}$$

2. 变异系数

变异系数为各区域属性值 y 的标准差与其平均值之比,反映了各区域属性值 y 偏离该属性值 y 全国平均水平的相对差距。其计算公式为:

$$CV_{uw}=\frac{\sqrt{\frac{1}{N}\sum_i(y_i-\bar{y})^2}}{y} \tag{1.44}$$

式中,y_i 表示区域 i 的属性值;$\bar{y}$ 表示全国的平均属性值;N 表示区域数。

3. 基尼系数

基尼系数①是意大利经济学家、统计学家基尼(C. Gini)于 1922 年以洛伦茨曲线为基础提出的,用来衡量社会收入分配差异程度。目前基尼系数已经成为反映国家或地区居民间收入分配差异程度的指标,并在国际上通用。其基本思路就是,用正方形 45°对角线和洛伦茨曲线之间围成的面积 a 与 45°对角线下三角形面积 A 的比值,来表示国家或地区居民之间收入分配不平等的差异程度(如图 1.38)。其公式如下:

$$G=a/A \tag{1.45}$$

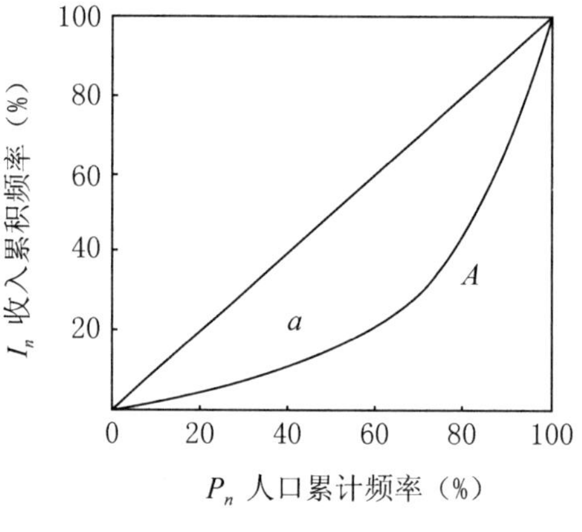

图 1.38 洛伦茨曲线

根据国际标准,基尼系数在 0.2 以下居民收入分配为高度平均;在 0.2~0.3 之间为相对平均;在 0.3~0.4 之间为比较合理;在 0.4 以上为差距偏大。

① 张华. 中国区域发展不平衡特征及影响因素分析[D]. 暨南大学,2012.

4. 泰尔系数

泰尔指数是泰尔于 20 世纪 60 年代运用信息理论提出的一个不平等指数(H. Theil,1967),最大的特点在于其可以按加法进行分解。其计算公式为：

$$I(O) = \frac{1}{N}\sum_{i=1}^{N}\log\frac{\bar{y}}{y_i} \tag{1.46}$$

式中,N 是区域数,y_i 是 i 区域的属性值,$\bar{y}$ 是 y_i 的平均值。

1.3.2 分位数分布图分析

与 1.1.2 中介绍的分位数分布图一样,同样以各区域经济包容性增长水平四分位图为例,从图 1.39 中我们可以看到,北京的区域经济包容性增长水平明显不同于(高于)其相邻地区,所以我们可以猜测该指标除存在空间相关性外,也存在空间异质性。

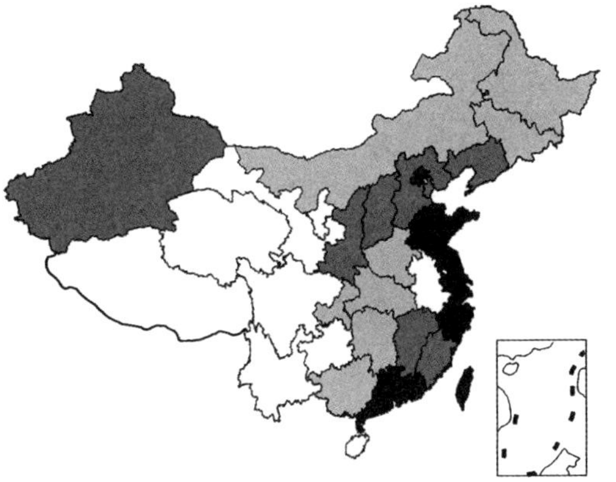

图 1.39 各区域经济包容性增长水平四分位图

1.3.3 空间结构非均衡检验

数据的空间非均衡检验方法主要有 Wald 检验和两阶段 LM 检验;参数的空间非均衡性检验主要是卡方检验与渐近 F 检验①。

1. Wald 检验

Wald 检验是空间数据非均衡性检验的一种方法,由 Lauridsen 和 Kosfeld(2004,2006)从空间误差自相关模型出发推导出的,其表达式为：

$$\text{Wald} = (\hat{\rho}-1)^2/V_\rho \tag{1.47}$$

其中,V_ρ 是参数方差协方差阵对角线上对应于参数 ρ 的元素,$\hat{\rho}$ 是空间误差自相关系数的极大似然估计值。由于不服从 χ^2 分布,该统计量的分布性质需通过 Monte Carlo 方法研究。

2. LM 检验

Lauridsen 和 Kosfeld(2004,2006)从空间误差自相关模型出发还推导出两阶段 LM 检验,其通过分别计算差分模型和不差分模型的 LM-Error 检验统计量进行。该

① 本部分整理编辑自：林光平,龙志和. 空间经济计量：理论与实证[M]. 科学出版社 2014 年版.

检验可区分空间误差项自相关和空间误差非均衡。

记差分模型 $\Delta Y=\Delta X\beta+\mu$ 的 LM-Error 检验统计量为 DLME(即差分 LM-Error):

$$\text{DLME}=(\mu'\boldsymbol{W}\mu/\hat{\sigma}^2)/T \tag{1.48}$$

其中,μ 是差分方程的估计残差,$T=\text{tr}(\boldsymbol{W}'\boldsymbol{W}+\boldsymbol{W}^2)$。当 DLME 显著,且 LM-Error 检验也显著时,误差项存在空间自相关;当 DLME 不显著,且 LM-Error 检验显著时,误差项空间非均衡。

此外,Wald 检验和两阶段 LM 检验方法可应用于任何空间数据的空间非均衡检验,只需将模型中的自变量部分用常数代替,其他步骤与空间误差自相关模型的情形相同(Lauridsen 和 Kosfeld,2006)。

3. 卡方检验

在变系数模型中,Anselin(1988c)提出了空间误差自相关模型自变量系数的空间非均衡性 χ^2 检验统计量:

$$\{e_r'(\boldsymbol{I}_N-\rho\boldsymbol{W})'(\boldsymbol{I}_N-\rho\boldsymbol{W})e_r-e_\mu'(\boldsymbol{I}_N-\rho\boldsymbol{W})e_u\}/\sigma^2:\ \chi^2(k) \tag{1.49}$$

其中,e_r 是有约束模型的回归残差,e_u 是无约束模型的回归残差,k 是待检验参数的个数,$\hat{\rho}$ 和 $\hat{\sigma}^2$ 是有约束或无约束(或两者同时计算)条件下的空间自相关系数和误差项方差的极大似然估计值,约束条件为参数空间均衡。

4. 渐近 F 检验

在地理加权回归模型中,Leung 等(2000)提出了地理加权回归模型参数空间非均衡性的渐近 F 检验:

$$\text{F}=\frac{(RSS_0-RSS_g)/\upsilon_1}{RSS_0/(N-K)}\sim F(\upsilon_1^2/\upsilon_2,N-K) \tag{1.50}$$

其中,RSS_0 和 RSS_g 分别表示全局模型和地理加权回归模型的残差平方和;$\upsilon_1=N-K-\delta_1$,$\upsilon_2=N-K-2\delta_1+\delta_2$,$\delta_1=\text{tr}[(\boldsymbol{I}_N-L)'(\boldsymbol{I}_N-L)]$,$\delta_2=\text{tr}[(\boldsymbol{I}_N-L)'(\boldsymbol{I}_N-L)]^2$,

$$L=\begin{bmatrix} X_1'[X'G_1X]^{-1}X'G_1 \\ X_2'[X'G_2X]^{-1}X'G_2 \\ \vdots \\ X_N'[X'G_NX]^{-1}X'G_N \end{bmatrix}$$,G_i,$i=1,2,\cdots,N$ 表示 N 维地理加权对角阵。

1.3.4 空间异方差检验

空间异方差检验方法主要有(林光平等,2014):

1. LM 检验

LM 检验是由 Breusch 和 Pagan(1979)针对经典经济计量模型的异方差检验提出的,其检验统计量为:

$$(1/2)f'\boldsymbol{Z}[\boldsymbol{Z}'\boldsymbol{Z}]^{-1}\boldsymbol{Z}'f\sim\chi^2(p) \tag{1.51}$$

其中,$f_i-(\sigma^{-2}e_i^2-1)$,f_i 是 f 的第 i 个元素,e_i 是第 i 个观察值的 OLS 估计残差,σ^2 是方差,$\boldsymbol{Z}$ 是包含变量 z 的 $N\times(p+1)$ 矩阵。

2. 条件 LM 检验

在空间经济计量模型中，由于变量空间自相关的存在，传统经济计量模型中检验的异方差的统计量不再适用。例如，当存在显著空间自相关时，LM 检验拒绝存在空间异方差假设的频率是名义水平的两至三倍(Aneslin，1988a)。因此，Anselin(1988c)提出了空间误差自相关模型中针对异方差的条件 LM 检验，其检验统计量为：

$$LM=(1/2)f'\boldsymbol{Z}[\boldsymbol{Z}'D\boldsymbol{Z}]^{-1}\boldsymbol{Z}'f\sim\chi^2(p) \tag{1.52}$$

其中，$D=\boldsymbol{I}_N-(1/2\sigma^4)\boldsymbol{dVd}'$，$\boldsymbol{d}=[\boldsymbol{\tau}2\sigma^2\boldsymbol{w}]$，$\boldsymbol{\tau}$ 是 $N\times1$ 的 1 向量，$\boldsymbol{w}$ 是矩阵 $\boldsymbol{WB}^{-1}$ 对角线元素组成的行向量，V 是 σ^2 和误差自相关系数 ρ 协方差矩阵的极大似然估计值，σ^2 是方差，$f_i=(\sigma^{-2}e_i^2-1)$，f_i 是 f 的第 i 个元素，e_i 是空间误差自相关模型的极大似然估计残差 e 的第 i 个值，$\boldsymbol{Z}$ 是包含变量 z 的 $N\times(p+1)$ 矩阵。

3. 联合 LM 检验

联合 LM 检验是由 Anselin(1988c)提出的针对异方差和误差自相关的检验统计量，其形式为：

$$LM=(1/2)f'\boldsymbol{Z}[\boldsymbol{Z}'\boldsymbol{Z}]^{-1}\boldsymbol{Z}'f+(e'\boldsymbol{W}e/\hat{\sigma}^2)^2/T\sim\chi^2(p+1) \tag{1.53}$$

其中，各变量的含义与前文相同，该联合检验值等于 LM 检验值与 LM-Error 检验值之和。

此外，空间自相关检验和空间异质性检验并非完全无关联，通过联合检验的可将两者联合起来。例如，针对自相关的条件 LM 检验中涉及存在异方差的情形；针对空间异方差和空间自相关的联合 LM 检验等于只针对异方差的 LM 检验和只针对空间自相关的 LM 检验之和。

1.3.5 空间异质性建模

空间异质性的处理方法可分为离散型异质性和连续型异质性。简单地说，离散型异质性是通过在模型中设置地区虚拟变量来体现空间异质性；连续型异质性通过设定参数随空间变动的函数形式来处理空间异质性，常用的基本方法是地理加权回归模型。地理加权回归是一种非参数估计方法，由 Brunsdon 等(1998b)在 Cleveland 和 Devlin(1988)的局部加权最小二乘法的基础上提出的，该方法能有效处理空间异质性。

在观测点 $i(1,2,\cdots,N)$的近似线性曲面，地理加权回归模型形式如下：

$$y_i=\sum_j x_{ij}\beta_j(u_i,v_i)+\varepsilon_i(u_i,v_i) \tag{1.54}$$

其中，y_i 和 $x_{ij}(y=1,2,\cdots,p)$分别是因变量 $\boldsymbol{Y}$ 和解释变量矩阵 $\boldsymbol{X}$ 在观测点 i 处的观测值；误差项 $\varepsilon_i(u_i,v_i)$和系数 $\beta_j(u_i,v_i)(j=1,2,\cdots,p)$是与观测点的地理位置$(u_i,v_i)$有关的函数(如 u_i，v_i 分别表示 i 的经度和纬度)。

向量化式的模型可写成：

$$\boldsymbol{Y}=\boldsymbol{X}\beta_i+\varepsilon_i \tag{1.55}$$

其中，$\beta_i=[\beta_1(u_i,v_i)',\cdots,\beta_p(u_i,v_i)']'$；$\varepsilon_i=[\varepsilon_1(u_i,v_i)',\cdots,\varepsilon_n(u_i,v_i)'$。

1.3.6 空间格局差异分解

空间差异程度是空间异质性的反映，是对空间全等理想状态的偏离。两个空间格局不相等是指他们在中心性、展布性、密集性、方位、形状以及属性总量方面存在着差异,其中一个需要一定的集合变换(如平移、旋转、放大或缩小)才能与另一个重合。本节利用放大变换计算两个代表不同空间格局的椭圆的空间差异性程度,然后通过算法简化来鉴别椭圆各个特征对空间差异性的影响即差异性效应,也即进行空间差异分解[①]。

依据空间全等性函数(Zhao et al.,2011),空间差异系数如下:

$$R_E = \max_E \left(\frac{R}{i\,j} \right) \tag{1.56}$$

这里,$R = \frac{A \cap B}{A \cup B}$,$\sqrt{\frac{S_{A2}}{S_{A1}}}$,$j = \sqrt{\frac{S_{B2}}{S_{B1}}}$,且 R_E 是椭圆 A 和 B 在放大条件下的空间差异系数($R \leqslant 1$);i 和 j 分别 A 和 B 的放大系数,其倒数代表针对二者的放大效应(de-scaling)的消除程度($i \geqslant 1, j \geqslant 1$);$A \cap B$ 是 A 和 B 在放大条件下的交集面积;$A \cup B$ 是 A 和 B 在放大条件下的并集面积;S_{A2},S_{B2} 分别是 A 和 B 在放大条件下的面积;S_{A1},S_{B1} 分别是 A 和 B 在放大前的原始面积;E 是指在计算 R_E 所使用的放大变换。

R_E 有如下几个特性:第一,它对椭圆 A 和 B 的中心、方位、展布尺度和形状的差异十分敏感;第二,R_E 介于 0 和 1 之间;第三,R_E 独立于空间尺度及其变化,在两个椭圆及其所在空间等速率放大时保持不变。这表明空间差异性的度量与空间尺度无关;第四,R_E 具有对称性,及 $R_E(A,B) = R_E(B,A)$;第五,R_E 不具有传递性。三个椭圆的空间差异性取决他们之间的近邻程度。

R_E 能够用来评价具有任意中心位置、方位、尺度和形状的两个椭圆的差异性。利用平移和旋转两个变换将 R_E 简化,能够识别这 4 个特征的差异性效应。

设 R_T 与位置无关,利用平移变换使两椭圆的中心重合,由上式得:

$$R_T = \max_T \left(\frac{R}{j} \right) \tag{1.57}$$

式中,j 是 B 的放大系数;T 是指计算 R_T 所使用的平移变换。这里假设 B 比 A 小,没必要对其进行放大。

类似地,设 R_O 与位置和方向无关,利用旋转变换使两个椭圆方位线重合,由上式得:

$$R_O = \max_O \left(\frac{R}{j} \right) \tag{1.58}$$

式中,O 是指计算 R_O 所使用的旋转变换。

同样,设 R_D 与中心位置、方位与展布尺度无关,利用放大变换使两个椭圆实现最大叠置水平,空间差异系数最小,由上式得:

$$R_D = \max_D (R) \tag{1.59}$$

式中,D 是指计算 R_D 所使用的放大变换。由于形状差异性和尺度无关,所以不必消除尺度效应和放大效应。

---

① 本部分整理编辑自:赵作权. 空间格局统计与空间经济分析[M]. 科学出版社 2014 年版.

由此可以看出，这四个公式揭示了两个椭圆空间差异性的多样性。R_E 和 R_D 代表空间差异性的两极——R_E 与椭圆的全部 4 个特征有关，而 R_D 仅与椭圆的一个特性形状有关。R_E 和 R_T 度量两个椭圆在空间条件下的差异，而 R_O 和 R_D 只考虑椭圆的几何特性（展布尺度和形状），与它们的空间特性（中心位置和方向）无关。

将上述空间差异性的 4 个系数排序如下：

由于中心位置效应有，$R_E \geqslant R_T$；由于方位效应有，$R_T \geqslant R_O$，由于展布尺度效应有，$R_O \geqslant R_D$，所以，$R_E \geqslant R_T \geqslant R_O \geqslant R_D$。这里中心位置、方位、展布尺度和形状差异性效应确保两个椭圆远离完全空间相等。此时，若两个椭圆具有相同的中心位置、方位、展布尺度和形状，则：

位置的空间差异性效应$=R_E-R_T$；方位的空间差异性效应$=R_T-R_O$；展布尺度的空间差异性效应$=R_O-R_D$；形状的空间差异性效应$=R_D$。

1.4 空间收敛性

对一些经济体增长轨迹长期演进趋势的经验研究表明，即使不同经济体的初始资源禀赋、经济结构和技术水平存在差异，但在一段时间以后，有些经济体的人均经济增长水平也会出现相互追赶彼此接近的趋同趋势，这就是经济增长理论中提及的“增长收敛”现象①。

“经济增长收敛假说”思想源自新古典增长模型（Solow，1956；Swan，1956）。由于它的基本假设和分析方法沿用新古典经济学的思想，所以就成为新古典增长模型。

新古典增长模型核心是生产函数和资本积累方程，基本思想是生产中规模报酬不变和要素投入的边际产出递减。该模型认为，资本边际报酬递减规律使落后经济体比发达经济体的增长速度相对较快。因此，从长期来看，不同经济体的人均产出会收敛于稳定状态。这就是新古典增长理论收敛机制的简要表达。

而索洛和斯旺提出的新古典增长模型被称为“索洛-斯旺模型”，该模型核心假设前提包括：①全社会只生产一种产品；②生产函数具有边际报酬递减，规模报酬不变和符合稻田条件的性质；③资本以一个固定比例折旧；④劳动力和技术进步以外生固定的比例增长。根据以上假设，可以得到劳均资本的转移动态，再推导出经济的稳态均衡水平，即索洛-斯旺模型描述的经济存在一个稳定状态的平衡增长路径。该稳态有效劳均产出由人口增长率、储蓄率、技术进步率和资本折旧率等经济参数决定。

但在理论上，新古典经济增长模型存在缺陷：未考虑技术进步，假定技术变化不影响资本—产出比率，因为规模报酬不变；未考虑要素配置效率的变化；储蓄率外生不变；等等。实证研究方面，“世界范围的经济间存在收敛”结论并没有得到证实。

20 世界 80 年代中后期，新经济增长理论的产生，可以实现边际报酬不变甚至递增，即从长期来看各经济体的经济增长并不一定趋于收敛，而且有可能趋于发散。面对新经济增长理论的之一，新古典增长理论对“经济收敛假说”进行扩展，将经济收敛

① 王亮．经济增长收敛假说的存在性检验与形成机制研究[D]．吉林大学，2010.

的情况细化为绝对β收敛、条件β收敛、俱乐部收敛、σ收敛等多种类型[①]。

1.4.1 σ收敛

经典的经济σ收敛定义为:不同地区间经济水平差距的变动趋势如果趋于下降则说明各地区经济增长存在σ收敛。通常用地区间实际人均GDP的离差程度来代表地区间的经济水平差距,衡量离差程度的指标包括标准差、变异系数、加权变异系数、Theil指数等。

σ收敛是Barro和Sala-i-Martin(1990)提出来的。σ收敛假说是指,随着时间的推移,以标准差度量的不同经济体之间的人均产出水平的离散程度指标逐渐减少。σ收敛假说最接近于现实中我们对经济增长收敛的直观理解。

假设D_t表示年份t时N个经济体之间人均GDP产值$y_{i,t}$的样本标准差,则有:

$$D_t=\sqrt{\frac{1}{N}\sum_{i=1}^{N}\left(y_{i,t}-\frac{1}{N}\sum_{i=1}^{N}y_{i,t}\right)^2} \tag{1.60}$$

显然,样本标准差D_t度量了不同经济体之间人均产出绝对水平的离散程度。如果在年份$t+T$满足:$D_{t+T}<D_t$,则称这N个经济体之间具有T阶段的σ收敛性。如果对任意年份$s<t$,均有:$D_s<D_t$,则称这N个经济体之间具有一致的σ收敛性。

林光平等(2006)将空间相关性引入到中国经济σ收敛分析,对标准差指标进行空间相关性扩展,以其作为衡量地区经济差异的指标:

首先,将各地区的实际人均GDP进行常数(constant)回归:

$$y_{it}=\bar{y}_t+\varepsilon_{it} \tag{1.61}$$

其中,y_{it}是实际人均GDP的对数值;$\bar{y}_t=\frac{1}{N}\sum_{i=1}^{N}y_{it}$;$i=1,2,\cdots,N$;$t=1,2,\cdots,T$;$\varepsilon_{it}$满足均值为0、方差为$\sigma_t^2$的正态分布。容易推出,残差项$\varepsilon_{it}$方差的估计值等于$y_{it}$的方差$\sigma_t^2$,$\sigma_t^2=\frac{1}{N-1}\sum_{i=1}^{N}(y_{it}-\bar{y}_t)^2$。

其次,采用空间计量方法对传统的σ收敛衡量方法进行扩展,通过引入空间滞后因子,对模型(1.61)。根据"空间效应"的体现方法不同,可选择不同的空间经济计量模型。

空间经济计量模型考虑了区域间的空间相关性,模型中扰动项的方法σ_t^2衡量了更加真实的地区间经济差异。根据σ_t^2的变动趋势考察区域经济的σ收敛,即空间扩展的σ收敛。

1.4.2 绝对β收敛

绝对β收敛是指从长期来看无论经济体之间的初始条件和经济结构(资源禀赋、体制政策、技术水平等)如何,不同经济体的人均产出路径将收敛于相同的均衡稳态水平。表现形式为,初始人均产出水平很低的经济体(贫穷的经济体)具有较快的增长速度,而初始人均产出水平较高经济体(富裕的经济体)的增长速度却相对较慢。

---

① 本部分编辑整理自:林光平,龙志和. 空间经济计量:理论与实证[M]. 科学出版社2014年版.

如果令 $y_{i,t}$ 表示第 i 个($i=1,\cdots,N$)经济体在第 t 年的实际人均 GDP 产值,$y_{i,0}$ 表示第 i 个($i=1,\cdots,N$)经济体初始年的实际人均 GDP 产值,则 t 年间经济体 i 的人均产出的平均增长率可以表示为 $r_{i,t}=\log(y_{i,t}/y_{i,0})/t$,用人均产出平均增长率基于初始实际人均产出对数 $\log y_{i,0}$ 进行回归,得到:

$$\gamma_{i,t}=\alpha-\beta\log(y_{i,0})+\varepsilon_{i,t},\ i=1,\cdots,N \tag{1.62}$$

如果上述回归方程中的 $\beta>0$,则称这 N 个经济体之间具有绝对 β 收敛。

在上述回归方程可知,除了初始实际人均产出水平以外,绝对 β 收敛的量化方程中不包含经济体其他的初始条件和结构特征变量。因此,绝对 β 收敛假说仅以平均增长速度同初始人均产出水平之间的显著负相关关系来推断收敛性,对经济体的结构特征差异并无过多的要求。

值得注意的是,σ 收敛假说没有涉及到经济体的任何初始条件和结构特征。因此,σ 收敛性比较接近绝对 β 收敛假说,如果存在 σ 收敛性,那么不同经济体之间的发散性减小,使得不同经济的人均收入水平表现出收敛趋势。其中,一致 σ 收敛是对绝对 β 收敛的最强要求,它强调了收敛过程中的严格单调性。

1.4.3 条件 β 收敛

条件 β 收敛假说认为,各经济体的增长速度不仅取决于其期初水平,还受到其资源禀赋、技术进步、投资率、人口增长率,以及地区间要素流动等其他要素的影响;在资本边际报酬递减规律下,具有不同初始人均产出水平经济体,在长期不会收敛于同一稳定状态,而是有各自的稳定状态,各经济体的稳定状态由其初始水平以外的其他因素决定。也就是说,由于稳态水平由人口增长率、储蓄率、技术进步率和资本折旧率等经济参数决定,因此,不同经济可能收敛于不同的稳态,即落后经济可能向其自身的稳态水平收敛,而不是向发达经济收敛,这就是所谓的"条件 β 收敛论"。

条件 β 收敛描述的是,如果不同经济体之间在市场和体制政策等方面具有类似的结构特征,则无论初始条件如何,长期内不同经济体的人均产出路径将收敛于相同的均衡稳态水平。与绝对 β 收敛假说的量化形式相比,条件 β 收敛假说的量化形式是在回归方程(1.62)的基础上引入了影响收敛形成的状态向量 $\boldsymbol{X}_{i,t}$,具体形式如下:

$$\gamma_{i,t}=\alpha-\beta\log(y_{i,0})+\boldsymbol{X}_{i,t}+\varepsilon_{i,t},\ i=1,\cdots,N \tag{1.63}$$

其中,$\boldsymbol{X}_{i,t}$ 表示由影响收敛的其他解释变量构成的向量,如果收敛参数 β 的估计值是正的,那么称这 N 个经济体之间具有条件 β 收敛性。

条件 β 收敛性与绝对 β 收敛性假说之间存在着较大差别,绝对 β 收敛假说意味着贫穷的经济体将具有更快的经济增长速度,直到它们达到富裕经济体的人均产出水平位置。从长期来看,经济体系中所有的经济体都收敛于同一个均衡稳态路径,最终将具有相同的人均产出水平。而条件 β 收敛假说意味着不同的经济体未必收敛于相同的均衡稳态水平,由于各个经济体的结构特征可能存在差异,所以各自的均衡稳态水平也不尽相同,只有具有相同经济结构特征的经济体才会收敛于相同的均衡稳态水平。因此,即使从长期来看,经济体系中各个经济体的人均产出差距仍然存在,表现为富裕的经济体仍然发达,而贫穷的经济体依旧落后。条件 β 收敛假说的提出即保证了新古典经济增长理论和边际收益递减规律的正确性,又增强了新古典理论的解释能力,在实证检验中也得到了很大的支持,因此具有很强的理论和现实意义。

从上述三种收敛概念来看,σ 收敛和 β 收敛之间存在内在关系,也有着根本区别:即在一定研究时期内,若存在 σ 收敛一定存在 β 收敛,若存在 β 收敛却不一定存在 σ 收敛收敛,其区别体现在 σ 收敛分析描述的是地区经济差异在每个时点上的状态和既有的变动轨迹,β 收敛分析则描述一个经济体内部差异的长期变动规律。

1.5 空间集聚性

早期的空间分析体系承认产业集聚的存在,但是最初对这种现象的原因进行正式分类却是由马歇尔做出的。马歇尔(1890,1916)提出了产业空间集聚的三个众所周知的价值:第一,促进专业化投入和服务的发展;第二,为具有专业化技能的工人提供了集中的市场;第三,使公司从技术溢出中获益。集聚经济根植于生产过程,某一地理区域中公司、机构和基础设施间的联系引起规模经济和范围经济、一般劳动力市场的发展、专业化技能的集中、地方供应者和消费者间的相互作用的增加、共享的基础设施以及其他的地方化外部性等①②。

1.5.1 经济因素

引起空间集聚的经济因素主要包括③④:

规模经济,是指由于生产专业化水平的提高等原因,企业的单位成本下降,从而形成企业的长期平均成本随着产量的增加而递减的经济。

地方化规模递增收益的存在为产业集聚提供了理论基础,因为公司和劳动力聚集一边考虑增加的要素报酬,可是,由于克服距离的交易成本制约,这些增加的要素报酬仅仅在集聚发生的有限的空间区位显示出来,只有在有限的空间边际可能产生净收益,地方化的规模递增收益与空间距离交易成本间的平衡,可以解释观察到的产业空间等级模式类型的发展。

范围经济,指由厂商的范围而非规模带来的经济,也即是当同时生产两种或更多产品的费用低于分别生产每种产品所需成本的总和时,所存在的状况就被称为范围经济。

拥挤成本,尽管聚集会导致内生的收益递增现象,但过度聚集也危害经济增长。当存在拥挤效应时,降低落后地区和发达地区之间的运输成本的公共政策往往起相反的作用。当存在拥挤效应时,这种公共政策把经济从经济增长率高、产业集中度低、收入差异小的均衡推向那种经济增长率低、产业集中度高、收入差异很大的均衡。当存

---

① 邱灵. 大都市生产性服务业空间集聚:文献综述[J]. 经济学家,2014(5):97—104.

② 朱英明. 产业集聚研究述评[J]. 经济评论,2003(3):117—121.

③ 唐茂华,陈柳钦. 从区位选择到空间集聚的逻辑演绎——探索集聚经济的微观机理[J]. 人文杂志,2007(3):75—80.

④ 胡晨光,程惠芳,陈春根. 产业集聚的集聚动力:一个文献综述[J]. 经济学家,2011(6):93—101.

在拥挤成本时，降低区际贸易成本的基础设施政策使得经济处于经济增长率低，产业集中度、区际收入差异的均衡。

1.5.2 集聚模式

综合相关文献研究结论，空间集聚模式主要有：

从专业化来说，公司和产业活动一般在空间上集中在一定的区位，不同类型的活动趋向于在不同的地区集聚，结果是，空间的异质性在某种程度上与产业专业化相联系，产业空间集聚属于地区专业化的一种现象，这一现象对普遍采用于城市和地区经济分析中规模递增收益原则是必需的(Krugman，1991)。

从多元化来说，生产被垂直地分离，围绕地方网络间的交易被组织，这种类型的生产组织被描述为“灵活的专业化”。Scott 和 Storper(1992)、Scott(1988)、Storper 和 Walker(1989)以及其他学者认为，内部规模经济和范围经济被增加的市场不确定性和技术变化削弱，由此引起水平的和垂直的分离或生产的外部化，从而有更大的能力满足不同的需求和对市场力更大的适应性。那里产生地理上敏感的交易成本的多样性联系，那里的外部化必定与集聚相联系。灵活的制造业体系的采用与专业化工业集聚体中生产的空间集中相联系。产业区取代官僚主义的多部门公司(Sabel，1989)。这些产业区有功能上相互联系的稠密的公司网络，公司紧密地集聚以保证面对面的交流。Scott(1998)将地理学者关心的劳动力市场动力学与技术变化相结合。当生产从依赖大的一体化公司的内部规模经济，向依赖专业化工业综合体产生的外部经济的柔性生产转变时，快速的技术变化、增加的市场不确定性以及竞争导致传统的产业组织形式的瓦解。公司在产品和工序方面正变得日益灵活，依赖转包者的投入和寻求产出的专门市场区位使得风险最小化。对于地方化经济(对公司具有内部性但对产业具有外部性)增加的依赖有利于产业的集聚，同时这种灵活性要求灵活的劳动力。

从城市化来说，Hoover 认为，产业集聚有单一产业集聚与城市化集聚两种方式，技术进步、劳动力和企业家才能的流动性增强使得地区专业化日见稀少；而城市化集聚则强调城市的规模和多样性是引起集聚的重要因素，单一产业集中程度的外部经济与反映城市规模的外部经济(城市化经济)之间，有着某种连续的、由小而大的层次关系，城市化经济是城市形成、功能和结构问题的基础。

1.5.3 度量指标

对空间集聚度的测度中，四个测度指标最为常见，因而可视为基本指标[①]。

第一个是行业地区集中度。

所谓“行业地区集中度”，是通过借鉴产业组织理论中企业市场集中度指标，来衡量制造业行业地理集聚程度，其定义为一个行业内规模处于前几位的地区占行业整体的比重。计算公式为：

$$CR_n = \sum_{i=1}^{n} x_i \Big/ \sum_{i=1}^{N} x_i \tag{1.64}$$

---

① 本部分整理编辑自：赵伟，藤田昌久，郑小平. 空间经济学：理论与实证新进展[M]. 浙江大学出版社 2009 年版.

其中,CR_n 代表行业中规模最大的前 n 个地区的集中度;x_i 代表行业中第 i 位地区的经济指标(销售额,就业人数等);N 代表行业拥有的全部地区数。

该指标虽然简单直观,但是存在一定的局限性:指标中的地区个数 n 是人为主观决定的,这就导致计算结果具有一定的随机波动性。而且,集中度只是反映了该行业中最大几个地区的总体份额,而无法反映这几个地区之间的差别。

第二个是赫芬达尔指数。

赫芬达尔指数,它表示一个行业内部以就业人数为标准计算的企业规模分布,定义为行业内所有企业的市场份额的平方和,计算公式为:

$$H = \sum_{i=1}^{N}\left(\frac{x_i}{x}\right)^2 \tag{1.65}$$

其中,x 代表市场总规模;x_i 代表 i 企业的就业人数;N 代表行业类的企业数。考虑到企业数据的可得性,通常在计算行业赫芬达尔指数时,多采用地区比重代替式中企业比重。

赫芬达尔指数是一个绝对指标,取值范围在 0 到 1 之间。数值越大表明行业的地区集聚程度越高,反之则越低。当值等于 1 时,表明该行业完全集中在一个地区;当值等于 $1/n$ 时,则表明该行业完全分散。

由于该指标采用平方和的形式,因此,给予了比重处在第一位地区较大的权重,因此,指标值对这个最大份额地区的比重变化非常敏感。此外,该指标计算的仅是一个行业,并没有考虑到其他行业,即认为空间内的行业无差异性,这一问题被空间基尼系数所解决。

第三个是区位商。

区位商是经济空间分析中的一个重要指标,用以考察特定经济活动在某个地区全部经济活动中的相对表现,在衡量制造业地区集聚时,定义为一个行业的地区比重和国家比重之间的比值。计算公式为:

$$LQ_{ij} = \frac{x_{ij}}{x_j}\Big/\frac{x_i}{x} \tag{1.66}$$

其中,LQ_{ij} 代表行业的区位商;x_{ij} 是地区 j 行业 i 的产值或就业人数;x_j 衡量的是地区 j 的工业总产值或就业人数;x_i 是行业 i 的产值或就业人数;x 是全国工业总产值或就业人数。区位商的临界值为 1。区位商的变化有三种情况,其各自的含义是:区位商大于 1,为这行业 i 在地区 j 的比重高于它的全国平均水平;区位商小于 1,为这行业 i 在地区 j 的比重低于它的全国平均水平;区位商等于 1,为这行业 i 在地区 j 的比重与它的全国平均水平相同。

该指标的优势在于数据易得,计算简单,但是这里并没有一个统一的确切标准,即到底一个行业的区位商多大时,才表明该行业是地理集聚的。此外,该指标是一个相对指标,无法估计行业集聚的绝对规模。因此,即使某个行业的区位商很高,但是其产值或就业人数却有可能非常小。

第四个是空间基尼系数。

制造业的空间基尼系数由收入分配系数演化而来,用以衡量行业生产在地理上的

不均匀分布程度,基尼系数的计算方法有很多,其中常用的公式之一是:

$$Gini_i = \frac{2}{m^2 \bar{c} \left[\sum_j \lambda_j \left| c_j - \bar{c} \right| \right]} \tag{1.67}$$

式中,$c_j = \frac{s_{ij}}{s_j}$,$\bar{c} = \frac{1}{m} \sum_j^m c_i$。

其中,m 为行业总数;λ_j 是行业 i 按照 c_j 进行降序排列时的位置数;s_{ij} 是 i 行业占 j 地区的产值或就业比重;s_j 是 j 地区占全国产值或就业的比重。不难看出,基尼系数表示行业 i 相对于全国其他行业的集聚程度。其取值范围在 0 到 1 之间,数值越大,表明行业的空间集聚程度越高。当值等于 1 时,表明该行业完全集中在一个地区;当值等于 0 时,则表明该行业完全分散。

1.5.4 空间格局聚集度量

聚集是一个空间格局偏离随机状态的体现。一个空间格局聚集水平越高,它越远离空间随机状态。

基于与均值椭圆相似性的聚集计量。设空间格局聚集指数为 I_A,有:

$$I_A = \frac{S_{\min} - S_0}{1 - S_0} \tag{1.68}$$

式中,S_0 为实际椭圆与均值椭圆的相似性系数;$S_{\min}$ 为随机椭圆与均值椭圆的相似性系数最小值;下脚标 A 指聚集;聚集指标 I_A 的值取范围为[-1,1],当 $I_A \leqslant 0$ 时,表明空间格局处于空间随机状态;当 $I_A > 0$ 时,表明空间格局处于空间聚集状态,I_A 值越大聚集水平越高。

基于与均值椭圆、随机椭圆相似性的聚集计量。设空间格局聚集指标为 I_A,有:

$$I_A = \frac{S_{\max} - S_0}{1 - S_0} \tag{1.69}$$

式中,S_0 为实际椭圆与均值椭圆的相似性系数;$S_{\max}$ 为与实际椭圆最相似的随机椭圆与均值椭圆的相似性系数;聚集指数 I_A 的值取范围为[-1,1],式(1.69)建立了新的随机域边界(聚集水平为“零”),它考虑了系列随机椭圆与实际椭圆的空间关系,包括空间方向关系,表明“零”聚集水平趋于与到均值椭圆的方向有关。与式(1.69)相比,式(1.68)没有考虑系列随机椭圆与实际椭圆的空间关系,它将在均值椭圆某个方向、与均值椭圆最不相似的随机椭圆作为计量均值椭圆任意方向随机性的标准,认为“零”聚集水平趋于与到均值椭圆的方向无关(聚集水平为“零”的趋于是一个圆)。

1.5.5 空间格局聚集检验

空间集聚是空间格局对空间随机的一种偏离状态,它有三种类型:绝对空间聚集、足迹空间聚集与相对空间聚集。空间聚集检验需要对作为研究对象的空间格局进行多次随机试验,生成一系列空间随机格局,然后依据空间格局在随机格局系列中的相对位置判断它是否处于集聚状态,评估它的集聚水平。

针对某一空间,集聚可以分成两种:全域聚集与局域聚集。当一个空间格局的距离椭圆大于它所在空间的距离椭圆时,这个格局是全域聚集的;当一个空间格局的距离椭圆明显小于所在空间的距离椭圆时，这个格局是局域聚集的。当一个空间格局的距离椭圆与所在空间的距离椭圆相差不大时，这个格局有可能是聚集的，也可能是随机的。至于是否处于聚集状态还要看两个椭圆在中心位置、方位和形状方面差距的大小①。

对三类空间集聚检验的程序基本一致，只是相对空间集聚检验和另外两类集聚检验有一些差别。针对三类空间集聚的检验步骤如下：

1）计算研究对象格局的距离椭圆参数、包括椭圆中心坐标、径向距离、长半轴长度、短半轴长度、面积、密集指数、方位与形状指数；

2）对研究对象格局在绝对空间与足迹空间进行多次（一般千次以上）随机试验，使得每一个试验对象用于相同的机会落在任意一个空间点上，形成随机距离椭圆系列（系列距离椭圆的空间随机分布）；

3）建立系列椭圆各个参数的概率分布计算它们的统计特征，如均值、最小值、最大值等，其中椭圆中心分布用双变量（平面上的点）统计分布表示；

4）计算研究对象格局所在空间的距离椭圆参数，验证空间随机试验的可靠性。如果系列随机椭圆每个参数的均值与对应研究对象格局所在空间的距离椭圆参数非常接近，那么空间随机试验是可靠的；反之，空间随机试验可能是不可靠的，需重新设计或进行必要的调整；

5）确定研究对象格局的距离椭圆参数在系列随机椭圆参数概率分布的位置，如果研究对象格局的距离椭圆中任意一个参数不在对应的随机椭圆参数概率分布中，那么研究对象是绝对（或足迹）空间聚集的，如果研究对象格局的距离椭圆中所有参数都在对应的随机椭圆参数概率分布中，那么研究对象格局是绝对（或足迹）空间随机的；

6）以参照格局的距离椭圆为中心的系列随机椭圆的概率分布是相对空间聚集检验的依据。首先计算参照格局的距离椭圆参数，然后通过空间随机试验获得参照格局的系列随机椭圆各个参数的概率分布，判断参照格局的足迹空间聚集性，将参照格局的系列随机椭圆参数的概率分布转移给参照格局的距离椭圆，由此获得以参照格局的距离椭圆中心为中心的系列随机椭圆的概率分布，然后依据研究对象格局的距离椭圆参数在参照格局的系列随机椭圆参数的概率分布的位置，确定研究对象格局的空间聚集性，具体标准与步骤5类似——如果研究对象格局的距离椭圆中任意一个参数不在对应的参照格局随机椭圆参数的概率分布中，那么研究对象是足迹空间聚集的；如果研究对象格局的距离椭圆中所有参数都在对应的随机椭圆参数的概率分布中，那么研究对象格局是足迹空间随机的。但是如果研究对象格局的距离椭圆中任意一个参数在对应的随机椭圆参数的概率分布的边缘，那么研究对象格局有可能是足迹空间聚集的。这里假设参照格局在以其重心为中心的足迹空间的随机性（即随机椭圆各参数的变异性）弱于它在全足迹空间（以足迹空间重心为中心的足迹空间）的随机性。如果在足迹空间上以参照格局距离椭圆为参照系对该格局进行随机试验，需要适度削减足迹空间、让削减后的足迹空间与参照格局具有相同的距离椭圆，这个空间削减过程比较

① 本部分整理编辑自：赵作权. 空间格局统计与空间经济分析[M]. 科学出版社 2014 年版.

复杂。

张作权在文章中对绝对空间聚集检验时，这里，绝对空间是指中国的大陆空间与美国的大陆空间，聚集检验涉及中国消费市场、制造业以及美国人口。空间随机检验假设没有第一自然与空间(城市之间或地区之间)溢出对经济、人口格局的影响。

足迹空间聚集检验，这里的足迹空间是指中国的287个城市的区位空间与美国的175个城市区位空间、聚集检验涉及中国消费市场、制造业以及美国人口。足迹空间随机检验假设没有空间(城市之间或地区之间)溢出对经济、人口格局的影响，这里的两个国家的城市区位空间反映了第一自然对社会经济发展的作用。

相对空间聚集检验：检验中国制造业的相对空间聚集性，相对空间为中国就业格局。首先需要验证中国就业格局的足迹空间聚集性，然后根据中国就业格局在城市区位空间的随机检验结果，判断中国制造业格局相对于就业格局的空间聚集性。这里中国制造业空间随机的参照标准从中国城市区位聚集椭圆转换到中国就业距离椭圆，假设中国制造业空间随机型稳定。

1.5.6 中心—外围空间集聚扩散模式

1. 中心—外围理论亦称为核心—边缘理论，是20世纪60年代和70年代发展经济学在研究发达国家与不发达国家之间的不平等经济关系时所形成的相关的理论观点的总称。不少学者使用“中心”和“外围”这一对概念来分析世界上发达国家与不发达国家的经济贸易格局，并提出解决它们之间不平等关系的政策设想。

中心、外围的概念和分析方法后来被引入区域经济的研究之中，融入了明确的空间关系概念，形成了解释区域之间经济发展关系和空间模式的中心—外围理论。其中，在若干区域之间会因多种原因个别区域率先发展起来，形成资本、信息、劳动力等相对集中的经济发展速度较快的发达区域，该区域被称为“中心”；其他区域则因发展缓慢而形成为“外围”。中心与外围之间存在着不平等的发展关系。总体上，中心居于统治地位，而外围则在发展上依赖于中心。中心对外围之所以能够产生统治作用，原因在于中心与外围之间的贸易不平等，经济权利因素集中在中心。同时，技术进步、高效的生产活动，以及生产的创新等也都集中在中心，中心依靠这些方面的优势而从外围获取剩余价值。对于外围而言，中心对它们的发展产生压力和压抑，外围的自发性发展过程往往困难重重。更重要的是，中心与外围的这种关系还会因为推行有利于中心的经济和贸易政策，使外围的资金、人口和劳动力向中心流动的趋势得以强化。同时，中心的发展与创新有很大的关系。在中心存在着对创新的潜在需求，使创新在中心不断地出现。创新增强了中心的发展能力和活力，并在向外围的扩散中加强了中心的统治地位。

2. 中心—外围理论的集聚机制

集聚机制。集聚是资源、要素和经济活动等在地理空间上集中的趋向与过程。集聚机制的形成源于三个方面[①]：

---

① 郭力宇. 基于中心—外围理论对西安—咸阳区域一体化发展的研究[J]. 安徽农业科学，2009，37(26)：12762—12764.

1）经济活动的区位指向。区位指向相同的经济活动往往都趋向于集中在同类区位，这就带来经济活动在少数地方的集聚；

2）经济活动的内在联系。出于加强相互联系的需要，一些内在联系紧密、相互依赖性大的经济活动往往趋向于集中在某一适宜地区；

3）经济活动对集聚的追求。各种经济活动为追求集聚经济也需要在空间上趋于集中。可见，集聚机制的形成是必然的。集聚过程一旦开始，就极易形成循环因果式的促进集聚的力量，从而加速集聚过程。集聚能够产生集聚引力。

1.5.7 空间集聚效应

新经济地理学认为产业集聚由循环累积因果效应引起，偶然的扰动破坏了对称区域原有的均衡，引起产业集聚区域市场规模的扩大，产生市场扩大效应，引起生产要素开始在该区域集中。要素和产业集中导致区域产生价格指数效应，厂商向区域集中有利于运输成本和工人生活成本的节约。这样，导致要素进一步集中，继而又引起市场规模扩大和要素集中，如此循环往复构成循环累积因果效应。

新经济地理学意义上的产业集聚，假定工业企业具有相同的成本函数，企业就是行业，每种产品只由一家企业生产，所以均衡时所有企业生产产品数量相等。因此，就新经济地理学严格的假定而言，区域市场规模扩大、产出增加可以看成不同工业行业和要素在既定区域集聚，由此产业集聚地区与非集聚地区形成发达与欠发达地区二元中心——外围结构。

本文有关产业集聚效应的研究是基于中心—外围式模式的，而研究表明，中心—外围式的产业集聚的效应有三个方面[①]：

第一，促进地区经济发展，改善居民生活水平；

第二，产生激烈区域内部竞争，促进区域技术进步，增强区域差异化优势与产业竞争力，带来区域经济增长和产业结构升级；

第三，与新经济地理学集聚区域存在先验的规模报酬递增的观点不同，研究认为集聚区域未必存在规模报酬递增的经济，在市场供求关系决定的需求约束下，产业集聚导致的技术进步产生的产业差异化优势和竞争力是区域索洛剩余递增、产业继续集聚的影响因素，技术进步程度差异对产业差异化优势和竞争力差异的影响则构成影响索洛剩余递增以及地区差异的根本因素，不存在绝对的绝对收敛与条件收敛；产业集聚引起的索洛剩余递增既构成产业集聚循环累积机制的集聚力，又构成扩散力；产业集聚到一定阶段就会产生推动传统产业索洛剩余递减的力量，推动区域向外转移传统产业。

这三类效应逻辑上紧密联系，不可分割。产业竞争力的增强和地区发展效应是技术进步效应的产物，而技术进步又是区域索洛剩余递增推动下的技术进步。

---

① 陈建军，胡晨光. 产业集聚的集聚效应——以长江三角洲次区域为例的理论和实证分析[J]. 管理世界，2008，20(6)：68—83.

1.6 空间扩散效应

创新技术扩散既是创新技术采用者在时间上的数量积累过程，又是创新技术在不同地域逐步被采纳的空间推广过程。区域创新技术空间扩散是创新技术扩散的空间表现形式，是创新技术随着时间推移在地区间传播、推广和应用的过程①。

扩散机制。扩散机制的形成源于以下几方面：

1）避免集聚不经济。所谓集聚不经济就是当集聚规模超过了一定限度而发生的集聚经济效益减少、丧失，以及因集聚而带来的外部环境对经济活动的负面约束现象。如人口稠密、地价上涨、交通拥挤、生活费用和生产大幅度上升、环境污染等。面对这些问题，一些经济部门以及相关的资源、要素就不得不从原来的集聚地区迁移出去；

2）寻求新的发展机会。如集聚地区的部分企业、经济部门为寻求进一步的发展，主动到周围地区建立分支机构或新的发展据点；集聚地区部分企业和经济部门为了减小竞争压力不得不到其他地区开辟新的市场；集聚地区在经济结构转换过程中被淘汰下来的部分企业和经济部门到经济发展水平低的区域去寻求立足之地；

3）政府的政策作用。地方政府为了解决集聚地区因经济活动过密、人口膨胀而引起的种种经济、社会、环境问题，缩小区域之间的经济发展差异，制定出一系列政策，诱导和鼓励集聚地区的资源、要素、企业、经济部门等向其他地区扩散。

总体而言，扩散机制将促进资源、要素、企业、经济部门在空间上趋于相对均衡，有利于逐步缩小区域内部的经济水平差异，促进经济协调发展。在区域空间结构形成与发展的不同阶段，集聚与扩散机制发生作用的强度不一样。在区域空间结构形成初期，外围向中心的集聚机制起着主导作用，引发区域内部发生空间分异；当区域空间结构进入成熟期，一般情况是中心向外围的扩散机制的作用强于外围向中心的集聚机制。

考虑到区域的空间异质性，在引力模型的基础上，刘强、范爱军(2014)构建了区域创新技术空间扩建评价模型：

$$TD_{ij}=C\frac{A_iD_j+A_jD_i}{d_{ij}^2}\quad(i,j=1,2,\cdots)\tag{1.70}$$

其中，TD_{ij}表示地区i和j之间创新技术空间扩散的相对强度；C为空间扩散过程中由于空间异质而带来的损耗系数，$0\leqslant C\leqslant 1$；A_i和A_j分别表示地区i和j对扩散来的创新技术的吸纳(Absorption)能力；D_i和D_j分别表示地区i和j向外地区创新技术扩散(Diffusion)的能力；d_{ij}为与创新技术扩散有关的两地之间的距离(Distance)，这一距离可以是空间的地理距离，也可以是两地之间的收入差距等经济距离。

对区域创新技术空间扩散情况的评价需要分别确定一个地区对创新技术的吸纳能力、向外地区创新技术的扩散能力，以及代表创新技术空间扩散阻力的损耗系数。指标变量的选择以与创新技术扩散直接相关为标准，综合考虑研究区域的内外部环境

① 刘强，范爱军．基于空间异质性的区域创新技术扩散规律研究[J]．统计与决策，2014(2)：97—101.

差异形成的空间异质性。依据评价模型中各变量的特征,本文构建评价指标体系如下:

1) 创新技术扩散能力(D_i 和 D_j)。区域创新技术空间扩散是一个动态过程。以往的研究较多地采用专利授权数或技术市场合同成交额作为评价指标。考虑到专利包含了最新的技术信息,是与创新技术这一研究范畴最吻合的指标,本文选取地区的专利授权数作为衡量各地市创新技术向外地区扩散能力的指标;

2) 创新技术吸纳能力(A_i 和 A_j)。创新技术吸纳能力取决于各地区对创新技术的接受环境。良好的创新技术接受环境有利于新技术新信息的流动和获取,对创新技术扩散起到促进的作用。对此,可以主要考虑了八个因素,分别是反映科技接受环境的每万人平均研发全时人员当量(人/年)和 R&D 经费内部支出占 GDP 的比重(%);反映信息接受环境的人均邮电业务总量(元从)和每千人互联网用户数(户/千人);反映市场接受环境的高新技术产业总产值占工业总产值的比重(%)和城镇居民消费性支出(元/人);反映社会接受环境的教育支出占 GDP 的比例(%)和科技支出占地方财政支出的比例(%)。由于对创新技术吸纳能力的评价涉及多个指标,因此,需要明确各指标的权重,对此,我们采用熵值法确定各指标的权重,进而求出研究对象的综合评价值。

3) 创新技术扩散阻力(C)。创新技术在空间扩散过程中,必然受到一些因素的影响而不能全部被接受,其中最重要的是文化因素和产业结构匹配程度。区域共同的文化观念有助于区域经济一体化的推进,有利于技术要素的流动。因此,技术扩散能力发挥的程度,主要取决于地区之间产业发展水平的差异以及产业结构的匹配程度,产业结构相似系数可以作为估算创新技术空间扩散阻力的合适的代理指标。产业结构相似度越高,创新技术在地市间的扩散受到的阻力越小。

1.7 空间辐射力与范围分析

现阶段研究在构建整合金融竞争力和金融辐射半径两个变量的模型上主要有两个方向:一是通过整合断裂点理论和场强理论构建金融辐射半径测算模型。二是通过运用威尔逊模型经由金融竞争力大小来计算金融辐射半径。上述研究成果为该领域的进一步探索提供了可贵的经验借鉴。

1.7.1 基于断裂点理论的辐射分析

金融地理学认为金融具有地理空间特性。由于区域间存在信息不对称,金融资源的空间分布呈非均衡态势。金融资源首先依托实体经济的发展在一定区域范围内集聚和配置,并促进金融业的发展和金融功能的发挥,形成金融信息腹地,使该区域具有一定的金融竞争力,进而对周边区域的经济金融活动产生影响。因此,现代金融区域辐射力的形成需经历三个阶段:实体经济发展对金融资源的集聚和配置阶段,金融资源集聚助推金融增长极的形成阶段,金融增长极产生金融辐射力的阶段。

金融资源的集聚推动金融体系的完善和发展,并通过其功能属性提高金融体系的运行效率。金融资源在不同区域内的非均衡集聚使区域间具有不同的金融竞争力，且每一区域内金融的发展将伴随着对周边区域金融资源的吸引，以此壮大区域金融竞争力，形成金融增长极。金融增长极是在地理位置相近，经济发展依存度较高的地理区域或行政区域内，以政策为导向，在区域内具有良好经济发展环境以及金融市场基础相对雄厚的地方建立的以金融业为核心的区域内金融中心。不同区域金融资源集聚程度不同，金融业的发达程度也不同，所形成的金融增长极蕴含的能量也不一样，金融竞争力越强，金融增长极的能量也越大。

辐射效应源于法国经济学家佩鲁“增长极”理论。该理论认为，一个国家不可能实施平衡发展，经济增长通常是从一个或数个增长中心逐步向其他部门或地区传导。金融增长极具有同样的特征，它在促进本区域金融业和其他产业结构调整和发展的同时，对周边腹地的金融传导和带动作用更为显著，这就是金融辐射作用。金融竞争力是金融辐射力形成的核心和源泉。

通过金融辐射半径来衡量金融辐射程度，并通过断裂点理论构建金融辐射半径测试模型[①]。断裂点理论认为，一个城市对周围地区的吸引力与它的规模成正比，与距离的平方成反比。因而两个城市相互影响区域的分界点(即断裂点)公式为：

$$d_A = D_{AB}/(1+\sqrt{P_B/P_A}) \tag{1.71}$$

式1.71中，d_A 为较大城市 A 与断裂点间的距离，D_{AB} 为 A、B 两城市间的距离，P_A 为较大城市 A 的人口，P_B 为较小城市 B 的人口。

对金融的区域辐射力而言，同样假设有 A、B 两个城市，C 点为断裂点，F_A、F_B 为 A、B 两个城市的金融竞争力，F_{AC}、F_{BC} 为 A、B 两个城市在断裂点 C 处的金融辐射力。D_{AC}、D_{BC} 为 A、B 两个城市的距离。根据断裂点理论有：

$$F_{AC} = F_{BC} \tag{1.72}$$

$$F_{AC} = F_A/D_{AC}^2 \tag{1.73}$$

$$F_{BC} = F_B/D_{BC}^2 \tag{1.74}$$

$$D_{AB} = D_{AC} + D_{BC} \tag{1.75}$$

由上述可得 A 城市相对 B 城市的金融辐射半径 D_{AC} 为：

$$D_{AC} = D_{AB}/(1+\sqrt{F_B/F_A}) \tag{1.76}$$

可以看出上式所计算出的金融辐射半径是一个空间距离，但客观来看，城市对城市的金融影响并非仅限于 D_{AC} 这个距离之内。金融辐射半径只是一种较为形象的说明方式，进一步地，A 城市对城市的金融辐射程度(Ω)可由 D_{AC}/D_{AB} 表示可得，可得：

$$\Omega = \frac{1}{1+\sqrt{F_B/F_A}} \tag{1.77}$$

从(1.77)式可以看出，A 城市对 B 城市的金融辐射程度与两城市间的距离无关，仅与两个城市各自的金融竞争力相关，这也就很好地避免了辐射半径作为真实的空间距离带来的误解。同时，从(1.76)式还可以看出，被辐射城市 B 的金融竞争力越大，

① 龙海明，凌炼，周哲英．现代金融区域辐射力研究——基于长沙对湖南省内其他市州辐射力的实证检验[J]．财经理论与实践，2014(3)：8—13.

则 A 城市对 B 城市的金融辐射程度越小。

1.7.2 基于威尔逊模型的辐射分析

区域中心城市作为区域金融的增长极,在资金、技术、信息等方面产生的极化效应和扩散效应促进了本地区和周边地区的经济发展。

威尔逊模型是测度区域间资源流动规模和范围的一个模型。假定区域系统是由区域结点构成的结点区域,区域 j 到 k 之间存在的流量为 T_{jk},T_{jk} 表示区域 j 对区域 k 的相互作用强度,区域 j 是资源供应区,区域 k 是资源需求区,此系统是由多个区域组成的封闭系统。根据模型原理,区域 j 和 k 之间存在资源辐射与吸收关系,区域 j 对区域 k 的资源吸引能力为①:

$$T_{jk}=KO_jP_k\exp(-\beta R_{jk}) \tag{1.78}$$

式 1.78 中,T_{jk} 是区域 j 吸引到的源自 k 区域的资源数;O_j 是区域 j 的资源强度;P_k 是 k 区域的资源总数;R_{jk} 表示两区域间的距离;β 是衰减因子,决定了区域衰减速度的快慢,β 值越大,衰减越快,β 为 0 时无衰减;K 为归一化因子,大多数讨论中令 $K=1$。王铮等将威尔逊模型简化为:

$$\theta=P_k\exp(-\beta R_{jk}) \tag{1.79}$$

式 1.79 表示的是城市的吸引强度随着距离衰减的原理,θ 是一个阀值,表示一个城市对外辐射的最大范围,当一个城市的金融能力衰减到这个值以下时,就可以认为该城市对这个辐射范围以外的地方没有辐射作用,将(1.79)式两边同时取对数得:

$$R=1/\beta\ln(P_k/\theta) \tag{1.80}$$

王铮等将 β 值简化为:

$$\beta=\sqrt{2T/(t_{\max}D)} \tag{1.81}$$

式 1.81 中,$t_{\max}$ 是元素中具有扩散功能的最大个数;D 是相互作用的域元;T 是域元内传递因子的平均个数。

1.8 空间耦合协调

耦合与协调是有本质区别的两个概念,协调主要侧重于系统间的良性关系,而耦合则指各系统之间的关系是相互促进或互相破坏,相互促进是协调发展的表现,相互破坏则是不够协调时产生的诸多问题。

1. 二维耦合协调分析

构建多指标的城镇土地集约利用评价指标体系,并用主成分的方法进行评价,得到城镇化综合指数和城镇土地集约利用综合指数。

借鉴物理学中容量耦合概念及容量耦合系数模型,黄木易、刘辉彬、赵媛等的研究

① 林晓,韩增林,郭建科等.环渤海地区中心城市金融竞争力评价及辐射研究[J].地域研究与开发,2014(6):7-11.

方法构造了耦合度及耦合协调度模型①，表达式如下：

$$C=[U*L/(U+L)^2]^{1/2} \tag{1.89}$$

$$D=\sqrt{C*(\alpha*U+\beta*L)} \tag{1.90}$$

式中，U 表示城镇化综合指数，L 表示城镇土地集约利用综合指数，C 为耦合度，$C\in[0,1]$。当 C 趋向 1 时，U 与 L 处于最佳耦合状态；$C=0$ 时，U 与 L 无序态；$0<C\leqslant 0.3$ 时，U 与 L 耦合较差；$0.3<C\leqslant 0.5$ 时，U 与 L 呈现拮抗态，两者关系不稳定；$0.5<C\leqslant 0.8$ 时，U 与 L 耦合较好，两者关系基本稳定；$0.8<C\leqslant 1$ 时，U 与 L 耦合好，两者是呈高度协调态。

其中，α、β 为待定系数，参照黄木易、赵媛、陈逸等研究方法。α、β 均取 0.5，D 表示耦合协调度，$D\in(0,1)$，$0<D\leqslant 0.4$，为低度协调耦合型，$0.4<D\leqslant 0.5$，为勉强协调耦合型；$0.5<D\leqslant 0.8$，为中度协调耦合型；$0.8<D\leqslant 1$，为高度协调耦合型。

2. 三维耦合协调分析

在城镇化过程中，经济发展是基础，人口变化与空间扩张是表现，社会生活水平的提高是最终结果和目标，而经济、人口、土地三者协调发展才是真正健康的城镇化发展之路。

下面以人口-土地-经济人口-土地-经济城镇化协调发展评价为例，说明三维耦合协调评价，指标体系如表 1.1 所示。依据这个原理，可以拓展到多维的耦合协调分析（王周伟，柳闫，2015）。

表 1.1　人口-土地-经济城镇化协调发展评价指标体系

评价层次	评价指标
人口城镇化	非农业人口比重
	第三产业从业人员比重
	每万人高等学校在校生
	城镇恩格尔系数
	城镇人均居住面积
	城镇人均可支配收入
土地城镇化	地均财政收入
	地均二三产业产值
	地均固定资产投入
	城镇建成区面积
经济城镇化	人均 GDP
	人均地方财政收入
	第三产业占 GDP 比重

采用极差标准化对各指标进行标准化处理，并利用加权平均法计算人口城镇化指

① 张乐勤，陈素平，陈保平等．城镇化与土地集约利用耦合协调度测度——以安徽省为例[J]．城市问题，2014(2)：75—82.

数 $f(x)$、土地城镇化指数 $g(y)$ 和经济城镇化指数 $h(z)$，其公式如下：

$$f(x) = \sum_{i=1}^{n} \alpha_i x'_i \text{, } g(y) = \sum_{i=1}^{n} b_i y'_i \text{, } h(x) = \sum_{i=1}^{n} c_i z'_i \tag{1.91}$$

式中：$f(x)$、$g(y)$、$h(z)$ 分别为人口城镇化指数、土地城镇化指数和经济城镇化指数；x'_i、y'_i、z'_i 分别为各指标标准化处理后的标准值；a_i、b_i、c_i 分别为各指标权重，各指标的权重采用均方差的方法确定。$i=(1,2,\cdots,n)$ 为指标个数。

利用容量耦合系数模型，可以拓展得到多个系统（或要素）相互作用的耦合度模型，即：

$$C_n = \left\{ \frac{(u_1, u_2, \cdots, u_m)}{\left[\prod (u_i + u_j) \right]} \right\}^{\frac{1}{n}} \text{, } u_i (i = 1, 2, \cdots, m) \tag{1.92}$$

对于经济、人口、土地 3 个城镇化指数，即 $n=3$。因此，耦合度可用公式 1.93 测算①，即：

$$C = \left\{ \frac{f(x) \times g(y) \times h(z)}{f(x) + g(y) + h(z)} \right\}^{\frac{1}{3}} \tag{1.93}$$

由于耦合度仅显示各系统之间互相作用的强弱，并不能显示系统间的协调情况。所以，借鉴其他文献，构建适合本文的耦合协调发展模型。耦合协调度的计算公式如下：

$$\begin{aligned} D &= \sqrt{C \times T} \\ T &= \alpha f(x) + \beta g(y) + \gamma h(z) \end{aligned} \tag{1.94}$$

式中：C 为耦合度；D 为耦合协调度；T 是人口—土地—经济城镇化综合评价指数；α、β、γ 为待定系数，由于在城镇化过程中，经济发展是基础，因此待定系数的取值为 $\alpha=0.3$，$\beta=0.3$，$\gamma=0.4$。耦合协调程度的划分标准如表 1.2 所示（王周伟，柳闫，2015）。

表 1.2　耦合协调度的划分标准

序号	耦合协调度 D	协调等级
1	$0 \leqslant D \leqslant 0.3$	严重失调
2	$0.3 < D \leqslant 0.4$	中度失调
3	$0.4 < D \leqslant 0.5$	轻度失调
4	$0.5 < D \leqslant 0.6$	勉强协调
5	$0.6 < D \leqslant 0.7$	中等协调
6	$0.7 < D \leqslant 0.8$	良好协调
7	$0.8 < D \leqslant 1$	优质协调

3. 基于热点得分的耦合分析

这里以中国钢铁工业生产消费地空间耦合分析与地理信息系统相结合的方法为

① 刘法威，许恒周，王姝. 人口-土地-经济城镇化的时空耦合协调性分析——基于中国省际面板数据的实证研究[J]. 城市发展研究，2014，21(8).

例，说明如何基于热点得分研究我国各省份钢材生产消费的空间耦合关系①。

使用 *GeoDa* 软件对 2000—2012 年我国各省份的钢材产量进行全局 *Moran's* I 指数计算、*Moran* 散点图和局部空间关联指标（*LISA*）分析研究，得出各省份钢铁工业的空间布局情况，并分析钢材产量的空间分布特征；使用 *ArcGIS* 中空间相关性分析工具箱中的热点分析工具分别对 2012 年各省份的钢材产量和消费量进行分析，然后用各省份的钢铁产量和消费量的热点得分（*GiZ* 值）之差的绝对值的倒数（耦合度）来反映各省份钢材生产消费的耦合程度。所得结果数值越大，说明该省份钢材生产消费的耦合程度越高，钢材产能和消费需求发展就较为匹配；数值越小，说明该省份钢材生产消费的耦合程度越低，钢材产能和消费需求发展则不相匹配。

查阅 *ArcGIS* 中的内容，找到以下说明：热点分析工具可对数据集中的每一个要素计算 *Getis-Ord Gi* * 统计（称为 *G-i-* 星号）。通过得到的 z 得分和 p 值，我们可以知道高值或低值要素在空间上发生聚类的位置。

Getis-Ord 局部统计可表示为：

$$G_i^* = \frac{\sum_{j=1}^{n}\omega_{i,j}x_j - \bar{\boldsymbol{X}}\sum_{j=1}^{n}\omega_{i,j}}{S\sqrt{\frac{\left[n\sum_{j=1}^{n}\omega_{i,j}^2 - \left(\sum_{j=1}^{n}\omega_{i,j}\right)^2\right]}{n-1}}} \tag{1.95}$$

其中，x_j 是要素 j 的属性值，$\omega_{i,j}$ 是要素 i 和 j 之间的空间权重，n 为要素总数。且

$$\bar{\boldsymbol{X}} = \frac{\sum_{j=1}^{n}x_j}{n} \tag{1.96}$$

$$S = \sqrt{\frac{\sum_{j=1}^{n}x_j^2}{n} - (\bar{\boldsymbol{X}})^2} \tag{1.97}$$

G_i^* 统计是 z 得分，因此无需做进一步的计算。

将 2012 年各省份钢材产量和消费量数据连接到省级行政区划的. shape 数据的属性表中，利用 ArcGis 的热点分析工具对钢材产量和消费量进行分析，得出 GiZ 得分。在进行热点分析时，“空间关系概念”选项选择“反距离加权”；“距离方法”选择“曼哈顿距离”。根据钢材产量和消费量 2012 年得分，就可以得出各省份钢材产量和消费量热点分析图。

1.9 空间区域网络

1.9.1 产业空间网络的构造

随着经济发展，我国产业不断涌现新的空间特征，区域间各产业联系逐渐密集形

① 片峰，栾维新，李丹等. 中国钢铁工业生产消费地空间耦合分析[J]. 地域研究与开发，2014，33(3)：11—15.

成复杂的网络。对产业的空间分布特征进行研究,构造了产业空间网络,将其仿真成有形的拓扑结构图,诊断区域产业联系以及产业价值的空间分布①。

产业空间集聚已成为区域经济发展过程中的主导现象,而其最为突出的就是空间特征。产业空间集聚理论研究经历了从古典区位理论到新古典空间经济理论,再到网络组织理论的发展变革。目前对产业空间网络的研究,多集中在从主体策略选择来解释产业空间的定性研究。分析方法大多以人、城市、政府和企业作为节点,以他们的关系构造节点间的关系边。在研究中突出了政府、企业等网络主体,强调处于转型发展时期的中国经济,政府干预经济的能力强,政府的区域经济政策及土地使用政策产业影响布局。以产业为结点的复杂社会网络研究文献寥寥无几。

由于要素流动和产业互动,产业在空间上形成复杂的网状结构。在区域建模中,投入产出分析是空间经济描述的一个强有力工具。本文选取由国家信息中心编制的中国区域间投入产出表作为主要数据来源。借鉴投入产出表的数据,构造了具有拓扑关系的可视产业空间网络,并能够进一步挖掘出各个区域的产业联系和产业差异。为了防止网络出现封闭自环的情况,不考虑本产业结点对自身的中间投入。

1. 节点的确定

按照我国区域间投入产出表,将我国划分成 8 个大经济区域,并将各区域的产业分成 17 个主要部门。因此,构建的区域间产业空间网络共有 136 个结点。

2. 边与边权的确定

以各区域各产业间的投入产出关系作为网络的边,引入区域间产业直接关联系数作为边的权重,设定临界值以确定边的存在性。

① 边权的计算方法

计算直接关联系数:$a_{ij}=x_{ij}/x_j$。x_j 为 j 产业的产出,x_{ij} 为 i 产业对 j 产业的中间投入。

② 边的有向性:在构建的产业网络中考虑投入产出的方向性。因此对于每个结点,实际有四条与其相接的边。

③ 临界点的确定

令 a 为临界值,$a=\frac{1}{ij}\sum a_{ij}$。当且仅当 $a_{ij}\geqslant a$ 时,保留边权 a_{ij} 的数值,认为两结点间存在边;当 $a_{ij}<a$ 时,令 $a_{ij}=0$,即认为两结点之间的边不存在,两产业节点间没有联系。

3. 产业空间网络的结构意义及测度方法

在复杂网络的结构测度中,网络密度、结点中心度、结点中介度是三个重要结构指标。在对网络进行结构测度前,必须证明该网络能够构成小世界网络,这是对网络进行更深一步研究的前提条件。

① 本部分整理编辑自:吕康娟,付旻杰. 我国区域间产业空间网络的构造与结构测度[J]. 经济地理,2010,30(11):1785—1791.

① 小世界网络

用平均最短距离和簇系数两个指标进行小世界网络的验证。规则网络具有较大的簇系数和较大的平均距离，随机网络具有较小的簇系数和较小的平均距离，把较大的簇系数和较小的平均距离两个统计特征合在一起称为小世界效应，具有这种效应的网络被称为小世界网络。

② 整体网络密度

网络中实际存在的边数与最大可能存在边数之间的比例，被称为整体网络的密度。公式为：$d=\frac{L}{n(n-1)}$。其中，L 为实际存在的边数，由于是有向网络，单向边的边数算作 1，双向边的边数算作 2。在产业空间网络中，整体网络密度越大，区域间产业联系越密切，分工合作所得效益越高。网络密度越小，各区域产业联系越稀疏，地区联动程度低。

③ 局部结点中心度

在复杂网络中，结点的度是指与该结点连接的边数。如果网络的边是有向的，可以将中心度分成点入中心度和点出中心度，简称为入度和出度。入度是网络中某个结点被其他结点指向的边数，而出度是该结点指向其他结点的边数。中心度越高说明该结点在整个网络中的越重要，具有支配地位和优先选择权。我国区域间产业空间网络是有向网络，因此各结点同时存在入度和出度。

入度和出度的计算公式分别为：

入度：

$$DC_{\mathrm{in}}(i)=\frac{1}{n-1}\sum_{j=1}^{n}X_{ji} \tag{1.98}$$

出度：

$$DC_{\mathrm{out}}(i)=\frac{1}{n-1}\sum_{j=1}^{n}X_{ij} \tag{1.99}$$

④ 局部结点中介度

中介度反映了相应结点在整个网络中的媒介功能强度。在区域间产业空间网络中，中介度越高的产业结点对整体网络的影响度越大，一旦该产业结点不愿意承担中介作用，其上下游联系立即断裂，在短期内难以形成新的合作，整个产业网络运作可能因此瘫痪。

标准化后的中介度计算公式为：

$$BC_i=\frac{1}{(n-1)(n-2)}\sum_{j<k}\frac{g_{ik}(i)}{g_{ik}} \tag{1.100}$$

式 1.100 中：g_{ik} 是 j 产业与 k 产业的最短路径的条数，g_{ik} 为 j 产业与 k 产业的最短路径中通过 i 产业结点的条数。去除网络规模影响，需标准化除以$(n-2)(n-2)$。

1.9.2 金融空间联系

随着经济全球化推进，金融资本全球不断扩张，金融地理学得到迅速发展，逐渐成为经济地理学的重要研究课题之一。目前，从空间的角度去探讨金融联系的文章尚不多见。随着地理计量学理论革命的展开及区域科学的发展，牛顿万有引力模型已成为国内外学者研究空间联系的主要方法之一。本研究以浙江省县域为例，运用引力模型实证分析金融空间联系特征，进一步利用 SOM 神经网络识别金融中心等级。通过剖析金融空间联系最大引力线格局及空间联系网络结构，识别金融中心等级[①]。

根据数据的可得性、连续性和全面性原则，借鉴有关研究经验，建立金融空间联系引力模型如下：

$$G_{ij}=\frac{\sqrt[3]{S_i \cdot L_i \cdot P_i} \cdot \sqrt[3]{S_j \cdot L_j \cdot P_j}}{D_{ij}^2} \quad (i\neq j;i=1,2,\cdots,m;j=1,2,\cdots,m) \tag{1.101}$$

式中：G_{ij} 为县域 C_i、C_j 之间的金融联系量；S_i、S_j 为县域金融机构人民币存款余额数；L_i、L_j 为县域金融机构人民币贷款余额数；P_i、P_j 为县域金融业从业人数，D_{ij} 为县域 C_i、C_j 之间的距离，m 为对象的个数。

对于任意县域 C_i，存在与其金融联系量值最大的县域 C_i^{Max}，即最大引力县域，将县域 C_i 与其对应的最大引力县域 G_i^{Max} 联结，得到县域最大引力线。金融势能 F_i 为县域 C_i 与其他县域之间金融联系量的总和。最大引力县域 G_i^{Max} 及金融势能 F_i 分别如式(1.102)、(1.103)所示：

$$G_i^{Max} = \max(G_{i1},G_{i2},\cdots,G_{im}) \tag{1.102}$$

$$F_i = \sum_{j=1}^{m} G_{ij} \quad (i \neq j) \tag{1.103}$$

根据县域金融空间最大引力线和势能，可识别金融中心等级，金融中心等级的确定受到最大引力线和势能的双重作用。为了尽量避免数据大小差异的影响，研究以归一化的县域金融空间联系最大引力线联结次数 X_1 和势能值 X_2 构建 SOM 神经网络输入模式集 X：

$$X=\{(X_1^k,X_2^k)\} \quad (k=1,2,\cdots,m) \tag{1.104}$$

1.9.3 区域经济增长的空间关联网络

1. 区域经济增长空间关联网络的构建方法

区域经济增长的空间关联网络是区域间经济增长关系的集合。各区域是网络中的“点”(node)，各区域之间在经济增长上的空间关联关系是网络中的“线”(tie)。由这些点和线便构成了区域经济增长的空间关联网络。构建区域经济增长空间关联网络的关键是刻画各区域之间的空间关联关系和空间溢出效应，我们选择 VAR Granger causality 来实现这一目的。

在考察两区域的关联关系时，先建立两区域经济增长变量的 VAR 模型，然后通过 VAR Granger causality/block exogeneity Wald tests 判断区域之间是否存在动态关联。如果 A 和 B 两个区域之间经济增长的动态关联关系通过检验，并且是 A 指向 B 的，则在网络中，画一条由 A 指向 B 的箭头，并将 AB 两点连接起来，表明这两个区

① 本部分整理编辑自：杨志民，化祥雨，叶娅芬等. 金融空间联系与 SOM 神经网络中心等级识别——以浙江省县域为例[J]. 经济地理，2014(12).

域之间是显著关联的。可以依此方法检验所有区域之间两两的空间关联关系,可画出网络中的各条带箭头的“连接线”。这样,便可构建出区域经济增长的空间关联网络。由于VAR因果关系可能不是对称的,因此是一个有方向的空间关联网络[①]。

2. 区域经济增长空间关联网络的特征刻画

(1) 网络密度

网络密度(density)是反映网络中各区域之间关联关系疏密情况的指标。网络中关联关系的数量越多,则网络密度越大。网络的密度可定义为实际拥有的连线数与整个网络(complete network)中最多可能拥有的连线数之比(Scott,2007)。该测度的取值范围为[0,1]。设网络中的区域数量为 N,则网络中最大可能存在的关联关系数量为 $N\times(N-1)$。如网络中实际拥有的关联关系数量为 L,则网络密度 D_n 可表示为:

$$D_n=L/[N\times(N-1)] \tag{1.105}$$

(2) 关联性分析

关联性(connectedness)反映网络自身的稳健性(robust)和脆弱性(vulnerability)(Krackhardt & David,1994)。如果网络中各区域之间的关联关系把经济系统连接成一个整体,任何两个区域之间存在一条直接或间接的路径相连,那么该网络就具有较好的关联性。如果一个网络的很多线都通过一个区域相连,那么该网络对该区域就产生很大依赖,一旦排除该区域,网络就可能崩溃,因此是不稳健的,则其关联性低。关联性的测度指标是关联度 C。关联度 C 可通过可达性(reachability)来测量。该测度的取值范围为[0,1]。设网络中的区域经济主体数量为 N,网络中不可达的点对数为 V,则关联度 C 的计算公式是:

$$C=1-V/[N\times(N-1)/2] \tag{1.106}$$

对于有向网络而言,与关联性密切相关的指标还有一个网络等级度(hierarchy)。这个概念表达的是网络中区域之间在多大程度是非对称地可达,反映各区域之间在网络中的支配地位。该测度的取值范围为[0,1]。设网络中对称可达的点对数为 K,$\max(K)$ 为最大可能的对称可达的点对数,则等级度 H 的计算公式是:

$$H=1-K/\max(K) \tag{1.107}$$

反映网络关联性的另一个指标是网络效率。网络效率是指在已知网络中所包含的成分数确定的情况下,网络在多大程度上存在多余的线。在区域经济增长空间关联网络中,网络效率越低,表明经济增长的空间溢出渠道越多,存在着溢出效应的多重叠加现象,网络更加稳定。该测度的取值范围为[0,1]。设网络中多余线的条数为 M,$\max(M)$ 为最大可能的多余线的条数,则网络效率 E 的计算公式是:

$$E=1-M/\max(M) \tag{1.108}$$

(3) 中心性分析

中心性(centrality)是研究网络中各区域在网络中的地位和作用的指标。一个区域在网络中越处于中心位置,其在网络中的“影响力”越大,越能影响其他区域。

① 本部分整理编辑自:李敬,陈澍,万广华等. 中国区域经济增长的空间关联及其解释——基于网络分析方法[J]. 经济研究,2014(11):4—16.

Freeman(1979)对网络中心性有深人的研究,其常见刻画指标有两个,分别是相对度数中心度(degree centrality)和中间中心度。

相对度数中心度指在网络中与某区域直接相关联的区域数目(用 n 表示)和最大可能直接相连的区域数目(用 N 表示)之比。De 代表相对度数中心度,我们有:

$$De=n/(N-1) \tag{1.109}$$

中间中心度是由 Freeman(1979)提出的。该指标测度的是一个区域在多大程度上处于其他区域的“中间”。他认为,如果一个区域处于多对区域的最短路径上,这个区域很可能在网络中起着重要的“中介”或“桥梁”作用,因而处于网络的中心。假设区域 j 和 k 之间存在的捷径数目为 g_{jk},j 和 k 之间存在的经过 i 的捷径数目为 $g_{jk}(i)$,第三个区域 i 控制 j 和 k 关联的能力为 $b_{jk}(i)$(即 i 处于 j 和 k 之间捷径上的概率),那么 $b_{jk}(i)=g_{jk}(i)/g_{jk}$。将 i 相应于网络中所有的点对的中间度相加,便得到区域 i 的绝对中间中心度。绝对中间中心度标准化便得到相对中间中心度,其计算公式为:

$$Cb_i=\frac{2\sum_{j}^{N}\sum_{k}^{N}b_{jk}(i)}{N^2-3N+2} \tag{1.110}$$

其中,$j\neq k\neq i$,并且 $j<k$。

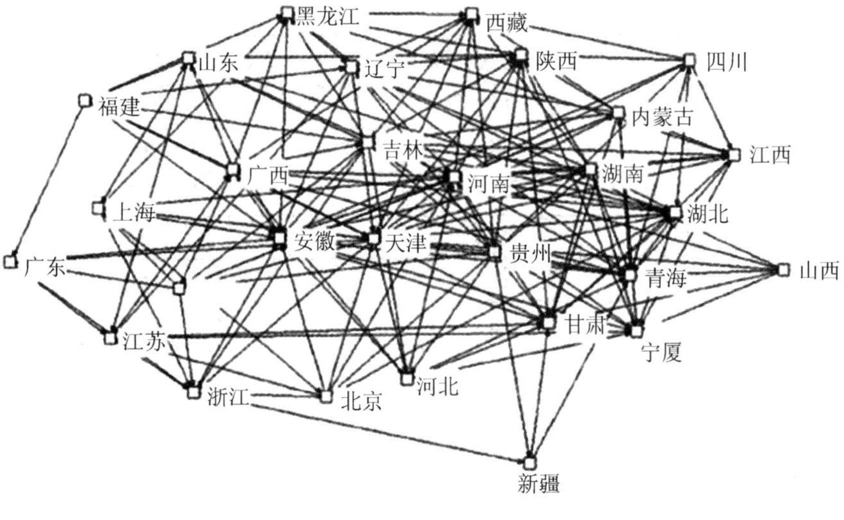

图 1.40 中国区域经济增长空间关联网络

3. 区域经济增长空间关联网络的块模型分析

块模型(block models)分析最早由 White et al.(1976)提出,它是一种研究网络位置模型的方法。

根据块模型理论,可以对各个位置(块)在区域经济增长中的角色进行分析。这里具有四种区域经济增长的角色位置:一是主受益板块,此位置上的区域经济增长主体在板块内部关系比例多,而外部关系比例少,对其他板块的溢出效应较少。极端情况下,只对内部发出关系,而不对外部发出关系,但接受来自其他板块发出的关系,在此情况下可称为净受益板块。二是净溢出板块,其成员向其他板块成员发出较多的关系，而对板块内部较少发出关系，并且较少接收到外来关系，此板块上的经济主体对其他地区经济增长产生净溢出效应。三是双向溢出板块，其成员向其他板块成员发出较多的关系，同时对板块内部也发出较多的关系，但没有接收到多少外来的关系，此板块上的经济主体对板块内部和其他板块经济增长产生双向溢出效应。四是经纪人板块，其成员既发送又接受外部关系，其内部成员之间的联系比较少，在经济增长的空间溢出中发挥桥梁作用。

区域经济增长角色
- 主收益模块
- 净溢出模块
- 双向溢出模块
- 经纪人模块

Wassennan & Faust(1994)开发了评价位置内部关系趋势的指标。假设分析来自位置 B_k 的各个成员的关系。位置 B_k 中有 g_k 个经济主体，那么内部可能具有的关系总数为 $g_k(g_k-1)$。假定在整个网络中含有 g 个经济主体，位置 B_k 各个成员的所有可能的关系为 $g_k(g-1)$。这样，一个位置的总关系的期望比例为 $g_k(g_k-1)/g_k(g-1)=(g_k-1)/(g-1)$。根据这一指标，基于位置内部以及位置之间的关系，可以分成四种经济增长板块，如表 1.3 所示。

表 1.3　块模型中的经济增长板块分类

位置内部的关系比例	位置接受到的关系比例	
	≈ 0	$>$
$\geqslant(g_k-1)/(g-1)$	双向溢出板块	主收益板块/净收益板块
$<(g_k-)/(g-1)$	净溢出板块	经纪人板块

拓展阅读

[1] 潘文卿. 中国的区域关联与经济增长的空间溢出效应[J]. 经济研究，2012，(1)：54—65.

[2] 任英华，游万海. 一种新的空间权重矩阵选择方法[J]. 统计研究，2012，(6)：99—105.

[3] 王守坤. 空间计量模型中权重矩阵的类型与选择[J]. 经济数学，2013，30(3)：57—63. DOI：10.3969/j.issn.1007—1660.2013.03.011.

[4] 徐春华，刘力. 省域市场潜力、产业结构升级与城乡收入差距——基于空间关联与空间异质性的视角[J]. 农业技术经济，2015，(5)：34—46.

[5] 张洪，金杰，全诗凡. 房地产投资、经济增长与空间效应——基于70个大中城市的空间面板数据实证研究[J]. 南开经济研究，2014，(1)：42—58.

[6] 张学良. 中国交通基础设施促进了区域经济增长吗——兼论交通基础设施的空间溢出效应[J]. 中国社会科学，2012，(3)：60—77.

[7] 朱文康. 空间计量模型的权重矩阵构造与分析[D]. 上海交通大学，2014.

参考文献

[1] 陈建军，胡晨光. 产业集聚的集聚效应——以长江三角洲次区域为例的理论和实证分析[J]. 管理世界，2008，20(6)：68—83.

[2] 郭力宇. 基于中心—外围理论对西安—咸阳区域一体化发展的研究[J]. 安徽农业科学，2009，37(26)：12762—12764.

[3] 胡晨光，程惠芳，陈春根. 产业集聚的集聚动力：一个文献综述[J]. 经济学家，2011(6)：93—101.

[4] 李敬，陈澍，万广华等. 中国区域经济增长的空间关联及其解释——基于网络分析方法[J]. 经济研究，2014(11)：4—16.

[5] 李勇，梁琳. 信息腹地、溢出效应与金融集聚研究综述[J]. 金融经济：理论版，2013(12)：76—78.

[6] 林光平，龙志和. 空间经济计量：理论与实证[M]. 科学出版社 2014 年版.

[7] 林晓，韩增林，郭建科，等. 环渤海地区中心城市金融竞争力评价及辐射研究[J]. 地域研究与开发，2014(6)：7—11.

[8] 刘法威，许恒周，王姝. 人口—土地—经济城镇化的时空耦合协调性分析——基于中国省际面板数据的实证研究[J]. 城市发展研究，2014，21(8)：7—11.

[9] 刘芬，邓宏兵，李雪平. 增长极理论、产业集群理论与我国区域经济发展[J]. 华中师范大学学报：自然科学版，2007，41(1)：130—133.

[10] 刘强，范爱军. 基于空间异质性的区域创新技术扩散规律研究[J]. 统计与决策，2014(2)：97—101.

[11] 刘志迎，单洁含. 技术距离、地理距离与大学—企业协同创新效应——基于联合专利数据的研究[J]. 科学学研究，2013，31(9)：53—59.

[12] 龙海明，凌炼，周哲英. 现代金融区域辐射力研究——基于长沙对湖南省内其他市州辐射力的实证检验[J]. 财经理论与实践，2014(3)：8—13.

[13] 吕康娟，付旻杰. 我国区域间产业空间网络的构造与结构测度[J]. 经济地理，2010，30(11)：1785—1791.

[14] 庞敏. 中国经济包容性增长水平的测度及区域差异分析[D]. 湖南大学，2013.

[15] 片峰，栾维新，李丹，等. 中国钢铁工业生产消费地空间耦合分析[J]. 地域研究与开发，2014，33(3)：11—15.

[16] 邱灵. 大都市生产性服务业空间集聚：文献综述[J]. 经济学家，2014(5)：97—104.

[17] 任英华，游万海. 一种新的空间权重矩阵选择方法[J]. 统计研究，2012(6)：99—105.

[18] 沈体雁，冯等田，孙铁山. 空间计量经济学[M]. 北京大学出版社 2010 年版.

[19] 唐茂华，陈柳钦. 从区位选择到空间集聚的逻辑演绎——探索集聚经济的微观机理[J]. 人文杂志，2007(3)：75—80.

[20] 王亮. 经济增长收敛假说的存在性检验与形成机制研究[D]. 吉林大学，2010.

[21] 王宇伟，范从来. 南京建设区域金融中心的信息腹地战略[J]. 南京社会科学，2011(1)：143—148.

[22] 杨志民，化祥雨，叶娅芬等. 金融空间联系与 SOM 神经网络中心等级识别——以浙江省县域为例[J]. 经济地理，2014(12)：93—98.

[23] 张敦福. 扩散理论与中国区域发展研究[J]. 山东师大学报：人文社会科学版，2001，46(5)：100—102.

[24] 张华. 中国区域发展不平衡特征及影响因素分析[D]. 暨南大学，2012.

[25] 张乐勤，陈素平，陈保平等. 城镇化与土地集约利用耦合协调度测度——以安徽省为例[J]. 城市问题，2014(2)：75—82.

[26] 张玉芹，林桂军，汪寿阳. 东盟五国汇率序列的非线性检验[J]. 系统工程理论与实践，2006，

26(11)：1—7.

[27] 赵伟，藤田昌久，郑小平. 空间经济学：理论与实证新进展[M]. 浙江大学出版社 2009 年版.

[28] 赵伟光，敬莉. 区域经济关联与经济增长的空间溢出效应[J]. 财经科学，2015，3(10)：131—140.

[29] 赵作权. 空间格局统计与空间经济分析[M]. 科学出版社 2014 年版.

[30] 朱英明. 产业集聚研究述评[J]. 经济评论，2003(3)：117—121.

第 2 章 空间过滤动态合成数据模型

2.1 空间过滤动态合成数据模型的建立

2.1.1 建立空间过滤动态合成数据模型概述

依据空间经济学理论，考虑地理空间效应是必要的。因为存在空间差异，传统的时间序列回归方法遇到诸如相关性、异方差等问题，不能很好地解释经济变量之间的关系。在这种情形下，可供选择的统计与计量方法有截面回归方法和时空数据模型。截面回归包括一般回归方法和地理加权回归方法，虽然这两种方法都可以进行空间相关性研究，但截面回归使用的数据信息只有同一个时期各个区域的情况，是一种静态分析，无法反映各个区域在不同时期的动态信息，因而具有一定的局限性，主要表现在：横截面数据虽然可以在一定程度上弥补时间序列数据所不能反映的地区之间差异性的缺陷，但其只能静态地刻画某一时间点的经济状况，而不能全面、动态地从一个时段上描述经济变化的状况。空间计量经济学的空间滞后模型、空间误差模型等考虑了空间效应，通过空间权重矩阵的引入较好的实现了对增长过程中空间效应的识别和估计，但是由于估计的原因，具有较大的局限性。

由此可见，在估计模型之前，预先就将输入变量之间的空间效应去除，然后采用常规的统计和计量方法进行估计和检验，是一种较为可行的办法。

2.1.2 空间过滤动态合成数据模型的原理与方法

空间过滤动态合成数据模型的估计可以分三步解决：即首先通过对原始数据中的空间效应进行空间过滤处理，然后在应用标准的合成数据估计方法来估计过滤后的动态合成数据模型，最后对过滤后的模型的估计效果进行经济地理意义检验、统计和计量经济学检验和残差的 Moran 检验。

这种空间过滤的基本原理是，为了找出变量之间受空间自相关影响的程度，将观测值的空间效应和非空间效应分离开来，使空间和非空间变量逐步显现出来，以便可以利用传统的计量方法进行估计和检验。

由此可见，这种方法实现的关键是根据第一步的空间过滤原理对数据进行空间效应的去除转换，以便满足进行第二步估计的空间不相关假定，通过这种数据处理以后，将产生无空间效应的模型所需要的估计结果，而且一般的经典估计方法就不再受到空间自相关假定的限制。

2.2 空间滤波方法

目前在经济地理、区域经济文献中，越来越多的文献在处理空间相关性的时候，从另外一个角度来研究变量间的空间相关性，即：空间滤波方法。空间滤波方法的思想来源于时间序列中滤波方法的思想，通过将潜在的空间相关关系“滤掉”。在空间统计和空间计量经济学中将空间滤波(Spatial Filtering)定义为可以对地理数据间潜在联系得到稳健分析的一种广义方法，构造的数理算子用于将地理数据中的地理结构噪声从趋势和随机噪声中分离出来，从而得到更加直观的结果和更加准确的统计推断。空间滤波可以运用数理方法矫正由于任意尺度、层次或者区域划分导致的潜在扭曲。空间滤波的基本思想是从某种空间联系矩阵中提取空间代理变量，并将其作为控制变量放入模型设定中。这种方法最大的好处就是这些控制变量将空间数据中的随机空间相关性识别并分离开来，使得我们可以认为变量间是独立的，再使用传统的回归方法来分析模型。

一般而言，在一些存在空间滞后变量的观察值中，我们可以观察到某种程度的空间自相关，Anselin(1988)在文中指出，这种空间自相关可能是由以下几种因素造成的：一是遗漏了部分外生因子，这些外生因子在模型错误设定的情形下到了扰动项中，而这些外生因子可能存在某种不同的空间形式，从而把扰动项从空间上关联起来了；二是观察值潜在的空间相关形式可能是由于空间机制的变化引起的；三是对观察值进行不恰当的空间加总导致的。Anselin(2001)指出：空间自相关的出现使得观察值违背了传统的观测值之间随机不相关的假定，而许多经典的统计推断都是基于这个假定，因此，忽略了空间自相关会使得参数的估计或标准误的估计是有偏的，跟人为的增加自由度产生的结果是一样的。

目前，在实际处理存在空间分布形式的观测值时，一般使用空间滤波方法中的第一种：基于参数的方法，目前一般使用极大似然估计或者贝叶斯估计方法，这两种参数方法必须假设空间数据生成过程的参数模型存在且可以识别出来，这样就可以通过一个逆变换将白噪声部分分离出来。第二种空间滤波方法是基于非参数的方法，对分布并没有具体的假设要求，从而更少地牺牲样本中的信息，但是非参数方法在计算的过程中可能需要较多的计算量。非参数滤波方法的主要优点是不需要对扰动项的分布进行具体的假设要求。特征向量空间滤波方法基于标准的OLS估计量，由于Gauss-Markov定理，不需要假定扰动项是独立同方差的。当模型存在设定误差时，空间滤波估计量相对于空间极大似然估计量是稳健的。对于结果的解释也是非常直观的，因为空间过程的不同成份是可以提取出来并观察得到的。

在本章，如果没有特殊说明，我们的分析都是基于标准的线性回归模型：

$$\boldsymbol{y}=\boldsymbol{X}\boldsymbol{\beta}+\boldsymbol{\varepsilon} \tag{2.1}$$

其中，$\boldsymbol{y}$ 是由 n 个地理数据组成的 $(n\times1)$ 的内生变量向量，$\boldsymbol{X}$ 是有 k 个内生变量构成的 $(n\times k)$ 矩阵，其中包含 $(n\times1)$ 的单位向量，$\boldsymbol{\beta}$ 是 k 个回归系数构成的 $(k\times1)$ 向量，$\boldsymbol{\varepsilon}$ 是 $(n\times1)$ 个随机扰动项构成的向量。我们可以假定扰动项中的空间自相关是由外生

变量的空间相关因子引起的,但是这些因子并没有包含在模型中,造成了模型的错误设定,而同时 $\boldsymbol{X\beta}$ 中的部分信息被转移到扰动项($n\times n$)的协方差矩阵中。进一步,我们还可以假定被解释变量中可以被观察到的空间形式能够被分解为三个统计上独立的成份:(1)系统空间成份,由模型中的外生变量决定;(2)随机信号成份,反映潜在空间形式或者遗漏有内在空间形式外生变量;(3)独立的白噪声扰动。

2.2.1 参数的空间滤波方法

从估计方法的角度简单来分,目前参数滤波方法主要有以下两种方法:极大似然方法和贝叶斯方法。一个早期的参数空间滤波方法的应用可以参考 Griffith(2000)运用空间滤波方法,通过空间交互相关系是来控制两个空间变量序列之间的空间相关性。参数空间滤波方法同时间序列方法中"去噪"方法相类似。运用这种方法将要考察的空间序列中随机信号移除,他假设了一个高斯自回归模型,对应的去噪转换函数为:$\boldsymbol{\varepsilon}=(\boldsymbol{I}-\rho\boldsymbol{V})(\boldsymbol{y}-\boldsymbol{\mu})$,对应的空间变量($\boldsymbol{y}-\boldsymbol{\mu}$)被转换为 $\boldsymbol{\varepsilon}\sim N(0,\sigma^2 I)$,变成了一个白噪音变量。其中,系数 ρ 反映的是空间过程的潜在空间相关水平或强度,也是一般而言的空间相关系数,$\boldsymbol{I}$ 表示一个($n\times n$)的单位矩阵,($n\times n$)的空间连接矩阵 $\boldsymbol{V}$ 反映的是观察值之间的理论空间相关关系。在实际应用中使用"去噪"方法时,空间自相关强度 ρ 和局部期望向量 $\boldsymbol{\mu}$ 都需要从数据中估计出来。将空间自相关强度 ρ 加入到参数空间滤波算子中来,使得参数空间滤波区别于简单的空间差分方法,因为简单的空间差分方法假设空间相关强度固定为 1,即 $\rho=1$。

2.2.2 非参数滤波方法

非参数滤波方法目前主要有两种,一种是 Getis(2002,2008)提出来的基于 Getis' G 统计量的方法。另一种是 Griffith(1996,2000)提出来的特征向量方法。

1. Gi 统计量

Getis 和 Ord 提出了衡量由于某些点(或区域)集中在一起,某一点与在某一个距离 d 范围之内的其他点之间空间依赖强度的统计量,Gi 统计量。我们把一个给定的区域划分成 n 个区域,$i=1,2,3,\cdots,n$ 每个地区可以通过一个点(由于它的中心点坐标是已知的)来识别,每一个地区 i 有一个随机变量 X 对应的样本值 x,假设这个变量有 Natural Origin 并且所有取值均为正。统计量可以如式(2.1)所示。

Gi 统计量与全局 Moran's I 和全局 Geary's C 测量空间自相关的方法相似,其分子的交叉乘积项不同,即测量邻近空间位置观察值近似程度的方法不同,其计算公式为:

$$G_i = \sum_i w_{ij}x_j \Big/ \sum_j x_j \tag{2.2}$$

Gi 统计量直接采用邻近空间位置的观察值之积来测量其近似程度,与全局 Moran's I 和全局 Geary's C 不同的是,Gi 统计量定义空间邻近的方法只能是距离权重矩阵 $w_{ij}(d)$,是通过距离 d 定义的,认为在距离 d 内的空间位置是邻近的,如果空间位置 j 在空间位置 i 的距离 d 内,那么权重 $w_{ij}(d)=1$,否则为 0。从公式中可以看出,在计算 Gi 统计量时,如果空间位置 i 和 j 在设定的距离 d 内,那么它们包括在分子中;如果距离超过 d,则没有包括在分子中,而分母中则包含了所有空间位置 i 和 j 的观察值 x_i、x_j,即分母是固定的。如果邻近空间位置的观察值都大,Gi 统计量的值也大;如果邻近空间位置的观察值都小,Gi 统计量的值也小。因此,可以区分"热点区"和"冷点区"两种不同的正空间自相关,这是 Gi 统计量的典型特性,但是它在识别负空间自相关时效果不好。

Gi 统计量的数学期望 $E(G)=W/n(n-1)$,当 Gi 统计量的观察值大于数学期望,并且有统计学意义时,提示存在"热点区";当 Gi 统计量的观察值小于数学期望,提示存在"冷点区"。

(2.2)式的均值为:

$$E[G_i(d)]=\frac{W_i}{n-1} \tag{2.3}$$

其中,$W_i=\sum_j w_{ij}(d)$。如果我们假定:$\sum_j x_j/(n-1)=Y_{i1}$,$\sum_j x_j^2/(n-1)-Y_{i1}^2=Y_{i2}$,结合式(2.2)我们可以计算 G 统计量的方差:

$$\mathrm{Var}[G_i(d)]=\frac{W_i(n-1-W)}{(n-1)}\left(\frac{Y_{i2}}{Y_{i1}^2}\right) \tag{2.4}$$

$G_i(d)$衡量的是对于某一个区域,该区域内部各个地区的集中度,它反映了离 i 地区距离小于 d 的地区 x_j 的和,占所有地区 x_j 的比例,该值是否显著,不仅仅取决于距离的大小,还取决于它期望值的大小。

2. Gi 统计量滤波方法的具体步骤

要将一个空间依赖变量转换成空间独立变量,意味着要将空间相关性从空间依赖变量中剔除掉,最初的变量被分解为两个部分:滤波后的非空间变量和空间扰动变量。滤波的过程取决于:(1)识别合适的距离参数 d,在此距离内各地区之间存在空间相关性,在此距离外不存在空间相关性。(2)测度每个观测值对原始变量空间相关性的贡献大小。

假定对于某一点 x_1,对于给定距离参数 d,有两个点 x_2 和 x_3 在此距离内,这意味着这两个点相加的比重应该大于在同样空间结构下、在同样距离下 x 随机分布下取值的均值,此时 $i=1$,也就是 $G_1(d)$大于 $E[G_i(d)]=\frac{W_i}{n-1}$。我们假定 $G_1(d)=0.40$,$E[G_i(d)]=0.30$。那么意味着所有变量(不包括 x_1 本身)的 40%都包含在 x_1 的 d 距离以内,然而期望值只有 30%,因此 30/40 反映的是 x_1 与它均值的相似程度。因此我们可以将 30/40 作为 x_1 滤波后的值,原始值和滤波后的值之间的差,便是由于 x_1 周围的空间集聚被滤掉的部分。在此例中,30/40 反映的是 x_1 同它的均值的相似程度,10/40 反映的是不相似的程度,是由于正的空间集聚造成的负的空间集聚同样可以得到。因此我们可以通过以下变换得到 x_i 滤波后的变量:

$$x_i^*=\frac{x_i\left(\frac{W_i}{n-1}\right)}{G_i(d)} \tag{2.5}$$

当所有 x_i 都通过上式变换以后,便得到了滤波后的变量 X^*(非空间部分),X 与

X^*之间的差便是一个新的变量 L(空间分量),表示的是变量 X 中的内在空间效应,$L=X-X^*$,在具体的回归模型中,滤波后的空间效应通过 L 来体现,应当还原到原始模型中去,因此原始的回归模型:

$$y=X^*\beta^*+L\beta+\theta \tag{2.6}$$

新模型中扰动项 θ 中将不再存在空间自相关,因此传统的 OLS 估计方法将是可行的,经典的假设检验和统计推断也是正确的,不过参数的估计值大小和含义的解释可能会发生一些变化。

在实际应用中的一个基本问题,同时也是一个非常重要的问题是如何确定距离参数 d,该值应该使得在距离 d 以内的空间效应达到最大,现有文献大体而言,有两种做法。第一种是 Getis 和 Ord 给出的建议,选取何时的 d 来最大化实际 Gi 统计量与期望之差的平方和,用公式来表示便是:

$$\max_d \sum_i (G_i(d)-E(G_i(d)))^2 \tag{2.7}$$

另一种方法是通过不断增加距离 d,得到一系列 Gi 统计量,直到 Gi 统计量的值不再随着距离的增加而增加,从而得到 d 的取值。Getis(2010)指出还有一种方法得到 d 应该更加合适,用公式可以表示为:

$$\max_d \sum_i \left| \frac{G_i(d)-E(G_i(d)}{\sqrt{\mathrm{Var}(G_i(d))}} \right| \tag{2.8}$$

一个更加合理,但是不失一般性的做法是为每一个独立的点 i 分别识别一个合适的距离 d 值,这样滤波效果会更加理想,显然关于如何准确快速地确定合理的 d 值,有待进一步的研究。

3. Gi 统计量滤波后各变量的性质

在成功利用 Gi 统计量滤波后,得到的非空间分量 X^* 与空间分量 L 应该满足如下几条性质:

(1) 分量 X^* 中不再包含空间自相关;

(2) 如果变量 X 中包含空间相关性,那么 X 与 X^* 之差是一个空间自相关变量 L;

(3) 在任一回归模型中,当所有变量都用恰当的 d 进行滤波后,回归得到的残差之间不存在空间相关性;

(4) 在回归方程中,在滤波剔除掉空间相关性之后,“合适”的变量在统计上应该是显著的。这里的“合适”需要理论上的确认,一般而言,如果直觉上正确的变量滤波后在统计上是显著的,那么就是令人满意的。

如果上述条件能够满足,那么我们可以认为在用了空间滤波方法以后,我们找到了空间自相关的一个合理的估计,对模型进行 OLS 估计也将是适宜的,传统的假设检验和统计推断也是合适的。

Getis(2010)利用 Gi 统计量滤波方法,对美国各个州城镇犯罪、区域不平等和政府支出等数据进行了实证研究,并对上述四条性质分别进行了检验,得到了很好的效果。

4. 非参数特征向量方法

特征向量方法的基本思想是从转换空间连接矩阵中提取特征向量，空间连接矩阵在不同的空间自相关水平上显示出不同的空间形式。进一步，这些特征向量是相互正交和不相关的。从提取的空间向量中提取一个子集再进行线性组合，这个线性组合能够：(1)捕捉到模型中随机成分内在的空间结构；(2)从协方差矩阵中滤掉这种空间结构。那么这些特征向量的子集，可以是那些没有包含在模型中的外生空间变量、或者是将这些变量联系在一起的空间结构的代理变量。

因此，将所有相关的特征向量包含到模型中来，便可以使得剩下的残差成分不存在空间相关。那么，标准的统计建模、估计方法和统计推断便可以用于空间滤波后的空间模型了，特征向量方法在理论上和实际应用中最关键的两个问题是：(1)对于一个特定的回归模型，哪些特征向量构成了潜在的候选向量；(2)哪一种选取方法或者准则能够得到不存在空间相关的回归。Griffith 写了一篇很好的关于特征向量方法的综述。

5. 两种非参数滤波方法的比较

Getis 和 Griffith(2002)运用实例将上述两种方法进行了对比，研究发现两种滤波方法对统一数据或模型产生了几乎相同的结果。Gi 统计量方法要求数据有正支撑或者存在正的空间自相关，应用范围相对局限一些，而特征向量方法相对更加灵活，可以分别单独对模型中的外生变量和内生变量进行滤波，也可以对整个回归系统进行滤波。

2.3 空间过滤动态合成数据模型的估计与检验

2.3.1 空间过滤动态合成数据模型的估计

Getis 等人在对空间自相关过滤以后的截面回归模型中，采用了普通最小二乘法进行估计，并认为拟合优度有了显著提高，过滤方法是有效的，结论是可信的。

合成数据模型的各种估计方法比较起来看，对于线性模型，广义最小二乘估计是一种优良的合成数据模型估计方法，而普通最小二乘方法由于本身具有一些非常严格的假设限制，尤其是在存在滞后的截面相关和对影响因素有异质响应时，即使引入时间虚拟变量，普通最小二乘法估计的表现依然较差，因此，即使经过了空间过滤，它所估计的结果可能依然没有放宽假设的两阶段最小二乘法、三阶段最小二乘法、广义最小二乘法、广义矩估计等方法取得的估计结果优良。

为了进行结果对比，实证估计可采用普通最小二乘法和广义最小二乘法两种估计方法。尤其是广义最小二乘法在固定效应、随机效应、变结局、变系数等合成数据模型的估计中具有较好的效果，是一种常用的估计方法。而且，在本质上，虽然广义矩估计法本质上是非线性的，但对于线性模型，广义矩估计方法就是广义的最小二乘法，因此这种方法对经过处理的动态合成数据模型应该具有良好的估计效果，因此可以预期，广义最小二乘法在消除空间效应后的动态合成数据模型中应具有良好的表现。

2.3.2 空间过滤动态合成数据模型的检验

空间过滤动态合成数据模型的思路与方法是否有效,必须通过对过滤后的模型进行多种检验才能加以证明。在经过过滤之后,通过反复的模拟计算,可以得到模型的参数估计量,即初步建立一个计量经济学模型。但是,已经建立的模型能否客观地解释所分析的经济地理现象各个因素之间的相互作用机制和影响关系,能否付诸应用,还需要通过各种检验才能做出判定。基于一般的单方程计量经济模型检验,经济地理意义上的计量检验也有四个方面①:

1. 经济地理意义检验

检验模型参数在经济地理意义上的合理性。主要是将模型参数的估计量与预先拟定的理论期望值进行比较,包括参数估计量的符号、大小等,以判断其合理性。为了保证模型的实际应用价值,经济地理意义必须要明确,只有模型中的参数估计量通过了经济地理意义上的检验,才能进行下一步检验。

2. 统计学检验

对于模型的统计学性质进行检验,主要有拟合优度检验、方程和变量的显著性检验等。

过滤前后效果的统计学检验是通过拟合优度检验、模型整体显著性检验、变量显著性检验以及残差的 Moran 空间相关性检验来完成。对于过滤效果的好坏,主要标准是:至少其中的多数检验要通过,并有显著的提高。

3. 计量经济学检验

对于模型的计量经济学性质进行检验,通常有随机误差项的序列相关、异方差检验和解释变量的多重共线性检验等。

4. 预测检验

预测检验主要是检验模型的稳定性,确定所建立模型能够用于观测值以外的范围,即模型的所谓超样本性。

拓展阅读

[1] 陈得文,苗建军. 人力资本集聚、空间溢出与区域经济增长——基于空间过滤模型分析[J]. 产业经济研究,2012(4):54—62,88.

[2] 孙建,齐建国. 中国区域知识溢出空间距离研究[J]. 科学学研究,2011,29(11):1643—1650.

[3] 孙建,吴利萍. 中国区域创新效率及影响因素研究——空间过滤与异质效应 SFA 实证[J]. 科技与经济,2012,25(2):25—29.

[4] 袁鹏. 基于空间过滤的制造业劳动生产率地区收敛性估计[J]. 数理统计与管理,2009,28(3):502—510.

[5] Felix Haifeng Liao, Yehua Dennis Wei. Space, Scale, and Regional Inequality in Provincial China: A spatial filtering approach[J]. Applied Geography, 2015.

① 沈体雁,冯等田,孙铁山. 空间计量经济学[M]. 北京大学出版社 2011 年版.

[6] Jonathan B. Thayn, Joseph M. Simanis. Accounting for Spatial Autocorrelation in Linear Regression Models Using Spatial Filtering with Eigenvectors [J]. Annals of the Association of American Geographers, 2013, 103(1): 47—66.
[7] Matías Mayor, Ana Jesús López. Spatial Shift-share Analysis versus Spatial Filtering: An Application to Spanish Employment data[M]. Springer, 2009. 123—142.
[8] R. Kelley Pace, James P. Lesage, Shuang Zhu. Interpretation and Computation of Estimates from Regression Models Using Spatial Filtering [J]. Spatial Economic Analysis, 2013, 8(3): 352—369.
[9] Roberto Patuelli, Norbert Schanne, Daniel A. Griffith. Persistence of Regional Unemployment: Application of a Spatial Filtering Approach to Local Labor Markets in Germany [J]. Journal of regional science, 2012, 52(2): 300—323.
[10] Túlio Antonio Cravo, Guilherme Mendes Resende. Economic growth in Brazil: a spatial filtering approach [J]. The Annals of Regional Science, 2013, 50(2): 555—575.

参考文献

[1] Arthur Getis, Daniel A. Griffith. Comparative Spatial Filtering in Regression Analysis [J]. Geographical Analysis, 2002, 34(2): 130—140.
[2] Arthur Getis. A History of the Concept of Spatial Autocorrelation: A Geographer's Perspective [J]. Geographical Analysis, 2008, 40(3): 297—309.
[3] Arthur Getis. Spatial Filtering in a Regression Framework: Examples Using Data on Urban Crime, Regional Inequality, and Government Expenditures [M]. Springer, 2010. 191—202.
[4] Daniel A. Griffith. A Linear Regression Solution to the Spatial Autocorrelation Problem [J]. Journal of Geographical Systems, 2000, 2(2): 141—156.
[5] Luc Anselin. Spatial Econometrics: Methods and Models [M]. Springer, 1988.
[6] Luc Anselin. Spatial Econometrics [J]. A Companion to Theoretical Econometrics, 2001, 310330.
[7] Roberto Patuelli, Norbert Schanne, Daniel A. Griffith. Persistence of Regional Unemployment: Application of a Spatial Filtering Approach to Local Labor Markets in Germany [J]. Journal of regional science, 2012, 52(2): 300—323.

第 3 章 截面空间计量经济模型

3.1 基本的截面空间计量经济模型

截面数据分析常用的空间经济计量分析模型主要有空间滞后模型(Spatial Autoregressive Model,SAR)、空间误差模型(Spatial Error Model,SEM)与空间面板杜宾模型(Spatial Durbin Model,SDM)。三个空间计量模型描述的空间相关来源不同,SAR 模型描述了不同省域因变量之间的空间相关性及其效应,SEM 模型描述了不同省域的误差项之间的空间相关性及其效应,但两者都没有考虑自变量之间的空间相关性以及对因变量的作用,SDM 模型则同时包括因变量之间和自变量之间的空间相关性。

3.1.1 一阶空间自回归模型

一阶空间自回归模型(First-order Spatial AR Model,FAR)很少在实际中运用,但是对后面章节的学习有一定启发。FAR 模型形式如下[①]:

$$y=\rho \boldsymbol{W}_y+\varepsilon \tag{3.1}$$
$$\varepsilon: N(0,\sigma^2 I_n)$$

式中,空间相邻矩阵 $\boldsymbol{W}$ 为标准化矩阵(其行和为 1)。

用最小二乘法估计空间自回归模型,求得模型(3.1)中的单参数 ρ:

$$\hat{\rho}=(y'\boldsymbol{W}'\boldsymbol{W}_y)^{-1}y'\boldsymbol{W}'_y \tag{3.2}$$

$$E(\hat{\rho})=(y'\boldsymbol{W}'\boldsymbol{W}_y)^{-1}y'\boldsymbol{W}'_y(\rho\boldsymbol{W}_y+\varepsilon)=\rho+(y'\boldsymbol{W}'\boldsymbol{W}_y)^{-1}y'\boldsymbol{W}'\varepsilon \tag{3.3}$$

可以看出,最小二乘是有偏的,即 $E(\hat{\rho})\neq\rho$。由此引出两个问题:一是解释变量 X 在重复抽样中最小二乘法是否适用,二是 $E(\varepsilon)$ 是否为 0。由于空间相关性的存在,我们无法重复抽样获得适用的 $\boldsymbol{W}_y$,这也同样排除了用最小二乘法估计 ρ,因为了 $y'\boldsymbol{W}'\varepsilon$ 极限概率不为 0。事实上,Anselin(1988)证明了以下公式:

$$p\lim N^{-1}(y'\boldsymbol{W}'\varepsilon)=p\lim N^{-1}\varepsilon'\boldsymbol{W}(I-\rho\boldsymbol{W})^{-1}\varepsilon \tag{3.4}$$

只有在 $\rho=0$ 和空间不相关的样本数据中,该公式才会等于 0。考虑到最小二乘估计对空间自回归模型中的 ρ 是有偏的,如何估计 ρ 呢?可采用式(3.1)所示的最大似然估计。

$$L(y|\rho_i\sigma^2)=\frac{1}{2\pi\sigma^{2(n/2)}}|I_n-\rho\boldsymbol{W}|\exp\left\{-\frac{1}{2\sigma^2}(y-\rho\boldsymbol{W}_y)'(y-\rho\boldsymbol{W}_y)\right\} \tag{3.5}$$

---

① 沈体雁,冯等田,孙铁山. 空间计量经济学[M]. 北京大学出版社 2011 年版.

用自然对数似然函数简化式(3.5)的最大值问题，将 σ^2 的扰动消除，用 $\hat{\sigma}^2=(1/n)(y-\rho\boldsymbol{W}_y)'(y-\rho\boldsymbol{W}_y)$ 替换式(3.5)中的 σ^2，取对数后得到：

$$\ln(L)\propto-\frac{n}{2}\ln(y-\rho\boldsymbol{W}_y)'(y-\rho\boldsymbol{W}_y)+\ln|I_n-\rho\boldsymbol{W}| \tag{3.6}$$

σ^2 的估计值 σ^2 可由 ρ 得到，$\hat{\sigma}^2=(1/n)(y-\rho\boldsymbol{W}_y)'(y-\rho\boldsymbol{W}_y)$。在下一节，我们讨论运用计算机计算大量数据，采用稀疏矩阵算法来计算似然函数。

用该方法解决最大似然函数估计时有两个实现细节。第一，我们对参数 ρ 要加以约束(参数在一定范围内是可行的)：$1/\lambda_{\min}<\rho<1/\lambda_{\max}$。这里，$\lambda_{\min}$和 $\lambda_{\max}$分别代表标准空间相邻矩阵 $\boldsymbol{W}$ 的最小和最大特征值。第二，当无法对单一最优的离散参数进行估计时，用 Hessian 矩阵〔多维变量函数的二阶偏导数矩阵)导出有序最优解法。用以上两个方法求解，由于问题包含少量观测值，我们可用理论信息矩阵估计参数 $\theta=(\rho,\sigma^2)$。基 Fishcr 信息矩阵的渐近方差矩阵如下：

$$[I(\theta)]^{-1}=-E\left[\frac{\partial^2 L}{\partial\theta\partial\theta'}^{-1}\right] \tag{3.7}$$

这个方法在处理大量数据时是不可行的，在这种情况下，可用最大似然估计的 ρ 和 σ^2 计算 Hessian 矩阵. 同时也可用稀疏矩阵函数计算该似然值。

一阶空间自回归模可用 FAR 函数估计(James，1999)。估计 FAR 模型要求我们找到 $n\times n$ 维矩阵 $\boldsymbol{W}$ 的特征值，同时求出相关 $n\times n$ 矩阵($I_n-\rho\boldsymbol{W}$)的行列式。除此之外，估计离散性要求计算矩阵 $\boldsymbol{W}$ 和($I_n-\rho\boldsymbol{W}$)的乘积。为此可构造一个 FAR 函数来获得一阶空间自回归模型的估计值。

另一个需要提到的问题是在处理大数据时估计参数 ρ 和 σ^2 值的离散度。由于无法用信息矩阵方法处理大量数据，一个可以得到离散度的方法就是用 ρ 和 σ^2 的最大似然值计算 Hessian 矩阵。此方法主要得到如式(3.7)所示的近似数值。该方法的关键在于用稀疏矩阵处理大矩阵来计算自然对数似然函数。

3.1.2 空间滞后模型

空间滞后模型(Spatial Lag Model，SLM)描述的是被解释变量之间的空间相关性，主要是探讨各变量在一地区是否具有扩散效应(或溢出效应)。模型表达式为：

$$\begin{gathered}\boldsymbol{Y}=\rho\boldsymbol{WY}+\boldsymbol{X}\beta+\boldsymbol{\varepsilon}\\ \boldsymbol{\varepsilon}\sim N(0,\sigma^2 I_n)\end{gathered} \tag{3.8}$$

其中，$\boldsymbol{Y}$ 为被解释变量；$\boldsymbol{X}$ 为 $n\times k$ 维的外生解释变量矩阵；ρ 为空间回归系数，它反映了空间单元之间的相互关系，也就是说相邻空间单元对本空间单元的影响程度(该影响程度为矢量，具有一定的方向性)；$\boldsymbol{W}$ 为 $n\times n$ 维的空间权值矩阵，$\boldsymbol{WY}$ 为空间权值矩阵 $\boldsymbol{W}$ 的空间滞后因变量；$\boldsymbol{\varepsilon}$ 为随机误差向量。参数 β 主要反映了自变量 $\boldsymbol{X}$ 对因变量 $\boldsymbol{Y}$ 的影响，空间滞后因变量 $\boldsymbol{WY}$ 是一内生变量，反映了空间距离对各空间单元之间的作用。

模型特点：考虑了被解释变量的空间滞后相关性。

由于空间滞后模型与时间序列中的自回归模型相类似，因此 SLM 也被称作空间自回归模型(Spatial Autoregressive Model，SAR)。

Anselin(1988)列举了求解该回归的步骤：

(1) 对 $y=\boldsymbol{X}\beta_0+\varepsilon_0$ 进行最小二乘回归;

(2) 对 $\boldsymbol{W}_y=X\beta_L+\varepsilon_L$ 进行最小二乘回归;

(3) 计算剩余误差 $e_0=y-\boldsymbol{X}\hat{\beta}_0$ 和 $e_L=\boldsymbol{W}_y-\boldsymbol{X}\hat{\beta}_L$;

(4) 给定 e_0 和 e_L,找出使似然函数:

$$L_C=C-(n/2)\ln(1/n)(e_0-\rho e_L)'(e_0-\rho e_L)+\ln|I-\rho\boldsymbol{W}|$$

取最大值的 ρ;

(5) 给定使 L_C 最大的 $\hat{\rho}$,计算 $\hat{\beta}=(\hat{\beta}_0-\rho\hat{\beta}_L)$ 和 $\hat{\sigma}_\varepsilon^2=(1/n)(e_0-\rho e_L)'(e_0-\rho e_L)$。

用单变量优化算法来寻找基于自然对数似然函数的 ρ 的最大似然估计,可用 Hessian 矩阵方法估计参数离散度。

空间滞后模型的经济学含义是,如果所关注的经济变量存在利用空间矩阵表示的空间相关性,则仅仅考虑其自身的解释变量不足以很好地估计和预测该变量的变化趋势。而在模型中考虑适当的由于空间结构造成的影响,便可以较好地控制这一空间效应造成的影响。

3.1.3 空间误差模型概述

空间误差模型(Spatial Error Model,SEM)是指对模型中的误差项设置空间自相关项(空间滞后因子)的回归模型。研究对象之间的相互关系通过其误差项的空间自相关关系得以体现,空间误差自相关也可能由模型误设导致。例如,遗漏变量或不正确的函数设定形式。空间误差模型适用于研究机构或地区之间的相互作用因所处的相对位置不同而存在差异的情况。

根据误差项空间相关结构的不同,空间误差模型分为空间误差自相关(Spatial Error Autoregressive, SEAR)模型、空间误差移动平均(Spatial Error Moving Average, SEMA)模型、空间误差自相关移动平均(spatial error autoregressive and moving average, SEARMA)模型和空间误差分量模型。

空间误差模型的经济意义在于,在某一个截面个体发生的冲击会随着这一特殊的协方差结构形式而传递到相邻个体,而这一传递形式是具有很长的时间延续性并且是衰减的,也就是说,空间影响具有高阶效应。

3.1.4 空间误差自相关模型

空间误差自相关模型(SEAR)将误差项设置为空间自相关结构,其模型设定形式为:

$$\begin{gathered}Y=\alpha\tau_N+X\beta+u\\ u=\lambda\boldsymbol{W}u+\varepsilon\end{gathered}\tag{3.9}$$

其中,模型中的误差项 u 由其空间自相关项 $\boldsymbol{W}u$ 和正态独立同分布的随机扰动项 ε 组成;λ 是空间误差自相关系数。此模型中 $\boldsymbol{W}$ 可与上述空间因变量自相关模型所用的 $\boldsymbol{W}$ 不同。

模型特点:考虑了误差项的空间滞后相关性。

3.1.5 空间误差移动平均模型

在空间误差移动平均模型(SEMA)中,误差项表现为空间移动平均结构,其模型设定形式如下：

$$Y=\alpha\tau_N+X\beta+u \qquad (3.10)$$
$$u=\theta\boldsymbol{W}\varepsilon+\varepsilon$$

其中，误差项包含随机扰动项 ε 及其空间自相关项 W_ε；θ 是空间误差移动平均系数；ε 满足正态独立同分布的假定，即 $\varepsilon \sim N(0,\sigma^2 I_N)$。

3.1.6 空间误差自相关移动平均模型

空间误差自相关移动平均模型(SEARMA)中，误差项同时存在空间自相关和移动平均结构，其模型设定形式如下：

$$Y=\alpha\tau_N+X\beta+u \qquad (3.11)$$
$$u=\rho\boldsymbol{W}_1 u+\theta\boldsymbol{W}_2\varepsilon+\varepsilon$$

其中，误差项包含三个部分，即误差项的空间自相关项 $\boldsymbol{W}_{1u}$、随机扰动项及随机扰动的空间自相关项 $\boldsymbol{W}_{2\varepsilon}$。$\boldsymbol{W}_1$ 和 $\boldsymbol{W}_2$ 可以设置为相同或不同的空间权重矩阵。

3.2 空间杜宾模型

空间杜宾模型(SDM)是空间滞后模型和空间误差项模型的组合扩展形式，可通过对空间滞后模型和空间误差模型增加相应的约束条件设立。该模型的特点是，既考虑了因变量的空间相关性，又考虑了自变量的空间相关性。其模型形式如下：

$$y=\lambda\boldsymbol{W}_1 y+X\beta_1+\boldsymbol{W}_2 X\beta_2+\varepsilon \qquad (3.12)$$
$$\varepsilon\sim N(0,\sigma^2 I_n)$$

模型中包含两个空间权重矩阵，其中，$\boldsymbol{W}_1$ 是因变量的空间相关关系，$\boldsymbol{W}_2$ 是自变量 X 的空间相关关系，两者可以设置为相同或不同的矩阵；β_2 是外生变量的空间自相关系数；ε 是满足正态独立同分布的随机扰动项。

模型特点在于，同时考虑了被解释变量与解释变量的空间滞后相关性。

SDM 模型中包含了被解释变量的空间相关项和解释变量的空间相关项，也包含了解释变量的非空间相关项，解释变量空间相关项矩阵 $\boldsymbol{WX}$ 和非空间相关项的系数都没有反映解释变量的全部作用效应。为综合分析解释变量的作用路径，可以通过微偏分的方法把解释变量对被解释变量的综合影响按照来源分为直接效应和间接效应。其中，直接效应为某个区域自变量的变化导致自身因变量的改变，即在第 t 年第 k 个解释变量在第 i 个区域的一个单位变化对第 i 个区域的被解释变量 y_{it} 的平均影响。它可以分为两种影响路径，一种是各自变量对本区域因变量的直接影响，另一种是该自变量影响相邻区域因变量后产生的反馈效应，该反馈效应可以通过计算自变量的直接效应和自变量系数的差值得到。间接效应就是解释变量的空间溢出效应，即在第 i 个省域周围的每个区域中第 k 个解释变量同时发生一个单位变化，通过溢出效应对第 i 个区域的被解释变量 y_{it} 的平均影响。它也可以分为两种影响路径，一是邻近区域自变量对于本省区因变量的影响，另外一种是邻近区域自变量变化使得其自身地因变量的变化，进而对区域因变量产生的影响。在不考虑诱发效应时，第 k 个解释变量的总效应等于直接效应与间接效应之和。

为得到两个效应的计算式,先把 SDM 模型式(3.12)移项整理为一般形式:

$$Y=(I-\rho \boldsymbol{W})^{-1} n\iota_n+(I-\rho \boldsymbol{W})^{-1}(X\beta+\boldsymbol{W}X\gamma)+AZ+(I-\rho W)^{-1}\varepsilon \qquad (3.13)$$

再求被解释变量向量关于第 k 个解释变量的偏微分方程可得:

$$\begin{pmatrix}\dfrac{\partial Y}{\partial X_{1k}} & \dfrac{\partial Y}{\partial X_{2k}} & \cdots & \dfrac{\partial Y}{\partial X_{nk}}\end{pmatrix}=\begin{pmatrix}\dfrac{\partial Y_1}{\partial X_{1k}} & \dfrac{\partial Y_1}{\partial X_{2k}} & \cdots & \dfrac{\partial Y_1}{\partial X_{nk}} \\ \dfrac{\partial Y_2}{\partial X_{1k}} & \dfrac{\partial Y_2}{\partial X_{2k}} & \cdots & \dfrac{\partial Y_2}{\partial X_{nk}} \\ \vdots & \vdots & \ddots & \vdots \\ \dfrac{\partial Y_n}{\partial X_{1k}} & \dfrac{\partial Y_n}{\partial X_{2k}} & \cdots & \dfrac{\partial Y_n}{\partial X_{nk}}\end{pmatrix}=(I-\rho \boldsymbol{W})^{-1}\begin{pmatrix}\beta_k & w_{12}\gamma_k & \cdots & w_{1n}\gamma_k \\ w_{21}\gamma_k & \beta_k & \cdots & w_{2n}\gamma_k \\ \vdots & \vdots & \ddots & \vdots \\ w_{n1}\gamma_k & w_{n2}\gamma_k & \cdots & \beta_k\end{pmatrix} \qquad (3.14)$$

在式(3.14)中,第 k 个解释变量的直接效应就是等式右端矩阵中主对角线上的元素的平均值;第 k 个解释变量的间接效应就是等式右端矩阵中主对角线元素之外的所有元素值的平均值 $\frac{1}{n^2}\sum_{i=1}^{n}\sum_{j=1}^{n}w_{ij}\gamma_k$。

3.3 空间杜宾误差模型

3.3.1 空间杜宾误差模型的识别

空间计量经济学经过三十多年的发展,已经从萌芽逐渐走向成熟,在这个过程中,研究者们提出了很多的模型。空间计量经济学模型之间可以转换,模型之间的演变示意如图 3.1 所示。

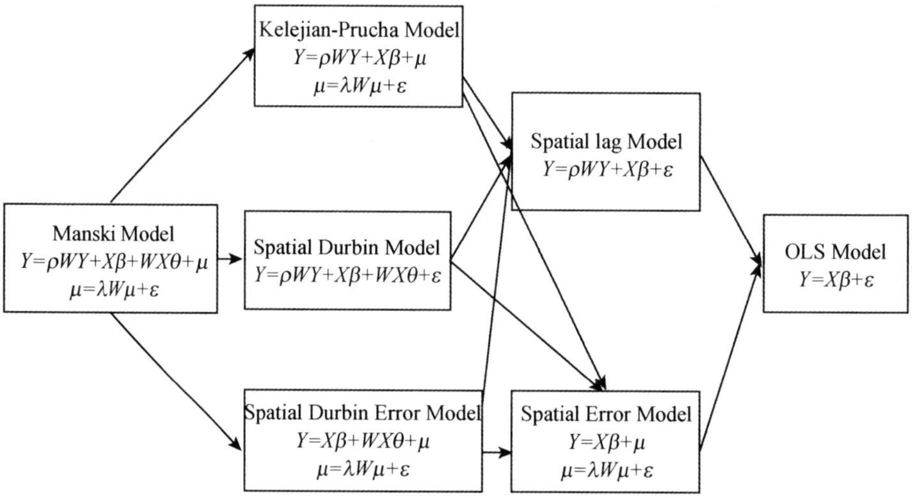

图 3.1 "一般"空间计量模型到"特殊"传统计量模型演变

当区域经济指标间的相互影响因所处的相对位置不同而存在差异时,则需要采用

空间杜宾误差模型，μ 为服从正态分布的随机误差向量，ε 为随机误差项向量，λ 为 $N\times1$阶的截面被解释变量向量的空间误差系数，衡量了空间依赖作用，存在于扰动项误差之中的空间依赖作用刻画了邻近区域解释变量关于因向量的误差冲击对本区域的影响程度(Tobler，1979)①。

Anselin(1991②，1995③)将空间计量方法分为两类模型。当模型的误差项在空间上相关时表示空间差异性，即为空间误差模型；当变量间的相关性较强，观测值之间缺少独立性即显示为空间依赖性，此为空间滞后模型(Spatial Lag Model，SLM)，当考虑因变量和解释变量的滞后项时就变为了空间杜宾模型(Spatial Durbin Model，SDM)，当考虑解释变量和误差项的滞后项时就变为了空间杜宾误差模型(Spatial Durbin Error Model，SDEM)。

SLM 模型的表达式为：

$$\boldsymbol{Y}=\mu+\rho\boldsymbol{WY}+\boldsymbol{X\beta}+\varepsilon \tag{3.15}$$

SEM 模型的表达式为：

$$\boldsymbol{Y}=\mu+\boldsymbol{X\beta}+\varepsilon$$
$$\varepsilon=\lambda\boldsymbol{W}\varepsilon+\nu \tag{3.16}$$

SDM 模型的表达式为：

$$\boldsymbol{Y}=\mu+\rho\boldsymbol{WY}+\boldsymbol{X\beta}+\boldsymbol{WX}\theta+\varepsilon \tag{3.17}$$

SDEM 模型的表达式为：

$$\boldsymbol{Y}=\mu+\boldsymbol{X\beta}+\boldsymbol{WX}\theta+\varepsilon$$
$$\varepsilon=\lambda\boldsymbol{W}\varepsilon+\nu \tag{3.18}$$

其中，$\boldsymbol{Y}$ 是被解释变量矩阵；$\boldsymbol{X}$ 是解释变量矩阵；$\boldsymbol{W}$ 表示空间权重矩阵($N\times N$，N 为省域数目)；截距项为 μ；$\boldsymbol{\beta}$ 是 $\boldsymbol{X}$ 的参数向量；ρ 和 λ 分别是 SLM 模型回归系数和 SEM 模型回归系数；ε 和 ν 表示误差扰动项。

3.3.2 空间杜宾误差模型的假设

空间杜宾误差模型(SDEM)表达式为：

$$\boldsymbol{Y}_t=\mu_t+\boldsymbol{X}_t\boldsymbol{\beta}+\boldsymbol{WX}_t\theta+\varepsilon_t \tag{3.19}$$

$$\varepsilon_t=\lambda\boldsymbol{W}\varepsilon_t+\nu_t \tag{3.20}$$

$$E(\nu_t)=0 \tag{3.21}$$

$$E(\nu_t\nu_t')=\sigma^2 I_N \tag{3.22}$$

其中，$t=1,\cdots,T$；$\boldsymbol{Y}_t$ 是第 t 年的因变量向量；$\boldsymbol{Y}_t=(Y_{t1},Y_{t2},Y_{t3},L,Y_{tN}$；$\boldsymbol{X}_t$ 是第 t 年 $N\times K$维自变量矩阵；$\boldsymbol{\beta}$ 是 $K\times1$ 的系数向量；K 是自变量的个数(不含截距项)；μ_t 是截距项，如果模型为固定效应模型，为保证模型参数的可识别性，通常设定 μ_0；$\boldsymbol{W}$ 是空

---

① Tobler W. R.. Lattice Tuning [J]. Geographical Analysis, 1979, 11(1): 36—44.

② Anselin L.. Local Indicators of Spatial Association-LISA[J]. Geographical Analysis, 1995, 27(2): 93—115.

③ Lee C. C.. Energy Consumption and GDP in Developing Countries: A Cointegrated Panel Analysis[J]. Energy Economics, 2005, 27(3): 415—427.

间权重矩阵。

对面板数据空间计量模型的研究,作如下假定:

假定 1. ν_t 服从均值为 0,方差为 $\sigma^2 I_N$ 的正态分布假定即 $\nu_t \sim N(0,\sigma^2 I_N)$;

假定 2. ε_t 含有有限四阶矩,随机效应模型下,ν_t 也含有有限四阶矩;

假定 3. $\boldsymbol{X}$ 中的每一元素均一致绝对有界,其上限 $k_x < \infty$,矩阵 $\lim \boldsymbol{X}'\boldsymbol{X}/NT$ 有限且非奇异;

假定 4. $\boldsymbol{W}$ 为对称矩阵,每一元素均为有限常数,对角线元素为零;

假定 5. $\boldsymbol{W}$ 和 $M_p = (I + \theta \boldsymbol{W}\boldsymbol{W}')^{-1}$($\theta$ 为有限常数)的行和列和均一致绝对有界,其上限分别为 $k_w < \infty$ 和 $k_M < \infty$;当 $|i-j| > J$ 时,$w_i w_j' = 0$,w_i 为 $\boldsymbol{W}$ 第 i 行。

3.3.3 空间杜宾误差模型的检验

对于上面的空间计量回归模型,当我们根据数据估计得出结果前,还需要对解释变量之间与残差项之间的空间相关性的显著性分别进行检验,并对空间杜宾误差模型中 θ、λ 的估计值 $\hat{\theta}$ 的显著性进行检验,看是否显著异于零。常用的空间相关性检验有 Moran's I 检验,此外还有似然比(LR)检验,拉格朗日乘数(LM)检验以及 Wald 检验。

首先,介绍 Moran's I 检验的基本原理,Moran's I 检验建立在如下空间滞后自回归模型的基础上:

$$\boldsymbol{Y} = \mu + \boldsymbol{X\beta} + \rho \boldsymbol{WY} + \varepsilon \tag{3.23}$$

其中,$\boldsymbol{Y}$ 是($N\times1$)的内生被解释变量向量,$\boldsymbol{X}$ 也是外生的($N\times1$)解释变量向量,$\boldsymbol{W}$ 是($N\times N$)的空间相关矩阵,Moran's I 最重要的假设就是 ε 服从正态分布,并且 Moran's I 的原假设是 ρ 等于 0,即不存在空间相关性,Moran's I 检验的具体操作过程是在原假设下采用最小二乘估计方法做如下回归:$\boldsymbol{Y} = \mu + \boldsymbol{X\beta} + \varepsilon$,然后根据估计得到的残差序列建立如下统计量:

$$I = \frac{N}{S} \times \frac{\varepsilon' \boldsymbol{W} \varepsilon}{\varepsilon' \varepsilon} \tag{3.24}$$

其中,S 是空间相关矩阵 $\boldsymbol{W}$ 的所有元素之和,如果 $\boldsymbol{W}$ 矩阵是标准化的矩阵,那么 S 就等于 N,Moran's I 渐进地服从正态分布。当残差扰动项满足假定的时候,Moran's I 统计量服从如下均值和方差的正态分布:

$$E(I) = \frac{N}{S} \frac{\mathrm{tr}(\boldsymbol{MW})}{S(N-K)} \tag{3.25}$$

$$\mathrm{Var}(I) = \left(\frac{N}{S}\right) \frac{\mathrm{tr}(\boldsymbol{MWMW}') + \mathrm{tr}((\boldsymbol{MW})^2) + (\mathrm{tr}(\boldsymbol{MW}))^2}{(N-K)(N-K+2)} - [E(I)]^2 \tag{3.26}$$

其中,$\boldsymbol{W}$ 是空间加权矩阵,N 是横截面个数,$\boldsymbol{M}$ 是映射矩阵,即 $\boldsymbol{M} = I_N - \boldsymbol{X}(\boldsymbol{X}'\boldsymbol{X})^{-1}\boldsymbol{X}'$。从而可以利用 Moran's I 的均值和方差构造服从标准正态分布的统计量:

$$Z_I = \frac{I - E(I)}{(\mathrm{Var}(I))^{1/2}} \tag{3.27}$$

最后,可以利用数据和模型估计结果算得上面的统计量值。

Moran's I 检验是建立在最小二乘估计的基础上的;似然比(LR)检验,拉格朗日乘数(LM)检验以及 Wald 检验则都是建立在极大似然估计的基础上,下面就其中的拉格朗日乘数(LM)检验的原理作具体的介绍。

用拉格朗日乘数(LM)检验下面的一个空间误差模型:

$$\boldsymbol{Y}=\mu+\boldsymbol{X\beta}+\varepsilon$$

$$\varepsilon=\lambda\boldsymbol{W}\varepsilon+\nu \tag{3.28}$$

其中 $\boldsymbol{Y},\boldsymbol{X},\boldsymbol{W}$ 的形式和上面的一样,误差项 $\nu\sim N(0,\sigma^2 I)$,拉格朗日乘数(LM)检验的具体过程是首先做上面的回归,然后根据估计值计算下面的统计量:

$$LM_\lambda=\frac{(\varepsilon'\boldsymbol{W}\varepsilon/\sigma^2)^2}{T_1} \tag{3.29}$$

其中 T_1 是矩阵$((\boldsymbol{W'W}+\boldsymbol{W})\boldsymbol{W})$的迹,上面的统计量遵循自由度为 1 的卡方分布($x^2(1)$),拉格朗日乘数(LM)检验的原假设是 λ 等于 0,从上面的估计得到的 LM 统计量值超过临界值水平时,就拒绝原假设,即存在空间相关性影响。

空间计量分析模型是将空间效应加入到回归模型中,包括空间滞后与空间误差模型。对于空间之后模型与空间误差的模型的选择还需要进行进一步的检验,通常采用极大似然法对 SLM 模型和 SEM 模型的参数进行一致和渐近有效的估计,然后用 LM 检验来判断哪个模型更加合适,如表 3.1 所示。

表 3.1 空间模型选择的检验标准

检验	H_0	H_1	结果	备注
LM-error 检验	不存在邻近效应 $\rho=0$,不存在结构效应 $\lambda=0$	存在结构效应 $\lambda\neq0$	如果拒绝 H_0 则用 SEM 估计	如果 LM 检验的两个原假设均被拒绝,就执行稳健性检验
LM-lag 检验	不存在结构效应 $\lambda=0$,不存在邻近效应 $\rho=0$	存在邻近效应 $\rho\neq0$	如果拒绝 H_0 则用 SLM 估计	
RLM-error 检验	修正邻近效应后,不存在结构效应 $\lambda=0$	存在结构效应 $\lambda\neq0$	如果拒绝 H_0 则用 SEM 估计	如果 RLM 检验的两个零假设均被拒绝,就估计更大的检验统计值所对应的模型
RLM-lag 检验	修正结构效应后,不存在结构效应 $\rho=0$	存在邻近效应 $\rho\neq0$	如果拒绝 H_0 则用 SLM 估计	

由于事先无法根据先验经验推断在 SLM 和 SEM 模型中是否存在空间依赖性,有必要构建一种判别标准进行判断,Anselin 等(2004)提出:如果在空间依赖性的检验中发现,LM-lag 较之 LM-err 在统计上更加显著,且 R-LM-lag 显著而 R-LM-err 不显著,则可以判断适合的模型是空间滞后模型;相反,如果 LM-ERR 比 LM-LAG 在统计上更加显著,且 R-LM-err 显著而 R-LM-lag 不显著,则可以判定空间误差模型是恰当的模型。可以总结如表 3.2 所示。

表 3.2　基本空间计量模型的识别检验

	LM-lag	LM-err	R-LM-lag	R-LM-err	模型选择
功能	变量空间相关性检验	误差项空间相关性检验	稳健的变量空间相关性检验	稳健的误差项空间相关性检验	——
被解释变量空间相关	更加显著	显著	显著	不显著	空间滞后模型 SLM
误差项空间相关	显著	更加显著	不显著	显著	空间误差模型 SEM
变量空间相关	被解释变量与解释变量都存在显著的空间相关性	不显著	被解释变量与解释变量都存在显著的空间相关性	不显著	SDM 模型
解释变量与误差项空间相关	解释变量都存在显著的空间相关性	误差项存在显著的空间相关性	解释变量都存在显著的空间相关性	误差项存在显著的空间相关性	空间杜宾误差模型(SDEM)

3.3.4　空间杜宾误差模型的估计

估计空间计量经济学模型的软件大致有 Stata、Geoda、R 和 Matlab。James LeSage 提供了估计 SAR,SEM 和 SAC 的程序代码,在 www. spatial-econometrics. com 可以下载。通过改变上述程序代码的参数,也可以估计 SDM,SDEM 和 GNS 模型。空间计量经济模型可以通过极大似然法、准极大似然估计(Lee,2005)①,工具变量(Anselin,1988)②、广义矩法(Kelejian and Prucha,1998③,1999④),或通过贝叶斯马尔可夫链蒙特卡罗方法(LeSage,2009⑤,2014⑥)。

本文采取极大似然估计法。极大似然估计是建立在极大似然原理的基础上的一个统计方法,直观想法是:一个随机试验如有若干个可能的结果 $A,B,C,\cdots$。若在一次试验中,结果 A 出现,则一般认为试验条件对 A 出现有利,也即 A 出现的概率很大。求极大似然函数估计值的一般步骤:

---

① Lee C. C.. Energy Consumption and GDP in Developing Countries: A Cointegrated Panel Analysis[J]. Energy Economics, 2005, 27(3): 415—427.

② Anselin L.. Spatial Econometrics: Methods and Models[M]. Kluwer Academic Publishers , 1988:3—18.

③ Kelejian and Prucha. H. Kelejian, I. Prucha. A Generalized Spatial Two－stage Least Squares Procedure for Estimating a Spatial Autoregressive Model with Autoregressive Disturbances[J]. Journal of Real Estate Finance and Economics, 1998 (17):99—121.

④ H. Kelejian, I. Prucha. A Generalized Moments Estimator for the Autoregressive Parameter in a Spatial Model[J]. International Economic Review, 1999 (40):509—533.

⑤ LeSage J., Pace R. K.. Introduction to Spatial Econometrics[M]. CRC Press, 2009.

⑥ LeSage, James P.. What Regional Scientists Need to Know About Spatial Econometrics[J]. Ssrn Electronic Journal, 2014, 44(1):13—32.

(1) 写出似然函数;

(2) 对似然函数取对数,并整理;

(3) 求导数;

(4) 解似然方程。

极大似然估计是参数估计的方法之一,说的是已知某个随机样本满足某种概率分布,但是其中具体的参数不清楚,参数估计就是通过若干次试验,观察其结果,利用结果推出参数的大概值。极大似然估计是建立在这样的思想上:已知某个参数能使这个样本出现的概率最大,这样当然不会再去选择其他小概率的样本,所以就把这个参数作为估计的真实值。

本文模型为空间杜宾误差模型:

$$\boldsymbol{Y}_t=\mu_t+\boldsymbol{X}_t\beta+\boldsymbol{W}\boldsymbol{X}_t\theta+\varepsilon_t \tag{3.30}$$

$$\varepsilon_t=\lambda\boldsymbol{W}\varepsilon_t+\nu_t \tag{3.31}$$

$$E(\nu_t)=0 \tag{3.32}$$

$$E(\nu_t\nu_t')=\sigma^2 I_N \tag{3.33}$$

在实际估计分析时,为了剔除截距项 μ,一般将 Y 和 X 表述成其均值的离差形式,即方程两边减去各自对应的均值:

$$\boldsymbol{Y}_t-\overline{\boldsymbol{Y}}=(\boldsymbol{X}_t-\overline{\boldsymbol{X}})(\beta+\boldsymbol{W}\theta)+\varepsilon_t,\ t=1,2,\cdots,T \tag{3.34}$$

$$(I_N-\lambda\boldsymbol{W})\varepsilon_t=\nu_t,\ t=1,2,\cdots,T \tag{3.35}$$

其中,$\overline{\boldsymbol{Y}}=(\overline{\boldsymbol{Y}}_1,\overline{\boldsymbol{Y}}_2,\cdots,\overline{\boldsymbol{Y}}_N)$,$\overline{\boldsymbol{Y}}=\frac{1}{T}\sum_{k=1}^{T}\boldsymbol{Y}_{ik}$。

首先由方程(3.34)可以得到:

$$\varepsilon_t=(\boldsymbol{Y}_t-\overline{\boldsymbol{Y}})-(\boldsymbol{X}_t-\overline{\boldsymbol{X}})(\beta+\boldsymbol{W}\theta) \tag{3.36}$$

然后由方程(3.34)和(3.35)可以得到:

$$\nu_t=(I_N-\lambda\boldsymbol{W})[(\boldsymbol{Y}_t-\overline{\boldsymbol{Y}})-(\boldsymbol{X}_t-\overline{\boldsymbol{X}})(\beta+\boldsymbol{W}\theta)] \tag{3.37}$$

在 ν_t 服从均值为 0,方差为 $\sigma^2 I_N$ 的正态分布假定即 $\nu_t\sim N(0,\sigma^2 I_N)$下,可以得到 ν_t 的联合概率密度函数为:

$$f(\nu_t)=f(\nu_{1t},\nu_{2t},\cdots,\nu_{Nt})=(2\pi\sigma^2)^{\frac{N}{2}}e^{\frac{\nu_t'\nu_t}{2\sigma^2}} \tag{3.38}$$

由于 ν_t 是 $\boldsymbol{Y}_t$ 的函数,所以 $\boldsymbol{Y}_t$ 的概率密度函数就是:

$$\begin{aligned}f(\boldsymbol{Y}_t)&=f(\boldsymbol{Y}_{1t},\boldsymbol{Y}_{2t},\cdots,\boldsymbol{Y}_{Nt})=f(\nu_t)\times|\det(\partial\nu_t/\partial\boldsymbol{Y}_t)|=\\&(2\pi\sigma^2)^{\frac{N}{2}}e^{\frac{\nu_t'\nu_t}{2\sigma^2}}\times|\det(\partial\nu_t/\partial\boldsymbol{Y}_t)|\end{aligned} \tag{3.39}$$

其中 $|\det(\partial\nu_t/\partial\boldsymbol{Y}_t)|$ 表示 ν_t 关于 $\boldsymbol{Y}_t$ 的 Jacobian 矩阵的行列式的绝对值,而且 $\partial\nu_t/\partial\boldsymbol{Y}_t=(I_M-\lambda W)$,所以 $|\det(\partial\nu_t/\partial\boldsymbol{Y}_t)|=|\det(I_N-\lambda\boldsymbol{W})|$。

在得到 $f(\boldsymbol{Y}_t)$ 的概率密度函数之后,我们就可以得到 $f(\boldsymbol{Y}_1,\boldsymbol{Y}_2,\cdots,\boldsymbol{Y}_N)$ 的联合概率密度函数:

$$f(\boldsymbol{Y}_1,\boldsymbol{Y}_2,\cdots,\boldsymbol{Y}_N)=(2\pi\sigma^2)^{\frac{NT}{2}}\exp\left(-\left(\sum_{t=1}^{T}\nu_t'\nu_t\right)/2\sigma^2\right)\times(|\det(I_N-\lambda\boldsymbol{W})|)^T \tag{3.40}$$

经过似然函数取对数化简之后就变成对数似然函数：

$$\log(L)=-\frac{NT}{2}\ln(2\pi\sigma^2)-\frac{1}{2\sigma^2}\sum_{t=1}^{T}\nu_t'\nu_t+T\ln(|\det(I_N-\lambda\boldsymbol{W})|) \quad (3.41)$$

其中 $\nu_t=(I_N-\lambda\boldsymbol{W})[(\boldsymbol{Y}_t-\overline{\boldsymbol{Y}})-(\boldsymbol{X}_t-\overline{\boldsymbol{X}})(\beta+\boldsymbol{W}\theta)$，在得到对数似然函数之后，就可以按照通过求解偏导数来得到各个参数的估计值。

3.4 截面空间误差分量模型

现有文献基本解决了截面数据空间经济计量模型的检验问题。不过，经典空间误差模型假设误差项仅存在空间溢出效应，如空间误差自相关模型为 $\varepsilon=(I-\rho\boldsymbol{W})^{-1}\mu$，空间误差项移动平均模型为 $\varepsilon=(I+\theta\boldsymbol{W})\mu$，$\mu$ 为独立同分布的干扰项，即假定本地区的所有误差冲击因素都仅因空间相关扩散影响邻近地区的经济运行，未考虑非空间溢出的区域特定冲击。这样的设定有可能夸大了空间溢出效应。换言之，如果误差项包含空间溢出效应和非空间溢出的区域特定冲击时，经典空间误差模型检验及估计方法失效。此外，上述空间误差模型计算中，如果不能保证空间相关性系数 $|\rho|<1$，$|\theta|<1$，将可能导致 $(I-\rho\boldsymbol{W})^{-1}$ 和 $(I+\theta\boldsymbol{W})^{-1}$ 的奇异性，以及误差过程的不稳定，这也是经典空间误差模型难以摆脱的困境。

针对部分空间数据采用经典空间误差模型可能存在的缺陷，Kelejian 和 Robinson (1993，1995)提出了截面数据空间误差分量模型。空间误差分量模型将总误差项分解为两项相互独立的误差项，即空间溢出项和非空间溢出项。这为解决经典空间误差模型的不足，提供了一条有效的路径。空间误差分量模型的公式为①：

$$y=\boldsymbol{X}\beta+\varepsilon$$
$$\varepsilon=\boldsymbol{W}\psi+\xi \quad (3.42)$$

对模型作如下假设：$E(\psi)=E(\xi)=0$，$E(\psi\psi')=\sigma_\psi^2 I$，$E(\xi\xi')=\sigma_\xi^2 I$，$E(\psi_i\psi_j)=0$，则误差项方差为②：

$$E(\varepsilon\varepsilon')=\boldsymbol{\Omega}_\varepsilon=\sigma_\psi^2\boldsymbol{WW}'+\sigma_\varepsilon^2 I=\sigma_\varepsilon^2(I+\varphi\boldsymbol{WW}') \quad (3.43)$$

其中 $\varphi=\sigma_\varphi^2/\sigma_\varepsilon^2$。空间误差分量模型将总误差项分解为两个相互独立的误差项。$\boldsymbol{W}\psi$ 是空间溢出冲击；ξ 是非空间溢出的区域特定冲击；$\boldsymbol{W}$ 是空间权重矩阵。此外，空间误差分量模型的误差项方差 $\boldsymbol{\Omega}_\varepsilon$ 为正定矩阵，保证了误差项方差的非奇异性。可见，空间误差分量模型有效地解决了经典空间误差模型不能解释非空间溢出影响的困境，是更为贴近经济运行现实的空间经济计量模型。

---

① Kelejian H. H.，Robinson D. P.. A Suggested Method of Estimation for Spatial Interdependent models with Autocorrelated Errors and an Application to a County Expenditure Model[J]. Region Science，1993，72(3)：297—312.

② Kelejian H. H.，Robinson D. P.. Spatial Correlation：A Suggested Alternative to the Autoregressive Model[C]. In：Anselin L，Florax R J. New Directions in Spatial Econometrics. Springer，1995.

空间误差分量模型的检验研究方面，Kelejian 和 Robinson(1992)[①]基于非线性、非正态等宽松的假设条件，提出 KP(即 Kelejian-Robinson)检验，可检验模型误差项是否存在空间相关性，适用于空间误差自相关模型、空间误差移动平均模型和空间误差分量模型等的空间相关性检验。

其基本模型为 $\boldsymbol{Y}_i=f(\boldsymbol{X}_i,\beta)+\varepsilon_i, i=1,\cdots,N$，零假设 $H_0:\varepsilon_i \sim iid(0,\sigma_\xi^2)$，备择假设为 $H_1:E(\varepsilon_i\varepsilon_j)=\sigma_{ij}=Z_{ij}\gamma(i<j)$，其中，$Z_{ij}$ 是 $1\times q$ 的非随机变量[如 $Z_{ij}=(1,\boldsymbol{X}_i\boldsymbol{X}_j)$]，则 $KR=\dfrac{\hat{\gamma}'Z'Z\hat{\gamma}}{\hat{\sigma}_\varepsilon^4}\xrightarrow{D}\chi^2(q)$，其中，$\hat{\gamma}=(Z'Z)^{-1}Z'\hat{C}$，是 γ 基于备择假设的估计量，$\hat{C}_{ij}=e_i\cdot e_j$，$e_i$ 是 ε_i 的残差值，若 KR 检验拒绝零假设，则表明 γ 非零，模型误差中存在着空间相关性。Anselin 和 Moreno(2003)比较 Moran's I、LM-Error、KR_w、KR_{ww}、基于误差项广义矩阵(Kelejian and Robinson，1995)的 KR_{CMM} 检验、LM-SEC 检验的水平扭曲和检验功效，结果表明，LM-SEC 和 KR_{ww} 检验功效较高，KR_{GMM} 水平扭曲最大，且检验功效较低，Moran's I 检验的水平扭曲较为理想，但检验功效较低；Yang(2010)指出，误差项非正态分布或者 $\boldsymbol{WW}'$ 为零(或趋于零)的情况下，LM-SEC 检验将出现较大偏差，提出了 LM-SEC 检验有更优的有限样本性质。

3.5 一般空间模型

一般空间模型(General Spatial Model，GSM)是指包含了上述所有误差项自相关结构的空间模型，其模型形式如下：

$$y=\lambda\boldsymbol{W}_1y+\boldsymbol{X}\beta_1+\boldsymbol{W}_2\boldsymbol{X}\beta_2+u,\ u=\rho\boldsymbol{W}_3u+\theta\boldsymbol{W}_4\varepsilon+\varepsilon \tag{3.44}$$

其中 $\boldsymbol{W}_1,\boldsymbol{W}_2,\boldsymbol{W}_3,\boldsymbol{W}_4$ 分别代表被解释变量、解释变量、误差项和随机扰动项的空间权重矩阵。在实证分析中，$\boldsymbol{W}_1$ 和 $\boldsymbol{W}_2$ 可以相等也可以不等，但是为了防止约分导致空间相关重新被忽略，$\boldsymbol{W}_1,\boldsymbol{W}_2,\boldsymbol{W}_3$ 和 $\boldsymbol{W}_4$ 一般不等。而且在目前的估计中，$\boldsymbol{W}_1,\boldsymbol{W}_2,\boldsymbol{W}_3$ 和 $\boldsymbol{W}_4$ 没有同时存在。λ,β_2,ρ 和 θ 则表示空间回归系数[②]。

常用的一般空间模型是空间滞后模型和空间误差自相关模型的组合。当模型参数 $\beta_2=0$ 且 $\theta=0$ 时，一般空间模型称作空间自相关误差自相关模型(Spatial Autoregressive Model with Autoregressive Errors，SARAR)；当 $\beta_2=0$ 且 $\rho=0$ 时，一般空间模型称作空间自相关误差移动平均模型(Spatial Autoregressive Model with Moving Average Errors，SARMA)。故基于不同的约束，可以将空间回归模型分为以下几类：

---

① Kelejian H. H.，Robinson D. P.. Spatial Autocorelation: A New Computationally Simple Test With an Application to per Capita Country Police Expenditures[J]. Regional Science and Urban Economics，1992，22(3)：317—331.

② 汪文姣，陈志鸿. 空间计量方法对新经济地理学的实证研究：一个文献综述[J]. 兰州学刊，2013(11)：94—98.

表 3.3 一般空间模型(GSM)的几种类型

模型类型	参数约束条件	模型表达式
空间滞后模型	$\lambda\neq0,\rho、\beta_2、\theta=0$	$y=\lambda \boldsymbol{W}_1 y+\boldsymbol{X}\beta_1+\varepsilon$
空间误差模型	$\rho\neq0,\lambda、\beta_2、\theta=0$	$y=\boldsymbol{X}\beta_1+u,u=\rho \boldsymbol{W}_3 u+\theta \boldsymbol{W}_4\varepsilon+\varepsilon$
空间杜宾模型	$\lambda、\beta_2\neq0,\rho、\theta=0$	$y=\lambda \boldsymbol{W}_1 y+\boldsymbol{X}\beta_1+\boldsymbol{W}_2\boldsymbol{X}\beta_2+\varepsilon$
空间自相关误差自相关模型	$\lambda、\rho\neq0,\beta_2、\theta=0$	$y=\lambda \boldsymbol{W}_1 y+\boldsymbol{X}\beta_1+u,u=\rho \boldsymbol{W}_3 u+\varepsilon$
空间误差移动平均模型	$\theta\neq0,\lambda、\beta_2、\rho=0$	$y=\boldsymbol{X}\beta_1+u,u=\theta \boldsymbol{W}_4\varepsilon+\varepsilon$
空间自相关误差移动平均模型	$\lambda、\theta\neq0,\beta_2、\rho=0$	$y=\lambda \boldsymbol{W}_1 y+\boldsymbol{X}\beta_1+u,u=\theta \boldsymbol{W}_4\varepsilon+\varepsilon$

综上所述,虽然空间滞后模型、空间杜宾模型、空间误差模型和一般空间模型的空间自相关设置方法不同,但通过增加相应约束条件后,一般空间模型可以变换成其他任何形式的模型。因此,从设定形式来看,空间滞后模型、空间杜宾模型和空间误差模型都是一般空间模型的特例。

3.6 条件自回归模型

我们知道在研究某一经济现象时,区域间的相互影响越来越引起人们的注意,尤其是遗漏变量对空间回归误差项的干扰,极易引起空间自相关的问题,这就会导致回归结果的不准确,甚至使研究陷入误区。为空间结构下的区域数据建立模型时,有两种最基本的思维方式,它们是空间回归过程中两种最重要的方式,二者的区别主要在于是一种是针对连续指数集进行研究,而另一种是离散的指数集。对于这两种建立模型的方式分别对应有两个最受欢迎的模型,分别是 SAR 模型(Simultaneously Autoregressive Models,SAR)和 CAR 模型(Conditionally Autoregressive Models, CAR)。当然,对此也有学者存在不同的看法。比如,Cressie(1995)指出,SAR 模型是一种特殊类型的 CAR 空间模型,至少在连续的响应设置下。CAR 模型常用于统计数据的空间分析,这源于越来越先进的数据计算能力的发展(可参见 Czado et al.,2013; Song et al.,2006;Gelf and Vounatsou,2003;Miaou et al.,2003;Pettitt et al.,2002)。在区域性数据的情况下,两种常见的自回归模型是条件自回归模型(CAR)和空间自回归模型(SAR)。产生这两种模型空间相关性的协方差结构作为一个邻接函数矩阵 W 和通常中未知的空间相关参数。也有学者(Yiyi Wanga, Kara M. Kockelmanb 2013)认为,SAR 模型跟 CAR 模型的区别在于,SAR 往往很难采用有限反应框架,特别是在大型数据集,收益率从 CAR 模型参数估计类似估计(Miaou et al.,2003)。CAR 模型是 BeSag(1974)提出来的。

3.6.1 SAR 模型与 CAR 模型概述

在阐述 CAR 模型之前，先解释一下 SAR 模型的基本表达式。SAR 模型的一般表达式：

$$Z(A_i)=\mu_i+\sum_{j=1}^{n}\boldsymbol{b}_{ij}(Z(A_j)-\mu_j)+\varepsilon_i,$$
$$\varepsilon=(\varepsilon_1,\varepsilon_2,\cdots,\varepsilon_n)'\sim N(0,\Lambda),$$
$$E(z(A_i))=\mu_i \tag{3.45}$$

其中，$A_i\in(A_1,A_2,\cdots,A_n)$表示从 1 到 n 个地区；$Z(A_i)$表示第 i 个地区的符合高斯分布的随机过程，也即某一经济指标；是一个对角矩阵，$\boldsymbol{b}_{ij}$ 是已知或者未知的常数矩阵，且满足 $\boldsymbol{b}_{ii}=0,(i=1,2,\cdots,n)$。

SAR 模型也被称为同步回归模型，因为误差项 ε_i 与 $Z(A_j)(i\neq j)$有关。如果 n 是有限的，我们可以定义 $B=(\boldsymbol{b}_{ij})$，$Z=(Z(A_1),Z(A_2),\cdots,Z(A_n))'$，那么我们会得到

$$Z\sim N(\mu,[(\boldsymbol{I}_n-B)^{-1}\Lambda(\boldsymbol{I}_n-B)^{-1}]') \tag{3.46}$$

其中，$\mu=(\mu_1,\mu_2,\cdots,\mu_n)$，$\boldsymbol{I}_n$ 为 n 维单位矩阵。

CAR 模型是在式(3.45)的基础上进行了变换，其变换过程如下①：

$$Z(A_i)\mid Z(A_j)\sim N\left(\mu_i+\sum_{j=1}^{n}c_{ij}(Z(A_j)-\mu_i),\tau_i^2\right) \tag{3.47}$$

其中，$i\neq j$，$E(Z(A_i))=\mu_i$，c_{ij} 为已知或者未知的常数且 $c_{ii}=0,(i=1,2,\cdots,n)$。如果 n 是有限的，我们进一步构造矩阵 $\boldsymbol{C}=(c_{ij})$，$\boldsymbol{T}=\mathrm{diag}(\tau_1^2,\tau_2^2,\cdots,\tau_n^2)$。从而我们得到了存在条件性约束的 SAR 模型，即 CAR 模型。

另外，为符合实际研究的需要，CAR 模型做了一些拓展，下面做一简单介绍。

1. 平滑条件自回归模型

如果我们在 CAR 模型中加入随机效应，即把随机效应加入到条件回归模型中，模型就具有了一种新的解释能力，我们称这些模型为平滑条件自回归模型，即 Smooth-CAR 模型（Smooth Conditional Aggressive Model，S-CAR）。构造此模型的目的是能够将单独的大型空间和小空间区域的变化趋势，同时进行估计效果。S-CAR 模型的结构式如下：

$$Y=X\beta+Z\alpha+b \tag{3.48}$$

其中，$X\beta+Z\alpha$ 相当于模型里面的二维单指标模型，b 为空间 CAR 模型中的随机效应，也可解释为区域间的随机效应，且 $b\sim N(0,G_b)$。需要说明的是，G_b 是由两个分别代表空间相关性和非空间相关性的方差组成，即此时模型里面有两部分，一部分是包含了空间异质性的，一部分是不含空间性的（我们假设模型的主要部分就是原始的 CAR 模型）。G_b 满足这样的形式：

$$G_b=\boldsymbol{Q}_s^2\boldsymbol{Q}^-+k^{-1}I \tag{3.49}$$

其中，$\boldsymbol{Q}$ 是个 $n\times n$ 的矩阵，它的形式取决于区域空间邻接特征，是个空间矩阵。$\boldsymbol{Q}_s^2$ 是

① Melanie M. Wall. A Close Look at the Spatial Structure Implied by the CAR and SAR Models[J]. Journal of Statistical Planning and Inference，2004(121)：311—324.

随机效应的方差。

BeSag 将此时的 $\boldsymbol{Q}$ 矩阵中的元素定义为如下形式：

$$q_{ij}=\begin{cases}-1，如果区域 i 与区域 j 相邻\\0，否则的话\end{cases}$$

Leroux(1999)曾将随机效应 b 服从的正态分布中的 G_b 赋予某一特定的形式，如(3.48)，则有：

$$G_b=\boldsymbol{Q}_s^2(\phi\boldsymbol{Q}+(1-\phi)I)^{-1} \tag{3.50}$$

ϕ 是空间自相关系数。

随后，Dean(2001)在一篇论文里将 G_b 赋予了另一个形式：

$$G_b=\boldsymbol{Q}_s^2(\phi\boldsymbol{Q}^-+(1-\boldsymbol{Q})I) \tag{3.51}$$

在以上两个形式中的空间自相关系数 ϕ 都是处于 0 到 1 之间。当 $\phi=1$ 时，所有的过度离散性都是由空间相关性引起的，也就不存在非结构性空间异质性，且这种情况下的(3.49)与(3.47)是一致的；当 $\phi=0$ 时，数据就缺乏空间属性，即数据的离散性不是由空间异质性引起的；当 $0<\phi<1$ 时，随机效应是相关的，也就是说数据既有空间属性，又有非结构性的离散型。

我们将(3.48)进一步变形为：

$$Y=X\beta+Z^*\mu \tag{3.52}$$

$$Z^*=[Z:I] \tag{3.53}$$

分别将随机项与协方差矩阵变形为：

$$\mu^*=(a',b') \tag{3.54}$$

$$G_\mu=\begin{pmatrix}G & 0\\0 & G_b\end{pmatrix} \tag{3.55}$$

于是，我们将单指标模型里面的 $V=\sigma^2I+ZGZ'$ 变形为：

$$V=W^{-1}+Z^*G_\mu Z^{*\prime} \tag{3.56}$$

最后，我们可根据通式(3.56)及 β 的估计结果计算出随机项 μ：

$$\hat{\mu}=G_\mu Z^{*\prime}V^{-1}(z-X\hat{\beta}) \tag{3.57}$$

2. 多元条件自回归模型

前面涉及的 CAR 模型都是单变量，这里介绍下多元变量下的 CAR 模型，即 MCAR 模型(Multivariate Conditional Autoregressive Models，MCAR)。MCAR 模型跟一般的 CAR 模型的区别就在于多变量在分布上的规律较一般的 CAR 模型更特殊些。介绍 MCAR 模型之前，先介绍一下 CAR 模型的一种表现形式。

同 S-CAR 一样，对于 n 个区域的经济变量对应的向量 $\boldsymbol{A}$，$\boldsymbol{A}=(\boldsymbol{A}_1,\boldsymbol{A}_2,\cdots,\boldsymbol{A}_n)$

$$\boldsymbol{A}_i\mid\boldsymbol{A}_j,(j\neq i),\ \tau_i^2\sim N\left(\sum b_{ij}\boldsymbol{A}_j,\tau_i^2\right) \tag{3.58}$$

$\boldsymbol{A}$ 的条件密度函数满足：

$$f(\boldsymbol{A}\mid\Gamma)\propto\exp\left\{-\frac{1}{2}\boldsymbol{A}^\tau D_{\tau^2}^{-1}(I-B)\boldsymbol{A}\right\} \tag{3.59}$$

其中，$\boldsymbol{B}$ 是个 $n\times n$ 的矩阵，对角线元素为 0；$\boldsymbol{D}_{\tau^2}^{-1}$ 是个不含零元素的对角矩阵，注意，

$\boldsymbol{D}_\tau^{-1}(I-B)$是个非奇异矩阵，即对任意的 I,j 存在：

$$b_{ij}\tau_j^2=b_{ji}\tau_i^2 \tag{3.60}$$

我们在空间模型里需要构造一个空间权重矩阵 $\boldsymbol{W}=(w_{ij})$来说明解释变量或者是残差项在空间里面的联系。现在引入一个 $b_{ij}=w_{ij}/w_i$，然后如果对于(3-60)式有 $\tau_i^2=\sigma^2/w_i$ 成立，再定义 $\boldsymbol{D}_w$ 使得$\boldsymbol{D}_\tau^{-1}(I-B)=\frac{1}{\sigma^2}(\boldsymbol{D}_w-\boldsymbol{W})$成立，则可以说此时模型服从 $CAR(1,\sigma^2)$。MCAR 模型就是这么推导来的。此时，协方差满足：

$$\mathrm{Cov}(\boldsymbol{A}_i,\boldsymbol{A}_j\,|\,\rho)=\frac{\sigma^2\rho w_{ij}}{w_iw_j+\rho^2w_{ij}^2} \tag{3.61}$$

其中，$\rho=0$ 确保 $\boldsymbol{A}$ 是独立的，但其单个方差则取决于其相邻区域的个数，因此，独立性引起了一个 CAR 模型的特殊情形，$CAR(\rho,\sigma^2)$。这就是 MCAR 模型的雏形。

3. 方向条件自回归模型

方向条件自回归模型(Directional Conditional Autoregressive，DCAR)是在一般的 CAR 模型里面，做了如下的改变：

将每个区域变量向量拆分成个二维的向量，即用类似平面直角坐标系的表示方法。例如，将区域对应的空间变量 S_i 写成 $S_i=(S_{1i},S_{2i})$。且 S_i 与 S_j 之间的夹角 α_{ij} 满足：

$$\alpha_{ij}=\alpha(s_i,s_j)=\begin{cases}\left|\tan^{-1}\left(\dfrac{s_{2j}-s_{2i}}{s_{1j}-s_{1i}}\right)\right|, & \text{若 } s_{2j}-s_{2i}\geqslant 0\\ -\left(\pi-\left|\tan^{-1}\left(\dfrac{s_{2j}-s_{2i}}{s_{1j}-s_{1i}}\right)\right|\right), & \text{若 } s_{2j}-s_{2i}<0\end{cases} \tag{3.62}$$

假设所有的邻接都是以 S_i 为中心的。在这里，定义 N_i(指的是第 i 个区域 s_i 的一个邻域集)的两个子集 N_{i1}^* 和 N_{i2}^*：

$$N_{i1}^*=\left\{j:j\in N_i\text{ 且}\left(0\leqslant\alpha_{ij}\leqslant\frac{\pi}{2}\text{或 }\pi\leqslant\alpha_{ij}<\frac{3\pi}{2}\right)\right\} \tag{3.63}$$

$$N_{i2}^*=\left\{j:j\in N_i\text{ 且}\left(\frac{\pi}{2}\leqslant\alpha_{ij}\leqslant\frac{3\pi}{2}\text{或}\frac{3\pi}{2}\leqslant\alpha_{ij}<2\pi\right)\right\} \tag{3.64}$$

$$N_i-N_{i1}^*\cup N_{i2}^*$$

在 N_{i1}^* 和 N_{i2}^* 的基础上，我们可以构造空间权重矩阵 $\boldsymbol{W}=(w_{ij})$。

由 CAR 模型的一般表达式可知：$E[Y|Z]=g(Z)$且 $Z=\mu+\eta$。再由 $E(Z)=X\beta$ 且 $\mathrm{Var}(Z)=\sum(w)$(这里的 w 指的是空间自相关系数和协方差)可知，当 Z_i 服从 $CAR(\rho,\sigma^2)$的空间过程时，存在 $\delta_1=\delta_2=\rho$，于是可将条件期望和方差(见(3.65)和(3.66)分别化成(3.67)和(3.68)，在这种情况下，可以看出来方差的形式是不变的：

$$E[Z_i\,|\,Z_j=z_j,j\neq i,X_i]=X_i^T\beta+\sum_{k=1}^{2}\delta_k\sum_{j=1}^{n}w_{ij}^{(k)}(z_j-X_j^T\beta) \tag{3.65}$$

$$\mathrm{Var}[Z_i\,|\,Z_j=z_j,j\neq i,X_i]=\frac{\sigma^2}{m_i} \tag{3.66}$$

$$E[Z_i\,|\,Z_j=z_j,j\neq i,X_i]=X_i^T\beta+\rho\sum_{j=1}^{n}w_{ij}(z_j-X_j^T\beta) \tag{3.67}$$

$$\mathrm{Var}[Z_i|Z_j=z_j,j\neq i,X_i]=\frac{\sigma^2}{m_i} \tag{3.68}$$

这就是方向条件自回归模型,即 DCAR。也可以表示为 $DCAR(\delta_1,\delta_2,\sigma^2)$。

3.6.2 CAR 模型的估计

CAR 模型跟一般的空间计量模型一样,常用的估计方法也是最大似然估计,下面就以最大似然估计方法为例介绍一下估计过程。

最大似然估计的方法同样适用于空间模型的估计,操作起来简单,也易于编程。下面以 DCAR 模型为例,讲述 ML 估计方法在 CAR 模型估计中的应用。

对似然函数取对数后可得:

$$\ln(\theta)=-\frac{n}{2}\ln(2\pi\sigma^2)-\frac{1}{2}\ln|A^*(\delta)^{-1}|-\frac{1}{2\sigma^2}(Z-X\beta)^TD^{-1}A^*(\delta)(Z-X\beta) \tag{3.69}$$

在这里,$A^*(\delta)=I-\delta_1\widetilde{w}^{(1)}-\delta_2\widetilde{w}^{(2)}$ 且 $D=\mathrm{diag}(1/m_1,1/m_2,\cdots,1/m_n)$。因此,利用已知参数 δ,就可以得到根据最大似然估计方法估计出来的 β 和 σ^2,分别可表示如下:

$$\widehat{\beta(\delta)}=(X^TD^{-1}A^*(\delta)X)^{-1}X^TD^{-1}A^*(\delta)Z \tag{3.70}$$

$$\widehat{\sigma^2(\delta)}=n^{-1}(Z-X\widehat{\beta(\delta)})^TD^{-1}A^*(\delta)(Z-X\widehat{\beta(\delta)}) \tag{3.71}$$

再回到,δ 的 ML 估计量可以表示为:

$$l^*(\delta)=-\frac{n}{2}\ln(\widehat{\sigma^2(\delta)})+\frac{1}{2}\ln|A^*(\delta)| \tag{3.72}$$

3.6.3 CAR 模型的检验

同一般的空间计量模型一样,CAR 模型的检验也主要是做 LM 检验与 Moran'I 指数检验。下面分别介绍 CAR 模型的 LM 检验和 Moran's I 检验。

1. 空间相关性的 LM 检验

CAR 模型的 LM 检验主要是检验空间自回归性与空间残差相关性。

(1) 不存在空间自回归时,空间残差相关的 LM 检验

不存在空间自回归时,空间残差相关的原假设是模型残差不存在空间相关。即:

$$H_0:Y=X\beta+\varepsilon,\varepsilon\sim N[0,\sigma^2I]$$

利用对数似然函数,写出 Lagranian 函数为,并构造卡方检验统计量 LM 如下:

$$\ln L=-\frac{N}{2}\ln2\pi-\frac{1}{2}\ln\{|\Omega|\times[|B|]^{-2}\}-\frac{1}{2}[BY-BY\beta]'\Omega^{-1}[BY-BY\beta] \tag{3.73}$$

$$l=-\frac{N}{2}\ln2\pi-\frac{1}{2}\ln\{|\Omega|\times[|B|]^{-2}\}-\frac{1}{2}[BY-BY\beta]'\Omega^{-1}[BY-BX\beta]+\frac{1}{2}\gamma$$

$$\frac{\partial I}{\partial\lambda}=0,\ s^2=\frac{1}{N}e'e,\ T=tr(W'W+W^2)$$

$$\gamma=\frac{1}{\sigma^2}e'We$$

$$LM=\frac{(e'We/s^2)^2}{T}\sim\chi^2(1) \tag{3.74}$$

该检验统计量有两个备择假设，也就是说，该假设对空间残差自相关及空间残差移动平均两种空间效应同样具有检验效力。

$$H_1:\varepsilon=\lambda W\varepsilon+\mu$$

$$H_1:\varepsilon=\lambda W\mu+\mu$$

（2）存在空间自回归时，空间残差相关的 LM 检验

空间残差的相关检验的原假设仍然是模型残差不存在空间相关。即：

$$H_0:Y=\rho WY+X\beta+\varepsilon,\ \varepsilon\sim N[0,\sigma^2 I]$$

检验统计量的构造原理如下所示：

$$LM=\frac{(e'We/s^2-T(\widetilde{RJ})^{-1}(e'We/s^2))^2}{T-T^2(\widetilde{RJ})^{-1}}\sim\chi^2(1)$$

其中，

$$s^2=\frac{1}{N}e'e(\widetilde{RJ})^{-1}=\left[T+\frac{(WX\beta)'M_X(WX\beta)}{s^2}\right]^{-1}$$

$$M_X=I-X(X'X)^{-1}X',\ T=tr(W'W+W^2)$$

（3）不存在空间残差相关性时的空间自回归效应的 LM 检验

当不存在空间残差相关时，检验模型是否存在空间实质相关。检验的原假设和备择假设分别为：

$$H_0:Y=X\beta+\varepsilon$$

$$H_1:Y=\rho WY+X\beta+\varepsilon$$

$$\varepsilon\sim N[0,\sigma^2 I]$$

如果原假设成立，则模型是经典的单方程线性方程；如果原假设被拒绝，则可以确定模型形式为空间自回归模型（SAR）。检验统计量的构造如下：

$$\ln L=-\frac{N}{2}\ln 2\pi-\frac{1}{2}\ln\{|\sigma^2 I|\times[|A|]^{-2}\}-\frac{1}{2\sigma^2}[AY-X\beta]'[AY-X\beta]$$

$$LM=\frac{(e'WY/s^2)^2}{\widetilde{RJ}}\sim\chi^2(1)$$

其中，$\widetilde{RJ}=T+\frac{(WX\hat{\beta})'M_X(WX\hat{\beta})}{s^2}$，$T=tr(W'W+W^2)$，$M_X=I-X(X'X)^{-1}X'S^2=\frac{1}{N}e'e$。

（4）存在空间残差相关性时的空间自回归效应的 LM 检验

当模型存在空间残差相关性时，检验是否存在空间自回归效应。检验的原假设和备择假设分别为：

$$H_0:Y=X\beta+\lambda W\varepsilon+\mu$$

$$H_1:Y=\rho WY+X\beta+\lambda W\varepsilon+\mu$$

$$\mu\sim N[0,\sigma^2 I]$$

如果原假设成立,则模型是空间残差自回归模型;如果原假设被拒绝,则可确定模型的形式为空间自回归-残差自回归模型,模型既存在空间残差相关,也存在空间实质相关。

检验统计量的构造如下:

$$LM=\frac{e'WY/s^2-e'We/s^2)^2}{\widetilde{RJ}-T}\sim\chi^2(1)$$

该检验统计量对原假设模型的残差结构为空间移动平均效应也同样适用。

(5) 判别准则

上述检验都是在一定的假设前提下进行的。比如:

1) 是在不存在空间自回归的假设检验下检验是否存在空间残差相关;

2) 是在存在空间自回归的假设下检验是否存在空间残差相关;

3) 是在不存在空间残差相关的假设下检验是否存在空间自回归效应;

4) 是在存在空间残差相关的假设下检验是否存在空间自回归效应。

由于事先无法根据先验经验判断这些假设的真伪,有必要构建一种判别准则,以决定空间模型使之更符合客观实际。

一般地,判别准则如下:

如果在空间效应的检验中发现 LMLAG 较之 LMERR 在统计上更显著,且 R-LMLAG 显著而 R-LMER 不显著,则可以判断适合选择空间滞后模型;相反,如果在空间效应的检验中发现 LMERR 较之 LMLAG 在统计上更显著,且 R-LMERR 显著而 R-LMLAG 不显著,则可以判断适合选择空间误差模型。

2. 空间残差相关性的 Moran'I 检验

该假设的原假设是模型不存在空间相关性。如果原假设成立,可以利用 OLS 方法(或者 LV 等其他方法)估计模型,得到一个估计残差 e;如果怀疑模型存在以空间权重矩阵 $\boldsymbol{W}$ 表示的空间结构,则可以构造一个 Moran'I 算子:

$$I=\frac{e'We/s}{e'e/N}\xrightarrow{\text{对空间矩阵 } W \text{ 进行行跟行交换}}I=\frac{e'We}{e'e},\ \frac{I-E(I)}{\sqrt{Var(I)}}\sim N(0,1)$$

注意:当原假设成立时,则有 $E(\hat{\gamma})=E(I)=0$。

利用 Moran'I 统计量进行假设检验不存在明确的备择假设。即只有能够通过该统计量确定是否存在空间效应;而且当原假设被拒绝时,不能够确定存在空间相关性的空间计量经济学模型的具体形式,从而无法利用 Moran'I 检验空间效应是空间自回归还是空间残差相关。

3.7 广义空间自回归(GSAC)模型

广义空间自回归(GSAC)模型的表达式为:

$$\boldsymbol{Y}=\rho\boldsymbol{WY}=\alpha\tau_N+\boldsymbol{X}\beta+u$$
$$u=\lambda\boldsymbol{W}u+\varepsilon \tag{3.75}$$

模型特点在于,同时考虑了被解释变量与误差项的空间滞后相关性。

对于自然对数似然函数,也可以构造一个稀疏矩阵算法,并且在这个与其他空间自回归模型中的形式相类似的稀疏矩阵算法上能继续求解。但有一点不同在于,不能轻易对 ρ 和 λ 设限。

SAC 模型的应用有三:(1)如果 SAC 模型的误差结构中存在空间依赖,那么 SAC 模型就是一个针对该类型误差依赖关系的合适的模型归一法(可用 LM 统计量来检验 SAR 模型的剩余误差和空间依赖关系)。(2)在 $\boldsymbol{W}_2$ 的值用二阶空间相邻矩阵表示,以解释空间因变量(被解释变量)由于空间现象(如空间关联)的第二轮效应引致的、扰动结构具有高阶空间依赖的情形下。(3)用到矩阵 $\boldsymbol{W}_1$ 和 $\boldsymbol{W}_2$ 的例子中,$\boldsymbol{W}_1$ 代表一阶相邻矩阵,$\boldsymbol{W}_2$ 被构造为该地与中心城市距离的对角矩阵。这种空间权重矩阵的结构说明仅仅相邻关系不能充分解释空间效应。在建模中,与中心城市的距离是一个很重要的要素。不过这样又提出了核对问题:应用距离权重矩阵来代替 $\boldsymbol{W}_1$ 吗?应用一阶相邻矩阵来代替 $\boldsymbol{W}_2$ 吗?或者以相反结构为依据?当然,将相似函数值与模型中使用两种结构估计的参数 ρ 和 λ 的统计意义作比较,也许会给出一个清晰的答案。该模型的自然对数似然函数如下:

$$
\begin{aligned}
&L=C-(n/2)\ln(\sigma^2)+\ln(|B|)-(1/2\sigma^2)(e'B'Be)\\
&e=Ay-\boldsymbol{X}\beta\\
&A=I_n-\rho\boldsymbol{W}_1\\
&B=I_n-\lambda\boldsymbol{W}_2
\end{aligned}
\tag{3.76}
$$

通过运用 β 和 σ^2 的表达式对函数进行变换:

$$
\begin{aligned}
\beta&=(\boldsymbol{X}'A'A\boldsymbol{X})^{-1}(X'A'ABy)\\
e&=By-x\beta\\
\sigma^2&=(e'e)/n
\end{aligned}
\tag{3.77}
$$

考虑到式(3.14)的表达式,在给定 ρ 和 λ 时可以对自然对数似然值进行计算。参数 β 和 σ^2 的值可以根据 ρ、λ、样本数据 y 和 $\boldsymbol{X}$ 进行计算。

3.8 广义嵌套式空间模型

广义嵌套式空间模型(GNS 模型)的表达式为:

$$
\begin{aligned}
&\boldsymbol{Y}=\rho\boldsymbol{WY}+\alpha\tau_N+\boldsymbol{X}\beta+\boldsymbol{WX}\theta+u\\
&u=\lambda\boldsymbol{W}u+\varepsilon
\end{aligned}
\tag{3.78}
$$

该模型的特点在于,同时考虑了被解释变量、解释变量与误差项的空间滞后相关性。其估计方法与检验识别方法与其他空间计量模型相同。

3.9 动态截面空间计量模型

动态空间截面数据模型,即在基本的截面模型中同时引入空间效应项与动态效应项，就得到相应的动态空间计量模型。例如，在截面数据空间滞后模型和截面数据空间误差自相关模型中引入动态效应，就分别得到动态截面数据空间滞后模型和动态截面数据空间误差自相关模型。

动态截面数据空间滞后模型：

$$\boldsymbol{Y}_t = \gamma \boldsymbol{Y}_{t-1} + \lambda \boldsymbol{W} \boldsymbol{Y}_t + \boldsymbol{X}'_t \beta + \alpha + \varepsilon_t \tag{3.79}$$

动态截面数据空间误差自相关模型：

$$\begin{aligned} \boldsymbol{Y}_t &= \gamma \boldsymbol{Y}_{t-1} + \boldsymbol{X}'_t \beta + \alpha + \varepsilon_t \\ \varepsilon_t &= \rho \boldsymbol{W} \varepsilon_t + \nu_t \end{aligned} \tag{3.80}$$

其他模型同理可得。

3.10 动态截面空间 SUR 模型

在空间经济计量模型中，通常有两种方法引入时间因素：其一，动态模型，将时间变化设为因变量的滞后变量引入模型。其二，空间似不相关回归模型，即 SUR 模型。SUR 模型考虑不同截面的数据在不同时间段存在相关性，允许截面误差项 ε_t 在时间上存在相关性。这种方法对时间相关的结构限制较少，也就是在传统的 SUR 模型中引入空间效应，称为空间 SUR 模型。再引入动态效应项，就得到动态截面空间 SUR 模型。

拓展阅读

[1] 陈生明，叶阿忠. 空间溢出视角下对外贸易和中国碳排放——基于半参数面板空间滞后模型[J]. 统计与信息论坛，2014，29(4)：43—50.

[2] 郭国强. 空间计量模型的理论和应用研究[D]. 华中科技大学，2013.

[3] 林光平，龙志和，吴梅. 中国地区经济 σ-收敛的空间计量实证分析[J]. 数量经济技术经济研究，2006，23(4)：14—21.

[4] 林光平，龙志和. 空间经济计量：理论与实证 [M]. 科学出版社 2014 年版.

[5] 刘明，黄恒君. 空间回归模型估计中的最小二乘法[J]. 统计与信息论坛，2014，29(10)：9—13.

[6] 马骊. 空间统计与空间计量经济方法在经济研究中的应用[J]. 统计与决策，2007(19)：29—31.

[7] 沈体雁等. 空间计量经济学[M]. 北京大学出版社 2011 年版.

[8] 孙久文，姚鹏. 空间计量经济学的研究范式与最新进展[J]. 经济学家，2014(7)：27—35.

[9] 陶长琪，杨海文. 空间计量模型选择及其模拟分析[J]. 统计研究，2014(8)：88—96.

[10] 王立平，任志安. 空间计量经济学研究综述[J]. 云南财贸学院学报：社会科学版，2007，22(6)：25—28.

[11] 王守坤. 中国各省区资本流动能力再检验：基于广义空间计量模型的分析[J]. 经济评论，2014：68—84.

[12] 向永辉. 空间计量经济学的发展及其应用[J]. 浙江科技学院学报，2014，26(2)：77—85.

[13] 杨开忠，冯等田，沈体雁. 空间计量经济学研究的最新进展[J]. 开发研究，2009(2)：7—12.

[14] 朱美光. 基于区域知识能力的空间知识溢出模型研究[J]. 软科学，2007(2)：1—4.

[15] [美]詹姆斯·勒沙杰等. 肖光恩等译. 空间计量经济学导论[M]. 北京大学出版社 2014 年版.

参考文献

[1] Anselin L., Moreno R.. Properties of Tests for Spatial Error Components [J]. Regional Science and Urban Economics, 2003, 33(5): 595—618.

[2] Anselin L.. Spatial Econometrics: Methods and Models [M]. Kluwer Academic. 1998.

[3] Kele jian H, Robinson D. P.. A Suggested Method of Estimation for Spatial Interdependent Models with Autocorrelated Errors and an Application to a County Expenditure model [J]. Region Science, 1993, 72(3): 297—312.

[4] Kelejian H. H., Robinson D. P.. Spatial Autocorelation: A New Computationally Simple Test with an Application to Per Capita Country Police Expenditures [J]. Regional Science and Urban Economics, 1992, 22(3): 317—331.

[5] Kelejian H. H., Robinson D. P.. Spatial Correlation: A Suggested Alternative to the Autoregressive Model [A]. In: Anselin L., Florax R. J.. New Directions in Spatial Econometrics [C]. Berlin: Springer. 1995.

[6] Lee L. F., Yu J. H.. Estimation of Spatial Autoregressive Panel Data Models with Fired Effects [J]. Journal of Econometrics, 2010, 154(2): 165—18.

[7] LeSage J P. An introduction to spatial econometrics [J]. Revue d'économieindustrielle, 2008 (123): 19—44.

[8] Lin Zhang, Veerabhadran Baladandayuthapani, Hongxiao Zhu, Keith A. Baggerly, Tadeusz Majewski, Bogdan A. Czerniak, Jeffrey S. Morris. Functional CAR Models for Spatially Correlated Functional Datasets [J]. Selected Works of Jeffrey S. Morris, 2015. 1.

[9] Melanie M. Wall. A Close Look at the Spatial Structure Implied by the CAR and SAR models [J]. Journal of Statistical Planning andInference, 2004, 121: 311—324.

[10] Yang Z. L.. A Robust LM Test for Spatial Error Components [J]. Regional Science and Urban Economics, 2010, 40(5): 299—310.

[11] 陈得文，陶良虎. 中国区域经济增长趋同及其空间效应分解——基于 SUR 一空间计量经济学分析[J]. 经济评论，2012(3)：49—56.

[12] 邓明，钱争鸣. 我国省际知识生产及其空间溢出的动态时变特征——基于 Spatial SUR 模型的经验分析[J]. 数理统计与管理，2013(4)：571—585.

[13] 胡健，焦兵. 空间计量经济学理论体系的解析及其展望[J]. 统计与信息论坛，2012，27(1)：3—8.

[14] 林光平，龙志和，吴梅. Bootstrap 方法在空间经济计量模型检验中的应用[J]. 经济科学，2007(4)：84—93.

[15] 林光平，龙志和. 空间经济计量：理论与实证[M]. 科学出版社 2014 年版.

[16] 孙久文，姚鹏. 空间计量经济学的研究范式与最新进展[J]. 经济学家，2014(7)：27—35.

[17] 陶长琪，杨海文. 空间计量模型选择及其模拟分析[J]. 统计研究，2014(8)：88—96.

[18] 汪文姣，陈志鸿. 空间计量方法对新经济地理学的实证研究：一个文献综述[J]. 兰州学刊，2013(11)：94—98.

[19] 张可娟. 空间自回归模型的研究与应用[D]. 广西大学，2012.

[20] [美]詹姆斯等. 肖光恩等译. 空间计量经济学导论[M]. 北京大学出版社 2014 年版.

第4章 空间计量经济模型的选择与模拟分析

4.1 引 言

现实中,观测值存在独立和非独立两种可能,传统的统计理论建立在独立观测值假定基础之上。而地理区域空间之间及其经济现象之间,空间依赖性的存在打破了经典计量经济学模型关于样本相互独立的基本假设,这时要准确地获取数据的空间关系,则恰当地描述和运用空间特性对空间交互作用进行研究是很重要的。空间单元上的某种经济现象或某一属性总是与相邻空间单元上的现象或属性相关,我们需要通过空间计量模型来体现这些关系。

空间计量实证研究过程中,在获得数据之后,通常得到一个能够较好地描述数据的空间特征和经济现象的模型,并把后续的分析工作建立在假定这个模型的数据生成过程与真实模型相符的基础上。这一过程的前提和基础就是研究者选择了恰当的空间计量模型,并进行了正确的估计。因此模型选择是数据分析的重要组成部分,是模型建立的基础,也是实证研究的一个关键环节,在计量模型的实证研究中具有非常重要的意义。但是专门研究计量模型选择的文献并不多,而对空间计量模型的研究更少。随着空间计量模型的扩展,空间计量模型的选择问题变成了空间建模必须要解决的一个重要问题。一些学者分别从频率学派和贝叶斯学派的角度提出了一些模型选择的方法与技巧,如 Burridge(1980)提出了用于检验非空间模型还是 SEM 模型的 LM 检验;Anselin(1988)提出了使用 LM 统计量对非空间模型和 SAR 模型的选择问题;Anselin 等(1996)提出了空间误差模型和空间自回归模型的判别准则。Hepple(1995)和 Lesage(1997)又将贝叶斯方法应用到空间计量,进一步促进了空间计量的贝叶斯理论发展,Jeffreys(1961)最早将贝叶斯理论应用到普通计量模型的选择之中;而 Hepple(2004)最早将贝叶斯理论应用到空间计量模型的选择之中。据我们对国内外相关文献的持续跟踪,尚未发现有使用 MCMC 算法对空间计量模型的选择进行深入分析,并通过模拟对相关选择方法进行有效性评判的文献。于是,我们对空间计量模型选择相关的 Moran 指数检验、LM 检验、似然函数、三大信息准则、贝叶斯后验概率方法进行了理论分析。并在此基础上给出了合理的 MCMC 算法,通过对各种选择方法在扩充的空间计量模型族中进行对比模拟分析,发现传统的模型选择方法都有一定的局限性，有的甚至会出现误选，而 MCMC 方法很好地解决了这一问题。

4.2 空间计量模型选择概述

当前空间计量模型的实证研究中，很多国内的文献均是基于 LM 检验在空间自相关和空间误差模型中进行选择和分析，而 LM 检验确实存在局限性。同时，空间计量模型已极为丰富，我们有必要根据实际的研究问题在更广泛的空间计量模型中做出合理的选择。

4.2.1 空间计量模型族

现有的空间计量模型可以列为以下 10 种[①]：

空间模型族（截面）

- 误差项中存在空间相关
  - SEM（空间误差模型）：
    $y=X\beta+\mu,\mu=\lambda W\mu+\varepsilon,\varepsilon\sim N(0,\sigma^2 I_n)$
  - SMA（空间移动平均模型）：
    $y=X\beta+\mu,\mu=\lambda W\varepsilon+\varepsilon,\varepsilon\sim N(0,\sigma^2 I_n)$
  - SEC（空间误差分量模型）：
    $y=XX+\mu,\mu=W\eta+\varepsilon,\eta\sim N(0,\sigma_\eta^2 I_n),\varepsilon\sim N(0,\sigma_\varepsilon^2 I_n)$
- 解释变量中存在空间相关：SLX(the spatial lag of X)：
  $y=X\beta+\mu,\mu=\lambda W\varepsilon+\varepsilon,\varepsilon\sim N(0,\sigma^2 I_n)$
- 被解释变量中存在空间相关
  - FAR（一阶空间自回归模型）：
    $y=\rho Wy+\varepsilon,\varepsilon\sim N(0,\sigma_\varepsilon^2 I_n)$
  - SAR（空间自回归模型）：
    $y=\rho Wy+X\beta+\varepsilon,\varepsilon\sim N(0,\sigma_\varepsilon^2 I_n)$
- 混合空间相关
  - SARMA（季节性自回归移动平均模型）：
    $y=\rho W_1 y+X\beta+\mu,\mu=\varepsilon+\lambda W_2\varepsilon,\varepsilon\sim N(0,\sigma_\varepsilon^2 I_n)$
  - SAC（一般空间模型）：
    $y=\rho W_1 y+X\beta+\mu,\mu=\varepsilon+\lambda W_2\mu,\varepsilon\sim N(0,\sigma_\varepsilon^2 I_n)$
  - SDM（空间杜宾模型）：
    $y=\rho Wy+X\beta+WX\theta+\varepsilon,\varepsilon\sim N(0,\sigma_\varepsilon^2 I_n)$
  - SDEM（空间杜宾误差模型）：
    $y=X\beta+WX\theta+\mu,\mu=\lambda W\mu+\varepsilon,\varepsilon\sim N(0,\sigma_\varepsilon^2 I_n)$

其中：FAR 类似于时间序列分析中的一阶自回归模型，主要用于研究相邻地区的被解释变量的变动如何影响被研究地区的被解释变量。SEC 与 SEM、SMA 的最大不同是误差项中不含有空间相关性系数，且误差项由两个独立误差分量构成。SDEM 只是对 SEM 模型中增加了解释变量的空间滞后项。

---

① 本文只针对横截面的空间计量模型进行了分析。另外，基于表格大小，文章篇幅及工作量的考虑，本文模拟分析部分并未对 10 种模型全部进行模拟，而是对不同的模型选择方法进行了有针对性的模拟分析。

4.2.2 空间计量模型选择方法

现有的空间计量模型选择方法可以归纳为[1]：

- 空间计量模型选择方法
  - 基于统计检验方法
    - Moran 指数检验
    - LM 检验
  - 基于极大似然值方法
    - AIC(赤池信息准则)
    - BIC（贝叶斯信息准则或施瓦茨准则）
    - HQC(汉南-奎因准则)
  - 基于模型后验概率的贝叶斯选择：
    - 方法 QAIC(数据过度离散情况下的信息准则)
  - 基于 MCMC 的空间计量模型选择方法

4.3 基于统计检验的空间计量经济模型选择方法

4.3.1 Moran 指数检验

Moran 指数反映的是空间邻接或邻近的区域单元属性值的相似程度，通过 Moran 指数可以检验模型是否存在空间相关性。该检验的原假设是模型不存在空间相关性，当拒绝原假设时，并不能够确定存在空间相关性的具体模型形式，从而 Moran 指数检验无法用来确定空间效应是空间自回归还是空间残差相关。即 Moran 指数只能检验空间相关性是否存在，对空间模型的选择起不到作用。

1948 年 Moran 提出了全局 Moran 指数(Moran's I)，计算公式如下：

$$I=\frac{n\sum_{i=1}^{n}\sum_{j=1}^{n}w_{ij}(x_i-\bar{x})(x_j-\bar{x})}{\sum_{i=1}^{n}\sum_{j=1}^{n}w_{ij}\sum_{i=1}^{n}(x_i-\bar{x})^2}=\frac{\sum_{i=1}^{n}\sum_{j\neq 1}^{n}w_{ij}(x_i-\bar{x})(x_j-\bar{x})}{S^2\sum_{i=1}^{n}\sum_{j=1}^{n}w_{ij}} \tag{4.1}$$

式中，n 是研究区内地区总数，w_{ij} 是空间权重；x_i 和 x_j 分别是区域 i 和 j 的属性；$\bar{x}$ 是属性的平均值；S^2 是属性的方差。

Moran 指数可以看作是观测值与它的空间滞后(spatial lag)之间的相关系数。变量 x_i 的空间滞后是 x_i 在邻域 j 的平均值，定义为：

$$x_{i,-1}=\frac{\sum_{j}w_{ij}x_{ij}}{\sum_{j}w_{ij}} \tag{4.2}$$

因此，Moran 指数的取值一般在 −1 到 1 之间，大于 0 表示正相关，值接近 1 时表明具有相似的属性集聚在一起(即高值与高值相邻，低值与低值相邻)；小于 0 表示负相关，值接近 −1 时表明具有相异的属性集聚在一起(即高值与低值相邻、低值与高值

① 本部分整理编辑自：陶长琪，杨海文. 空间计量模型选择及其模拟分析[J]. 统计研究，2014(8).

相邻)。如果 Moran 指数接近于 0,则表示属性是随机分布的,或者不存在空间自相关性。与 Moran 指数相似,Geary 指数 C 也是全局聚类检验的一个指数。计算 Moran 指数时,用的是中值离差的叉乘,但是,Geary 指数 C 强调的是观察值之间的离差,其公式是:

$$C = \frac{(n-1)\sum_{i=1}^{n}\sum_{j=1}^{n} w_{ij}(x_i - x_j)^2}{2\sum_{i=1}^{n}\sum_{j=1}^{n} w_{ij}\sum_{i=1}^{n}(x_i - \bar{x})^2} \tag{4.3}$$

Geary 指数 C 的取值一般在 0 到 2 之间(2 不是一个严格的上界),大于 1 表示负相关,等于 1 表示不相关,而小于 1 表示正相关。因此,Geary 指数与 Moran 指数刚好相反。Geary 指数有时也被称为 G 系数。

4.3.2 基于 LM 检验的空间计量模型选择方法

Burridge(1980)提出 LM-Error 检验,Bera 和 Yoon(1992)对 LM-Error 检验进行改进,提出稳健 LM-error 检验。Anselin(1988)提出了 LM-lag 检验(Robust LM-Error),Bera 和 Yoon(1992)进一步改进 LM-lag 检验,提出了稳健 LM-lag 检验(Robust LM-LAG),这四个统计量分别为:

$$\text{LM-Error} = \frac{(e'We/s^2)^2}{T} \sim \chi^2(1) \tag{4.4}$$

$$\text{LM-LAG} = \frac{(e'Wy/(e'e/N))^2}{R} \sim \chi^2(1) \tag{4.5}$$

$$\text{Robust LM-Error} = \frac{(e'Wy/s^2 - TR^{-1}e'We/s^2)^2}{T - T^2R^{-1}} \sim \chi^2(1) \tag{4.6}$$

$$\text{Robust LM-LAG} = \frac{(e'Wy/s^2 - e'We/s^2)^2}{R - T} \sim \chi^2(1) \tag{4.7}$$

其中:

$$s^2 = \frac{e'e}{N} \tag{4.8}$$

$$T = \mathrm{tr}(W^2 + W'W) \tag{4.9}$$

$$R = (WX\hat{\beta})'M(WX\hat{\beta})(e'e/N) + tr(W^2 + W'W) \tag{4.10}$$

$\hat{\beta}$ 原假设中模型参数的 OLS 估计。

这 4 个检验统计量分别对应着空间计量经济学模型 LM 检验的四种情况:

(1) LM-Error 统计量——不存在空间自回归时空间残差相关的 LM 检验。原假设是模型残差不存在空间相关。备择假设表示残差存在空间效应,残差的空间效应又包括空间残差自相关和空间残差移动平均两种情况;

$$\begin{aligned} &H_0: Y = X\beta + \varepsilon, \varepsilon \sim N(0, \sigma^2 I) \\ &H_1: \varepsilon = \lambda W\varepsilon + \mu (\text{或 } \varepsilon = \lambda W\mu + \mu) \end{aligned} \tag{4.11}$$

(2) LM-Lag 统计量——不存在空间残差相关时空间自回归效应的 LM 检验,原假设是模型残差不存在空间相关;

$$H_0: Y = X\beta + \varepsilon, \varepsilon \sim N(0, \sigma^2 I)$$
$$H_1: Y = \rho WY + X\beta + \varepsilon \quad (4.12)$$

(3) Robust LM-Error 统计量——存在空间自回归时空间残差相关的 LM 检验。原假设仍然是模型残差不存在空间相关。备择假设情况同(1);

$$H_0: Y = \rho WY + X\beta + \varepsilon$$
$$H_1: \varepsilon = \lambda W\varepsilon + \mu (\text{或 } \varepsilon = \lambda W\mu + \mu) \quad (4.13)$$

(4) Robust LM-Lag 统计量——存在空间残差相关性时空间自回归效应的 LM 检验。

$$H_0: Y = X\beta + \lambda W\varepsilon + \mu, \mu \sim N(0, \sigma^2 I)$$
$$H_1: Y = \rho WY + X\beta + \lambda W\varepsilon + \mu \quad (4.14)$$

根据 LM 的 4 个统计量构建判别过程及准则为:先进行 OLS 回归,得到回归模型的残差,再基于残差进行 LM 诊断。模型选择的标准如结构图 4.1:

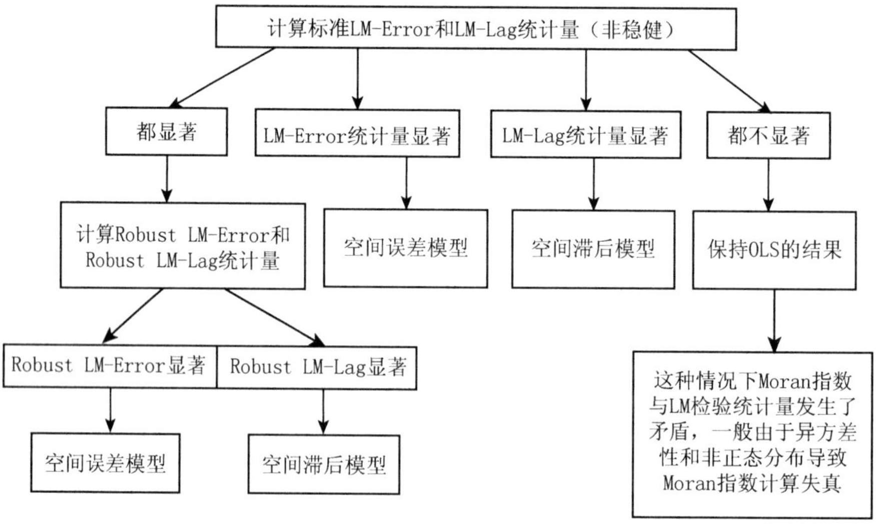

图 4.1 基于 LM 检验的空间计量模型选择方法

4.4 基于信息准则的空间计量经济模型选择方法

当得到极大似然值之后,通常认为似然值较大的模型较优,但是在实际使用中发现很多时候模型的似然值并没有显著差异,因而失去可比性,于是在似然值的基础上增加惩罚机制,便产生了模型选择的信息准则方法 MYM 在空间计量模型中的信息准则计算公式和一般模型相同,只是对数似然值按空间计量模型对数似然值计算方法得到。

各准则的计算公式与判断标准如表 4.1。

表 4.1 基于极大似然值构建信息准则

准则	AIC	BIC	HQ	QAIC
公式	$AIC=-2\ln(L)+2k$	$BIC=-2\ln(L)+k\ln(n)$	$HQ=-2\ln(L)+\ln(\ln(n))k$	$QAIC=2k-\frac{2}{VIF}\ln(L)$
判断方法	越小越好	越小越好	越小越好	越小越好

信息准则在模型选择时具有很好的优势，如它对嵌套模型和非嵌套模型均有效，且可以比较具有不同误差分布的模型，但是，在空间计量模型的模拟分析过程中发现它们检验的效度并不高。需要进一步使用更为复杂的方法——贝叶斯模型选择方法。

4.5 基于模型后验概率的贝叶斯选择方法

4.5.1 空间计量模型中边际似然函数值的计算

以 SEM(空间误差自回归模型)为例。

SEM 模型公式为：

$$y=X\beta+\mu,\mu=\lambda W\mu+\varepsilon,\varepsilon\sim N(0,\sigma^2 I_n) \tag{4.15}$$

设 W 的最大特征值为 $K_{\max}$，最小特征值为 $K_{\min}$，记 $D=1/K_{\max}-1/K_{\min}$，$P=I-\lambda W$，$V^{-1}=P'P$，得 SEM 的似然函数为：

$$L=(2\pi)^{\frac{n}{2}}\frac{|P|}{\sigma^n}\exp\left(-\frac{1}{2\sigma^2}(y-X\beta)'V^{-1}(y-X\beta)\right) \tag{4.16}$$

令 $p(\beta,\sigma)\propto\frac{1}{\sigma}$，$p(\theta)=\frac{1}{D}$，得后验分布：

$$p(\beta,\theta,\sigma^1|y)=\frac{1}{p(y)}\frac{|p|}{D}\frac{1}{\sigma}\frac{1}{(2\pi\sigma^1)^{n/2}}\exp\left(-\frac{1}{2\sigma^2}(y-X\beta)'V^{-1}(y-X\beta)\right) \tag{4.17}$$

上式关于 β,σ 积分后，得到关于 θ 的边际似然：

$$p(\theta|y)=\frac{1}{p(y)}\frac{1}{D}\Gamma\left(\frac{n-k}{2}\right)\frac{1}{(2\pi)^{n-k/2}}\frac{|P|}{|X^{*\prime}X^{*}|^{1/2}}\frac{1}{S^{n-k/2}} \tag{4.18}$$

其中 $X^*=PX=X-\theta WX$，$y^*=Py=y-\theta Wy$，$S=s^2$ 是关于 X^* 回归得到的残差平方和。再由贝叶斯公式 $p(\theta|y)p(y)=p(y|\theta)p(\theta)$，将上式乘 $p(y)$后关于 θ 积分就可以得到边际似然函数：

$$p(y)=\frac{1}{D}\frac{1}{(2\pi)^{n-k/2}}\Gamma\left(\frac{n-K}{2}\right)\int\frac{|P|}{|X^{*\prime}X^{*}|^{1/2}}\frac{1}{S^{n-k/2}}\mathrm{d}\theta \tag{4.19}$$

由于上式是关于模型 SEM 推导得到的，可记为 $p(y|M_{SEM})$，类推可以得到其他空间模型的边际似然函数。

Carlin 和 Louis 给出了几种利用传统基于 MC 的边际似然函数 $p(y|M)$的估计方法，但这些方法对较高维的模型却难以实现。Gelfand 和 Hastings 分别给出了基于 Gibbs 抽样和 M-H 抽样的计算方法，有效地解决了高维的情况。边际似然函数值的计算有三种情况：分析法、数值近似计算和模拟计算。

分析法计算主要针对边际似然函数中的积分，可以通过解析和数值积分实现，相对容易。对于相对复杂的情况需要将似然函数在极大值点处使用泰勒展开式做近似估计。对于特别复杂的情况，可以利用马尔可夫链蒙特卡罗（Markov chain Monte Carlo，MCMC）方法。

4.5.2 后验机会比与后验概率的计算

利用边际似然值，可以进一步计算后验机会比。利用后验机会比和 Jeffreys 判断标准，可以对空间计量模型进行选择。

设存在 n 个候选模型 $M_i(i=1,2,\cdots,n)$，对应的参数向量为 $\theta_i(i=1,2,\cdots,n)$，则 M_i 为所选模型的后验概率为：

$$p(M_i|y)=\frac{p(y|M_i)p(M_i)}{p(y|M_1)p(M_1)+p(y|M_2)p(M_2)+\cdots+p(y|M_n)p(M_n)} \tag{4.20}$$

其中，$p(y|M_i)$是边际似然值，$p(M_i)$是模型的先验概率，显然有 $\sum_{i=1}^{n}p(M_i \mid y)=1$，数据信息支持各个模型的程度，可用如下后验机会比表示：

$$PO_{ij}=\frac{p(M_i|y)}{p(M_j|y)}=\frac{p(y|M_i)p(M_i)}{p(y|M_j)p(M_j)}=BE_{ij}\times PR_{ij} \tag{4.21}$$

其中，BE_{ij} 称为贝叶斯因子，PR_{ij} 称为先验机会比，上式变形可得 $BE_{ij}=PO_{ij}/PR_{ij}$，即贝叶斯因子也等于后验机会比除以先验机会比。如果先验信息对模型没有偏好（先验机会比 $PR_{ij}=1$），则模型的贝叶斯因子完全由后验机会比决定。多个模型进行比较时，也可以通过后验机会比来计算后验概率，只需要将上式右端取倒数展开后再取倒数便得：

$$p(M_i|y)=\frac{1}{PO_{1i}+PO_{2i}+\cdots+PO_{mi}} \tag{4.22}$$

从以上推理可以看出，使用贝叶斯方法选择模型的关键就是计算各个模型的边际似然值。得到边际似然值结合先验概率便可计算出后验概率、贝叶斯因子和后验机会比。由于上边介绍的边际似然函数的计算在空间计量模型中存在较大困难，通常需要采用 MCMC 方法进行计算。

4.6 基于 MCMC 的空间计量经济模型选择方法

MCMC 方法的一般理论框架可以参见 Metropolis et al.（1953）和 Hastings（1970），以及其他各种介绍 MCMC 的专著。这里只介绍这种方法的基本思想和应用。在 MCMC 方法中，首先建立一个马尔科夫链，使得 $f(t)$为其平稳分布，则可以运行此马尔科夫链足够长的时间知道其能收敛到一个平稳分布，那么要得到目标分布所产生的随机样本，就是达到平稳状态下的马尔科夫链中所产生的样本路径。建立马尔科夫链一般有 Metropolis 算法，Metropolis-Hasting 算法和 Gibbs 抽样方法，一个好的链应该具有快速混合性质——从任意位置出发很快达到平稳分布。

对 Markov 链的定义为：设有随机过程$\{X_t,t\in T\}$，若对任意的 $t\in T$ 和任意的

$\{i_0, i_1, i_2, \cdots\}$，条件概率满足：

$$P\{X_t=x_t \mid X_0=x_0, X_1=x_1, \cdots, X_{t-1}=x_{t-1}\}=P\{X_t=x_t \mid X_{t-1}=x_{t-1}\} \quad (4.23)$$

则称$\{X_t, t\in T\}$为 Markov 链。

由 Markov 链的定义可知：

$$P\{X_0=x_0, X_1=x_1, \cdots, X_t=x_t\}=P(X_0=x_0)\prod_{t=1}^{t} P\{X_i=x_i \mid X_{i-1}=x_{i-1}\} \quad (4.24)$$

因此，Markov 链的统计性质完全由一步转移概率所决定：

$$p(x_{t-1}, x_t)=P\{X_t=x_t \mid X_{t-1}=x_{t-1}\} \quad (4.25)$$

MCMC 方法主要应用于多变量非标准形式、各变量之间相互不独立式分布的模拟计算。显然，在进行此类模拟计算的过程中，条件分布起很大的作用。设 $X=(X_1, X_2, \cdots, X_n)$，其分布函数为 $f(x_1, x_2, \cdots, x_n)$，则：

$$f(x_1, x_2, \cdots, x_n)=f(x_1)\prod f(x_i \mid x_1, x_2, \cdots, x_n) \quad (4.26)$$

如果式(4.25)右端的各个因子能够直接模拟，则只需要进行静态模拟即可，而不需要应用 MCMC 方法，但是在实践中，很难做到使这些因子能直接模拟，因此需要进行动态模拟，如 MCMC，此时完全条件分布扮演一个重要的角色。

本章以截面空间滞后模型参数的 MCMC 抽样为例进行分析，具体步骤如下：

(1) 首先选取一个条件概率密度函数 $Q(\rho' \mid \rho)>0$，通常称 $Q(\rho' \mid \rho)$ 为备选密度或建议密度。在这里，选取 $Q(\rho' \mid \rho)=q(\rho'-\rho)$，其中 $q(\cdot)$ 为分布函数；

(2) 给定某个初始值 ρ_0，使得 $P(\rho_0 \mid \beta, \sigma^2)>0$；

(3) 假设 ρ^t 为马尔科夫链在当前的状态，从建议密度函数 $Q(\rho' \mid \rho)$ 中抽取一个候选值 ρ^*，该生成过程(或者称为转移过程)为：$\rho^*=\rho^t+cz, z\sim N(0,1)$，其中，$c$ 成为转移参数；

(4) 计算使 ρ 后验分布平稳分布的选择比值；

$$R=\frac{P(\rho^* \mid \beta,\sigma^2)Q(\rho^t \mid \rho^*)}{P(\rho^t \mid \beta,\sigma^2)Q(\rho^* \mid \rho^t)}=\frac{P(\rho^* \mid \beta,\sigma^2)q(\rho^t \mid \rho^*)}{P(\rho^t \mid \beta,\sigma^2)q(\rho^* \mid \rho^t)}=\frac{P(\rho^* \mid \beta,\sigma^2)q(-cz)}{P(\rho^t \mid \beta,\sigma^2)q(cz)}=$$

$$\frac{P(\rho^* \mid \beta,\sigma^2)}{P(\rho^t \mid \beta,\sigma^2)}=\frac{|A(\rho^*)|\exp\left\{-\frac{1}{2\sigma^2}(A(\rho^*)Y-X\beta)^T(A(\rho^*)Y-X\beta)\right\}}{|A(\rho^t)|\exp\left\{-\frac{1}{2\sigma^2}(A(\rho^t)Y-X\beta)^T(A(\rho^t)Y-X\beta)\right\}} \quad (4.27)$$

注意，在式(4.27)的计算中，由于 $q(\cdot)$ 具有对称性，所以：

$$q(cz)=q(-cz) \quad (4.28)$$

则由状态 ρ^t 转移到状态 $q(\cdot)$ 的概率，即接受率为：

$$A(\rho^* \mid \rho^t)=\min\{1,R\} \quad (4.29)$$

(5) 从标准均匀分布中产生一个随机数 μ，如果 $\mu<A(\rho^* \mid \rho^t)=\min\{1,R\}$，则下一时刻的状态为 $\rho^{t+1}=\rho^*$，否则 $\rho^{t+1}=\rho^t$；

(6) 重复步骤(3)到(5)。

注意，这里描述的 Metropolis-Hastings 抽样法则是针对建议密度函数是对称正态分布形式的情形。由于 ρ 的条件分布函数形式与正态分布相似,所以此处使用的建议密度函数将运行良好。此外,在后验分布中,ρ 不一定处于区间 $[\lambda_{\min}^{-1},\lambda_{\max}^{-1}]$ 中,因为 ρ 的区间约束仅仅是抽样得到的样本区间的一部分。因此,如果 ρ 的后验分布使得 ρ 在区间 $[\lambda_{\min}^{-1},\lambda_{\max}^{-1}]$ 之外,则给予其条件后验分布零概率,也就是以概率 1 拒绝抽样得到的建议值。

空间计量模型越来越丰富,基于实际问题,利用获得的数据选择恰当的模型也变得越来越重要。空间计量模型的选择方法虽然有很多,但是传统方法都有针对性和局限性。当扩充选择模型的范围时,基于 OLS 估计残差的 Moran 指数检验也并不能给出全部空间计量模型的空间相关性的判断,基于 OLS 估计残差的 LM 检验主要针对 SAR 和 SEM 模型的选择有效,特别需要注意的是当 LM 检验的判别准则无法给出结论时,应该进一步判断真实的数据生成过程为其他模型的可能。基于似然函数值的三大信息准则,对于空间计量模型的选择来说,也存在不能准确判断的情况。而近几十年研究的 MCMC 方法,在空间计量模型选择上却体现出了优势。也即仅利用 OLS 估计的残差或似然函数,对于相对复杂的空间计量模型,在扩展的模型族中存在着利用信息上的不足,而既利用了似然函数又利用了参数先验信息的 MCMC 方法能够解决这一问题。

拓展阅读

[1] 钱争鸣,刘立虎. 复杂环境下空间滞后模型的稳健 LM 检验[J]. 统计研究,2013,30(4):99—105. DOI:10.3969/j.issn.1002—4565.2013.04.016.

[2] 张进峰,方颖. 空间误差模型的稳健检验[J]. 数量经济技术经济研究,2013(1):152—160. DOI:http://dspace.xmu.edu.cn:8080/dspace/handle/2288/17011.

参考文献

[1] 陶长琪,杨海文. 空间计量模型选择及其模拟分析[J]. 统计研究. 2014,(8):88—96.

第 5 章 空间计量经济模型的估计方法

在空间计量经济学中，对模型的估计处于核心地位。对于模型的估计方法，主要包括参数估计、非参数估计和半参数估计三大类，其中参数估计中，常见的参数估计方法包括极大似然估计、拟极大似然估计、广义矩估计、工具变量法以及贝叶斯估计等方法。本章以空间截面数据模型为例，对常用的估计方法进行较为系统的梳理。本章的知识框架如图 5.1 所示：

- 空间计量经济模型估计方法
  - 参数估计方法
    - 极大似然估计法
    - 拟极大似然估计法
    - 两阶段最小二乘估计(工具变量)法
    - 广义矩估计法
    - 贝叶斯估计法
  - 非参数估计方法
    - 同方差时的 SHAC 估计法
    - 异方差时的 SHAC 估计法
  - 有限样本情况下模型检验与参数估计
    - 模型检验
      - Monte Carlo 方法
      - Bootstrap 方法
    - 参数估计：Bootstrap 方法
      - PairsBootstrap 方法
      - 残差 Bootstrap 方法

图 5.1 空间计量估计方法知识框架

5.1 极大似然估计法

极大似然估计是空间计量模型最基本的估计方法，由于空间计量模型不满足经典 OLS 模型的假设，极大似然估计作为一种约束相对较小的估计方法，得到广泛使用。空间计量经济学的最大似然估计，最早由 Ord(1975)提出，之后 Smirnov 和 Anselin (2001)进行了完善，并给出相应的渐近性质。

极大似然估计的基本原理是在假定误差项正态分布的情况下，通过因变量分布，推导出自变量的联合密度函数，再通过最大化对数似然函数，得到模型参数的估计值。在极大似然估计中，计算极大似然或对数极大似然函数是首要目标，通过对(对数)极大似然函数求得最优化条件，从而得到参数的极大似然估计。

5.1.1 SAR 模型的极大似然估计

SAR 模型是空间计量经济学中，最经典以及最基础的模型，对于空间模型最早的估计就是在 Ord(1975)中提出对 SAR 模型的极大似然估计。以下我们将给出关于 SAR 模型对数似然函数的推导,其他空间模型的对数似然函数也可以用类似方法推导得出。

SAR 模型的矩阵形式可以表示为:

$$\boldsymbol{Y}=\lambda \boldsymbol{W}\boldsymbol{Y}+\boldsymbol{X}\beta+\boldsymbol{V} \tag{5.1}$$

其中 X 为 $n\times K$ 的矩阵,β 为 k 维列向量,$\boldsymbol{V}\sim N(0,\sigma^2\boldsymbol{I}_n)$,其简化形式为:

$$\boldsymbol{Y}=\boldsymbol{S}^{-1}(\lambda)^*(X\beta+\boldsymbol{V}) \tag{5.2}$$

其中 $\boldsymbol{S}(\lambda)=\boldsymbol{I}_n-\lambda\boldsymbol{W}$。

由于 $\boldsymbol{V}\sim N(0,\sigma^2\boldsymbol{I}_n)$,容易得到 $\boldsymbol{S}^{-1}(\lambda)\boldsymbol{V}\sim N(0,\Sigma)$,其中 $\Sigma=\sigma^2[\boldsymbol{S}^{-1}(\lambda)]'[\boldsymbol{S}^{-1}(\lambda)]$,对于 $\boldsymbol{S}^{-1}(\lambda)\boldsymbol{V}$ 其密度函数如下:

$$f=(2\pi)^{-\frac{n}{2}}\times|\Sigma|^{-\frac{1}{2}}\times\exp\left\{\frac{1}{2}[\boldsymbol{S}^{-1}(\lambda)\boldsymbol{V}]'\Sigma^{-1}[\boldsymbol{S}^{-1}(\lambda)\boldsymbol{V}]\right\} \tag{5.3}$$

其中,容易得到:

$$|\Sigma|=\sigma^{2n}\times|\boldsymbol{S}^{-1}(\lambda)|^2 \tag{5.4}$$

$$\Sigma^{-1}=\frac{1}{\sigma^2}[\boldsymbol{S}(\lambda)][\boldsymbol{S}(\lambda)]' \tag{5.5}$$

利用(5.4),(5.5)可以将(5.3)简化并求对数,得到:

$$\ln f=-\frac{n}{2}\ln(2\pi)-\frac{n}{2}\ln\sigma^2+\ln|\boldsymbol{S}(\lambda)|-\frac{1}{2\sigma^2}\boldsymbol{V}'\boldsymbol{V} \tag{5.6}$$

令 $\boldsymbol{V}=\boldsymbol{V}(\delta)=\boldsymbol{Y}-\boldsymbol{X}\beta-\lambda\boldsymbol{W}\boldsymbol{Y}$,其中 $\delta=(\beta',\lambda)'$,从而由(5.2)和(5.6)可以到 MRASR 模型的对数似然函数,如下所示:

$$\ln L=-\frac{n}{2}\ln(2\pi)-\frac{n}{2}\ln\sigma^2+\ln|\boldsymbol{S}(\lambda)|-\frac{1}{2\sigma^2}\boldsymbol{V}'(\delta)\boldsymbol{V}(\delta) \tag{5.7}$$

5.1.2 其他常用空间计量模型的极大似然估计

对于其他常见空间计量模型,例如 SEM 模型,SDM 模型、SARAR 模型都可以用上面的方法计算模型的对数似然函数,对于 SEM 模型,其矩阵形式为:

$$\boldsymbol{Y}=\boldsymbol{X}\beta+\boldsymbol{U},\ \boldsymbol{U}=\rho\boldsymbol{W}\boldsymbol{U}+\boldsymbol{\varepsilon} \tag{5.8}$$

其中 $\boldsymbol{U}$ 是 n 维向量,$\boldsymbol{W}$ 是空间矩阵,$\varepsilon\sim N(0,\sigma^2\boldsymbol{I}_n)$,其简化形式为:

$$\boldsymbol{Y}=\boldsymbol{X}\beta+\boldsymbol{S}^{-1}(\rho)\times\boldsymbol{\varepsilon} \tag{5.9}$$

其中 $\boldsymbol{S}(\rho)=\boldsymbol{I}_n-\rho\boldsymbol{W}$。

利用上述方法,很容易得到上述模型的对数似然函数:

$$\ln L=-\frac{n}{2}\ln(2\pi)-\frac{n}{2}\ln\sigma^2+\ln|\boldsymbol{S}(\lambda)|-\frac{1}{2\sigma^2}\boldsymbol{\varepsilon}'\boldsymbol{\varepsilon} \tag{5.10}$$

其中 $\boldsymbol{\varepsilon}=\boldsymbol{S}(\lambda)\times(\boldsymbol{Y}-\boldsymbol{X}\beta)$。

对于 SDM 模型,其矩阵形式为:

$$\boldsymbol{Y}=\lambda\boldsymbol{W}\boldsymbol{Y}+\boldsymbol{X}\beta_1+\boldsymbol{W}\boldsymbol{X}\beta_2+\boldsymbol{V} \tag{5.11}$$

其中 X 为 $n\times K$ 的矩阵,β 为 k 维列向量,$\boldsymbol{V}\sim N(0,\sigma^2\boldsymbol{I}_n)$。令 $\boldsymbol{Z}=(\boldsymbol{X},\boldsymbol{W}\boldsymbol{X})$,$\gamma=(\beta_1',\beta_2')$,则(5.11)式可以化简为:

$$\boldsymbol{Y}=\lambda \boldsymbol{W}\boldsymbol{Y}+Z\gamma+\boldsymbol{V} \tag{5.12}$$

此时 SDM 模型就转化为 SAR 模型，从而可以得到 SDM 模型的对数似然函数为：

$$\ln L=-\frac{n}{2}\ln(2\pi)-\frac{n}{2}\ln\sigma^2+\ln|\boldsymbol{S}(\lambda)|-\frac{1}{2\sigma^2}\boldsymbol{V}'\boldsymbol{V} \tag{5.13}$$

其在 $\boldsymbol{V}=\boldsymbol{Y}-\lambda\boldsymbol{W}\boldsymbol{Y}-Z\gamma$。

对于 SARAR 模型，其矩阵形式为：

$$\begin{aligned}\boldsymbol{Y}&=\lambda\boldsymbol{W}_1\boldsymbol{Y}+\boldsymbol{X}\beta+\boldsymbol{V}\\ \boldsymbol{V}&=\rho\boldsymbol{W}_2\boldsymbol{V}+\boldsymbol{\varepsilon}\end{aligned} \tag{5.14}$$

其中 $\boldsymbol{W}_1$，$\boldsymbol{W}_2$ 为空间权重矩阵，二者可以相同也可以不相同，ε_i，$i=1,\cdots,n$ 独立同分布，且满足 $\varepsilon_i\sim N(0,\sigma^2)$。令 $\boldsymbol{S}_1(\lambda)=\boldsymbol{I}_n-\lambda\boldsymbol{W}_1$，$\boldsymbol{S}_2(\rho)=\boldsymbol{I}_n-\rho\boldsymbol{W}_2$，假设 $\boldsymbol{S}_1(\lambda)$、$\boldsymbol{S}_2(\rho)$ 是非奇异的，从而得到 SARAR 模型的简化形式：

$$\boldsymbol{S}_2(\rho)\boldsymbol{S}_1(\lambda)\boldsymbol{y}=\boldsymbol{S}_2(\rho)X\beta+\boldsymbol{\varepsilon} \tag{5.15}$$

从而用理论与上文类似的方法，可以得到 SARAR 模型的对数似然函数：

$$\ln L=-\frac{n}{2}\ln(2\pi)-\frac{n}{2}\ln\sigma^2+\ln|\boldsymbol{S}(\lambda)|-\frac{1}{2\sigma^2}\boldsymbol{\varepsilon}'\boldsymbol{\varepsilon} \tag{5.16}$$

其中 $\boldsymbol{\varepsilon}=\boldsymbol{S}_2(\rho)\boldsymbol{S}_1(\lambda)\boldsymbol{y}-\boldsymbol{S}_2(\rho)X\beta$。

5.1.3 极大似然估计的性质

当模型中自变量和空间权重矩阵满足一系列假设条件时，极大似然估计法可以得到空间滞后模型和纯滞后模型的一致、渐近有效并渐近服从正态分布的估计量(Lee, 2001a, 2001b)；当模型不满足这些假设条件时，如模型变量的密度函数形式出现误设时，极大似然法将无法保证参数估计量的一致性、渐近有效性及渐近正态性，基于估计量渐近性的相关推断也将无效，甚至会得出误导性的结论。

虽然极大似然估计量在满足假定条件时具有一致性和渐近有效性等优良性质，但是其在实际应用中仍存在较大困难。其中，最突出的问题是计算量过大。空间经济计量模型的对数似然函数包含雅可比行列式的计算，随着样本量的增加，雅可比行列式变得越来越复杂，这就使对对数似然函数最优化的求解变得异常艰难。虽然 Ord 提出的特征根法可以简化雅可比行列式的计算，但是矩阵的稀疏性和非对称性仍使矩阵特征根在 N 超过一定值后变得异常不稳定。

5.2 拟极大似然估计法

拟极大似然法的估计思路与极大似然法相同，其应用条件比极大似然法更为宽松。极大似然法要求模型误差项服从正态独立同分布的假设，因此，当误差项不满足正态分布时，极大似然法失效。在此情形下，Lee (2004)等提出的拟极大似然法能够有效替代极大似然法进行模型估计，其证明对于 SAR 模型，在仅仅假设样本残差是独立同分布，可以通过拟极大似然估计方法得到渐近性质良好的参数估计量。

5.2.1 模型的基本假设

假设 1. 随机向量 $\boldsymbol{V}=(v_1,\cdots,v_n)$ 中的随机变量 $v_i,i=1,\cdots,n$,是独立同分布的,且其 v_i 的 4 阶矩存在;

假设 2. 空间权重矩阵 $\boldsymbol{W}=\{w_{ij}\}_{n\times n}$,其在每个元素 w_{ij} 都有一致具有 h_n^{-1} 阶,即存在常数 $c\in\boldsymbol{R}$,存在 $N\in\boldsymbol{Z}^+$,使得对于 $n>N$,有 $|h_nw_{ij}|<c$,对于所有的 i,j 都成立,其中序列 $\{h_n\}$ 可以是有界的或者是发散的,记 $w_{ij}=O\left(\frac{1}{h_n}\right)$。另 $w_{ii}=0,i=1,\cdots,n$;

假设 3. $\frac{h_n}{n}\to 0,n\to\infty$;

假设 4. $\boldsymbol{S}_n$ 是非奇异矩阵;

假设 5. 矩阵序列 $\{\boldsymbol{W}_n\}$ 和 $\{\boldsymbol{S}_n^{-1}\}$ 的行和,列和是一致有界的;

假设 6. X 中的元素都是有界常数,$\lim\limits_{n\to\infty}\frac{X'X}{n}$ 存在且非奇异;

假设 7. $\{\boldsymbol{S}^{-1}(\lambda)\}$ 的行和或列和,有一个是一致有界的,$\lambda\in\Lambda$,其中 Λ 是稠密的参数空间,λ_0 的参数空间 Λ 的内点;

假设 8. $\lim\limits_{n\to\infty}\frac{(\boldsymbol{X},\boldsymbol{G}_n\boldsymbol{X}\beta_0)'(\boldsymbol{X},\boldsymbol{G}_n\boldsymbol{X}\beta_0)}{n}$ 存在且非奇异,其中 $G_n=\boldsymbol{W}\boldsymbol{S}_n^{-1}$。

5.2.2 估计方法

对于 SAR 模型,如果 λ 给定,则很容易得到 β 和 σ^2 的估计量:

$$\hat{\beta}(\lambda)=(\boldsymbol{X}'\boldsymbol{X})^{-1}\boldsymbol{X}'\boldsymbol{S}(\lambda)\boldsymbol{Y} \tag{5.17}$$

$$\sigma^2(\lambda)=\frac{1}{n}[\boldsymbol{S}(\lambda)\boldsymbol{Y}-\boldsymbol{X}\hat{\beta}(\lambda)]'[\boldsymbol{S}(\lambda)\boldsymbol{Y}-\boldsymbol{X}\hat{\beta}(\lambda)]=\frac{1}{n}\boldsymbol{Y}'\boldsymbol{S}'(\lambda)\boldsymbol{M}\boldsymbol{S}(\lambda)\boldsymbol{Y} \tag{5.18}$$

其在 $M=\boldsymbol{I}_n-\boldsymbol{X}(\boldsymbol{X}'\boldsymbol{X})^{-1}\boldsymbol{X}'$。

得到了 SAR 模型中未知参数 β 和 σ^2 的估计量,SAR 模型仅仅剩下一个参数 λ 需要估计,由(5.17)、(5.18)很容易得到:

$$\frac{1}{\hat{\sigma}^2(\lambda)}\hat{\boldsymbol{V}}'\hat{\boldsymbol{V}}=\frac{1}{\hat{\sigma}^2(\lambda)}[\boldsymbol{S}(\lambda)\boldsymbol{Y}-\boldsymbol{X}\hat{\beta}(\lambda)]'[\boldsymbol{S}(\lambda)\boldsymbol{Y}-\boldsymbol{X}\hat{\beta}(\lambda)]=n \tag{5.19}$$

将(1.15)、(1.16)、(1.17)带入 SAR 模型的对数似然函数,得到中心化的对数似然函数(Concentrated Log-likelihood Function):

$$\ln L(\lambda)=-\frac{n}{2}[\ln(2\pi)+1]-\frac{n}{2}\ln\hat{\sigma}^2(\lambda)+\ln|\boldsymbol{S}(\lambda)| \tag{5.20}$$

通过使得(5.20)式最大的 λ 值 $\hat{\lambda}$,并将 $\hat{\lambda}$ 带入(5.17)、(5.18),即可以得到 SAR 模型所有未知参数的估计值,这个估计值就被称为拟极大似然估计。

5.2.3 拟极大似然估计的大样本性质

1. 一致性

在以上假设的条件下,可以证明 SAR 模型的拟极大似然估计具有一致性。

令 $Q(\lambda)=\max\limits_{\beta,\sigma^2}E[\ln L(\theta)]$,若要证明 QMLE 是一致估计量,需要证明以下两个

条件成立：

(1) $\frac{1}{n}[\ln L(\lambda)-Q(\lambda)]$在参数空间 Λ 上一致收敛到 0；

(2) 唯一识别条件。对于任意 $\varepsilon>0$，有$\lim\limits_{n\to\infty}\sup\max\limits_{\lambda\in\bar{N}_\varepsilon(\lambda_0)}\frac{1}{n}[Q(\lambda)-Q(\lambda_0)<0$，其在 $\bar{N}_\varepsilon(\lambda_0)$表示 λ_0 在参数空间 Λ 直径为 ε 的开邻域的补集。

对于条件(2)的证明，具体可以参见(White，1994)的定理 3.4，以下重点阐述条件(1)的证明。

对于最优化问题：

$$\max_{\beta,\sigma^2}E[\ln L(\theta)]=\max-\frac{n}{2}\ln(2\pi)-\frac{n}{2}\ln\sigma^2+\ln|\boldsymbol{S}(\lambda)|-\frac{1}{2\sigma^2}\boldsymbol{E}[\boldsymbol{V}'(\delta)\boldsymbol{V}(\delta)] \tag{5.21}$$

由一阶条件可以得到：

$$\frac{\partial E[\ln L(\theta)]}{\partial\beta}=E\{-2\boldsymbol{X}'\boldsymbol{S}(\lambda)\boldsymbol{Y}+2(\boldsymbol{X}'\boldsymbol{X})\beta\}=0 \tag{5.22}$$

将(5.19)带入(5.21)可以得到：

$$\beta^*(\lambda)=(\boldsymbol{X}'\boldsymbol{X})^{-1}\boldsymbol{X}'\boldsymbol{S}(\lambda)E(\boldsymbol{Y})=(\boldsymbol{X}'\boldsymbol{X})^{-1}\boldsymbol{X}'\boldsymbol{S}(\lambda)\boldsymbol{S}_n^{-1}\boldsymbol{X}\beta_0 \tag{5.23}$$

同理，可以容易得到：

$$\sigma^{*2}(\lambda)=\frac{1}{n}E[\boldsymbol{S}(\lambda)\boldsymbol{Y}-\boldsymbol{X}\beta^*(\lambda)]'[\boldsymbol{S}(\lambda)\boldsymbol{Y}-\boldsymbol{X}\beta^*(\lambda)]=$$

$$\frac{1}{n}\{(\lambda_0-\lambda)^2(G_n\boldsymbol{X}\beta_0)'M(G_n\boldsymbol{X}\beta_0)+\sigma_0^2tr[\boldsymbol{S}_n'^{-1}\boldsymbol{S}'(\lambda)\boldsymbol{S}(\lambda)]\boldsymbol{S}_n\} \tag{5.24}$$

由(5.22)，(5.23)可以得：

$$Q(\lambda)=-\frac{n}{2}[\ln(2\pi)+1]-\frac{n}{2}\ln\sigma^{*2}(\lambda)+\ln|\boldsymbol{S}(\lambda)| \tag{5.25}$$

由(5.18)和(5.24)可以得到：

$$\frac{1}{n}[\ln L(\lambda)-Q(\lambda)]=-\frac{1}{2}[\ln\hat{\sigma}^2(\lambda)-\ln\sigma^{*2}(\lambda)] \tag{5.26}$$

在假设 1-8 的条件下，通过不等式放缩，就很容易得到条件(1)成立。

2. 渐进正态性

在假设 1-8 的条件下，拟极大似然估计具有渐进正态分布，$\sqrt{n}(\hat{\theta}-\theta_0)\xrightarrow{D}N(0,\Sigma_\theta^{-1})$，其中 $\Sigma_\theta=-\lim\limits_{n\to\infty}E\left[\frac{1}{n}\times\frac{\partial^2\ln L(\theta_0)}{\partial\theta\partial\theta'}\right]$，渐进正态性的证明需要用到大量数学推导证明，此处就不给出，详见本章参考文献[3]。

5.3 两阶段最小二乘法与工具变量法

当空间经济计量模型存在内生性问题时，采用工具变量法估计模型系数显得更为合适。空间模型的工具变量法最早由 Kelejian 和 Prucha(1998)提出。空间经济计量模型的工具变量法基本原理与经典经济计量模型相同,即寻求合适的工具变量,再估计相应的最小距离。

在一般空间计量模型中,无需假定误差项服从正态分布。如果误差项自回归系数已知,可采用广义空间两阶段最小二乘法(Generalized Spatial Two-Stage Least Squares, GS2SLS)进行估计;如果误差项自回归系数未知,则采用可行广义空间两阶段最小二乘法(Feasible Generalized Spatial Two-Stage Least Squares, FGS2SLS)进行估计。工具变量可选取与误差项无关的自变量及其空间滞后项,甚至是高阶空间滞后项①。

一般说来,SARAR 模型的工具变量法分为三步:

首先,基于选取的工具变量,得到模型的参数估计值:

$$\widetilde{\boldsymbol{\delta}}_N=(\hat{\boldsymbol{Z}}'_N\hat{\boldsymbol{Z}}'_N)^{-1}\hat{\boldsymbol{Z}}'_N\boldsymbol{Y} \tag{5.27}$$

其中,$\widetilde{\boldsymbol{\delta}}_N$ 是模型的参数向量;$\hat{\boldsymbol{Z}}'_N=\boldsymbol{P}_H\boldsymbol{Z}_N=(\boldsymbol{X},\overline{\boldsymbol{W}_1\boldsymbol{Y}})$,$\overline{\boldsymbol{W}_1\boldsymbol{Y}}=\boldsymbol{P}_H\boldsymbol{W}_1\boldsymbol{Y}$,$\boldsymbol{P}_H=\boldsymbol{H}(\boldsymbol{H}'\boldsymbol{H})^{-1}\boldsymbol{H}$,$\boldsymbol{H}=[\boldsymbol{X},\boldsymbol{W}_1\boldsymbol{X},\boldsymbol{W}_1^2\boldsymbol{X},\boldsymbol{W}_2\boldsymbol{X},\boldsymbol{W}_2^2\boldsymbol{X},\boldsymbol{W}_1\boldsymbol{W}_2\boldsymbol{X}]$,是工具变量集合,$\boldsymbol{W}_1$ 是用于因变量的空间权重矩阵,$\boldsymbol{W}_2$ 是用于误差项的空间权重矩阵。

其次,将第一步求得的参数估计值代入误差项中,采用非线性最优化方法得到空间自相关系数以及干扰项方差的一致估计量。非线性极小优化对象为:

$$\left[G*-G*\begin{bmatrix}\rho\\ \rho^2\\ \sigma_u^2\end{bmatrix}\right]'\left[G*-G*\begin{bmatrix}\rho\\ \rho^2\\ \sigma_u^2\end{bmatrix}\right] \tag{5.28}$$

其中,$G*\begin{bmatrix}\frac{2}{N}\overset{\simeq}{\boldsymbol{u}}'\overset{\simeq}{\boldsymbol{u}} & \frac{-1}{N}\overset{\simeq}{\boldsymbol{u}}'\overset{\simeq}{\boldsymbol{u}} & 1\\ \frac{2}{N}\overset{\cong}{\boldsymbol{u}}'\overset{\simeq}{\boldsymbol{u}} & \frac{-1}{N}\overset{\cong}{\boldsymbol{u}}'\overset{\cong}{\boldsymbol{u}} & \frac{1}{N}tr(\boldsymbol{W}_2'\boldsymbol{W}_2)\\ \frac{1}{N}(\overset{\simeq}{\boldsymbol{u}}'\overset{\cong}{\boldsymbol{u}}+\overset{\simeq}{\boldsymbol{u}}'\overset{\simeq}{\boldsymbol{u}}) & \frac{-1}{N}\overset{\simeq}{\boldsymbol{u}}'\overset{\cong}{\boldsymbol{u}} & 0\end{bmatrix}$;$G*=\begin{bmatrix}\frac{1}{N} & \widetilde{\boldsymbol{u}}'\widetilde{\boldsymbol{u}}\\ \frac{1}{N} & \overset{\simeq}{\boldsymbol{u}}'\overset{\simeq}{\boldsymbol{u}}\\ \frac{1}{N} & \widetilde{\boldsymbol{u}}'\overset{\simeq}{\boldsymbol{u}}\end{bmatrix}$;通过以上优化得到参数估计值 $\hat{\rho}$ 和 $\hat{\sigma}_u^2$;$\widetilde{\boldsymbol{u}}=\boldsymbol{y}-\widetilde{\delta}\boldsymbol{Z}$,$\overset{\simeq}{\boldsymbol{u}}=\boldsymbol{W}_2\widetilde{\boldsymbol{u}}$,$\overset{\cong}{\boldsymbol{u}}\boldsymbol{W}_2\overset{\simeq}{\boldsymbol{u}}$,$\widetilde{\boldsymbol{u}}$ 是空间滞后模型的残差,$\overset{\simeq}{\boldsymbol{u}}$是 $\widetilde{\boldsymbol{u}}$ 的一阶空间滞后项,$\overset{\cong}{\boldsymbol{u}}$是 $\widetilde{\boldsymbol{u}}$ 的二阶空间滞后项。

最后,若误差项的自相关系数已知,则将该系数代入因变量表达式,采用第一步的方法直接进行变量系数的估计即可:

$$\hat{\boldsymbol{\delta}}_\rho=[(\hat{\boldsymbol{Z}}'_{N^*}\hat{\boldsymbol{Z}}_{N^*})]^{-1}\hat{\boldsymbol{Z}}'_{N^*}\boldsymbol{Y}_* \tag{5.29}$$

其中,$\hat{\boldsymbol{Z}}_{N^*}=(\boldsymbol{X}-\rho\boldsymbol{W}_2\boldsymbol{X},\boldsymbol{W}_1\boldsymbol{Y}-\overline{\rho\boldsymbol{W}_2}\boldsymbol{W}_1\boldsymbol{Y})$,$\boldsymbol{W}_1\boldsymbol{Y}-\rho\,\overline{\boldsymbol{W}_2}\boldsymbol{W}_1\boldsymbol{Y}=P_H(\boldsymbol{W}_1\boldsymbol{Y}-\rho\boldsymbol{W}_2\boldsymbol{W}_1\boldsymbol{Y})$,$\boldsymbol{Y}_*=\boldsymbol{Y}-\rho\boldsymbol{W}_2\boldsymbol{Y}$。若误差项的自相关系数未知,则将第二步得到的自回归系数估计值代入变量 $\hat{\boldsymbol{Z}}_{N^*}$ 和 $\boldsymbol{Y}_*$,即 $\hat{\boldsymbol{Z}}_{N^*}=(\boldsymbol{X}-\hat{\rho}\boldsymbol{W}_2\boldsymbol{X},\boldsymbol{W}_1\boldsymbol{Y}-\overline{\hat{\rho}\boldsymbol{W}_2}\boldsymbol{W}_1\boldsymbol{Y})$,$\boldsymbol{W}_1\boldsymbol{Y}-\overline{\hat{\rho}\boldsymbol{W}_2}\boldsymbol{W}_1\boldsymbol{Y}=P_H(\boldsymbol{W}_1\boldsymbol{Y}-\hat{\rho}\boldsymbol{W}_2\boldsymbol{W}_1\boldsymbol{Y})$,$\boldsymbol{Y}_*=\boldsymbol{Y}-\hat{\rho}\boldsymbol{W}_2\boldsymbol{Y}$。再次进行第一步,可以得到最终的参数估计量:

① 本部分整理编辑自:林光平,龙志和.空间经济计量:理论与实证[M].科学出版社 2014 年版.

$$\hat{\boldsymbol{\delta}}_{\rho}=[(\hat{\boldsymbol{Z}}'_{N^*}\hat{\boldsymbol{Z}}_{N^*})]^{-1}\hat{\boldsymbol{Z}}'_{N^*}\boldsymbol{Y}_* \tag{5.30}$$

值得注意的是,模型工具变量的选取将影响工具变量估计量的渐近性质。虽然工具变量法比极大似然法和拟极大似然法计算简单,但是该方法仍然存在不足不处。一方面,当模型不存在内生性时,工具变量估计量不是有效的估计量,不能进行参数显著性检验,需要检验程序来验证采用工具变量法的必要性。另一方面,当模型确实存在内生性时,工具变量法能够解决极大似然法无法解决的计算问题,但是此时工具变量估计量仍不是有效的估计量,无法进行联合检验。最后,如何选取合适的工具变量,以及如何解决有限样本的限制等,都是现阶段工具变量法应用面临的难题。

5.4 广义矩估计法

广义矩估计法在弱假设条件(不需要假设误差项分布)下,用样本矩条件代替总体矩条件,并利用此矩条件估计模型参数值。根据大数定律和中心极限定理可推导出矩条件的一致渐近正态性,再根据斯拉茨基(Slusky)定理和 Delta 方法可得到广义矩估计量的一致渐近正态性。

广义矩估计法的具体思路是:首先,基于模型设定,得到总体的矩条件;其次,用样本矩条件估计总体矩条件,构建矩方程;最后,采用最小化准则函数原则,估计准则函数中的参数,得到参数的广义矩估计量。

在随机扰动项同方差的空间经济计量模型中,Kelejian 和 Prucha(1999)将广义矩方法引入空间误差自相关模型,提出了目前已被广泛应用的矩条件,并利用模拟实验证明了小样本下广义矩估计量和拟极大似然估计量具有近似的有效性。

Kelejian 和 Prucha 提出的矩条件如下:

$$E\left[\frac{1}{N}\boldsymbol{\varepsilon}'\boldsymbol{\varepsilon}\right]=\sigma^2,E\left[\frac{1}{N}\overline{\boldsymbol{\varepsilon}}'\overline{\boldsymbol{\varepsilon}}\right]=\sigma^2\frac{tr(\boldsymbol{W}'\boldsymbol{W})}{N},E\left[\frac{1}{N}\overline{\boldsymbol{\varepsilon}}'\boldsymbol{\varepsilon}\right]=0 \tag{5.31}$$

其中,$\boldsymbol{\varepsilon}=\boldsymbol{u}-\rho\overline{\boldsymbol{u}}$;$\overline{\boldsymbol{\varepsilon}}=\boldsymbol{W\varepsilon}=\overline{\boldsymbol{u}}-\rho\overline{\overline{\boldsymbol{u}}}$;$\boldsymbol{W}$ 是空间权重矩阵,相应的准则函数为:

$$(\hat{\rho},\hat{\sigma}_u^2)=\arg\min \boldsymbol{v}(\hat{\rho},\hat{\sigma}_u^2)'\boldsymbol{v}(\rho,\sigma_u^2) \tag{5.32}$$

其中,$\boldsymbol{v}(\rho,\sigma_u^2)=\left[\boldsymbol{G}*\begin{bmatrix}\rho\\ \rho^2\\ \sigma^2\end{bmatrix}-\boldsymbol{g}*\right]$,$\boldsymbol{g}*$ 和 $\boldsymbol{G}*$ 的含义与式(5.28)类似,$\boldsymbol{g}*$ 和 $\boldsymbol{G}*$ 中的 $\widetilde{\boldsymbol{u}}$ 的自变量不存在空间自相关($\lambda=0$)时的回归残差。

随后,Lee(2007)提出了空间滞后模型的广义矩估计,证明了该估计量可用于参数显著性联合检验,且比两阶段最小二乘法和最优两阶段最小二乘法(Best Two-Stage Least Squares, B2SLS)更为有效,同时推导出最优广义矩(Optimal Generalized Method of Moments)估计量,并证明了最优广义矩估计量与极大似然和拟极大似然估计量具有相同的渐近分布。

当随机扰动项 $\boldsymbol{\varepsilon}$ 存在异方差时,Kelejian 和 Prucha 提出了误差自相关 SARAR 模型的广义矩法。其中,针对误差项自相关系数的广义矩估计准则函数为:

$$\widetilde{\rho}=\arg\min\left\{\left[\boldsymbol{r}-\widetilde{\boldsymbol{\Gamma}}\begin{bmatrix}\rho\\ \rho^2\end{bmatrix}\right]'\widetilde{\gamma}\left[\boldsymbol{r}-\widetilde{\boldsymbol{\Gamma}}\begin{bmatrix}\rho\\ \rho^2\end{bmatrix}\right]\right\} \tag{5.33}$$

其中,$\boldsymbol{r}=\frac{1}{N}[E\boldsymbol{u}'\boldsymbol{A}_1\boldsymbol{u},E\boldsymbol{u}'\boldsymbol{A}_2\boldsymbol{u}]'$,$E$ 表示期望,$\boldsymbol{A}_1=\boldsymbol{W}_2'\boldsymbol{W}_2-\text{diag}_i^N=1(\boldsymbol{W}'_{2.i,N}\boldsymbol{W}_{2.i,N}$,$\boldsymbol{A}_2=\boldsymbol{W}_2$;$\widetilde{\boldsymbol{\Gamma}}=\begin{bmatrix}\frac{2}{N}E\boldsymbol{u}'\boldsymbol{W}_2'\boldsymbol{A}_1\boldsymbol{u} & \frac{-1}{N}E\boldsymbol{u}'\boldsymbol{W}_2'\boldsymbol{A}_1\boldsymbol{W}_2\boldsymbol{u}\\ \frac{1}{N}E\boldsymbol{u}'\boldsymbol{W}_2'(\boldsymbol{A}_2+\boldsymbol{A}_2')\boldsymbol{u} & \frac{-1}{N}E\boldsymbol{u}'\boldsymbol{W}_2'\boldsymbol{A}_2\boldsymbol{W}_2\boldsymbol{u}\end{bmatrix}$;$\widetilde{\boldsymbol{\gamma}}$ 是 2×2 的对称半正定加权矩阵,$\widetilde{\boldsymbol{\gamma}}=\text{diag}(\upsilon_n,1)$,$\upsilon_n=1\Big/\left[1+\left[\frac{1}{n}\cdot tr(\boldsymbol{W}_2\boldsymbol{W}_2')\right]^2\right]$。

从以上对极大似然法和广义矩法的讨论可知,极大似然估计量的充分有效性建立在干扰项服从正态分布的假设条件基础之上,此假设条件与现实经济现状很难吻合。广义矩估计假设条件上弱于极大似然估计,无需干扰服从正态分布的假设条件,并能在潜在数据的生成过程中保持稳健性(如出现测量误差)。研究发现,广义矩估计法比两阶段最小二乘法更为有效,且比极大似然法和拟极大似然法计算简单,并和极大似然法具有相同的渐近有效性。因此,近年来,在空间经济计量分析的实证研究中,广义矩法备受青睐,有可能成为未来空间经济计量模型估计的主流方法。

广义矩估计量无需假定误差项分布形式,计算更为简便,且容易得到稳健的估计量,是空间经济计量模型中较为优越的估计方法。不过,广义矩估计方法也存在不足之处:第一,广义矩估计是非线性最优化过程,初始值的设置对最优化过程至关重要;第二,如果已知误差项的具体分布,极大似然估计将比广义矩方法更有效。

5.5 贝叶斯估计法

贝叶斯统计与经典统计学的差别就在于是否利用先验信息。贝叶斯统计在重视使用总体信息和样本信息的同时,还非常注意先验信息的收集、挖掘和加工,使它数量化,形成先验分布,加入到统计推断中来,以提高统计推断的质量。忽视先验信息的利用,有时是一种浪费,有时还会导出不合理的结论。

贝叶斯学派的基本观点是:任一未知量 θ 都可看作随机变量,可用一个概率分布去描述,这个分布称为先验分布;在获得样本之后,总体分布、样本与先验分布通过贝叶斯公式结合起来得到一个关于未知量 θ 新的分布——后验分布;任何关于 θ 的统计推断都应该基于 θ 的后验分布进行。

在空间计量经济学领域,贝叶斯方法也得到了广泛使用,与经典统计学的估计方法相比,贝叶斯估计通常能得到方差更小的参数估计。以下以 SAR 模型为例,对空间计量经济模型的贝叶斯估计进行简要介绍。

对于 SAR 模型:$\boldsymbol{Y}=\rho\boldsymbol{WY}+\boldsymbol{X}\beta+\boldsymbol{V}$,与式(5.6)式类似,其似然函数如下:

$$L(\boldsymbol{Y}|\beta,\sigma^2,\rho)=(2\pi\sigma^2)^{-n/2}|\boldsymbol{S}(\rho)|\exp\left\{-\frac{1}{2\sigma^2}(\boldsymbol{S}(\rho)\boldsymbol{Y}-\boldsymbol{X}\beta)'(\boldsymbol{S}(\rho)\boldsymbol{Y}-\boldsymbol{X}\beta)\right\} \tag{5.34}$$

基于贝叶斯的统计方法都要给出各个参数的先验信息，下面先对式(5.34)中各个参数的先验分布进行设定。

5.5.1 先验分布设定

Lesage 和 Pace(2009)将 β 和 σ^2 的先验分布分别设定为正态分布(Normal distribution, N)和逆伽马分布(Inverse Gamma distribution, IG)，或者称为参数 β 和 σ^2 服从正态逆伽玛分布(Normal-Inverse Gamma prior, NIG)，用 π 表示先验分布，这表明在给定 σ 的情况下，β 服从多元正态分布 $N(\mu,\sigma^2 T)$，σ 的边缘分布服从如(5.14)式中 $IG(\gamma,b)$ 所示的逆伽玛密度。具体如下：

β 的正态分布设定：

$$\pi(\beta)=(2\pi)^{-k/2}\,|\Sigma|^{-1/2}\exp\left\{-\frac{1}{2}(\beta-\mu)^T\Sigma^{-1}(\beta-\mu)\right\} \tag{5.35}$$

σ 的逆伽马分布设定：

$$\pi(\sigma^2)=\frac{b^2}{\Gamma(\gamma)}(\sigma^2)^{-(\gamma+1)}\exp(-b/\sigma^2)$$
$$\sigma^2>0,\gamma,b>0 \tag{5.36}$$

β 和 σ^2 的正态逆伽玛分布设定：

$$\pi(\beta,\sigma^2)\sim NIG(\mu,T,\gamma,b)=\pi(\beta|\sigma^2)\pi(\sigma^2)=N(\mu,\sigma^2 T)IG(\gamma,b)=$$
$$\frac{b^\gamma}{(2\pi)^{k/2}\,|T|^{1/2}\Gamma(\gamma)}(\sigma^2)^{-(\gamma+(k/2)+1)}\times\exp[-\{(\beta-\mu)'T^{-1}(\beta-\mu)+2b\}/(2\sigma^2)] \tag{5.37}$$

其中，$\Gamma(\cdot)$是伽玛函数，$\Gamma(\gamma)=\int_0^\infty t^{\gamma-1}e^{-t}dt$。

在至少包含3000个观测值的大样本情况下，β 和 σ^2 的正态先验分布和逆伽玛先验分布对估计结果其实没有影响。若 $\mu\rightarrow 0,\Sigma\rightarrow\infty$，则 β 的正态先验分布就转换成模糊先验分布，σ^2 的模糊先验设定要求 $\gamma=0,\alpha=0$。本章余下分析也是将 β 和 σ^2 的先验分布分别设定为正态分布和逆伽玛分布。

参数 ρ 的先验分布则通常设定为均匀分布：

$$\pi(\rho)\sim U(\lambda_{\min}^{-1},\lambda_{\max}^{-1}) \tag{5.38}$$

其中 $\lambda_{\max}$ 和 $\lambda_{\min}$ 分别表示空间权重矩阵 $\boldsymbol{W}$ 的最大、最小特征根，可以证明：$\lambda_{\max}^{-1}>0,\lambda_{\min}^{-1}<0$，且 ρ 必然位于区间$[\lambda_{\min}^{-1},\lambda_{\max}^{-1}]$内。

由式(5.38)可以看出，参数 ρ 是空间相关性的重要参数，因此 ρ 的先验分布不能设定为有信息先验分布，只能设定为无信息的均匀分布，这点是与 β 和 σ^2 先验设定条件的重要差异。

5.5.2 联合后验分布和条件后验分布

这里假定各个参数的先验分布相互独立，即：

$$\pi(\beta,\sigma^2,\rho)=\pi(\beta)\cdot\pi(\sigma^2)\cdot\pi(\rho) \tag{5.39}$$

将所有参数的先验分布与似然函数相结合，可得所有变量的联合分布如下：

$$P(\boldsymbol{Y},\beta,\sigma^2,\rho)=L(\boldsymbol{Y}|\beta,\sigma^2,\rho)\cdot\pi(\beta,\sigma^2,\rho)$$

$$=L(\mathbf{Y}|\beta,\sigma^2,\rho)\cdot\pi(\beta)\cdot\pi(\sigma^2)\cdot\pi(\rho) \quad (5.40)$$

由 Bayes 定理,根据式(5.40)可以得到所有参数(β,σ^2,ρ)的联合后验密度函数:

$$P(\beta,\sigma^2,\rho|\mathbf{Y})=\frac{P(Y,\beta,\sigma^2,\rho)}{\iiint P(\mathbf{Y},\beta,\sigma^2,\rho)d\beta d\sigma d\rho} \quad (5.41)$$

可以看出,式(5.41)中的分母$\iiint P(\mathbf{Y},\beta,\sigma^2,\rho)d\beta d\sigma d\rho$与参数$\beta,\sigma^2,\rho$均无关,而是一个能确定的后验常数项,称其为后验密度的核。于是对于式(3.9)在应用中只考虑分子的解析,用符号表示为:

$$P(\beta,\sigma^2,\rho|\mathbf{Y})\propto P(\mathbf{Y},\beta,\sigma^2,\rho) \quad (5.42)$$

其中"$\propto$"意思是"成比例与"。

记$P(\beta,\sigma^2,\rho)=P(\beta,\sigma^2,\rho|\mathbf{Y})$,则参数的联合后验分布具体如下:

$$P(\beta,\sigma^2,\rho)\propto P(\mathbf{Y},\beta,\sigma^2,\rho)=L(\mathbf{Y}|\beta,\sigma^2,\rho)\cdot\pi(\beta)\cdot\pi(\sigma^2)\cdot\pi(\rho)$$

$$=\frac{\alpha^\gamma}{\Gamma(\gamma)}(2\pi)^{-(n+k)/2}(\sigma^2)^{-(n+2\gamma+2)/2}|\mathbf{S}(\rho)||\Sigma|^{-1/2}\left(\frac{1}{\lambda_{\max}^{-1}-\lambda_{\min}^{-1}}\right) \quad (5.43)$$

对于式(5.43)给出的联合后验分布还不能对每个参数进行贝叶斯估计,我们还需要得到各个参数的条件后验分布,具体如下:

参数β的条件后验分布如下:

$$P(\beta,\sigma^2,\rho)\propto P(\beta,\sigma^2,\rho)\propto P(\mathbf{Y},\beta,\sigma^2,\rho)$$

$$\propto L(\mathbf{Y}|\beta,\sigma^2,\rho)\cdot\pi(\beta)\cdot\pi(\sigma^2)\cdot\pi(\rho)$$

$$\propto L(\mathbf{Y}|\beta,\sigma^2,\rho)\cdot\pi(\beta)\propto(2\pi\sigma^2)^{-k/2}|B|^{-1/2}\times\exp$$

$$\left\{-\frac{1}{2\sigma^2}(\beta-\widetilde{\beta})^TB^{-1}(\beta-\widetilde{\beta})\right\}\propto N(\widetilde{\beta},\sigma^2B) \quad (5.44)$$

其中,$\widetilde{\beta}=B(X^TA\mathbf{Y}+\sigma^2\Sigma^{-1}\mu)$,$B=(X^TX+\sigma^2\Sigma^{-1})^{-1}$,$S(\rho)=I_n-\rho W$。由式(5.44)看出$\beta$的条件后验分布是多元正态分布。

当给定其他参数时,σ^2的条件后验分布如下:

$$P(\sigma^2|\beta,\rho)\propto P(\mathbf{Y}|\beta,\sigma^2,\rho)\cdot\pi(\sigma^2)\propto IG\left(\frac{n}{2}+\gamma,\frac{\varepsilon^T\varepsilon}{2}+\alpha\right) \quad (5.45)$$

因此σ^2的条件后验分布是逆伽马分布。

给定β和σ^2,参数ρ的条件后验分布是:

$$P(\rho|\beta,\sigma^2)\propto P(\mathbf{Y}|\beta,\sigma^2,\rho)\cdot\pi(\rho)$$

$$\propto|\mathbf{S}(\rho)|\exp\left\{-\frac{1}{2\sigma^2}(\mathbf{S}(\rho)Y-X\beta)^T(\mathbf{S}(\rho)Y-X\beta)\right\}\frac{1}{\lambda_{\max}^{-1}-\lambda_{\min}^{-1}} \quad (5.46)$$

由上式可知ρ的条件后验分布是非标准的分布函数形式,所以对参数ρ的估计会比较困难,因而对于空间模型的贝叶斯估计,通常采用 MCMC 方法。

5.5.3 MCMC 方法

对于 MCMC 方法在本章参考文献[8]、[9]中有详细介绍,在 MCMC 方法中,首先建立一个马尔科夫链,使其为其平稳分布,则运行此马尔科夫链足够长的时间知道其能收敛到一个平稳分布,那么要得到目标分布所产生的随机样本,就是达到平稳状态下的马尔科夫链中所产生的样本路径。建立马尔科夫链一般有 Metropolis 算法，Metropolis-Hasting 算法和 Gibbs 抽样方法，一个好的链应该具有快速混合性质——从任意位置出发很快达到平稳分布。

从所得到的所有参数的条件后验分布看出，参数 β 和 σ^2 的条件分布均为标准的分布函数，因而直接从式(5.44)和式(5.45)中分别对 β 和 σ^2 进行抽样较容易，但是参数 ρ 条件后验分布密度函数较复杂，且 ρ 包含在行列式中，故无法用标准的方法对其进行直接抽样，一般采用一种随机游走的 Metropolis-Hastings 法则来处理这个问题。

在分析空间计量经济模型的 MCMC 抽样之前，需要先了解 MCMC 相关理论基础。MCMC 是 Markov Chain Monte Carlo 的简称，目前它在计量经济学及数理统计学方面已经得到了广泛应用。对 Markov 链的定义为：设有随机过程 $\{X^t, t\in T\}$，若对任意的 $t\in T$ 和任意的 $\{i_0, i_1, i_2, \cdots\}$，条件概率满足：

$$P\{X_t=x_t \mid X_0=x_0, X_1=x_1, \cdots, X_{t-1}=x_{t-1}\}=P\{X_t=x_t \mid X_{t-1}=x_{t-1}\} \quad (5.47)$$

则称 $\{X_t, t\in T\}$ 为 Markov 链。

由 Markov 链的定义可知：

$$P(X_0=x_0, X_1=x_1, \cdots, X_t=x_t\}=P(X_0=x_0)\prod_{i=1}^{t} P\{X_i=x_i \mid X_{i-1}=x_{i-1}\} \quad (5.48)$$

因此，Markov 链的统计性质完全由一步转移概率所决定，即：

$$p(x_{t-1}, x_t)=P\{X_t=x_t\}X_{t-1}=x_{t-1}\} \quad (5.49)$$

MCMC 方法主要应用于多变量非标准形式、各变量之间相互不独立式分布的模拟计算。显然，在进行此类模拟计算的过程中，条件分布起很大的作用。设 $X=(X_1, X_2, \cdots, X_n)$，其分布函数为 $f(x_1, x_2, \cdots, x_n)$，则：

$$f(x_1, x_2, \cdots, x_n)=f(x_1)\prod f(x_i \mid x_1, x_2, \cdots, x_n) \quad (5.50)$$

如果式(5.50)右端的各个因子能够直接模拟，则只需要进行静态模拟即可，而不需要应用 *MCMC* 方法，但是在实践中，很难做到使这些因子能直接模拟，因此需要进行动态模拟，如 MCMC，此时完全条件分布扮演一个重要的角色。

以下以截面空间滞后模型参数的 MCMC 抽样为例进行分析，具体步骤如下：

(1) 首先选取一个条件概率密度函数 $Q(\rho'\mid\rho)>0$，通常称 $Q(\rho'\mid\rho)$ 为备选密度或建议密度。在这里，选取 $Q(\rho'\mid\rho)=q(\rho'-\rho)$，其中 $q(\cdot)$ 为分布函数；

(2) 给定某个初始值 ρ_0，使得 $P(\rho_0\mid\beta,\sigma^2)>0$；

(3) 假设 ρ^t 为马尔科夫链在当前的状态，从建议密度函数 $Q(\rho'\mid\rho)$ 中抽取一个候选值 ρ^*，该生成过程(或者称为转移过程)为：$\rho^*=\rho^t+cz, z\sim N(0,1)$，其中，$c$ 成为转移参数；

(4) 计算使 ρ 后验分布平稳分布的选择比值；

$$R=\frac{P(\rho^*\mid\beta,\sigma^2)Q(\rho^t\mid\rho^*)}{P(\rho^t\mid\beta,\sigma^2)Q(\rho^*\mid\rho^t)}=\frac{P(\rho^*\mid\beta,\sigma^2)q(\rho^t\mid\rho^*)}{P(\rho^t\mid\beta,\sigma^2)q(\rho^*\mid\rho^t)}=\frac{P(\rho^*\mid\beta,\sigma^2)q(-cz)}{P(\rho^t\mid\beta,\sigma^2)q(cz)}$$

$$=\frac{P(\rho^*\mid\beta,\sigma^2)}{P(\rho^t\mid\beta,\sigma^2)}=\frac{|A(\rho^*)|\exp\left\{-\frac{1}{2\sigma^2}(A(\rho^*)Y-X\beta)^T(A(\rho^*)Y-X\beta)\right\}}{|A(\rho^t)|\exp\left\{-\frac{1}{2\sigma^2}(A(\rho^t)Y-X\beta)^T(A(\rho^t)Y-X\beta)\right\}} \quad (5.51)$$

注意,在式(5.51)的计算中,由于 $q(\cdot)$ 具有对称性,则:

$$q(cz)=q(-cz) \tag{5.52}$$

由状态 ρ^t 转移到状态 ρ^* 的概率,接受率为:

$$A(\rho^* \mid \rho^t)=\min\{1,R\} \tag{5.53}$$

(5) 从标准均匀分布中产生一个随机数 μ,如果 $\mu<A(\rho^* \mid \rho^t)=\min\{1,R\}$,则下一时刻的状态为 $\rho^{t+1}=\rho^*$,否则 $\rho^{t+1}=\rho^t$;

(6) 重复步骤(3)到(5)。

注意,这里描述的 Metropolis-Hastings 抽样法则是针对建议密度函数是对称正态分布形式的情形。由于 ρ 的条件分布函数形式与正态分布相似,所以此处使用的建议密度函数将运行良好。此外,在式(5.46)的后验分布中,ρ 不一定处于区间$[\lambda_{\min}^{-1},\lambda_{\max}^{-1}]$中,因为 ρ 的区间约束仅仅是式(5.46)中抽样得到的样本区间的一部分。因此,如果 ρ 的后验分布使得 ρ 在区间$[\lambda_{\min}^{-1},\lambda_{\max}^{-1}]$之外,则给予其条件后验分布零概率,也就是以概率 1 拒绝抽样得到的建议值。

上文提到对于参数 β 和 σ^2 的条件分布均为标准的分布函数,因而直接从式(5.44)和式(5.45)中分别对 β 和 σ^2 进行抽样比较容易,一般采用的是 Gibbs 抽样。

Metropolis-Hastings 抽样在较低维数值运算中是比较方便的,然而在维数较高时,选择适当的预选分部并非易事;利用 Gibbs 抽样仅需了解完全分布(full conditional distribution),因此在高维积分时更具优势。Gibbs 抽样实质上是 Metropolis-Hastings 抽样时接受率为 1 的特例,也是 MCMC 抽样算法中最著名的抽样方法之一。观察式(5.44)和式(5.45)可知,对参数 β 和 σ^2 的抽样可通过运行 Gibbs 抽样器来得到,也就是在马氏链的每一个状态,从式(5.44)中抽取 σ^2,不断迭代,重复进行直至收敛。因此,本章使用的 MCMC 估计方法结合了 Metropolis-Hastings 抽样算法和 Gibbs 抽样法。

至此已经完成了所有参数的抽样方法的设计,下面概括一下,参数的 MCMC 估计过程。MCMC 方法可以以任意值作为参数迭代估计的初始值,记参数 β、σ^2 和 ρ 的初始值分别为 β_0、σ_0^2 和 ρ_0,按照以下步骤分别对参数的条件后验分布进行有序的抽样:

首先,更新参数 β,即根据初始值 β_0、σ_0^2 和 ρ_0 以及式(5.44)来抽取参数 β 的下一个状态值,记更新后的参数值为 β_1;

其次,更新参数 σ^2,即根据 β_1、σ_0^2 和 ρ_0 以及式(5.45)来抽取参数 σ^2 的下一个状态值,记更新后的参数值为 σ_1^2;

最后,由 Metropolis-Hastings 法的抽样步骤,根据 β_1、σ_1^2 和 ρ_0 以及式(5.46)来抽取参数 ρ 的下一个状态值,记为 σ_1^2。

完成上面三步之后,便完成了从参数的状态 $\Theta_0(\beta_0,\sigma_0^2,\rho_0)$ 到下一个状态 $\Theta_1(\beta_1,\sigma_1^2,\rho_1)$ 的转移,然后再重新回到第一步,并以 Θ_1 代替 Θ_0 进行抽样,将上述迭代过程重复进行 N 次,直到抽取的样本收敛于一种稳定状态,则可以基本断定所抽取的样本来自于后验分布。

上述介绍了空间经济计量模型常用的估计方法,可以看到没有任何一种估计方法绝对优于其他方法:极大似然和拟极大似然估计量具有良好的性质,但受样本量的限制;两阶段最小二乘估计方法在计算上优于极大似然和拟极大似然估计,但有效性要弱于后者,且工具变量的选择问题仍未彻底解决;广义矩估计方法对模型的假设条件要求较宽松,但估计量的有效性弱于极大似然估计,而且需要解决非线性最优化的初始值和矩条件设定问题;贝叶斯估计在理论上可行,但具体应用上难度很大。在实际应用中,研究者需要根据具体的情况选择合适的估计方法。

5.6 非参数估计方法

空间经济计量分析中的极大似然估计和两阶段最小二乘估计等参数估计方法都需要假定变量参数的具体形式,尤其是空间自相关或异方差的具体形式。在现实经济运行中,空间自相关或异方差可能并不服从某种具体形式,为研究更一般的情形,就需要放松对模型形式的限定条件。但是,模型形式未知会导致主要参数估计方法的失效,因此出现了非参数估计方法的研究和应用。在空间经济计量学研究中,无需对方差协方差矩阵的具体形式进行限定是非参数方法与参数估计方法的本质区别。Conle(1999)等提出,在未限定模型具体形式的情形下,通过引入核函数和带宽系数,可以得到矩条件方差协方差矩阵的非参数估计方法。Kelejian 和 Prucha(2007)等提出了在未限定随机扰动项的分布及具体形式的情形下,空间滞后模型和空间误差自相关模型等模型中误差项 u 的方差协方差矩阵的非参数估计量。核函数形式和带宽系数的设定是非参数估计方法中的两个重要问题,其中,核函数形式对估计量性质的影响较小,带宽系数对估计量性质的影响较大①。

经典时间序列计量模型中,对随机扰动项方差协方差阵的 HAC 估计量的研究已经比较成熟。Conle(1999)进一步将变量自相关引入空间经济计量研究:假设变量空间自相关来源于空间结构,通过引入核函数和空间距离变量的非参数估计方法,进行方差协方差矩阵的估计。其中,矩条件的渐近协方差阵估计值为:

$$\hat{C}_\tau = \frac{1}{\boldsymbol{T}_\tau}\sum_{j=0}^{LM}\sum_{k=0}^{LN}\sum_{m=j+1}^{M}\sum_{n=k+1}^{N}\left\{\begin{matrix} K_{MN}(j,k)(Y_{m,n}(\boldsymbol{b}_\tau)Y_{m-j,n-k}(\boldsymbol{b}_\tau)' + Y_{m-j,n-k}(\boldsymbol{b}_\tau)Y_{m,n}(\boldsymbol{b}_\tau)') \\ -\frac{1}{\boldsymbol{T}_\tau}\sum_{m=1}^{M}\sum_{n=1}^{N}Y_{m,n}(\boldsymbol{b}_\tau)Y_{m,n}(\boldsymbol{b}_\tau)' \end{matrix}\right\} \tag{5.54}$$

其中,$\boldsymbol{b}_\tau$ 是待估参数,$\boldsymbol{\beta}$ 的广义矩估计值。为保证 $\hat{C}_\tau$ 的半正定性,可令核函数:

$$K_{MN}(j,k)=\begin{cases}(1-|j|/L_M)(1-|K|/L_N), & |j|<L_M, |k|<L_N \\ 0, & \text{else}\end{cases} \tag{5.55}$$

之后在 Conley 的研究基础上,先假定核函数的平滑系数固定(平滑系数保持固定样本比例),再进行协方差阵的估计。在此情形下,参数估计值非一致,但是收敛到一个非退化的极限随机变量值,该值由平滑系数及核函数决定。他还推导了固定带宽系

① 本部分整理编辑自:林光平,龙志和. 空间经济计量:理论与实证[M]. 科学出版社 2014 年版.

数下 t 检验统计量和 Wald 检验统计量的近似分布。鉴于两个检验统计量的临界值受核函数、带宽和抽样区域的具体空间形状等因素影响,笔者建议采用 Bootstrap 抽样方法构建相应的临界值。Bester 等的矩条件渐近方差协方差的空间异方差自相关一致(Spatial Heteroscedasticity and Autocorrelation Consistent, SHAC)估计值为:

$$\hat{\boldsymbol{\Omega}} = \frac{1}{LM}\sum_{l_1=1}^{L}\sum_{m_1=1}^{M}\sum_{l_2=1}^{L}\sum_{m_2=1}^{M} K_{l_1^L,l_2}^{h_L} K_{m_1}^{h_M} K_{m_1^M,m_2}^{h_M} \hat{\mathbf{s}}_{l_1,m_1}^{*} \hat{\mathbf{s}}_{l_2,m_2}^{\prime *} \tag{5.56}$$

针对空间滞后模型的空间 HAC(SHAC)估计,Kelejian 和 Prucha 提出了误差项方差协方差阵的 SHAC 估计量,将空间滞后模型的工具变量估计残差代入误差项 SHAC 估计量,得到基于模型残差的误差方差协方差阵估计值。该方差阵估计量和模型参数估计值满足一致性和渐近正态性。误差方差协方差的 SHAC 估计值为:

$$\hat{\boldsymbol{\Psi}}_{rs,N} = N^{-1}\sum_{i=1}^{N}\sum_{j=1}^{N} h_{ir,N} h_{js,N} \hat{\boldsymbol{u}}_{i,N} \hat{\boldsymbol{u}}_{j,N} K(d_{ij,N}^{*}/d_N) \tag{5.57}$$

其中,d_N 是某一距离,满足 $N\rightarrow\infty$时,$d_N\rightarrow\infty$,$d_{ij,N}^{*}=d_{ij,N}+v_{ij,N}$,变量向量矩阵;$K$ 是核函数。

为便于和时间序列研究对比,可考虑所有样本点退化到分布于同一条直线形式的情形,则式(5.57)转化成:

$$\hat{\boldsymbol{\Psi}} = \frac{1}{N}K(0)\sum_{i=1}^{N} h_{i,N}^{\prime} h_{i,N} \hat{\boldsymbol{u}}_{i,N}^{2} + \sum_{j=1}^{N-1} K(j/d_N)\sum_{i=1}^{N-j}[h_{i,N}^{\prime} h_{i+j,N}^{\prime} + h_{i+j,N}^{\prime} h_{i,N}^{\prime}]\hat{\boldsymbol{u}}_{i,N}\hat{\boldsymbol{u}}_{i+j,N} \tag{5.58}$$

针对 SARAR 模型误差方差协方差阵的 SHAC 估计,参考文献[14]提出了随机扰动项 ε 存在异方差时,误差方差协方差矩阵的 SHAC 估计量:

$$\hat{\boldsymbol{\Psi}}_{rs,N} = (2N)^{-1} tr[(\boldsymbol{A}_{r,N}+\boldsymbol{A}_{r,N}^{\prime})\hat{\boldsymbol{\Sigma}}_N(\boldsymbol{A}_{s,N}+\boldsymbol{A}_{s,N}^{\prime})\hat{\boldsymbol{\Sigma}}_N] + N^{-1}\hat{\boldsymbol{a}}_{r,N}^{\prime}\hat{\boldsymbol{\Sigma}}_N\hat{\boldsymbol{a}}_{s,N} \tag{5.59}$$

其中,$\hat{\boldsymbol{a}}_{r,N} = N^{-1}[\boldsymbol{D}_N^{\prime}(\boldsymbol{I}_N-\hat{\rho}\boldsymbol{W}_2^{\prime})(\boldsymbol{A}_{r,N}+\boldsymbol{A}_{r,N}^{\prime})(\boldsymbol{I}_N-\hat{\rho}\boldsymbol{W}_2^{\prime})\hat{\boldsymbol{u}}]$,$\boldsymbol{D}_N^{\prime}=[\boldsymbol{d}_{1,N}^{\prime},\cdots,\boldsymbol{d}_{N,N}^{\prime}$,SHAC 方差协方差矩阵的非参数估计方法,放松了对方差协方差矩阵具体形式假设的限制,其估计值对存在测量误差的数据具有稳健性。同时,估计结果对核函数形式的变化通常较稳健,但是对带宽系数的设定较为敏感,因而带宽系数选择是非参数估计方法的重点。本章参考文献[12]提出的带宽系数设定方法,解决了方差协方差阵 SHAC 估计中带宽系数的选择问题。

5.7 有限样本情况下空间计量经济模型的检验与估计

在经济计量模型中,为便于计算,通常假定误差项服从正态分布。然而,在现实社会经济世界中,误差项的分布通常未知或不满足正态分布的经典假定。随机抽样方法为解决误差项分布未知或不满足正态分布经典假定的经济计量模型研究提供了一种有效的研究途径。其中,Monte Carlo 方法和 Bootstrap 方法经常被用于解决有限样本情况下的相关问题。

Monte Carlo 方法,又称为随机抽样或统计实验方法。它假定样本数据符合一定的随机过程,利用计算机模拟产生这种随机序列。对随机性问题进行仿真是 Monte Carlo 方法的基本特征。

Bootstrap 方法是一种基于计算机的非参数统计推断方法,它不需要对未知总体作任何假定,而是通过对给定的原始样本进行有放回的随机抽样来产生"伪"随机数(Pseudo-random numbers),以此来判断总体的统计特性。常用的 Bootstrap 方法包括残差 Bootstrap、参数 Botstrap、Wild Bootstrap、Pairs Bootstrap 和 Block Bootstrap 等。

Bootstrap 方法与 Monte Carlo 方法有很多共同点,如两者都是随机抽样方法,Bootstrap 方法中的参数 Bootstrap 也是一种 Monte Carlo 方法(Dufour and Khalaf, 2003)。这两种方法的区别主要体现在:第一,抽样数据来源不同。Bootstrap 方法是从原始样本中抽样得到数据,而 Monte Carlo 方法则根据给定的随机过程生成数据。第二,适用条件不同。Monte Carlo 方法要求数据生成过程已知,而 Bootstrap 根据给定的原始样本复制观测信息,不需要进行分布假设或增加新的样本信息。因此, Bootstrap 方法更适合于解决现实经济问题,Monte Carlo 模拟方法则主要从仿真视角,为研究实际问题提供来自实验室的依据,是有效解决现实经济问题的基础。

目前,研究中 Bootstrap 和 Monte Carlo 方法通常交互使用,互为补充。Monte Carlo 方法常用于通过模拟实验来考察统计量的有限样本性质,Bootstrap 方法常用于区间估计、假设检验和参数估计等①。

5.7.1 有限样本的空间经济计量模型检验

空间经济计量研究的统计检验方法很多,大部分检验统计量,如 Wald 统计量、LR 和 LM 检验统计量都是基于大样本下的渐近理论。然而,现实当中的实证研究往往只能基于有限样本来开展,而在有限样本下得到的渐近检验统计量往往会造成较高的水平扭曲和较弱的功效。因此,需要构建有限样本下仍然有效的检验统计量,采用基于大量实验数据的 Monte Carlo 方法和 Bootstrap 方法恰恰能够解决这一难题。

Monte Carlo 方法在空间经济计量研究中,通常用于参数估计量的有限样本性质研究或检验统计量的有限样本性质研究。

在参数估计量有限样本性质研究方面,代表性的研究包括:

第一,用 Monte Carlo 方法研究估计量的有限样本性质,以及对两个及以上估计量的有限样本性质进行比较,其主要步骤为:首先利用 Monte Carlo 方法生成满足模型设定的数据,用不同的估计方法估计该模型,比较不同估计方法下模型估计量的偏误以及均方误等代表估计量性质的指标;其次重新生成新样本数据,重复以上步骤,以分析单个估计量的有限样本性质,或比较不同估计量在不同样本数据下的有限样本性质。

第二,用 Monte Carlo 方法研究检验统计量有限样本性质,以及对两个(或两个以上)检验统计量有限样本性质进行比较,其主要步骤为:利用 Monte Carlo 方法生成满

---

① 本部分整理编辑自:林光平,龙志和. 空间经济计量:理论与实证[M]. 科学出版社 2014 年版.

足模型设定条件的数据,然后估计该模型,基于模型估计结果计算该样本下的检验统计量;重复以上步骤,以此研究单个或多个检验统计量的有限样本性质。

Bootstrap 方法常用于统计量检验,包括参数稳定性检验、结构稳定性检验、单位根检验、面板数据模型中的 Hausman 检验、空间相关性检验。此外,Bootstrap 方法也被用于空间经济计量模型中参数的统计推断。

在空间自相关检验当中,Moran's I 等检验统计量渐近分布成立的前提条件是模型误差项服从正态独立同分布或独立同分布,但是在实证研究中,以上前提条件通常不能得到满足。如 Lin 将残差 Bootstrap 方法用于空间计量研究。

下面简单介绍标准残差 Bootstrap 方法如何用于空间相关性检验。

基于线性回归模型:

$$\boldsymbol{Y}=\boldsymbol{X}\boldsymbol{\beta}+\boldsymbol{\varepsilon} \tag{5.60}$$

标准残差 Bootstrap 的执行步骤如下:

(1) 采用 OLS 方法估计式(5.60),得到参数和残差的估计量。

(2) 对残差 e 进行尺度变换和中心化,即:

$$\hat{e}=\sqrt{\frac{N}{N-1}}\left[\frac{e_k}{\sqrt{1-h_k^2}}-\frac{1}{N}\sum_{l=1}^{N}\frac{e_l}{\sqrt{1-h_l^2}}\right],\ k=1,2,\cdots,N \tag{5.61}$$

其中,当利用 OLS 方法估计式时,h_k 是矩阵 $\boldsymbol{X}(\boldsymbol{X}'\boldsymbol{X})^{-1}\boldsymbol{X}'$ 对角线上的第 k 个元素;

(3) 对式(5.61)进行 N 次有放回的随机抽样,共得到 N 个;

(4) 据上可以得到一个 Bootstrap 样本;

(5) 重复第三步和第四步共 B 次(如 $B=99,199,\cdots$),得到一组 Bootstrap 样本,从而利用 Bootstrap 样本,进行假设检验或求解置信区间。

5.7.2 有限样本的空间经济计量模型估计

在有限样本条件下,常用的估计方法不再具有良好的渐近性质,针对这种情况,研究者通常利用 Bootstrap 方法对原始数据进行有放回的重复抽样,在保证数据分布形态不发生改变的条件下进行数据扩容,再采用极大似然法、广义矩法等对模型进行估计,以此得到参数的稳健估计值。

在有限样本的实证研究中,基于 Bootstrap 方法的模型估计主要有两种形式,即残差 Bootstrap 方法和 Pairs Bootstrap 方法。不过,由于空间经济计量模型中的数据具有空间结构特征,若采用 Pairs Bootstrap 方法进行抽样,数据的空间结构特征将可能发生变化,故 Pairs Bootstrap 方法不适于进行空间经济计量模型估计。残差 Bootstrap 方法的执行步骤与前述检验方法的残差 Bootstrap 类似。下面以空间滞后模型的残差 Bootstrap 方法为例,对有限样本的空间经济计量模型估计进行说明,其他模型的 Bootstrap 估计过程类似。

(1) 利用极大似然法等估计 SAR 模型,得到参数 λ 和 $\boldsymbol{\beta}$ 的估计量分别为 $\hat{\lambda}_1$ 和 $\hat{\boldsymbol{\beta}}_1$,以及残差向量 $\boldsymbol{e}$;

(2) 对 $\boldsymbol{e}$ 进行有放回的随机抽样,得到 N 个残差值 $\boldsymbol{e}_i^*$;

(3) 给定 X 和 W,据上可以求得一个 $\boldsymbol{Y}^*$,其中:

$$\boldsymbol{Y}^* = (\boldsymbol{I}_N - \hat{\lambda}\boldsymbol{W})^{-1}(\boldsymbol{X\beta} + \boldsymbol{e}^*) \quad (5.62)$$

（4）基于 X、W 和 $\boldsymbol{Y}^*$，重新估计模型，并得到参数 λ 和 $\boldsymbol{\beta}$ 的新估计值 $\hat{\lambda}_2$ 和 $\hat{\boldsymbol{\beta}}_2$；

（5）重复第（2）～（4）步共 B 次，可得 λ 和 $\boldsymbol{\beta}$ 的 B 个估计量，即 $\hat{\lambda}_1,\cdots,\hat{\lambda}_B$，和 $\hat{\boldsymbol{\beta}}_1,\cdots,\hat{\boldsymbol{\beta}}_B$，最后的 λ 和 $\boldsymbol{\beta}$ 的参数估计量分别为：

$$\hat{\lambda} = \frac{1}{B}\sum_B \hat{\lambda}_i, \hat{\boldsymbol{\beta}} = \frac{1}{B}\sum_B \hat{\boldsymbol{\beta}}_i \quad (5.63)$$

与残差 Bootstrap 方法不同，Pairs Bootstrap 抽样方法是针对成对的样本观察值 $(\boldsymbol{Y}_i, \boldsymbol{X}_i)(i=1,\cdots,N)$ 进行有放回的随机抽样方法，将每次抽取的 N 个样本代入模型进行参数估计，重复进行 B 次，最终得到的参数估计值计算方式与式(5.63)相同。

残差 Bootstrap 方法和 Pairs Bootstrap 方法的估计结果渐近等价。但是两者对有限样本的估计结果性质不同，一般而言，在残差项服从正态独立同分布时，残差 Bootstrap 方法能够得到与 OLS 估计相同的协方差矩阵。在出现函数形式误设时，Pairs Bootstrap 方法得到的估计结果更加稳健。

概言之，在实际经济研究中，大样本空间相关性检验统计量的良好性质通常难以满足，基于大样本的 Moran's I 等检验统计量得到的结果不再有效。此时，在小样本下，基于模拟的 Monte Carlo 方法或 Bootstrap 方法可能更为适用。

拓展阅读

[1] 陈青青，龙志和. 时空相关面板数据模型估计方法研究[J]. 商业经济与管理，2011，(6)：83—88.

[2] 冯烽. 解释变量内生假定下非参数空间计量模型的局部线性工具变量估计[J]. 预测，2015(3)：57—60.

[3] 胡安俊，孙久文. 空间计量——模型、方法与趋势[J]. 世界经济文汇，2014(6)：111—120.

[4] 胡健，焦兵. 空间计量经济学理论体系的解析及其展望[J]. 统计与信息论坛，2012，27(1)：3—8. DOI：10. 3969/j. issn. 1007—3116. 2012. 01. 001.

[5] 季民河，武占云，姜磊. 空间面板数据模型设定问题分析[J]. 统计与信息论坛，2011，26(6)：3—9. DOI：10. 3969/j. issn. 1007—3116. 2011. 06. 001.

[6] 刘明，黄恒君. 空间回归模型估计中的最小二乘法[J]. 统计与信息论坛，2014，29(10)：9—13.

参考文献

[1] Conley，T. G.. GMM Estimation with Cross Sectional Dependence [J]. Journal of Econometrics，1999，92(1)：1—45.

[2] James LeSage，Pace，R. K.. Introduction to Spatial Econometrics [M]. Taylor & Francis Group，2009.

[3] Kelejian，H. H.，Prucha，I. R.. A Generalized Moments Estimator for the Autoregressive Parameter in a Spatial Model[J]. International Economic Review，1999，40(2)：509—533.

[4] Kelejian，H. H.，Prucha，I. R.. A Generalized Spatial Two-Stage Least Squares Procedure for

Estimating a Spatial Autoregressive Model with Autoregressive Disturbances[J]. The Journal of Real Estate Finance and Economics, 1998, 17(1): 99—121.

[5] Kelejian, H. H., Prucha, I. R.. HAC Estimation in a Spatial Framework[J]. Journal of Econometrics, 2007, 140(1): 131—154.

[6] Kelejian, H. H., Prucha, I. R.. Specification and Estimation of Spatial Autoregressive Models with Autoregrssive Hereroskedatstic Disturbances[J]. Journal of Econometrics, 2010,157(1): 53—67.

[7] Kelejian, H. H., Prucha, I. R.. The Relative Efficiencies of Various Predictors in Spatial Econometric Models Containing Spatial Lags[J]. Regional Science and Urban Economics, 2007, 37(3): 363—374.

[8] Lee, L.. Asymptotic Distributions of Quasi-Maximum Likelihood Estimators for Spatial Autoregressive Models[J]. Econometrica, 2004, 72(6): 1899—1925.

[9] Lee, L.. GMM and 2SLS Estimation of Mixed Regressive, Spatial Autoregressive Models[J]. Journal of Econometrics, 2007, 137(2): 489—514.

[10] Lin, K., Z. Long, B. Ou. The Size and Power of Bootstrap Tests for Spatial Dependence in a Linear Regression Model. Computational Economics, 2011, 38(2): 153—171.

[11] Ord, K.. Estimation Methods for Models of Spatial Interaction[J]. Journal of the American Statistical Association, 1975, 70(349): 120—126.

[12] Smirnov, O., Anselin, L.. Fast Maximum Likelihood Estimation of Very Large Spatial Autoregressive Models: A Characteristic Polynomial Approach[J]. Computational Statistics & Data Analysis, 2001, 35(3): 301—319.

[13] 方丽婷. 空间滞后模型的贝叶斯估计[J]. 统计研究，2014(5).

[14] 朱慧明，林静. 贝叶斯计量经济模型[M]. 科学出版社 2009 年版.

[15] 林光平，龙志和. 空间经济计量:理论与方法[M]. 科学出版社 2014 年版.

第 6 章 空间离散选择模型

6.1 空间 Probit 模型

6.1.1 空间 Probit 模型概述

空间 Probit 模型是一种广义的线性模型，最简单的空间 Probit 模型就是指被解释变量 y 是一个 0，1 变量，事件发生的概率是依赖于解释变量，即 $P(y=1)=f(X)$，也就是说，$y=1$ 的概率是一个关于 X 的函数。$n\times 1$ 维向量 y 是一组反映选择结果是 0 和 1 的变量，它们可以表示每个上市公司是否被违约风险传染的特征。

空间 Probit 模型表达式：

$$
\begin{aligned}
y_{it}^{*} &= \rho\sum_{j=1}^{n} w_{ij} y_{it}^{*} + x_{it}\beta + \alpha_i + \varepsilon_{it} \\
\varepsilon_{it} &\sim N(0,1) \\
\alpha_i &\sim N(\alpha,\sigma_\alpha^2)
\end{aligned} \tag{6.1.1}
$$

其中 y_{it} 是被解释变量，取值为 0 和 1，y_{it}^{*} 为潜在变量，$\rho\sum\limits_{j=1}^{n} w_{ij} y_{it}^{*}$ 表示外界因素对被解释变量的空间影响，ρ 为所需估计的空间相关性参数，w 为空间计量权重矩阵，当处于同一行业时，$w=1$，否则，$w=0$，或当位于相邻省份时，$w=1$，否则，$w=0$。

空间 Probit 滞后模型表达式：

$$y^{*}=\rho w y^{*}+x\beta+\varepsilon \tag{6.1.2}$$

$$y_i^{*}=\rho w_{i1} y_1^{*}+\rho w_{i2} y_2^{*}+\cdots+\rho w_{iN} y_N^{*}+x_i\beta+\varepsilon_i \tag{6.1.3}$$

当 $y_i^{*}>0$ 时，$y_i=1$；当 $y_i^{*}<0$ 时，$y_i=0$。y_i^{*} 是被解释变量，x_i 是外生变量的向量，β 是参数向量，ρ 是依赖参数，w_{ij} 代表 (i,j) 之间的距离，ε_i 是一个 i. i. d 随机扰动项。模型代表一个实质性的空间相关性；第 i 个观察会发生什么，取决于它的链接与所有其他的观察。

空间 Probit 误差模型表达式：

$$
\begin{aligned}
y^{*} &= x\beta+\varepsilon \\
\varepsilon &= \lambda w\varepsilon+u \\
u &\sim N(0,\sigma_u^2 I_N)
\end{aligned} \tag{6.1.4}
$$

$$
\begin{aligned}
y_i^{*} &= x_i\beta+\varepsilon_i \\
\varepsilon_i &= \lambda\sum_{j=1}^{n} w_{ij}\varepsilon_j+u_i
\end{aligned} \tag{6.1.5}
$$

当 $y_i^* > 0$ 时,$y_i = 1$;当 $y_i^* < 0$ 时,$y_i = 0$。

W 是空间权重矩阵,它捕获观察值的结构依赖,空间 Probit 模型集成的复杂性特征会在权重矩阵中得到体现。

y_{it}^* 为潜在变量,下面介绍一下潜在变量处理的贝叶斯方法。贝叶斯方法在构造二元受限因变量模型时,将观测值 0,1 看成是无法观测的潜在效用的代理变量。这些无法观测的效用是观测到的选择结果的原因。例如:一个反映是否购买某产品的二元因变量,观测到的 y 值(0 或 1)是决定的结果,这些结果只不过是以下事实的代理变量:当净效用为负时,决定不购买($y=0$);当净效用为正时,决定购买($y=1$)。贝叶斯方法在处理时就是使用估计参数来替代无法观测的潜在效用。

用选择指标 0 和 1 表示的选择结果取决于不同选择的效用差:$(U_{1i}-U_{0i})$,$i=1,\cdots,n$。模型假设 $y_{it}^* = U_{1i}-U_{0i}$,服从正态分布。我们无法观测 y_{it},仅能观察到选择的结果,如下所示:

$$
\begin{aligned}
&\text{若 } y_{it}^* \geqslant 0, y_{it}=1 \\
&\text{若 } y_{it}^* < 0, y_{it}=0
\end{aligned}
\tag{6.1.6}
$$

需借助效用最大化理论对上述关系进行严格的解释,位于区域 i 的个体选择 1 意味着:$pr(y_{it}=1)=pr(U_{1i}\geqslant U_{0i})=pr(y_{it}^* \geqslant 0)$。

如果潜在效用向量 y_{it}^* 已知,则可以得到 y_{it}。Albert 和 Chib(1993)借此得出结论:$pr(\beta,\sigma_\varepsilon^2 \mid y_{it}^*)=pr(\beta,\sigma_\varepsilon^2 \mid y_{it}^*, y_{it})$。原理在于,如果将 y_{it}^* 看作另一组待估参数,那么模型参数 β 和 σ_ε^2 的(联合)条件后验分布与含有连续因变量而非离散因变量 y 的贝叶斯回归相同。如果将这一方法应用到 SAR 模型中,模型参数为 β、ρ 和 σ_ε^2,将另外一组参数 y_{it}^* 也引入到模型中,通过 MCMC 抽样进行估计需要依次从各个参数的条件分布中对其进行抽样,通过多次采样能够得到模型参数的抽样序列,这些模型参数收敛于无条件联合后验分布。

6.1.2 空间 Probit 模型的识别检验

空间 Probit 模型的识别检验按以下步骤进行:

(1) 被解释变量 Y_i 只有发生与不发生两种结果。当不发生时,$Y_i=0$,当发生时,$Y_i=1$。

(2) 首先要测度是否存在整体、局部空间自相关,为检验是否存在整体空间自相关,需要使用 Moran's I 统计量,具体形式如下:

$$
\text{Moran's } I = \sum_{i=1}^{n}\sum_{j=1}^{n} w_{ij}(Y_i-\bar{Y})(Y_j-\bar{Y}) / S^2 \sum_{i=1}^{n}\sum_{j=1}^{n} W_{ij} \tag{6.1.7}
$$

其中,$S^2 = \frac{1}{n}\sum_{i=1}^{n}(Y_i-\bar{Y})$,$\bar{Y} = \frac{1}{n}\sum_{i=1}^{n}Y_i$。

且 Moran's I 指数近似服从期望为 $E(I)$,方差为 $V(I)$正态分布。

$$
\frac{I-E(I)}{\sqrt{V(I)}} \sim N(0,1)
$$

Moran's I 指数反映的是邻接区域或邻近区域单元属性值的相似程度,通过它可以检验模型是否存在空间相关性,但是它对空间模型的选择起不到作用。当 Moran's

$I<0$ 时，表明存在负的空间自相关，当 Moran's $I>0$ 时，表明存在正的空间自相关，当 Moran's $I=0$ 时，表明不存在空间自相关性，当 Moran's $I=-1$ 时表明完全空间负相关，当 Moran's $I=1$ 时，表明完全空间正相关。

（3）选择使用空间 Probit 模型类型的检验——LM 检验。

① LM-Error 统计量—不存在空间自回归时空间残差相关的 LM 检验。

原假设：$Y=X\beta+\varepsilon,\varepsilon\sim N(0,\sigma^2 I)$。

备择假设：$Y=X\beta+\varepsilon,\varepsilon=\lambda W\varepsilon+u$。

② LM-Lag 统计量—不存在空间残差相关时空间自回归效应的 LM 检验。

原假设：$Y=X\beta+\varepsilon$。

备择假设：$Y=\rho WY+X\beta+\varepsilon,\varepsilon\sim N(0,\sigma^2 I)$。

③ Robust LM-Error 统计量—存在空间自回归时空间残差相关的 LM 检验。

原假设：$Y=\rho WY+X\beta+\varepsilon,\varepsilon\sim N(0,\sigma^2 I)$。

备择假设：$\varepsilon=\lambda W\varepsilon+u$。

④ Robust LM-Lag 统计量—存在空间残差相关时空间自回归效应的 LM 检验。

原假设：$Y=X\beta+\lambda W\varepsilon+u,u\sim N(0,\sigma^2 I)$。

备择假设：$Y=\rho WY+X\beta+\lambda W\varepsilon+u$

当 LM-Error 统计量显著时，选择空间 Probit 误差模型，当 LM-Lag 统计量显著时，选择空间 Probit 滞后模型；当两者都不显著时，进行稳健的 LM 检验；当 Robust LM-Error 统计量显著时，选择空间 Probit 误差模型，当 Robust LM-Lag 统计量显著时，选择空间 Probit 滞后模型。但是 LM 检验只能判断上述两种模型。

6.1.3 空间 Probit 模型的估计

对空间 Probit 模型的估计我们使用 MCMC 估计法。我们将模型的估计看作一个 MCMC 抽样过程，从模型参数 β、ρ、y_{it}^* 的条件后验分布中依次进行抽样。在抽样时，我们需要抽取 n 个值构成的样本以构成向量 y_{it}^* 的元素。使用独立先验分布 $\pi(\beta,\rho)=\pi(\beta)\pi(\rho)$，其中，$\beta$ 服从先验正态分布 $\beta\sim N(c,T)$，ρ 服从先验均匀分布或 $B(a,a)$，在 y_{it}^* 给定的情况下，这两个独立条件分布应该相同①。就是我们能从以下分布中进行抽样

$$p(\beta|\rho,y^*)\propto N(c^*,T^*) \tag{6.1.8}$$

其中，$c^*=(X'X+T^{-1})^{-1}(X'sy_{it}^*+T^{-1}c)$，$T^*=(X'X+T^{-1})^{-1}$，$s=(I_n-\rho W)$。

参数 ρ 能从 $p(\rho|\beta,y_{it}^*)$ 中进行抽样。在空间 Probit 模型中，参数向量 y_{it}^* 的条件分布服从截尾多元分布，可以根据 Geweke(1991) 的方法从截尾多元正态分布中对向量 y_{it}^* 的 n 个参数进行抽样。由于能够对模型中所有参数从完整的条件分布序列中进行抽样，所以空间 Probit 模型可用 MCMC 方法估计。依次完成从 $p(\rho|\beta,y_{it}^*)$、$p(\beta|$

① Geweke J.. Efficient Simulation from the Multivariate Normal and Student-*t* Distributions Subject to Linear Constraints and the Evaluation of Constraint Probabilities, in Proceedings of 23rd Symposium on the Interface between Computing Science and Statistics E. Kermanidas, (ed.), Interface Foundation of North America Inc., Fairfax, Va, 1991: 571—578.

ρ, y_{it}^*）到 $p(y_{it}^* | \beta, \rho)$的序列抽样，仅能构成一次 MCMC 取样，所以必须完成多次取样以便从模型参数的联合后验分布中得到大量样本。

对空间 Probit 模型使用 MCMC 抽样的关键条件分布是 $p(y_{it}^* | \beta, \rho)$。Geweke (1991)使用 Gibbs 抽样法从多元截尾正态分布中进行抽样，而 Gibbs 采样器适用于所要采样的条件分布函数形式已知的情形。按 Gibbs 抽样法对 $n \times 1$ 向量 y^* 中的元素 y_i^* 进行抽样时，设定每个元素 y_i^* 是以其他 $n-1$ 个元素（以 y_{-i}^*表示）为条件分布的。对于空间 Probit 模型，我们希望从一个 n 元截尾正态分布中进行抽样：$y^* \sim TMVN(\mu, \Omega)$，该分布服从于一个线性不等式约束 $a \leqslant y^* \leqslant b$，其中，截尾区间 a 和 b 依赖于 y 中各元素的观测值(0 或 1)。Geweke(1991)证明，从一个服从于线性不等式约束 $a \leqslant y^* \leqslant b$ 的 n 元截尾正态分布 $y^* \sim TMVN(\mu, \Omega)$ 中进行抽样，等价于从一个服从于线性约束 $\underline{a} \leqslant z \leqslant \bar{b}$ 的 n 元正态分布 $z \sim N(0, \Omega)$ 中进行抽样，其中，$\underline{b} = a - \mu$，$\bar{b} = b - \mu$。我们设定 $y^* = \mu + Z$ 以获得 y^* 的抽样。Geweke(1991)的方法使用了截尾多元正态分布的精度矩阵或者方差-协方差矩阵的逆矩阵，我们就从该分布中进行抽样。在空间 Probit 模型中，我们将该矩阵标记为 $\phi = \Omega^{-1} = (1/\sigma_\varepsilon^2)(I_n - \rho W')(I_n - \rho W)$。Geweke 的方法考虑到 z 中元素的边际分布不是一元截尾分布，他认为 z 中各个元素 Z_i 基于其他所有元素 Z_{-i}的条件概率分布可以表示为具有(条件)均值和(条件)方差的一元分布，且易于计算。在一定约束下，这些均值和方差的表达式可以用于从一元截尾分布中进行抽样，由此我们可以使用 Gibbs 抽样从感兴趣的(联合)多元截尾正态分布中构建一个样本。其优点在于每个元素 i 依赖于其他所有元素-i 的条件分布 $z_i | z_{-i}$的形式已知，可以很容易从中产生随机偏差。考虑到观测值之间的相关性，可以通过对每个元素的条件分布 $z_i | z_{-i}$进行一次抽样取得向量 z 的联合分布。通过对含有 n 个观测值的向量 z 进行 m 次抽样，可以得到 $y^* = \mu + z^{(m)}$，其中，y^* 可以用于从模型参数 β、ρ 的条件分布中进行抽样。

其基本思想是构造一个平稳分布 $\pi(x)$马氏链来得到 $\pi(x)$的一个样本。

由 X 中的某一点 x_0 出发，由第一步中的马氏链产生点序列 $x_1, x_2, \cdots, x_n$。

对某个 m 和比较大的 n，任一函数 $h(x)$的期望估计如下：

$$\hat{E}_\pi^h = \frac{1}{n-m} \sum_{i=m+1}^{n} h(x_i) \tag{6.1.9}$$

利用 M-H 算法(注意链的个数和链的长度 n)运行结果得到各个参数的估计值。其中 MCMC 算法有 J 个等长的链组成，令 L 表示舍去 D 个迭代之后每个链的长度，假设在第 j 个链上的第 t 个迭代值为 x_j^t，舍弃 D 个迭代值 $x_j^0, x_j^1, \cdots, x_j^D$，而剩下 L 个值 $x_j^{D+1}, x_j^{D+2}, \cdots, x_j^{D+L-1}$。

6.1.4 序数空间 Probit 模型

序数空间 Probit 模型是空间 Probit 模型的一个拓展，与空间 Probit 模型不同的是这类模型适用于观测到的结果多于两种的情形，但是除两种结果之外的其他选择结果必须具有特定的形式，即它们必须是有序的，并且这种有序来自某种特定模型，是一种自然的或者逻辑上的顺序。例如，某项调查中参与者的选择信息喜欢、讨厌、中立

（弃权），由此所做的选择具有自然的有序性。

虽然序数空间 Probit 模型对基本模型做了拓展，但仍然依赖于 y_{it}^* 和 y_{it} 之间的关系，如果观测到的选择结果 y_i 具有序数值 $j=1,2,\cdots,J$，其中，J 为选项个数，可以设定以下关系：

若 $\varphi_{j-1}<y_i^*\leqslant\varphi_j$，$y_i=j$。

其中，$\varphi_0\leqslant\varphi_1\leqslant\varphi_J$ 为待估参数，而空间 Probit 模型是该模型 $J=2$，$\varphi_0=-\infty$，和 $\varphi_2=+\infty$ 时的特例，可以看作对序数空间 Probit 模型施加的一种识别约束。

通过从各自的条件后验分布中进行抽样，参数 φ_j，$j=2,\cdots,J-1$ 能够添加到贝叶斯 MCMC 估计中去。在非空间模型中，Koop(2003)通过设定以下条件能够推导出条件后验分布：

(1) 根据其他已知参数 φ_{-j}，可以推导出 φ_j 必定位于区间$[\varphi_{j-1},\varphi_{j+1}]$。

(2) 依据所有的 y_{it}^*、y_{it}，可以将潜在数据 y_{it}^* 跟观测值对应起来，具体见 Albert 和 Chib(1993)。

(3) 参数 φ 的条件后验分布不依赖于模型的其他信息。

上述(1)—(3)意味着服从 φ_j，$j=2,\cdots,J-1$ 的一个均匀条件后验分布：

$$p(\varphi_j\mid\varphi_{-j},y^*,y,\beta)\sim U(\varphi_{j-1},\overline{\varphi}_{j+1}),\ j=2,\cdots,J-1 \qquad (6.1.10)$$

对所有选择选项 j 的个体 i 的潜变量数据 y_i^*，求极值可以得到 φ 的区间/截尾点，其中 $y_i=j$ 在非空间模型中由于个体选择和其他所有个体的选择相互独立，由此

$$\overline{\varphi}_{j-1}=\max\{\max\{y_i^*:y_i=j\},\varphi_{j-1}\} \qquad (6.1.11)$$

$$\overline{\varphi}_{j+1}=\min\{\min\{y_i^*:y_i=j+1\},\varphi_{j+1}\} \qquad (6.1.12)$$

在序数空间 Probit 模型中，个体之间也不存在依赖，因此可以使用上述相同方法。

6.2 空间 Tobit 模型

6.2.1 空间 Tobit 模型概述

本节研究具有空间效应的 Tobit 模型，自从 Tobin(1956)研究了被解释变量有上限、下限或者存在极值等问题以来[①]，这一类问题受到了众多学者的关注，并且人们为了纪念 Tobin 对这类模型的贡献，把这种被解释变量取值受到限制、存在选择行为的模型称之为 Tobit 模型。

在计量经济学中，Tobit 模型是一种分析截尾数据的标准工具，在一个空间集合中，如果因变量不是连续的，而是存在删截值时，那么因变量服从一个截尾分布。

① Tobin J. Estimation of Relationships for Limited Dependent Variables[J]. Cowles Foundation Discussion Papers, 1956, 26(1): 24—36.

Heckman (1974)研究女性工资率问题[1]，他感兴趣的不是女性是否选择去工作的问题，而是女性工资率的变化受哪些因素的影响，但是只有当女性选择工作时，人们才能观测到她的工资信息。如果女性工作，则工资 y 不等于 0；但如果女性不工作，则 y 只能为 0，也就是说只有当表示选择状态的潜变量 $y^* > 0$ 时，才能观测到她的工资信息，所以工资变量实际上是一种受限因变量。婚姻状态、小孩数量、小孩年龄等变量并不是决定女性工资多少的因素，因而在工资方程模型中不会出现这些变量，但是这些因素影响女性是否决定参加工作的选择，当然如果她不工作，那么根本就不会有她的工资信息，因而也就无法了解她的工资受哪些因素的影响。

比如在研究区域贸易量时，当贸易成本超过一个门限值时，区域间不会发生贸易，只有贸易成本低于这个门限值时，才可能发生贸易，这个贸易成本就是一个潜变量，这样，当我们在研究影响区域贸易量的因素时，因变量选择为贸易量，我们可能会发现很多区域之间的贸易量为零，这样便产生了截尾数据，这样由于贸易量为零就无法知道影响贸易量的因素。Tobit 模型使用条件是因变量在正值上连续但是取零值的概率为正。

这样，当潜变量具有空间上的相关性或依赖性时，模型就应该被扩展为空间 Tobit 模型。

6.2.2 空间 Tobit 模型的分类

空间经济计量模型，主要分为以下两种，第一种是空间自回归模型，其空间依赖体现在变量中，第二种是空间误差模型，其空间依赖性在误差项中。这样，空间 Tobit 模型可以分为 SAR Tobit 模型和 SEM Tobit 模型。

SAR Tobit 模型：该模型适用于研究一个地区或机构的经济行为受到临近地区或机构的经济行为溢出影响的截尾数据的情形，其模型设定形式如公式(6.2.1)：

$$y=\max(y^*,0),\ y^*=\rho W y^*+X\beta+u \tag{6.2.1}$$

其中，y 是 $N\times 1$ 的因变量向量，其元素为截尾数据，y^* 为潜变量，表示影响因变量选择的潜在因素，X 是 $N\times K$ 的外生变量矩阵，β 是自变量系数矩阵，W 是 $N\times N$ 维的空间权重矩阵，N 是观测点数目，ρ 是空间相关系数，u 是满足正态独立同分布的随机扰动项即$u\sim N(0,\sigma^2 I_n)$。

SEM Tobit 模型：该模型适用于研究一个地区或机构的经济行为受到临近地区或机构的经济行为溢出影响的截尾数据的情形，其模型形式设定如下：

$$y=\max(y^*,0),\ y^*=X\beta+u,\ u=\lambda W u+\varepsilon \tag{6.2.2}$$

其中，y 是 $N\times 1$ 的因变量向量，其元素为截尾数据，y^* 为潜变量，表示影响因变量选择的潜在因素，X 是 $N\times K$ 的外生变量矩阵，β 是自变量系数矩阵，W 是 $N\times N$ 维的空间权重矩阵，N 是观测点数目，ρ 是空间相关系数，ε 是满足正态独立同分布的随机扰动项即$\varepsilon\sim N(0,\sigma^2 I_n)$。

6.2.3 空间 Tobit 模型的识别检验

根据以上的论述，当需要研究的某个经济变量受到某个潜在因素的影响，同时这

---

① Heckman J. Shadow Prices, Market Wages, and Labor Supply[J]. Econometrica, 1974, 42(4): 679—94.

个变量只有在潜在因素达到一定范围内才会出现非零的状况，这时，我们研究这个经济变量时建立的模型就是 Tobit 模型，而同时，如果这个潜在因素基于地理距离或者经济距离会产生相互影响的效应，那么这时为了更好的说明这种空间效应，需要建立空间 Tobit 模型。

具体的空间 Tobit 模型的识别，按以下步骤进行：

(1) 首先要测度是否存在整体、局部空间自相关，为检验是否存在整体空间自相关，需要使用 Moran's I 统计量，具体形式如下：

$$\text{Moran's } I = \sum_{i=1}^{n}\sum_{j=1}^{n} w_{ij}(Y_i - \overline{Y})(Y_j - \overline{Y}) / S^2 \sum_{i=1}^{n}\sum_{j=1}^{n} W_{ij} \tag{6.2.3}$$

其中，$S^2 = \frac{1}{n}\sum_{i=1}^{n}(Y_i - \overline{Y})$，$\overline{Y} = \frac{1}{n}\sum_{i=1}^{n} Y_i$。

且 Moran's I 指数近似服从期望为 $E(I)$，方差为 $V(I)$ 正态分布。

$$\frac{I - E(I)}{\sqrt{V(I)}} \sim N(0,1)$$

Moran's I 指数反映的是邻接区域或邻近区域单元属性值的相似程度，通过它可以检验模型是否存在空间相关性，当 Moran's $I<0$ 时，表明存在负的空间自相关，当 Moran's $I>0$ 时，表明存在正的空间自相关，当 Moran's $I=0$ 时，表明不存在空间自相关性，当 Moran's $I=-1$ 时表明完全空间负相关，当 Moran's $I=1$ 时，表明完全空间正相关。

(2) LM 检验

① LM-Error 统计量—不存在空间自回归时空间残差相关的 LM 检验。

原假设：$Y = X\beta + \varepsilon, \varepsilon \sim N(0, \sigma^2 I)$。

备择假设：$Y = X\beta + \varepsilon, \varepsilon = \lambda W\varepsilon + u$。

② LM-Lag 统计量—不存在空间残差相关时空间自回归效应的 LM 检验。

原假设：$Y = X\beta + \varepsilon$。

备择假设：$Y = \rho WY + X\beta + \varepsilon, \varepsilon \sim N(0, \sigma^2 I)$。

③ Robust LM-Error 统计量—存在空间自回归时空间残差相关的 LM 检验。

原假设：$Y = \rho WY + X\beta + \varepsilon, \varepsilon \sim N(0, \sigma^2 I)$。

备择假设：$\varepsilon = \lambda W\varepsilon + u$。

④ Robust LM-Lag 统计量—存在空间残差相关时空间自回归效应的 LM 检验。

原假设：$Y = X\beta + \lambda W\varepsilon + u, u \sim N(0, \sigma^2 I)$。

备择假设：$Y = \rho WY + X\beta + \lambda W\varepsilon + u$。

当 LM-Error 统计量显著时，选择空间 SEM Tobit 模型，当 LM-Lag 统计量显著时，选择空间 SAR Tobit 模型；当两者都不显著时，进行稳健的 LM 检验；当 Robust LM-Error 统计量显著时，选择空间 SEM Tobit 模型，当 Robust LM-Lag 统计量显著时，选择空间 SAR Tobit 模型。

6.2.4 空间 Tobit 模型的参数估计

最小二乘法不适合用来估计空间计量经济模型，这是因为最小二乘法估计空间模型可能导致对空间滞后因变量模型的回归参数、空间参数、标准误差估计的不一致性。

在模型包含空间滞后误差项的情况下,虽然 OLS 估计量是无偏的,但不再有效;在模型包含空间滞后被解释变量的情况下,OLS 估计量不仅是有偏的而且非一致。对这些模型的极大似然估计量却是一致的[①],所以,一般使用极大似然法(ML) 来估计空间计量经济模型,对于空间 Tobit 模型来说,极大似然估计法和贝叶斯马尔科夫链蒙特卡洛(MCMC)估计法都是可行的,本文中的空间 Tobit 模型使用极大似然估计法。

极大似然估计法是空间计量经济学模型参数估计的常用方法,其基本原理是,在误差项的正态分布假定下,推到出因变量的联合密度函数,然后通过最大化对数似然函数,得到模型的参数估计值。这一过程中,最重要的是求的对数似然函数。

1. SAR-Tobit 模型

SAR-Tobit 模型的数据生成过程:

$$y=\max[y^*=(I_n-\rho W)^{-1}(X\beta+u),0]$$

对于非截尾部分观测值,y 的密度函数为:

$$f_1=\frac{(1-\rho W)}{\sigma}\phi\left\{\frac{(1-\rho W)[y-(1-\rho W)^{-1}X\beta]}{\sigma}\right\} \tag{6.2.4}$$

对于截尾部分的观测值,y 的密度函数为:

$$f_2=\phi\left\{-\frac{X\beta}{\sigma}\right\} \tag{6.2.5}$$

因此,y 的联合密度函数可以写成:

$$f=f_1^{1-D_i}f_2^{D_i} \tag{6.2.6}$$

当 $y>0$ 时,$D_i=0$,当 $y>0$ 时,$D_i=1$。

对于这个 Tobit 模型,那么所得的对数似然函数为:

$$\log L=\sum_{i=1}^{n}(1-D_i)\log f_1+\sum_{i=1}^{n}D_i\log f_2 \tag{6.2.7}$$

2. SEM-Tobit 模型

SEM Tobit 模型的数据生成过程:

$$y=\max[y^*=(I_n-\rho W)^{-1}(X\beta+u),0]$$

对于非截尾部分观测值,y 的密度函数为:

$$f_1=\frac{(1-\lambda W)}{\sigma}\phi\left\{\frac{(1-\lambda W)[y-X\beta]}{\sigma}\right\} \tag{6.2.8}$$

对于截尾部分的观测值,y 的密度函数为:

$$f_2=\phi\left\{\frac{(1-\lambda W)X\beta}{\sigma}\right\} \tag{6.2.9}$$

因此,y 的联合密度函数可以写成:

$$f=f_1^{1-D_i}f_2^{D_i} \tag{6.2.10}$$

当 $y>0$ 时,$D_i=0$,当 $y>0$ 时,$D_i=1$。

---

① LungFei Lee, Asymptotic Distributions of Quasi-Maximum Likelihood Estimators for Spatial Autoregressive Models, 2014.

对于这个 Tobit 模型，那么所得的对数似然函数为：

$$\log L = \sum_{i=1}^{n}(1-D_i)\log f_1 + \sum_{i=1}^{n}D_i \log f_2 \tag{6.2.11}$$

在得到对数似然函数之后，就可以按照通过求解偏导数来得到各个参数的估计值。

6.3 序数空间概率模型

6.3.1 SAR 与 SDM 模型

空间序数单位模型是空间概率单位模型的一个扩展，此模型适用于观测到的选择结果多于两种的情形，不过其他选择必须具有特定的形式，它们必须是有序的，这种有序来自某种特定模型，是一种自然的或者逻辑上的顺序。例如，我们有一项调查中的参与者对以下备选项进行选择的信息，这些备选择选项包括强烈同意、同意、不确定、反对、强烈反对，由此所做的选择具有自然的有序性。下面先介绍两种基本的含 Probit 变量的空间概率模型。

在标准的多元线性模型中：

$$Y_i = X_i\beta + u_i(i=1,\cdots,n)$$

其中 Y_i 是连续的，X_i 是 k 维的行向量，u_i 是服从正态分布的。对于空间数据，我们应该考虑邻近的观测值之间是相关的即具有空间相关性：如果观测值之间相邻，那么 Y_i 可能对 Y_j 具有空间依赖，或者 u_i 对 u_j 具有空间依赖。数据空间自相关我们一般使用空间邻近矩阵($\boldsymbol{W}$)进行建模。例如，一般假定如果空间中两个单元相邻，则我们定义 $W_{ij}=1$，并对 $\boldsymbol{W}$ 矩阵进行行标准化。定义空间权重矩阵之后，我们具有两种形式的空间模型：SAR 和 SDM①：

$$\boldsymbol{Y}=\boldsymbol{\theta WY}+\boldsymbol{X\beta}+\xi \Rightarrow \boldsymbol{Y}=(\boldsymbol{I}-\boldsymbol{\theta W})^{-1}\boldsymbol{X\beta}+(\boldsymbol{I}-\boldsymbol{\theta W})^{-1}\xi$$

$$\boldsymbol{Y}=\boldsymbol{X\beta}+\boldsymbol{u},\boldsymbol{u}=\boldsymbol{\rho Wu}+\boldsymbol{\xi} \Rightarrow \boldsymbol{Y}=\boldsymbol{X\beta}+(\boldsymbol{I}-\boldsymbol{\rho W})^{-1}\xi$$

其中，$\xi\sim(0,\sigma_\xi^2\boldsymbol{I}_n)$。

以上就是两种空间概率模型的形式。空间序数单位模型就是对以上模型的扩展，在非空间序数概率模型中由于个体选择与其他所有个体的选择相互独立，由此在序数空间概率模型中，个体之间也不存在依赖，所有本文只介绍空间结构的随机效应。

6.3.2 标准的排序概率模型 OP

标准的排序概率模型(Standard Ordered Probit Model，OP)在估计具有序数属性的数据中被广泛应用(Greene，2002)。该模型建立在潜变量回归模型的基础上，潜变量回归模型表示如下：

$$U_i = X_i'\beta + \xi_i, \tag{6.3.1}$$

其中 i 表示第 i 个观测，$(i=1,\cdots,N)$，U_i 是第 i 个个体潜在的响应变量。X_i 是一个

① Jr. Robert J. Franzese, The Spatial Probit Model of Interdependent Binary Outcomes: Estimation, Interpretation, and Presentation, 2009.

$Q\times1$ 的解释变量向量,β 是参数。ξ_i 代表第 i 个观测个体不可观测的因素,并且假定是 i. i. d 的,服从标准正态分布。

对于第 i 个观测个体,观测变量 Y_i 表示如下:

$Y_i=s$,如果 $\gamma_{s-1}<U_i<\gamma_s$,$s=1,\cdots,S$。

即所观测到的变量是潜变量的一种审查的形式,其可能的结果是大于等于 1 且小于等于 S 的整数。潜变量 U_i 可以在未知的边界 $\gamma_0<\gamma_i<\cdots<\gamma_{s-1}<\gamma_s$ 之间变化,其中 γ_0 是负无穷大,γ_s 是正无穷大。如果常数量包含在解释变量向量中,γ_1 可以设定为 0。这些 S 观测结果概率表示如下:

$$\begin{aligned}&\Pr(y_i=1\mid X_i)=\Phi(\gamma_1-\boldsymbol{X}_i'\boldsymbol{\beta})-\Phi(\gamma_0-\boldsymbol{X}_i'\boldsymbol{\beta})\\&\Pr(y_i=2\mid X_i)=\Phi(\gamma_2-\boldsymbol{X}_i'\boldsymbol{\beta})-\Phi(\gamma_1-\boldsymbol{X}_i'\boldsymbol{\beta})\\&\Pr(y_i=S\mid X_i)=\Phi(\gamma_s-\boldsymbol{X}_i'\boldsymbol{\beta})-\Phi(\gamma_{s-1}-\boldsymbol{X}_i'\boldsymbol{\beta})\end{aligned}\tag{6.3.2}$$

其中,$\Phi(\cdot)$是标准正态分布的累积分布函数 CDF。

6.3.3 序数空间概率模型

序数空间概率模型(Spatial Ordered Probit Model,SOP)。在许多研究当中,研究的观测数据来自含有空间关系的观测点。例如从各个分区收集观测数据。在这种数据中,不同区域的空间相互影响必须要考虑。Smith 和 LeSage(2004)提出了下面的潜变量空间概率模型:

$$U_{ik}=\boldsymbol{X}_{ik}'\boldsymbol{\beta}+\xi_{ik},\tag{6.3.3}$$

其中,$\xi_{ik}=\theta_i+\varepsilon_{ik}$,$i$ 代表区域($i=1,\cdots,M$),k 代表每一个区域中的个体(i. e. ,$k=1,\cdots,n_i$)。也就是说,总共有 M 个区域,每个区域含有 n_i 个观测样本,所以总共的观测样本就是 $\sum_{i=1}^{M}n_i=N$ 。

方程(6.3.1)和(6.3.3)的主要区别在于,不可观测因素 ξ_{ik},其由两部分组成:一个区域影响因素 θ_i 和一个样本的影响因数 ε_{ik}。其中 θ_i 包括了所有区域 i 中的不可观测的,相同的样本特征。所有的区域之间很可能具有空间相关性:即区域 i 中的个体被邻近区域影响肯定比那些距离远的区域的影响大。因此,空间的误差自回归过程如下所示:

$$\theta_i=\rho\sum_{j=1}^{M}w_{ij}\theta_j+u_i,\ i=1,\cdots,M\tag{6.3.4}$$

在这里空间权重矩阵是行标准化的,所以 $w_{ii}=0,\sum_{j=1}^{M}w_{ij}=1$ 。所有的空间相关关系的大小反映在字母 ρ 当中,被称为空间相关系数。u_i 代表所有的不包括空间因素的区域影响,并且假定服从 i. i. d 分布。将所有的区域组合起来,用向量表示区域影响表示如下:

$$\theta=\rho\boldsymbol{W}\theta+\boldsymbol{u},\ \boldsymbol{u}\sim N(0,\sigma^2\boldsymbol{I}_M)\tag{6.3.3}$$

令 $\boldsymbol{B}_\rho=\boldsymbol{I}_M-\rho\boldsymbol{W}$,上式可以变化为:

$$\theta=\boldsymbol{B}_\rho^{-1}\boldsymbol{u}\tag{6.3.4}$$

换句话说,θ 的分布取决于两个未知的参数 ρ 和 σ^2,它服从多元正态分布。

$$\theta \mid (\rho,\sigma^2) \sim N[0,\sigma^2(\boldsymbol{B}'_\rho \boldsymbol{B}_\rho)^{-1}] \tag{6.3.5}$$

区域效应背后的直觉可以解释如下：在很多情况下，同一区域的不同个体具有相同的特征，但是这些特征在不同区域之间不同。一个产生不同区域特征的例子是政策在不同的区域的实施不同。在不同的地区认为存在异方差是合理的，将所有的观测用向量表示，则 $\varepsilon \sim N(0,V)$，其中：

$$\begin{bmatrix} v_i \boldsymbol{I}_{n1} & & \\ & O & \\ & & v_M \boldsymbol{I}_{nM} \end{bmatrix} \tag{6.3.6}$$

对角线元素不为零，其他元素为0。

6.3.4 动态序数空间概率模型

现在我们假定数据具有动态空间的自回归方式，这意味着样本的取值依赖于相邻样本前期的观测值和同期样本本身的因素。模型表达如下：

$$U_{ikt} = \lambda U_{ikt-1} + \boldsymbol{X}'_{ikt}\boldsymbol{\beta} + \theta_{it} + \varepsilon_{ikt}, \ t=1,\cdots,T \tag{6.3.7}$$

其中 t 指时期，λ 表示需要被估计的时间相关系数。λ 的绝对值必须要小于1保证时间的稳定性。所有的样本个体被观测 T 期，所有的样本观测数量是 NT。θ_{it} 和 ε_{ikt} 假定在所有的时期内是独立同分布的。尽管一个更宽松的假定是允许 θ_{it} 和 ε_{ikt} 序列相关或者至少存在异方差，控制了滞后的潜变量的空间和时间依赖，残差的大小在时间上为常数，就是：

$$\theta_{it} \equiv \theta_i \text{ 或者 } \theta_t = \theta, \ t=1,\cdots,T \tag{6.3.8}$$

和

$$\varepsilon_{ikt} \equiv \varepsilon_{ik} \text{ 或者 } \varepsilon_t = \varepsilon, \ t=1,\cdots,T \tag{6.3.9}$$

类似于标准OP模型中，观察到的响应变量，y_{ikt} 是一个潜变量的形式审查。

$Y_{ikt}=s$ 如果 $\gamma_{s-1} < U_{ikt} < \gamma_s, s=1,\cdots,S$，对于 $s=1,\cdots,S$。

考虑过空间影响和时间依赖后，观测结果 S 的概率表示如下：

$$\begin{aligned}
\Pr(y_{ikt}=1 \mid \boldsymbol{X}_{ikt}) &= \Phi\left(\frac{\gamma_1 - \lambda U_{ikt-1} - \boldsymbol{X}_{ikt}\beta - \theta_i}{\upsilon_i^{1/2}}\right) - \Phi\left(\frac{\gamma_0 - \lambda U_{ikt-1} - \boldsymbol{X}_{ikt}\beta - \theta_i}{\upsilon_i^{1/2}}\right) \\
\Pr(y_{ikt}=2 \mid \boldsymbol{X}_{ikt}) &= \Phi\left(\frac{\gamma_2 - \lambda U_{ikt-1} - \boldsymbol{X}_{ikt}\beta - \theta_i}{\upsilon_i^{1/2}}\right) - \Phi\left(\frac{\gamma_1 - \lambda U_{ikt-1} - \boldsymbol{X}_{ikt}\beta - \theta_i}{\upsilon_i^{1/2}}\right) \\
\Pr(y_{ikt}=S \mid \boldsymbol{X}_{ikt}) &= \Phi\left(\frac{\gamma_s - \lambda U_{ikt-1} - \boldsymbol{X}_{ikt}\beta - \theta_i}{\upsilon_i^{1/2}}\right) - \Phi\left(\frac{\gamma_{s-1} - \lambda U_{ikt-1} - \boldsymbol{X}_{ikt}\beta - \theta_i}{\upsilon_i^{1/2}}\right)
\end{aligned} \tag{6.3.10}$$

其中，y_{ikt} 和 $X_{ikt}(i=1,\cdots,M;k=1,\cdots,n_i;t=1,\cdots,T;s=1,\cdots,S)$ 是观测到的响应变量和解释变量，其他的通过估计过程获得。许多实际中的样本数据满足这个识别条件，例如，土地开发的决策在很大程度上取决于预先存在的和现有的条件下，以及未来条件(如地方和区域拥堵，人口和学校访问)业主/开发商的预期。这些期望可以通过访问同期措施和土地利用强度后来近似。

这个模型用向量表示如下：对于 $t \in T$，将观测样本通过区域和个体堆叠一起，结果是：

$$U_t=\lambda U_{t-1}+X_t\beta+L\theta+\varepsilon_t \tag{6.3.11}$$

其中,$U_t=\begin{bmatrix}U_{1t}\\ \vdots\\ U_{it}\\ \vdots\\ U_{Mt}\end{bmatrix}$,另外 $U_{it}=\begin{bmatrix}U_{i1t}\\ \vdots\\ U_{ikt}\\ \vdots\\ U_{in_it}\end{bmatrix}$。

对于 X_t 也相似。这里:$L=\begin{bmatrix}\boldsymbol{I}_{n_1} & & \\ & \ddots & \\ & & \boldsymbol{I}_{n_M}\end{bmatrix}$,对于每一个 $\boldsymbol{I}_{n_1}=\begin{bmatrix}1\\ \vdots\\ 1\end{bmatrix}_{n_i}$。

把所有的日期的观测样本数据,表示为矩阵形式:

$$\boldsymbol{U}^{\lambda}=\boldsymbol{X}\beta+\Delta\theta+\varepsilon \tag{6.3.12}$$

其中,$U^{\lambda}=(U_1^{\lambda},U_2^{\lambda},\cdots,U_T^{\lambda})'$,$U_t^{\lambda}=U_t-\lambda U_{t-1}$,

$$\Delta=\boldsymbol{I}_T\otimes L \tag{6.3.13}$$

其中,$\boldsymbol{I}_T$ 是 $T\times1$ 元素全部为 1 的向量。

这里,$\boldsymbol{X}$ 是 $NT\times Q$ 向量,ε 是一个 $NT\times1$ 的方差向量。

$$\boldsymbol{\Omega}=\boldsymbol{I}_T\otimes\boldsymbol{V} \tag{6.3.14}$$

似然函数如下:

$$\Pr(\boldsymbol{y}\mid\boldsymbol{U},\gamma)=\prod_{t=1}^{T}\prod_{i}^{M}\prod_{k=1}^{n_i}\sum_{s=1}^{S}\delta(y_{ikt}=s)\cdot\Pr(y_{ikt}=s\mid\boldsymbol{X}_{ikt}) \tag{6.3.15}$$

其中,$\delta(A)$是一个指示函数,当 A 是真的时候等于 1 反之为 0。我们感兴趣的参数是$(\beta,\lambda,\rho,\boldsymbol{V},\sigma^2)$,还有无法观测的变量 θ 和 $\boldsymbol{U}$。一个估计这些参数的方式是通过贝叶斯估计的 MCMC 采样。

6.3.5 序数空间概率模型的 *MCMC* 贝叶斯估计

像上面讨论的那样,MCMC 模拟可以通过参数完整条件分布数据集顺序的采集数据来估计模型参数。Gelfand 和 Smith(1990)证明了 MCMC 采样可以得到所有参数联合分布的一致(估计包括无法观测的变量,例如 V,σ^2 和 θ)。用贝叶斯定理,下面的公式总是成立的。

$$\begin{aligned}&p(\beta,\lambda,\rho,\boldsymbol{V},\sigma^2,\gamma,\theta,\boldsymbol{U},\boldsymbol{U}_0\mid y)\cdot p(y)=\\&p(y\mid\beta,\lambda,\rho,\boldsymbol{V},\sigma^2,\gamma,\theta,\boldsymbol{U},\boldsymbol{U}_0)\cdot\pi(\beta,\lambda,\rho,\boldsymbol{V},\sigma^2,\gamma,\theta,\boldsymbol{U},\boldsymbol{U}_0)\end{aligned} \tag{6.3.16}$$

其中,U_0 是所有样本潜在变量水平第一期的观测。$p(\cdot)$表示后验密度。π 表示假设的先验分布。假设几种形式的独立的先验分布,后验的联合分布密度 $p(\beta,\lambda,\rho,\boldsymbol{V},\sigma^2,\gamma,\theta,\boldsymbol{U},\boldsymbol{U}_0\mid y)$将表示为下面的概率:

$$\begin{aligned}&p(\beta,\lambda,\rho,\boldsymbol{V},\sigma^2,\gamma,\theta,\boldsymbol{U},\boldsymbol{U}_0\mid y)\propto p(y\mid U,\gamma)\cdot\pi(\boldsymbol{U}\mid\boldsymbol{U}_0,\beta,\theta,\lambda,\boldsymbol{V})\cdot\\&\pi(\theta\mid\rho,\sigma^2)\cdot\pi(\gamma)\cdot\pi(\boldsymbol{U}_0)\cdot\pi(\beta)\cdot\pi(\rho)\cdot\pi(\sigma^2)\cdot\pi(\lambda)\cdot\pi(\boldsymbol{V})\end{aligned} \tag{6.3.17}$$

由方程(6.3.17)生成我们感兴趣的每一个参数和变量条件分布如下,在下面的公式中 Θ_β(或者 $\Theta_\lambda\Theta_\theta$ 等),表示所有 β 条件分布的条件参数,但除了 β 本身。例如 Θ_β 代表参数集$(\lambda,\rho,V,\sigma^2,\gamma,\theta,U,U_0)$。

$$p(\beta|\Theta_\beta,y)\propto\pi(U|U_0,\beta,\theta,\lambda,V)\cdot\pi(\beta) \tag{6.3.18}$$

$$p(\theta|\Theta_\theta,y)\propto\pi(U|U_0,\beta,\theta,\lambda,V)\cdot\pi(\theta|\rho,\sigma^2) \tag{6.3.19}$$

$$p(\lambda|\Theta_\lambda,y)\propto\pi(U|U_0,\beta,\theta,\lambda,V)\cdot\pi(\lambda) \tag{6.3.20}$$

$$p(\rho|\Theta_\rho,y)\propto\pi(\theta|\rho,\sigma^2)\cdot\pi(\rho) \tag{6.3.21}$$

$$p(\sigma^2|\Theta_{\sigma^2},y)\propto\pi(\theta|\rho,\sigma^2)\cdot\pi(\sigma^2) \tag{6.3.22}$$

$$p(V|\Theta_V,y)\propto\pi(U|U_0,\beta,\theta,\lambda,V)\cdot\pi(V)=\pi(U|U_0,\beta,\theta,\lambda,V)\cdot\prod_{i=1}^{M}\pi(v_i) \tag{6.3.23}$$

$$p(\gamma|\Theta_\gamma,y)\propto p(y|U,\gamma)\cdot\pi(\gamma) \tag{6.3.24}$$

$$p(V|\Theta_V,y)\propto p(y|U,\gamma)\cdot\pi(\gamma) \tag{6.3.25}$$

$$p(U|\Theta_U,y)\propto p(y|U,\gamma)\cdot\pi(U|U_0,\beta,\theta,\lambda,V) \tag{6.3.26}$$

从等式(6.3.18)—(6.3.26)我们发现,所有的公式至少包含以下 $p(y|U,\gamma)$,$\pi(U|U_0,\beta,\theta,\lambda,V)$,$\pi(\theta|\rho,\sigma^2)$三个当中一个。我们更详细接下来讨论这些的细节。

从方程(6.3.1),我们可以观测到,对于所有的 $t\neq0,t=1,\cdots,T,U_t|U_{\neq t},\beta,\theta,\lambda,V\sim N(\lambda U_{t-1}+X_t+L\theta,V)$,所以条件先验分布表示如下:

$$\pi(U_t|U_{\neq t},\beta,\theta,\lambda,V)=$$

$$|V|^{-1/2}\exp\left\{-\frac{1}{2}(U_t-\lambda U_{t-1}-L\theta-X_t\beta)'\times V^{-1}(U_t-\lambda U_{t-1}-L\theta-X_t\beta)\right\}=$$

$$|V|^{-1/2}\exp\left\{-\frac{1}{2}(U_t^\lambda-L\theta-X_t\beta)'V^{-1}(U_t^\lambda-L\theta-X_t\beta)\right\} \tag{6.3.27}$$

因此,对于 $U=(U_1,U_2,\cdots,U_T)'$,具有如下条件分布:

$$\pi(U|U_0,\beta,\theta,\lambda,V)=\prod_{t=1}^{T}|V|^{-1/2}\exp\left\{-\frac{1}{2}(U_t^\lambda-L\theta-X_t\beta)'\times V^{-1}(U_t^\lambda-L\theta-X_t\beta)\right\}=$$

$$|\Omega|^{-1/2}\exp\left\{-\frac{1}{2}(U^\lambda-\Delta\theta-X\beta)'\Omega^{-1}(U^\lambda-\Delta\theta-X\beta)\right\} \tag{6.3.28}$$

或者,可以表示为:

$$\pi(U|U_0,\beta,\theta,\lambda,V)=\prod_{t=1}^{T}\prod_{i=1}^{M}\prod_{k=1}^{n_i}\left\{v_i^{-1/2}\exp\left[\frac{-1}{2v_i}(U_{ikt}-\lambda U_{ikt-1}-\boldsymbol{X}'_{ikt}\beta-\theta_i)^2\right]\right\} \tag{6.3.29}$$

由于在方程(6.3.5)当中给出 $\theta|(\rho,\sigma^2)$,所以:

$$\pi(\theta|\rho,\sigma^2)=\sigma^{-M/2}|\boldsymbol{B}_\rho|\exp\left(\frac{-1}{2\sigma^2}\theta'\boldsymbol{B}'_\rho\boldsymbol{B}_\rho\theta\right) \tag{6.3.30}$$

6.3.6 所有参数的先验分布

在贝叶斯统计当中扩散先验分布是一个有用的先验分布形式,我们从扩散先验分布开始。

这里,参数 β 假定具有多元正态共轭先验分布:

$$\beta\sim N(\boldsymbol{c},\boldsymbol{H}) \tag{6.3.31}$$

其中 $\boldsymbol{H}=h\boldsymbol{I}_Q$。对于小的和大的 h,这个先验分布成为扩散先验。当然如果有合理的原因指定其他值给 $\boldsymbol{c}$ 和 h,在小样本中将是非常有益的。通过经验和直觉可以改善估计量。

对于具有类似的先验分布假定:

$$\gamma \sim N(\boldsymbol{q}, \boldsymbol{G}) \cdot \delta(\gamma_1 < \gamma_2 < \cdots < \gamma_{s-1}) \tag{6.3.32}$$

其中 $\boldsymbol{q}$ 是一个 $S\times 1$ 的向量,含有元素 γ_{s0},$\boldsymbol{G}$ 是一个对角矩阵,对角线元素为 γ_s,其他元素为零。用这种方式,阈值函数也服从正态共轭先验,只不过现在与一个多约束来保证这些阀值的概率是正的。所以 $\boldsymbol{q}$ 趋近于 0 而 g_s 趋近于无穷大,这变为扩散先验分布。

区域影响差异 σ^2 和个体影响 v_i 假定为共轭反伽马先验。

$$1/\sigma^2 \sim \Gamma(\alpha, \tau) \tag{6.3.33}$$

更特殊的是,σ^2 是通过设定参数 $\alpha=\tau=0^3$。所有的 v_i 假定服从具有超参数 $\bar{\omega}$ 的逆卡方分布,是逆伽马分布的一种特殊情况。

$$r/v_i \sim \chi^2(\bar{\omega}) \tag{6.3.34}$$

空间自相关参数 ρ 假定为均匀扩散先验,像 Sun,Tsutakawa,和 Speckman(1999)证明的参数的上限和下限是由空间权重矩阵特征值的倒数决定的。我们令 $\zeta_{\max}$ 和 $\zeta_{\min}$ 代表特征值的最大值和最小值;然后,

$$\rho \sim U[\zeta_{\min}^{-1}, \zeta_{\max}^{-1}] \tag{6.3.35}$$

即:

$$\pi(\rho) \propto 1 \tag{6.3.36}$$

这里,λ 指定为具有正态分布但是值大小被限制在(−1,1)的范围来保证稳定性。

$$\lambda \sim N(\lambda_0, D) \cdot \delta(|\lambda| < 1) \tag{6.3.37}$$

潜变量 U 的最初值的选择被称为"初始条件问题"。特别对于短时期序列,第一期的条件非常的重要。很多人已经讨论了这个复杂的问题。然而在这些解决方案中没有一个共识,在本文中我们假定 U^0 服从标准正态分布为了与其他时期 U 的分布兼容。它具有下面的先验分布:

$$U_0 \sim N(a_0 \boldsymbol{I}_N, d_0 \boldsymbol{I}_N) \tag{6.3.38}$$

其中,l_N 是一个 $N\times 1$ 的向量,所有元素为 1,I_N 为一个 N 维的单位矩阵。因此,当 a_0 是有界的而 d_0 趋向于无穷大时,这个分布近似一个扩散分布。

根据比例关系和参数先验分布,根据所获取的后验分布进行 MCMC 采样。这个 MCMC 采样过程开始于最初的参数集($\beta^0, \lambda^0, \rho^0, \sigma^0, \boldsymbol{V}^0, \gamma^0, \boldsymbol{U}^0$),其中上标表示当前的迭代数。所有的参数或者变量用顺序的方式采样,然后更新参数值替代最初的数值。所有的过程始终使用最新的参数和变量值进行迭代,直到期望的数值实现。

6.4 结构化效应的空间概率单位模型

6.4.1 结构化效应的空间概率单位模型概述

在社会学科中,有大量的问题涉及的因变量不是连续的,而是一个二元选择的问题。例如,是否购买商品、是否发生经济危机以及进行投票等等,这类选择问题在以往计量经济学中通常是使用两元选择模型(binary choice model)来进行研究。这在实际

生活中我们每一个个体在做出具体的选择时候，通常会受到其他个体的选择影响，而上述模型却通常假定每个个体是独立做出选择的，这一假设是不符合实际的，所以估计出来的结果也是有偏的。基于此，为了解决这一问题，发展出了空间 Probit 模型。

我们从空间 Probit 模型入手进行介绍，而在空间模型中，有空间自回归模型(SAR)(空间滞后模型(SLM))、空间误差模型(SEM)、空间杜宾模型(SDM)和空间自回归误差模型(SAC)这四种基本的模型。在判断究竟应该使用哪种模型时，应该先看空间杜宾模型，在判断相应的空间系数是否显著的情况下，再选择应使用 SAC 模型、SAR 模型或者 SEM 模型。

6.4.2 模型形式和识别

我们先从以下几种简单的空间模型入手，对空间 probit 模型进行一些整理：

1. 空间杜宾 probit 模型

空间杜宾 probit 模型(Spatial Durbin Probit Model)①的表达式为：

$$y^* = \rho W y^* + X\beta + WX\theta + \varepsilon$$

$$y^* = S(\rho) X\beta + S(\rho)\varepsilon$$

$$X\beta = \sum \frac{k}{v=1} (x_v\beta_v + Wx_v + \theta_v)$$

$$S(\rho) = (I_n - \rho W)^{-1} = I_n + \rho W + \rho^2 W^2 + \cdots \qquad (6.4.1)$$

其中，y^* 为潜变量，y^* 的 $n\times 1$ 的向量；W 为对角线为 0 每行之和为 1 的 $n\times n$ 空间权重矩阵；$X=(x_1, x_2, \cdots, x_v, \cdots, x_k)'$ 为 $n\times k$ 的解释变量矩阵，x_v 为 $n\times 1$ 的向量，参数 ρ 是一个数值，表示存在空间依赖的强度，其绝对值小于 1；参数 β 为 $k\times 1$ 的向量，是被估计的解释变量的系数。在 Probit 模型中，潜变量 y_i^* 是不可观测的，能够观测到的只是 y_i。y_i^* 的关系如下：

$$y_i = \begin{cases} 1, & \text{if } y_i^* \geqslant 0 \\ 0, & \text{if } y_i^* < 0 \end{cases}$$

2. 空间自回归 Probit 模型

空间自回归 Probit 模型(Spatial Autoregressive Probit Model)②形式如下：

如果(6.4.1)式中 $\theta=0$，则模型变为：

$$y^* = \rho W y^* + X\beta + \varepsilon,\ \varepsilon \sim N(0, \sigma^2 I_n) \qquad (6.4.2)$$

此即空间自回归 Probit 模型。

如果(6.4.1)式中 $\theta=0$ 并且 $\rho=0$ 则模型变为：

$$y^* = X\beta + \varepsilon,\ \varepsilon \sim N(0, \sigma^2 I_n) \qquad (6.4.3)$$

此即非空间的标准(普通)的 Probit 模型。

---

① Smith T. E., James P. LeSage, A Bayesian Probit Model with Spatial Dependencies[C]. Advances in Econometrics. Spatial and Spatiotemporal Econometrics, James P. LeSage and R. Kelley Pace(eds.), 2004 (18): 127—160.

② James P. LeSage. Bayesian Estimation of Limited Dependent variable Spatial Autoregressive Models[J], Geographical Analysis, 2003 (32,1): 19-35.

3. 空间误差 Probit 模型

空间误差 Probit 模型(Spatial Error Probit Model)形式如下:

如果(6.4.1)式中 $\varepsilon=\lambda W_1\varepsilon+\mu,\mu\sim N(0,\sigma^2 I_n),W=W_1$,则模型变为

$$y^*=\rho Wy^*+X\beta+WX\theta+\varepsilon,\varepsilon=\lambda W\varepsilon+\mu,\mu\sim N(0,\sigma^2 I_n) \tag{6.4.4}$$

此即空间杜宾误差 probit 模型。

如果(6.4.1)式中 $\theta=0,\varepsilon=\lambda W_1\varepsilon+\mu,\mu\sim N(0,\sigma^2 I_n),W=W_1$。

则此模型变为:

$$y^*=\rho Wy^*+X\beta+\varepsilon,\varepsilon=\lambda W\varepsilon+\mu,\mu\sim N(0,\sigma^2 I_n) \tag{6.4.5}$$

此即空间误差 Probit 模型。

4. 空间 Probit 面板模型

空间 Probit 面板模型[①]的模型形式如式(6.4.6)所示:

$$y_{it}^*=\rho\sum_{j=1}^{n}w_{ij}y_{it}^*+\alpha_i+x_{it}\beta+\varepsilon_{it},\ \varepsilon_{it}\sim N(0,1),\ \alpha_i\sim N(\alpha,\sigma_\alpha^2) \tag{6.4.6}$$

$$y_i=\begin{cases}1,\ \text{if } y_i^*\geqslant 0\\ 0,\ \text{if } y_i^*<0\end{cases}$$

其中,y_{it}是因变量,取值为 0 或 1。y_{it}^* 为潜在变量,这个变量的加入是为了计量估计。x_{it}是自变量。

该模型与 probit 面板模型的主要区别在于右边第一项,即 $\rho\sum_{j=1}^{n}w_{ij}y_{it}^*$。这一项表示两个空间单位的相互影响,$\rho$ 为所需估计的空间相关性参数,w 为空间计量权重矩阵。

5. 结构化效应的空间概率单位模型

一种替代含有受限因变量 SAR 模型的方法是引入空间结构随机效应向量。它是一种层级贝叶斯模型。模型形式如(6.4.7)[②]:

$$\begin{aligned}U_{ik}&=X_{ik}\beta+\xi_{ik}\\ \xi_{ik}&=\theta_i+\varepsilon_{ik}\\ \theta_i&=\rho\sum_{j=1}^{n}w_{ij}\theta_i+u_i\end{aligned} \tag{6.4.7}$$

其中,U_{ik}表示各地区 $i(i=1,\cdots,m)$中的个体 $k(k=1,\cdots,n_i)$的效用。模型中共有 $N=\sum_{i=1}^{m}n_i$ 个观测值,并使用 w_{ij}来表示 $m\times m$ 维空间权重矩阵 $\boldsymbol{W}$ 的第 i,j 个元素。

该模型认为无法观测的部分 ξ_{ik} 由地区效应 θ_i 和个体效应 ε_{ik} 构成。地区效应 θ_i 反映位于地区 i 的观测值所共有的无法观测的特征。通过一个 SAR 过程来构造地区效应参数 $\theta_i=\rho\sum_{j=1}^{m}w_{ij}\theta_i+u_i$,该过程限定位于地区 i 的个体很有可能与来自相邻地区

① 朱钧钧,谢识予,许祥云,基于空间 Probit 面板模型的债务危机预警方法[J],数量经济技术经济研究,2012(10):100-114.

② [美]詹姆斯·沙勒杰等,肖光恩等译,空间计量经济学导论[M],北京大学出版社 2014 年版。

个体类似。在给定地区效应 θ_i 后，个体效应参数也就被假定为服从条件独立分布。

本模型是固定效应模型的一个变形。我们可以将模型用矩阵语言描述：

$$\begin{aligned} &y=X\beta+\Delta\theta+\varepsilon \\ &\theta=\rho W\theta+u \\ &u\sim N(0,\sigma_u^2 I_m) \\ &\varepsilon|\theta\sim N(0,V) \end{aligned} \tag{6.4.8}$$

$$V=\begin{pmatrix} v_1 1_{n_i} & & \\ & O & \\ & & v_m 1_{n_m} \end{pmatrix} \tag{6.4.9}$$

$$\Delta=\begin{pmatrix} 1_1 & & \\ & O & \\ & & 1_m \end{pmatrix} \tag{6.4.10}$$

其中，$m\times 1$ 维向量 θ 代表空间结构效应。

我们通过一组方差标量 $v_i, i=1,\cdots,m$ 来反映地区间的异质性，使用 $1_i, i=1,\cdots,m$ 表示一组元素均为 1 的向量[$(n_i\times)$维]。不需要将效应参数用于所有地区，比如在进行县级研究时，我们可能会估计省级的效应参数。$N\times m$ 维矩阵 Δ 会赋予 i 州中的每个县 n_i 相同的效应参数。特别地，Δ 含有的行向量 $i=1,\cdots,m$，当地区(县) i 位于 m 省时取值为 1，其他情况下取值为 0。该模型将 $m\times 1$ 维向量 θ 中的参数看成是表征无法观测/无法测量的省级影响的潜在指标。这些影响被限定为服从一个 SAR 过程，因此相邻省会表现出类似的效应。

通过对每个区域设定不同的方差标量 v_i，本模型就可以体现 m 个大区域间(如州)的异质性。通过独立同卡方先验分布就可以完成上述过程。每个省(更大的区域)中的所有观测值会被赋予同一个方差参数。

6.4.3 空间 Probit 模型的估计

效应参数所具有的空间自回归结构反映了向量 θ 服从以 $\rho,\sigma_u^2 V$ 为条件的先验分布，即：

$$\pi(\theta|\rho,\sigma_u^2)\propto(\sigma_u^2)^{-m/2}|B|\exp\left(-\frac{1}{2\sigma_u^2}\theta' B' B\theta\right) \tag{6.4.11}$$

$$B=I_m-\rho W$$

估计空间结构效应向量 θ 需要在模型中引入两个额外参数 (ρ,σ_u^2)，其中一个控制了地区间空间依赖的强度，另一个控制了先验空间结构的方差/不确定性。在给定空间结构和这两个参数后，效应参数 m 即可以完全确定。我们认为空间联系矩阵 $\boldsymbol{W}$ 可以引入新的外部信息，从而扩大样本信息量。与此相反，传统的固定效应方法在引入 m 个新的待估计参数的同时，并没有扩大原有样本信息量。

对于 ε 同样存在一个以 θ 和 V 为条件的先验密度函数，即：

$$\pi(\varepsilon|V)\propto|V|^{-1/2}\exp\left(-\frac{1}{2}\varepsilon' V^{-1}\varepsilon\right) \tag{6.4.12}$$

Smith 和 LeSage 给出了对该层级线性模型进行贝叶斯 MCMC 估计的细节。位于地区 i 的个体 k 的条件后验分布 z_{ik} 服从在 0 处截尾的正态分布:

$$p(z_{ik}\mid z_{-ik},\rho,\beta,\theta,\sigma_u^2,V,y)\sim\begin{cases}N(x_i'\beta+\theta_i,v_i)\text{左截尾,如果 } y_i=1\\N(x_i'\beta+\theta_i,v_i)\text{右截尾,如果 } y_i=0\end{cases}$$

该模型在估计时要比 SAR 概率单位模型更快,因为它依赖一个更小的 $m\times m$ 维空间成分。Smith 和 lesage 将效应向量 θ 的 $m\times m$ 多元正态分布分解为一系列的一元正态分布,并从中进行抽样以生成效应参数估计量。

对于该模型中参数 B 的解释与普通的概率单位模型参数解释类似,所以此模型中不存在溢出效应。不过我们可以使用每个地区估计得到的空间结构效应,来推断模型关系中存在的空间差异。参数 θ 在 0 处进行中心化处理,因此那些具有正显著或负显著效应的地区,表示了没有包含在解释变量矩阵 $\boldsymbol{X}$ 中的潜在因素。

现有的空间 Probit 模型最常用的估计方法是 LeSage 通过使用有吉布斯抽样的 MH(Metropolis-Hastings within Gibbs Sampling)贝叶斯 Markov Chain MonteCarlo (MCMC)方法[①]估计该模型。

我们采用 LeSage 的方法依据潜在产出阐述似然值 y^*,对于空间滞后(空间自回归)模型来说:

$$L(y^*,W\mid\rho,\beta,\sigma^2)=\frac{1}{2\pi\sigma^{2(n/2)}}\mid I_n-\rho W\mid e^{-\frac{1}{2\sigma^2}(\varepsilon'\varepsilon)}\qquad(6.4.13)$$

其中:$\varepsilon=(I_n-\rho W)y^*-X\beta$。空间误差概率单位模型:

$$y^*=X\beta+u;\ u=\rho Wu+\varepsilon\qquad(6.4.14)$$

可能会被表述为相同的似然值,而不是 $\varepsilon=(I_n-pW)(y^*-X\beta)$。之前的离散性,现在可能被指定将会引起遵循联合后验密度的过程:

$$p=(\rho,\beta,\sigma\mid y^*,W)\propto(I_n-\rho W)\sigma^{-(n+1)}e^{-\frac{1}{2\sigma^2}(\varepsilon'\varepsilon)}\qquad(6.4.15)$$

现在我们可以得到 ρ,β 的条件后验密度,和 σ 的取样。

$$p=(\sigma\mid\rho,\beta)\propto\sigma^{-(n+1)}e^{-\frac{1}{2\sigma^2}(\varepsilon'\varepsilon)}\qquad(6.4.16)$$

注意到调节 ρ 使得 $\mid I_n-\rho W\mid$ 被并入比例常数,那意味着 $\sigma^2\sim\chi_n^2$,标准分布将促进吉布斯采样。然后,

$$p(\beta\mid\rho,\sigma)\sim N[\beta,\sigma_\varepsilon^2(X'C'CX)^{-1}]\qquad(6.4.17)$$

其中,在空间滞后(空间自回归)模型中,$C=I_n$ 和 $\widetilde{\beta}=(X'X)^{-1}X'(I_n-\rho W)y^*$。然而,在空间误差模型中 $C=(I_n-\rho W)$ 和 $\widetilde{\beta}=(X'(I_n-\rho W)'(I_n-\rho W)X)^{-1}X'(I_n-\rho W)'(I_n-\rho W)y^*$。$\beta$ 的条件多元正态性将再次允许吉布斯采样。然而,ρ 的条件分布是非标准的,强迫使用 Metropolis-Hastings 抽样:

$$p=(\rho,\beta,\sigma)\propto(I_n-\rho W)\sigma^{-(n+1)}e^{-\frac{1}{2\sigma^2}(\varepsilon'\varepsilon)}\qquad(6.4.18)$$

ε 的定义与上所述的空间误差和空间滞后模型不同。最后我们加上条件分布,也

---

① Robert J. Franzese, Jr. and Jude C. Hays. The Spatial Probit Model of Interdependent Binary Outcomes: Estimation, Interpretation, and Presentation[C], Annual Meeting of the Public Choice Society, 2009: 1—42.

就是截断正态，使 y^* 转换成 y：

$$f(z_i|\rho,\beta,\sigma)\sim N(\widetilde{y}_i,\sigma_i^2) \tag{6.4.19}$$

其中，$\widetilde{y}_i$ 是 y^* 的预测值（空间滞后模型中 $(I_n-\rho W)^{-1}X\beta$ 或者空间误差模型中 $X\beta$ 的第 i 个元素），并且 $\widetilde{y}_i$ 的方差是 $\sum_i w_{ij}^2$，w_{ij} 是 $(I_n-\rho W)^{-1}\varepsilon$ 的第 i 个元素。

有了完整的条件分布，我们可以使用 MCMC 方法来估计模型，过程如下：

(1) 通过初始值 ρ_0，β_0，σ_0，运用式(6.4.16)计算 σ_1；

(2) 运用 σ_1，ρ_0 和式(6.4.17)计算 β_1；

(3) 通过 Metropolis-Hastings 抽样，运用 σ_1，β_1 和式(6.4.17)计算 ρ_1；

(4) 运用删失分布(6.4.19)和 σ_1，β_1，ρ_1，简化结果，z_i；

(5) 返回步骤 1，依次增加下标量。

经过足够的预模拟运行之后，——我们认为，到目前为止，仿真模拟和应用试验最少为 1000 次才是合理的——σ_1，β_1，ρ_1 的分布将会达到收敛，并且随后的参数值将被用作给出估计值（均值或者一些大样本的中位数）和它们的无偏性（标准偏差或者百分比范围）。

6.4.4 空间相关性检验

空间相关性的事前检验是指对模型中的空间相关性进行预检验。若经济计量模型中的变量或者误差项存在显著的空间相关性，则需要在模型中进行空间相关性的设置。空间相关性的事前建议方法比较多，较常见的是 Moran's I 检验、LM 检验等。

1. Moran's I 检验

Moran's I 检验是空间相关性检验的经典方法。Moran's I 检验的原假设是变量之间不存在任何形式的空间相关性；备择假设是变量之间至少存在某种形式的空间相关性。

该检验最早是由 Moran(1950)提出，Cliff 和 Ord(1972)在变量满足独立同分布的假定下，推导出大样本条件下 Moran's I 的统计分布。

基于简单线性回归模型 $\boldsymbol{Y}=\boldsymbol{X\beta}+\varepsilon$，Moran's I 的一般表达式为：

$$I=\frac{N}{S}\frac{\boldsymbol{e}'\boldsymbol{W}\boldsymbol{e}}{\boldsymbol{e}'\boldsymbol{e}} \tag{6.4.20}$$

其中，N 是观测个数；$\boldsymbol{W}$ 是空间权重矩阵；$S=\sum_{i,j}\boldsymbol{W}_{ij}$；$\boldsymbol{e}$ 是回归方程 OLS 估计的残差。在实际应用中，为了便于计算及对结果进行解释，通常要对 $\boldsymbol{W}$ 进行标准化，此时 I 的表达式简化为：

$$I=\frac{\boldsymbol{e}'\boldsymbol{W}\boldsymbol{e}}{\boldsymbol{e}'\boldsymbol{e}} \tag{6.4.21}$$

在干扰项 ε 满足正态独立同分布假设条件下，Moran's I 近似服从 $N[E(I),V(I)]$ 分布。其中，均值 $E(I)$ 和方差 $V(I)$ 所示如下：

$$E(I)=tr(\boldsymbol{MW})/(N-K) \tag{6.4.22}$$

$$V(I)=\{tr(\boldsymbol{MWMW'})+tr[(\boldsymbol{MW})^2+[tr(\boldsymbol{MW})]^2\}/[(N-K)(N-K+2)]-E(I)^2 \tag{6.4.23}$$

其中，K 是自变量 $\boldsymbol{X}$ 的列数；$\boldsymbol{M}=\boldsymbol{I}_N-\boldsymbol{X}(\boldsymbol{X}'\boldsymbol{X})^{-1}\boldsymbol{X}'$，$\boldsymbol{I}_N$ 是 N 阶单位矩阵。当 I 值显著且为正（负）时，说明观测点之间存在正向（负向）的空间相关性；当 I 值不显著时，即认为观测点之间不存在空间相关性。

在满足经典假设条件下，Moran's I 检验是局部最优变量，仿真实验的结果表明 Moran's I 检验的功效一致优于其他检验统计量。

若变量不满足经典假设条件，Moran's I 检验的功效会减弱。由于正态独立同分布分布的假定过于苛刻，为了得到更适合 Moran's I 检验的统计量，可以通过放松该假设并对 Moran's I 检验统计量的性质进行研究。

2. LM 检验

联合 LM 检验（或得分检验）是指针对多个假设条件的联合检验。该检验只需对原假设下的简单模型进行估计，不必估计备择假设下的复杂模型，计算简便。

空间相关性的联合 LM 检验包括随机扰动项服从同方差和存在异方差正态分布两种情况。

随机扰动项服从同方差正态分布（或正态独立同分布），即 $\varepsilon \sim N(0,\sigma^2 I)$。空间相关性的联合 LM 检验的原假设为不存在任何形式的空间相关性；备择假设是至少存在某种形式的空间相关性。

针对一般空间模型，Anselin(1988)提出了联合 LM 统计量，其表达式为：

$$\mathrm{LM}=\boldsymbol{d}_R'\boldsymbol{I}_R^{-1}\boldsymbol{d}_R : X^2(q) \tag{6.4.24}$$

其中，$\boldsymbol{d}_R$ 是原假设下的得分向量（即对数似然函数的一阶倒数向量）；$\boldsymbol{I}_R$ 是原假设下的信息矩阵（即对数似然函数二阶导数矩阵期望值的相反数）；q 是原假设条件的个数，该检验统计量服从自由度为 q 的渐近 χ^2 分布。空间自相关联合 LM 检验下有两个假设条件，即自变量和随机扰动项都不存在空间自相关，对应的联合 LM 检验统计量渐近服从 $X^2(2)$ 分布。空间自相关的联合 LM 检验统计量是：

$$\mathrm{LM}=E^{-1}\{(R_Y)^2T_{22}-2R_YR_eT_{12}+(R_e)^2(D+T_{11})\} \tag{6.4.25}$$

其中，$R_Y=\boldsymbol{e}'\boldsymbol{W}_1\boldsymbol{Y}/\sigma^2$；$R_e=\boldsymbol{e}'\boldsymbol{W}_2\boldsymbol{e}/\sigma^2$；$T_{ij}=tr\{\boldsymbol{W}_i\boldsymbol{W}_j+\boldsymbol{W}_i'\boldsymbol{W}_j\}$，$(i,j=1,2)$；$D=\sigma^{-2}(\boldsymbol{W}_1\boldsymbol{X\beta})'\boldsymbol{M}(\boldsymbol{W}_1\boldsymbol{X\beta})$，$\boldsymbol{M}=\boldsymbol{I}_N-\boldsymbol{X}(\boldsymbol{X}'\boldsymbol{X})^{-1}\boldsymbol{X}'$；$E=(D+T_{11})T_{12}-(T_{12})^2$。

随机扰动项服从异方差正态分布，即 $\varepsilon \sim N(0,\Omega)$，$\Omega$ 是对角矩阵，对角线上的元素 $\Omega_{ii}=h_i(za)$，z 包含决定异方差形式的 p 个参数 a 和一个方差项系数 σ^2。以 SARAR 模型为例，Anselin(1988b，1988c)提出空间自相关和异方差同时出现的联合 LM 检验，该检验的原假设是 $\theta_1=[\lambda,\rho,\alpha']'=0$，即不存在空间自相关和异方差；备择假设为 $\lambda\neq 0$、$\rho\neq 0$ 或 $\alpha\neq 0$，即存在空间自相关或异方差，或同时存在空间自相关和异方差。标准的空间滞后误差自相关模型包含 $3+K+p$ 个参数，因为在原假设下，$\boldsymbol{\beta}$ 和 σ^2 都是模型 OLS 估计量，该模型的联合 LM 检验统计量满足 $\mathrm{LM}\sim X^2(2+p)$，其中 p 是 $\boldsymbol{\Omega}$ 中参数的个数。因此，异方差形式的联合 LM 检验统计量为 $\mathrm{LM}=(1/2)\boldsymbol{f}'\boldsymbol{Z}(\boldsymbol{Z}'\boldsymbol{Z})^{-1}\boldsymbol{Z}'\boldsymbol{f}+E^{-1}\{(R_Y)^2T_{22}-2R_YR_eT_{12}+(R_e)^2(D+T_{11})\}\sim\chi^2(2+p)$。

其中，$f_i=(\sigma^{-2}e_i^2-1)$，f_i 是 $\boldsymbol{f}$ 的第 i 个元素；$\boldsymbol{Z}$ 包含变量 z 的 $N\times(p+1)$ 矩阵。

6.4.5 应用领域

基于现有文献的整理，我们能够知道，空间 Probit 模型主要应用于危机识别与传染以及风险评估与预警等两大块内容，具体有债务危机、金融风险、货币危机、农业灾害防治等等。

6.5 贝叶斯估计的空间概率模型

6.5.1 空间 Probit 模型简介

社会科学家研究的许多现象其本身，或者是其一些相关的测量值，都是离散的。比如公民的投票选举、政府的政策法规制定与否、国家内外战争的发生等。在这种政治背景下，不管是实际上还是理论上，每个个体所作的决定都会受到周围个体的影响。比如在公民投票时，一个公民是否选择投票或者选择投给谁，会受到周围邻居投票结果的影响；政府一项政策的制定往往也取决于选择执行其他政策的效果等等。

普通的 Probit 模型是假设事件发生概率服从累积正态分布函数的二分类因变量模型，也称为 Normit 模型。即假设每一个体都面临二值选择问题（比如考研或不考研、就业或待业、买房或不买房等），且其选择依赖于可分辨的特征，旨在寻找描述个体的一组特征与该个体所做某一特定选择的概率之间的关系。

设每一个样本都存在一组变量 X，这些变量的线性组合，可以使每一个样本得到一个分数 Y_i^*，

$$Y_i^* = \sum_j \beta_j X_{ij} + \varepsilon_i = X_i B + \varepsilon_i \tag{6.5.1}$$

假设 $\varepsilon_i \sim N(0,1)$，故 Y_i^* 服从标准正态分布。Y_i^* 代表某种内在变量或是隐藏变量，当 $Y_i^*>0$ 时，可观测变量 Y 即等于 1；当 $Y_i^* \leqslant 0$ 时，则 $Y=0$。

带有潜变量的空间 Probit 模型如公式(6.5.2)所示：

$$y^* = \rho W y^* + X\beta + \varepsilon,\ \varepsilon \sim N(0,1) \tag{6.5.2}$$

模型(6.5.2)与模型(6.5.1)的区别仅在于等号右侧多了一项 $\rho W y^*$，这一项加入了周围其他因变量对当前因变量的影响。ρ 为所需估计的空间相关性参数，W 为空间权重矩阵。

公式(6.5.2)可以简写为：

$$y^* = (I-\rho W)^{-1} X\beta + u,\ u = (I-\rho W)^{-1}\varepsilon \tag{6.5.3}$$

潜变量 y^* 通过下面的式子与二元结果的因变量联系到一起：

$$y_i = \begin{cases} 1,\ \text{if } y_i^* > 0 \\ 0,\ \text{if } y_i^* \leqslant 0 \end{cases}$$

第 i 个观测值为 1 的概率是①：

$$\begin{aligned} p(y_i=1|X) &= p([(I-\rho W)^{-1}X\beta]_i + [(I-\rho W)^{-1}\varepsilon]_i > 0) = \\ & p(u_i < [(I-\rho W)^{-1}X\beta]_i/\sigma_i) = \Phi\{[(I-\rho W)^{-1}X\beta]_i/\sigma_i\} \end{aligned} \tag{6.5.4}$$

注：ε 是关于 0 对称分布的，u 也是关于 0 对称，因此，对于任意 x 来说 $p(-u_i<$

① Jr. Robert J. Franzese, The Spatial Probit Model of Interdependent Binary Outcomes: Estimation, Interpretation, and Presentation[C], Annual Meeting of the Public Choice Society, 2009: 1-42.

$x)=p(u_i<x)$。

在标准 Probit 模型中,一个累积正态分布 $\Phi\{\cdot\}$,给出了系统组成部分 $[(I-\rho W)^{-1}X\beta]_i/\sigma_i$ 超过随机部分 u_i 的概率。然而,在空间 Probit 中,y_i^* 之间的相互依存关系导致了随机组成的非球形干扰。尤其是,$\boldsymbol{u}$ 服从一个 n 维多元的正态分布,方差协方差矩阵为 $[(I-\rho W)'(I-\rho W)]^{-1}$(且均值为 0)。直观地看,是一个均值为 0 的多元正态分布,方差协方差矩阵为 $\sigma^2 I$。将 σ^2 标准化为 1,得到一个一般的 Probit 模型,则:

$$V[(I-\rho W)^{-1}\varepsilon]=[(I-\rho W)^{-1}]'V(\varepsilon)[(I-\rho W)^{-1}]=$$
$$[(I-\rho W)^{-1}]'I[(I-\rho W)^{-1}]=[(I-\rho W)'(I-\rho W)]^{-1} \tag{6.5.5}$$

$[(I-\rho W)^{-1}X\beta]_i/\sigma_j$ 超过 u_i 概率可以从这个多变量累积正态分布的第 i 个边缘分布函数中求得,表示为 $\Phi_i\{\cdot\}$,这需要整合其他 $n-1$ 维的联合分布。在公式(6.5.4)中 σ_i^2 是式(6.5.5)中矩阵对角线上的元素,在标准 Probit 模型中,它们不是一个常数。也就是说,空间的相互依赖会引起异方差。这种因为 u_i 的相互依赖导致的异方差,会使得标准的 Probit 模型估计出现偏差。因为被解释变量是相互依赖的,因此它们的联合分布不再是 n 个边缘分布的产物。第 i 个观测值的概率大小取决于整个矩阵 $\boldsymbol{X}$ 和向量 $\boldsymbol{\varepsilon}$。

6.5.2 贝叶斯估计

1. 贝叶斯估计的思想

在统计学中有两派,占主流的是"频率学派"(frequentist school),也称"古典学派"),即通常数理统计课程中的那些内容;另外一派则是"贝叶斯学派"(Bayesian school),由 18 世纪英国统计学家贝叶斯(Thomas Bayes)创立。频率学派假设总体服从某个分布,比如 $f(x;\theta)$,其中 θ 为待估计、未知、给定的参数(或参数向量);而贝叶斯学派则认为,既然 θ 有不确定性,则应将 θ 本身也视为随机变量(或随机向量),并用概率分布来描述。由于 θ 的这个分布在研究者看到数据之前就有,故称为"先验分布"(prior distribution)。得到样本数据后,可以根据贝叶斯定理(Bayes' Theorem)将先验分布更新(update)为后验分布(posterior distribution),并以后验分布作为统计推断的依据。①

2. 贝叶斯定理

贝叶斯估计的实质就在于反复使用贝叶斯定理,将先验分布与样本数据综合为后验分布。对于随机事件 A 与 B,有如下的贝叶斯公式:

$$P(A|B)=\frac{P(AB)}{P(B)}=\frac{P(B|A)\cdot P(A)}{P(B)} \tag{6.5.6}$$

如果将 $P(A)$ 视为先验概率,将 B 视为样本数据,则贝叶斯公式给出了在看到样本数据 B 后,如何将先验概率 $P(A)$ 更新为后验概率 $P(A|B)$ 的规则。

① 6.5.2 节参考整理自:陈强.高级计量经济学及 Stata 应用(第二版)[M],高等教育出版社,2010 年版。

更一般地，对于随机向量 θ(视为参数)与随机向量 y(视为样本数据)，根据贝叶斯定理可知：

$$f(\theta|y)=\frac{f(\theta,y)}{f(y)}=\frac{f(y|\theta)\pi(\theta)}{f(y)} \tag{6.5.7}$$

其中，$f(\theta|y)$为看到数据 y 后 θ 的条件分布密度(即后验分布)，$\pi(\theta)$为参数 θ 的先验分布密度，$f(\theta,y)$与 y 的联合分布，$f(y|\theta)$为给定参数 θ 时 y 的密度函数，而 $f(y)$为 y 的边缘分布密度。在联合分布 $f(\theta,y)$中对随机参数 θ 积分，就可以得到 y 的边缘分布密度：

$$f(y)=\int f(\theta,y)d\theta=\int f(y|\theta)\pi(\theta)d\theta \tag{6.5.8}$$

在贝叶斯分析中，一般把后验分布 $f(\theta|y)$记为 $p(\theta|y)$(p 表示 posterior)，而把 y 的密度函数 $f(y|\theta)$记为似然函数 $L(\theta;y)$(将其视为 θ 的函数，而把数据 y 视为已经给定)。在公式(6.5.7)中，分母为边缘分布 $f(y)$，不包含 θ，故可以将其视为常数。因此，后验分布与该公式的分子成正比：

$$\propto \bar{h}(\theta-\bar{\mu})^2$$

其中，“$\propto$”表示“成正比”。省略常数可以简化后验分布的推导，而被省略的常数可在以后加上。省去常数的密度函数被称为“密度核”。因此 $L(\theta;y)\pi(\theta)$就是后验分布 $p(\theta|y)$的密度核。

3. 贝叶斯估计的步骤

第一步，写出先验分布密度 $\pi(\theta)$。此分布函数是我们自己根据经验或计算方便假定的。不妨假定 $\pi(\theta)$为：

$$\pi(\theta)=(2\pi\tau^2)^{-1/2}\exp\{-(\theta-\mu)^2/2\tau^2\}\propto\exp\{-h(\theta-\mu)^2/2\} \tag{6.5.9}$$

第二步，写出样本数据 y 的联合密度，即似然函数：

$$L(\theta;y) = \prod_{i=1}^{n}(2\pi\sigma^2)^{-1/2}\exp\{-(y_i-\theta)^2/2\sigma^2\} =$$

$$(2\pi\sigma^2)^{-n/2}\exp\left\{-\sum_{i=1}^{n}-(y_i-\theta)^2/2\sigma^2\right\}\propto \exp\left\{-\sum_{i=1}^{n}(y_i-\bar{y}+\bar{y}-\theta)^2/2\sigma^2\right\}\propto$$

$$\exp\left\{-\sum_{i=1}^{n}(\bar{y}-\theta)^2/2\sigma^2\right\}\propto \exp\{-h^*(\bar{y}-\theta)^2/2\} \quad (\text{定义 } h^* \equiv n/\sigma^2) \tag{6.5.10}$$

第三步，根据贝叶斯定理，写出后验分布的密度核：

$$L(\theta;y)\pi(\theta)\propto\exp\{-h^*(\bar{y}-\theta)^2/2\}\exp\{-h(\theta-\mu)^2/2\}\propto$$

$$\exp\left\{-\frac{1}{2}[h^*(\bar{y}-\theta)^2+h(\theta-\mu)^2]\right\}\propto\exp\left\{-\frac{1}{2}[\bar{h}(\theta-\bar{\mu})^2]\right\} \tag{6.5.11}$$

其中，当样本容量越来越大时，先验分布所起的作用越来越小。因此，后验分布密度核的对数为：

$$\ln p(\theta|y)=\ln \pi(\theta)+\sum_{i=1}^{n}\ln L(\theta;y_i) \tag{6.5.12}$$

当样本容量越来越大时,$\ln \pi(\theta)$保持不变,而 $\sum_{i=1}^{n} \ln L(\theta; y_i)$包含的项数越来越多,故越来越以后者为主。这个结论有助于冲淡人们对于贝叶斯估计结果依赖于主观先验分布的顾虑。

4. 贝叶斯估计与古典学派的对比

贝叶斯估计的优点主要包括以下几点:

(1) 使用 MLE、OLS 进行最优化参数估计时,有时会求不出最优解。但是随着近几十年计算方法的迅猛发展,只要反复使用贝叶斯定理,一般都可以求出解析解;

(2) 古典学派需要用不同的统计量来估计期望、方差、中位数、分位数等,而贝叶斯学派可以直接得到参数的整个后验分布。从这个后验分布,可以容易地计算出其各阶矩;

(3) 极大似然估计的优点在于其大样本下的渐进性质,但这也是极大似然估计的一个缺点,因为在实际应用中,样本的个数一般是有限的。但是被广泛应用于各个领域的贝叶斯方法却不受此限制,因为贝叶斯方法所得到的参数的后验分布是建立在样本数据和先验分布的基础之上。

简单地讲,贝叶斯统计方法理论与经典的统计方法理论的区别主要是在关于参数的认识上,在传统分析中,参数被看成未知常数,似然函数概括了有关参数的全部信息,因此关于参数的统计推断只要利用似然函数就够了。而在贝叶斯分析中,参数被看成随机变量且具有先验分布,在分析中既利用了似然函数,又利用了参数的先验信息,因而在进行参数估计时,通常贝叶斯估计具有更小的方差或平方误差。当然,如果先验信息很少或者没有先验信息,这时贝叶斯推断方法所得到的估计与极大似然方法得到的估计基本相同。

尽管贝叶斯推断优点突出,但是在贝叶斯分析中,一般只能得到后验分布密度函数的核,而难以获得具体的密度函数,也很难找到累积分布函数的数值分位点,因而计算边缘后验分布密度函数的困难是阻碍贝叶斯方法广泛应用的最大障碍(朱慧明,韩玉启,2006)。近年来,MCMC (Markov-Chain-Monte-Carlo)方法为贝叶斯方法的理论和应用开辟了广阔的前景。普通的数值计算方法(如正态近似、Gauss 积分以及非递推蒙特卡罗方法等) 往往无法解决后验分布密度计算过程中的高维积分问题,而 MCMC 通过合理定义和重复抽样,总能找到一条或几条收敛的马尔科夫链,该马尔科夫链的极限分布就是所需要的后验分布。

目前,在贝叶斯分析中应用最广泛的 MCMC 方法主要有 Gibbs 抽样方法和 Metropolis-Hastings 方法。Gibbs 抽样方法的成功之处在于利用条件分布将多个参数的复杂问题降低为每次只需处理一个参数的较为简单的问题; Metropolis-Hastings 方法是一种比 Gibbs 抽样方法更一般的方法。Gibbs 是一种单元素的 Metropolis-Hastings 算法,在实际应用中,通常是将 Gibbs 抽样和 Metropolis-Hastings 算法结合起来应用,对于常见分布的满件后验分布,可以采用 Gibbs 抽样,而对于个别条件后验很难求甚至是无法求出,可以采用 Metropolis-Hastings 算法。

5. 有限样本的贝叶斯空间 Probit 模型估计

古典学派的核心为点估计。在贝叶斯估计中,则对应于后验均值的计算:

$$E(\theta|y)=\int \theta p(\theta|y)d\theta \tag{6.5.13}$$

其中,$p(\theta|y)$为后验密度。但 $p(\theta|y)$通常并无解析表达式(可能包括复杂的积分),故很难得到上面的积分公式。为此,我们使用蒙特卡洛积分方法。但是需要首先用吉布斯抽样从后验分布 $p(\theta|y)$中获得随机样本。

"吉布斯抽样法"(Gibbs sampler)的基本思想是,通过更简单的条件分布来抽样。比如说,如果 $p(\beta,\sigma^2|y,X)$的表达式较复杂,但条件后验分布 $p(\beta,\sigma^2|y,X)$较简单(为 K 维正态)。一般的,考虑从一个二维联合分布 $f(x,y)$进行随机抽样,但由于 $f(x,y)$的表达式太复杂而无法直接抽样。另一方面,假设条件分布 $f(x|y)$与 $f(y|x)$相对简单,那么就可以从中进行一维随机抽样。使用迭代的方法得到联合分布 $f(x,y)$的随机抽样。

空间滞后模型(6.5.2)的似然函数为:

$$L(y^*,W|\rho,\beta,\sigma^2)=\frac{1}{2\pi\sigma^{2(n/2)}}|I_n-\rho W|e^{-\frac{1}{2\sigma^2}(\varepsilon'\varepsilon)} \tag{6.5.14}$$

其中 $\varepsilon=(I_n-\rho W)y^*-X\beta$,参数的联合后验密度为:

$$p(\rho,\beta,\sigma|y^*,W)\propto|I_n-\rho W|\sigma^{-(n+1)}e^{-\frac{1}{2\sigma^2}(\varepsilon'\varepsilon)} \tag{6.5.15}$$

然后可以得出 ρ,β,σ 的条件后验分布,首先:

$$p(\sigma|\rho,\beta)\propto\sigma^{-(n+1)}e^{-\frac{1}{2\sigma^2}(\varepsilon'\varepsilon)} \tag{6.5.16}$$

由式(6.5.16)可以得到 β 的后验分布为:

$$p(\beta|\rho,\sigma)\sim N[\widetilde{\beta}\sigma_\varepsilon^2(X'C'CX)^{-1}] \tag{6.5.17}$$

其中,在空间滞后模型中,$C=I_n$ 且 $\widetilde{\beta}=(X'X)^{-1}X'(I_n-\rho W)y^*$,最后参数 ρ 的后验分布是:

$$p(\rho|\beta,\sigma)\propto|I_n-\rho W|\sigma^{-(n+1)}e^{-\frac{1}{2\sigma^2}(\varepsilon'\varepsilon)} \tag{6.5.18}$$

ε 已经在上面的空间滞后模型中给定了,最终我们就可以得到一个使 y^* 转变成 y 的条件分布,即一个截断分布:

$$f(z_i|\rho,\beta,\sigma)\sim N(\widetilde{y}_i,\widetilde{\sigma}_i^2),\text{在截断点的左侧或右侧}\rightarrow y_i=0\text{ 或 }1 \tag{6.5.19}$$

其中 $\widetilde{y}_i$ 是 y_i^* ($(I_n-\rho W)^{-1}X\beta$ 的第 i 个元素)的预测值,$\widetilde{y}_i$ 的方差是$(I_n-\rho W)^{-1}\varepsilon$ 的第 i 个值。

有了上面的条件分布之后,就可以进行吉布斯抽样:

(1) 用式(6.5.16)估计 σ_1,初值为 ρ_0,β_0,σ_0;

(2) 用 σ_1,ρ_0 和式(6.5.17)估计 β_1;

(3) 用 σ_1,β_1 和式(6.5.18)估计 ρ_1;

(4) 使用截尾分布(6.5.19)和 σ_1,β_1,ρ_1 计算 z_i;

(5) 返回步骤(1),重复执行。

重复上面的步骤几千次以后,σ_1,β_1,ρ_1 将会收敛,会得到一条收敛的马尔科夫链。就可以得到联合分布 $p(\rho,\beta,\sigma)$的随机抽样(通常去掉前面的几千个抽样值,以避免初始值的影响,称为“burn in”)。吉布斯抽样的理论基础在于,当 $t\to\infty$时,(ρ_t,β_t,σ_t)的极限分布(limiting distribution)就是 $p(\rho,\beta,\sigma)$。使用类似的方法,可以得到更高维分布的随机样本。

马尔科夫链定义:考虑时间为离散的随机过程$\{x_t\}_0^{\infty}$,如果对于任何时间 t,都有 $P(x_{t+1}<x|x_t,x_{t-1},\cdots,x_0)=P(x_{t+1}<x|x_t)$,则称$\{x_t\}$为“马尔科夫链”(Markov chain)。显然,在给定整个历史的情况下,x_{t+1}的条件分布仅与 x_t 有关。换言之,马尔科夫链的未来状态(x_{t+1})仅与现在状态(x_t)有关,而与历史状态(x_{t-1},x_{t-2},$\cdots$,x_0)无关。由于吉布斯抽样法使用了蒙特卡洛抽样,而得到的序列又是马尔科夫链,故也称为“马尔科夫链蒙特卡洛法”(MCMC)。

6.5.3 模型的检验

1. Moran's I 检验

通常使用的空间计量经济模型检验方法是在 Moran(1950)提出的单变量时间序列二维模拟检验技术基础上发展起来的 Moran's I 方法。Moran's I 统计量对于检验残差的空间相关性具有显著作用,其具体分析过程如下。

计量模型的原假设是模型不存在空间相关性,即:

$$H_0:y=X\beta+\xi$$

如果原假设成立,则 $E[\hat{\gamma}]=E[I]=0$,同时 $I=E[I]/\sqrt{Var[I]}\sim N(0,1)$,这样就可以利用 OLS 方法得到估计残差 e,如果原假设不成立,则可以构造一个 Moran's I 因子,记为:

$$I=(N/S_0)(e'We/e'e)$$

其中,e 是 OLS 残差向量,$S_0=\sum\limits_i\sum\limits_j W_j$ 表示空间滞后矩阵非零交叉项的加总。如果空间滞后矩阵进行标准化以后,则有 $S_0=N$,Moran's I 因子则简化为:$I=e'We/e'e$,由表达式可以看出 I 相当于模型 $W_e=e\gamma+\mu$ 系数 γ 的 OLS 估计量。这一检验过程就称为 Moran's I 检验。

利用 Moran's I 统计量进行假设检验不存在明确的备择假设,即只能够通过该统计量检验确定是否存在空间相关性。当原假设被拒绝时,Moran's I 方法只能确定具有空间相关性,但是不能确定其具体形式,从而无法预先判定空间计量经济模型是空间自回归形式还是空间残差相关形式。但是由于 Moran's I 检验统计量具有较好的小样本性质,从而也成为空间计量模型中最常用的检验统计量。

2. LM/RS 检验

当空间回归模型采用极大似然估计方法时,空间自回归系数的估计必须经过 Wald 检验、渐进 t 检验或极大似然率检验(Anselin,2001)。但是上述检验方法要求所有替代模型都必须被检验,而基于 Lagrange Multiplier(LM)和 Rao Score(RS)的检验方法仅要求主导模型被检验,并且 LM/RS 方法可以检验出空间滞后模型和空间误差模型的区别。

(1) 不存在空间自回归时,空间残差相关的 LM 检验

不存在空间自回归时,空间残差相关的原假设是模型残差不存在空间相关。即:

$$H_0: Y=X\beta+\varepsilon,\ \varepsilon\sim N(0,\sigma^2 I)$$

利用对数似然函数,写出 Lagranian 函数为,并构造检验统计量如下:

$$\ln L=-\frac{n}{2}\ln 2\pi-\frac{1}{2}\ln\{|\Omega|\times[|B|]^{-2}\}-\frac{1}{2}[BY-BY\beta]'\Omega^{-1}[BY-BX\beta]$$

$$l=-\frac{N}{2}\ln 2\pi-\frac{1}{2}\ln\{|\Omega|\times[|B|]^{-2}\}-\frac{1}{2}[BY-BY\beta]'\Omega^{-1}[BY-BX\beta]+\frac{1}{2}\gamma$$

$$\frac{\partial l}{\partial\lambda}=0,\ s^2=\frac{1}{N}e'e,\ T=tr(W'W+W^2)$$

$$\gamma=\frac{1}{\sigma^2}e'We,\ \text{LM}=\frac{(e'We/s^2)^2}{T}\sim\chi^2(1)$$

该检验统计量有两个备择假设(如下所示),也就是说,该假设对空间残差自相关及空间残差移动平均两种空间效应同样具有检验效力。

$$H_0:\varepsilon=\lambda W\varepsilon+\mu \quad H_1:\varepsilon=\lambda W\mu+\mu$$

(2) 存在空间自回归时,空间残差相关的 LM 检验

空间残差的相关检验的原假设仍然是模型残差不存在空间相关。即:

$$H_0: Y=\rho WY+X\beta+\varepsilon,\ \varepsilon\sim N(0,\sigma^2 I)$$

检验统计量的构造原理如下所示:

$$\text{LM}=\frac{(e'We/s^2-T(R\widetilde{J}))^{-1}-(e'We/s^2)^2}{T-T^2(R\widetilde{J})^{-1}}\sim\chi^2(1)$$

其中,$s^2=\frac{1}{N}e'e$,$(R\widetilde{J})^{-1}=\left[T+\frac{(wx\hat{\beta})'M_X(wx\hat{\beta})}{s^2}\right]^{-1}$,$M_X=I-X(X'X)^{-1}X'$,$T=tr(W'W+W^2)$。

(3) 不存在空间残差相关性时的空间自回归效应的 LM 检验

当不存在空间残差相关时,检验模型是否存在空间实质相关。检验的原假设和备择假设分别为:

$$H_0: Y=X\beta+\varepsilon \quad H_1: Y=\rho WY+X\beta+\varepsilon$$

$$\varepsilon\sim N(0,\sigma^2 I)$$

如果原假设成立,则模型是经典的单方程线性方程;如果原假设被拒绝,则可以确定模型形式为空间自回归模型(SAR)。检验统计量的构造如下:

$$\ln L=-\frac{N}{2}\ln 2\pi-\frac{1}{2}\ln\{|\sigma^2 I|\times[|A|]^{-2}\}-\frac{1}{2\sigma^2}[AY-X\beta]'[AY-X\beta]$$

$$LM=\frac{(e'WY/s^2)^2}{R\widetilde{J}}:\chi^2(1)$$

其中，$\widetilde{RJ}=T+\frac{(W\hat{X\beta})'M_X(WX\hat{\beta})}{s^2}$，$T=tr(W'W+W^2)$，$M_X=I-X(X'X)^{-1}X'S^2=\frac{1}{N}e'e$。

(4) 存在空间残差相关性时的空间自回归效应的 LM 检验

当模型存在空间残差相关性时，检验是否存在空间自回归效应。检验的原假设和备择假设分别为：

$$H_0: Y=X\beta+\lambda W\varepsilon+\mu \quad H_1: Y=\rho WY+X\beta+\lambda W\varepsilon+\mu$$

$$\mu\sim N(0,\sigma^2 I)$$

如果原假设成立，则模型是空间残差自回归模型；如果原假设被拒绝，则可确定模型的形式为空间自回归-残差自回归模型，模型既存在空间残差相关，也存在空间实质相关。

检验统计量的构造如下：

$$LM=\frac{(e'WY/s^2-e'We/s^2)^2}{\widetilde{RJ}-T}\sim\chi^2(1)$$

该检验统计量对原假设模型的残差结构为空间移动平均效应时也同样适用。

(5) 判别准则

上述检验都是在一定的假设前提下进行的。比如：

1) 是在不存在空间自回归的假设检验下检验是否存在空间残差相关；

2) 是在存在空间自回归的假设下检验是否存在空间残差相关；

3) 是在不存在空间残差相关的假设下检验是否存在空间自回归效应；

4) 是在存在空间残差相关的假设下检验是否存在空间自回归效应。

由于事先无法根据先验经验判断这些假设的真伪，有必要构建一种判别准则，以决定空间模型使之更符合客观实际。

一般地，判别准则如下：

如果在空间效应的检验中发现 LM_{LAG} 较之 LM_{ERR} 在统计上更显著，且 R-LM_{LAG} 显著而 R-LM_{ERR} 不显著，则可以判断适合选择空间滞后模型；相反，如果在空间效应的检验中发现 LM_{ERR} 较之 LM_{LAG} 在统计上更显著，且 R-LM_{ERR} 显著而 R-LM_{LAG} 不显著，则可以判断适合选择空间误差模型。

拓展阅读

[1] Agarwal, Gelfand. Zero − inflated Models with Application to Spatial Count Data [J]. Environmental and Ecological Statistics: 2002(9): 341—355.

[2] Amemiya T.. Regression Analysis When the Dependent Variable is Truncated Normal [J]. Econometrica, 1973(6): 997—1016.

[3] Amemiya. Tobit Models: A SURVEY[J]. Journal of Econometrics. (1984): 3—61.

[4] James H. Albert. Siddhartha Chib, Bayesian Analysis of Binary and Polychotomous Response Data[J]. American Statistical Association Journal of the American Statistical Association. 1993 (88):669—679.

[5] Liesenfeld R., Richard J. F., Vogler J.. Analysis of Discrete Dependent Variable Models with Spatial Correlation[J]. Social Science Electronic Publishing, 2013.

[6] Pedro V. Amaral. Luc Anselin, Finite Sample Properties of Moran's I Test for Spatial Autocorrelation in Tobit Models[J]. Geode Centre for Geospatial Analysis and Computation, 2011(8):1—11.

[7] Siddhartha Chib. Bayes Inference in the Tobit Censored Regression Model[J]. Journal of Econometrics. (1992):79—99.

[8] Takeshi Amemiya. Multivariate Regression and Simultaneous Equation Models When the Dependent Variables are Truncated Normal[J]. Econometrica, 1974(6):999—1012.

[9] Xi Qu, Lung-feiLee. LM Tests for Spatial Correlation in Spatial Models with Limited Dependent Variables[J]. Regional Science and Urban Economics, 2012(6):430—445.

[10] Xi Qu, Lung-feiLee. Locally Most Powerful Tests for Spatial Interactions in the Simultaneous SAR Tobit Model[J]. Regional Science and Urban Economics. 2013(43):307—321.

[11] 洪源，杨司键，秦玉奇. 民生财政能否有效缩小城乡居民收入差距？[J]. 数量经济技术经济研究，2014.

[12] 胡健，焦兵. 空间计量经济学理论体系的解析及其展望[J]. 统计与信息论坛，2012，27:3—8. DOI:doi:10.3969/j.issn.1007—3116.2012.01.001.

[13] 王周伟，敬志勇，庞涛. 城镇化进程中地方政府性债务限额设定研究[J]. 山西财经大学学报，2015.

参考文献

[1] Albert, J. H., S. Chib. Bayesian Analysis of Binary and Poly-chotomous Response Data[J]. Journal of the American Statistical Association, 1993(88) :422.669—679.

[2] Andrea Amaral, Margarida Abreu, Victor Mendes. The Spatial Probit Model-An Application to the Study of Banking Crisis at the End of the 1990s[J]. Original Research Article Physical A. 2014.(12):251—260.

[3] Antonio Paez. Exploring Contextual Variations in Land Use and Transport Analysis Using a Probit Model with Geographical Weights[J]. Journal of Transport Geography. 2006: 167—176.

[4] Candace Berrett, Catherine A. Calder. Data Augmentation Strategies for the Bayesian Spatial Probit Regression Model[J]. Computational Statistics & Data Analysis. 2012.(3):478—490.

[5] Chih-Hao Wang, GulsahAkar, Jean-Michel Guldmann. Do Your Neighbors Affect Your Bicycling Choice? A Spatial Probit Model for Bicycling to the Ohio State University[J]. Journal of Transport Geography. 2015.(1):122—130.

[6] Daniel P. McMillen. Probit with Spatial Autocorrelation[J]. Journal of Regional Science, 1992 (3): 335—348.

[7] Garth Holloway, Bhavani Shankar, Sanzidur Rahman. Bayesian Spatial Probit Estimation :

APrimer and an Application to HYV Rice Adoption[J]. Agricultural Economics. 2002. (11): 383—402.

[8] Geweke,J. Efficient Simulation from the Multivariate Normal and Student-t Distributions Subject to Linear Constraints and the Evaluation of Constraint Probabilities[C]. in Proceedings of 23rd Symposium on the Interface Between Computing Science and Statistics, E. Kermanidas, (ed.), Interface Foundation Of North America Inc. ,Fairfax,Va. , 1991:571—578.

[9] Honglin Wang,Emma M Iglesias,Jeffrey M Wooldridge. Patical Maximum Likelihood Estimation of Spatial Probit Models[J]. Journal of Econometrics. 2013: 77—89.

[10] James Heckman, Shadow Prices, Market Wages, and Labor Supply [J]. Econometrica. 1974 (7):679—694.

[11] James P. LeSage and R. Kelley Pace. Introduction to Spatial Econometrics [M]. Taylor&Francis Group,LLC,2009: 279—320.

[12] James P. LeSage. Bayesian Estimation of Limited Dependent Variable Spatial Autoregressive Models[J]. Geographical Analysis,2000(32. 1):19—35.

[13] James Tobin,Estimation of Relationships for Limited Dependent Variables[J]. Econometrica. 1956(1):24—36.

[14] James Tobin. Estimation of Relationships for Limited Dependent Variables[J]. Econometrica. 1956(1):24—36.

[15] Jr. Robert J. Franzese. The Spatial Probit Model of Interdependent Binary Outcomes: Estimation, Interpretation, and Presentation[J]. Ssrn Electronic Journal, 2008 .

[16] Koop,G. Bayesian Econometric s, West Sussex[M]. JohnWiley& Sons. 2003.

[17] LeSage, James P.. Bayesian Estimation of Limited Dependent variable Spatial Autoregressive Models[J]. Geographical Analysis,2000(32):19—35.

[18] LungFeiLee, Asymptotic Distributions of Quasi-Maximum Likelihood Estimators for Spatial Autoregressive Models[J],Econometrica,2014(6):1899—1925.

[19] Robert J. Franzese, Jr. and Jude C. Hays. The Spatial Probit Model of Interdependent Binary Outcomes: Estimation, Interpretation, and Presentation[C]. Annual Meeting of the Public Choice Society,2009:1—42.

[20] Smith, T. E. and James P. LeSage. A Bayesian Probit Model with Spatial Dependencies, Advances in Econometrics[C]. Spatial and Spatiotemporal Econometrics,James P. LeSage and R. Kelley Pace(eds.),2004(18)127—160.

[21] Xiaokun Wang, Kara M. Kockelman. Application of the Dynamic Spatial Ordered Probit Model: Patterns of Land Development Change in Autin,Texas[J]. Papers in Regional Science, 2010, 88(2):345—365.

[22] Xiaokun Wang, Kara M. Kockelman. BaysianInference for Ordered Response Data with A Dynamic Spatial-Ordered ProbitModel[J]. Journal of RegionalScience, 2009(5):877—913.

[23] 陈强. 高级计量经济学及 Stata 应用(第二版)[M]. 高等教育出版社 2014 年版.

[24] 焦兵，胡健.空间计量经济学理论体系的解析及其展望[J].统计与信息论坛，2012.

[25] 周华林,李雪松. Tobit 模型估计方法与应用[J]. 经济学动态. 2012(5):105—119.

[26] 朱钧钧，谢识予，许祥云. 基于空间 Probit 面板模型的债务危机预警方法[J]. 数量经济技术经济研究，2012(10)：100—114.

[27] [美]詹姆斯·穆沙杰等，肖光恩等译，空间计量经济学导论[M]. 北京大学出版社 2014 年版.

第 7 章 空间分位数回归模型

分位数回归不同于经典最小二乘回归的均值回归，其关注因变量各部分与自变量的函数关系，它利用被解释变量的多个分位数来得到被解释变量的条件分布的相应分位数方程。与传统的 OLS 只得到均值方程相比，它可以更详细地描述变量的统计分布。空间分位数与普通分位数回归的区别在于，空间分位数的解释变量中有空间权重矩阵与被解释变量的乘积变量，因此该变量具有内生性。本章介绍了国外对于解释变量具有内生性的分位数回归的处理方法。

7.1 分位数回归概述

分位数回归是一种估计各种分布情况下变量间函数关系的方法，特别是因变量 Y 是自变量 X 的函数情况下。分位数回归相比普通的线性回归优势在于估计因变量分布的各部分变化率。假设随机变量 Y 的概率分布为 $F(y)=\text{Prob}(Y\leqslant y)$，$Y$ 的 τ 分位数定义为满足 $F(y)$ 大于等于分位数的最小 y 值，即：

$$q(\tau)=\inf\{y \mid F(y)\geqslant\tau\},\ 0<\tau<1 \tag{7.1.1}$$

$F(y)$ 的 τ 分位数 $q(\tau)$ 可以由最小化关于 τ 的目标函数得到，即：

$$q(\tau)=\underset{\xi}{\operatorname{argmin}}\left\{\tau\int_{y>\xi}|y-\xi|dF(y)+(1-\tau)\int_{y<\xi}|y-\xi|dF(y)\right\} \tag{7.1.2}$$

因此最小化问题的一阶条件为：

$$0=-\tau\int_{y>\xi}dF(y)+(1-\tau)\int_{y<\xi}dF(y)=-\tau+F(\xi) \tag{7.1.3}$$

线性关系形式下的 Y 关于 X 的 τ 分位数为 $Q(\tau|x)=\alpha(\tau)+\beta(\tau)$，$0<\tau<1$，如果 $\beta(\tau)$ 为常数 β，模型简化成标准的期望模型，$E(Y|x)=\alpha+\beta x$，有着常数的方差误差。当 $\beta(\tau)$ 为 τ 的变量时，分位数模型允许 Y 各分位数的分布与 X 的分布相同。经典的线性模型可以看成分位数效应的总和，即 $\int Q(\tau|x)d\tau=E(Y|x)$。

在这种情况下，传统分析由于可能存在完全不同的分位效应而丢失信息。举个例子，许多不同的分位点处，可以导致 $\beta_k=0$；同时，$\beta_k=0$ 意味着解释变量 x_k 不影响被解释变量 Y，也可能表示被解释变量 Y 和解释变量 x 之间有修正的分位效应。

分位数回归更适用于分析一个包含因变量分布改变的问题，分位数回归允许在不同分位点上的因变量在解释变量作用下存在不同的分布。虽然因变量在不同分位点有着不同的分布，但分位数回归的系数估计是因为与经典线性回归的估计相似而被频繁地研究，当解释变量的值改变时，分位数回归可以使得因变量全分布的估计改变这个观点不被大家认同了，为了自变量而建立的一系列系数表明因变量全分布的改变[①]。

7.2 空间自回归模型的分位数回归估计

空间分位数回归模型大致可以分为参数回归模型、半参数回归模型和非参数回归模型。

在空间模型的分位数回归中，一般将SAR模型的解释变量中的WY当作另一个内生变量，因此分位数回归的空间版本与普通的分位数版本的区别在于解释变量具有内生性，这是空间版本最需要解决的问题。但是对于空间分位数回归方法本身来说，其并不是空间模型中的最好的选择，尤其是当数据集很大且包含了多个区域而不是一块地区时。当因变量由于空间的变化平滑的改变时，非参数步骤是一个更好的选择，由于非参数回归模型这一类的研究较为新颖且深奥，此处不予评论，只进行参数回归模型的讲解。

7.2.1 空间自回归模型的分位数回归概述

本节讨论空间自回归模型的分位数估计，SAR模型可以写成式(7.2.1)：

$$Y=\rho WY+X\beta+\mu \tag{7.2.1}$$

其中X是$n\times k$解释变量矩阵，Y是因变量，W是$n\times n$矩阵，表示了每个Y和它相邻区位的空间信息。

分位数回归估计的最小化问题可以转化为：$\hat{\beta}_\tau=\arg\min\limits_{\{b_\tau\}_{j=0}^{k}}\sum\limits_i|y_i-b_\tau x_i|h_i$，其中，当$y_i-b_\tau x_i>0$时，权重$h_i$定义为，$h_i=2q$；当$y_i-b_\tau x_i\leqslant 0$时，$h_i=2-2q$。

对于空间计量模型的分位数回归，需要解决的问题是变量的内生性，在公式(7.2.1)中，解释变量WY显然是具有内生性的，为了解决解释变量内生性对系数造成的影响，首先需要介绍国外计量经济学方法中解决SAR模型中的解释变量内生性的两种方法，在对SAR模型进行估计时，大多假设误差服从正态分布，此时最普遍的方法是使用极大似然函数进行估计，也有人会选择从2SLS方法转变的GMM方法对其进行估计。

使用两步最小二乘法时，第一步，利用一系列工具来估计内生变量WY，估计出来的值将会在第二步中作为解释变量。在这一步中WY的估计值$W\hat{Y}$经常在第二阶段的回归中被用作解释变量，研究者经常用X、WX作为WY的工具变量。在第二步回归中，$W\hat{Y}(\tau)$和X是解释变量，Y是因变量，对于同样的τ再进行分位数回归。

然而，针对空间分位数回归而言，由于需要针对每一分位点进行回归，采用两步最小二乘法显得过于复杂，因此通常不采用此类方法来对空间自回归模型进行分位数

① Trzpiot，Gra04yna. Spatial Quantile Regression.

估计。

7.2.2 空间自回归模型的分位数估计方法

此处提出两种可以用来构造出分位数回归的工具变量的方法,第一种是 Kim and Muller(2004)提出的,这是一种 2SLS 的扩展。对于每一个不同的 τ,通过一系列工具变量(例如 X、WX)对因变量 WY 用进行分位数回归估计,得到估计值 $W\hat{Y}(\tau)$,在第二阶段,对于同样的 τ 做另一个分位数回归,此时的因变量是 Y,而解释变量是 $W\hat{Y}(\tau)$和 X①。

另外一个方法是 Chernozhukov and Hansen(2006)的方法,这种方法相比于第一种方法,不需要在两步回归中都对于同一个分位点 τ 进行回归,并提出了一种可以估计协方差的矩阵形式。WY 的估计值 $W\hat{Y}$是由 WY 的 OLS 估计出来的,被用来当作 WY 的工具变量,这个工具变量也被用来当作一系列 $Y\text{-}\rho WY$ 关于 X 和 WY 的解释变量。由于 2SLS 的特性:当工具变量被有选择性的选择后,当一个回归同时包含 WY 和工具变量时,WY 的协方差会是 0。因此 ρ 的估计值 $\hat{\rho}$ 是 WY 的协方差最接近 0 的那个 WY 的估计值,接下来 β 的估计值可以通过 $Y\text{-}\hat{\rho}WY$ 对 X 的分位数回归来得到②。

根据 Chernozhukov and Hansen(2006)的标准差估计方法,令 e 是 $Y\text{-}\hat{\rho}WY$ 对 Y 的分位数回归的残差,定义 $I(|e_i|<h)/(2h)$(其中 h 是带宽),$\Phi_i=f_i\hat{W}Y_i$,$Z_i=f_iX_i$,那么关于 $\hat{\theta}=(\hat{\rho},\hat{\beta})$协方差矩阵的 $V(\hat{\theta})=J(\tau)^{-1}S(\tau)(J(\tau)^{-1})$。

其中 $J(\tau)=\begin{pmatrix}\Phi'WY & \Phi'X\\ Z'WY & Z'X\end{pmatrix}$,$S(\tau)=\tau(1-\tau)\begin{pmatrix}\hat{W}Y'WY & \hat{W}Y'X\\ X'WY & X'X\end{pmatrix}$。

任何的工具变量(IV)估计,工具的选取对最后的估计值影响很大,最大似然估计是 IV 方法的一个重要的优势,被广泛地利用在非分位数的 SAR 模型中,在此使用其是因为其省略了一个 $n\times n$ 矩阵$(I-\rho W)^{-1}$的计算。

令 $\hat{Y}(\tau)$是在分位数 τ 时的因变量的估计值,以 SAR 模型为例,通过三步来构造 $\hat{Y}(\tau)$:

1. SAR 模型分位数回归的结构为:

$$\hat{Y}(\tau)=\hat{\rho}(\tau)WY+X\hat{\beta}(\tau) \tag{7.2.2}$$

2. 两边同乘$(I-\hat{\rho}(\tau)W)^{-1}$,得到:

$$\hat{Y}(\tau)=(I-\hat{\rho}(\tau)W)^{-1}X\hat{\beta}(\tau) \tag{7.2.3}$$

3. 化简,得到:

$$\hat{Y}(\tau)=X\hat{\beta}(\tau)+\hat{\rho}(\tau)W(I-\hat{\rho}(\tau)W)^{-1}X\hat{\beta}(\tau) \tag{7.2.4}$$

---

① Kim T. H., Muller C.. Two-stage Quantile Regression When the First Stage is Based on Quantile Regression.

② Chernozhukov V., Hansen C.. Instrumental Quantile Regression Inference for Structural and Treatment Effect models.

公式右边第一项是趋势项 $X\hat{\beta}(\tau)$，第二项是信号项 $\hat{\rho}(\tau)W(I-\hat{\rho}(\tau)W)^{-1}X\hat{\beta}(\tau)$。此方法被广泛运用于标准线性联立方程。

也可以直接从初始的 SAR 空间模型化简，得到式(7.2.5)：

$$Y=(I-\rho W)^{-1}(X\beta+\mu) \tag{7.2.5}$$

公式(7.2.3)是公式(7.2.5)在 $\mu=0$ 时的情形，最后，公式(7.2.4)可以通过公式(7.2.3)推导出来，这也提供了一个估计公式(7.2.2)中 WY 的方法：

$$W\hat{Y}(\tau)=W(I-\hat{\rho}(\tau)W)^{-1}X\hat{\beta}(\tau) \tag{7.2.6}$$

7.3 空间分位数回归模型估计的 Stata 软件实现

7.3.1 方法设计与变量选用

房屋的价格受许多现实因素影响，HEDONIC 模型法(又称价格法和效用估价法)认为房地产由众多不同的特征组成，而房地产价格是由所有这些特征带给人们的效用决定的。Ridker(1967)是最早把特征价格理论应用到房地产市场分析的学者，他根据住宅价格数据，运用特征模型计算了环境质量的改善(如空气污染治理)对住宅价格的影响。其中，特别要指出的是，Lancaster(1966 和 1971)从消费者选择的角度出发，Rosen(1974)从供需双方的特征出发，对市场均衡展开分析，奠定了特征分析方法的理论基础，大大加速了特征价格理论的发展。

许多研究将空间计量与分位数回归结合在一起，不同于国内大部分学者所研究的均值回归，使用分位数回归能够研究房屋特征对不同价位房价的影响因素。

7.3.2 样本选择与数据收集

本例中，选取 2011 年上海市二手房交易市场上的 245 例交易，并根据每个案例的房屋所在小区，获得该小区的房屋现实品质(如该交易房屋的面积、楼层、小区绿化率等小区房屋现实特征)与地理特征(如小区所在区的环城高速位置、距离周围公共设施的最短距离、周围区域内是否有大学等)。根据 HEDONIC 模型，建立模型如下：

$$\ln P=\rho W\ln P+\beta X+\mu$$

其中 P 表示该交易案例的房屋每平米单价，W 是 $n\times n$ 阶权重矩阵(n 为所取案例数，本例中为 245)，X 是各影响房屋价格的特征变量。

W 是邻接空间权重矩阵，即 $W_{ij}=\begin{cases}1, & \text{第 } i \text{ 区域与第 } j \text{ 区域地理位置相邻}\\0, & \text{第 } i \text{ 区域与第 } j \text{ 区域地理位置不相邻}\end{cases}$

7.3.3 实现操作与界面说明

程序采用 stata12.0，要安装 stata 命令 ivqreg，录入各数据后，输入程序如下：

录入数据，Data→Data Editor→Data Editor(edit)；

接着在 command 界面输入命令：

ivqreg lnp park subway unidummy area floorbank(lnwp=wx)，q(0.1)

如图 7.2 所示，得到分位数 $\tau=0.1$ 时的空间分位数回归结果。

	wy	area	floor	circle	bus	subway	shopmall	supermarket	school	park	bank	unidummy	y	lnp	lnwp	wx
1	15929.7	49.75	2	1	.340671	.139259	.474842	.533811	.865791	.457289	.559255	1	18090	9.803115	9.588709	.199274
2	15929.7	113.69	11	1	.452666	.423766	.491969	.868624	.907979	.568359	.681498	1	21110	9.957502	9.588709	.199274
3	15929.7	49.04	16	1	.44919	.082973	.751082	.401596	.896542	.684581	.582091	1	36195	10.49668	9.588709	.199274
4	17770.3	49.3	6	1	.324549	.20723	.351402	.545223	.796568	.519834	.554788	1	20284	9.917567	9.696589	.247308
5	17770.3	129.51	12	1	.176448	.414133	.390942	.795607	.798338	.531939	.559517	1	18531	9.8272	9.696589	.247308
6	17770.3	106.35	22	1	.200034	.254218	.279087	.502827	.707392	.391366	.389167	1	20686	9.937212	9.696589	.247308
7	17770.3	106.35	21	1	.200034	.254218	.279087	.502827	.707392	.391366	.389167	1	2069	7.63482	9.696589	.247308
8	15721.4	154.92	2	2	.32087	.165451	.242967	.399343	.625696	.568937	.296012	1	14298	9.567875	9.565329	.174367
9	15721.4	153.92	2	2	.32087	.165451	.242967	.399343	.625696	.568937	.296012	1	14293	9.567525	9.565329	.174367
10	15721.4	129.74	6	1	.331729	.257288	.386301	.582858	.8706	.587325	.651173	1	34299	10.44287	9.565329	.174367
11	15721.4	142.91	3	1	.481897	.131083	.352329	.459823	.907644	.656693	.682955	1	24701	10.1146	9.565329	.174367
12	15721.4	216.92	7	1	.481897	.131083	.352329	.459823	.907644	.656693	.682955	1	25355	10.14073	9.565329	.174367
13	15721.4	64.15	2	1	.517221	.258372	.366347	.457796	.932357	.642383	.71521	1	24942	10.12431	9.565329	.174367
14	15721.4	62.15	3	1	.41166	.070761	.325681	.658208	.890253	.440901	.42256	1	24940	10.12423	9.565329	.174367
15	15721.4	117.72	24	1	.414918	.168677	.328591	.417593	.85374	.655645	.578691	1	18603	9.831079	9.565329	.174367
16	15721.4	38.04	4	1	.419696	.226168	.287648	.639566	.855347	.402727	.356409	1	31020	10.34239	9.565329	.174367
17	15721.4	97.71	6	1	.369546	.144589	.35131	.465892	.916458	.602439	.666662	1	17040	9.743319	9.565329	.174367
18	15721.4	27.48	1	1	.245534	.080606	.262482	.382811	.687191	.505151	.316601	1	22198	10.00776	9.565329	.174367
19	15721.4	32.09	6	2	.394419	.009145	.165432	.36644	.545353	.265296	.207948	1	20256	9.916206	9.565329	.174367
20	15721.4	39.99	3	2	.448667	.121802	.117508	.359024	.54402	.236896	.224061	1	14504	9.58218	9.565329	.174367
21	15721.4	129.52	11	2	.499943	.19864	.225693	.403587	.585201	.564001	.283702	1	25865	10.16065	9.565329	.174367
22	15721.4	110.33	12	1	.523283	.200459	.32272	.432356	.878209	.681015	.623854	1	22025	9.999933	9.565329	.174367
23	15721.4	33.82	2	1	.44001	.214365	.294966	.673631	.860312	.410928	.367205	1	18185	9.808352	9.565329	.174367
24	15721.4	29.83	1	1	.44001	.214365	.294966	.673631	.860312	.410928	.367205	1	18941	9.849084	9.565329	.174367
25	15721.4	52.8	1	1	.2828	.359697	.228401	.406985	.666303	.290176	.228734	1	14962	9.613269	9.565329	.174367
26	15721.4	37.96	4	2	.256299	.123456	.092288	.403014	.609742	.173921	.142136	1	14094	9.553504	9.565329	.174367
27	15721.4	83.26	20	2	.181975	.049474	.184153	.336143	.575387	.325503	.214011	1	15614	9.655923	9.565329	.174367
28	15721.4	156.71	6	2	.327229	.276532	.1357	.455563	.54775	.253402	.282128	1	24057	10.08818	9.565329	.174367
29	15721.4	87.18	15	2	.228083	.150336	.120179	.45645	.497002	.184639	.209483	1	19560	9.881242	9.565329	.174367
30	15721.4	108.54	6	2	.111951	.081225	.11136	.391541	.500896	.159113	.169749	1	12806	9.457669	9.565329	.174367
31	17654.9	32.83	2	2	.274022	.13937	.299808	.406632	.611376	.56855	.465292	1	12184	9.407879	9.710454	.235305
32	17654.9	31.8	6	2	.331791	.133387	.296043	.396553	.630383	.573254	.440639	1	20440	9.925249	9.710454	.235305
33	17654.9	52.82	6	1	.135321	.162264	.297214	.447147	.754255	.605903	.357845	1	20257	9.916256	9.710454	.235305
34	17654.9	43.5	1	3	.096132	1.1e-06	.096157	.528957	.142161	.067065	.07135	1	19264	9.865993	9.710454	.235305
35	17654.9	183.91	17	2	.270825	.091099	.296879	.30314	.530939	.577868	.515388	1	17237	9.754813	9.710454	.235305
36	17654.9	149.76	1	1	.211694	.364115	.309035	.310316	.76085	.585512	.382429	1	30048	10.31055	9.710454	.235305
37	17654.9	167.67	15	1	.229135	.135217	.366427	.51255	.830208	.419642	.521895	1	19383	9.872151	9.710454	.235305
38	17654.9	56.46	19	1	.355032	.022047	.342562	.520012	.766384	.428094	.521068	1	26567	10.18742	9.710454	.235305
39	17654.9	53.64	6	1	.068963	.308381	.267237	.412228	.627146	.496417	.227561	1	18084	9.802783	9.710454	.235305
40	17654.9	32.84	4	1	.063464	.121564	.287904	.481755	.726063	.464289	.340333	1	12180	9.407551	9.710454	.235305
41	17654.9	46.01	2	1	.096213	.115131	.300517	.475247	.743361	.443066	.382857	1	22821	10.03544	9.710454	.235305
42	17654.9	158.6	7	2	.251942	.24505	.170639	.386945	.209838	.238063	.128127	1	22699	10.03006	9.710454	.235305
43	17654.9	160.32	9	2	.427374	.321213	.279818	.493311	.52411	.525487	.464049	1	16218	9.693877	9.710454	.235305
44	17654.9	33.95	4	2	.2583	.192719	.307009	.384122	.597165	.578633	.486104	1	7511	8.924124	9.710454	.235305

图 7.1　数据录入

```
. ivqreg lnp park subway  unidummy area floor bank(lnwp=wx),q(0.1)
(0 observations deleted)

Initial Estimation: .1th Two Stage Quantile Regression       Number of obs = 245
------------------------------------------------------------------------------
         lnp |      Coef.   Std. Err.      z    P>|z|     [95% Conf. Interval]
-------------+----------------------------------------------------------------
        lnwp |   1.019624   1.099769     0.93   0.354    -1.135884    3.175132
        park |    1.77088    1.32713     1.33   0.182     -.830247    4.372007
      subway |  -.5552212   1.424626    -0.39   0.697    -3.347437    2.236995
    unidummy |   1.021201   .2694229     3.79   0.000     .4931414     1.54926
        area |   .0009291   .0015218     0.61   0.541    -.0020535    .0039118
       floor |   .0212627   .0180766     1.18   0.239    -.0141669    .0566923
        bank |  -1.338304   1.315164    -1.02   0.309    -3.915977     1.23937
       _cons |  -1.874441   10.31133    -0.18   0.856    -22.08427    18.33539
------------------------------------------------------------------------------

Grid search is in progress (200)
.................................................. 50
.................................................. 100
.................................................. 150
.................................................. 200

.1th Instrumental Variable Quantile Regression               Number of obs = 245
------------------------------------------------------------------------------
         lnp |      Coef.   Std. Err.      z    P>|z|     [95% Conf. Interval]
-------------+----------------------------------------------------------------
        lnwp |   .7793766   .8383456     0.93   0.353    -.8637506    2.422504
        park |   1.654771   .6308385     2.62   0.009     .4183504    2.891192
      subway |  -.2194633   .5150524    -0.43   0.670    -1.228948    .7900208
    unidummy |    1.07193   .2523339     4.25   0.000     .5773646    1.566495
        area |   .0006764    .000821     0.82   0.410    -.0009328    .0022856
       floor |   .0208208   .0089724     2.32   0.020     .0032352    .0384064
        bank |  -1.315886   .6770575    -1.94   0.052    -2.642894    .0111227
       _cons |   .3803552   .2814319     1.35   0.177    -.1712412    .9319516
------------------------------------------------------------------------------
```

图 7.2　$\tau=0.1$ 回归结果

接着在 command 界面输入命令：

ivqreg lnp park subway unidummy area floorbank(lnwp＝wx)，q(0.3)

```
. ivqreg lnp park subway unidummy area floor bank (lnwp=wx),q(0.3)
(0 observations deleted)

Initial Estimation: .3th Two Stage Quantile Regression      Number of obs = 245

         lnp |      Coef.   Std. Err.      z    P>|z|     [95% Conf. Interval]
-------------+----------------------------------------------------------------
        lnwp |    1.03975   .2827254     3.68   0.000     .4856186    1.593882
        park |   .8282548   .3603183     2.30   0.022      .122044    1.534466
      subway |   .0284331   .3108943     0.09   0.927    -.5809085    .6377747
    unidummy |   .3266721    .139153     2.35   0.019     .0539373    .5994068
        area |     .00033   .0004926     0.67   0.503    -.0006355    .0012956
       floor |   .0137552   .0051392     2.68   0.007     .0036825    .0238279
        bank |  -.0977628   .3550854    -0.28   0.783    -.7937174    .5981919
       _cons |  -1.072405   2.668276    -0.40   0.688    -6.302129     4.15732

Grid search is in progress (200)
.................................................. 50
.................................................. 100
.................................................. 150
.................................................. 200

.3th Instrumental Variable Quantile Regression              Number of obs = 245

         lnp |      Coef.   Std. Err.      z    P>|z|     [95% Conf. Interval]
-------------+----------------------------------------------------------------
        lnwp |   1.173602   .6029839     1.95   0.052    -.0082242    2.355429
        park |   1.291969   .4537335     2.85   0.004     .4026679     2.18127
      subway |  -.2373824   .3704538    -0.64   0.522    -.9634585    .4886937
    unidummy |   .1913114   .1814923     1.05   0.292    -.1644069    .5470298
        area |   .0009723   .0005905     1.65   0.100    -.0001851    .0021297
       floor |   .0121378   .0064534     1.88   0.060    -.0005107    .0247863
        bank |   -.490681   .4869767    -1.01   0.314    -1.445138    .4637757
       _cons |  -2.258135   .2024212   -11.16   0.000    -2.654873   -1.861397
```

图 7.3　τ=0.3 回归结果

上两图为回归结果，该程序格式为 ivqreg 因变量解释变量（内生解释变量＝工具变量），q（分位数）。

7.3.4　结果说明与解读分析

从回归结果看出，在不同分位数时，回归的结果不同，且一般回归中的 R^2 在分位数回归中不再具有效果。但是从回归系数可以得到结果：

1. 房价与到地铁的距离呈现负相关，但随着分位数的不同而系数不同，原因可能在于低房价房屋的购买者更重视于交通环境；

2. 房价周围有大学的存在会使得房价升高，这在现实生活中很常见，原因是大学城周围的基础设施齐全，同时房屋需求量高，导致房价上涨；

3. 房屋的自身属性在房价不同的分位点处回归效果相差甚多，原因在于低房价的房屋购买者对房屋自身属性期望较低，而高房价的购房者更关注于高质量的房屋，对面积、绿化率等房屋自身属性要求较高。

拓展阅读

[1] Joachim Zietz, Emily Norman Zietz. Determinants of House Prices: A Quantile Regression Approach[J]. Journal of Real Estate Finance & Economics, 2008, 37(4):317—333.

[2] Kostov, P. A Spatial Quantile Regression Hedonic Model of Agricultural Land Prices, Spatial Economic Analysis[J]. 2009(4).

[3] Liao, Wen-Chi and Xizhu Wang. Hedonic House Prices and Spatial QuantileRegression[J]. Journal of Housing Economics, 2012(21): 16—27.

参考文献

[1] Chernozhukov V., Hansen C.. Instrumental Quantile Regression Inference for Structural and Treatment Effect Models [J]. Journal of Econometrics, 2006, 132(2): 491—525.

[2] Kim T. H., Muller C.. Two-stage Quantile Regression When the First Stage is Based on Quantile Regression [J]. The Econometrics Journal, 2004, 7(1).

[3] Philip Kostov. A Spatial Quantile Regression Hedonic Model of Agricultural Land Prices [J]. Spatial Economic Analysis, 2009, 4(1): 53—72.

[4] Trzpiot, Grayna. Spatial Quantile Regression [J]. Comparative Economic Research, 2012, 15 (3): 659—686.

[5] Zietz J., Zietz E. N., Sirmans G. S.. Determinants of House Prices: A Quantile Regression Approach [J]. Journal of Real Estate Finance & Economics, 2008, 37(4): 317—333.

第 8 章 贝叶斯空间计量经济模型

8.1 贝叶斯估计概述

自从 T. R. Bayes 的著作(An Essay towards Solving a Problem in the Doctrine of Chances)在 1763 年发表,尤其是从 20 世纪 50 年代,以 H. Robbins 等代表的学者将经验贝叶斯方法与传统计量方法相结合之后,有关贝叶斯理论与应用就逐渐引起学术界重视。对于贝叶斯估计方法,它是通过综合总体信息、样本信息和先验信息,并将待估参数作为随机变量,在损失函数最小化时求得待估参数估计量的计量经济学模型估计方法。对比贝叶斯估计与经典估计其主要区别有以下几点:

(1) 关于参数的解释不同

经典估计方法认为待估参数是常数,只有它的估计量才是随机的,并将其无偏估计量作为待估参数的估计值;与此相反,将待估参数视为一个服从某种分布的随机变量是贝叶斯估计的重要特点。

(2) 所利用的信息不同

经典估计方法所用到的信息只有样本信息;而贝叶斯估计要用到样本信息、总体信息和先验信息。

(3) 随机误差项的要求不同

参数估计过程中,经典方法并不需要知道随机误差项的具体形式(除极大似然估计法外,因为 MLE 估计可视为均匀分布之下的贝叶斯估计),只有在假设检验与区间估计时才是需要知道;然而对于贝叶斯估计方法,随机误差项的具体分布形式则必须事先知道。

(4) 选择参数估计量的准则不同

经典估计方法是以残差平方和最小或者似然函数最大为准则,通过求解极值条件得到待估参数的估计量;贝叶斯估计则是以损失函数最小化为准则,来求得待估参数的估计量(关于损失函数的构造,下文将详细讲解)

本章基于贝叶斯估计的基本原理,从线性单方程计量经济学模型的估计开始,逐步探讨其在空间计量经济学模型估计中的应用。

8.1.1 贝叶斯估计原理

贝叶斯学派对参数估计的基本观点认为:任意未知量 θ 都可用一个概率分布去描述,即将未知变量看作随机变量,并为其确定一个先验分布;在取得样本信息之后,通过贝叶斯公式将先验分布、样本分布和总体分布三者结合成一个关于该未知变量 θ 的后验分布,然后任何关于 θ 的统计推断都需要基于 θ 的这个后验分布进行。

如图 8.1 所示,贝叶斯估计原理假定要估计的模型参数是服从一定分布的随机变量,其分布是根据经验给出的先验分布,设定先验分布的信息被称为先验信息;运用贝叶斯定理,并根据这些先验信息以及样本信息,来求出待估参数的后验分布;再利用事先设定的损失函数最小化得出后验分布的一些特征值,该特征值即视为待估参数的估计量。本节首先按照图 8.1 进行分析。

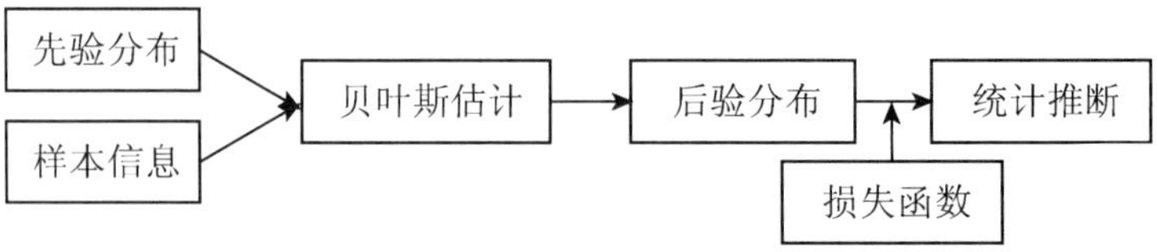

图 8.1　贝叶斯估计方法的基本思路

在贝叶斯分析中,一般把后验分布 $f(\theta|y)$ 记为 $p(\theta|y)$(p 表示 posterior),而把 y 的密度函数 $f(y|\theta)$ 记为似然函数 $L(\theta;y)$(将其视为 θ 的函数,而把数据 y 视为已经给定)。公式 $g(\theta|y)=\dfrac{f(\theta|y)g(\theta)}{f(y)}$ 中,分母为边缘分布 $f(y)$,不包含 θ,故可以将其视为常数。因此,后验分布与该公式的分子成正比,即 $\propto \bar{h}(\theta-\bar{\mu})^2$。

其中,"$\propto$"表示"成正比"。省略常数可以简化后验分布的推导,而被省略的常数可在以后加上。省去常数的密度函数被称为"密度核"。因此 $L(\theta;y)\pi(\theta)$ 就是后验分布 $p(\theta|y)$ 的密度核。

贝叶斯估计的步骤

第一步,写出先验分布密度 $\pi(\theta)$。此分布函数是我们自己根据经验或计算方便假定的。不妨假定 $\pi(\theta)$ 为:

$$\pi(\theta)=(2\pi\tau^2)^{-1/2}\exp\{-(\theta-\mu)^2/2\tau^2\}\propto\exp\{-h(\theta-\mu)^2/2\} \tag{8.1.1}$$

第二步,写出样本数据 y 的联合密度,即似然函数:

$$\begin{aligned}L(\theta;y)&=\prod_{i=1}^{n}(2\pi\sigma^2)^{-1/2}\exp\{-(y_i-\theta)^2/2\sigma^2\}\\&=(2\pi\sigma^2)^{-n/2}\exp\left\{-\sum_{i=1}^{n}(y_i-\theta)^2/2\sigma^2\right\}\\&\propto\exp\left\{-\sum_{i=1}^{n}(y_i-\bar{y}+\bar{y}-\theta)^2/2\sigma^2\right\}\\&\propto\exp\left\{-\sum_{i=1}^{n}(\bar{y}-\theta)^2/2\sigma^2\right\}\\&\cdots\\&\propto\exp\{-h^*(\bar{y}-\theta)^2/2\}\quad(\text{定义 } h^*\equiv n/\sigma^2)\end{aligned} \tag{8.1.2}$$

第三步,根据贝叶斯定理,写出后验分布的密度核:

$$\begin{aligned}L(\theta;y)\pi(\theta)&\propto\exp\{-h^*(\bar{y}-\theta)^2/2\}\exp\{-h(\theta-\mu)^2/2\}\\&\propto\exp\left\{-\frac{1}{2}[h^*(\bar{y}-\theta)^2+h(\theta-\mu)^2]\right\}\end{aligned}$$

$$\propto \exp\left\{-\frac{1}{2}\left[\bar{h}(\theta-\bar{\mu})^2\right]\right\} \tag{8.1.3}$$

其中，当样本容量越来越大时，先验分布所起的作用越来越小。因此，后验分布密度核的对数为：

$$\ln p(\theta|y)=\ln \pi(\theta)+\sum_{i=1}^{n}\ln L(\theta;y_i) \tag{8.1.4}$$

当样本容量越来越大时，$\ln \pi(\theta)$保持不变，而$\sum_{i=1}^{n}\ln L(\theta;y_i)$包含的项数越来越多，故越来越以后者为主。这个结论有助于冲淡人们对于贝叶斯估计结果依赖于主观先验分布的顾虑。

8.1.2 共轭先验分布

贝叶斯统计推断需要先确定先验分布。目前用的比较多的一种是共轭先验分布，本文也将采用该分布确定先验分布。

设θ是总体参数，$\pi(\theta)$是其先验分布，若$\pi(\theta)$与通过样本观测值得到的后验分布$\pi(\theta|X)$同属一个分布族，则称该分布族是参数θ的共轭先验分布。在方差已知时，正态总体均值的共轭先验分布是正态分布。

8.1.3 贝叶斯估计公式

1. 密度形式的贝叶斯估计公式

贝叶斯定理是贝叶斯统计推断的基础，因此必须要先理解贝叶斯定理的内涵才能更好地理解贝叶斯统计推断。在概率统计课程里，我们已经学到贝叶斯定理，其表达如下：

$$\pi(\theta|Y)=\frac{f(Y|\theta)\pi(\theta)}{f(Y)} \tag{8.1.5}$$

其中θ是待估参数，反映总体信息，$\pi(\theta)$是θ的先验分布函数；Y为样本观测值向量，反映样本信息，$f(Y)$是Y的密度函数；$\pi(\theta|Y)$为在样本已知时参数θ的后验分布函数；$f(Y|\theta)$是参数θ已知时样本Y的后验分布函数(边缘密度函数)，其表达式为：

$$f(Y)=\int_{\Theta}h(Y,\theta)d\theta \tag{8.1.6}$$

由全概率公式可知，样本Y和参数θ的联合密度分布可以表示为：

$$h(Y,\theta)=f(Y|\theta)\pi(\theta) \tag{8.1.7}$$

于是式(8.1.6)式就可以写成：

$$f(Y)=\int_{\Theta}f(Y,\theta)\pi(\theta)d\theta \tag{8.1.8}$$

上式不包含任何参数信息，也即$f(Y)$与参数θ无关，称$f(Y)$为后验分布的核。因此，利用贝叶斯定理(也即式(8.1.5))对参数θ进行后验分布推导，仅取决于分子解析，这一点我们将在后面做进一步分析。

将(8.1.8)式带入式(8.1.5)可得：

$$\pi(\theta|Y)=\frac{f(Y|\theta)\pi(\theta)}{\int_{\Theta}f(Y|\theta)\pi(\theta)d\theta} \tag{8.1.9}$$

(8.1.9)式是贝叶斯公式的密度函数形式,它表示在给定样本信息 Y 的情况下,求参数 θ 的后验分布。后验分布集中了总体信息 θ、样本信息 Y 和先验信息 $f(Y|\theta)$ 中有关 θ 的一切信息,又不包含一切与 θ 有关的信息。因此,通过后验分布 $\pi(\theta|Y)$ 对 θ 进行统计推断是有效且合理的。

2. 离散形式的贝叶斯估计公式

如果参数 θ 是离散型随机变量,则式(8.1.5)可以替换为:

$$P(\theta_j|Y)=\frac{P(Y\theta_j)}{P(Y)}=\frac{p(\theta_i)P(A|\theta_j)}{P(Y)} \tag{8.1.10}$$

式(8.1.10)表示在随机事件 B 发生的情况下,事件 A 发生的概率大小。

此时,式(8.1.9)也就转换成了离散形式:

$$\pi(\theta_i|Y)=\frac{p(Y|\theta_j)\pi(\theta_j)}{\sum_j[p(Y|\theta_j)\pi(\theta_j)]} \tag{8.1.11}$$

8.1.4 损失函数

贝叶斯估计的原理是确定损失(即偏离)最小化参数的估计值。因此需要选用损失函数。对于某一估计方法 M,设估计值为 $\hat{\theta}$,真实值为 θ,则估计误差序列为 $\varepsilon=\hat{\theta}-\theta$,现定义一个函数 $L=L(\theta,\hat{\theta})$,用以衡量估计误差 ε 对决策造成损失的大小,则称$L=L(\theta,\hat{\theta})$为损失函数。损失函数具有如下特征(杨桂元,1998)[①]:

(1) 当 $\hat{\theta}=\theta$ 时,$L(\theta,\hat{\theta})=0$;

(2) $L(\theta,\hat{\theta})>0$,且随着 ε 绝对值的增大而增大。

不同估计方法、不同估计对象以及不同估计目的,损失函数的形式也有不同,并没有统一的表达式。常用的损失函数有线性函数和二次函数(邢建平,2010)[②],不同的损失函数,得到的参数估计值是不同的。因此,正确选择损失函数是参数估计的关键之一。

常用的损失函数主要有:

(1) 线性损失函数

一般线性损失函数的形式为:

$$L(\varepsilon)=\begin{cases}k_0(\theta-\hat{\theta}), & \hat{\theta}\leqslant\theta\\ k_1(\hat{\theta}-\theta), & \hat{\theta}>\theta\end{cases} \tag{8.1.12}$$

其中 k_0 和 k_1 是两个常数,他们的选择常反映估计值 $\hat{\theta}$ 对低于或高于真实值 θ 的相对重要性。

a. 当 $k_0=k_1$ 时,就得到绝对值损失函数(如图 8.2):

---

① 杨桂元,唐小我. 一种新的预测评价方法——损失函数法[J]. 预测,1998,(3).

② 邢建平. 加权线性损失函数下 Burr Type Ⅻ分布形状参数的经验 Bayes 检验[J]. 科学技术与工程,2010(30):7477—7479.

$$L(\theta,\hat{\theta})=|\hat{\theta}-\theta| \tag{8.1.13}$$

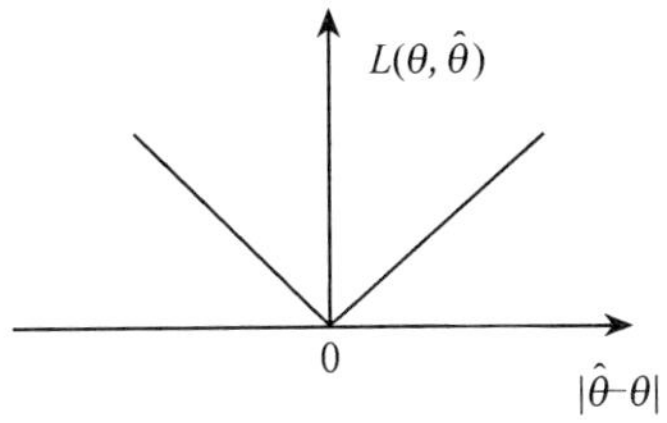

图 8.2 绝对值损失函数

b. 当 k_0 与 k_1 分别是 θ 的函数时,则得到加权损失函数:

$$L(\varepsilon)=\begin{cases}k_0(\theta)(\theta-\hat{\theta}), & \hat{\theta}\leqslant\theta\\ k_1(\theta)(\hat{\theta}-\theta), & \hat{\theta}>\theta\end{cases} \tag{8.1.14}$$

(2) 二次损失函数(平方损失函数)

损失函数的确定多数是以二次损失函数确定的,主要是由于它与最小二乘法的形式相似,具有最小二乘法的诸多优势。但是它的缺点是,统计失真没有上界、损失随着偏差 ε 增大而无穷增大。

根据对二次损失函数的设定形式不同,一般分为两类,即一般二次损失函数(如图 8-3):

$$L(\theta,\hat{\theta})=(\hat{\theta}-\theta)^2 \tag{8.1.15}$$

和加权平方损失函数:

$$L(\theta,\hat{\theta})=\lambda(\theta)(\hat{\theta}-\theta)^2 \tag{8.1.16}$$

其中 $\lambda(\theta)>0$ 为参数空间 $\Theta=\{\theta\}$ 的正值函数,它反映决策中由于 θ 的不同,即使是同一偏差 ε,其造成的损失也不一样。

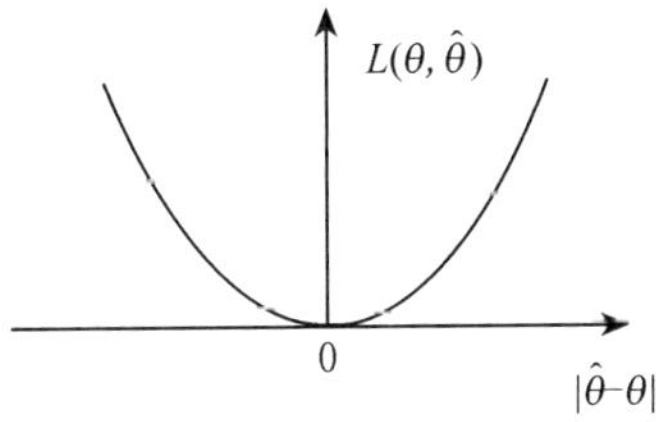

图 8-3 一般二次损失函数

当 $\hat{\theta}$ 和 θ 均是多维向量时,可取如下二次型作为损失函数,成为多元二次损失函数:

$$L(\theta,\hat{\theta})=(\hat{\theta}-\theta)'\mathbf{A}(\hat{\theta}-\theta) \tag{8.1.17}$$

其中,$\theta'=(\theta_1,\cdots,\theta_p)$,$\hat{\theta}'=(\hat{\theta}_1,\cdots,\hat{\theta}_p)$,$\mathbf{A}$ 为 $p\times p$ 阶正定矩阵。当 $\mathbf{A}$ 为对角矩阵,即 $\mathbf{A}=diag(\omega_1,\cdots,\omega_p)$时,则此 p 元二次损失函数为:

$$L(\theta,\hat{\theta}) = \sum_{i=1}^{p}\omega_i(\hat{\theta}_i - \theta_i)^2 \tag{8.1.18}$$

其中,ω_i 可以看作为各参数重要性的权重。

8.1.5 常用损失函数下的参数贝叶斯估计

在统计决策时,不同的损失函数将得到不同的估计结果,下面简要给出几种主要损失函数下、参数θ 的贝叶斯估计值 $\hat{\theta}(Y)$(茆诗松,2012)[①],相关证明请读者参阅相关文献。

(1) 一般线性损失函数下为后验分布 $\pi(\theta|Y)$的 $k_0/(k_0+k_1)$分位数;

(2) 绝对值损失函数下为后验分布 $\pi(\theta|Y)$的中位数;

(3) 一般二次损失函数下为其后验均值,即 $\hat{\theta}(Y)=E(\theta|Y)$(这一点在后面 8.2.3 节中会有证明);

(4) 加权二次损失函数下为 $\hat{\theta}(Y)=\dfrac{E[\lambda(\theta)\theta|Y]}{E[\lambda(\theta)|Y]}$;

(5) 多元二次损失函数下为其后验均值向量,也即为 $\hat{\theta}(Y)=E[\theta|Y]=\begin{bmatrix}E(\theta_1|Y)\\ \vdots \\ E(\theta_p|Y)\end{bmatrix}$。

8.1.6 后验期望贝叶斯估计

用后验分布 $\pi(\theta|X)$估计 θ 有三种常用的方法:

- θ 的点估计的最大后验估计等于后验分布的密度函数的最大值;
- θ 的点估计的后验中位数估计值等于后验分布的中位数;
- θ 的点估计的后验期望估计值等于后验分布的均值。

用的最多的是第三种——后验期望估计,也即贝叶斯估计,记为 $\hat{\theta}_B$。

设 θ 是某事件 A 在一次试验中发生的概率,我们为了估计 θ 的值,需要对试验进行 n 次独立观测,则事件 A 发生的次数 X 服从 $X|\theta\sim b(n,\theta)$,即:

$$P(X=x|\theta)=\binom{n}{x}\theta^x(1-\theta)^{n-x},\ x=0,1,\cdots,n \tag{8.1.19}$$

贝叶斯本人基于“等同无知”的原则,对试验前不知道事件 A 信息时,令 θ 的先验分布服从区间(0,1)上的均匀分布 $U(0,1)$,也即后人所称的贝叶斯假设,然后再利用贝叶斯公式求出概率密度 θ 的后验分布。其过程是:

给出 X 和θ 的联合分布:

$$h(x,\theta)=\binom{n}{x}\theta^x(1-\theta)^{n-x},\ x=0,1,\cdots,n,\ 0<\theta<1 \tag{8.1.20}$$

则 X 的边缘分布为:

---

① 茆诗松,汤银才. 贝叶斯统计[M]. 中国统计出版社 2012 年版.

$$m(x)=\binom{n}{x}\int_0^1 \theta^x(1-\theta)^{n-x}d\theta=\binom{n}{x}\frac{\Gamma(x+1)\Gamma(n-x+1)}{\Gamma(n+2)}, \quad (8.1.21)$$

求解得出 θ 的后验分布为：

$$\pi(\theta|X)=\frac{h(X,\theta)}{m(X)}=\frac{\Gamma(x+1)\Gamma(n-x+1)}{\Gamma(n+2)}\theta^{(x+1)-1}(1-\theta)^{(n-x+1)-1}, \ 0<\theta<1 \quad (8.1.22)$$

由此可得，$\theta|x\sim Be(x+1,n-x+1)$，于是便得到其后验期望估计为：

$$\hat{\theta}_B=E(\theta|x)=\frac{x+1}{n+2} \quad (8.1.23)$$

如果只用样本信息和总体信息，而不采用先验信息，则时间 A 发生概率 θ 的最大似然估计值为：

$$\hat{\theta}_M=\frac{x}{n}, \quad (8.1.24)$$

由此可见，上式与式(8.1.24)的结果并不相同。研究已经表明，在某些极端情况下，贝叶斯估计要优于极大似然估计。

以下求证，如何求解贝叶斯估计值：

设 $x_1,\cdots,x_n$ 抽样自正态分布 $N(\mu,\sigma_0^2)$，其中 σ_0^2 已知而 μ 未知，并且假设 μ 的先验分布也服从 $N(\theta,\tau^2)$，这里的先验均值 θ 和先验方差 τ^2 均为已知，利用这些信息便可求解参数 μ 的贝叶斯估计。以下即证。

设样本 X 的分布为：

$$p(X|\mu)=(2\pi\sigma_0^2)^{-n/2}\exp\left\{-\frac{1}{2\sigma_0^2}\sum_{i=1}^{n}(x_i-\mu)_i^2\right\} \quad (8.1.25)$$

参数 μ 的先验分布为：

$$\pi(\mu)=(2\pi\tau^2)^{-1/2}\exp\left\{-\frac{1}{2\tau^2}(\mu-\theta)^2\right\} \quad (8.1.26)$$

由以上两式可得出 X 与 μ 的联合分布：

$$h(X,\mu)=k_1\cdot\exp\left\{-\frac{1}{2}\left[\frac{n\mu^2-2n\mu\bar{x}+\sum_{i=1}^{n}x_i^2}{\sigma_0^2}+\frac{\mu^2-2\theta\mu+\theta^2}{\tau^2}\right]\right\} \quad (8.1.27)$$

其中，$\bar{x}=\frac{1}{n}\sum_{i=1}^{n}x_i$，$k_1=(2\pi)^{-(n+1)/2\tau^{-1}\sigma_0^{-n}}$。记：

$$A=\frac{n}{\sigma_0^2}+\frac{1}{\tau^2},\ B=\frac{n\bar{x}}{\sigma_0^2}+\frac{\theta}{\tau^2},\ C=\frac{\sum_{i=1}^{n}x_i^2}{\sigma_0^2}+\frac{\theta^2}{\tau^2} \quad (8.1.28)$$

则有：

$$h(X,\mu)=k_1\exp\left\{-\frac{1}{2}[A\mu^2-2B\mu+C]\right\}=k_1\exp\left\{-\frac{(\mu-B/A^2)}{2/A}-\frac{1}{2}\left(C-\frac{B^2}{A}\right)\right\} \quad (8.1.29)$$

由式(8.1.28)可以得出，A、B、C 均与 μ 无关，于是由式(8.1.29)可以得出样本 X 的边际密度函数为：

$$m(X)=\int_{-\infty}^{+\infty}h(X,\mu)d\mu=k_1\exp\left\{-\frac{1}{2}(C-B^2/A)\right\}(2\pi/A)^{1/2} \tag{8.1.30}$$

由贝叶斯公式可得 X 的后验分布为:

$$\pi(\mu/X)=\frac{h(X,\mu)}{m(X)}=(2\pi/A)^{1/2}\exp\left\{-\frac{1}{2/A}(\mu-B/A)^2\right\} \tag{8.1.31}$$

这说明在样本给定后,μ 的后验分布为 $N(B/A,1/A)$,即:

$$\mu/M\sim N\left(\frac{n\bar{x}\sigma_0^{-2}+\theta\tau^{-2}}{n\sigma_0^{-2}+\tau^{-2}},\frac{1}{n\sigma_0^2+\tau^{-2}}\right) \tag{8.1.32}$$

由式(8.1.32)得到的后验均值即为 μ 的贝叶斯估计:

$$\hat{\mu}=\frac{n/\sigma_0^2}{n/\sigma_0^2+1/\tau^2}\bar{x}+\frac{1/\tau^2}{n/\sigma_0^2+1/\tau^2}\theta \tag{8.1.33}$$

由式(8.1.33)可知,μ 的贝叶斯估计是样本均值 $\bar{x}$ 与先验均值 θ 的加权平均,其值取决于总体方差 σ_0^2 和样本量 n:当 σ_0^2 较小或 n 较大时,$\bar{x}$ 的权重较大;当 τ^2 较小或 n 较小时,θ 的权重较大。

8.2 线性单方程计量经济学模型的贝叶斯估计

为了更好地将贝叶斯模型引入空间计量模型,本章首先介绍贝叶斯估计在线性单方程计量经济学模型中的应用①。

对于正态线性单方程计量经济学模型,其设定形式可以表达为:

$$\begin{aligned}&\boldsymbol{Y}=\boldsymbol{X\beta}+\boldsymbol{\mu}\\&\boldsymbol{\mu}\sim N(0,\sigma^2\boldsymbol{I})\end{aligned} \tag{8.2.1}$$

$\boldsymbol{Y}=(y_1,y_2,\cdots,y_n)$表示进行 n 次抽样所得到的被解释标量,$\boldsymbol{X}=(x_1,x_2,\cdots,x_n)$表示对应的解释变量,$x_i$ 表示 k 维列向量。

8.2.1 有先验信息的后验分布设定

对(8.2.1)式中参数向量 $\boldsymbol{\beta}$ 设定为自然共轭分布,及 $\boldsymbol{\beta}$ 的密度函数与它的似然函数、二者联合分布均服从同一分部,并设为均服从正态密度函数,即:

$$\pi(\beta)\propto e^{-\frac{1}{2}(\boldsymbol{\beta}-\bar{\boldsymbol{\beta}})'\bar{\boldsymbol{\Sigma}}_{\boldsymbol{\beta}}^{-1}(\boldsymbol{\beta}-\bar{\boldsymbol{\beta}})} \tag{8.2.2}$$

式中 $\bar{\boldsymbol{\beta}}$ 是待估参数 $\boldsymbol{\beta}$ 的先验均值,$\bar{\boldsymbol{\Sigma}}_\beta$ 为待估参数 $\boldsymbol{\beta}$ 的先验协方差矩阵。

对参数 $\boldsymbol{\beta}$ 的自然共轭分布的假定使得其似然函数 $L(\boldsymbol{\beta}|\boldsymbol{Y})$等于它的联合密度函数,即:

$$L(\boldsymbol{\beta}|\boldsymbol{Y})\propto e^{-\frac{1}{2}(\boldsymbol{\beta}-\bar{\boldsymbol{\beta}})'\bar{\boldsymbol{\Sigma}}_{\boldsymbol{\beta}}^{-1}(\boldsymbol{\beta}-\bar{\boldsymbol{\beta}})} \tag{8.2.3}$$

由于自然对数是常数,下面忽略其影响,只讨论正态分布的“核”(即其指数部分)将有助于我们的分析,并且不影响讨论结果。

① 李子奈,叶阿忠. 高级应用计量经济学[M]. 清华大学出版社 2012 年版.

根据贝叶斯定理可得 $\boldsymbol{\beta}$ 的后验密度函数为：

$$\pi(\boldsymbol{\beta}|\boldsymbol{Y})\propto\pi(\boldsymbol{\beta})\cdot L(\boldsymbol{\beta}|\boldsymbol{Y})$$

$$\propto\exp\left\{-\frac{1}{2\sigma^2}\left[(\boldsymbol{A}^{\frac{1}{2}}\bar{\boldsymbol{\beta}}-\boldsymbol{A}^{\frac{1}{2}}\boldsymbol{\beta})'(\boldsymbol{A}^{\frac{1}{2}}\bar{\boldsymbol{\beta}}-\boldsymbol{A}^{\frac{1}{2}}\boldsymbol{\beta})+(\boldsymbol{Y}-\boldsymbol{Y}\boldsymbol{\beta})'(\boldsymbol{Y}-\boldsymbol{Y}\boldsymbol{\beta})\right]\right\} \tag{8.2.4}$$

式中，$\boldsymbol{A}=\sigma^2\bar{\boldsymbol{\Sigma}}_\beta^{-1}$。令：

$$\boldsymbol{W}=\begin{bmatrix}\boldsymbol{A}^{\frac{1}{2}}\bar{\boldsymbol{\beta}}\\ \boldsymbol{Y}\end{bmatrix}_{(k+n)\times n},\ \boldsymbol{G}=\begin{bmatrix}\boldsymbol{A}^{\frac{1}{2}}\\ \boldsymbol{X}\end{bmatrix}_{(k+n)\times n}$$

于是有：

$$\boldsymbol{\pi}(\boldsymbol{\beta}|\boldsymbol{Y})\propto\exp\left\{-\frac{1}{2\sigma^2}(\boldsymbol{W}-\boldsymbol{G}\boldsymbol{\beta})'(\boldsymbol{W}-\boldsymbol{G}\boldsymbol{\beta})\right\} \tag{8.2.5}$$

用 $\bar{\bar{\boldsymbol{\beta}}}$ 表示待估参数后验均值，$\bar{\bar{\boldsymbol{\Sigma}}}_{\boldsymbol{\beta}}$ 表示待估参数后验协方差矩阵，并运用以下结论：

$$(\boldsymbol{W}-\boldsymbol{G}\hat{\boldsymbol{\beta}})'(\boldsymbol{W}-\boldsymbol{G}\boldsymbol{\beta})=(\hat{\boldsymbol{\beta}}-\bar{\bar{\boldsymbol{\beta}}})'\boldsymbol{G}'\boldsymbol{G}(\boldsymbol{\beta}-\bar{\bar{\boldsymbol{\beta}}})+(\boldsymbol{W}-\boldsymbol{G}\bar{\bar{\boldsymbol{\beta}}})'(\boldsymbol{W}-\boldsymbol{G}\bar{\bar{\boldsymbol{\beta}}}) \tag{8.2.6}$$

式中：

$$\bar{\bar{\boldsymbol{\beta}}}=(\boldsymbol{G}'\boldsymbol{G})^{-1}\boldsymbol{G}'\boldsymbol{W}=(\boldsymbol{A}+\boldsymbol{X}'\boldsymbol{X})^{-1}(\boldsymbol{A}\bar{\boldsymbol{\beta}}+\boldsymbol{X}'\boldsymbol{X}\hat{\boldsymbol{\beta}}),\ \hat{\boldsymbol{\beta}}=(\boldsymbol{X}'\boldsymbol{X})^{-1}\boldsymbol{X}'\boldsymbol{Y}$$

$\hat{\boldsymbol{\beta}}$ 是 $\boldsymbol{\beta}$ 的 OLS 估计值。舍去式(8.2.6)中右边第二项(因其不含 $\boldsymbol{\beta}$，可做常数处理，只考虑核)，并将其带入式(8.2.5)可得：

$$\begin{aligned}\pi(\boldsymbol{\beta}|\boldsymbol{Y})&\propto\exp\left\{-\frac{1}{2\sigma^2}(\hat{\boldsymbol{\beta}}-\bar{\bar{\boldsymbol{\beta}}})'\boldsymbol{G}'\boldsymbol{G}(\boldsymbol{\beta}-\bar{\bar{\boldsymbol{\beta}}})\right\}\\&\propto\exp\left\{-\frac{1}{2\sigma^2}(\hat{\boldsymbol{\beta}}-\bar{\bar{\boldsymbol{\beta}}})'(\boldsymbol{A}+\boldsymbol{X}'\boldsymbol{X})(\boldsymbol{\beta}-\bar{\bar{\boldsymbol{\beta}}})\right\}\\&\propto\exp\left\{-\frac{1}{2}(\hat{\boldsymbol{\beta}}-\bar{\bar{\boldsymbol{\beta}}})'(\bar{\bar{\boldsymbol{\Sigma}}}_{\boldsymbol{\beta}}^{-1}+\boldsymbol{X}'\boldsymbol{X}/\sigma^2)(\boldsymbol{\beta}-\bar{\bar{\boldsymbol{\beta}}})\right\}\\&\propto\exp\left\{-\frac{1}{2}(\hat{\boldsymbol{\beta}}-\bar{\boldsymbol{\beta}})'(\bar{\bar{\boldsymbol{\Sigma}}}_{\boldsymbol{\beta}}^{-1})(\boldsymbol{\beta}-\bar{\bar{\boldsymbol{\beta}}})\right\}\end{aligned} \tag{8.2.7}$$

式中：

$$\bar{\bar{\boldsymbol{\Sigma}}}_{\boldsymbol{\beta}}^{-1}=\boldsymbol{\Sigma}_{\boldsymbol{\beta}}^{-1}+\boldsymbol{X}'\boldsymbol{X}/\sigma^2 \tag{8.2.8}$$

$$\begin{aligned}\bar{\bar{\boldsymbol{\beta}}}&=(\boldsymbol{A}+\boldsymbol{X}'\boldsymbol{X})^{-1}(\boldsymbol{A}\bar{\boldsymbol{\beta}}+\boldsymbol{X}'\boldsymbol{X}\hat{\boldsymbol{\beta}})\\&=(\bar{\bar{\boldsymbol{\Sigma}}}_{\boldsymbol{\beta}}^{-1}+\boldsymbol{X}'\boldsymbol{X}/\sigma^2)^{-1}(\bar{\bar{\boldsymbol{\Sigma}}}_{\boldsymbol{\beta}}^{-1}\bar{\boldsymbol{\beta}}+(\boldsymbol{X}'\boldsymbol{X}/\sigma^2)\hat{\boldsymbol{\beta}})\\&=\bar{\bar{\boldsymbol{\Sigma}}}_{\boldsymbol{\beta}}^{-1}(\bar{\bar{\boldsymbol{\Sigma}}}_{\boldsymbol{\beta}}^{-1}\bar{\boldsymbol{\beta}}+(\boldsymbol{X}'\boldsymbol{X}/\sigma^2)\hat{\boldsymbol{\beta}})\end{aligned} \tag{8.2.9}$$

因此，式(8.2.9)的形式正好服从于均值为 $\bar{\bar{\boldsymbol{\beta}}}$，方差为 $\bar{\bar{\boldsymbol{\Sigma}}}_{\boldsymbol{\beta}}$ 的多元正态分布的核，即 $\boldsymbol{\beta}$ 的后验密度函数为：

$$(\boldsymbol{\beta}|Y)\sim N(\bar{\bar{\boldsymbol{\beta}}},\bar{\bar{\boldsymbol{\Sigma}}}_{\boldsymbol{\beta}}) \tag{8.2.10}$$

将协方差矩阵的逆 $\bar{\bar{\boldsymbol{\Sigma}}}_{\boldsymbol{\beta}}^{-1}$ 定义为精确度矩阵,那么可以看出:(1)先验精确度矩阵 $\bar{\boldsymbol{\Sigma}}_{\boldsymbol{\beta}}^{-1}$ 与样本信息精确度矩阵 $\boldsymbol{X}'\boldsymbol{X}/\sigma^2$ 之和等于后验精确度矩阵 $\bar{\bar{\boldsymbol{\Sigma}}}_{\boldsymbol{\beta}}^{-1}$,故 $\bar{\bar{\boldsymbol{\Sigma}}}_{\boldsymbol{\beta}}^{-1}$ 总是高于 $\bar{\boldsymbol{\Sigma}}_{\boldsymbol{\beta}}^{-1}$;(2)先验均值 $\bar{\boldsymbol{\beta}}$ 与样本信息 OLS 估计值 $\hat{\boldsymbol{\beta}}$ 分别以各自精确度为权重进行加权求和,可得到后验均值 $\bar{\bar{\boldsymbol{\beta}}}$。

8.2.2 无先验信息的后验分布设定

当我们无法确定待估参数 $\boldsymbol{\beta}$ 的先验分布形式时,可以假定其服从$(-\infty,+\infty)$上的均匀分布,且各个元素相互独立,这样我们仍然可以利用贝叶斯方法对 $\boldsymbol{\beta}$ 进行参数估计。

设:

$$\boldsymbol{\beta}\sim U(-\infty,+\infty) \tag{8.2.11}$$

则 $\boldsymbol{\beta}$ 的先验分布密度函数为:

$$\pi(\boldsymbol{\beta})=\pi(\beta_1)\cdot\pi(\beta_2)\cdot\cdots\cdot\pi(\beta_k)\propto c \tag{8.2.12}$$

$\boldsymbol{\beta}$ 的似然函数 $L(\boldsymbol{\beta}|\boldsymbol{Y})$ 仍然与式(8.2.3)相同,则后验密度函数与似然函数相同:

$$\begin{aligned}\pi(\boldsymbol{\beta}|\boldsymbol{Y})&\propto\pi(\boldsymbol{\beta})\cdot L(\boldsymbol{\beta}|\boldsymbol{Y})\propto L(\boldsymbol{\beta}|\boldsymbol{Y})\\&\propto\exp\left\{-\frac{1}{2\sigma^2}(\boldsymbol{Y}-\boldsymbol{X\beta})'(\boldsymbol{Y}-\boldsymbol{X\beta})\right\}\\&\propto\exp\left\{-\frac{1}{2\sigma^2}[(\boldsymbol{\beta}-\hat{\boldsymbol{\beta}})'\boldsymbol{X}'\boldsymbol{X}(\boldsymbol{\beta}-\hat{\boldsymbol{\beta}})+(\boldsymbol{Y}-\boldsymbol{X\beta})'(\boldsymbol{Y}-\boldsymbol{X\beta})]\right\}\\&\propto\exp\left\{-\frac{1}{2}(\boldsymbol{\beta}-\hat{\boldsymbol{\beta}})'\boldsymbol{X}'\boldsymbol{X}(\boldsymbol{\beta}-\hat{\boldsymbol{\beta}})\right\}\end{aligned} \tag{8.2.13}$$

由上式得到的 $\boldsymbol{\beta}$ 后验密度函数仍然服从均值为 $\hat{\boldsymbol{\beta}}$、协方差矩阵为 $\sigma^2(\boldsymbol{X}'\boldsymbol{X})^{-1}$ 的正态分布,即为:

$$(\boldsymbol{\beta}|\boldsymbol{Y})\sim N(\hat{\boldsymbol{\beta}},\sigma^2(\boldsymbol{X}'\boldsymbol{X})^{-1}) \tag{8.2.14}$$

值得注意的是,这里无信息先验分布得到的后验分布均值与样本信息的 OLS 估计虽然结果相同,但是二者的含义却不同,前者的 $\boldsymbol{\beta}$ 是随机的,而均值 $\hat{\boldsymbol{\beta}}$ 在样本确定后是固定的;后者的 $\boldsymbol{\beta}$ 是作为期望值,而 $\hat{\boldsymbol{\beta}}$ 则是随机变量,即有:

$$\hat{\boldsymbol{\beta}}\sim N(\boldsymbol{\beta},\sigma^2(\boldsymbol{X}'\boldsymbol{X})^{-1}) \tag{8.2.15}$$

当把无信息先验分布作为有信息先验分布的一种特殊情况时,并令先验信息的精确度为 0,即 $\bar{\bar{\boldsymbol{\Sigma}}}_{\boldsymbol{\beta}}^{-1}$,带入式(8.2.8)、式(8.2.9),实际上就可以直接得到:

$$\bar{\boldsymbol{\Sigma}}_{\boldsymbol{\beta}}^{-1}=\boldsymbol{X}'\boldsymbol{X}/\sigma^2 \tag{8.2.16}$$

从而:

$$\bar{\bar{\boldsymbol{\Sigma}}}_{\boldsymbol{\beta}}^{-1}=\sigma^2\boldsymbol{X}'\boldsymbol{X} \tag{8.2.17}$$

$$\bar{\bar{\boldsymbol{\beta}}}=(\boldsymbol{X}'\boldsymbol{X}/\sigma^2)^{-1}\cdot(\boldsymbol{X}'\boldsymbol{X}/\sigma^2)\cdot\hat{\boldsymbol{\beta}}=\hat{\boldsymbol{\beta}} \tag{8.2.18}$$

所以有：

$$(\boldsymbol{\beta}|\boldsymbol{Y}) \sim N(\hat{\boldsymbol{\beta}}, \sigma^2(\boldsymbol{X}'\boldsymbol{X})^{-1}) \tag{8.2.19}$$

这与式(8.2.14)是相同的。

8.2.3 线性单方程模型的贝叶斯估计

1. 点估计

在得到贝叶斯估计的后验密度函数之后，再利用8.1.4节中所述的损失函数，就可以进行待估参数$\boldsymbol{\beta}$的点估计。

一般情况下，假设$\hat{\boldsymbol{\beta}}$为$\boldsymbol{\beta}$的估计量，损失函数$L(\boldsymbol{\beta},\hat{\boldsymbol{\beta}})$表示参数为$\boldsymbol{\beta}$时采用$\hat{\boldsymbol{\beta}}$为估计量对真实估计值所造成的损失，根据8.1.4节中所述可知$L(\boldsymbol{\beta},\hat{\boldsymbol{\beta}})\geqslant 0$。最小化损失函数即可以得到点估计值。下面以二次损失函数为例说明点估计过程。

损失函数的二次型为：

$$L(\boldsymbol{\beta},\hat{\boldsymbol{\beta}}) = (\boldsymbol{\beta}-\hat{\boldsymbol{\beta}})'\boldsymbol{M}(\boldsymbol{\beta}-\hat{\boldsymbol{\beta}}) \tag{8.2.20}$$

$\boldsymbol{M}$为一个正定矩阵。下面求损失函数$L(\boldsymbol{\beta},\hat{\boldsymbol{\beta}})$的最小化：

$$\begin{aligned} E(L(\boldsymbol{\beta},\hat{\boldsymbol{\beta}})) &= E((\boldsymbol{\beta}-\hat{\boldsymbol{\beta}})'\boldsymbol{M}(\boldsymbol{\beta}-\hat{\boldsymbol{\beta}})) \\ &= E\{[(\boldsymbol{\beta}-E(\boldsymbol{\beta}))-(\hat{\boldsymbol{\beta}}-E(\boldsymbol{\beta}))]'\boldsymbol{M}[(\boldsymbol{\beta}-E(\boldsymbol{\beta}))-(\hat{\boldsymbol{\beta}}-E(\boldsymbol{\beta}))]\} \\ &= E\{(\boldsymbol{\beta}-E(\boldsymbol{\beta}))'\boldsymbol{M}(\boldsymbol{\beta}-E(\boldsymbol{\beta}))\}+E\{(\hat{\boldsymbol{\beta}}-E(\boldsymbol{\beta}))'\boldsymbol{M}(\hat{\boldsymbol{\beta}}-E(\boldsymbol{\beta}))\} \end{aligned} \tag{8.2.21}$$

上述推导过程中出现的交叉项为0，即：

$$\begin{aligned} &E\{(\boldsymbol{\beta}-E(\boldsymbol{\beta}))'\boldsymbol{M}(\hat{\boldsymbol{\beta}}-E(\boldsymbol{\beta}))\} = E(\boldsymbol{\beta}-E(\boldsymbol{\beta}))'\boldsymbol{M}(\hat{\boldsymbol{\beta}}-E(\boldsymbol{\beta})) = \\ &0 \cdot \boldsymbol{M} \cdot (\hat{\boldsymbol{\beta}}-E(\boldsymbol{\beta})) = 0 \end{aligned} \tag{8.2.22}$$

考察式(8.2.21)，右边第一项不含$\hat{\boldsymbol{\beta}}$，又$\boldsymbol{M}$是一个正定矩阵，结合$L(\boldsymbol{\beta},\hat{\boldsymbol{\beta}})\geqslant 0$可知，右边第二项满足：

$$E\{(\hat{\boldsymbol{\beta}}-E(\boldsymbol{\beta}))'\boldsymbol{M}(\hat{\boldsymbol{\beta}}-E(\boldsymbol{\beta}))\}\geqslant 0 \tag{8.2.23}$$

为使式(8.2.20)最小，则只有当式(8.2.23)取等号时成立，于是得：

$$\hat{\boldsymbol{\beta}} = E(\boldsymbol{\beta}) \tag{8.2.24}$$

即二次损失函数的点估计值为后验均值。

2. 区间估计

类似于点估计过程，可以根据$\boldsymbol{\beta}$的后验密度函数进行区间估计。这里需要引入最高后验密度区间的概念：对于区间I，如果I内每一点的后验密度函数值大于I外任何一点的后验密度函数值，则区间I称为最高后验密度区间（Highest Posterior Density，HPD）。

对于单参数($k=1$)模型的区间估计,可参照下式(茆诗松、汤银才(2012)[①]:

$$\int^{b}\pi(\boldsymbol{\beta}|\boldsymbol{Y})d\boldsymbol{\beta}=1-a \quad (8.2.25)$$

其中 α 是显著性水平,$(1-\alpha)$是置信水平。这种区间估计结果与经典样本信息理论中的区间估计是一致的,特别是在 $\boldsymbol{\beta}$ 服从正在分布的情况下,只要稍作变换,查找正态分布表便可以轻易得到估计结果。

对于多参数($k>1$)模型的区间估计,可根据 $\boldsymbol{\beta}$ 的后验密度函数,求出 $\boldsymbol{\beta}$ 的每一个元素的边缘后验密度函数,然后按照单参数估计方法求出每一个参数的 HPD 区间即可。

同样需要注意的是,贝叶斯区间估计结果虽然在形式上与经典样本信息理论中的置信区间是一致的,但是其含义却不一样。前者的 HPD 区间是 $\boldsymbol{\beta}$ 以$(1-\alpha)$的概率位于该区间内;后者是该区间以$(1-\alpha)$的概率包含参数 $\boldsymbol{\beta}$,含义区别的根源在于是否把待估参数 $\boldsymbol{\beta}$ 作为随机变量。

8.2.4 线性单方程模型贝叶斯估计的一个实例

为了更好地理解线性单方程模型的贝叶斯估计,下面以建立一个国防支出模型为例进行贝叶斯估计的实际演算。

经过理论分析、数据散点图分析和变量显著性检验,得到该国国防支出(用 DE 表示)主要取决于当年国内生产总值,并且成线性关系。于是将总体回归模型设定为:

$$DE_t=\beta_0+\beta_1 GDP_t+\mu_t,\ t=1,2,\cdots,T \quad (8.2.26)$$

研究共采集了 46 年的样本数据;但经过分析发现,如果采用全部 46 组样本估计模型,由于各方面的原因,例如国际环境、经济体制等,需要在模型中引入若干虚拟变量,这不利于模型在预测方面的应用。如果仅采用后 20 年的样本数据对模型进行估计,又受到样本量不足的制约,这种情况采用贝叶斯估计方法是比较适合的。在本例中将前 26 组样本作为先验信息,后 20 组样本数据作为样本信息,进行贝叶斯估计。

① 用样本信息估计模型

选取后 20 组样本数据,采用经典模型的估计方法,得到:

$$\hat{\beta}_0=126.18,\ \hat{\beta}_1=0.008886,\ \hat{\sigma}_\mu^2=453$$

② 求先验均值与方差

用前 26 年的样本数据为观测值估计模型(8.2.26),并将估计结果作为先验信息。得到各参数的先验均值为:

$$\overline{\beta}_0=10.981,\ \overline{\beta}_1=0.047678$$

参数的先验协方差矩阵为:

$$\overline{\boldsymbol{\Sigma}}_{\boldsymbol{\beta}}=\begin{bmatrix}76.615 & -0.0371\\ -0.0371 & 2.1204e^{-0.05}\end{bmatrix}$$

③ 利用样本信息修正先验分布

---

① 茆诗松,汤银才. 贝叶斯统计[M]. 中国统计出版社 2012 年版.

利用式(8.2.20)和式(8.2.24)计算待估参数后验均值和后验协方差矩阵,得到:

$$\bar{\bar{\beta}}_0=87.0354,\ \bar{\bar{\beta}}_1=0.00979$$

$$\bar{\bar{\boldsymbol{\Sigma}}}_{\beta}=\begin{bmatrix} 10.0093 & -0.000262 \\ -0.000262 & 2.98683e^{-0.08} \end{bmatrix}$$

④ 求参数的点估计值

估计本节以上证明可知,上述得到的后验均值就是各参数对应的点估计值。于是得到采用贝叶斯估计的模型结果为:

$$DE_t=87.0354+0.00979GDP_t \tag{8.2.27}$$

显然与仅仅使用后20年样本数据所估计出的模型有很大区别:

$$DE_t=126.18+0.00886GDP_t \tag{8.2.28}$$

⑤ 预测检验

根据实际数据,该国第47年国防支出的实际值为934.7。

利用贝叶斯方法估计出的模型(8.2.27)估算,该国第27年国防支出的预测值为865.7;在95%的置信水平下预测值的置信区间为(780.4,951),点估计绝对误差为69。

单独用后20年样本数据的估计模型(8.2.28)估算,该国第47年国防支出的预测值为831.7,其估计误差绝对值为103。

利用全部46年数据为样本所估计出的模型估算第47年国防支出的预测值为860.4,其预测绝对误差为74.3。

通过比较可知,在小样本情况下,贝叶斯估计方法确实比非经典计量模型估计方法具有优势。

8.3 贝叶斯FAR模型

由于空间自回归模型中有空间项的存在,Anselin①(1988)证明了运用普通最小二乘法(Ordinary Least Square,OLS)估计得到的结果是有偏且不一致估计。Lee②(2004)的研究证明了在误差服从正态分布的大样本条件下,极大似然估计法能够对含有空间滞后因变量模型的回归参数、空间参数和标准误形成具有一致性的估计结果。但是在实际应用中,样本的个数一般是有限的、误差往往也并不总是服从正态分布。

被广泛应用于各个领域的贝叶斯估计方法却不受到样本数量和误差正态分布假定的限制,因为贝叶斯回归分析方法(Bayesian Regression Methods)所得到的参数后验分布是建立在样本数据和先验分布的基础之上。贝叶斯估计方法在充分利用样本信息、先验分布以及后验分布的特性,使得其在估计小样本条件情形下具有其他估计方法没有的优势。但是,如果先验信息很少或根本就没有先验信息,则贝叶斯估计结

① Anselin L.. Spatial Econometrics: Methods and Models[M]. Springer Science & Business Media, 1988.

② Lee L. F.. Asymptotic Distributions of Quasi-Maximum Likelihood Estimators for Spatial Autoregressive Models[J]. Econometrica, 2004, 72(6): 1899—1925.

果与极大似然估计结果就基本相同了。为了更科学地分析小样本情形,研究贝叶斯方法在空间计量模型中的应用则显得非常重要(方丽婷、钱争鸣,2013[①];方丽婷,2014[②])。

8.3.1 FAR 模型简介

本节先介绍简单的空间计量模型——FAR 模型的贝叶斯估计[③]。

一阶空间自回归模型(First-Order Spatial AR model,FAR model),其表达式为:

$$\begin{aligned}&\boldsymbol{y}=\rho\boldsymbol{W}\boldsymbol{y}+\varepsilon\\&\varepsilon\sim N(0,\sigma^2V)\\&\rho\sim N(c,T)\\&r/v_i\sim \mathrm{ID}\ \chi^2(r)/r\\&r\sim\Gamma(m,k)\\&\sigma\sim\Gamma(v_0,d_0)\end{aligned}\tag{8.3.1}$$

为了对单位进行加权求和,空间邻接矩阵 $\boldsymbol{W}$ 标准化,同时,变量向量 $\boldsymbol{y}$ 也被表示为偏离均值的离差形式以消除模型中的常数项。考虑到空间自回归参数 ρ,异方差调节参数 r 和扰动方差 σ 的先验信息。ρ 的扩散先验能够通过将先验均值 c 设定为 0 并且 T 设定一个较大的先验方差而得到。为了给参数 σ 设定一个先验值,需要使 $v_0=0$,$d_0=0$。r 的先验是基于 $\Gamma(m,k)$ 分布(均值为 m/k,方差为 m/k^2),这是考虑到先验参数 r 起到了使 v_i 的估计值偏离一致先验均值的作用。r 如果取介于 2 到 7 之间的较小的数值,那么就有较大的把握肯定异常值和非常数方差会在先验状态下存在。类似于 $r=20$ 或 $r=30$ 的较大的数值将会产生近似一致的对于 v_i 的估计,从而使模型出现同方差的特征。

在设定 r 的时候,最佳的范围是 2 到 7。如果样本数据呈现出没有异常值的同方差扰动形式,对于 v_i 的估计就会反映出这一事实。另一方面来看,如果有证据表明异质性是错误的,那么这些对于参数 r 的设定足以使 v_i 的估计偏离一致估计。

对于参数 v_i 的不一致估计需要同时调整参数 ρ 和 σ 的估计值,其中参数 ρ 和 σ 考虑到了非常数方差,这能够保证估计不受异常值的影响。

在吉布斯抽样中遇到的计量经济估计问题有两种表现。一种简单的形式是,所有条件分布都来自于熟知的分布形式,从而使我们能够运用标准的运算法则对随机偏离数据进行取样。这种形式与我们所提到的异方差贝叶斯回归模型相同。

另一个更加复杂的情况,是一个或数个条件分布能够用数学函数表示,但采用的缺失一种未知的形式。在这种情况下,将吉布斯抽样方法应用于这一类模型依然可以。

一种更加一般的处理这类问题的方法是 Metropolis 算法,将 FAR 模型应用于这一类别的问题需要我们利用吉布斯大城市抽样方法。这里用混合先验于 FAR 模型参数的条件分布。

---

① 方丽婷,钱争鸣. 非参数空间滞后模型的贝叶斯估计[J]. 数量经济技术经济研究,2013(4):6.

② 方丽婷. 空间滞后模型的贝叶斯估计[J]. 统计研究,2014(5):102—106.

③ 沈体雁等,空间计量经济学[M],北京大学出版社 2011 年版.

8.3.2 用贝叶斯估计来求得后验分布

参数(ρ和σ)用$\pi(\rho)$和$\pi(\sigma)$的分布可表示为：

$$\pi(\rho) \propto \text{constant}$$
$$\pi(\rho) \propto (1/\sigma),\ 0<\sigma<+\infty \tag{8.3.2}$$

这些先验分布通过与模型的似然函数相乘得到参数$p(\rho,\sigma|y)$的后验分布：

$$p(\rho,\sigma|y) \propto |I_n-\rho W|\sigma^{-(n+1)}\exp\left\{-\frac{1}{2\sigma^2}(y-\rho W_y)'(y-\rho W_y)\right\} \tag{8.3.3}$$

如果将ρ看做已知，那么σ的条件后验分布可以表示为以下形式：

$$p(\rho,\sigma|y) \propto \sigma^{-(n+1)}\exp\left\{-\frac{1}{2\sigma^2}\varepsilon'\varepsilon\right\} \tag{8.3.4}$$

其中，$\varepsilon=y-\rho W$。需要注意到，由于将ρ视为已知，我们就可以得出绝对值$|I_n-\rho W|$，再得出表中分布形式：

$$\sigma^2 \sim \chi^2(n) \tag{8.3.5}$$

然而，在σ已知的条件下，ρ的条件分布是以以下的非标准形式来表示：

$$p(\rho|\sigma,y) \propto \sigma^{-n/2}(I_n-\rho W|(y-\rho W_y)'(y-\rho W_y)^{-n/2} \tag{8.3.6}$$

利用 Metroplis sampling 方法从上式中抽样，这对于参数ρ的条件分布一样适用。为了从总体上描述 Metroplis sampling，假设我们抽取的样本来自于密度$f(x)$，并使候选值由式子$y=x_0+cZ$生成，其中Z表示标准正态分布，c是已知常数。

实现贝叶斯回归需要设定约束条件：

$$1/\lambda_{\min}<\rho<\lambda_{\max} \tag{8.3.7}$$

其中$\lambda_{\min}$和$\lambda_{\max}$分别是标准空间权重矩阵$\boldsymbol{W}$的特征值的最小和最大值。

这里可以使用“拒绝取样”的方法来设定约束条件。在吉布斯取样过程中，通过简单地拒绝不满足限制条件的值，就能够对参数设定约束条件。

总之，空间自回归模型能够被扩展至贝叶斯先验信息和空间非常数方差的情况当中。这些模型中需要用到吉布斯抽样估计法。其优点是，他们能够作为一种对极大似然模型中固有的同质性假设的检验。同时，已经有人应用极大似然法研究适用于非常数方差情形的方向上取得了一定的成果。然而，这些方法需要研究者为空间中变化着的方差增加一个设定，这就对实证提出了更多的规范。但利用贝叶斯方法就不存在这样的问题。在贝叶斯方法中，异常值和非常数方差能够在估计的过程中被自动地监测出来，估计值也能够结合这些问题而进行相应的调整。

8.4 贝叶斯 SAR 模型

8.4.1 参数先验分布设定

对于空间计量模型，如果了解了混合空间自回归模型(SAR model)的估计原理，那么对于整个空间计量模型的估计也就比较熟悉了。本章将主要研究 SAR 模型的贝叶斯估计方法。

对于 SAR 模型：

$$y=\rho Wy+X\beta+\varepsilon \qquad (8.4.1)$$
$$\varepsilon\sim N(0,\sigma^2 I_n)$$

令 $A=(I_n-\rho W)$，$|A|$表示对应的矩阵行列式，则式(8.4.1)的似然函数为：

$$L(Y|\beta,\sigma^2,\rho)=(2\pi\sigma^2)^{-n/2}|A|\exp\left\{-\frac{1}{2\sigma^2}(AY-X\beta)'(AY-X\beta)\right\} \qquad (8.4.2)$$

基于贝叶斯的统计方法都要给出各个参数的先验信息，特别对于空间计量模型，待估参数往往相对非空间同类模型更多，每个参数的先验分布也就出现了与非空间情况不同的设定形式。下面先对式(8.4.1)中各个参数的先验分布进行设定。

1. *参数 β 和 σ^2 的先验分布*

与线性单方程计量模型待估参数 $\boldsymbol{\beta}$ 设定形式不同的是，Lesage 和 Pace①(2009)将式(8.4.1)中的 β 和 σ^2 的先验分布分别设定为正态分布(Normal distribution，N)和逆伽马分布(Inverse Gamma distribution，IG)，或者称为参数 β 和 σ^2 服从正态逆伽玛分布(normal-inverse gamma prior，NIG)，用 π 表示先验分布，这是目前研究空间贝叶斯模型对先验信息所采用的主流设定形式，因此本章也将采用此种设定形式。具体设定形式如下：

β 的正态分布设定：

$$\pi(\beta)=(2\pi)^{-k/2}|\Sigma|^{-1/2}\exp\left\{-\frac{1}{2}(\beta-\mu)^T\Sigma^{-1}(\beta-\mu)\right\} \qquad (8.4.3)$$

σ 的逆伽马分布设定：

$$\pi(\sigma^2)=\frac{b^2}{\Gamma(\gamma)}(\sigma^2)^{-(\gamma+1)}\exp(-b/\sigma^2)$$
$$\sigma^2>0,\gamma,b>0 \qquad (8.4.4)$$

β 和 σ^2 的联合正态逆伽玛分布设定：

$$\pi(\beta,\sigma^2)\sim NIG(\mu,T,\gamma,b)=\pi(\beta|\sigma^2)\pi(\sigma^2)=N(\mu,\sigma^2 T)IG(\gamma,b)=$$
$$\frac{b^\gamma}{(2\pi)^{k/2}|T|^{1/2}\Gamma(\gamma)}(\sigma^2)^{-(\gamma+(k/2)+1)}\times\exp[-\{(\beta-\mu)'T^{-1}(\beta-\mu)+2b\}/(2\sigma^2)] \qquad (8.4.5)$$

其中，$\Gamma(\cdot)$是伽玛函数，即：

$$\Gamma(\gamma)=\int_0^\infty t^{\gamma-1}e^{-t}dt \qquad (8.4.6)$$

在至少包含 3000 个观测值的大样本情况下，β 和 σ^2 的正态先验分布和逆伽玛先验分布对估计结果其实没有影响。若 $\mu\to 0,\Sigma\to\infty$，则 β 的正态先验分布就转换成模糊先验分布，σ^2 的模糊先验设定要求 $\gamma=0,\alpha=0$。

2. *参数 ρ 的先验分布*

参数 ρ 的先验分布通常设定为均匀分布：

$$\pi(\rho)\sim U(\lambda_{\min}^{-1},\lambda_{\max}^{-1}) \qquad (8.4.7)$$

① LeSage J.，Pace R. K.. Introduction to Spatial Econometrics[M]. CRC Press，2009.

其中 $\lambda_{\max}$ 和 $\lambda_{\min}$ 分别表示空间权重矩阵 $\boldsymbol{W}$ 的最大、最小特征根，可以证明：$\lambda_{\max}^{-1}>0$，$\lambda_{\min}^{-1}<0$，且 ρ 必然位于区间$[\lambda_{\min}^{-1},\lambda_{\max}^{-1}]$内。

由式(8.4.2)可以看出，参数 ρ 是空间相关性的重要参数，因此 ρ 的先验分布不能设定为有信息先验分布，只能设定为无信息的均匀分布，这点是与 β 和 σ^2 先验设定条件的重要差异。

8.4.2 联合后验分布与后验条件分布推导

由参数先验分布的设定可知，各个参数的先验分布是相互独立的(这里需要注意的是，我们先验地假定 β、σ^2、ρ 是独立的，事前假定参数的独立性并不意味着模型参数后验分布的独立性，这仅仅反映了一种事前猜测，而与后验结果可能并不一致)，即：

$$\pi(\beta,\sigma^2,\rho)=\pi(\beta)\cdot\pi(\sigma^2)\cdot\pi(\rho) \tag{8.4.8}$$

将所有参数的先验分布与似然函数相结合，可得所有变量的联合分布如下：

$$\begin{aligned}P(Y,\beta,\sigma^2,\rho)&=L(Y|\beta,\sigma^2,\rho)\cdot\pi(\beta,\sigma^2,\rho)=\\&L(Y|\beta,\sigma^2,\rho)\cdot\pi(\beta)\cdot\pi(\sigma^2)\cdot\pi(\rho)\end{aligned} \tag{8.4.9}$$

由贝叶斯定理，根据式(8.4.9)可以得到所有参数(β,σ^2,ρ)的联合后验密度函数：

$$P(\beta,\sigma^2,\rho\ |Y)=\frac{P(Y,\beta,\sigma^2,\rho)}{\iiint P(Y,\beta,\sigma^2,\rho)d\beta d\sigma d\rho} \tag{8.4.10}$$

可以看出，式(8.4.10)中的分母 $\iiint P(Y,\beta,\sigma^2,\rho)d\beta d\sigma d\rho$ 与参数 β,σ^2,ρ 均无关，而是一个能确定的后验常数项，称其为后验密度的核。于是对于式(8.4.10)在应用中只考虑分子的解析，用符号表示为：

$$P(\beta,\sigma^2,\rho|Y)\propto P(Y,\beta,\sigma^2,\rho) \tag{8.4.11}$$

其中"$\propto$"意思是"成比例与"。记：

$$P(\beta,\sigma^2,\rho)=P(\beta,\sigma^2,\rho|Y) \tag{8.4.12}$$

则参数的联合后验分布具体如下：

$$\begin{aligned}&P(\beta,\sigma^2,\rho)\propto P(Y,\beta,\sigma^2,\rho)=L(Y|\beta,\sigma^2,\rho)\cdot\pi(\beta)\cdot\pi(\sigma^2)\cdot\pi(\rho)=\\&\frac{\alpha^\gamma}{\Gamma(\gamma)}(2\pi)^{-(n+k)/2}(\sigma^2)^{-(n+2\gamma+2)/2}|A|\,|\Sigma|^{-1/2}\left(\frac{1}{\lambda_{\max}^{-1}-\lambda_{\min}^{-1}}\right)\times\\&\exp\left\{-\frac{1}{\sigma^2}[(AY-X\beta)^T(AY-X\beta)+(\beta-\mu)^T\sigma^2\Sigma^{-1}(\beta-\mu)+2\alpha]\right\}\end{aligned} \tag{8.4.13}$$

对于式(8.4.13)给出的联合后验分布还不能对每个参数进行贝叶斯估计，我们还需要得到各个参数的条件后验分布，具体如下：

首先，根据式(8.4.13)可得到参数 β 的条件后验分布：

$$\begin{aligned}&P(\beta|\sigma^2,\rho)\propto P(\beta,\sigma^2,\rho)\propto P(Y,\beta,\sigma^2,\rho)\\&\propto L(Y|\beta,\sigma^2,\rho)\cdot\pi(\beta)\cdot\pi(\sigma^2)\cdot\pi(\rho)\\&\propto L(Y|\beta,\sigma^2,\rho)\cdot\pi(\beta)\propto(2\pi\sigma^2)^{-k/2}|B|^{-1/2}\times\\&\exp\left\{-\frac{1}{2\sigma^2}(\beta-\widetilde{\beta})^TB^{-1}(\beta-\widetilde{\beta})\right\}\propto N(\widetilde{\beta},\sigma^2B)\end{aligned} \tag{8.4.14}$$

其中,$\widetilde{\beta}=B(X^TAY+\sigma^2\Sigma^{-1}\mu)$,$B=(X^TX+\sigma^2\Sigma^{-1})^{-1}$,$A=(I_n-\rho W)$。由式(8.4.14)看出 B 的条件后验分布是多元正态分布。

其次,当给定其他参数时,参数 σ^2 的条件后验分布如下:

$$P(\sigma^2|\beta,\rho)\propto P(Y|\beta,\sigma^2,\rho)\cdot\pi(\sigma^2)\propto IG\left(\frac{n}{2}+\gamma,\frac{\varepsilon^T\varepsilon}{2}+\alpha\right) \tag{8.4.15}$$

其中,$\varepsilon=AY-X\beta$,$A=(I_n-\rho W)$。因此 σ^2 的条件后验分布是逆伽马分布。

最后,给定 β 和 σ^2,参数 ρ 的条件后验分布是:

$$P(\rho|\beta,\sigma^2)\propto P(Y|\beta,\sigma^2,\rho)\cdot\pi(\rho)\propto$$

$$|A(\rho)|\exp\left\{-\frac{1}{2\sigma^2}(A(\rho)Y-X\beta)^T(A(\rho)Y-X\beta)\right\}\frac{1}{\lambda_{\max}^{-1}-\lambda_{\min}^{-1}} \tag{8.4.16}$$

其中,$A(\rho)=(I_n-\rho W)$,由上式可知 ρ 的条件后验分布是非标准的分布函数形式,所以对参数 ρ 的估计会比较困难。

8.5 贝叶斯空间计量经济模型的 MCMC 估计

在贝叶斯分析中,我们只能得到后验分布密度函数的核,无法具体得到密度函数以及累积分布函数的数值分位点,这些困难是之前一直阻碍贝叶斯估计法得到广泛应用的最大障碍(朱慧明,韩玉启,2006)①。近年来,随着 MCMC(Markov Chain Monte-Carlo)方法逐步引入并完善,才真正使贝叶斯方法得到广泛应用。对于后验分布密度计算过程中的高维积分问题,普通的数值计算方法,如正态近似、Gauss 积分以及非递推蒙特卡罗方法等往往无法解决,而 MCMC 总能通过合理定义和重复抽样,找到一条或几条收敛的马尔科夫链,这条马尔科夫链的极限分布就是所需要的后验分布。Gibbs 抽样方法和 Metropolis-Hastings 方法是目前在贝叶斯估计分析中应用最广泛的两种 MCMC 方法。Gibbs 抽样方法是 Geman 和 Geman(1984)②首先提出的,他利用满条件分布,成功地将多个参数的复杂问题降低为每次只需处理一个参数;Metropolis. et al,(1953)③提出了一种构造转移核的方法,Hastings (1970)④对其加以推广,形成了 Metropolis-Hastings 方法,这是一种比 Gibbs 抽样方法更广义的方法,两者的关系是:Gibbs 抽样是只包含一种元素的 Metropolis-Hastings 算法。在实际应用中,通常是将两种算法结合起来,Gibbs 抽样用于常见分布的满条件后验分布;对于一些满条件后验分布很难求解,甚至根本就无法求解的,通常采用 Metropolis-Hastings 算法。

---

① 朱慧明,韩玉启. 贝叶斯多元统计推断理论[M]. 科学出版社 2006 年版.

② Geman S., Geman D.. Stochastic Relaxation, Gibbs Distributions, and the Bayesian Restoration of Images[J]. Pattern Analysis and Machine Intelligence, IEEE Transactions on, 1984 (6): 721—741.

③ Metropolis N., Rosenbluth A. W., Rosenbluth M. N., et al. Equation of State Calculations by Fast Computing Machines[J]. The Journal of Chemical Physics, 1953, 21(6): 1087—1092.

④ Hastings W. K.. Monte Carlo Sampling Methods Using Markov Chains and Their Applications[J]. Biometrika, 1970, 57(1): 97—109.

8.5.1 参数 ρ 的 MCMC 抽样原理

从所得到的所有参数的条件后验分布看出，参数 β 和 σ^2 的条件分布均为标准的分布函数，因而直接从式(8.4.13)和式(8.4.14)中分别对 β 和 σ^2 进行抽样较容易，但是参数 ρ 条件后验分布密度函数较复杂，且 ρ 包含在行列式中，故无法用标准的方法对其进行直接抽样，一般采用 Metropolis-Hastings 算法①(Tierney，1994)来处理这个问题。

在分析空间计量经济模型的 MCMC 抽样之前，需要先了解 MCMC 相关理论基础。MCMC 是 Markov Chain Monte Carlo 的简称，目前它在计量经济学及数理统计学方面已经得到了广泛应用。对 Markov 链的定义为：若对任意的 $t\in T$ 和任意的 $\{i_0,i_1,i_2,\cdots\}$，随机过程 $\{X_t,t\in T\}$ 的条件概率满足：

$$P\{X_t=x_t\}\mid X_0=x_0,X_1=x_1,\cdots,X_{t-1}=x_{t-1}\}=P\{X_t=x_t\mid X_{t-1}=x_{t-1}\} \tag{8.5.1}$$

则称 $\{X_t,t\in T\}$ 为 Markov 链。

由 Markov 链的定义可知：

$$P\{X_0=x_0,X_1=x_1,\cdots,X_t=x_t\}=P(X_0=x_0)\prod_{i=1}^{t}P\{X_i=x_i\mid X_{i-1}=x_{i-1}\} \tag{8.5.2}$$

因此，Markov 链的统计性质完全由一步转移概率所决定：

$$p(x_{t-1},x_t)=P\{X_t=x_t\mid X_{t-1}=x_{t-1}\} \tag{8.5.3}$$

MCMC 方法主要应用于多变量非标准形式、各变量之间相互不独立式分布的模拟计算。显然，在进行此类模拟计算的过程中，条件分布起很大的作用。设 $X=(X_1,X_2,\cdots,X_n\}$，其分布函数为 $f(x_1,x_2,\cdots,x_n)$，则：

$$f(x_1,x_2,\cdots,x_n)=f(x_1)\prod f(x_i\mid x_1,x_2,\cdots,x_n) \tag{8.5.4}$$

如果式(8.5.4)右端的各个因子能够直接模拟，则只需要进行静态模拟即可，而不需要应用 MCMC 方法，但是在实践中，很难做到使这些因子能直接模拟，因此需要进行动态模拟，如 MCMC，此时完全条件分布扮演一个重要的角色②。

本章以截面空间滞后模型参数的 MCMC 抽样为例进行分析，具体步骤如下：

(1) 首先选取一个条件概率密度函数 $Q(\rho'\mid\rho)>0$，通常称 $Q(\rho'\mid\rho)$ 为备选密度或建议密度。在这里，选取 $Q(\rho'\mid\rho)=q(\rho'-\rho)$，其中 $q(\cdot)$ 为分布函数；

(2) 给定某个初始值 ρ_0，使得 $P(\rho_0\mid\beta,\sigma^2)>0$；

(3) 假设 ρ^t 为马尔科夫链在当前的状态，从建议密度函数 $Q(\rho'\mid\rho)$ 中抽取一个候选值 ρ^*，该生成过程(或者称为转移过程)为：$\rho^*=\rho^t+cz$，$z\sim N(0,1)$，其中，c 成为转移参数；

---

① Tierney L.. Markov Chains for Exploring Posterior Distributions[J]. The Annals of Statistics, 1994 (22): 1674—1762.

② 朱慧明，韩玉启. 贝叶斯多元统计推断理论[M]. 科学出版社 2006 年版.

(4) 计算使 ρ 后验分布平稳分布的选择比值。

$$R=\frac{P(\rho^*|\beta,\sigma^2)Q(\rho^t|\rho^*)}{P(\rho^t|\beta,\sigma^2)Q(\rho^*|\rho^t)}=\frac{P(\rho^*|\beta,\sigma^2)q(\rho^t|\rho^*)}{P(\rho^t|\beta,\sigma^2)q(\rho^*|\rho^t)}=$$

$$\frac{P(\rho^*|\beta,\sigma^2)q(-cz)}{P(\rho^t|\beta,\sigma^2)q(cz)}=\frac{P(\rho^*|\beta,\sigma^2)}{P(\rho^t|\beta,\sigma^2)}=$$

$$\frac{|A(\rho^*)|\exp\left\{-\frac{1}{2\sigma^2}(A(\rho^*)Y-X\beta)^T(A(\rho^*)Y-X\beta)\right\}}{|A(\rho^t)|\exp\left\{-\frac{1}{2\sigma^2}(A(\rho^t)Y-X\beta)^T(A(\rho^t)Y-X\beta)\right\}} \tag{8.5.5}$$

注意，在式(8.5.5)的计算中，由于 $q(\cdot)$ 具有对称性，所以：

$$q(cz)=q(-cz) \tag{8.5.6}$$

则由状态 ρ^t 转移到状态 ρ^* 的概率，即接受率为：

$$A(\rho^*|\rho^t)=\min\{1,R\} \tag{8.5.7}$$

(5) 从标准均匀分布中产生一个随机数 μ，如果 $\mu<A(\rho^*|\rho^t)=\min\{1,R\}$，则下一时刻的状态为 $\rho^{t+1}=\rho^*$，否则 $\rho^{t+1}=\rho^t$；

(6) 重复步骤(3)到(5)。

注意，这里描述的 Metropolis-Hastings 抽样法则是针对建议密度函数是对称正态分布形式的情形。由于 ρ 的条件分布函数形式与正态分布相似，所以此处使用的建议密度函数将运行良好。此外，在式(8.5.5)的后验分布中，ρ 不一定处于区间 $[\lambda_{\min}^{-1},\lambda_{\max}^{-1}]$ 中，因为 ρ 的区间约束仅仅是式(8.5.5)中抽样得到的样本区间的一部分。因此，如果 ρ 的后验分布使得 ρ 在区间 $[\lambda_{\min}^{-1},\lambda_{\max}^{-1}]$ 之外，则给予其条件后验分布零概率，也就是以概率 1 拒绝抽样得到的建议值。

8.5.2 参数 $\boldsymbol{\beta}$ 和 $\boldsymbol{\sigma}^2$ 的 Gibbs 抽样

上文提到对于参数 β 和 σ^2 的条件分布均为标准的分布函数，因而直接从式(8.4.16)和式(8.5.1)中分别对 β 和 σ^2 进行抽样比较容易，一般采用的是 Gibbs 抽样。

Gibbs 抽样最早是由 Geman 和 Geman(1984)提出，并用于 Gibbs 格子点分布，由此而得名。Gibbs 抽样经常用于目标分布是多维的场合。本节以后验分布 $\pi(\boldsymbol{\theta}|\boldsymbol{x})\boldsymbol{\theta}=(\theta_1,\theta_2,\cdots,\theta_p)$ 的 Gibbs 抽样为例来阐述 Gibbs 抽样原理。

在 Gibbs 抽样中，称

$$\pi(\theta_j|\theta_{-j},\boldsymbol{x})=\frac{\pi(\theta_j|\theta_1,\cdots,\theta_{j-1},\theta_j,\theta_{j+1},\cdots,\theta_p|\boldsymbol{x}}{\int\pi(\theta_j|\theta_1,\cdots,\theta_{j-1},\theta_j,\theta_{j+1},\cdots,\theta_p|\boldsymbol{x})d\theta_j} \tag{8.5.8}$$

为 $\boldsymbol{\theta}=(\theta_1,\theta_2,\cdots,\theta_p)$ 中 $\theta_j(j=1,2,\cdots,p)$ 的满条件后验分布(full conditional distribution)，其中 $\theta_{-j}=(\theta_1,\cdots,\theta_{j-1},\theta_{j+1},\cdots,\theta_p)$。

(1) 如果待估参数向量 $\boldsymbol{\theta}$ 的 p 个满条件后验分布均可容易抽样，则 Gibbs 抽样可以实施，具体是依据下列算法，从某个初始点出发，通过满条件分布的循环抽样产生马尔科夫链：

(a) 给定参数的初始值 $\theta_1^{(0)},\theta_2^{(0)},\cdots,\theta_p^{(0)}$；

(b) 对 $t=0,1,2,\cdots$ 进行如下迭代更新：

① 从分布 $\pi(\theta_1|\theta_2^{(t)},\theta_3^{(t)},\cdots,\theta_p^{(t)},\boldsymbol{x})$ 中产生 $\theta_1^{(t+1)}$；

② 从分布 $\pi(\theta_2|\theta_1^{(t+1)},\theta_3^{(t)},\cdots,\theta_p^{(t)},\boldsymbol{x})$ 中产生 $\theta_2^{(t+1)}$；

③ 从分布 $\pi(\theta_p|\theta_1^{(t+1)},\theta_2^{(t+1)},\cdots,\theta_{p-1}^{(t+1)},\boldsymbol{x})$ 中产生 $\theta_p^{(t+1)}$；

由此产生马氏链 $\theta^{(0)},\theta^{(1)},\cdots,\theta^{(t)},\cdots$，并可证明，$(\theta_1^{(t)},\theta_2^{(t)},\cdots,\theta_p^{(t)})$ 的联合分布以几何速度收敛于后验分布 $\pi(\theta_1,\theta_2,\cdots,\theta_p|\boldsymbol{x})$。

(2) 如果某个满条件分布不太容易抽样，Gibbs 抽样效果就相对较差，用 Metropolis-Hastings 算法进行抽样可以将整个抽样过程转化为逐分量 M-H 算法，这样既便于抽样，也提高了抽样效率。

Metropolis-Hastings 抽样要求数值运算的维数不能太高，否则在预选分布就相对困难，利用 Gibbs 抽样仅需了解完全分布，因此 Gibbs 抽样在高维积分时更具优势，两者结合可以更有效。观察式(8.4.16)和式(8.5.1)可知，对参数 β 和 σ^2 的抽样可通过运行 Gibbs 抽样器来得到，也就是在马氏链的每一个状态，从式(8.4.16)中抽取 β，从式(8.5.5)中抽取 σ^2，不断迭代，重复进行直至收敛。因此，这里使用的 MCMC 估计方法结合了 Metropolis-Hastings 抽样算法和 Gibbs 抽样法。

至此，本章已经完成了所有参数的抽样方法的设计。下面概括一下参数的 MCMC 估计过程。MCMC 方法可以以任意值作为参数迭代估计的初始值，记参数 β、σ^2 和 ρ 的初始值分别为 β_0、σ_0^2 和 ρ_0，按照以下步骤分别对参数的条件后验分布进行有序的抽样：

首先，更新参数 β，即根据初始值 β_0、σ_0^2 和 ρ_0 以及式(8.5.4)来抽取参数 β 的下一个状态值，记更新后的参数值为 β_1；

其次，更新参数 σ^2，即根据 β_1、σ_0^2 和 ρ_0 以及式(8.5.5)来抽取参数 σ^2 的下一个状态值，记更新后的参数值为 σ_1^2；

最后，由 Metropolis-Hastings 法的抽样步骤，根据 β_1、σ_1^2 和 ρ_0 以及式(8.5.1)来抽取参数 ρ 的下一个状态值，记为 ρ_1。

完成上面三步之后，便完成了从参数的状态 $\Theta_0(\beta_0,\sigma_0^2,\rho_0)$ 到下一个状态 $\Theta_1(\beta_1,\sigma_1^2,\rho_1)$ 的转移，然后再重新回到第一步，并以 Θ_1 代替 Θ_0 进行抽样，将上述迭代过程重复进行 N 次，直到抽取的样本收敛于一种稳定状态，则可以基本断定所抽取的样本来自于后验分布。Gelfand 和 Smith①(1990)证实，基于 MCMC 抽样所得到的后验分布能够收敛于参数真实的后验分布。

拓展阅读

[1] Badinger H., Egger P.. Estimation of Higher-order Spatial Autoregressive Cross-Section Models with Heteroscedastic Disturbances[J]. Papers in Regional Science. 2011, 90(1): 213—235.

[2] Lacr M. A. M., Putz M. V., Ostafe V.. A Spectral-SAR Model for the Anionic-Cationic

① Gelfand A E, Sahu S K, Carlin B P. Efficient parametrisations for normal linear mixed models[J]. Biometrika, 1995, 82(3): 479—488.

Interaction in Ionic Liquids: Application to Vibrio Fischeri Ecotoxicity[J]. International Journal of Molecular Sciences. 2007, 8(8): 842—863.
[3] Perevodchikov E. V., Marsh T. L., Mittelhammer R. C.. Information Theory Estimators for the First-order Spatial Autoregressive Model[J]. Entropy. 2012, 14(7): 1165—1185.
[4] Williams M. L.. The Theory for a Forward SAR Model: Implementation, Applications and Challenges[J]. Proc Eusar European Conference on Synthetic Aperture Radar. 2006.
[5] Yrigoyen C. C., López-Hernández F. A.. Time-trend Spatial Dependence: Specification Strategy in the First-Order Spatial Autoregressive Model[J]. Estudios De Economía Aplicada. 2007, 25(2).

参考文献

[1] 方丽婷,钱争鸣. 非参数空间滞后模型的贝叶斯估计[J]. 数量经济技术经济研究, 2013, 4: 6.
[2] 方丽婷. 空间滞后模型的贝叶斯估计[J]. 统计研究, 2014 (5): 102—106.
[3] 李子奈,叶阿忠. 高级应用计量经济学[M]. 清华大学出版社 2012 年版.
[4] 茆诗松,汤银才. 贝叶斯统计[M]. 中国统计出版社 2012 年版.
[5] 沈体雁等,空间计量经济学[M]. 北京大学出版社 2011 年版.
[6] 邢建平. 加权线性损失函数下 Burr Type Ⅻ分布形状参数的经验 Bayes 检验[J]. 科学技术与工程. 2010(30): 7477—7479.
[7] 杨桂元, 唐小我. 一种新的预测评价方法—损失函数法[J]. 预测, 1998, (3).
[8] 朱慧明,韩玉启. 贝叶斯多元统计推断理论[M]. 科学出版社 2006 年版.
[9] Anselin L.. Spatial Econometrics: Methods and Models[M]. Springer Science & Business Media, 1988.
[10] Gelfand A. E., Sahu S. K., Carlin B. P.. Efficient Parametrisations for Normal Linear Mixed Models[J]. Biometrika, 1995, 82(3): 479—488.
[11] Geman S., Geman D.. Stochastic Relaxation, Gibbs Distributions, and the Bayesian Restoration of Images[J]. Pattern Analysis and Machine Intelligence, IEEE Transactions on, 1984 (6): 721—741.
[12] Hastings W. K.. Monte Carlo Sampling Methods Using Markov Chains and Their Applications [J]. Biometrika, 1970, 57(1): 97—109.
[13] Lee L F. Asymptotic Distributions of Quasi-Maximum Likelihood Estimators for Spatial Autoregressive Models[J]. Econometrica, 2004, 72(6): 1899—1925.
[14] LeSage J., Pace R. K.. Introduction to Spatial Econometrics[M]. CRC Press, 2009.
[15] Metropolis N., Rosenbluth A. W., Rosenbluth M. N., et al. Equation of State Calculations by Fast Computing Machines[J]. The Journal of Chemical Physics, 1953, 21(6): 1087—1092.
[16] Tierney L. Markov Chains for Exploring Posterior Distributions[J]. The Annals of Statistics, 1994(22): 1674—1762.

第9章 变系数空间计量经济模型

9.1 变系数空间计量经济模型概述

如何同时处理数据间的空间相关性与空间异质性，是空间计量研究中有待解决的难点之一。文献研究表明，地理加权空间经济计量模型（SGWR模型）可以综合处理横截面数据的空间相关性与空间异质性。SGWR模型包括地理加权空间滞后模型（即GWR-SL模型）和地理加权空间误差模型（即GWR-SE模型）。

SGWR模型的估计方面，采用OLS估计并不能对该类模型进行一致有效估计。以GWR-SL模型为例，由于空间权重矩阵的引入，会产生与误差项相关的解释变量，即空间滞后项，使用OLS估计将导致估计量有偏。Brunsdon等（1998）、Paez等（2002）利用极大似然法，对SGWR模型进行估计，为该模型在实证研究中的应用提供了理论基础。

然而，用极大似然法估计SGWR模型亦存在两点不足：其一，极大似然估计计算量巨大，特别是在大样本情况下极大似然估计几乎无法完成计算（Kelejian and Prucha，1998）；其二，极大似然估计的有效性是基于随机误差项服从正态分布或其他已知分布的假设。极大似然估计的第一个缺陷对于SGWR模型的影响尤为明显。因为在SGWR模型估计中需要计算最优窗宽，其计算量远甚于一般空间经济计量模型（Brunsdon et al.，1998）。SGWR模型估计中确定了最优窗宽之后，还需要对所有观测点逐点进行回归分析，极大似然估计的计算被二次放大。另外，如何在误差项分布未知条件下，得到试图用具有一致性等良好性质的SGWR模型的估计量，技术上仍然没有得到解决。这也成为经济管理空间经济计量研究中有待解决的课题。

综上，由于极大似然估计的种种局限，SGWR模型的应用研究受到很多限制。本章试图用建立SGWR模型的广义矩估计理论框架，弥补已有估计方法在SGWR模型理论研究的不足。

9.2 地理加权回归模型的估计与检验

地理加权回归模型（GWR）是一种非参数估计方法，由Brunsdon等（1998）在Cleveland和Devlin（1988）的局部加权最小二乘法的基础上提出的。该方法能够有效处理空间相关性和空间异质性的问题，应用领域日趋广泛，已涵盖了空间经济学、生物学、房地产经济学等多个学科（Fotheringham et al.，2002；Leung et al.，2000a，2000b，

2003;Paez et al.,2002a,2002b),现成为空间经济计量研究关注的热点领域之一[①]。

在观测点 $i(i=1,2,3,4,\cdots,N)$ 的近似线性曲面,地理加权回归模型形式如下:

$$y_i = \sum_{j=1}^{k} x_{ij}\beta_{ij}(u_i,v_i) + \varepsilon_i(u_i,v_i) \tag{9.1}$$

其中,y_i 和 $x_{ij}(j=1,2,\cdots,k)$ 分别是因变量 Y 和解释变量矩阵 X 在观测点 i 处的观测值;误差项 $\varepsilon_i(u_i,v_i)$ 和系数 $\beta_j(u_i,v_i)(j=1,2,\cdots,k)$ 是与观测点 i 的地理位置 (u_i,v_i) 有关的函数(如 u_i 和 v_i 分别表示 i 点的经度和纬度)。

把模型(9.1)向量化可写成:

$$Y = X\beta_i + \varepsilon_i \tag{9.2}$$

其中 $\beta_i=[\beta_1(u_i,v_i)',\cdots,\beta_j(u_i,v_i)']'$;$\varepsilon_i=[\varepsilon_1(u_i,v_i),\cdots,\varepsilon_j(u_i,v_i)]'$。

对地理加权回归模型的研究包括模型的估计、检验和应用三方面。其中,地理加权回归模型的估计和检验属于理论研究,地理加权回归模型应用属于实证经验研究范畴。

在地理加权回归模型的估计方法方面的研究包括:Brunsdon 等(1998,1999)建立了地理加权回归模型的局部加权估计框架;LeSage(1999)提出了地理加权回归模型的贝叶斯估计方法;Paez 等(2002,2002)建立了地理加权回归模型的极大似然估计框架。

这些估计方法中,由于 Brunsdon 等(1998)提出了局部加权回归方法便于操作,在目前实证研究中多被采用。在局部加权回归过程中,先要确定客观测点的权重,即计算赋权系数。该系数被称做窗宽。窗宽值影响各观测点回归,决定着斜率系数等变量的回归结果,因而存在一个选择最优的系数,即最优窗宽的问题。由此可知,最优窗宽选择,是地理加权回归模型估计过程的首要问题。为此,学者们提出了多重最优窗宽的选择准则:Brunsdon 等(1998)提出交错确认法则(cross validation criterion, CV),Fotheringham 等(2002)提出了 Akaike 信息法则(Akaike information criterion, AIC)和广义交叉验证法则(generalized cross validation criterion, GCV),Nakaya(2001)建议采用贝叶斯信息准则(Bayesian information criterion, BIC),Brunsdon 等(1999)介绍马娄斯(Mallows)法则。从国际文献中的使用频率来看,交叉验证方法是使用频率最高的窗宽选择方法。

在地理加权回归模型的检验推断研究方面,Brunsdon 等(1998)建立了如何检验空间异质性(即模型设定)的 Monte Carlo 模拟方法;Leung 等(2000,2000,2003)则通过严格的数理推导,建立检验模型空间异质性的 F 检验统计量。

虽然地理加权回归方法能够很好地处理空间异质性问题,但该估计方法有个重要的假设,即研究对象之间不存在空间相关性。不言而喻,针对许多实证应用问题需要同时考虑空间相关性与空间异质性,将地理加权回归方法拓展成地理加权空间经济计量模型,才能有效描述空间相关性与空间异质性同时存在的问题。

① 林光平,龙志和.空间经济计量:理论与实证[M].科学出版社 2014 年版.

根据地理学第一定律，距离空间位置较近的观测值较之距离较远的观测值的空间联系更为紧密，通过利用加权最小二乘法对邻近位置的 i 的局域加权获得 GWR 模型参数估计值为：

$$\beta(u_i, v_i) = (X^T\boldsymbol{W}(u_i, v_i)X)^{-1}X^T\boldsymbol{W}(u_i, v_i)Y$$

其中，$\boldsymbol{W}$ 是基于邻近或距离概念的空间权值矩阵。

在实证分析中，常用的空间权值函数主要使用如下三种：

1. 高斯距离权值(Gauss Distance)：

$$w_{ij} = e^{-(1/2)(d_{ij}/b)^2}$$

2. 指数距离权值(Exponential Distance)：

$$w_{ij} = \sqrt{\exp(-d_{ij}/b)}$$

3. 三次方距离权值(Tricube Distance)：

$$w_{ij} = [1-(b/d_{ij})^3]^3$$

其中，b 为权值被设置为 0 时的距离(带宽)，d_{ij} 是样本点观测值 i 和 j 之间的距离。本文采用指数距离函数来确定空间权值矩阵，基于指数距离函数法的空间矩阵是选取合适的最优带宽 h，通过区域 i 与区域 j 之间的距离 d_{ij} 与最优带宽 h 的比值来建立一个单调递减的连续函数，最优带宽 h 越大，说明区域之间的互相影响距离远，影响范围大。

为确定最优带宽 b，通常采用交叉确认(cross-validation，CV)的方法，CV 的计算公式为：

$$CV = \sum_{i=1}^{n}[y_i - \hat{y}_{\neq i}(b)]^2$$

这里 $\hat{y}_{\neq i}(b)$ 表示在回归模型参数估计时不包括回归点本身，即只根据回归点周边的数据点进行回归计算，通过最小化 CV 值来确定最优带宽 b。

9.3 混合地理加权回归模型的估计与检验

普通线性回归模型通常假定回归参数不随空间位置而变化，而地理加权回归模型则认为回归参数具有非平稳性特征，因此提供了处理空间异质性的局部空间回归方法。Leung 等进一步指出，实际上更为一般的情形是部分解释变量对因变量具有全局影响，部分解释变量则具有局部影响。因而，对一个地理问题进行完整空间建模需要在模型中既包含全局变量，同时又包含局部变量，并提出可行的估计方法进行拟合。针对这一情况，有别于地理加权回归模型仅仅关注空间局部关系的建模，Brunsdon 等提出了混合地理加权回归(Mixed Geographically Weighted Regression，MGWR)模型。在 MGWR 中，有些系数假设在研究区域内是常数，另外一些则随着研究区域的变化而变化。下面对混合地理加权回归模型进行简要介绍[①]。

按照先全局变量后局部变量的排列方式，将 MGWR 模型写成：

---

① 乔宁宁. 变系数空间计量模型的估计和应用[D]. 厦门大学. 2014.

$$y_i = \sum_{j=1}^{q}\beta_i x_{ij} + \alpha_0(u_i,v_i) + \sum_{k=1}^{p}\alpha_k(u_i,v_i)z_{ik} + \varepsilon_i,\ i=1,2,\cdots,n \tag{9.3}$$

或

$$y_i = \beta_0 + \sum_{j=1}^{q}\beta_i x_{ij} + \sum_{k=1}^{p}\alpha_k(u_i,v_i)z_{ik} + \varepsilon_i,\ i=1,2,\cdots,n \tag{9.4}$$

式(9.3)和式(9.4)中:$\varepsilon_i \sim N(0,\sigma^2)$。式(9.3)中的回归常数为变参数,式(9.4)中的回归常数为常参数,也就是说具体应用时模型的回归常数要么设定为常参数,要么设定为变参数。为明确起见,我们仅以式(9.3)为例加以讨论。

$$Y=\begin{bmatrix} y_1 \\ y_2 \\ \vdots \\ y_n \end{bmatrix}, X=\begin{bmatrix} X_1^T \\ X_2^T \\ \vdots \\ X_n^T \end{bmatrix}, X_i=\begin{bmatrix} X_{i1} \\ X_{i2} \\ \vdots \\ X_{in} \end{bmatrix}, \beta=\begin{bmatrix} \beta_1 \\ \beta_2 \\ \vdots \\ \beta_n \end{bmatrix}, Z=\begin{bmatrix} Z_1^T \\ Z_2^T \\ \vdots \\ Z_n^T \end{bmatrix}, Z_i=\begin{bmatrix} Z_{i1} \\ Z_{i2} \\ \vdots \\ Z_{in} \end{bmatrix},$$

$$\alpha=\begin{bmatrix} \alpha_0(u_1,v_1) & \cdots & \alpha_i(u_1,v_1) & \cdots & \alpha_p(u_1,v_1) \\ \alpha_0(u_2,v_2) & \cdots & \alpha_i(u_2,v_2) & \cdots & \alpha_p(u_2,v_2) \\ \vdots & \vdots & \vdots & \vdots & \vdots \\ \alpha_0(u_n,v_n) & \cdots & \alpha_i(u_n,v_n) & \cdots & \alpha_p(u_n,v_n) \end{bmatrix} = \begin{bmatrix} \alpha(u_1,v_1)^T \\ \alpha(u_2,v_2)^T \\ \vdots \\ \alpha(u_n,v_n)^T \end{bmatrix},$$

$$\varepsilon=\begin{bmatrix} \varepsilon_1 \\ \varepsilon_2 \\ \vdots \\ \varepsilon_n \end{bmatrix}, M=\begin{bmatrix} Z_1^T\alpha(u_1,v_1) \\ Z_2^T\alpha(u_2,v_2) \\ \vdots \\ Z_n^T\alpha(u_n,v_n) \end{bmatrix}.$$

则式(9.3)可写成矩阵形式:

$$Y = X\beta + M + \varepsilon$$

不难看出,若 $M=0$,则混合地理加权回归模型简化为普通线性回归模型,若 $X\beta=0$,则混合地理加权回归模型转变为地理加权回归模型。由于混合地理加权回归模型中的解释变量一部分设为变系数,因而可将该模型作为空间变系数回归模型中的一种,并且需要分别估计常系数和空间变系数两部分,其中空间变系数对于反映空间关系中的空间非平稳性非常重要。Brunsdon 等(1999)根据后向拟合提出了迭代估计方法,然而囿于该方法计算负担过重等问题,Mei 等(2004)提出了可显著降低计算量的两步估计法。具体估计过程如下:

首先,假设混合地理加权回归模型中的常系数已知,那么式(9.3)可变为:

$$Y - X\beta = M + \varepsilon$$

此时模型为标准的地理加权回归模型,我们采用逐点加权最小二乘估计,可得到变系数部分 M 的估计值为 $\hat{M}$ 为:

$$\hat{M} = S(Y - X\beta) \tag{9.4}$$

其中,

$$S=\begin{bmatrix} Z_1^T[Z^TW(u_1,v_1)Z]^{-1}Z^TW(u_1,v_1) \\ Z_2^T[Z^TW(u_2,v_2)Z]^{-1}Z^TW(u_2,v_2) \\ \vdots \\ Z_n^T[Z^TW(u_n,v_n)Z]^{-1}Z^TW(u_n,v_n) \end{bmatrix},$$

$$W(u_i,v_i)=\begin{bmatrix} W_1(u_i,v_i) & 0 & \cdots & 0 \\ 0 & \cdots & W_2(u_i,v_i) & 0 \\ \vdots & \vdots & \vdots & \vdots \\ 0 & 0 & \cdots & W_n(u_i,v_i) \end{bmatrix}.$$

将代入式,整理可得:

$$(I-S)Y=(I-S)X\beta+\varepsilon \tag{9.5}$$

此时式变为标准的普通线性回归模型,对常系数的估计可采用最小二乘法,并满足,$\hat{\beta}=\arg\min\limits_{(\beta)}\|(I-S)Y=(I-S)X\beta\|^2$,$\|\cdot\|$表示欧式范数,求解 β 的估计值 $\hat{\beta}$ 为:

$$\hat{\beta}=(X^T(I-S)^T(I-S)X)^{-1}X^T(I-S)^T(I-S)Y \tag{9.6}$$

进而得到变系数部分:

$$\hat{\alpha}(u_1,v_1)=[Z^TW(u_i,v_i)Z]^TZ^TW(u_i,v_i)(Y-X\hat{\beta}) \tag{9.7}$$

由式(9.4)和式(9.7)可得到 Y 的拟合值为:

$$\hat{Y}=X\hat{\beta}+\hat{M}=X\hat{\beta}+S(Y-X\hat{\beta})=SY+(I-S)X\hat{\beta}=LY \tag{9.8}$$

其中 $L=S+(I-S)X(X^T(I-S)^T(I-S)X)^{-1}X^T(I-S)^T(I-S)$。

由于混合地理加权回归模型的计算比较复杂,常采用广义交叉确认法来确定最优窗宽,以减少计算量。广义交叉确认法的计算公式为:

$$GCV(h)=\sum_{i=1}^{n}\left(\frac{y_i-\hat{y}_i(h)}{1-l_{ii}(h)}\right)^2 \tag{9.9}$$

其中 $l_{ii}(h)$是 $L(h)$的第 i 个对角元素,并且 $\hat{y}_i(h)$是 y 的第 i 个拟合值。选择 h_0 使得式(9.9)成立,即可获得最优窗宽:

$$GCV(h_0)=\min_{(h>0)}GCV(h) \tag{9.10}$$

9.3.1 空间相关性检验

在混合地理加权回归模型的基本假定中,一般误差项设定为独立同分布的随机变量,然而,空间相关性的存在可能导致估计结果失真。因此,在对空间数据进行研究时,空间相关性的检验尤为重要。对于普通最小二乘回归,存在两种常用的检验方法,一种是针对回归残差设计的 Moran'I 指标和 Gearry'C 指标,还有一种是在极大似然估计下构造的拉格朗日检验以及似然比检验。后来,Tiefelsdorf 和 Boots(1995)、Hepple(1998)给出了不存在自相关情况下基于残差的 Moran'I 指标和 Gearry'C 指标的精确分布,但是,此时计算量较大 Leung 等(2000a)将这种检验方法推广到地理加权回归模型,并给出了检验残差空间相关性的统计量。而对于混合地理加权回归模型,至今还没有相关研究涉足空间相关性方面的检验,有鉴于此,本章我们提出了空间相关性 Moran'I 指标,并首次尝试采用三阶矩 χ^2 逼近方法对其检验 p-值进行逼近。

对于空间相关性方面的检验,构造 Moran'I 指标的具体方法如下。原假设 H_0 设为模型估计误差不存在空间相关性特征,即 $Var(\varepsilon)=E(\varepsilon\varepsilon^T)=\sigma^2 I$,备择假设为模型估计误差存在空间相关性特征。由于实际中真正的误差项不可观测,因此采用回归模型的残差向量 $\hat{\varepsilon}$ 进行代替,其中 $\hat{\varepsilon}=(\hat{\varepsilon}_1,\hat{\varepsilon}_2,\cdots,\hat{\varepsilon}_n)$,据魏传华和梅长林(2005)关于混合地理加权回归模型的估计结果,可得:

$$\hat{Y}=LY,\hat{\varepsilon}=(I-L)Y=NL。\tag{9.11}$$

这里:$L=S+(I-S)X(X^T(I-S)^T(I-S)X)^{-1}X^T(I-S)^T(I-S)$,$N=I-L$,$S=(Z_1^T[Z^TG(u_1,v_1)Z]^{-1}Z^TG(u_1,v_1),\cdots,Z_n^T[Z^TG(u_n,v_n)Z]^{-1}Z^TG(u_n,v_n))^T$,并且 S 中的 $G(u_i,v_i)=diag\{G_1(u_i,v_i),\cdots,G_n(u_i,v_i)\}$ 表示点 (u_i,v_i) 处相应的权函数矩阵,其中 $G(u_i,v_i)$ 权函数。

给定残差向量后,构造的 Moran'I 指标为:

$$I_0=\frac{n}{s}\frac{\hat{\varepsilon}^TW^*\hat{\varepsilon}}{\hat{\varepsilon}^T\hat{\varepsilon}}\tag{9.12}$$

上式可进一步简化为 $I_0=\frac{\hat{\varepsilon}^TW^*\hat{\varepsilon}}{\hat{\varepsilon}^T\hat{\varepsilon}}$。其中,$S=\sum_{i=1}^{n}\sum_{j=1}^{n}w_{ij}$,$W^*=(W^T+W)/2$,$W$ 为相邻单元之间构成的标准化空间权重矩阵。上面的 Moran'I 指标即为原假设和备择假设下空间相关性的检验统计量。令 r 为 I_0 的观测值,则 I_0 的检验 p-值为:

$$p=p(I_0\geqslant r)\text{或 }p=p(I_0\leqslant r)\tag{9.13}$$

其中 $I_0\geqslant r$ 衡量误差项存在正相关的情况;反之,$I_0\leqslant r$ 衡量误差项存在负相关的情况。对于给定的显著性水平 α,若 $p<\alpha$,则拒绝原假设 H_0,误差项之间存在空间相关性。

在假设 H_0 下,我们有 $\varepsilon\sim N(0,\sigma^2 I)$,Fortheringham 等指出地理加权回归模型中,局部加权回归技术本身是一种研究降低偏差的估计方法,如果窗宽的选择使得回归偏差可近似忽略,那么这里不妨假定 $E(\hat{\varepsilon})=E(Y-\hat{Y})=0$,即有,$\hat{\varepsilon}=\hat{\varepsilon}-E(\hat{\varepsilon})=N(Y-E(Y))=N\varepsilon$,因此有:

$$I_0=\frac{\varepsilon^TN^TW^*N\varepsilon}{\varepsilon^TN^T\varepsilon}\tag{9.14}$$

可以看出,I_0 关于 σ^2 具有不变性。不失一般性,可以假定 $\sigma^2=1$ 即在原假设 H_0 下 $\varepsilon\sim N(0,1)$。此时,式可变为:

$$p=p(I_0\leqslant r)=p\left(\frac{\varepsilon^TN^TW^*N\varepsilon}{\varepsilon^TN^T\varepsilon}\leqslant r\right)=p[\varepsilon^TN^T(W^*-rI)N\varepsilon\leqslant 0]\tag{9.15}$$

下面我们将采用三阶矩 χ^2 逼近计算 $p(I_0\leqslant r)$。令 $Q=\varepsilon^TN^T(W^*-rI)N\varepsilon$ 那么利用三阶矩 χ^2 逼近可求得其检验 p-值,主要分为两种情况:

当 $E(Q-E(Q))^3>0$ 时,

$$p=p(I_0\leqslant r)=p=p(Q\leqslant 0)\approx p=p(\chi_d^2\leqslant d-\frac{1}{2}E(Q)var(Q)/tr[N^T(W^*-rI)N]^3)\tag{9.16}$$

当 $E(Q-E(Q))^3<0$ 时,

$$p=p(I_0\leqslant r)\approx 1-p(\chi_d^2\leqslant d-\frac{1}{2}E(Q)var(Q)/tr[N^T(W^*-rI)N]^3) \quad (9.17)$$

其中：

$$E(Q)=tr[N^T(W^*-rI)N], var(Q)=2tr[N^T(W^*-rI)N]^2$$
$$E(Q-E(Q))^3=8tr[N^T(W^*-rI)N]^3$$
$$d=\frac{8[var(Q)]^3}{\{E(Q-E(Q))^3\}^2}=\frac{\{tr[N^T(W^*-rI)N]^2\}^3}{\{tr[N^T(W^*-rI)N]^3\}^2}$$

实际中 $E(Q-E(Q))^3=0$ 的情况很少出现，这时有 $tr[N^T(W^*-rI)N]^3=0$，若出现这一情况，我们可采用精确方法（Imhof，1961）求解，或者令 $p=\Phi[E(Q)/\sqrt{var(Q)}]$，其中 $\Phi(\cdot)$ 为标准正态分布的分布函数。

另外，由于 OLS 估计是 GWR 模型或者 MGWR 模型估计在权函数设定为单位阵时的特殊情况，我们在此同样给出了备择假设为全局空间模型时的空间相关性检验方法（其结果将在数值模拟时用到）。在零假设为真的情况下，全局空间模型变为普通的线性回归模型，其残差向量可表示为：

$$\hat{\varepsilon}=[I-X(X^TX)^{-1}X^T]Y=[I-X(X^TX)^{-1}X^T]\varepsilon\hat{=}N\varepsilon \quad (9.18)$$

依照上述三阶矩 χ^2 逼近方法，令 $Q=\varepsilon^T(NW^*N-rN)\varepsilon$，那么对于普通的线性回归模型，求得检验 p-值同样可以分为两种情况：

$$p=p(I_0\leqslant r)=p=p(Q\leqslant 0)\approx p=p\left(\chi_d^2\leqslant d-\frac{1}{2}E(Q)var(Q)/tr[N^T(W^*-rN]^3\right) \quad (9.19)$$

当 $E(Q-E(Q))^3<0$ 时，

$$p=p(I_0\leqslant r)\approx 1-p\left(\chi_d^2\leqslant d-\frac{1}{2}E(Q)var(Q)/tr[N^T(W^*-rN]^3\right)$$
$$E(Q)=tr(W^*N)-r(n-K-1)$$
$$var(Q)=2[tr(W^*N)^2-2rtr(W^*N)+r^2(n-k-1)]$$
$$E(Q-E(Q))^3=8[(W^*N)^3-3r(W^*N)^2+3r^2(W^*N)+r^3(n-k-1)]$$
$$d=\frac{3[var(Q)]^3}{\{E(Q-E(Q))^3\}^2}=\frac{\{tr[N^TW^*N-rN]^2\}^3}{\{tr[N^TW^*N-rN]^3\}^2} \quad (9.20)$$

这里，n 为样本个数，k 为解释变量的个数。

混合地理加权回归模型揭示了空间数据的非平稳性，但此模型没有将空间相关性考虑在内，而空间滞后回归模型考虑了空间相关性，却又忽略了可能存在的空间异质性。因此，我们试图建立一类新的混合地理加权空间滞后回归模型来解决空间数据同空间相关性和空间异质性同时存在的情形。按照先全局变量后局部变量的排列方式，其数学表达式定义为：

$$y_i=p\Big(\sum_{j=1}^{n}w_{ij}y_j\Big)+\sum_{j=1}^{q}\beta_i x_{ij}+\alpha_0(u_i,v_i)+\sum_{k=1}^{p}\alpha_k(u_i,v_i)z_{ik}+\varepsilon_i,\ i=1,2,\cdots,n \quad (9.21)$$

$$y_i = \rho\Big(\sum_{j=1}^{n} w_{ij} y_j\Big) + \beta_0 + \sum_{j=1}^{q} \beta_i x_{ij} + \sum_{k=1}^{p} \alpha_k(u_i, v_i) z_{ik} + \varepsilon_i,\ i = 1,2,\cdots,n \tag{9.22}$$

其中 ρ 为待估未知参数,w_{ij} 为预先给定的 $n\times n$ 阶空间邻接矩阵 $\mathbf{W}$ 中的元素,一般是基于空间位置距离关系和相邻关系的结合,其他符号的意义与式(9.21)和式(9.22)中相同。为了明确起见,我们仅以式(9.22)为例加以讨论,其矩阵形式为:

$$Y = \rho WY + X\beta + M + \varepsilon \tag{9.23}$$

不难看出,若 $M=0$,则式(9.23)变为普通的空间滞后回归模型;若 $\rho=0$,则式(9.23)变为混合地理加权回归模型。

9.3.2 模型参数估计

基于式(9.23)的特点,我们可以将其分成由线性部分 $\rho WY+X\beta$ 和变系数部分 M 组成,从而借鉴两步估计法(魏传华和梅长林,2005)来估计模型未知参数。具体步骤如下:

第一步,假设线性部分 $\rho WY+X\beta$ 中的 ρ 和 β 已知,那么该模型可转化为空间变系数回归模型 $Y^*=M+\varepsilon$,其中 $Y^*=T(\rho)Y+X\beta$,$T(\rho)=I-\rho W$。对于该模型,利用空间局部加权最小二乘法(地理加权回归方法)可得:

$$\hat{M} = SY^* = S(T(\rho)Y - X\beta) \tag{9.24}$$

其中,

$$S = \begin{bmatrix} Z_1^T[Z^TG(u_1,v_1)Z]^{-1}Z^TG(u_1,v_1) \\ Z_2^T[Z^TG(u_2,v_2)Z]^{-1}Z^TG(u_2,v_2) \\ \vdots \\ Z_n^T[Z^TG(u_n,v_n)Z]^{-1}Z^TG(u_n,v_n) \end{bmatrix},$$

$$G(u_i,v_i) = \begin{bmatrix} G_1(u_i,v_i) & 0 & \cdots & 0 \\ 0 & G_2(u_i,v_i) & \cdots & 0 \\ \vdots & \vdots & \vdots & \vdots \\ 0 & 0 & \cdots & G_n(u_i,v_i) \end{bmatrix}.$$

实际研究中选取的权函数主要有以下三种:

高斯距离权函数:$G_j(u_i,v_i) = \Phi\left(\dfrac{d_{ij}}{\sigma h}\right)$;

指数距离权函数:$G_j(u_i,v_i) = \exp\left[-\left(\dfrac{d_{ij}}{h}\right)^2\right]$;

三次方距离权函数:$G_j(u_i,v_i) = \left[1-\left(\dfrac{d_{ij}}{h}\right)^3\right]^3 I(d_{ij}<h)$。

式中,d_{ij} 是位置 (u_i,v_i) 到 (u_j,v_j) 的距离,$\Phi(\cdot)$ 为标准正态分布的分布函数,σ 为距离 d_{ij} 的标准差,h 是窗宽,q_i 为观测值 i 到第 q 个最近邻居之间的距离,$I(\cdot)$ 为示性函数,$j=1,2,\cdots,n$。这里将选取较为常用的指数距离权函数展开研究。

将 M 的估计代入式(9.23),整理可得:

$$T(\rho)Y-X\beta=(ST(\rho)Y-X\beta)+\varepsilon \tag{9.25}$$

第二步，利用截面似然估计的方法对式(5.17)求解。式(5.17)的对数似然函数为：

$$L(Y|\theta)=-\frac{1}{2\sigma^2}[(T(\rho)Y-X\beta)^T P(T(\rho)Y-X\beta)]-$$

$$\frac{n}{2}\ln(2\pi\sigma^2)+\ln|T(\rho)|+\ln|I-S| \tag{9.26}$$

其中，$\theta=(\beta^T,\rho,\sigma^2)^T$，$P=(I-S)^T(I-S)$。那么式(9.26)取最大值时 $\hat{\theta}$ 即为 θ 的估计值，$\hat{\theta}=\arg\max\limits_{(\theta)} L(Y|\theta)$。对数似然函数式(9.26)分别对 β 和 σ^2 求导，并令其等于零，整理可得：

$$\begin{cases}\hat{\beta}(\rho)=(X^TPX)^{-1}X^TPT(\hat{\rho})Y\\ \hat{\sigma}^2(\rho)=\dfrac{1}{n}(T(\rho)Y)^T(I-X(X^TPX)^{-1}X^TP)^TP(I-X(X^TPX)^{-1}X^TP)(T(\rho)Y)\end{cases} \tag{9.27}$$

将 $\hat{\beta}$ 和 $\hat{\sigma}^2$ 分别代入 $L(Y|\theta)$，得到关于 ρ 的集中对数似然函数(Concentrated Log Likelihood Function)：

$$L(Y|\theta)=-\frac{n}{2}\ln\hat{\sigma}^2+\ln|T(\rho)|-\frac{n}{2}-\frac{n}{2}\ln 2\pi+\ln|I-S| \tag{9.28}$$

上式是参数 ρ 的非线性函数，运用优化算法将其极大化可得到 ρ 的估计 $\hat{\rho}$。

第三步，将第二步得到的 ρ 的估计 $\hat{\rho}$ 代入式(9.27)，即可得到 β 和 σ^2 的最终估计为：

$$\begin{cases}\hat{\beta}(\hat{\rho})=(X^TPX)^{-1}X^TPT(\hat{\rho})Y\\ \hat{\sigma}^2(\hat{\rho})=\dfrac{1}{n}(T(\hat{\rho})Y)^T(I-X(X^TPX)^{-1}X^TP)^TP(I-X(X^TPX)^{-1}X^TP)(T(\hat{\rho})Y)\end{cases} \tag{9.29}$$

据此，变系数部分的估计为：

$$\hat{\alpha}(u_i,v_i)=[Z^TG(u_i,v_i)Z]^{-1}Z^TG(u_i,v_i)(T(\hat{\rho})Y-X\hat{\beta}(\hat{\rho})) \tag{9.30}$$

由(9.24)式和式(9.29)可得到的 Y 拟合值为：

$$\hat{Y}=T^{-1}(\hat{\rho})(X\hat{\beta}(\hat{\rho})-\hat{M})=$$

$$T^{-1}(\hat{\rho})[(S+(I-S)X(X^TPX)^{-1}X^TP)]T^{-1}(\hat{\rho})Y=S^*Y \tag{9.31}$$

其中 $S^*=T^{-1}(\hat{\rho})[(S+(I-S)X(X^TPX)^{-1}X^TP)]T^{-1}(\hat{\rho})$。

在地理加权回归模型中，通常采用交叉证实法确定合适的窗宽 h，即选取 h，使得 $CV=\sum\limits_{i=1}^{n}[y_i-\hat{y}_{\neq i}(h)]^2$ 达到最小，其中 $\hat{y}_{\neq i}(h)$ 是在给定 h 值下删掉第 i 组观测数据后，估计得到的 y_i 的预测值，但实际操作中计算耗时。与魏传华和梅长林(2005)类似，我们可以采用计算量较小的广义交叉证实法来确定最优窗宽 h_0，h_0 满足 $GCV(h_0)=\min\limits_{(h>0)} GCV(h)$，其中 $GCV(h)=\sum\limits_{i=1}^{n}[y_i-\hat{y}_i(h)/(1-s_{ii}^*(h))]^2$，$s_{ii}^*(h)$ 是 $s^*(h)$ 的第 i 个对角元素，并且 $\hat{y}_i(h)$ 是 y 第个 i 拟合值。

9.4 地理加权空间计量模型的估计与检验

从文献上看,对模型(9.2)的极大似然估计方法有 Brunsdon 等(1998)提出了 Ord-GWR 模型空间自相关系数空间异质性的 Monte Carlo 模拟实验,Paez 等(2002b)提出存在 GWR-SL 模型和 GWR-SE 模型的参数异质性 LM 检验。

前述,采用极大似然估计方法的计算量非常之大,尤其在 SGWR 模型中需要逐点回归。此外,极大似然方法还需要对随机误差项的分布进行假设,当分布未知,或不满足经典假设时,极大似然估计的良好性质将无法得到保障。为此,本节在误差项分布未知条件下,分别构建 GWR-SL 模型和 GWR-SE 模型的广义矩估计框架,以及两种模型的广义矩一致估计量的数理推导①。

9.4.1 GWR-SL 模型的广义矩估计与推断

GWR-SL 模型含有因变量空间滞后项,用 OLS 回归会导致估计量有偏且不一致(Anselin,1988)。下面构建 GWR-SL 模型的广义矩估计框架,使用工具变量的广义矩估计不需要假定误差分布已知,而且计算量大为减少。

假设在任意观测点 $i(i=1,\cdots,N)$ 的回归曲面可近似为如下线性形式:

$$Y=X\beta_i+\lambda_i WY+\varepsilon_i \quad |\lambda_i|<1 \tag{9.32}$$

式(9.32)也可以写成如下形式:

$$Y=Z\delta_i+\varepsilon_i \tag{9.33}$$

其中,$Z=(X,WY)$;$\delta_i=(\beta',\lambda_i)'$和 ε_i 加了下表是因为它们和观测值 i 相关。

式(9.33)中,假设误差项向量中各元素相互独立,且 $E(\varepsilon_i)=0$,$E(\varepsilon_i\varepsilon_i')=\delta_i^2G_i(h)$。令地理加权矩阵为 $G_i^{-1}(h)$,$G_i^{-1}(h)$ 是 $G_i(h)$ 的逆矩阵,有多重取法(Brunsdon et al.,1998b),这里采用应用最广泛的 Gauss 地理权重矩阵:

$$G_i^{-1}(h)=diag\left\{\exp\left[-0.5\times\left(\frac{d_{i1}}{h}\right)^2\right],\cdots,\exp\left[-0.5\times\left(\frac{d_{in}}{h}\right)^2\right]\right\} \tag{9.34}$$

其中,d_{i1} 是观测点 i 与样本点 j 的欧式距离;h 是窗宽系数($h>0$)。

因为模型含有空间滞后项,采用广义矩估计中的两阶段最小二乘估计式(9.32)。假定 h 已知,将矩阵 $G_i^{-1/2}(h)$ 左乘式(9.32)的两端:

$$G_i^{-1/2}(h)Y=G_i^{-1/2}(h)[X\beta_i+\lambda_i WY]+G_i^{-1/2}(h)\varepsilon_i=G_i^{-1/2}(h)Z\delta_i+G_i^{-1/2}(h)\varepsilon_i \tag{9.35}$$

记 $Y_i=G_i^{-1/2}(h)Y$;$Z_i=G_i^{-1/2}(h)Z$;$\varphi_i=G_i^{-1/2}(h)\varepsilon_i$。式(9.33)可以简化为:

$$Y_i=Z_i\delta_i+\varphi_i \tag{9.36}$$

其中 $E(\varphi_i)=0$,$E(\varphi_i\varphi_i')=\delta_i^2 I_N$。因为 $Y_i=G_i^{-1/2}(h)Y$,故有 $E(Y_i)=E(G_i^{-1/2}(h)Y)=G_i^{-1/2}(h)E(Y)$,根据式(9.32),取变量工具矩阵 H_i 为 $G_i^{-1/2}(h)(X,WX,W^2X,\cdots,W^qX)$的线性无关列组成的矩阵,即 $G_i^{-1/2}(h)H$,H 为$(X,WX,W^2X,\cdots,W^qX)$线性无

① 林光平,龙志和. 空间经济计量:理论与实证[M]. 科学出版社 2014 年版.

关列组成的矩阵，实际操作时，通常取 $q\leqslant 2$。

对式(9.36)进行两阶段最小二乘估计。得到如下估计量：

$$\hat{\delta}_i=(\hat{Z}_i'\hat{Z}_i)^{-1}\hat{Z}_i'Y_i \tag{9.37}$$

其中，$\hat{Z}_i=P_{H_i}Z_i=(X_i,(W\hat{Y})_i)$，$W_i\hat{Y}_i=P_{H_i}(WY)_i$，$P_{H_i}=H_i(H_i'H_i)^{-1}H_i'$。

H_i 是 $G_i^{-1/2}(h)H$ 与观测点 i 的地理位置相关的工具变量矩阵，根据 Kelejian 和 Prucha(2009)的研究，$\hat{\delta}_i$ 是 δ_i 的一致渐进正态估计量，即 $\hat{\delta}_i\sim N(\delta_i,\hat{\delta}_i^2(\hat{Z}_i'\hat{Z}_i)^{-1})$。

把式(9.37)代入式(9.33)得到：

$$\hat{Y}=Z(\hat{Z}_i'\hat{Z}_i)^{-1}\hat{Z}_i'Y_i \tag{9.38}$$

再将 $Y_i=G_i^{-1/2}(h)Y$ 代入(9.38)，得到：

$$\hat{Y}=Z(\hat{Z}_i'\hat{Z}_i)^{-1}\hat{Z}_i'G_i^{-1/2}(h)Y \tag{9.39}$$

令 $S_i=Z(\hat{Z}_i'\hat{Z}_i)^{-1}\hat{Z}_i'G_i^{-1/2}(h)$，有 $\hat{Y}=S_iY$，$\hat{\varepsilon}_i=Y-S_iY=(I_N-S_i)Y$，由此求出 σ_i^2 的无偏估计量 $\hat{\sigma}_i^2$：

$$\hat{\sigma}_i^2=\hat{\varepsilon}_i'\hat{\varepsilon}_i/tr[(I_N-S_i)'(I_N-S_i)] \tag{9.40}$$

进而，可对 δ_i 进行参数显著性检验，这里 tr 表示求矩阵的迹运算。

9.4.2 GWR-SE 模型的广义矩估计与推断

GWR-SE 模型的研究最早有 Paez 等(2002)完成，本节介绍该模型的广义矩估计与推断。

研究对象间的空间自相关可能出现在误差项中，假设在任意观测点 $i(i=1,\cdots,N)$的回归曲面可近似为如下线性形式：

$$\begin{aligned}&Y=X\beta_i+\upsilon_i\\&\upsilon_i=\rho_iW\upsilon_i+\varepsilon_i,\ \ |\rho_i|<1\end{aligned} \tag{9.41}$$

仍然采用应用最广泛的 Gauss 地理权重矩阵，其中，变量含义与式(9.32)相同：

$$G_i^{-1}(h)=diag\left\{\exp\left[-0.5\times\left(\frac{d_{i1}}{h}\right)^2\right],\cdots,\exp\left[-0.5\times\left(\frac{d_{in}}{h}\right)^2\right]\right\} \tag{9.42}$$

将矩阵 $G_i^{-1/2}(h)$左乘(9.41)的两端：

$$\begin{aligned}&G_i^{-1/2}(h)Y=G_i^{-1/2}(h)X\beta_i+G_i^{-1/2}(h)\upsilon_i\\&G_i^{-1/2}(h)\upsilon_i=\rho_iG_i^{-1/2}(h)WG_i^{-1/2}(h)G_i^{-1/2}(h)\upsilon_i+G_i^{-1/2}(h)\varepsilon_i\end{aligned} \tag{9.43}$$

记；$Y_i=G_i^{-1/2}(h)Y$；$X_i=G_i^{-1/2}(h)X$，$W_i=G_i^{-1/2}(h)WG_i^{-1/2}(h)$，$\eta_i=G_i^{-1/2}(h)\upsilon_i$，$\varphi_i=G_i^{-1/2}(h)\varepsilon_i$，式(9.41)可以写成如下形式：

$$\begin{aligned}&Y_i=X\beta_i+\eta_i\\&\eta_i=\rho_iW\eta_i+\varphi_i\end{aligned} \tag{9.44}$$

其中，$E(\varphi_i)=0$，$E(\varphi_i\varphi_i')=\sigma_i^2I_N$。又 $\eta_i=(I_N-\rho_iW_i)^{-1}\varphi_i$，有 $E(\eta_i)=0$，记 $E(\eta_i\eta_i')=\sigma_i^2\Omega(\rho_i)$：

$$\Omega(\rho_i)=(I_N-\rho_iW_i)^{-1}(I_N-\rho_iW_i')^{-1} \tag{9.45}$$

依据 Kelejian 和 Prucha(1999,2009),式(9.45)存在如下两个零条件矩:

$$g_{1i}=E(n^{-1}\bar{\varphi}_i'\bar{\varphi}_i)-E(n^{-1}\bar{\varphi}_i'\bar{\varphi}_i)n^{-1}tr(W_iW_i')=0$$
$$g_{2i}=E(n^{-1}\bar{\varphi}_i'\bar{\varphi}_i)=0 \tag{9.46}$$

其中,$\bar{\varphi}_i=W_i\varphi_i$,注意到 $\varphi_i=\eta_i-\rho_i\bar{\eta}_i(\bar{\eta}_i=W\eta_i)$,$\bar{\varphi}_i=\bar{\eta}_i-\rho_i\bar{\bar{\eta}}_i(\bar{\bar{\eta}}_i=W\bar{\eta}_i)$,代入式(9.46)简化,可展开为如下方程组形式:

$$\Gamma_i\alpha_i-t_i=0 \tag{9.47}$$

其中 $\Gamma_i=\begin{bmatrix}2n^{-1}E(\eta_i'W_i'A_i\eta_i) & -n^{-1}E(\eta_i'W_i'A_iW_i\eta_i)\\ n^{-1}E(\eta_i'W_i'(B_i+B_i')A_i\eta_i) & -n^{-1}E(\eta_i'W_i'B_iW_i\eta_i)\end{bmatrix}$,$A_i=W_i'W_i-n^{-1}tr(W_iW_i')I_N$,$B_i=W_i$;$\alpha_i=\begin{bmatrix}\rho_i\\ \rho_i^2\end{bmatrix}$;$t_i=\begin{bmatrix}n^{-1}E(\eta_i'A_i\eta_i)\\ n^{-1}E(\eta_i'B_i\eta_i)\end{bmatrix}$。

用 η_i 的一致无偏估计量 $\tilde{\eta}_i$ 代入式(9.47),得到式(9.44)的样本矩方程:

$$\tilde{\Gamma}_i\alpha_i-\tilde{t}_i=\upsilon_i \tag{9.48}$$

υ_i 可看成残差向量,对式(9.48)采用非线性的广义矩估计,得到 ρ_i 估计量:

$$\tilde{\rho}_i=\underset{\rho_i\epsilon(-1,1)}{\arg\min}(\tilde{\Gamma}_i\alpha_i-\tilde{t}_i)'\gamma_i(\tilde{\Gamma}_i\alpha_i-t_i) \tag{9.49}$$

其中,权重矩阵 $\gamma_i=diag(\kappa_i,1)$,$\kappa_i=1/\{1+[n^{-1}tr(W_iW_i')]^2\}$(Kelejian and Prucha,2009)。

根据 Kelejian 和 Prucha(2009),按上述方法求出的 ρ_i 的广义矩估计量 $\hat{\rho}_i\sim N(\rho_i,(\hat{J}_i'\gamma_i\hat{J}_i)^{-1})$,$\hat{J}_i=\tilde{\Gamma}_i(1,2\hat{\rho}_i)'$,$\tilde{\Gamma}_i$ 是 Γ_i 估计值。

根据 $\hat{\rho}_i$,可以得到 $\Omega(\hat{\rho}_i)=(I_N-\hat{\rho}_iW_i)^{-1}(I_N-\hat{\rho}_iW_i')^{-1}$。

对 $Y_i=X\beta_i+\eta_i$ 采用广义最小二乘法(Generalized Least Squares,GLS)估计,可得的一致无偏估计量:

$$\hat{\beta}_i=(X_\Omega'(\hat{\rho}_i)^{-1}X_i)^{-1}X_i'\Omega(\hat{\rho}_i)^{-1}Y_i \tag{9.50}$$

将式(9.41)变形为:

$$Y_i=\rho_iWY+(I_N-\rho_iW_i)X\beta_i+\varepsilon_i,\ |\lambda_i|<1 \tag{9.51}$$

将参数估计值代入式(9.51),有:

$$\hat{Y}=\hat{\rho}_iWY+(I_N-\rho_iW_i)X(X_i'^{\Omega(\hat{\rho}_i)^{-1}X_i})^{-1}X_i'\Omega(\hat{\rho}_i)^{-1}G_i^{-1/2}(h)Y=$$
$$[\hat{\rho}_iW+(I_N-\rho_iW_i)X(X_i'^{\Omega(\hat{\rho}_i)^{-1}X_i})^{-1}X_i'\Omega(\hat{\rho}_i)^{-1}G_i^{-1/2}(h)]Y \tag{9.52}$$

记 $S_i=\hat{\rho}_iW+(I_N-\rho_iW_i)X(X_i'^{\Omega(\hat{\rho}_i)^{-1}X_i})^{-1}X_i'\Omega(\hat{\rho}_i)^{-1}G_i^{-1/2}(h)$,得到 $\hat{Y}=S_iY$。

因为 $\hat{\varepsilon}_i=\hat{Y}-S_iY=(I_N-S_i)Y$,由此求出 σ_i^2 的无偏估计量 $\hat{\sigma}_1^2$:

$$\hat{\sigma}_1^2=\hat{\varepsilon}_i'\hat{\varepsilon}_i/tr[(I_N-S_i)'(I_N-S_i)] \tag{9.53}$$

进而,可对 β_i 进行参数显著性检验,这里 tr 表示求矩阵的迹运算。

通过建立 GWR-SL 模型和 GWR-SE 模型的广义矩估计框架,对 GWR-SL 模型和 GWR-SE 模型进行估计和推断克服了目前地理加权空间计量经济模型采用极大似然估计的不足,拓展了 SGWR 模型估计方法。

9.5 面板数据的地理加权空间回归模型

空间面板数据 GWR 模型的设定[①]：

$$Y_{it}=\rho_0 W_{it}Y+X_{it}\beta_0+u_{it},\ i=1,\cdots,N,\ \forall o \quad (9.54)$$
$$u_{it}=v_i+\varepsilon_{it},\ t=1,\cdots,T$$

或其向量表示形式：

$$Y=\rho_0 WY+X\beta_0+u,\ u=v+\varepsilon \quad (9.55)$$

其中，$Y=(Y_1,Y_2,\cdots,Y_N)^T$ 表示因变量向量，$Y_i=(Y_{i1},Y_{i2},\cdots,Y_{it})^T$，$\rho_0$ 为空间自相关系数矩阵，$\rho_0=\begin{bmatrix}\rho_1 & 0 & 0\\ \vdots & \ddots & \vdots\\ 0 & 0 & \rho_N\end{bmatrix}\otimes I_T$，$I_T$ 是元素全为 1 的 T 阶方阵，矩阵 $\boldsymbol{W}$ 表示空间权重矩阵，通常对其进行行和等于 1 的行标准化，WY 表示因变量的空间滞后项，$\otimes$表示 Kronecker 积。X 为 $NT\times NK$ 的外生变量对角矩阵，其对角线上的元素为 $T\times K$ 矩阵，β_0 为 $NK\times 1$ 维参数矩阵。u 为 $NT\times 1$ 维干扰项向量，v 为个体效应向量，$\varepsilon\sim N(0,\delta^2 I_{NT})$是随机扰动项。模型(9.54)与传统空间面板数据模型的区别在于参数的空间非均衡，即 ρ_0 和 β_0 对应的回归点 o(o 可以是研究区域内的任意点）的系数随观察点 o 空间位置的不同而变动。

9.5.1 混合效应空间面板数据 GWR 模型的 ML 估计

在混合效应模型中，(9.55) 式中的 $u=\varepsilon$，$\varepsilon\sim N(0,\Sigma)$，$\Sigma=E(\varepsilon\varepsilon')=\delta_0^2 G_0\otimes I_T$，$I_T$ 表示 T 阶单位矩阵，G_0 是进行地理赋权的 $N\times N$ 对角矩阵，对角线上的元素 g_{oi} 表示 o 点回归时 i 点的地理赋权值，赋权函数采用高斯函数的形式，$\otimes$表示 Kronekcer 乘积：

$$G_0=\begin{bmatrix}g_{oi} & 0 & 0\\ 0 & \ddots & 0\\ 0 & 0 & g_{oN}\end{bmatrix} \quad (9.56)$$

其中，g_{oi} 中的是 h_o 局部带宽系数，此时的带宽将随回归点的变动而变动。带宽是 GWR 回归中地理加权的核心系数，不仅表示观测值的权重对空间距离的敏感程度，还影响回归分析中有效观测点的数量。当 $h_o=0$ 时，所有观测点的权重都是 1，有效观测点的数量等于整体样本的数量；当 $h_o=\infty$时，除回归点以外的所有点的权重都为 0，有效观测点的数量等于 1，d_{oi} 表示点 o 和点 i 的欧氏距离的平方。

令 $A=I_{NT}-\rho_o W$，则(9.55)式的简化形式为：

$$AY=X\beta_0+\varepsilon \quad (9.57)$$

① 林志鹏，龙志和，吴梅. 中国人口年龄结构对地区居民消费的差异影响——基于空间面板数据的地理加权回归方法[J]. 广东商学院学报，2012，2：56—64.

在满足正态分布的假定下,误差向量的联合密度函数为:

$$F(\varepsilon)=(2\pi)^{-NT/2}|\Sigma|^{-1/2}\exp(-\varepsilon'\Sigma^{-1}\varepsilon/2) \tag{9.58}$$

在满足正态分布的假设下,误差向量的联合密度函数为:

$$F(\varepsilon)=(2\pi)^{-NT/2}|\Sigma|^{-1/2}\exp(-\varepsilon'\Sigma^{-1}\varepsilon/2) \tag{9.59}$$

对应的对数似然函数为:

$$LNF=-\frac{NT}{2}\ln(2\pi)-\frac{NT}{2}\ln\delta_0^2-\frac{1}{2}T\sum_i h_0 d_{oi}^2-\frac{1}{2\delta_0^2}(\varepsilon'(G_0^{-1}\otimes I_T)\varepsilon)+\ln abs|A| \tag{9.60}$$

对(9.60)式求导后可得到参数向量和干扰项方差系数的解析式:

$$\hat{\beta}_0=(X'(G_0^{-1}\otimes I_T)X)^{-1}X'(G_0^{-1}\otimes I_T)AY \tag{9.61}$$

$$\delta_0^2=\frac{(AY-X\beta_0)'(G_0^{-1}\otimes I_T)(AY-X\beta_0)}{NT} \tag{9.62}$$

将(9.61)、(9.62)式代入(9.60)式,得到集中化的对数似然函数:

$$LNF_o(\rho_0,h_0)=\text{constant}-\frac{NT}{2}(AY-X\beta_0)'(G_0^{-1}\otimes I_T)(AY-X\beta_0)-$$

$$\frac{1}{2}T\sum_i h_0 d_{oi}^2-\ln abs\prod_{o=1,\cdots,NT}(1-\rho_0 w_o) \tag{9.63}$$

其中,constant 表示常数项,w_o 是空间权重矩阵的第 c 个特征根。从(9.63)式可看出,该对数似然函数只需要估计参数 ρ_0 和 h_0。在对(9.63)式求最优化值后,将回归结果代入到(9.61)式和(9.62)式,便可以得到其他参数的估计值。

9.5.2 固定效应空间面板数据 GWR 模型的 ML 估计

本文对固定效应的设定参考 Baltagi(2005)的表示方法:

$$Y=\rho_0 WY+X\beta_0+Z_v v_0+\varepsilon \tag{9.64}$$

由(9.64)式得到:

$$AY=(XZ_v)\begin{pmatrix}\beta_0\\ v_0\end{pmatrix}+\varepsilon \tag{9.65}$$

式中,$Z=(XZ_v)$,$\beta=\begin{pmatrix}\beta_0\\ v_0\end{pmatrix}$,$v_0$ 表示估计 o 点时所使用的个体效应变量。对随机扰动项的设定与混合模型一致,$E(\varepsilon)=0$,$\Sigma=E(\varepsilon\varepsilon')=\delta_0^2 G_0\otimes I_T$ 具体的估计过程与混合效应模型相同,先得到 $\hat{\beta}$ 和 δ_0^2 的解析式,最后推导出集中化的对数似然函数为:

$$LNF_o(\rho_0,h_0)=\text{constant}-\frac{NT}{2}\ln\hat{\delta}_0^2-\frac{1}{2}T\sum_i h_0 d_{oi}^2-$$

$$\frac{1}{2\hat{\delta}_0^2}(AY-Z\hat{\beta})'(G_0^{-1}\otimes I_T)(AY-Z\hat{\beta})+\ln abs|A| \tag{9.66}$$

式中只包括 h_0 和 ρ_0 两个变量,通过对该集中化的对数似然函数进行最优化估计,可得到两个参数的估计值 $\hat{h}_0$ 和 $\hat{\rho}_0$,最后将估计值代入到其他参数的解析式,便完成了混合效应模型的 ML 估计。

9.5.3 随机效应空间面板数据 GWR 模型的 ML 估计

随机效应模型的设定：

$$Y=\rho_0 WY+X\beta_0+uu=Z_v v+\varepsilon \tag{9.67}$$

其中，$Z_v=I_N\otimes\tau_T$，I_N 是 N 阶单位矩阵，τ_T 是 $T\times 1$ 维 1 向量，$\varepsilon=(\varepsilon_1,\cdots,\varepsilon_N)^T$，$\varepsilon_i=(\varepsilon_{i1},\cdots,\varepsilon_{it})^T$，$i=1,2,3,\cdots,N$，$v=(v_1,v_2,\cdots,v_N)^T$，因此，$Z_vZ_v^\tau=I_N\otimes I_T$，$I_T$ 是 T 阶元素全为 1 的矩阵，令 $P=Z_v(Z'_vZ_v)^{-1}Z'_v$，即 $P=I_N\otimes\bar{J}_T$，$\bar{J}_T=J_T/T$。通过简单的矩阵运算可知，P 是每个个体在时间维度上的均值，$Q=I_{NT}-P$ 表示每个个体与均值的离差值。P 和 Q 具有以下性质：

1）对称幂等矩阵：$rank(p)=tr(p)=N$，$rank(Q)=N(T-1)$；

2）P 和 Q 正交：$PQ=0$；

3）P 和 Q 之和为单位阵：$P+Q=I_{NT}$。

$Rank()$表示矩阵的秩，$tr()$表示矩阵的迹，$v_i\sim IID(0,\delta_v^2)$，$\varepsilon_{it}\sim IID(0,\delta_o^2 g_{oi})$，$X_{it}$ 分别于 v_i 和 ε_{it} 独立，$\forall i,t$ 都成立。从(9.67)式可得到误差项的方差协方差矩阵：

$$\Omega=E(uu')=Z_vE(vv')Z'_v+E(\varepsilon\varepsilon')=\delta_v^2 I_N\otimes J_T+\delta_o^2(G_0\otimes I_T) \tag{9.68}$$

其中，Ω 是对角分块矩阵，其他变量的定义与混合模型相同。为便于后面的估计及表述，$I_T=T\bar{J}_T$，$I_T=E_T+\bar{J}_T$，$E_T=I_T-\bar{J}_T$，(9.68)式变形为：

$$\Omega=(T\delta_v^2 I_{NT}+\delta_o^2G_0\otimes I_T)(I_N\otimes\bar{J}_T)+(\delta_o^2G_0\otimes I_T)(I_N\otimes E_T)=\delta_1^2P+\delta_2^2Q \tag{9.69}$$

式中，$\delta_2^2=(T\delta_v^2 I_{NT}+\delta_o^2G_0)\otimes I_T$，$\delta_2^2=\delta_o^2G_0\otimes I_T$，根据 p 和 Q 的性质及 Kronekcer 积的性质得到：

$$\Omega^{-1}=(\delta_1^2)^{-1}P+(\delta_2^2)^{-1}Q=((T\delta_v^2 I_{NT}+\delta_o^2G_0)\otimes I_T)^{-1}P+(\delta_o^2G_0\otimes I_T)^{-1}Q) \tag{9.70}$$

$$\Omega^{-1/2}=(\delta_1^2)^{-1/2}P+(\delta_2^2)^{-1/2}Q \tag{9.71}$$

在正态分布条件下，干扰项的联合密度函数为：

$$F(u(v,\varepsilon))=(2\pi)^{-NT/2}\,|\Omega|^{-1/2}\exp\left(-\frac{1}{2}\right)\times u'\Omega^{-1}u) \tag{9.72}$$

仿照混合模型和固定效应模型，解出系数估计值为：

$$\hat{\beta}_0=(X'\Omega^{-1}X)^{-1}X'\Omega^{-1}AY \tag{9.73}$$

$$\hat{\delta}_o^2=F(\psi^2,h_0,\rho_0)=\frac{(u'((T\psi^2I_N+G_0)^{-2}G_0\otimes\bar{J}_T+G_0^{-1}\otimes(I_T-\bar{J}_T))u)}{\sum\limits_{i=1,\cdots,N}T\psi^2+g_{oi}+N(T-1)} \tag{9.74}$$

其中，$\psi^2=\delta_v^2/\delta_o^2$，将 $\ln abs|A|=\ln abs\prod\limits_{o=1,\cdots,NT}(1-\rho_0w_o)$代入对数似然函数后得到集中化的对数似然函数：

$$LNF_o(\psi^2,h_0,\rho_0)=\text{const}-\sum_{i=1,\cdots,N}\Psi_1-\frac{NT}{2}\ln F(\psi^2,h_0)-$$
$$\frac{1}{2}\hat{u}\psi_2\hat{u}\frac{1}{F(\psi^2,h_0)}+\ln abs\prod_{o=1,\cdots,NT}(1-\rho_0w_o) \tag{9.75}$$

其中,$\Psi_1=\ln(T\psi^2+g_{oi})+(T-1)\ln(g_{oi})$,$\psi_2=((T\psi^2I_N+G_0)^{-1}\otimes I_T)P+(G_0^{-1}\otimes I_T)Q$,$w_o$ 是空间权重矩阵的第 c 个特征根。式(9.75)中待估计参数简化为 3 个,可以看出集中化对数似然函数的估计相比于非集中化的对数似然函数大大降低了运算量。通过对式(9.75)进行极值求解,得到 ψ_2、h_0 和 ρ_0 的估计值,然后将估计值代入式(9.73)和式(9.74)便得到 $\hat{\beta}_0$ 和 $\hat{\delta}_0^2$。

拓展阅读

[1] 邓明. 时变系数的空间误差合成模型——基于 FGLS 和 GM 的多阶段迭代估计[J]. 数量经济技术经济研究, 2013.

[2] 魏传华, 胡晶, 吴喜之. 空间自相关地理加权回归模型的估计[J]. 数学的实践与认识, 2010, 40(22): 126—134.

[3] 汤庆园, 徐伟, 艾福利. 基于地理加权回归的上海市房价空间分异及其影响因子研究[J]. 经济地理, 2012, 32.

[4] 吴玉鸣. 空间计量经济模型在省域研发与创新中的应用研究[J]. 数量经济技术经济研究, 2006, 23: 74—85. DOI:doi:10.3969/j.issn.1000—3894.2006.05.009.

[5] 吴玉鸣, 李建霞. 基于地理加权回归模型的省域工业全要素生产率分析[J]. 经济地理, 2006, 26: 748—752. DOI:doi:10.3969/j.issn.1000—8462.2006.05.006.

参考文献

[1] 林光平, 龙志和. 空间经济计量: 理论与实证[M]. 科学出版社 2014 年版.

[2] 林志鹏, 龙志和, 吴梅. 中国人口年龄结构对地区居民消费的差异影响——基于空间面板数据的地理加权回归方法[J]. 广东商学院学报, 2014(2): 56—64.

[3] 乔宁宁. 变系数空间计量模型的估计和应用[D]. 厦门大学. 2014.

第10章 空间面板模型

10.1 空间面板模型概述

面板数据也称时间序列截面数据，是同时在时间和截面维度上取得的二维数据，面板数据既包含了截面数据特征也包含了时间序列数据的特征，为回归分析提供了丰富的数据信息。研究和分析面板数据的模型称为面板数据模型(Panel Data Model)，相对于截面数据模型，其优点在于考虑了各个截面数据间的共性，又能分析各截面数据个体异质性。面板数据建立的基本模型通常有三种，即混合模型、固定效应模型(Fixed Effect Model)和随机效应模型(Random Effect Model)。这三类模型均假设个体(地区或机构)之间相互独立，且不存在时间序列相关。除了这三类基本模型形式，随机系数回归模型(Random Coefficient Regression Model)、动态面板数据模型(Dynamic Panel Data Model)和SUR模型也是比较常见的面板数据模型。随机系数模型研究斜率系数随机分布时的情形；动态面板数据模型通过将因变量的滞后项引入模型，考虑了时间序列相关性；SUR模型则允许不同方程的扰动项之间存在相关性。

普通面板模型的经济计量检验和估计方法已经非常成熟，被广泛用于经济计量实证研究之中。但是，如果模型变量之间存在空间效应，则模型就不服从普通面板数据模型的基本假定，仍采用普通面板数据模型的研究方法将导致检验统计量出现水平扭曲，以及参数估计不一致或非有效等问题。因此，需要进一步考虑空间效应，探讨空间面板数据模型及其检验、参数估计方法。

10.1.1 空间面板模型的分类

在面板模型中引入空间滞后因子，即空间面板模型的一般设定形式。类比各种面板数据模型，常见的空间面板模型包括空间混合模型(Spatial Pooled Model)、空间个体效应模型(包括空间固定效应(Spatial Fixed Effects Model)模型和空间随机效应模型(Spatial Random Effects Model))、空间动态面板模型(Dynamic Spatial Panel Data Model)和空间似不相关模型(Spatial Seemingly Unrelated Regressions Model, SSURM)[①]。

类似于普通面板数据，当研究样本不存在个体效应的差异时，空间面板数据模型

① 本部分整理编辑自：林光平，龙志和. 空间经济计量：理论与实证[M]. 科学出版社2014年版.

采用简单的混合模型形式。常见的空间截面模型主要分为空间滞后模型和空间误差模型。其中,空间滞后模型又常被称为空间自相关模型;空间误差模型主要包括空间误差自相关模型、空间误差移动平均模型和空间误差分量模型,这三类模型中最为常见是空间误差相关模型。本章重点介绍空间滞后模型和空间误差自相关模型。

1. 空间混合模型

混合回归的基本假设是不存在个体效应。对于一组同时包含时间和截面的数据样本,如果在时间和截面上,不同样本之间是相互独立的,则可以将面板数据混合在一起,成为混合模型。其主要特点体现在模型的系数(α 和 $\boldsymbol{\beta}$)不随个体 i 和时间 t 而变化。

混合效应空间滞后模型:

$$\boldsymbol{y}_t=\lambda \boldsymbol{W}\boldsymbol{y}_t+\boldsymbol{X}_t\boldsymbol{\beta}+\boldsymbol{\varepsilon}_t \tag{10.1.1}$$

混合效应空间误差自相关模型:

$$\begin{aligned}\boldsymbol{y}_t&=\boldsymbol{X}_t\boldsymbol{\beta}+\boldsymbol{\varepsilon}_t,\\ \boldsymbol{\varepsilon}_t&=\rho\boldsymbol{W}\boldsymbol{\varepsilon}_t+\boldsymbol{v}_t\end{aligned} \tag{10.1.2}$$

其中,$\boldsymbol{W}$ 是空间权重矩阵;λ 和 ρ 是对应模型的空间相关性系数,通常为了保证模型方差的非奇异性,设定 $|\lambda|<1$, $|\rho|<1$; $\boldsymbol{y}_t$ 和 $\boldsymbol{X}_t$ 分别是因变量和自变量向量。式(10.1.1)中,假定误差项 $\boldsymbol{\varepsilon}_t\sim N(0,\sigma_\varepsilon^2\boldsymbol{I}_N)$;式(10.1.2)中,假定 $\boldsymbol{v}_t\sim N(0,\sigma_v^2\boldsymbol{I}_N)$。

需要注意的是,与普通面板数据相比较可以发现,由于存在空间相关性,空间面板数据模型矩阵形式的排列方式与普通面板数据不同。普通面板数据模型矩阵形式按照先 N 后 T 的排列方式。

2. 空间个体效应模型

如果对于不同截面,模型的截距不同,则应在空间混合模型式(10.1.1)或式(10.1.2)中加入个体效应项,则有:

个体效应空间滞后模型:

$$\boldsymbol{y}_t=\lambda \boldsymbol{W}\boldsymbol{y}_t+\boldsymbol{X}_t\boldsymbol{\beta}+\alpha+\boldsymbol{\varepsilon}_t \tag{10.1.3}$$

个体效应空间误差自相关模型:

$$\begin{aligned}\boldsymbol{y}_t&=\boldsymbol{X}_t\boldsymbol{\beta}+\boldsymbol{\alpha}+\boldsymbol{\varepsilon}_t\\ \boldsymbol{\varepsilon}_t&=\rho\boldsymbol{W}\boldsymbol{\varepsilon}_t+\boldsymbol{v}_t\end{aligned} \tag{10.1.4}$$

类似普通面板数据类型,根据 $\boldsymbol{\alpha}$ 为固定效应或随机效应,分别设定固定效应空间滞后或空间误差自相关模型,分别对应式(10.1.3)和式(10.1.4),或者随机效应空间滞后或空间误差自相关模型。若 $\boldsymbol{\alpha}$ 代表随机效应,则假定 $\boldsymbol{\alpha}$ 与 $\boldsymbol{\varepsilon}_t$,$\boldsymbol{v}_t$ 相互独立,且设定 $\boldsymbol{\alpha}_t\sim N(0,\sigma_\alpha^2\boldsymbol{I}_N)$。

3. 动态空间面板数据模型

顾名思义,动态空间面板数据模型,即在动态面板模型中引入空间效应。同样的,根据空间相关性的形式,分别得到动态面板数据空间滞后模型(Dynamic Panel Data Spatial Lag Model)和动态面板数据空间误差自相关模型(Dynamic Panel Data Spatial Error Autoregression Model):

动态面板数据空间滞后模型：

$$y_t=\gamma y_{t-1}+\lambda W y_t+X_t'\beta+\alpha+\varepsilon_t \tag{10.1.5}$$

动态面板数据空间误差自相关模型：

$$y_t=\gamma y_{t-1}+X_t'\beta+\alpha+\varepsilon_t \tag{10.1.6}$$

$$\varepsilon_t=\rho W\varepsilon_t+v_t \tag{10.1.7}$$

其中，γ 是因变量序列相关系数；其他变量与前文定义一致。

4. 空间似不相关模型

在面板数据似不相关模型基础上，引入空间效应，称为空间似不相关模型。同样的，可分为空间滞后似不相关模型和空间误差自相关似不相关模型。

空间滞后似不相关模型：

$$y=X\beta+\lambda W_y+\varepsilon \tag{10.1.8}$$

其中，$\Omega_t=E(\varepsilon\varepsilon')=I_T\otimes\Sigma$。

空间误差自相关似不相关模型：

$$\begin{aligned}&y=X\beta+\varepsilon,\\&\varepsilon=\rho(I_T\otimes W)\varepsilon+v\end{aligned} \tag{10.1.9}$$

其中，$\Omega_v=E(vv')=I_T\otimes\Sigma$。上述模型中 β 和 Σ 的定义与普通面板数据似不相关模型一致。根据一般 SUR 模型的设定，待估系数 β、λ、ρ 可因不同个体而不相同。

综上，空间混合模型、空间个体效应模型（包括空间固定效应模型和空间随机效应模型）、动态空间面板数据模型和空间似不相关模型为常见空间面板数据模型，其中前三种模型在实证研究中最为常用，是本章介绍重点。

对于每一类空间面板数据模型，根据空间相关性形式的不同主要分为空间滞后模型和空间误差自相关模型。当然，也可将空间滞后模型和空间误差自相关模型相结合，形成一般性的空间面板数据模型，即面板数据 SARAR 模型：

$$\begin{aligned}&y_t=\lambda W y_t+X_t\beta+\alpha+\varepsilon_t,\\&\varepsilon_t=\rho W\varepsilon_t+v_t\end{aligned} \tag{10.1.10}$$

式(10.1.10)中各变量如前述定义。考虑到该模型的检验方法、参数估计方法可由空间滞后模型和空间误差自相关模型衍生得到，故此，本章着重介绍空间滞后模型和空间误差自相关模型的研究方法，关于面板数据 SARAR 的相关理论与之大致相同而顺带提及。

此外，在面板数据模型中引入自变量的空间自相关项，也是一种重要的空间经济计量模型形式。不过，一般来说，自变量空间自相关项（WX）实质上相当于外生变量，可视为普通的自变量，并不需要特别的参数检验及估计方法。

10.1.2 空间面板模型的事前相关性检验

空间相关性的事前检验是指对模型中的空间相关性进行预检验。若经济计量模型中的变量或者误差项存在显著的空间相关性，则需要在模型中进行空间相关性的设置。空间相关性的事前检验的方法比较多，较常见的是 Moran's I 检验、联合 LM 检验、极大似然 LM-Lag 检验、极大似然 LM-Error 检验、稳健 LM-Lag 检验、稳健 LM-Error 检验。

10.2 空间面板混合模型

10.2.1 模型概述

1. 混合效应空间滞后模型

$$\boldsymbol{y}_t=\lambda \boldsymbol{W}\boldsymbol{y}_t+\boldsymbol{X}_t\boldsymbol{\beta}+\boldsymbol{\varepsilon}_t \tag{10.2.1}$$

其中,$\boldsymbol{W}$ 是空间权重矩阵,描述样本单位之间的空间联系,我们假定 $\boldsymbol{W}$ 是预先设定的非负 N^2 矩阵;λ 是对应模型空间自回归系数,通常为了保证模型方差的非奇异性,设定 $|\lambda|<1$;$\boldsymbol{y}_t$ 和 $\boldsymbol{X}_t$ 分别是因变量和自变量向量。式(10.2.1)中,假定误差项 $\boldsymbol{\varepsilon}_t\sim N(0,\sigma_\varepsilon^2\boldsymbol{I}_N)$。空间滞后模型通常被认为是空间或社会各单元之间相互影响的均衡状态,一个部门的因变量的变化受相邻单位因变量的联合影响。

2. 混合效应空间误差自相关模型

$$\begin{aligned}\boldsymbol{y}_t&=\boldsymbol{X}_t\boldsymbol{\beta}+\boldsymbol{\varepsilon}_t,\\ \boldsymbol{\varepsilon}_t&=\rho\boldsymbol{W}\boldsymbol{\varepsilon}_t+\boldsymbol{v}_t\end{aligned} \tag{10.2.2}$$

空间误差模型,假定因变量不仅受可观测的当地特质的影响,另外误差项存在空间相关性。其中,$\boldsymbol{W}$ 是空间权重矩阵;ρ 是对应模型的空间自回归系数,通常为了保证模型方差的非奇异性,设定 $|\rho|<1$;$\boldsymbol{y}_t$ 和 $\boldsymbol{X}_t$ 分别是因变量和自变量向量。式(10.2.2)中,假定 $\boldsymbol{v}_t:N(0,\sigma_v^2\boldsymbol{I}_N)$。通常是认为影响因变量的某种遗漏因素存在空间相关性。

10.2.2 模型检验

空间混合模型主要包括空间滞后模型和空间误差自相关模型,参见式(10.2.1)和(10.2.2),由于不存在个体效应,模型涉及的检验主要包括空间相关性检验,包括面板数据 Moran's I 检验,空间滞后和空间误差自相关模型的空间相关性检验①。

(1) Moran's I 检验

Moran's I 检验在空间截面数据模型中应用甚广。由于截面数据和面板数据的数据结构不同,截面数据的 Moran's I 检验不能直接运用到空间面板数据模型。但由于空间混合模型不存在个体效应,相对于空间截面数据,其差别仅仅是样本量增大。可借鉴截面数据的 Moran's I 检验的构造思路,将该检验扩展到空间面板数据模型:

$$I=\frac{\boldsymbol{e}'\boldsymbol{W}_{NT}\boldsymbol{e}}{\boldsymbol{e}'\boldsymbol{e}}$$

其中,$\boldsymbol{W}_{NT}=\boldsymbol{I}_T\otimes\boldsymbol{W}$,$\boldsymbol{W}$ 是空间权重矩阵;$\boldsymbol{e}$ 是普通面板数据模型(不考虑空间相关性)的 OLS 估计残差。

类似于空间截面数据模型,面板数据 Moran's I 检验虽然可对模型中存在的空间相关性进行检验,但是无法判断空间计量模型的具体形式,需要进一步的空间计量检验予以确定。

---

① 林光平,龙志和. 空间经济计量:理论与实证[M]. 科学出版社 2014 年版.

(2) LM 检验

Burridge(1980)和 Anselin(1988)分别研究了截面数据空间滞后模型和空间误差自相关模型的 LM 检验,Anselin 等(2008)将其扩展到空间混合模型,其中,混合效应空间滞后模型空间相关性检验原假设是 $H_0:\lambda=0$,对应的 LM 检验统计量是:

$$LM_L=\frac{[\boldsymbol{e}'\boldsymbol{W}_{NT}\boldsymbol{y}/(\boldsymbol{e}'\boldsymbol{e}/NT)]^2}{[(\boldsymbol{X}\hat{\boldsymbol{\beta}})'\boldsymbol{W}'_{NT}\boldsymbol{M}\boldsymbol{W}_{NT}\boldsymbol{X}\hat{\boldsymbol{\beta}}/\hat{\sigma}^2]+T\,tr(\boldsymbol{W}^2+\boldsymbol{W}'\boldsymbol{W})} \tag{10.2.3}$$

空间混合效应空间误差自相关模型空间相关项检验原假设为 $H_0:\rho=0$,对应的 LM 检验统计量是:

$$LM_E=\frac{[\boldsymbol{e}'((\boldsymbol{W}'+\boldsymbol{W})/2)\boldsymbol{e}/(\boldsymbol{e}'\boldsymbol{e}/NT)]^2}{T\,tr(\boldsymbol{W}^2+\boldsymbol{W}'\boldsymbol{W})} \tag{10.2.4}$$

其中,$\boldsymbol{W}_{NT}=\boldsymbol{I}_T\otimes\boldsymbol{W}$,$\boldsymbol{M}=\boldsymbol{I}_{NT}-\boldsymbol{X}(\boldsymbol{X}'\boldsymbol{X})\boldsymbol{X}'$;$\hat{\boldsymbol{\beta}}$ 和 $\hat{\sigma}^2$ 分别是普通面板数据模型的 OLS 估计值,$\boldsymbol{e}$ 是 OLS 估计残差。

在一定的置信水平下,如果 LM_L(或 LM_E)检验统计量拒绝原假设,则应采用空间滞后(误差)模型,否则采用普通面板数据模型。

此外,为了处理空间面板数据模型中备择假设错误设定情况,He 和 Lin(2011)基于 Bera 和 Yoon(1993)的方法,提出了 SARAR 模型关于空间自相关系数 λ 和空间误差自相关系数 ρ 的稳健性检验。

10.2.3 参数估计

1. 极大似然估计法

回顾前述,混合效应空间滞后模型和空间误差自相关模型分别如式(10.2.1)和(10.2.2)所示。假定式(10.2.1)中误差项 $\boldsymbol{\varepsilon}_t\sim N(0,\sigma_\varepsilon^2\boldsymbol{I}_N)$。则混合效应空间滞后模型的对数似然函数为:

$$L=\text{Const}+T\ \ln|\boldsymbol{I}_N-\lambda\boldsymbol{W}|-\frac{NT}{2}\ln\sigma_\varepsilon^2-\frac{1}{2\sigma_\varepsilon^2}\boldsymbol{\varepsilon}'\boldsymbol{\varepsilon} \tag{10.2.5}$$

其中,Const 是常数项,$\boldsymbol{\varepsilon}=\boldsymbol{y}-\lambda(\boldsymbol{I}_T\otimes\boldsymbol{W})\boldsymbol{y}-\boldsymbol{X}\boldsymbol{\beta}$,$|\boldsymbol{I}_T\otimes(\boldsymbol{I}_N\boldsymbol{W})|$ 是空间转换矩阵的雅可比行列式。通过最大化似然函数式(10.2.5),可求出模型相应的参数。若误差项 $\boldsymbol{\varepsilon}$ 存在更为复杂的分布形式,如一般的非球形干扰,即假定 $\boldsymbol{\varepsilon}\sim N(0,\boldsymbol{\Sigma})$,则空间误差模型的对数似然函数为:

$$L=\text{Const}-\frac{1}{2}\ln|\boldsymbol{\Sigma}|-1/2\boldsymbol{\varepsilon}'\boldsymbol{\Sigma}^{-1}\boldsymbol{\varepsilon} \tag{10.2.6}$$

若误差项如式(10.2.5)的设定,即混合效应空间误差自相关模型,模型的协方差矩阵为 $\boldsymbol{\Sigma}=\boldsymbol{I}_T\otimes\boldsymbol{B}^{-1}\boldsymbol{B}^{-1}$,其中,$\boldsymbol{B}_N=\boldsymbol{I}_N-\rho\boldsymbol{W}$,$\boldsymbol{\varepsilon}=\boldsymbol{y}-\boldsymbol{X}\boldsymbol{\beta}$。则式(10.2.6)转换为:

$$L=\text{Const}-\frac{NT}{2}\ln\sigma_v^2+T\ \ln|\boldsymbol{B}_N|-\frac{1}{2\sigma_\varepsilon^2}\boldsymbol{\varepsilon}'[\boldsymbol{I}_T\otimes\boldsymbol{B}'_N\boldsymbol{B}_N]\boldsymbol{\varepsilon} \tag{10.2.7}$$

式(10.2.7)为混合效应空间误差自相关模型的对数似然函数。通过最大化对数似然函数式(10.2.7),可以求出模型参数估计值:

$$\hat{\boldsymbol{\beta}}=[\boldsymbol{X}'(\boldsymbol{I}_T\otimes\hat{\boldsymbol{B}}'_N\hat{\boldsymbol{B}}_N)\boldsymbol{X}]^{-1}\boldsymbol{X}'(\boldsymbol{I}_T\otimes\hat{\boldsymbol{B}}'_N\hat{\boldsymbol{B}}_N)\boldsymbol{y} \tag{10.2.8}$$

其中,$\hat{\boldsymbol{B}}_N=\boldsymbol{I}_N-\hat{\rho}\boldsymbol{W}$,$\hat{\rho}$ 是空间误差自相关模型的极大似然估计值。

显然地,极大似然估计法可非常容易地扩展至混合效应 SARAR 模型的参数估计。

2. 工具变量法

工具变量法(或基于工具变量法的广义矩、两阶段最小二乘法等估计方法)通常用于空间滞后模型或 SARAR 模型等模型的参数估计。此时,模型自变量中包含因变量的空间中滞后项,OLS 为不一致估计量,必须采用工具变量来消除自变量和误差项之间的相关性。

Anselin 等(2008)、Baltagi 和 Liu(2011)等建议,将 Kelejian 和 Prucha(1998)或 Lee(2003)等空间截面数据模型工具变量法简单扩展,用于混合效应空间滞后模型。在 Kelejian 和 Prucha(1998)的截面数据空间滞后模型中,工具变量设为 $\boldsymbol{WX}$,Anselin 等(2008)将其扩展至面板数据空间滞后模型的工具变量:$(\boldsymbol{I}_T\otimes\boldsymbol{W})\boldsymbol{X}$,$\boldsymbol{X}$ 是自变量(不含常数项)矩阵。令 $\boldsymbol{Z}_t=[\boldsymbol{Wy}_t,\boldsymbol{X}_t]$,$\gamma_t=[\rho_t,\boldsymbol{\beta}']'$,将 $\boldsymbol{Z}_t$ 叠加为分块对角矩阵 $\boldsymbol{H}$。假设 $\hat{\boldsymbol{\Sigma}}_T\otimes\boldsymbol{I}_T$ 为协方差矩阵的一致性估计量,则模型的参数可以通过工具变量法估计得到:

$$[\boldsymbol{Z}'\boldsymbol{H}[\boldsymbol{H}'(\hat{\boldsymbol{\Sigma}}_T\otimes\boldsymbol{I}_T)]^{-1}\boldsymbol{H}'\boldsymbol{Z}]^{-1}\boldsymbol{Z}'\boldsymbol{H}[\boldsymbol{H}'(\hat{\boldsymbol{\Sigma}}_T\otimes\boldsymbol{I}_T)]^{-1}\boldsymbol{H}'\boldsymbol{y} \tag{10.2.9}$$

对应的系数方差矩阵为:

$$Var(\hat{\gamma})=[\boldsymbol{Z}'\boldsymbol{H}[\boldsymbol{H}'(\hat{\boldsymbol{\Sigma}}_T\otimes\boldsymbol{I}_T)]^{-1}\boldsymbol{H}'\boldsymbol{Z}]^{-1} \tag{10.2.10}$$

可见,工具变量法实际是空间三阶段最小二乘估计法。其估计步骤如下:首先,采用空间两阶段最小二乘估计单个回归模型;其次,采用 S2SLS 估计的残差得到 $\hat{\boldsymbol{\Sigma}}_T$ 的一致性估计;最后将 $\hat{\boldsymbol{\Sigma}}_T$ 用于式(10.2.10),得到一致且渐近有效估计量。

3. FGLS 估计法

FGLS 估计法通常用于空间误差模型式(10.2.3)的参数估计。空间误差模型误差项中存在着空间相关性,不服从经典的误差项假设条件,因而,OLS 估计量为一致但并非有效的估计量。由此,必须先对误差项的参数进行估计,得到误差项方差的估计量,然后对总体模型采用 FGLS 估计。

由于空间混合模型并未包含个体效应项,是空间截面模型在时间维度上的简单叠加,因此,空间截面模型 FGLS 估计方法可以直接扩展到空间混合模型。Anselin 等(2008)将 Kelejian 和 Prucha(1999)的截面数据空间误差自相关模型 FGLS 估计方法直接扩展至面板数据空间误差自相关模型。在模型估计中,采用广义矩估计法估计空间误差自相关模型误差项方差,在此基础上,采用 FGLS 模型估计总体模型参数。

Moscone 和 Moscone(2009)在 Kelejian 和 Prucha(1999)基础上加入更多的矩条件,同样采用广义矩估计方法估计误差项方差,对总体模型采用 FGLS 估计法,通过蒙特卡罗模拟实验证明,文中建议的方法更为有效。

此外,在空间截面数据模型中,Fingleton(2008)类似 Kelejian 和 Prucha(1999),提出了空间误差移动平均模型的 FGLS 估计方法。其中,误差项方差采用的广义矩估计方法;Arnold 和 Wied(2010)在 Kelejian 和 Prucha(1999)对误差项的广义矩估计基础上,将不能直接观察到的误差项加入矩条件中,对 Kelejian 和 Prucha(1999)的矩条件进行了调整;模拟实验证明,改进的广义矩估计方法有更好的有限样本表现。上面的研究方法可以直接由空间截面数据模型扩展到空间面板混合模型的应用中①。

10.3 空间面板变截距模型

不考虑空间相互作用,具有空间个体效应的混合面板模型是:

$$\boldsymbol{y}_{it}=\boldsymbol{x}_{it}\beta+\mu_i+\varepsilon_{it} \tag{10.3.1}$$

其中,i 是代表截面维度的空间单元,$i=1,\cdots,N$。t 代表时间维度,$t=1,\cdots,T$。$\boldsymbol{y}_{it}$ 是截面 i 在时间 t 上的因变量,$\boldsymbol{x}_{it}$ 是自变量观测值的$(1,k)$行向量。ε_{it} 是截面 i 在时间 t 的满足均值为 0 方差为 σ^2 的独立同分布误差项。μ_i 表示空间特定效应,即控制了所有与截面相关而不随时间变化的因素,如果忽略这些因素,估计结果将会有偏差②。

现在,我们进一步考虑空间单元的相互作用,可以在模型(10.3.1)中引入空间滞后因变量和空间滞后误差项。空间滞后模型的目的是反映空间溢出产生的空间自相关,如技术扩散、要素转移等产生的扩散和极化效应。模型表达为:

$$\boldsymbol{y}_{it}=\delta\sum_{j=1}^{N}w_{ij}\boldsymbol{y}_{jt}+x_{it}\beta+\mu_i+\varepsilon_{it} \tag{10.3.2}$$

其中,δ 是空间自回归系数,w_{ij} 是空间权重矩阵 $\boldsymbol{W}$ 的元素。根据 Anselin(1988)的观点,空间滞后模型通常被认为是空间交互过程平衡的结果,一个单元因变量的观测值由邻近单元的值联合决定。

空间误差模型中,空间自相关体现在误差项上,这种空间自相关在传统模型中被认为是噪音,它实际度量了邻近单元因变量的误差冲击对本单元观测值的影响。空间误差模型假定因变量取决于观测到的局部特征以及空间上相关的误差项,模型表达式为:

$$\begin{aligned}\boldsymbol{y}_{it}&=\boldsymbol{x}_{it}\beta+\mu_i+\phi_{it}\\ \phi_{it}&=\rho\sum_{j=1}^{N}w_{ij}\phi_{jt}+\varepsilon_{it}\end{aligned} \tag{10.3.3}$$

其中,ϕ_{it} 表示空间误差自相关,ρ 表示空间自相关系数。空间误差建模不需要空间交互过程的理论模型,其协方差矩阵的非对角线元素表示空间相关的结构。

10.3.1 空间固定效应模型

1. 模型概述

考虑模型样本之间存在截面和时间维度的异质性,则面板数据模型可设定如下:

$$\boldsymbol{y}_{it}=\alpha_i+\lambda_t+\boldsymbol{X}'_{it}\boldsymbol{\beta}+\varepsilon_{it} \tag{10.3.4}$$

其中,α_i 是个体效应项,体现不同样本在截面维度的差异,不随时间而改变;λ_t 是时间效应项,体现不同样本在时间维度的异质性,不随个体而改变。

如果式(10.3.4)中个体效应项 α_i 在各截面相同,不随时间而改变,即 $\alpha_1=\alpha_2=\cdots=\alpha_N$,同时满足个体效应项 α_i 与自变量矩阵 $\boldsymbol{X}$ 相关,我们就称其为空间固定效应模

---

① 本部分整理编辑自:林光平,龙志和. 空间经济计量:理论与实证[M]. 科学出版社 2014 年版.

② 陈强. 高级计量经济学及 stata 应用[M]. 高等教育出版社 2014 年版.

型;如果时间效应项 λ_t 在各个时间维度保持一致,不随个体而改变,即 $\lambda_1=\lambda_2=\cdots=\lambda_N$,同时满足时间效应项 λ_t 与自变量矩阵 $\boldsymbol{X}$ 相关,我们就称其为时间固定模型;如果既满足个体效应项保持一致,又满足时间效应项保持一致,即 $\alpha_1=\alpha_2=\cdots=\alpha_N$ 和 $\lambda_1=\lambda_2=\cdots=\lambda_N$ 同时成立,且都与自变量矩阵 $\boldsymbol{X}$ 相关,我们就称之为时空固定效应模型。

2. 模型检验

(1) 固定效应检验

模型(10.3.4)可以简化成:

$$\boldsymbol{y}_{it}=\alpha_i+\boldsymbol{X}'_{it}\boldsymbol{\beta}+\varepsilon_{it} \tag{10.3.5}$$

面板数据模型中,根据个体效应项 α_i 是否与自变量矩阵 $\boldsymbol{X}$ 相关,将个体效应分为固定效应和随机效应。

选择混合模型还是固定效应模型,通常采用 F 检验方法。该检验方法的基本思路是:通过检验个体的常数项是否相等,确定模型中是否存在个体固定效应。原假设为:$\alpha_1=\alpha_2=\cdots=\alpha_N$,对应的 F 统计量为:

$$F=\frac{(RSS_R-RSS)/(N-1)}{RSS(NT-N-K)}\sim F(N-1,NT-N-K) \tag{10.3.6}$$

其中,N 是截面的个数;T 是期数;K 是除常数项以外自变量的个数;RSS_R 受约束模型(即满足原假设的固定效应模型)的残差平方和;RSS 是无约束的模型(即不满足原假设的固定效应模型)的残差平方和。在给定的显著性水平下,如果拒绝原假设,则表明存在个体固定效应,应将模型设定为固定效应模型;如果接受原假设,则将模型设定为混合模型。

(2) 空间滞后模型和空间误差模型的选择

对于空间面板数据,空间依赖的检验主要依赖原假设 $H_0:\delta=0$ 和(或)$H_0:\rho=0$ 展开。首选的方法是基于拉格朗日乘数(Lagrange Multiplier ,LM)和 Rao Score (SC)的检验,因为这只需要估计满足原假设的模型,避免最大似然估计(Maximum Likelihood)的复杂性,在空间计量经济中,拉格朗日乘数可以检验任何形式的空间自相关,即 Burridge 提出的检验空间误差模型的准则 LM_{ERR} 和 Anselin 提出的检验空间滞后模型的准则 LM_{LAG}:

$$LM_{ERR}=(\boldsymbol{e}'\boldsymbol{W}\boldsymbol{e}/s^2)^2/tr(\boldsymbol{W}'\boldsymbol{W}+\boldsymbol{W}^2) \tag{10.3.7}$$

$$LM_{LAG}=(\boldsymbol{e}'\boldsymbol{W}\boldsymbol{Y}/s^2)^2)/\{(\boldsymbol{W}\boldsymbol{X}b)'\boldsymbol{M}\boldsymbol{W}\boldsymbol{X}b/s^2+tr(\boldsymbol{W}'\boldsymbol{W}+\boldsymbol{W}^2)\} \tag{10.3.8}$$

其中,$\boldsymbol{e}$ 是 OLS 估计的残差向量,s^2 是误差项的方差,$\boldsymbol{W}$ 为空间权重矩阵,tr 表示矩阵的迹算子,$\boldsymbol{M}=\boldsymbol{I}_N-\boldsymbol{X}(\boldsymbol{X}'\boldsymbol{X})^{-1}\boldsymbol{X}'$,$LM_{ERR}$ 和 LM_{LAG} 均服从自由度为 1 的卡方分布。Anselin 将上述公式中的空间权重矩阵和权重矩阵的迹做了调整,提出了适合空间面板的 LM 检验:

$$LM_E=\frac{[\boldsymbol{e}'(\boldsymbol{I}_T\otimes\boldsymbol{W}_N)\boldsymbol{e}/(\boldsymbol{e}'\boldsymbol{e}/\boldsymbol{NT})]^2}{tr[(\boldsymbol{I}_T\otimes\boldsymbol{W}_N^2)+(\boldsymbol{I}_T\otimes\boldsymbol{W}'_N\boldsymbol{W}_N)]} \tag{10.3.9}$$

$$LM_L=\frac{[\boldsymbol{e}'(\boldsymbol{I}_T\otimes\boldsymbol{W}_N)y/(\boldsymbol{e}'\boldsymbol{e}/\boldsymbol{NT})]^2}{[(\boldsymbol{W}\hat{y})'\boldsymbol{M}(\boldsymbol{W}\hat{y})/\sigma^2]+tr[(\boldsymbol{I}_T\otimes\boldsymbol{W}_N^2)+(\boldsymbol{I}_T\otimes\boldsymbol{W}'_N\boldsymbol{W}_N)]} \tag{10.3.10}$$

其中,$\boldsymbol{e}$ 是混合面板的残差估计量,$\boldsymbol{I}_T$ 代表单位矩阵,$\boldsymbol{W}\hat{y}=(\boldsymbol{I}_T\otimes\boldsymbol{W}_N)\boldsymbol{X}\beta$ 为空间滞后

的预期值。$\otimes$表示克罗内克积，$\boldsymbol{M}=\boldsymbol{I}_{NT}-\boldsymbol{X}(\boldsymbol{X}'\boldsymbol{X})^{-1}\boldsymbol{X}'$，$LM_{ERR}$ 和 LM_{LAG} 均服从自由度为 1 的 χ^2 分布。此外，Anselin 还给出了空间自不相关（spatila SUR）以及误差成分模型（Error Component Model）的空间依赖检验，Elhorst 给出了对应的 robust LM_{ERR} 和 robust LM_{LAG}。

在空间面板分析中，首先应做 LM_{ERR} 和 LM_{LAG} 检验，在二者检验均显著的情况下，采用 robust LM_{ERR} 和 robust LM_{LAG} 检验，同时结合研究的具体问题，考虑空间滞后和空间误差选择理论原则，以提高模型的有效性。

(3) 固定效应和随机效应选择

面板数据模型可以分为固定效应模型和随机效应模型。据此，空间面板模型也可以分为空间面板固定效应模型和空间面板随机效应模型。固定效应模型中，每个空间单元采用一个虚拟变量量测可变截距，而随机效应模型的可变截距被视为是均值为 0，方差是 σ_μ^2 的独立同分布随机变量，此外还假定随机变量 μ_i 与随机误差项 ε_{it} 相互独立。对于固定效应和随机效应的选择一般有两种方法。

① 理论依据：假设以样本自身效应为条件进行推论，即样本几乎是全部母体，宜使用固定效应模型。如果以样本对总体进行推理，即样本从是很大母体中随机抽取的，个体效应具有确定的均值和确定的方差，则采用随机效应模型。

② 统计依据：依据个体效应 μ_i 是否与模型观测到的解释变量相关，如果不相关，模型宜采用随机效应模型，否则采用固定效应模型。以下是 Elhorst 给出的空间 Hausman 检验：

$$H_0: h=0 \tag{10.3.11}$$

$$h=\boldsymbol{d}'[var(\boldsymbol{d})]^{-1}\boldsymbol{d},\ \boldsymbol{d}=[\beta'\delta]'_{RE} \tag{10.3.12}$$

$$var(\boldsymbol{d})=\hat{\sigma}^2_{RE}(\dot{\boldsymbol{X}}'\dot{\boldsymbol{X}})^{-1}-\hat{\sigma}^2_{FE}(\boldsymbol{X}^{*\prime}\boldsymbol{X}^*)^{-1} \tag{10.3.13}$$

其中，$\boldsymbol{X}^*=\boldsymbol{X}-\overline{\boldsymbol{X}}$，$\dot{\boldsymbol{X}}=\boldsymbol{X}-(1-\theta)\overline{\boldsymbol{X}}$，$\theta^2=\sigma^2/(T\sigma_\mu^2+\sigma^2)$，统计量 h 服从自由度是 $K+1$ 的 χ^2 分布，如果拒绝原假设，表示个体效应 μ_i 与解释变量相关，采用固定效应模型，否则采用随机效应。

3. 参数估计

(1) 固定效应空间滞后模型的参数估计

根据 Anselin et al. (2006)，带有空间滞后因变量的固定效应模型引起了两个问题。第一，$\sum_j w_{ij}y_{jt}$ 的内生性动摇了标准模型的假设：$E\left[\left(\sum_j w_{ij}y_{jt}\right)\varepsilon_{ij}\right]=0$。第二，在每个时间点，空间观测值之间的空间依赖性可能会影响固定效应模型的估计。

在这部分，我们得到最大似然估计值对 $\sum_j w_{ij}y_{jt}$ 的内生性做出解释。如果空间特定效应假定是固定效应，模型 $\boldsymbol{y}_{it}=\delta\sum_{j=1}^{N}w_{ij}\boldsymbol{y}_{jt}+x_{it}\beta+\mu_i+\varepsilon_{it}$ 对数似然函数是：

$$\log L=-\frac{NT}{2}\log(2\pi\sigma^2)+T\log|\boldsymbol{I}_N-\delta\boldsymbol{W}|-\frac{1}{2\sigma^2}\sum_{i=1}^{N}\sum_{t=1}^{T}\left(y_{it}-\delta\sum_{j=1}^{N}w_{ij}y_{ij}-\boldsymbol{x}_{ij}\boldsymbol{\beta}-\mu_i\right)^2 \tag{10.3.14}$$

等式右边第二项代表了考虑 $\sum jw_{ij}y_{jt}$ 的内生性，从 ε 转换到 y 的 Jacobian 项。

对对数似然函数对 μ_i 求偏导数得到：

$$\frac{\partial \log L}{\partial \mu_i} = \frac{1}{\sigma^2}\sum_{t=1}^{T}\left(y_{it} - \delta\sum_{j=1}^{N}w_{ij}y_{ij} - \boldsymbol{x}_{ij}\boldsymbol{\beta} - \mu_i\right) = 0,\ i = 1,\cdots,N \tag{10.3.15}$$

从上式求出 μ_i：

$$\mu_i = \frac{1}{T}\sum_{t=1}^{T}\left(y_{it} - \delta\sum_{j=1}^{N}w_{ij}y_{ij} - \boldsymbol{x}_{ij}\boldsymbol{\beta}\right),\ i = 1,\cdots,N \tag{10.3.16}$$

这是标准的计算空间固定效应的公式。

把 μ_i 带入似然函数方程，整理各项，得到带有 $\boldsymbol{\beta}$，δ 和 σ^2 的集中似然函数：

$$\log L = -\frac{NT}{2}\log(2\pi\sigma^2) + T\log|\boldsymbol{I}_N - \delta\boldsymbol{W}| - \frac{1}{2\sigma^2}\sum_{i=1}^{N}\sum_{t=1}^{T}\left(y_{it}^* - \delta\left[\sum_{j=1}^{N}w_{ij}y_{ij}\right]^* - \boldsymbol{x}_{it}^*\boldsymbol{\beta}\right)^2 \tag{10.3.17}$$

式中星号表示去均值过程，即 $y_{it}^* = y_{it} - \frac{1}{T}\sum_{t=1}^{T}y_{it}$，$x_{it}^* = x_{it} - \frac{1}{T}\sum_{t=1}^{T}x_{it}$。

要估计 $\boldsymbol{\beta}$，δ 和 σ^2，我们要遵循以下步骤：

第一，对于时间 $t=1,\cdots,T$，连续堆积截面数据，得到 $(NT\times1)$ 的 $\boldsymbol{Y}^*$ 和 $(\boldsymbol{I}_T\otimes\boldsymbol{W})\boldsymbol{Y}^*$ 向量，以及 $(NT\times K)$ 的去均值向量 $\boldsymbol{X}^*$，$(NT\times NT)$ 对角矩阵 $(\boldsymbol{I}_T\otimes\boldsymbol{W})$ 不用存储。因为这会降低计算 ML 估计的速度。

第二，让 $\boldsymbol{b}_0$ 和 $\boldsymbol{b}_1$ 表示 $\boldsymbol{Y}^*$ 和 $(\boldsymbol{I}_T\otimes\boldsymbol{W})\boldsymbol{Y}^*$ 对 $\boldsymbol{X}^*$ 连续性回归的 OLS 估计值，e_0^* 和 e_1^* 分别代表残差，然后 δ 的 ML 估计值可以通过最大对数似然函数求得：

$$\log L = C - \frac{NT}{2}\log[(e_0^* - \delta e_1^*)'(e_0^* - \delta e_1^*)] + T\log|\boldsymbol{I}_N - \delta\boldsymbol{W}|$$

C 是不依赖 δ 的常数。

第三，给定数字性 δ 估计值后，计算 $\boldsymbol{\beta}$ 和 $\hat{\sigma}^2$：

$$\boldsymbol{\beta} = \boldsymbol{b}_0 - \delta\boldsymbol{b}_1 = (\boldsymbol{X}^{*\prime}\boldsymbol{X}^*)^{-1}\boldsymbol{X}^{*\prime}[\boldsymbol{Y}^* - \delta(\boldsymbol{I}_T\otimes\boldsymbol{W})\boldsymbol{Y}^*] \tag{10.3.18}$$

$$\sigma^2 = \frac{1}{NT}(e_0^* - \delta e_1^*)'(e_0^* - \delta e_1^*) \tag{10.3.19}$$

最后，系数的渐近方差矩阵被计算出来以便于更好推断（标准差，t 值），矩阵是由 Elhorst 和 Freret 推导出来的：

$$\mathrm{Var}(\boldsymbol{\beta},\theta,\sigma^2) = \begin{bmatrix} \frac{1}{\sigma^2}\boldsymbol{X}^{*\prime}\boldsymbol{X}^* & 0 & 0 \\ \frac{1}{\sigma^2}\boldsymbol{X}^{*\prime}(\boldsymbol{I}_T\otimes\widetilde{\boldsymbol{W}})\boldsymbol{X}^*\boldsymbol{\beta} & T^*tr(\widetilde{\boldsymbol{W}}\widetilde{\boldsymbol{W}} + \widetilde{\boldsymbol{W}}'\widetilde{\boldsymbol{W}}) + \frac{1}{\sigma^2}\boldsymbol{\beta}'\boldsymbol{X}^{*\prime}(\boldsymbol{I}_T\otimes\widetilde{\boldsymbol{W}}'\widetilde{\boldsymbol{W}})\boldsymbol{X}^*\boldsymbol{\beta} & 0 \\ 0 & \frac{T}{\sigma^2}tr(\widetilde{\boldsymbol{W}}) & 0 \end{bmatrix}^{-1} \tag{10.3.20}$$

其中，$\widetilde{W} = \boldsymbol{W}(\boldsymbol{I}_N - \delta\boldsymbol{W})^{-1}$。

（2）固定效应空间误差模型的参数估计

Anselin 和 Hudak(1992)已经使用极大似然估计算出了带有空间相关误差项的

截面数据线性回归模型的$\boldsymbol{\beta}$,ρ和σ^2的参数。N个观测值的截面数据空间固定效应的估计方法也可以扩展到$N\times T$个观测值的面板数据中。仍然假设,空间特定效应是固定效应,那么模型$\boldsymbol{y}_{it}=x_{it}\beta+\mu_i+\phi_{it}$,$\phi_{it}=\rho\sum_{j=1}^{N}w_{ij}\phi_{jt}+\varepsilon_{it}$的对数似然函数方程:

$$\log L=-\frac{NT}{2}\log(2\pi\sigma^2)+T\log|\boldsymbol{I}_N-\rho\boldsymbol{W}|-$$

$$\frac{1}{2\sigma^2}\sum_{i=1}^{N}\sum_{t=1}^{T}\left\{y_{it}^*-\rho\left[\sum_{j=1}^{N}w_{ij}y_{ij}\right]^*-\left(\boldsymbol{x}_{it}^*-\rho\left[\sum_{j=1}^{N}w_{ij}\boldsymbol{x}_{ij}\right]^*\right)\boldsymbol{\beta}\right\}^2 \quad (10.3.21)$$

给定ρ,$\boldsymbol{\beta}$和σ^2的最大似然估计值可以通过他们的一阶最大化求得:

$$\boldsymbol{\beta}=\{[\boldsymbol{X}^*-\rho(\boldsymbol{I}_T\otimes\boldsymbol{W})\boldsymbol{X}^*]'[\boldsymbol{X}^*-\rho(\boldsymbol{I}_T\otimes\boldsymbol{W})\boldsymbol{X}^*]\}^{-1}\times$$
$$[\boldsymbol{X}^*-\rho(\boldsymbol{I}_T\otimes\boldsymbol{W})\boldsymbol{X}^*]'[\boldsymbol{Y}^*-\rho(\boldsymbol{I}_T\otimes\boldsymbol{W})\boldsymbol{Y}^*] \quad (10.3.22)$$

$$\sigma^2=\frac{\boldsymbol{e}(\rho)'\boldsymbol{e}(\rho)}{NT} \quad (10.3.23)$$

这里,$\boldsymbol{e}(\rho)=\boldsymbol{Y}^*-\rho(\boldsymbol{I}_T\otimes\boldsymbol{W})\boldsymbol{Y}^*-[\boldsymbol{X}^*-\rho(\boldsymbol{I}_T\otimes\boldsymbol{W})\boldsymbol{X}^*]\boldsymbol{\beta}$。$\rho$的集中函数形式:$\log L=-\frac{NT}{2}\log[\boldsymbol{e}(\rho)'\boldsymbol{e}(\rho)]+T\log|\boldsymbol{I}_N-\rho\boldsymbol{W}|$。

在给定$\boldsymbol{\beta}$和σ^2,可以通过最大化似然函数求出ρ。也可以使用迭代过程,让$\boldsymbol{\beta}$,σ^2和ρ相互估计,直至收敛。参数的对称方差矩阵形式是:

$$Var(\boldsymbol{\beta},\theta,\sigma^2)=$$
$$\begin{bmatrix}\frac{1}{\sigma^2}\boldsymbol{X}^{*\prime}\boldsymbol{X}^* & 0 & 0\\ 0 & T^*tr(\widetilde{\widetilde{\boldsymbol{W}}}\widetilde{\widetilde{\boldsymbol{W}}}+\widetilde{\widetilde{\boldsymbol{W}}}'\widetilde{\widetilde{\boldsymbol{W}}}) & 0\\ 0 & \frac{T}{\sigma^2}tr(\widetilde{\widetilde{\boldsymbol{W}}}) & \frac{NT}{2\sigma^4}\end{bmatrix}^{-1} \quad (10.3.24)$$

其中,$\widetilde{\widetilde{\boldsymbol{W}}}=\boldsymbol{W}(\boldsymbol{I}_N-\rho\boldsymbol{W})^{-1}$,空间固定效应可以估计:

$$\mu_i=\frac{1}{T}\sum_{t=1}^{T}(y_{it}-\boldsymbol{x}_{it}\boldsymbol{\beta}),\ i=1,\cdots,N \quad (10.3.25)$$

10.3.2 空间随机效应模型

1. 模型概述

如果对于不同的截面,模型的截距项不同,则应该在空间混合模型中加入个体效应项,即:

个体效应空间滞后模型:

$$\boldsymbol{y}_t=\lambda\boldsymbol{W}\boldsymbol{y}_t+\boldsymbol{X}_t\boldsymbol{\beta}+\boldsymbol{\alpha}+\boldsymbol{\varepsilon} \quad (10.3.26)$$

个体效应空间误差自相关模型:

$$\boldsymbol{y}_t=\boldsymbol{X}_t\boldsymbol{\beta}+\boldsymbol{\alpha}+\boldsymbol{\varepsilon}_t,$$
$$\boldsymbol{\varepsilon}_t=\rho\boldsymbol{W}\boldsymbol{\varepsilon}_t+\boldsymbol{v}_t \quad (10.3.27)$$

类似普通面板模型,根据$\boldsymbol{\alpha}$为固定效应或随机效应,将模型设定为固定空间滞后或空间误差自相关模型,或者随机效应空间滞后或者空间误差自相关模型。若$\boldsymbol{\alpha}$代表随机效应，则 $\boldsymbol{\alpha}$ 与 $\boldsymbol{\varepsilon}_t$，$\boldsymbol{v}_t$ 相互独立，且设定 $\boldsymbol{\alpha} \sim N(0, \sigma^2 \alpha \boldsymbol{I}_N)$。

2. 模型检验

(1) 空间相关性检验

回顾空间随机效应模型(10.3.26)和(10.3.27)式，其空间相关性检验主要包括边际检验、条件检验与稳健性检验。其中，空间相关性边际检验原假设为 $H_0: \lambda=0$（假设 $\sigma_\alpha^2=0$）或 $H_0: \rho=0$（假设 $\sigma_\alpha^2=0$），σ_α^2 为随机效应项的方差。由于假设 $\sigma_\alpha^2=0$ 考虑模型不存在随机效应情形，则检验与空间混合模型的空间相关性检验一致。可以参考 Baltagi 等(2003)及 Baltagi 和 Liu(2008)。这两篇文献进一步对边际检验进行优化，提出了单边边际检验和变准化的边际检验。以 Baltagi 等(2003)研究的随机效应空间误差自相关模型(即模型(10.3.27)为例，单边边际标准化检验为[①]：

$$LM_1 = \sqrt{LM_E}$$

$$SLM_1 = \frac{LM_1 - E(LM_1)}{\sqrt{Var(LM_1)}} = \frac{d - E(d)}{var(d)} \tag{10.3.28}$$

其中，$\boldsymbol{d} = \boldsymbol{e}'\boldsymbol{D}\boldsymbol{e}/\boldsymbol{e}'\boldsymbol{e}$，$\boldsymbol{D} = (\boldsymbol{I}_T \otimes \boldsymbol{W})$，单边检验和标准化检验均服从 $N(0,1)$ 分布。

条件检验方面，Baltagi 等(2003)及 Baltagi 和 Liu(2008)分别研究了随机效应空间误差自相关和随机效应空间滞后模型的空间相关性条件检验；Baltagi 等(2007)和 Montes-Rojias(2010)则考虑时序相关和随机效应基础上，分别研究空间误差自相关模型和空间滞后模型的条件检验；He 和 Lin(2011)研究了随机效应 SARAR 模型的空间相关性的条件检验。下面以 Baltagi 等(2003)及 Baltagi 和 Liu(2008)的研究为例做简单介绍。

随机效应空间误差模型如式(10.3.27)，其中 $\boldsymbol{\alpha}$ 表示随机效应，令 $\boldsymbol{\mu}_t = \boldsymbol{\alpha} + \boldsymbol{\varepsilon}_t$。空间相关性条件 LM 检验原假设为 $H_0: \rho=0$（假设 $\sigma_\alpha^2 \geqslant 0$），对应的统计检验量为(Baltagi et al.，2003)：

$$LM_{CE} = \frac{\hat{D}(\lambda)^2}{[(T-1) + \hat{\sigma}_v^4/\hat{\sigma}_1^4]/b} \tag{10.3.29}$$

其中，$\hat{D}(\lambda) = \frac{1}{2}\hat{\boldsymbol{\mu}}'[\hat{\sigma}_v^4/\hat{\sigma}_1^4(\bar{J}_T \otimes (\boldsymbol{W}' + \boldsymbol{W})) + \frac{1}{\hat{\sigma}_v^1}(\bar{E}_T \otimes (\boldsymbol{W}' + \boldsymbol{W}))]\hat{\boldsymbol{\mu}}$；$\hat{\sigma}_v^2 = \hat{\boldsymbol{\mu}}'(\bar{J}_T \otimes \boldsymbol{I}_N)\hat{\boldsymbol{\mu}}/N(T-1)]$ 分别是 $\hat{\sigma}_1^2 = T\sigma_\alpha^2 + \hat{\sigma}_v^2$ 和 $\hat{\sigma}_v^2$ 在原假设下的极大似然估计量；$\hat{\boldsymbol{\mu}}$ 是原假设下的极大似然估计残差值，$b = tr(\boldsymbol{W}^2 + \boldsymbol{W}'\boldsymbol{W})$。

随机效应空间滞后模型如式(10.3.27)，其中 $\boldsymbol{\alpha}$ 是随机效应，令 $\boldsymbol{\mu}_t = \boldsymbol{\alpha} + \boldsymbol{\varepsilon}_t$。空间相关性条件 LM 检验原假设为 $H_0: \lambda=0$（假设 $\delta_\alpha^2 \geqslant 0$），对应的检验统计量为(Baltagi and Liu，2008)：

$$LM_{CL} = \frac{R^2}{B} \tag{10.3.30}$$

其中，$R = \hat{\sigma}_1^{-2}\hat{\boldsymbol{\mu}}'(\bar{\boldsymbol{J}}_T \otimes \boldsymbol{W})\boldsymbol{y} + \hat{\sigma}_v^{-2}\hat{\boldsymbol{\mu}}'(\boldsymbol{E}_T \otimes \boldsymbol{W})\boldsymbol{y}$；$B = Tb + \hat{\sigma}_1^{-2}\hat{\boldsymbol{\beta}}'\boldsymbol{X}'(\bar{\boldsymbol{J}}_T \otimes \boldsymbol{W}'\boldsymbol{W})\boldsymbol{X}\hat{\boldsymbol{\beta}} + \hat{\sigma}_1^{-2}\hat{\boldsymbol{\beta}}'$

---

① 本部分整理编辑自：林光平，龙志和. 空间经济计量：理论与实证[M]. 科学出版社 2014 年版.

$\boldsymbol{X}'(\boldsymbol{E}_T\otimes\boldsymbol{W}'\boldsymbol{W})\boldsymbol{X}\hat{\boldsymbol{\beta}}-\boldsymbol{C}'[\boldsymbol{X}'\hat{\boldsymbol{\Omega}}\boldsymbol{X}]^{-1}\boldsymbol{C},\boldsymbol{C}=\hat{\sigma}_1^{-2}\boldsymbol{X}'(\bar{\boldsymbol{J}}_T\otimes\boldsymbol{W})\boldsymbol{X}\hat{\boldsymbol{\beta}}+\hat{\sigma}_1^{-2}\boldsymbol{X}'(\boldsymbol{E}_T\otimes\boldsymbol{W})\boldsymbol{X}\hat{\boldsymbol{\beta}},\hat{\sigma}_1^2=\hat{\boldsymbol{\mu}}'P\hat{\boldsymbol{\mu}}/N,\hat{\sigma}_v^2=\hat{\boldsymbol{\mu}}'Q\hat{\boldsymbol{\mu}}/N(T-1)$，是原假设模型的极大似然估计量，$P=\bar{J}_T\otimes\boldsymbol{I}_N,\boldsymbol{Q}=\boldsymbol{I}_{NT}-\boldsymbol{P},\bar{\boldsymbol{J}}_T=\boldsymbol{\tau}'_T\boldsymbol{\tau}_T/T$，$\hat{\boldsymbol{\beta}}$ 和 $\hat{\boldsymbol{\mu}}$ 分别是原假设模型的极大似然估计量和残差值，$\boldsymbol{\Omega}=\hat{\sigma}_\alpha^2(\bar{\boldsymbol{J}}_T\otimes\boldsymbol{I}_N)+\hat{\sigma}_v^2\boldsymbol{I}_{NT}$，其他变量与(10.3.29)一致。

此外，为了避免模型备择假设错误设定情形下，空间面板数据模型的空间自相关性检验出现较大水平扭曲现象，He 和 Lin(2011)研究了随机效应 SARAR 模型的空间相关性稳健检验。

随机效应 SARAR 模型为：

$$\boldsymbol{y}_t=\lambda\boldsymbol{W}\boldsymbol{y}_t+\boldsymbol{X}_t\boldsymbol{\beta}+\boldsymbol{\alpha}+\boldsymbol{\varepsilon}_t,$$
$$\boldsymbol{\varepsilon}_t=\rho\boldsymbol{W}\boldsymbol{\varepsilon}_t+\boldsymbol{v}_t$$

令 $\boldsymbol{\mu}_t=\boldsymbol{\alpha}+\boldsymbol{\varepsilon}_t$。由于存在 λ 和 ρ 两个空间相关系数，两者对应的稳健检验分别称空间自相关稳健检验 LM_L^* 和空间误差自相关稳健检验 LM_E^*，前者原假设为 $H_0:\lambda=0$（假设 $\delta_\alpha^2\geqslant0,\rho\neq0$），后者原假设为 $H_0:\rho=0$（假设 $\delta_\alpha^2\geqslant0,\lambda\neq0$）对应的检验统计量为：

$$LM_L^*=\frac{[\boldsymbol{y}'(\boldsymbol{I}_T\otimes\boldsymbol{W}')\hat{\boldsymbol{\Omega}}^{-1}\hat{\boldsymbol{\mu}}]^2}{\hat{\bar{\omega}}_b} \tag{10.3.31}$$

$$LM_E^*=\left[\hat{\boldsymbol{\mu}}'(\boldsymbol{I}_T\otimes\boldsymbol{W}')\hat{\boldsymbol{\Omega}}^{-1}\hat{\boldsymbol{\mu}}-\frac{Tb}{Tb+\hat{\bar{\omega}}_b}\boldsymbol{y}'(\boldsymbol{I}_T\otimes\boldsymbol{W}')\hat{\boldsymbol{\mu}}\right]^2\left(\frac{1}{\hat{\bar{\omega}}_b}+\frac{1}{Tb}\right) \tag{10.3.32}$$

其中，$\hat{\bar{\omega}}_b=\hat{\boldsymbol{\beta}}'\boldsymbol{X}'(\boldsymbol{I}_T\otimes\boldsymbol{W}')[\hat{\boldsymbol{\Omega}}^{-1}-\hat{\boldsymbol{\Omega}}^{-1}\boldsymbol{X}(\boldsymbol{X}'\hat{\boldsymbol{\Omega}}\boldsymbol{X})^{-1}\boldsymbol{X}'\hat{\boldsymbol{\Omega}}^{-1}](\boldsymbol{I}_T\otimes\boldsymbol{W})\boldsymbol{X}\hat{\boldsymbol{\beta}};\boldsymbol{\Omega}=\sigma_\alpha^2(\bar{\boldsymbol{J}}_T\otimes\boldsymbol{I}_N)+\hat{\sigma}_v^2\boldsymbol{I}_{NT}$；$\hat{\boldsymbol{\Omega}}$ 和 $\hat{\boldsymbol{\beta}}$ 均是普通面板数据随机效应模型极大似然和估计值；$\hat{\boldsymbol{\mu}}$ 是对应的残差值。

此处需要注意的是，$\hat{\boldsymbol{\Omega}}$ 和 $\hat{\boldsymbol{\beta}}$ 等估计量是普通面板数据随机效应模型极大似然估计值，而非原假设模型（随机效应空间滞后模型或空间误差自相关模型）的极大似然估计值，即在模型估计时不需要考虑存在的空间相关性，比条件检验在计算上更简便；并且对于 LM_L^* 和 LM_E^*，$\hat{\boldsymbol{\Omega}}$ 和 $\hat{\boldsymbol{\beta}}$ 是完全相同的。

考虑较特殊的情况，即混合效应 SARAR 模型的稳健检验，则稳健检验统计量表达式与式(10.3.31)和(10.3.32)一致，但是 $\hat{\boldsymbol{\Omega}}$ 和 $\hat{\boldsymbol{\beta}}$ 为普通面板数据混合模型的 OLS 估计值。

(2) 随机效应检验

对空间面板数据中存在的随机效应，通常采用 LM 检验，包括边际检验和条件检验。其中，随机效应边际检验即在空间相关性不存在的情形下，检验随机效应是否存在，与普通面板数据模型的随机效应检验统计量式完全一致。不过，Baltagi 等(2003)则进一步研究了边际检验的单边检验标准化检验形式。其中，为了获取更大的检验功

效,构造 LM_G 检验的单边检验①:

$$LM_2 = \sqrt{LM_G} = \sqrt{\frac{NT}{2(T-1)}}G \tag{10.3.33}$$

此外,Baltagi 等(2003)认为,当回归元的数量较大或者内部某些回归元相关性较大时,单边检验的效果并不理想,进一步构造标准检验统计量:

$$SLM_2 = \frac{LM_2 - E(LM_2)}{\sqrt{Var(LM_2)}} \tag{10.3.34}$$

其中,$E(LM_2)$ 和 $Var(LM_2)$ 分别表示 LM_2 的期望和方差。详细情形可参考有关文献。

3. 参数估计

空间随机效应模型的参数估计方法主要有②:

(1) 极大似然估计法

对于随机效应的空间滞后模型,如式(10.3.26)所示。模型误差结构为 $\boldsymbol{\mu}_t = \boldsymbol{\alpha} + \boldsymbol{\varepsilon}_t$,$\boldsymbol{\alpha} \sim N(0, \sigma^2 \alpha)$,$\boldsymbol{\varepsilon}_t \sim N(0, \sigma_\varepsilon^2 \boldsymbol{I}_N)$,可以得到随机效应空间滞后模型极大似然函数:

$$L = \text{Const} + T\ \ln|\boldsymbol{I}_N - \lambda \boldsymbol{W}| - \frac{1}{2}\ln|\Sigma_u| - \frac{1}{2}\hat{\boldsymbol{\mu}}' \boldsymbol{\Sigma}_\mu^{-1} \boldsymbol{\mu} \tag{10.3.35}$$

其中,$\boldsymbol{\mu} = [\boldsymbol{I}_T \otimes (\boldsymbol{I}_N - \lambda \boldsymbol{W})]\boldsymbol{Y} - \boldsymbol{X\beta}$,$\boldsymbol{\Sigma}_\mu = \sigma_\alpha^2 (\bar{\boldsymbol{J}}_T \otimes \boldsymbol{I}_N) + \sigma_\varepsilon^2 \boldsymbol{I}_{NT}$。根据矩阵谱分解原理,将 $\boldsymbol{\Sigma}_\mu$ 分解后代入式(10.3.35),可得到更为具体的似然函数表达式③。

对于随机效应空间误差自相关模型 $\boldsymbol{\mu} = [\boldsymbol{I}_T \otimes (\boldsymbol{I}_N - \rho \boldsymbol{W})](\boldsymbol{y} - \boldsymbol{X\beta})$,其极大似然函数与混合效应空间误差自相关模型表达式(10.2.6)基本一致,如式(10.3.36)所示:

$$L = \text{Const} + T\ \ln|\boldsymbol{I}_N - \rho \boldsymbol{W}| - \frac{1}{2}\ln|\boldsymbol{\Sigma}_u| - \frac{1}{2}\boldsymbol{\mu}' \boldsymbol{\Sigma}_\mu^{-1} \boldsymbol{\mu} \tag{10.3.36}$$

(2) FGLS 估计法

FGLS 估计法常用于空间误差模型的参数估计。Kapoor 等(2007)提出了随机效应空间误差自相关模型的 FGLS 估计方法。值得注意的是,Kapoor 等(2007)研究的模型与 Anselin(1988)、Baltagi 等(2003)研究的随机效应空间误差自相关模型有所不同,模型设定如下:

$$\begin{aligned} \boldsymbol{y}_t &= \boldsymbol{X}_t \boldsymbol{\beta} + \boldsymbol{\mu}_t \\ \boldsymbol{\mu}_t &= \rho \boldsymbol{W}_N \boldsymbol{\mu}_t + \boldsymbol{\varepsilon}_t \\ \boldsymbol{\varepsilon}_t &= \boldsymbol{\alpha} + \boldsymbol{v}_t \end{aligned} \tag{10.3.37}$$

可见,Kapoor 等(2007)的随机效应空间误差自相关模型在随机效应项和空间误差自相关项的结合方式上有所不同。Kapoor 等(2007)针对误差项的系数,提出了等权重广义矩、最优权重广义矩及部分最优权重广义矩估计,并数理证明其广义矩估计的一致及有效性。在此基础上,采用 FGLS 估计法估计模型参数:

① 本部分整理编辑自:林光平,龙志和. 空间经济计量:理论与实证[M]. 北京:科学出版社 2014 年版.

② 本部分整理编辑自:林光平,龙志和. 空间经济计量:理论与实证[M]. 北京:科学出版社 2014 年版.

③ Anselin L.. Spacial Econometrics: Method and Models[M]. Kluwer Academic, 1988.

$$\hat{\boldsymbol{\beta}}_{\mathrm{FGLS}}=[\boldsymbol{X}'\hat{\boldsymbol{\Omega}}_u^{-1}\boldsymbol{X}]^{-1}\boldsymbol{X}'\hat{\boldsymbol{\Omega}}_u^{-1}\boldsymbol{y} \tag{10.3.38}$$

其中，$\hat{\boldsymbol{\Omega}}_u$ 是误差项 $\boldsymbol{\mu}$ 的方差，$\hat{\boldsymbol{\Omega}}_u$ 中包含的误差项参数 $\hat{\rho},\sigma_u^2,\sigma_v^2$，由广义矩估计法估计得到。Badinger 和 Egger(2011)则提出高阶随机效应空间误差自相关模型：

$$\begin{aligned}\boldsymbol{y}_t&=\boldsymbol{X}_t\boldsymbol{\beta}+\boldsymbol{\mu}_t\\ \boldsymbol{\mu}_t&=\sum_{m=1}^{R}\rho_M\boldsymbol{W}_M\boldsymbol{\mu}_t+\boldsymbol{\varepsilon}_t\\ \boldsymbol{\varepsilon}_t&=\boldsymbol{\alpha}+\boldsymbol{v}_t\end{aligned} \tag{10.3.39}$$

类似与 Kapoor 等(2007)，Badinger 和 Egger(2011)同样提出了等权重广义矩、最优权重矩、以及部分最优权重矩估计；采用 FGLS 估计总体参数，并通过数理证明和模拟实验证明估计量的有效性。

但是，对 Badinger 等(2003)研究的随机效应空间误差自相关模型，尚未查阅到有文献对其误差项系数构造广义矩估计量，进而总体模型使用 FGLS 估计方法。

(3) 工具变量法

工具变量法通常用于空间滞后模型的 SARAR 模型的参数估计，考虑到空间随机效应模型和空间混合模型的差异主要体现在误差项的随机效应上，很明显，用于空间混合模型的工具变量可直接应用于空间随机效应模型。但是，考虑到误差项存在随机效应，甚至可能包含误差项空间自相关，因此，通常采用基于工具变量的两阶段最小二乘法。

10.4 空间面板变截距参数模型

上一节空间变截距模型是由截距项来反映空间异质性，但是这种异质性不一定能完全通过截距项的变动来体现，因此引入一个更普遍的情况，就是让斜率项也随个体或时间而变动。若系数随空间个体的变动而变动，则称之为非时变的变系数模型，刻画了变量间关系以及空间关系的个体异质性；若系数随时期的变动而变动，则称之为时变系数模型，刻画了变量间关系以及空间关系的动态特性。正如截距一样，斜率的参数在空间单元中也被分为固定分布和随机分布。如果系数在各个空间截面(或时期)上是固定但不同的，则称为固定系数模型，而如果系数在各个空间截面(或时期)上是随机变化的，则称为随机系数模型。还可以根据空间相关性的引入方式进一步划分为空间滞后形式和空间误差形式。本节分析的是非时变的变系数模型，主要包括非时变空间滞后固定系数模型、非时变空间误差固定系数模型和非时变空间随机系数模型。对于时变系数模型将在后面章节探讨。

10.4.1 空间误差固定系数模型

1. 模型的设定

假设样本是空间个体 $i=1,2,\cdots,N$ 在时刻 $t=1,2,\cdots,T$ 的观测值，如果跨空间单元的参数是固定但不同的，那么每个空间单元都将单独处理。如果 $Y_i=X_i\beta_i+\varepsilon_i$ 代表了方程组 N 个方程中的第 i 个方程，其中观察值先按空间单元排序再按时间排序。在全样本中就有方程组 N 个方程式，则空间误差固定系数模型的结构如下：

$$\begin{cases} Y_1 = X_1\beta_1 + \varepsilon_1 \\ Y_2 = X_2\beta_2 + \varepsilon_2 \\ \vdots \\ Y_N = X_N\beta_N + \varepsilon_N \end{cases} \tag{10.4.1}$$

矩阵形式为:

$$\begin{bmatrix} Y_1 \\ Y_2 \\ \vdots \\ Y_N \end{bmatrix} = \begin{bmatrix} X_1 & 0 & \cdots & 0 \\ 0 & X_2 & \cdots & 0 \\ \cdots & \cdots & \ddots & \cdots \\ 0 & 0 & \cdots & X_N \end{bmatrix} \begin{bmatrix} \beta_1 \\ \beta_2 \\ \vdots \\ \beta_N \end{bmatrix} + \begin{bmatrix} \varepsilon_1 \\ \varepsilon_2 \\ \vdots \\ \varepsilon_N \end{bmatrix} \tag{10.4.2}$$

其中 $Y_i(i=1,2,\cdots,N)$ 为 $T\times1$ 的因变量矩阵,$X_i(i=1,2,\cdots,N)$ 为 $T\times K$ 的自变量矩阵,$\beta_i(i=1,2,\cdots,N)$ 为 $K\times1$ 的系数矩阵,$\varepsilon_i(i=1,2,\cdots,N)$ 为 $T\times1$ 的误差项矩阵。

紧凑形式:$Y=XB+\varepsilon$。其中 Y 为 $NT\times1$ 的列向量,$X=diag(X_i)$ 为 $NT\times NK$ 矩阵,β 为 $NT\times1$ 的列向量。

2. 模型的假设

假设 1. $E(\varepsilon_i)=0, E(\varepsilon_i\varepsilon_j')=\sigma_{ij}I_T\neq0$

假设在不同的方程式中误差项是相关的,即同一时期的空间个体的误差项之间存在同期相关,那么这 N 个单独的回归方程就可以联系起来,这个假设叫做同期误差相关性。这样一个假设在给定的时间点上对于不同空间单元的误差项是合理的,它有可能反应一些常见的不可计量和被遗漏的因素。而同一空间个体不同时期的误差项之间不存在跨期相关,因而,这个模型也被称为似不相关 SUR 模型,误差项的协方差矩阵为 $E(\varepsilon\varepsilon')=\Omega=\Sigma\otimes I_T, \Sigma=[\sigma_{ij}]_{N\times N}$。

模型中每一个方程表示了一个空间单元随时间变化的函数,若 $E(\varepsilon_i\varepsilon_j')=0$,则各个空间个体之间不存在关联,也就不存在空间关系,对每一个方程分别使用 OLS 估计即可;若 $E(\varepsilon_i\varepsilon_j')=\sigma_{ij}I_T\neq0$,也就是空间个体之间存在同期关联,那么空间个体之间存在空间关系。

对于空间关系的设定,在普通的空间误差模型中,通常设定 $\varepsilon=\lambda W\varepsilon+\mu, \mu\sim N(0,\sigma_\mu^2)$。但在固定系数空间误差模型中,Anselin(1988a)[①]和 Elhorst (2003)[②]均认为不需要对误差结构进行修正来消除空间误差相关性,因为 $\sigma_{ij}(i,j=1,\cdots,N)$ 已经反映了空间单元之间的相互作用。White 和 Hewings(1992)[③]认为通过 $E(\varepsilon_i\varepsilon_j')=\sigma_{ij}I_T\neq0$ 来描述空间关系比利用 $\varepsilon=\lambda W\varepsilon+\mu, \mu\sim N(0,\sigma_\mu^2)$ 来描述空间关系,在自变量系数估计上更有效。因为普通空间误差模型比固定系数空间误差模型对空间个体之间的空间关

① Anselin, L.. Spatial Econometrics: Methods and Models[M]. Kluwer Academic Publishers, 1988.

② Elhorst, J. P.. Specification and Estimation of Spatial Panel Data Models[J]. International Regional Science Review, 2003(26): 244—268.

③ White, E. N., G. J. D. Hewings. Space-time Employment Modeling: Some Results Using Seemingly Unrelated Regression Estimators[J]. Journal of Regional Science 1982(22): 283—302.

系增加了约束条件，而空间之间自然的相互作用不需要任何前提假设，因为一个特定的空间权重矩阵的参数并不影响反应参数 β 的估计，σ_{ij} 的估计值随即与权重 W_{ij} 相乘。

如果模型的样本满足估计的一致性条件，那么无论是利用空间矩阵来描述空间关系还是直接利用误差项的同期相关性来描述空间关系，都不会影响模型中其他自变量系数估计量的一致性。而且，误差结构的相关性越大，X 矩阵之间的相关性越小，模型的估计越有效。并且 Fiebig(2001)[①]提出，误差结构的相关性越大，方程式之间变量的相关性就越小，单个方程中变量的相关性就越大，空间误差固定系数模型的有效性就越大。当 $i\neq j$ 时，$\sigma_{ij}=0$，含有 N 个方程的方程组的联合估计就不再需要。

3. 模型的估计

模型的假设讨论得出直接利用误差结构来描述空间关系的固定系数模型，实际上就是普通的似不相关 SUR 模型。Zellner(1962)[②]在一个 SUR 模型中获得参数的极大似然估计量的基本方法是使用广义最小二乘法进行迭代。在每一次迭代过程中，用各个回归方程的残差来修正协方差矩阵 $\sigma_{ij}=e_i'e_j/T$ 的元素直到收敛。假设方程间或者方程中的参数 β 是不受限的，那么可以通过广义最小二乘法 GLS 进行迭代从而获得 β_i 和 σ_{ij} 的估计值：

$$\hat{\beta}_{\mathrm{GLS}}=[X'(\Sigma^{-1}\otimes I_T)X]^{-1}X'(\Sigma^{-1}\otimes I_T)Y \tag{10.4.3}$$

误差项的协方差矩阵 $\Omega=\Sigma\otimes I_T$，其中 $\Sigma=[\sigma_{ij}]_{N\times N}$. 估计量 $\hat{\beta}$ 的协方差矩阵为：

$$Var(\hat{\beta}_{\mathrm{GLS}})=[X'(\Sigma^{-1}\otimes I_T)X]^{-1} \tag{10.4.4}$$

当 Σ 未知时，系数的 FGLS 估计量为：

$$\hat{\beta}_{\mathrm{FGLS}}=[X'(\hat{\Sigma}^{-1}\otimes I_T)X]^{-1}X'(\hat{\Sigma}^{-1}\otimes I_T)Y \tag{10.4.5}$$

估计量 $\hat{\beta}$ 的渐近协方差矩阵为：

$$Asy.Var(\hat{\beta}_{\mathrm{FGLS}})=[X'(\hat{\Sigma}^{-1}\otimes I_T)X]^{-1} \tag{10.4.6}$$

$\hat{\Sigma}$ 的估计可由下面的表达式一致地得到：

$$\hat{\sigma}_{ij}=(Y_i-X_ib_i)'(Y_i-X_ib_i)/T,\ i,j=1,2,\cdots,N \tag{10.4.7}$$

4. 模型的检验

空间个体之间是否存在空间相关的检验，只需要对误差项是否存在同期相关性进行检验，如果模型中误差项的协方差矩阵为分块对角矩阵，则说明不存在误差项的同期相关性，也就是不存在空间相关性。格林(2007)[③]讨论了检验 $\Sigma_{N\times N}$ 是否为分块对角矩阵的 LM、LR 检验。邓明(2014)[④]在格林的基础上进一步推导 $\Sigma_{N\times N}$ 是否为分块对角矩阵的 LM、LR 和 Wald 检验。因为 LM、LR 以及 Wald 检验是基于似然估计而

---

① Fiebig D. G.. Seemingly Unrelated Regression: In a Companion to Theoretical Econometrics[C]. Malden: Blackwell edited by B. H. Baltagi, 2001: 101—21.

② Zellner A.. An Efficient Method of Estimating Seemingly Unrelated Regressions and Tests for Aggregation Bias[J]. Journal of American Statistical Association, 1962(57): 348—368.

③ [美]格林，费建平译. 计量经济分析[M]. 中国人民大学出版社 2007 年版.

④ 邓明. 变系数空间面板数据模型及其应用的研究[M]. 厦门大学出版社 2014 年版.

展开的,因此在进行模型设定检验之前,需要先引入如下的假设。

假设 2. 模型(10.4.1)中的误差项服从正态分布,即 $\varepsilon \sim N_{NT}(0,\Omega)$。

对数似然函数为:

$$L=-\frac{1}{2}\ln|\Omega|-\frac{1}{2}\varepsilon'\Omega^{-1}\varepsilon=-\frac{T}{2}\ln|\Sigma|-\frac{1}{2}tr\Sigma^{-1}U'U \qquad (10.4.8)$$

其中 $U=(\varepsilon_1,\varepsilon_2,\cdots,\varepsilon_T)$,$vec(U)=\varepsilon$。最大化公式(10.4.8)可得 β 的 ML 估计量为 $\hat{\beta}_{ML}=[X'\hat{\Omega}^{-1}X]^{-1}X'\hat{\Omega}^{-1}Y$。当假设 2 成立时,模型(10.4.1)的 FGLS 估计与 ML 估计是等价的。

将模型(10.4.1)中的 N 个方程分为两个部分,分别含有 N_1 和 N_2 个方程:

$$\begin{cases} Y_{N_1}=X_{N_1}\beta_{N_1}+\varepsilon_{N_1} \\ Y_{N_2}=X_{N_2}\beta_{N_2}+\varepsilon_{N_2} \end{cases} \qquad (10.4.9)$$

$$\begin{pmatrix} Y_{N_1} \\ Y_{N_2} \end{pmatrix}=\begin{pmatrix} X_{N_1} & 0 \\ 0 & X_{N_2} \end{pmatrix}\begin{pmatrix} \beta_{N_1} \\ \beta_{N_2} \end{pmatrix}+\begin{pmatrix} \varepsilon_{N_1} \\ \varepsilon_{N_2} \end{pmatrix} \qquad (10.4.10)$$

误差项的协方差矩阵为:

$$\Sigma=\begin{pmatrix} \Sigma_{11} & \Sigma_{12} \\ \Sigma_{21} & \Sigma_{22} \end{pmatrix},\ \Sigma_{12}=\Sigma_{21} \qquad (10.4.11)$$

因此,空间相关性检验的原假设和备选假设是:

$$H_0:\Sigma_{12}=\Sigma_{21}=0;\ H_1:\Sigma_{12}=\Sigma_{21}\neq 0 \qquad (10.4.12)$$

在原假设不成立时,也就是没有施加约束条件时,自变量系数的估计和误差项协方差矩阵的估计就是模型(10.4.1)的估计,可以写成如下的形式:

$$\hat{\beta}_U=\begin{pmatrix} \hat{\beta}_{U,N_1} \\ \hat{\beta}_{U,N_2} \end{pmatrix}=[X'(\hat{\Sigma}^{-1}\otimes I_T)X]^{-1}X'(\hat{\Sigma}^{-1}\otimes I_T)Y \qquad (10.4.13)$$

$$\hat{\Sigma}_U=\begin{pmatrix} \hat{\Sigma}_{U,11} & \hat{\Sigma}_{U,12} \\ \hat{\Sigma}_{U,21} & \hat{\Sigma}_{U,22} \end{pmatrix}=T^{-1}(Y-X\hat{\beta}_U)'(Y-X\hat{\beta}_U) \qquad (10.4.14)$$

而对于原假设成立的情况也就是施加约束条件的情况,自变量系数的估计和误差项协方差矩阵的估计分别为如下的形式:

$$\hat{\beta}_R=\begin{pmatrix} \hat{\beta}_{R,N_1} \\ \hat{\beta}_{R,N_2} \end{pmatrix}=\begin{pmatrix} X'_{N_1}\hat{\Omega}_{R,11}X_{N_1}X'_{N_1}\hat{\Omega}_{R,11}Y_{N_1} \\ X'_{N_2}\hat{\Omega}_{R,22}X_{N_2}X'_{N_2}\hat{\Omega}_{R,22}Y_{N_2} \end{pmatrix} \qquad (10.4.15)$$

$$\hat{\Sigma}_R=\begin{pmatrix} \hat{\Sigma}_{R,11} & 0 \\ 0 & \hat{\Sigma}_{R,22} \end{pmatrix} \qquad (10.4.16)$$

$$\hat{\Omega}_{R,ii}=(\hat{\Sigma}_{R,ii}\otimes I_T)\ i=1,2 \qquad (10.4.17)$$

$$\hat{\Sigma}_{R,ii}=T^{-1}(Y_{N_i}-X_{N_i}\hat{\beta}_{R,N_i})'(Y_{N_i}-X_{N_i}\hat{\beta}_{R,N_i})\ i=1,2 \qquad (10.4.18)$$

此外，还作如下设定：

$$\hat{\Sigma}_{R/U}=\begin{pmatrix}\hat{\Sigma}_{U,11} & 0\\ 0 & \hat{\Sigma}_{U,22}\end{pmatrix},\hat{\Sigma}_{U/R}=\begin{pmatrix}\hat{\Sigma}_{R,11} & \hat{\Sigma}_{R,12}\\ \hat{\Sigma}_{R,21} & \hat{\Sigma}_{R,22}\end{pmatrix}$$

其中，$\hat{\Sigma}_{R,12}=T^{-1}(Y_{N_1}-X_{N_1}\hat{\beta}_{R,N_1})'(Y_{N_2}-X_{N_2}\hat{\beta}_{R,N_2})$，$\hat{\Sigma}_{R/U}$是在满足$\Sigma_{12}=\Sigma_{21}=0$的约束条件下求$\beta$的无约束ML估计中所得到的$\Sigma$的估计量，$\hat{\Sigma}_{U/R}$则是不满足$\Sigma_{12}=\Sigma_{21}=0$的约束条件下求$\beta$的约束ML估计中所得到的$\Sigma$的估计量。$\hat{\Sigma}_{R/U}$和$\hat{\Sigma}_{U/R}$不是ML估计量，而是一种特殊的GLS估计量，$\hat{\Sigma}_{R/U}$下标的$R$表示协方差矩阵的估计是在约束条件$\Sigma_{12}=\Sigma_{21}=0$下进行的，而后面的下标$U$表示$\Sigma_{11}$和$\Sigma_{22}$是在$\beta$的无约束ML估计的基础上得到的。

定理1. 在假设1和假设2成立时，公式(10.4.11)中假设检验的LM、LR以及Wald检验统计量分别为：

$$LR=T\ \ln|\hat{\Sigma}_{R,11}|\cdot|\hat{\Sigma}_{R,22}|/|\hat{\Sigma}_U|\overset{a}{\sim}\chi^2(N_1N_2) \tag{10.4.19}$$

$$LM=-T\ \ln|I_{N_2}-\hat{\Sigma}_{R,22}^{-1}\hat{\Sigma}_{R,21}\hat{\Sigma}_{R,11}^{-1}\hat{\Sigma}_{R,12}| \tag{10.4.20}$$

$$Wald=-T\ \ln\ |I_{N_2}-\hat{\Sigma}_{U,22}^{-1}\hat{\Sigma}_{U,21}\hat{\Sigma}_{U,11}^{-1}\hat{\Sigma}_{U,12}| \tag{10.4.21}$$

5. 模型的简化

空间误差固定系数模型的优点是允许不同的空间个体单元的自变量系数以及空间误差系数有所不同，可以研究不同空间个体的空间效应的大小。缺点则是待估计参数过多：$N\times K$阶回归系数矩阵β，空间误差模型中对称协方差矩阵的$1/2N(N+1)$个不同的参数σ，$N\times K+N(N-1)$个不同的回归系数(β,δ)。因此该模型只能用于当T较大而N较小的时候，另外一个实际问题是N的值在大多数经济计量软件中是受限制的。Driscoll和Kraay (1998)①指出如果N相对T太大，则就不能够产生一个满秩矩阵来估计出所有参数。

减少待估计参数个数的方法有两种：一种方法是在事先获取空间关系相关信息的情况下，对误差项的协方差矩阵结构进行一定设定来减少待估计参数个数。通过添加约束条件当$i\neq j$时$E(\varepsilon_{it}\varepsilon_{jt})=\sigma_{ij}=\delta_i w_{ij}$，则$E(\varepsilon_i\varepsilon_j')=\sigma_{ij}=\delta_i w_{ij}\cdot I_T$可以使空间误差模型的协方差矩阵的参数减少到$N$个。空间权重矩阵作为事前的已知信息出现，与空间计量模型中一般的空间权重矩阵不同，其主对角线上的元素是非零的。在这些限制下，每一次迭代协方差矩阵的元素变为：

$$\sigma_{ii}=\frac{e_i^Te_i}{T},\ \delta_i=\sum_{j=1,j\neq i}^{N}w_{ij}e_i^Te_j/T\sum_{j=1,j\neq i}^{T}w_{ij} \tag{10.4.22}$$

① Driscoll J. C., Kraay A. C.. Consistent Covariance matrix Estimation with Spatially Dependent Panel Data[J]. Review of Economics and Statistics, 1998(80): 549—560.

$$E(\varepsilon\varepsilon')=\begin{bmatrix} E(\varepsilon_1\varepsilon_1') & E(\varepsilon_1\varepsilon_2') & \cdots & E(\varepsilon_1\varepsilon_N') \\ E(\varepsilon_2\varepsilon_1') & E(\varepsilon_2\varepsilon_2') & \cdots & E(\varepsilon_2\varepsilon_N') \\ \vdots & \vdots & \ddots & \vdots \\ E(\varepsilon_N\varepsilon_1') & E(\varepsilon_N\varepsilon_2') & \cdots & E(\varepsilon_N\varepsilon_N') \end{bmatrix}$$

$$=\begin{bmatrix} \delta_1 w_{11}\cdot I_T & \delta_1 w_{12}\cdot I_T & \cdots & \delta_1 w_{1N}\cdot I_T \\ \delta_2 w_{21}\cdot I_T & \delta_2 w_{22}\cdot I_T & \cdots & \delta_2 w_{2N}\cdot I_T \\ \vdots & \vdots & \ddots & \vdots \\ \delta_N w_{N1}\cdot I_T & \delta_N w_{N2}\cdot I_T & \cdots & \delta_N w_{NN}\cdot I_T \end{bmatrix}$$

$$=\begin{bmatrix} \delta_1 & \cdots & 0 \\ \cdots & \ddots & \cdots \\ 0 & \cdots & \delta_N \end{bmatrix}\cdot\begin{bmatrix} w_{11} & w_{12} & \cdots & w_{1N} \\ w_{21} & w_{22} & \cdots & w_{2N} \\ \vdots & \vdots & \ddots & \vdots \\ w_{N1} & w_{N2} & \cdots & w_{NN} \end{bmatrix}\otimes I_T=\Lambda W\otimes I_T \tag{10.4.23}$$

另一种减少待估计参数的方法就是在固定系数模型与常系数模型(固定效应模型或是随机效应模型)中间进行折衷处理。先将同类的空间单元分为一组,然后每一组对应一个单独的方程。Schubert (1982)[①]运用这个方法建立了奥地利区际劳动力市场模型,Murphy 和 Hofler(1984)[②]用此方法估计了美国地区的失业率。这种分组的思想在考虑空间相关性时分为两种方式。一种方式是在组内的空间个体之间考虑空间相关性,另一种方式是在组间考虑空间相关性。前者可适用于相邻的空间单元被分为一组的,后者适用于具有类似特征的空间单元被分为一组的。P 表示组数 $p(=1,\cdots,P)$,N_p 表示每组中空间单元的个数,所以 $\sum_p N_p=N$。对于群组内的空间相关性,参数减少到 $P\times K+\sum_p 1/2N_p(N_p+1)$个;对于群组间的空间相关性,在空间误差模型中参数减少到 $P\times K+1/2P(P+1)$个。

解决空间误差自相关估计问题的方法,除了参数缩减法,还有非参数协方差估计法,比如 GMM 估计法,它避免了协方差矩阵的参数估计。然而这些参数缩减法和非参数协方差估计法排除了对于所有的空间单元参数都是变化的情况,这也是最初构成固定系数模型的目的(Driscoll 和 Kraay 1998)。

10.4.2 空间滞后固定系数模型

1. 模型设定

假设得到空间个体 $i=1,2,\cdots,N$ 在时刻 $t=1,2,\cdots,T$ 的观测,非时变的空间滞后固定系数模型的基本形式如下所示:

① Schubert U.. REMO: An Interregional Labor Market Model of Austria[J]. Environment and Planning, 1982(A14): 1233—1249.

② Murphy K. J.. Hofler R. A. Determinants of Geographic Unemployment Rates: A Selectively Pooled-Simultaneous Model[J]. Review of Economics and Statistics, 1984(66): 216—223.

$$\begin{cases} Y_1 = 0 + \delta_{12} Y_2 + \delta_{13} Y_3 + \cdots + \delta_{1N} Y_N + X_1 \beta_1 + \varepsilon_1 \\ Y_2 = \delta_{22} Y_1 + 0 + \delta_{23} Y_3 + \cdots + \delta_{2N} Y_N + X_2 \beta_2 + \varepsilon_2 \\ \cdots \\ Y_N = \delta_{N1} Y_1 + \delta_{N2} Y_2 + \delta_{N3} Y_3 + \cdots + 0 + X_N \beta_N + \varepsilon_N \end{cases} \tag{10.4.23}$$

方程组 N 个方程，每个方程表示每个空间单元随时间的变化函数。$Y_i(i=1,2,\cdots,N)$ 为 $T\times 1$ 的因变量矩阵，$X_i(i=1,2,\cdots,N)$ 为 $T\times K$ 的自变量矩阵，$\beta_i(i=1,2,\cdots,N)$ 为 $K\times 1$ 的系数矩阵，$\varepsilon_i(i=1,2,\cdots,N)$ 为 $T\times 1$ 的误差项矩阵。

模型写成如下的矩阵形式：

$$(Y_1, Y_2, \cdots, Y_N)\begin{bmatrix} 1 & -\delta_{21} & \cdots & -\delta_{N1} \\ -\delta_{12} & 1 & \cdots & -\delta_{N2} \\ \vdots & \vdots & \ddots & \vdots \\ -\delta_{1N} & -\delta_{2N} & \cdots & 1 \end{bmatrix} = \begin{bmatrix} X_1 & \cdots & 0 \\ \vdots & \ddots & \vdots \\ 0 & \cdots & X_N \end{bmatrix}\begin{bmatrix} \beta_1 \\ \vdots \\ \beta_N \end{bmatrix} + \begin{bmatrix} \varepsilon_1 \\ \vdots \\ \varepsilon_N \end{bmatrix} \tag{10.4.24}$$

紧凑形式：

$$Y\Gamma = XB + \varepsilon \tag{10.4.25}$$

每个方程也可写作：

$$Y_i = [Y_1 \cdots Y_{i-1} Y_{i+1} \cdots Y_N X_i] \times \begin{bmatrix} \delta_{i1} \\ \vdots \\ \delta_{ii-1} \\ \delta_{ii+1} \\ \vdots \\ \delta_{iN} \\ \beta_i \end{bmatrix} + \varepsilon_i \equiv Z_i \eta_i + \varepsilon_i \tag{10.4.26}$$

2. 模型假设

假设 3.

(1) Γ 为非奇异矩阵，矩阵 B 列满秩。即 $rank(B)=K$；

(2) 式中的所有方程都满足识别的阶条件；

(3) 正交性假设：$E(X'\varepsilon)=0$；

(4) 误差项不存在同期相关和跨期相关，同时误差项服从均值为 0 的多元正态分布，$E(\varepsilon_i\varepsilon_i')=\sigma_{ii}I_T=\Sigma$，$E(\varepsilon_i\varepsilon_j')=0(i\neq j)$，$\varepsilon_i \sim N(0,\Sigma)$，$\varepsilon \sim N(0,\Sigma\otimes I_N)$。

空间滞后固定系数模型与空间误差固定系数模型相比，去除同期误差相关性的假设，并且 $E(\varepsilon_i\varepsilon_j')=\sigma_{ij}I_T$ 换成 $E(\varepsilon_i\varepsilon_i')=\sigma_{ii}I_T$ 和 $E(\varepsilon_i\varepsilon_j')=0(i\neq j)$，虽然后者并非必要，但是这个改写可以用来区分空间误差模型和空间滞后模型。

3. 模型估计

Hausman(1975[①]，1983[②])给出了线性联立方程模型的对数似然函数和最大化的一阶条件：

$$L(\Gamma,B,\Sigma)=\frac{T}{2}\ln[\det(\Sigma)^{-1}]+T|\ln[\det(\Gamma)]|-\frac{T}{2}tr\left[\frac{1}{T}\Sigma^{-1}(Y\Gamma-XB)'(Y\Gamma-XB)\right] \tag{10.4.27}$$

利用$\frac{\partial\{\ln[\det(A)]\}}{\partial A}=(A')^{-1}$得到最大化的一阶条件：

$$\frac{\partial L}{\partial \Gamma}=T(\Gamma')^{-1}-Y'(Y\Gamma-XB)\Sigma^{-1}=0 \tag{10.4.28}$$

$$\frac{\partial L}{\partial B}=X'(T\Gamma-XB)\Sigma^{-1}=0 \tag{10.4.29}$$

$$\frac{\partial L}{\partial \Sigma^{-1}}=T\Sigma-(Y\Gamma-XB)'(Y\Gamma-XB)=0 \tag{10.4.30}$$

根据公式(10.4.30)可得：

$$T\cdot I_T=(Y\Gamma-XB)'(Y\Gamma-XB)\Sigma^{-1} \tag{10.4.31}$$

结合公式(10.4.31)与公式(10.4.28)可得：

$$(\Gamma')^{-1}B'X(Y\Gamma-XB)\Sigma^{-1}=0 \tag{10.4.32}$$

利用公式(10.4.29)和公式(10.4.32)可得：

$$\begin{pmatrix}-X' \\ (\Gamma')^{-1}B'X'\end{pmatrix}(Y\Gamma-XB)\Sigma^{-1}=0 \tag{10.4.33}$$

由于没有了同期误差相关性，由公式(10.4.33)可以得到每个 η_i 的完全信息极大似然估计值(FIML)：

$$\eta_i=(\hat{Z}_i'Z_i)^{-1}\hat{Z}_i'Y_i \tag{10.4.34}$$

$$\hat{Z}_i[(XB\Gamma^{-1})_iX_i],\ \sigma_{ii}=\frac{(Y_i-Z_i\eta_i)'(Y_i-Z_i\eta_i)}{T} \tag{10.4.35}$$

矩阵 $XB\Gamma^{-1}$有 N 列，既然在这里 $Y_j(j=1,\cdots,N)$是 $Y_i(i=1,\cdots,N)$的解释变量，则 $XB\Gamma^{-1}$矩阵的第 j 列就构成了 Z_i 估计矩阵的一部分。Z_i 估计矩阵 $\hat{Z}_i$ 具有$(N-1+K)$列，其中$(N-1)$列是关于空间滞后因变量对 Y_i 的解释，K 列是关于空间滞后自变量对 Y_i 的解释，Z_i 估计矩阵可以看作虚拟变量。因为公式(10.4.35)右边 Z_i 估计值取决于 η，则 η 由公式(10.4.34)、(10.4.35)得不到封闭形式的解。可以尝试运用雅可比迭代法来解 η，因为需要解 $\eta=f(\eta)$，雅可比迭代法可根据 $\eta^{h+1}=f(\eta^h)$进行迭代，这个方法可运用一些商业经济计量软件包得到。

因为一个固定系数空间滞后模型对于不同的空间单元具有不同的空间滞后系数

① Hausman J. A.. An Instrumental Variables Approach to Full Information Estimators for Linear and Certain Nonlinear Econometric Models[J]. Econometrica, 1975(43): 727—738.

② Hausman J. A.. Specification and Estimation of Simultaneous Equation Models[C]. In Handbook of Econometrics. Elsevier, 1983: 392—448.

δ,由此得出雅克比行列式 $T\ \ln|\Gamma|$ 不能够表示空间权重矩阵特征值的函数。与固定系数空间误差模型不同的是,固定系数空间滞后模型的完全信息极大似然估计值FIML的计算更加复杂。可以选择两阶段最小二乘估计(2SLS),因为它具有和FIML估计值一样的渐近分布。两阶段最小二乘估计的优点是它是相对比较容易计算的,但是却会引起渐近效益的损失,因为2SLS没有考虑矩阵 B 和 Γ 系数的一些可能的限制条件。

4. 模型的简化

同空间误差固定系数模型,空间滞后固定系数模型也存在待估计参数过多的问题:$N\times K$ 阶回归系数矩阵 β,空间滞后模型中共有 $NK+N(N+1)$ 个参数需要估计。其中,NK 个参数是自变量系数,$N(N-1)$ 个参数是因变量空间滞后系数,N 个参数是误差项 σ_{ii}。当 N 相对于 T 太大时,模型将存在估计上的困难。

空间误差固定系数模型中减少待估计参数个数的两种方法同样适用于空间滞后固定系数模型:方法一是设定某一空间个体与其他空间个体之间的空间关系同这些空间个体之间的某种"距离"成比例关系,而这种"距离"是事先已知的,因而可以对式(10.4.24)中的空间关系利用传统的空间权重矩阵加以设定,令:

$$\Gamma=\begin{bmatrix} 1 & -\delta_2 w_{21} & \cdots & -\delta_N w_{N1} \\ -\delta_1 w_{12} & 1 & \cdots & -\delta_N w_{N2} \\ \vdots & \vdots & \ddots & \vdots \\ -\delta_1 w_{1N} & -\delta_2 w_{2N} & \cdots & 1 \end{bmatrix}=I_N-\begin{bmatrix} \delta_1 w_{11} & \delta_2 w_{21} & \cdots & \delta_N w_{N1} \\ \delta_1 w_{12} & \delta_2 w_{22} & \cdots & \delta_N w_{N2} \\ \vdots & \vdots & \ddots & \vdots \\ \delta_1 w_{1N} & \delta_2 w_{2N} & \cdots & \delta_N w_{NN} \end{bmatrix} \tag{10.4.36}$$

$$\hat{Z}_i=\sum_{j=1}^{N} w_{ij}[XB\Gamma^{-1}]^j \tag{10.4.37}$$

$\boldsymbol{W}$ 为传统的空间权重矩阵,$w_{ii}=0$。$[XB\Gamma^{-1}]^j$ 表示矩阵 $XB\Gamma^{-1}$ 的第 j 列。尽管这些限制条件简化了计算的过程,但是仍然需要使用雅克比迭代法。这样处理后待估计参数个数变为 $NK+N$ 个,虽然有所减少,但还是依赖于 N。

方法二分组法同空间误差固定系数模型处理,对于群组内的空间相关性,在空间滞后模型中参数则减少到 $P\times K+\sum_{p} N_p(N_p-1)$ 个;对于群组间的空间相关性,在空间滞后模型中参数减少到 $P\times K+P(P-1)$ 个。

10.4.3 空间误差随机系数模型

1. 模型设定与假设

同样通过把回归方程中的系数看作是空间单元之间的随机试验结果,也可以减少估计参数的个数。因此反应系数的个数不再随着空间单元的数量的增加而增加,这种方法也因为得到更多的自由度而增加了估计量的有效性。但是,随机效应的方法并没有减少空间误差模型中协方差矩阵的参数个数,也没减少空间滞后模型中与空间滞后因变量有关的参数个数。因此当 N 相对于 T 的值较大,问题仍然存在。

Swamy(1970)[①]提出随机系数模型,假设有 N 个截面个体,每个截面个体有 T 个时期的观测值,其模型为:

$$Y_i = X_i\beta_i + \varepsilon_i (i=1,2,\cdots,N) \tag{10.4.38}$$

$Y_i(i=1,2,\cdots,N)$ 为 $T\times 1$ 的因变量矩阵,$X_i(i=1,2,\cdots,N)$ 为 $T\times K$ 的自变量矩阵,$\beta_i(i=1,2,\cdots,N)$ 为 $K\times 1$ 的系数矩阵,$\varepsilon_i(i=1,2,\cdots,N)$ 为 $T\times 1$ 的误差项矩阵。

假设 4.

(1) $E(\varepsilon_i)=0, E(\varepsilon_i\varepsilon_i')=\sigma_{ii}I_T, \beta_i=\beta+v_i, E(v_i)=0, E(v_iv_i')=V_{KK}$。

(2)ε_i 和 v_i 不存在同期相关,且 ε_i 和 v_i 相互独立,即 $E(\varepsilon_i\varepsilon_j')=0(i\neq j), E(v_iv_j')=0(i\neq j), E(\varepsilon_{it}v_i)=0, \forall i$ 因为 $E(\beta_i)=\beta$ 不同截面个体的系数均值是相同的,而在固定系数模型中,不同截面个体的系数均值是不同的。下面分别对空间误差随机系数模型和空间滞后固定系数模型进行讨论。

空间误差随机系数模型的形式与普通随机系数模型基本相同,只是为了体现空间个体之间的空间关系,需要将原来的设定 $E(\varepsilon_i\varepsilon_j')=0(i\neq j)$ 更改为 $E(\varepsilon_i,\varepsilon_j')=\sigma_{ij}I_T$。类似于固定系数模型,不需要先对空间交互作用的性质进行假设。在这个模型中,假设随机向量 $Y\equiv(Y_1',\cdots,Y_N')'$ 服从均值为 $X\beta$ 的分布,其中 $X\equiv(X_1',\cdots,X_N')'$,协方差矩阵

$$\sum = \begin{bmatrix} X_1VX_1'+\sigma_{11}I_T & \sigma_{12}I_T & \cdots & \sigma_{1N}I_T \\ \sigma_{21}I_T & X_2VX_2'+\sigma_{22}I_T & \cdots & \sigma_{2N}I_T\cdots \\ \sigma_{N1}I_T & \sigma_{N2}I_T & \cdots & X_NVX_N'+\sigma_{NN}I_T \end{bmatrix} =$$

$$D(I_N\otimes V)D' + \left(\sum\sigma\otimes I_T\right) \tag{10.4.39}$$

D 是一个 $NT\times NK$ 的区块对角化矩阵,$D=diag[X_1,\cdots,X_N]$,Σ_σ 是一个 $N\times N$ 的矩阵,$\Sigma_\sigma=(\sigma_{ij})$。

2. 模型估计

Lindstrom 和 Bates(1998)[②]得出结论 β 的最大似然估计值与广义最小二乘估计值相等:

$$\hat{\beta}=(X'\Sigma^{-1}X)^{-1}X'\Sigma^{-1}Y,\ Var(\hat{\beta})=(X'\Sigma^{-1}X)^{-1} \tag{10.4.40}$$

一个主要问题是 Σ 包含未知参数 $\Sigma=\Sigma(\Sigma_\sigma,V)$,这有两种方法估计。

方法一:可行广义最小二乘估计 FGLS

在估计出 Σ_σ 和 V 的基础上再算出 β 的可行广义最小二乘估计。为了得到 β 的估计量,必须按照下面的步骤:

第一步假设所有的相应参数都是固定的且不同空间单元是不同的,用符号 FC 标

---

① Swamy Pavb. Efficient Inference in a Random Coefficient Regression Model[J]. Econometrica, 1970(38): 311—323.

② Lindstrom M. J.. Bates D. M.. Newton-Raphson and EM Algorithms for Linear Mixed-effects Model for repeated-measures data[J]. Journal of the American Statistical Association, 1988(83): 1014—1022.

示这些估计量，这个模型实际上就是公式(2)给出的没有协方差矩阵限制的固定系数模型。这一步得到 β_i^{FC} 和 σ_{ij}^{FC} 的估计量。

第二步计算 V(Swamy 1974)[①]：

$$V=\frac{1}{N-1}S-\frac{1}{N}\sum_{i=1}^{N}\hat{\sigma}_{ii}^{FC}(X_i'X_i)^{-1}+$$

$$\frac{1}{N(N-1)}\sum_{i=1}^{N}\sum_{j=1,j\neq 1}^{N}\hat{\sigma}_{ij}^{FC}(X_i'X_i)^{-1}X_{Xj}'(X_j'X_j)^{-1} \tag{10.4.41}$$

$$S=\sum_{i=1}^{N}\left(\hat{\beta}_i^{FC}-\frac{1}{N}\sum_{i=1}^{N}\hat{\beta}_i^{FC}\right)\left(\hat{\beta}_i^{FC}-\frac{1}{N}\sum_{i=1}^{N}\hat{\beta}_i^{FC}\right)^T \tag{10.4.42}$$

V 的估计是无偏但并非正定的，为了确定这个估计矩阵的正定性，我们可以运用一致估计量 $V=1/(N-1)\times S$(Swamy 1970)。

第三步根据公式(10.4.40)运用广义最小二乘法估计共同均值系数向量 β。最后一步有一个主要问题是要对一个$(N\times T)$矩阵 Σ 求逆，可以用公式(10.4.43)代替求得：

$$\Sigma^{-1}=(\Sigma_\sigma^{-1}\otimes I_T)-(\Sigma_\sigma^{-1}\otimes I_T)D[D'(\Sigma_\sigma^{-1}\otimes I_T)D+I_N\otimes V^{-1}]^{-1}D'(\Sigma_\sigma^{-1}\otimes I_T) \tag{10.4.43}$$

公式(10.4.43)需要对矩阵 V(K 阶)、矩阵 Σ_σ(N 阶)和方括号里面的矩阵$(N\times K)$阶三个矩阵求逆。当 $K<T$ 时，优先选择用公式(10.4.43)计算，但$(N\times K)$的矩阵求逆在一些计量经济学软件包中仍然具有计算困难。

方法二：极大似然估计 ML

尽管 β 广义最小二乘估计与极大似然估计在数值上相等，但非完全一致。因为 β 的最小二乘估计是基于一致性而不是 Σ_σ 和 V 的极大似然估计。统计文献显示 β，Σ_σ 和 V 的极大似然估计可以算出，但是非常复杂。有三个原因：

第一，Σ_σ 和 V 不能针对对数似然函数的一阶最大化条件采用代数法解出，因此 Σ_σ 和 V 必须采用数值法解出；

第二，一般估计问题往往跟协方差的参数限制条件联系起来，方差估计应当是非负的，协方差矩阵的估计也应当非负定，并且能够用参数空间边界上的数值进行估计。因此方差估计值可能是0，协方差矩阵可能是秩可为任何数的一个非负定矩阵。实际上，在建模过程中边界举例能够提供一些有用的考察信息，极大似然估计采用数值法能够成功为所有可能的样本估计出定义的数值，包括一些最大值在参数空间边界的。然而，这个参数空间问题往往会给现有的极大似然法造成困难；

第三，尽管一些研究主张给参数的似然估计研发有效的算法，一般假设 $E(\varepsilon_i\varepsilon_i')=\sigma_{ii}I_T$，$E(\varepsilon_i\varepsilon_j')=0(i,j=1,\cdots,N;i\neq j)$代替 $E(\varepsilon_i\varepsilon_j')=\sigma_{ij}I_T$，这个假设简化了参数的空间问题，但是这些算法是不是适用于更普遍的例子有待考察。

① Swamy Pavb. Linear Models with Random Coefficients[C]. In Zarembka P(ed). Frontiers in econometrics, 1974: 143—168.

10.4.4 空间滞后随机系数模型

1. 模型设定与假设

一个参数完全随机的因变量空间滞后模型实际上并不存在,主要是因为假设滞后因变量系数中存在一个随机因素 ,将会增加检验和估计的难度(Kelejian, 1974)[①]。但是可以使用一个混合模型,包括固定系数空间因变量和随机系数的外生变量。模型表达式为:

$$Y_{it}=\delta_{1i}Y_{1t}+\cdots+\delta_{ii-1}Y_{i-1t}+\delta_{i+1t}Y_{i+1t}+\cdots+\delta_{Ni}Y_{Nt}+X_{it}\beta_i+\varepsilon_{it} \quad (10.4.44)$$

但是这个模型并没有经常使用,因为要对其进行估计,观察值的数量是有限制的。每个空间单元中的观察值的数量最少为$(N+K)$,因为回归元有$(N-1+K)$个,大多数面板并不能满足此条件,即使 N 很小。假如与空间相互作用的性质有关的信息可得,我们因此可以添加限制条件 $\delta_{ij}=\delta_i w_{ij}(i\neq j)$,从而得到:

$$Y_{it}=\delta_i\sum_{j=1}^{N}w_{ij}Y_{jt}+X_{it}\beta_i+\varepsilon_{it}\equiv\delta_iY_i(w)+X_{it}\beta_i\equiv Z_{it}\eta_i+\varepsilon_t \quad (10.4.45)$$

此时每个空间单元需要的观察值的最小数量减少到$(K+1)$,而与 N 无关。

每个空间单元的观察值依据时间累积,并考虑公式(10.4.38)与假设 4,完整的模型可表示为:

$$\begin{pmatrix}Y_1\\Y_2\\\vdots\\Y_N\end{pmatrix}=\begin{pmatrix}Y_1(w)&0&\cdots&0\\0&Y_2(w)&\cdots&0\\\cdots&\cdots&\ddots&\cdots\\0&0&\cdots&Y_N(w)\end{pmatrix}\begin{pmatrix}\delta_1\\\delta_2\\\vdots\\\delta_N\end{pmatrix}+\begin{pmatrix}X_1\\X_2\\\vdots\\X_N\end{pmatrix}\beta+\begin{pmatrix}X_1&0&\cdots&0\\0&X_2&\cdots&0\\\cdots&\cdots&\ddots&\cdots\\0&0&\cdots&X_N\end{pmatrix}\begin{pmatrix}v_1\\v_2\\\vdots\\v_N\end{pmatrix}+\begin{pmatrix}\varepsilon_1\\\varepsilon_2\\\vdots\\\varepsilon_N\end{pmatrix}$$

$$\equiv diag[Y_1(w),\cdots,Y_N(w)]\times\delta+X\beta+diag[X_1,\cdots,X_N]\times v+\varepsilon \quad (10.4.46)$$

干扰项的协方差矩阵 $diag[X_1,\cdots,X_N]\times v+\varepsilon$ 是区块对角化矩阵,第 i 个对角线区块由公式(10.4.47)得到:

$$\Phi_i=X_iVX_i'+\sigma_{ii}I_T \quad (10.4.47)$$

2. 模型估计

与空间误差模型类似,分两步进行估计。基于 $\sigma_{1,1},\cdots,\sigma_{N,N}$ 和 V 的一致估计,δ 和 β 可以运用广义最小二乘法 GLS 来估计,并且可扩展到工具变量。$\delta,\beta,\sigma_{1,1},\cdots,\sigma_{N,N}$ 和 V 可以运用 ML 估计。随后工具变量运用 GLS 估计是由 Bowden 和 Turkington (1984)[②]提出。

用 X_i 表示第 i 个方程式中外生变量的$(T\times K)$矩阵,Z_i 是第 i 个方程式中空间滞后因变量和外生变量的$(T\times(1+K))$矩阵,X 表示模型中所有解释变量的$(T\times K_{ALL})$矩阵,其中 $K_{ALL}=N(1+K)$。结果矩阵 X^TX 的转置是$(K_{ALL}\times K_{ALL})$阶,当 N 或者 K 较大时,将会出现困难。

首先估计模型时假设所有系数都是固定的,我们用 FC 来表示这些估计。模型实

① Kelejian H. H.. Random Parameters in Simultaneous Equations Framework: Identification and Estimation[J]. Econometrica, 1974(42): 517—527.

② Bowden R. J., Turkington D. A.. Instrumental Variables[M]. Cambridge University Press, 1984.

际上是含有空间滞后因变量的固定系数模型，如公式(10.4.24—26)表示，但我们随后进行工具变量估计值的应用，η_i^{FC} 和 σ_{ii}^{FC} 的估计结果如下：

$$\hat{\eta}_i^{FC}=[Z_i'X(X'X)^{-1}X'Z_i]^{-1}Z_i'X(X'X)^{-1}X'Y_i \tag{10.4.48}$$

$$\hat{\sigma}_{ii}^{FC}=\frac{(Y_i-Z_i\hat{\eta}_i^{FC})'(Y_i-Z_i\hat{\eta}_i^{FC})}{T-K} \tag{10.4.49}$$

然后对 V 进行估计 Balestra 和 Negassi(1992)[①]：

$$\hat{V}=\frac{1}{N-1}\sum_{i=1}^{N}\left(\hat{\beta}_i^{FC}-\frac{1}{N}\sum_{i=1}^{N}\hat{\beta}_i^{FC}\right)\left(\hat{\beta}_i^{FC}-\frac{1}{N}\sum_{i=1}^{N}\hat{\beta}_i^{FC}\right)' \tag{10.4.50}$$

用 Z_i^p 表示基于 X 的多级回归方程 $Z_i=[Y_i(w)X_i]$ 的预测值，其中每个空间单元的观察值赋予权重 Φ_i^{-1}：

$$Z_i^p=X(X'\Phi_i^{-1}X)^{-1}X'\Phi_i^{-1}Z_i=[Y_i^p(w)X_i] \tag{10.4.51}$$

Φ_i 的转置可根据下列表达式得出：

$$\Phi_i^{-1}=\frac{1}{\sigma_{ii}}I_T-\frac{1}{\sigma_{ii}}X_i\left[V^{-1}+\frac{1}{\sigma_{ii}}X_i'X_i\right]^{-1}\frac{1}{\sigma_{ii}}X_i' \tag{10.4.52}$$

从而带入 Z_i^p 表达式变为：

$$\begin{aligned}Z_i^p=X\times&\left[\frac{1}{\sigma_{ii}}X_i'X-\frac{1}{\sigma_{ii}}X_i'X_i\left[V^{-1}+\frac{1}{\sigma_{ii}}X_i'X_i\right]^{-1}\frac{1}{\sigma_{ii}}X_i'X_i\right]\times\\&\left[\frac{1}{\sigma_{ii}}X_i'Z_i-\frac{1}{\sigma_{ii}}X_i'X_i\left[V^{-1}+\frac{1}{\sigma_{ii}}X_i'X_i\right]^{-1}\frac{1}{\sigma_{ii}}X_i'Z_i\right]\end{aligned} \tag{10.4.53}$$

最终得到参数 δ 和 β 的估计：

$$\begin{bmatrix}\delta_1\\ \vdots\\ \delta_N\\ \beta\end{bmatrix}=\begin{bmatrix}Y_1^p(w)'\phi_1^{-1}Y_1(w) & \cdots & 0 & Y_1^p(w)'\phi_1^{-1}X_1\\ \cdots & \ddots & \cdots & \cdots\\ 0 & \cdots & Y_N^p(w)'\phi_N^{-1}Y_N(w) & Y_N^p(w)'\phi_N^{-1}Y_N\\ X_1'\phi_1^{-1}Y_1(w) & \cdots & X_N'\phi_N^{-1}Y_N(w) & \sum_{i=1}^{N}X_i'\phi_i^{-1}X_i\end{bmatrix}\times$$

$$\begin{bmatrix}Y_1^p(w)'\phi_1^{-1}Y_1(w)\\ \vdots\\ Y_N^p(w)'\phi_N^{-1}Y_N(w)\\ \sum_{i=1}^{N}X_i'\phi_i^{-1}X_i(w)\end{bmatrix} \tag{10.4.54}$$

其中 Φ_i^{-1} 可以用公式(10.4.52)替代。

10.4.5 小 结

尽管随机系数空间误差和空间滞后模型只有 K 个 β 反应系数，比相应的固定系数少($(N-1)\times K$)个参数，但问题是相对于 T，N 的值可能太大。这意味着如固定系数模型中所提出的，随机系数模型中也需要运用技术减少参数 σ 和 δ 的数量。随机系

① Balestra P.，Negassi S.. A Random Coefficient Simultaneous Equation System with an Application to Direct Foreign Investment by French firms[J]. Empirical Economics，1992(17)：205—220.

数模型的参数估计并不简单,但还是可行的。实际问题是需要先估计固定系数,但当 T 小于 K 时,固定系数并不能确定。此时就要依靠参数的似然估计开发有效的算法。

类似于随机效应模型,当空间个体的观察值不一致时,即使 N 很大,随机系数模型也未必合适,必须建立固定系数模型。

10.5 动态空间面板数据模型

10.5.1 模型概述:时间和空间上的广义动态模型

所谓动态面板数据模型,是指通过在静态面板数据模型中引入滞后被解释变量来反映动态滞后效应的模型。因为该模型可以同时考察经济变量的动态性质以及相关因素的影响,在经济研究的各个领域被广泛应用。

动态模型应该处理的情况有:(1)每个空间个体的观测值在时间上有序列相关性;(2)每个时间点上的空间单元之间有空间依赖性;(3)观测不到的空间效应和时期效应;(4)一个或多个回归子的内生性。

最一般的模型用横截面观测值在时间 t 时的向量形式表示为:

$$Y_t=\tau Y_{t-1}+\delta WY_t+\eta WY_{t-1}+X_t\beta_1+WX_t\beta_2+X_{t-1}\beta_3+WX_{t-1}\beta_4+Z_t\pi+v_t \tag{10.5.1}$$

$$v_t=\rho v_{t-1}+\lambda Wv_t+\mu+\xi_t\iota_N+\varepsilon_t \tag{10.5.2}$$

$$\mu=\kappa W\mu+\zeta \tag{10.5.3}$$

Y_t 是 t 时空间个体 i 的 N 维观察值向量,$i=1,\cdots,N,t=1,\cdots,T$。$X_t$ 是一个 $N\times K$ 维外生解释变量矩阵,Z_t 是一个 $N\times L$ 内生解释变量矩阵。矩阵的下标 $t-1$ 表示它的时间滞后项,$N\times N$ 的矩阵 W 前乘表示矩阵的空间滞后值。W 通常是常数矩阵,用来描述观测样本个体的空间位置,通常假设其主对角线上的元素为零。参数 τ,δ,η 分别代表因变量的滞后一阶时间效应 Y_{t-1},空间效应 WY_t,时间与空间滞后项 WY_{t-1} 所对应的相应参数。$\beta_1,\beta_2,\beta_3,\beta_4$ 是一个 $K\times 1$ 维待估参数向量,π 是一个 $L\times 1$ 维内生解释变量的相应参数向量。N 维列向量 v_t 反映模型的误差项设定,假定其在时间和空间上序列相关,ρ 是序列相关系数,λ 是空间自相关系数。N 维列向量 $\mu=(\mu_1,\cdots,\mu_N)^T$ 包含空间效应 μ_i,用来控制所有空间效应,如果省略就会导致有偏估计(Baltagi, 2005)。ι_N 表示时期效应,用来控制所有的时期效应。另外空间特征效应假定为空间自相关,其中空间自相关系数假定为 κ。

最后 $\varepsilon_t=(\varepsilon_{1t},\cdots,\varepsilon_{Nt})^T$,$\zeta$ 是独立同分布的随机扰动项向量,它们的均值是 0,有限方差分别是 σ^2,σ_ζ^2。

10.5.2 动态空间面板数据模型的分类

动态空间面板数据模型可以分为三类,即误差项的空间时间模型、回归方程设定为动态面板数据模型,随机误差项设定为空间误差项的模型、动态效应的空间杜宾模型。

$$\varepsilon_{t-1}+W\varepsilon_t \tag{10.5.4}$$

$$Y_{t-1}+W\varepsilon_t \tag{10.5.5}$$

$$Y_{t-1}+WY_t+WY_t+X_t+WX_t \tag{10.5.6}$$

1. 包含误差项的空间时间模型 $\varepsilon_{t-1}+W\varepsilon_t$

Baltagi et al.(2003)①考虑了空间个体随机效应模型中关于空间误差自相关的模型的检验;Baltagi et al.(2007)②在此基础上进一步考虑了包含序列自相关。Elhorst(2008a)③考虑了时间空间相关性模型的模型估计,Kapoor et al.(2007)④考虑了时间随机效应空间误差模型的估计,Baltagi et al.(2012)⑤考虑了既含有误差项又含有空间随机效应的空间自相关检验。最后 Montes-Rojas(2010)⑥考虑了空间滞后模型中的序列误差相关和空间随机效应的检验。

这个简单的概述说明并不是每一个模型组合都会被考虑。首先需要说明的是当考虑空间面板模型的时候,固定效应模型比随机效应模型更合适,LeeYu(2010a)⑦认为固定效应模型比随机效应模型结果更稳健,计算起来更简单。把方程(10.5.3)写为 $\zeta=(I_N-\kappa W)^{-1}\mu$,假如把 μ 看成空间固定效应向量,那么不需要参数 κ,ζ 就可以估计出来。同理,假如把 μ 看成空间随机效应向量,那么样本中每个空间单元的固定效应向量可以用 μ 代替,而且不用估计出参数 κ。换句话说,可以通过控制空间固定效应来自动解决空间自相关问题,不用考虑是固定效应还是随机效应,而且也不用去估计空间自相关的大小。因变量 Y,自变量 X 的空间效应要比误差项的空间效应更重要,如果遗漏了 WY,WX 那么余下参数的估计将不具有一致性。相反,如果遗漏了误差项的空间效应 Wv_t,余下变量的参数估计还是具有一致性,只是不具备有效性。

2. 回归方程设定为动态面板数据模型,随机误差项设定为空间误差项的模型 $Y_{t-1}+W\varepsilon_t$

Elhorst(2005)⑧考虑了包含空间时间固定效应模型的 ML 估计;Yang et al.(2006)⑨扩展到包含空间随机效应(但是不包含时间效应)。研究发现将时间上的确定性动态效应和个体之间在空间上的随机相互作用分离的模型设定有很多优点:

如果回归方程没有设定误差项的空间作用,仅仅考虑了不同个体的空间作用,参

---

① Baltagi B. H., Song S. H., Koh W.. Testing Panel Data Models with Spatial Error Correlation[J]. Econometrics,2003,117(1):123—150.

② Baltagi B. H., Song S. H., Jung B. C., Koh W.. Testing for Serial Correlation, Spatial Autocorrelation and Random Effects Using Panel Data[J]. Econometrics, 2007,140(1):5—51.

③ Elhorst J. P..(2008a) Serial and SpatialAutocorrelation[J]. Econ Lett 100(3):422—424.

④ Kapoor M., Kelejian H. H., Prucha I. R.. Panel Data Models with Spatially Correlatederror Components[J]. Econometrics, 2007, 140(1):97—130.

⑤ Baltagi B. H., Egger P., Pfaffermayr M.. A Generalized Spatial Panel Data Model with Random Effects [C]. CE Working Paper Series, 2012,No. 3930. Available at SSRN: http://ssrn.com/abstract=2145816.

⑥ Montes-Rojas G. V.. Testing for Random Effects and Serial Correlation in Spatial Autoregressive Model [J]. Stat Plan Infer 2010, 140:1013—1020.

⑦ Lee L. F., Yu J.. Some Recent Developments in Spatial Panel Data Models[J]. Reg Sci Urban Econ40, 2010a,(5):255—271.

⑧ Elhorst J. P.. Unconditional Maximum Likelihood Estimation of Linear and Log-linear Dynamic Models for Spatial Panels[J]. Geogre Anal, 2005,37(1):62—83.

⑨ Yang Z., Li C., Y. K.. Functional Form and Spatial Dependence in Spatial Panels[J]. Econ,2006, 91(1):138—145.

数识别需要删除变量(Anselin et al.,2008)①,这样当用估计模型的时候,可以通过调整误差设定从而来控制内生变量(Elhorst,2008b)②。

这类模型比不控制空间自相关的动态面板模型的预测结果更好。模型的缺点在于,这类模型不能用于分析空间溢出效应。

3. 动态空间杜宾模型

动态空间杜宾模型一般用于研究地区间、国家间的经济增长和收敛问题。此类研究一般在考虑自身和邻近个体的初始收入水平、储蓄率、技术进步、人口增长等因素的基础上通过空间单元个体的经济增长对相邻单元个体的经济增长的影响进行回归进行分析。Elhorst et al.(2010)的研究表明,此类经济增长模型可以用动态回归方程来表示,如下所示:

$$Y_t=\tau Y_{t-1}+\delta WY_t+\eta WY_{t-1}+X_t\beta_1+WX_t\beta_2+v_t \tag{10.5.7}$$

上式称为空间动态杜宾模型,也可以改写为如下形式:

$$Y_t=(I-\delta W)^{-1}(\tau I+\eta W)Y_{t-1}+(I-\delta W)^{-1}(X_t\beta_1+WX_t\beta_2)+(I-\delta W)^{-1}v_t \tag{10.5.8}$$

同时,对 Y 的期望值关于解释变量 X 的、从单位 I 到 N 的偏导数矩阵可以表示如下:

$$\left[\frac{\partial E(Y)}{\partial x_{1k}}\cdots\frac{\partial E(Y)}{\partial x_{Nk}}\right]_t=(I-\delta W)^{-1}[\beta_{1k}I_N+\beta_{2k}W] \tag{10.5.9}$$

这些偏导数表示在短期内,一个特定空间单元的某个解释变量的变化对其他空间单元个体因变量的影响。同理,如下形式是长期效应的表达式:

$$\left[\frac{\partial E(Y)}{\partial x_{1k}}\cdots\frac{\partial E(Y)}{\partial x_{Nk}}\right]_t=[(1-\tau)I-(\delta+\eta)W]^{-1}[\beta_{1k}I_N+\beta_{2k}W] \tag{10.5.10}$$

从表达式(10.5.9)和(10.5.10)可以看出如果 $\delta=0,\beta_{2k}=0$,那么短期间接效应不存在;如果 $\delta=-\eta,\beta_{2k}=0$,那么长期效应不存在。

表 10.5.1 动态空间面板模型的分类

模型类型	静态空间杜宾模型	误差项的空间时间模型	动态面板模型+空间误差项的模型
短期直接效应	—	—	β_{1k}
短期间接效应	—	—	—
长期直接效应	$[(I-\delta W)^{-1}(\beta_{1k}I_N+\beta_{2k}W)]^{\bar{d}}$	β_{1k}	$\beta_{1k}/(1-\tau)$

① Anselin L., Le Gallo J., Jayet H.. Spatial Panel Econometrics[C]. In: Matyas L, Sevestre P (eds) The Econometrics of Panel Data, Fundamentals and Recent Developments in Theory and Practice, 3rd. Kluwer, 2008: 901—969.

② Elhorst J. P.. A Spatiotemporal Analysis of Aggregate Labour Force Behavior by Sex and Ageacross the European Union[J]. J Geogr Syst, 2008, 10(2): 167—190.

续表

模型类型	静态空间杜宾模型	误差项的空间时间模型	动态面板模型+空间误差项的模型
长期间接效应	$[(I-\delta W)^{-1}(\beta_{1k}I_N+\beta_{2k}W)]^{\overline{rsum}}$	—	—
缺点	无短期效应	无短期效应和间接效应	无间接效应
模型类型	动态空间杜宾模型	$\beta_2=0$	$\delta=0$
短期直接效应	$[(I-\delta W)^{-1}(\beta_{1k}I_N+\beta_{2k}W)]^{\bar{d}}$	$[(I-\delta W)^{-1}(\beta_{1k}I_N)]^{\bar{d}}$	$[(\beta_{1k}I_N+\beta_{2k}W)]^{\bar{d}}$
短期间接效应	$[(I-\delta W)^{-1}(\beta_{1k}I_N+\beta_{2k}W)]^{\overline{rsum}}$	$[(I-\delta W)^{-1}(\beta_{1k}I_N)]^{\overline{rsum}}$	$[(\beta_{1k}I_N+\beta_{2k}W)]^{\overline{rsum}}$
长期直接效应	$[((1-\tau)I-(\delta+\eta)W)^{-1}(\beta_{1k}I_N+\beta_{2k}W)]^{\bar{d}}$	$[((1-\tau)I-(\delta+\eta)W)^{-1}(\beta_{1k}I_N)]^{\bar{d}}$	$[((1-\tau)I-(\delta+\eta)W)^{-1}(\beta_{1k}I_N)]^{\bar{d}}$
长期间接效应	$[((1-\tau)I-(\delta+\eta)W)^{-1}(\beta_{1k}I_N+\beta_{2k}W)]^{\overline{rsum}}$	$[((1-\tau)I-(\delta+\eta)W)^{-1}(\beta_{1k}I_N)]^{\overline{rsum}}$	$[((1-\tau)I-(\delta+\eta)W)^{-1}(\beta_{1k}I_N)]^{\overline{rsum}}$
缺点	—	对于任意 X 间接/直接效应一样	无短期全域间接效应
模型类型	$\eta=-\tau\delta$	$\eta=0$	
短期直接效应	$[(I-\delta W)^{-1}(\beta_{1k}I_N+\beta_{2k}W)]^{\bar{d}}$	$[(I-\delta W)^{-1}(\beta_{1k}I_N+\beta_{2k}W)]^{\bar{d}}$	
短期间接效应	$[(I-\delta W)^{-1}(\beta_{1k}I_N+\beta_{2k}W)]^{\overline{rsum}}$	$[(I-\delta W)^{-1}(\beta_{1k}I_N+\beta_{2k}W)]^{\overline{rsum}}$	
长期直接效应	$\left[\frac{1}{1-\tau}(I-\delta W)^{-1}(\beta_{1k}I_N+\beta_{2k}W)\right]^{\bar{d}}$	$[(1-\tau)(I-\delta W)^{-1}(\beta_{1k}I_N+\beta_{2k}W)]^{\bar{d}}$	
长期间接效应	$\left[\frac{1}{1-\tau}(I-\delta W)^{-1}(\beta_{1k}I_N+\beta_{2k}W)\right]^{\overline{rsum}}$	$[(1-\tau)(I-\delta W)^{-1}(\beta_{1k}I_N+\beta_{2k}W)]^{\overline{rsum}}$	
缺点	间接/直接效应是常数	—	

从表10.5.1中可以看出动态SDM模型可以决定短期和长期直接效应、短期和长期间接效应(空间溢出效应)。运用表达式(10.5.9)和(10.5.10),要注意特定参数限制的问题。

$$Y_t=\tau Y_{t-1}+\delta WY_t+\eta WY_{t-1}+X_t\beta_1+v_t \tag{10.5.11}$$

$$Y_t=\tau Y_{t-1}+\eta WY_{t-1}+X_t\beta_1+WX_t\beta_2+v_t \tag{10.5.12}$$

$$Y_t=\tau Y_{t-1}+\delta WY_t-\tau\delta WY_{t-1}+X_t\beta_1+WX_t\beta_2+v_t \tag{10.5.14}$$

第一个限制:是 $\beta_2=\theta$,即式(10.5.11)。Bouay-Vedrine(2010)[1]讨论了这个模型。这个限制条件的确定是空间溢出效应都为0,对于每个解释变量来说,不管是长期还

① Bouayad-Agha S., Védrine L.. Estimation Strategies for a Spatial Dynamic Panel Using GMM: ANew Approach to the Convergence Issue of European Regions[C]. Spat Econ Anal, 2010,5(2): 205—227.

是短期,间接效应和直接效应的比值都是一样的,也就是如果对于某一个变量,这个比例是 $p\%$,那么对于其他的解释变量这个比例也是 $p\%$。这是因为分子的 β_{1k} 与分母的 β_{1k} 约分消去了。例如,在短期内,第 k 个解释变量的间接效应和直接效应的比例表达如下所示:

$$\frac{[(I-\delta W)^{-1}(\beta_{1k}I_N)]^{\overline{rsum}}}{[(I-\delta W)^{-1}(\beta_{1k}I_N)]^{\bar{d}}}=\frac{[(I-\delta W)^{-1})]^{\overline{rsum}}}{[(I-\delta W)^{-1}]^{\bar{d}}} \tag{10.5.15}$$

可以看出这个比例式子不含有 β_{1k},这个解释变量对于每一个解释变量都是一样的,不管是短期还是长期结果都是一样的。

第二个限制条件:是 $\delta=0$ 即式(10.5.12)(Korniotis,2010)①。这个限制条件的缺点是 $(I-\delta W)^{-1}$ 退化为单位矩阵,结果是每个解释变量的全域短期溢出效应都等于0,所以这个模型不适合分析短期的空间溢出效应。

第三个限制条件:是 $\eta=-\tau\delta$,即式(10.5.13),这个限制条件是 Parent and LeSage(2011)②提出的,其限制条件的好处是,某个解释变量的变化对因变量的影响可以分解为空间个体效应和时间效应,空间效应随着 δW 高阶相邻而递减。缺点是对于每个解释变量而言,间接和直接效应的比值在时间上是不变的。无论是短期还是长期,第 k 个解释变量的间接和直接效应的比例可以表示为如下形式:

$$\frac{[(I-\delta W)^{-1}(\beta_{1k}I_N+\beta_{2k}W)]^{\overline{rsum}}}{[(I-\delta W)^{-1}(\beta_{1k}I_N+\beta_{2k}W)]^{\bar{d}}} \tag{10.5.16}$$

即不管是短期内还是长期内,变量的间接和直接效应的比例都是 $p\%$。

第四个限制条件:是 $\eta=0$,即式(10.5.14)(Brady,2011)③。尽管这个模型限制了直接效应和间接效应比例的灵活度,但是这是限制最小的模型。实证研究需要清楚这些限制条件是否成立。

10.5.3 模型的检验

1. 平稳性

为了得到动态空间面板数据模型的平稳性,需要对模型的参数和空间权重矩阵 W 做些限定。在式(10.5.3)的横截面方程中,矩阵 $I_N-\kappa W$ 应该是非奇异的,矩阵 $(I_N-\kappa W)^{-1}$ 的特征根应该在单位元内。对于对称矩阵 W,只要 k 在区间 $(1/\omega_{\min},1/\omega_{\max})$ 内,上述条件就可以满足,$\omega_{\min}$,$\omega_{\max}$ 分别为 W 的最小,最大实数特征根,如果 W 进行了行标准化处理,上述区间可写为 $(1/\omega_{\min},1)$,因为经过行标准化处理后的矩阵 W,其最大特征根为1,有可能会出现复数根。如果行标准化之前 W 是非对称的,就会出现复数根。最后,下面两个条件中之一必须得到满足:

① Korniotis G. M.. Estimating Panel Models with Internal and External Habit Formation[J]. BusEcon Stat 2010,28(1):145—158.

② Parent , LeSage J. P. A Space0time Filter for Panel Data Models Containing Random Effects[J]. Computer Stat Data Anal , 2011, 55:475—490.

③ Brady R. R.. Measuring the Diffusion of Housing Prices Across Space and Time[J]. Apple Econometrics, 2011, 26(2):213—231.

a 在对 W 进行行标准化之前，当 $N\to\infty$ 时，W 与 $(I_N-\kappa W)^{-1}$ 的行和及列和在绝对值上应该一致有界；

b 在对 W 进行行标准化之前，W 的行和或列和不能以等于或快于 N 的速度收敛于无穷大。

在方程(10.5.2)中，$\gamma(I_N-\rho W)^{-1}$ 特征根要落在单位圆内。因为该矩阵的最小、最大特征根分别为 $\gamma/(1-\rho\omega_{\min})$，$\gamma/(1-\rho\omega_{\max})$，反之亦然(不管 ρ 是正数还是负数)，时间上的平稳性条件如下：

$$|p|<1-\lambda\omega_{\max},\ \text{if}\ \lambda\geqslant 0 \tag{10.5.17}$$

$$|p|<1-\lambda\omega_{\min},\ \text{if}\ \lambda<0 \tag{10.5.18}$$

这些平稳性条件如下图 10.5.1 所示，空间和时间自相关系数之间存在一种权衡。

Elhorst(2001)[①]推导出矩阵 $(I-\delta W)^{-1}(\tau I+\eta W)$ 的特征根应该位于单位圆内的条件如下所示：

$$\text{if}\ \delta+\eta\geqslant 0,\ \tau<1-(\delta+\eta)\omega_{\max} \tag{10.5.19}$$

$$\text{if}\ \delta+\eta<0,\ \tau<1-(\delta+\eta)\omega_{\min} \tag{10.5.20}$$

$$\text{if}\ \delta-\eta\geqslant 0,\ -1+(\delta-\eta)\omega_{\max}<\tau \tag{10.5.21}$$

$$\text{if}\ \delta-\eta<0,\ -1+(\delta-\eta)\omega_{\min}<\tau \tag{10.5.22}$$

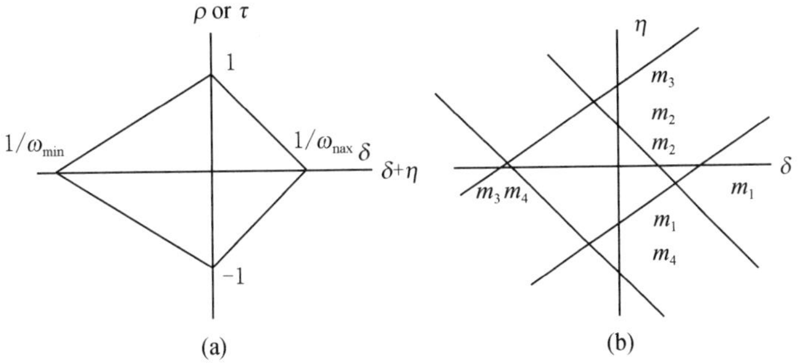

图 10.5.1　不同模型方程的稳定区域

a. 方程(10.5.1)中 $\delta+\eta$，τ 的平稳区域，方程(10.5.2)中 λ，ρ 的平稳区域；

b. 方程(10.5.1)给定 τ 的值，δ，η 的平稳区域，m_1，m_2，m_3，m_4 表示点与水平或垂直轴相交，$m_1=\dfrac{1+\tau}{\omega_{\max}}$，$m_2=\dfrac{1-\tau}{\omega_{\max}}>0$，$m_3=\dfrac{1+\tau}{\omega_{\min}}$，$m_4=\dfrac{1-\tau}{\omega_{\min}}>0$。

如果用 $\delta+\eta$ 替代 λ，τ 替代 ρ，那么 $\delta+\eta$ 和 τ 之间的平稳性条件和图 10.5.1(a)的 λ，ρ 之间的平稳性条件类似。这说明序列相关系数和两个空间自相关系数之和之间存在着一种平衡关系。当给定 τ，δ，η 之间的平衡条件如图 10.5.1(b)所示。这个图形把两个空间自相关系数的平稳性条件用一个菱形展示。菱形的大小和位置取决于 τ，空间权重矩阵的最大和最小特征根。

图 10.5.1(a)给出的平稳性条件意味着 $|\tau|+|\delta|+|\eta|<1$，这个理论是(Yu et

① Elhorst J. P.. Dynamic Models in Space and Time[J]. Geog Anal, 2001, 33(2): 119—140.

al,2008)提出的,但太过于局限了。例如,给出$(\tau,\delta,\eta)=(0.1,0.9,-0.1)$,依据$|\tau|+|\delta|+|\eta|<1$,这个组合值是要拒绝的,它不是基于本文提供的结果。这是因为矩阵$(\tau I_N+\eta W)(I_N-\delta W)^{-1}$的最大特征根要小于这个组合的值。同理 Lee Yu (2010a)提出的平稳性条件$|\tau|+|\delta|+|\eta|<1$不够严谨。例如,给出$(\tau,\delta,\eta)=(1.1,-0.2,-0.0)$在这个限制条件下是可以接受的,但是这个结果是应该拒绝的。因为$(\tau I_N+\eta W)(I_N-\delta W)^{-1}$的最大特征根比这个组合的值要大,意味着在这个条件下模型会出错。如果一个模型是不平稳的,也就是说参数估计不满足平稳条件中的其中一个。Lee Yu(2010a)建议图 10.5.1(a)的每个变量用空间滞后值的利差替代,在数学上,等同于用矩阵(I_N-W)乘以方程(10.5.1)的条件。(10.5.19)和(10.5.21)中的最大特征根$\omega_{\max}$将被空间权重矩阵W的第二大特征根$\omega_{\max-1}$代替。因为这些新的限制条件比原来的条件宽松了,所以空间一阶差分模型可能是平稳的。

总而言之,方程(10.5.1)和(10.5.2)关于空间和时间参数的平稳性条件超越了时间序列中条件$|\tau|<1$和空间模型中的$1/\omega_{\min}<\delta<1/\omega_{\max}$。

对于在面板数据模型中,$N\times N$的空间权重矩阵W施加的平稳性条件由 Yu et al.(2006)给出,对于$p=\delta,\lambda$矩阵(I_N-pW)应该是非奇异的,随着N趋于无穷大W,$(I_N-pW)^{-1}$的行和与列和在绝对值上应该一致有界。另外:

$$\sum_{h=1}^{\infty} abs\{[(I_N-\delta W)^{-1}(\tau I_N+\eta W)]^h\} \tag{10.5.23}$$

令$\omega_i(i=1,\cdots,N)$代表矩阵W的特征根,R_N代表对应的标准化特征向量组成的$N\times N$矩阵,上述条件即为$\sum_h abs\{[R_N D_N(R_N)^{-1}]^h\}$,$D_N$是主对角元素为$(\tau+\eta\omega_i)/(1-\delta\omega_i)$,$i=1,\cdots,N$的对角矩阵。这个表达式代表的是图(10.5.1)参数τ,η,δ的平稳性条件。矩阵W的行和和列和在行标准化之前,要以小于N的速度收敛到无穷大,这种假设在横截面模型中没有提到过,除非考虑了时间固定效应。

2. 非平稳状态

如果$\tau+\delta+\eta<1$的条件不满足,那么空间动态面板模型的估计会变得更加复杂。如果模型是非平稳的,为了摆脱Y_t的非平稳性,Yu et al(2012)[①]提出了空间一阶差分模型,通过分离动态空间面板模型每个变量的空间滞后项得到。假如空间动态面板模型如下所示:

$$Y_t=\tau Y_{t-1}+\delta WY_t+\eta WY_{t-1}+X_t\beta+\mu+\xi_t\iota_N+\varepsilon_t \tag{10.5.24}$$

在等式两边同时乘以$(I-W)$仍然成立:

$$\begin{aligned}(I-W)Y_t=&\tau(I-W)Y_{t-1}+\delta W(I-W)Y_t+\eta W(I-W)Y_{t-1}+\\&(I-W)X_t\beta+(I-W)\mu+(I-W)\varepsilon_i\end{aligned} \tag{10.5.25}$$

利用了$(I-W)W=W(I-W)$这个性质。这个方程有一些重要的性质:

(1) 因为$\xi_t(I-W)\iota_N=0$,所有的时间固定效应都从这个模型中剔除了。需要注

① Yu J., de Jong R., Lee L. F.. Estimation for Spatial Dynamic Panel Data with Fixed Effects: The Case of Spatial Cointegration[J]. Econometrics, 2012(167): 16—37.

意的是这些固定效应仍然保持有效，因为模型评估产生相同的参数估计模型，新公式是空间一阶差分不包括时间固定效应。我们需要放弃第一种方法的原因是我们需要消除因为 Y_t 的不稳定性带来的不一致性。

(2) 正如一阶差分在时间域里需要减少观察变量的数量，同理一阶差分在空间域里面也是如此，前者对每个国家适用，后者对每个时间点适用。因为我们假设 ε_{it} 均值为 0，方差为 σ^2，$(I-W)\varepsilon_{it}$ 的方差是 $\sigma^2\sum$，$\sum=(I-W)(I-W)^T$。

考虑当式(10.5.25)的参数估计时，矩阵的协方差从 $\sigma^2 I$ 变为 $\sigma^2\sum$。因为矩阵 $(I-W)$ 的特征值是 $1-\omega_i(i=1,\cdots,N)$，ω_i 代表空间权重矩阵 W 特征值，假定 W 是标准化，W 的最大特征根是 1，矩阵 $(I-W)$ 的特征根至少有一个是 0。这意味着矩阵 $(I-W)$ 的行列式为 0，所以这个矩阵不是满秩矩阵。如果矩阵 $(I-W)$ 的秩是 $N-1$ 而不是 N，同理 $\sum$ 也是一样的。

令 Λ_{N-1} 代表非 0 特征值 $\sum$ 的 $(N-1)\times(N-1)$ 的对角矩阵。$F_{N,N-1}$ 代表了正规化的 $N\times(N-1)$ 矩阵的特征向量。在(10.5.25)式中令 $P=\Lambda_{N-1}^{-1/2}F_{N,N-1}^T$：

$$P(I-W)Y_t=\tau P(I-W)Y_{t-1}+\delta PW(I-W)Y_t+\eta PW(I-W)Y_{t-1}+ P(I-W)X_t\beta+P(I-W)\mu+P(I-W)\varepsilon_t \tag{10.5.26}$$

这个转变有三个作用：

(1) 因为 P 是一个 $(N-1)\times N$ 的矩阵，$Y_t^*=P(I-W)Y_t$ 把 Y_t^* 的长度减少到 $N-1$。这个转变同样适用于向量 $X_t^*\mu^*\varepsilon_t^*$。用矩阵 $(I-W)$ 乘以式(10.5.24)通过完美的线性组合起到降低观察变量的数量。观察变量数量的减少仅仅只是自由度数量的减少，因为所有观察变量的信息仍然包含在数据中；

(2) 因为矩阵 P 是 $(I-W)$ 的逆矩阵，所以我们有 $E(\varepsilon_t^*\varepsilon_t^{*T})=\sigma^2 I_{N-1}$；

(3) 因为 $W^*=PW(I-W)=\Lambda^{-1/2}F_{N,N-1}^T WF_{N,N-1}\Lambda^{1/2}$，因此式子(10.5.26)可以改写为：

$$Y_t^*=\tau Y_{t-1}^*+\delta W^*Y_t^*+\eta W^*Y_{t-1}^*+X_t^*\beta+\mu^*+\varepsilon_t^* \tag{10.5.27}$$

这个式子的参数可以用偏差修正 ML 估计方法得到一致的估计，该方法在(10.5.24)中得到应用。Yu et al.(2012)一致证明了当 $\tau+\omega_{\max-1}(\delta+\eta)<1$ 时，转换模型将是平稳的，其中 $\omega_{\max-1}$ 代表空间权重矩阵的第二大特征值。更重要的是后面的限制条件 $\tau+\delta+\eta<1$ 比原始的限制条件要宽松。

总的来说，式子(10.5.27)和式子(10.5.24)有三个区别：

第一，在时间维度里，自由度的个数是 $N-1$ 而不是 N；

第二，时间固定效应消除了，尽管他们的效率没有消失；

第三，用矩阵 W^* 代替 W。需要注意的是矩阵 W^* 的行元素和矩阵 W 不同，不需要加起来为 1。尽管如此，矩阵 W^* 的 $N-1$ 特征值在矩阵 W 剔除了单位特征根以后是一样的。

Yu et al.(2012)展示了(10.5.24)的动态空间面板模型的误差修正模型 ECM 的表达式：

$$\Delta Y_t=(I-\delta W)^{-1}[(\tau-1)I+(\delta+\eta)W]Y_{t-1}+(I-\delta W)^{-1}X_t\beta+$$
$$(I-\delta W)^{-1}[\mu+\xi_{t0}\iota_N+\varepsilon_t] \quad (10.5.28)$$

$\Delta Y_t=Y_t-Y_{t-1}$代表时间维度的一阶差分,即因变量在时间维度的变化值。方程可以改写为:

$$\Delta Y_t=\delta W\Delta Y_t+(\tau-1)Y_{t-1}+(\delta+\eta)WY_{t-1}+X_t\beta+\xi_{t0}\iota_N+\varepsilon_t \quad (10.5.29)$$

这个式子可以通过在式(10.5.24)两边同时减去 Y_{t-1} 加上 ρWY_{t-1} 得到。式子(10.5.29)说明在 t 时刻因变量的变化不仅取决于空间单元因变量的前一时刻 Y_{t-1} 的状态,还受到因变量的其他空间单元在前一时刻 WY_{t-1} 的影响。空间单元自己的初始系数$(\tau-1)$,比 0 要小,如果变量的初始值相对来说很小,那么因变量增加的可能性就很大。在其他空间单元里面系数的初始值 $\delta+\eta$ 是正的,如果其他空间单元的初始值已经很高了,那么因变量的增加就很有可能。

在短期和长期内,一个解释变量的变化对因变量 Y 的直接效应和间接效应的作用已经在式子(10.5.9)和式子(10.5.10)中用数学公式表达出来了。如果研究的重点放在误差修正模型的表达式,直接效应和间接效应表示解释变量的变化对因变量的单位影响即 ΔY_t。在一个特定的时刻 t 这些效应的形式如下所示:

$$\left[\frac{\partial E(\Delta Y)}{\partial x_{1k}},\cdots,\frac{\partial E(\Delta Y)}{\partial x_{Nk}}\right]=\begin{bmatrix}\frac{\partial\Delta y_1}{\partial x_{1k}} & \cdots & \frac{\partial\Delta y_1}{\partial x_{Nk}}\\ \cdots & \cdots & \cdots\\ \frac{\partial\Delta y_N}{\partial x_{1k}} & \cdots & \frac{\partial\Delta y_N}{\partial x_{Nk}}\end{bmatrix}(I-\delta W)^{-1}\beta_k \quad (10.5.30)$$

因为这些效应和时间是无关的,式子(10.5.30)的等式右边和等式左边相比没有时间 t。同理我们可以计算估计得收敛性,运用 ECM 式子(10.5.28)的表达式我们可以得到:

$$\frac{\partial E(\Delta Y_t)}{\partial Y_{t-1}}=(I-\delta W)^{-1}[(\tau-1)I+(\delta+\eta)W] \quad (10.5.31)$$

矩阵对角元素的平均值度量了空间单元自己的收敛性,非对角元素行和的平均值度量了其他空间单元的收敛情况。

如果 $\tau+\delta+\eta=0$,Yu et al.(2012)把这种情况看成空间协整,类似传统时间领域的协整。协整矩阵式$(I-W)$,协整的秩是矩阵 W 的特征值的个数,即 $N-1$。如果:

$$\tau+\delta+\eta=1\ \frac{\partial E(\Delta Y_t)}{\partial Y_{t-1}}=(\tau-1)(I-\delta W)^{-1}(I-W) \quad (10.5.32)$$

如果是标准化的,那么从这个式子可以看出偏导数总的效应为 0,这是因为等式两边都乘以了矩阵$(I-W)$。因为矩阵 I 的对角矩阵都是 1,矩阵 W 的对角矩阵都是 0,所以矩阵的直接效应是 1,在假定 W 是行标准化的,矩阵 I 的非对角元素加起来是 0,矩阵 W 的非对角元素加起来是-1,所以矩阵的间接效应是-1。换句话说如果变量是空间协整的,那么在不同空间单元中因变量的变化是不收敛的。

需要注意的是因变量的改变量 ΔY_t 的直接和间接效应与因变量的短期直接效应和短期间接效应相对应。在数学上长期效应概括为$[(1-\tau)I-(\delta+\eta)W]^{-1}\beta_k$。如果这个模型是空间协整的，那么方括号的矩阵就是奇异的，这样长期直接效应和间接效应就没有意义。把 $\tau+\delta+\eta=1$ 当成是空间特征研究的是 ΔY_t 而不是 Y_t。

10.5.4 模型的参数估计方法

由于个体效应和滞后的内生解释变量相关，对动态面板数据模型采用传统的估计方法，其估计结果是有偏且非一致的。工具变量及广义矩估计方法能有效地消除这种相关性，从而得到一致性的估计量，因此被广泛地应用到动态面板数据模型的估计中。以下简要介绍这两种方法的基本思想，为避免符号的复杂性造成理解的困难，简单地以向量形式表示的方程 $y=X\beta+\varepsilon$ 来进行说明，其中 X 与随机误差项相关，即 $E(X\varepsilon)\neq0$。

1. 工具变量估计的基本思想

在时间序列模型的估计中，工具变量方法常用来消除解释变量与随机误差的相关性，从而纠正估计的渐近有偏性。工具变量可以理解为找到一个变量集 Z，其与解释变量 X 高度相关，而与随机误差项 ε 不相关，因此解释变量 X 中与变量集 Z 相关而与随机误差项 ε 不相关的部分就可以作为新的解释变量，从而解决了解释变量与随机误差的相关性问题。

用工具变量集 Z 的转置前乘原方程为 $y=X\beta+\varepsilon$，得到方程 $Z'y=Z'X\beta+Z'\varepsilon$，此时随机误差项为 $Z'\varepsilon$，其方差为 $var(Z'\varepsilon)=Z'var(\varepsilon)Z=\sigma^2Z'Z$。使用 $V^{-1}=(Z'Z)^{-1}$ 作为加权矩阵对方程进行广义最小二乘估计，估计量为：

$$\beta_{IV}=((Z'X)'V^{-1}Z'X)^{-1}(Z'X)'V^{-1}Z'y \tag{10.5.33}$$

将 $y=X\beta+\varepsilon$ 代入 B_{IV} 的表达式来分析工具变量估计方法估计系数的渐近性质，得到：

$$\beta_{IV}=\beta+(X'Z(Z'Z)^{-1}Z'X)^{-1}X'Z(Z'Z)^{-1}Z'\varepsilon \tag{10.5.34}$$

由于变量 Z 与随机误差项 ε 正交，该估计量的概率极限是渐近无偏的：

$$\rho\lim\beta_{IV}=\beta+\rho\lim(X'Z(Z'Z)^{-1}Z'X)^{-1}X'Z(Z'Z)^{-1}Z'\varepsilon=\beta \tag{10.5.35}$$

工具变量估计方法的渐近无偏估计的核心在于所选取的工具变量 Z 与随机误差项 ε 正交。

2. 广义矩估计的基本思想

普通最小二乘估计量的一致性，源于模型中的解释变量的外生性。如果解释变量是随机的，则假设它与随机误差项不相关，用矩估计表示为 $E(X'\varepsilon)=0$ 被称为总体矩条件，相应的样本矩条件为：$X'(y-X\hat{\beta})=0$，方程解的结果与 OLS 估计结果一致。

当待估参数的个数和矩条件的个数一样，称为恰好识别，但大多数情况下，矩条件的个数要大于待估计参数的个数，被称为过度识别，此时需要应用 GMM 方法。

GMM 估计方法的有效性取决于一个关键假设：所使用的工具变量是外生的。因此在使用 GMM 方法对模型进行估计时，需要对工具变量的有效性进行检验。如果系统是过度识别的，则可以构建对工具变量的联合有效性进行检验的统计量。检验过度识别的矩函数中的工具变量的联合有效性的检验被称为过度识别约束检验，常用的有 Sargan 检验和 Hansen 检验，检验的原假设为工具变量联合有效。

Sargan 检验统计量为 $N^{-1}(Z'\hat{E})(Z'Z)^{-1}Z'\hat{E}$，这是一个 Wald 类检验统计量，渐

近服从自由度等于矩条件的个数与待估计参数之差的卡方分布。Hansen 考虑了估计残差的结构，对 Sargan 检验进行了改进，检验统计量为 $N^{-1}(Z'\hat{E})(Z'\hat{\Omega}Z)^{-1}Z'\hat{E}$，其中 $\hat{\Omega}$ 为一步 GMM 估计得到的残差的协方差矩阵。

前面一直假定所选择的工具变量满足与具有内生性的解释变量高度相关，并与随机误差项不相关。而当第一个条件不满足时，所选择的工具变量与具有内生性的解释变量弱相关时，就产生了所谓的"弱工具变量问题"。如果弱工具变量问题非常严重，GMM 估计方法不再适用。

Arellano 和 Bond(1991)①的一阶差分广义矩估计方法通过将原始动态面板数据模型进行一阶差分，消除了不可观察的个体效应，以相续的滞后水平值作为差分后的内生变量的工具变量。Arellano 和 Bond(1998)②的蒙特卡洛模拟研究表明，当工具变量对模型中内生变量变化的预测性较差时，即为弱工具变量时，一阶差分广义矩估计方法估计量的有限样本性质不佳，具有较大的偏误和方差。既然 Bond(1991)的一阶差分 GMM 方法偏误是由弱工具变量引起的，那么就可以通过增加新的矩条件，从而增加更多有效的工具变量来对其进行改进。Windmeijer(2005)③的蒙特卡罗模拟研究表明，就估计量的偏误和有效性而言，系统广义矩估计方法与一阶差分广义矩估计方法相比，具有更好的有限样本性质。Blundell 和 Bond(2000)④认为，其原因是系统广义矩估计方法中水平方程所使用的工具变量对模型的内生变量具有很好的预测性，即工具变量的有效性较强。

正是由于动态面板数据模型的系统广义矩估计量具有较好的有限样本性质，在许多实际的面板数据经济分析中被广泛采用。

10.6 空间面板似不相关模型

10.6.1 模型概述

空间面板数据除了空间相关性以外，可能存在时间上的相关性，在模型中考虑时间维增加了描述的复杂性，但综合时间空间的模型在实际工作中非常有用。在经典的经济计量学中，这是综合截面和时间序列数据的情形。如果数据不存在空间相关，则可以采用面板数据模型。在空间经济计量模型中，通常有两种方法引入时间因素：其一，动态模型，将时间变化设为因变量的滞后变量引入到模型。这种方法在文献中已

① Arrelano M., Bond S.. Some Tests of Speci? cation for Panel Data: Monte Carlo Evidence and an Application to Employment Equations[J]. Rev Econ Stud, 1991, 58(2): 277—297.

② Arellano, M., S. R. Bond. Dynamic Panel Data Estimation Using DPD 98 for GAUSS[C]. Institute or Fiscal Studies, London(http://www.ifg.org.uk/staff/steve_b.shtml), 1998.

③ Windmeijer. A Finite Sample Correction for the Varianee of Linear Efficient Two Step GMM Estimators [J], Journal of Eeonometries, 2005(126): 25—59.

④ Blundell, R.. Bond, F. Windmeijer. Estimation in Dynamic Panel Data Models: Improving on the Performance of the Standard GMM Estimator[C]. in B. H. Baltagi (ed.), Nonstationary Panels, Pane Cointegration and Dynamic Panels, ElsevierSeienee, 2000(5).

经受到了广泛的关注。其二,空间似不相关回归模型,即 SUR 模型(seemingly unrelated regressions model)。考虑不同截面的数据在不同时间段存有相关性,允许截面误差项 ε_t 在时间上存在相关性。这种方法对时间相关的结构限制较少,也就是在传统的 SUR 模型中引入空间,称为空间 SUR 模型(Anselin,1988)[①]。不过,从文献上看,尽管 Anselin 很早就提出了空间 SUR 模型的思想,并且给出了空间 SUR 模型的最大似然估计,但随后相关的研究鲜见,经济实证研究几乎没有。仅 Kelejian、Prucha(2004)[②]考察了同时既包含有空间滞后项又包含有空间误差项的联立方程的 3SLS 解法。

似不相关模型 SUR,是一类多方程系统,其特点是各方程的变量之间没有内在联系,但是各方程的误差项之间存在时间上或者空间上的相关性。似不相关回归模型的设定如下,假设有 $i(i=1,2,\cdots,N)$ 个地区,$t(t=1,2,\cdots,T)$ 个时期观测值。同一时期不同地区的方程间误差项相关的 SUR 模型可以表示为:

$$y_{it}=x_{it}\beta_i+\varepsilon_{it} \tag{10.6.1}$$

且有:

$$E[\varepsilon_{it}\cdot\varepsilon_{jt}]=\sigma_{ij^*} \tag{10.6.2}$$

矩阵形式的每个地区的方程可以表示为:

$$\boldsymbol{y}_i=\boldsymbol{X}_i\boldsymbol{\beta}_i+\boldsymbol{\varepsilon}_i \tag{10.6.3}$$

其中,$\boldsymbol{y}_i$ 和 $\boldsymbol{\varepsilon}_i$ 是 $T\times1$ 的向量,$\boldsymbol{X}_i$ 是 $T\times K_i$ 的矩阵,K_i 是解释变量的个数,不同地区的解释变量个数可以不同。

同一地区不同时期的方程间误差项相关的 SUR 模型可以表示为:

$$y_{it}=x_{it}\beta_t+\varepsilon_{it} \tag{10.6.4}$$

且有:

$$E[\varepsilon_{it}\cdot\varepsilon_{is}]=\sigma_{ts^*} \tag{10.6.5}$$

矩阵形式的每个时期的方程可以表示为:

$$\boldsymbol{y}_t=\boldsymbol{X}_t\boldsymbol{\beta}_t+\boldsymbol{\varepsilon}_t \tag{10.6.6}$$

其中,$\boldsymbol{y}_t$ 和 $\boldsymbol{\varepsilon}_t$ 是 $T\times1$ 的向量,$\boldsymbol{X}_t$ 是 $T\times K_i$ 的矩阵,K_i 是解释变量的个数,不同时期的解释变量个数可以不同。

空间 SUR 模型是经典 SUR 模型的空间对应形式,空间相关性的引入可以用空间滞后或者空间误差说明。

10.6.2 空间滞后的 *SUR* 模型

标准的空间滞后 SUR 模型系统方程的第 t 个方程如下所示:

$$y_t=\lambda_t W y_t+X_t\beta_t+\varepsilon_t \tag{10.6.7}$$

或者表示为:

$$A_t y_t=X_t\beta_t+\varepsilon_t \tag{10.6.8}$$

---

① Anselin L.. Spatial Econometrics: Methods and Models[M]. Springer Science & Business Media, 1988.

② Kelejian H. H., Prucha I. R.. Estimation of Simultaneous Systems of Spatially Interrelated Cross Sectional Equations[J]. Journal of Econometrics, 2004, 118(1): 27—50.

$$A_t = I - \lambda_t W \tag{10.6.9}$$

且有,

$$E[\varepsilon_t \cdot \varepsilon_s'] = \sigma_{ts} \tag{10.6.10}$$

整个模型系统可以表示为:

$$AY - X\beta = \varepsilon \tag{10.6.11}$$

其中,

$$\boldsymbol{A} = \boldsymbol{I} - (\boldsymbol{\Gamma} \otimes \boldsymbol{W}) \tag{10.6.12}$$

上式中,Γ 是 $T \times T$ 的主对角线为 λ_t 的对角矩阵,$\boldsymbol{I}$ 是一个 NT 维的单位矩阵。

10.6.3 空间误差的 *SUR* 模型

空间误差 SUR 模型由每个时期的各个方程组成,每个时期的方程可以写为:

$$y_t = \boldsymbol{X}_t \beta_t + \varepsilon_t \tag{10.6.13}$$

$$\varepsilon_t = \lambda_t W \varepsilon_t + \mu_t \tag{10.6.14}$$

且有,

$$E[\mu_t \cdot \mu_s'] = \sigma_{ts} \cdot \boldsymbol{I} \tag{10.6.15}$$

由 $\varepsilon_t = \lambda_t W \varepsilon_t + \mu_t$ 可以得到 $\varepsilon_t = (I - \lambda_t W)^{-1} \mu_t$ 继而有:

$$E[\varepsilon_t \cdot \varepsilon_s'] = E[(I - \lambda_t W)^{-1} \mu_t \cdot \mu_s' (I - \lambda_t W')^{-1}] = \sigma_{ts} [(I - \lambda_t W)' (I - \lambda_s W)]^{-1} \tag{10.6.16}$$

或者可以记为:

$$E[\varepsilon_t \cdot \varepsilon_s'] = \sigma_{ts} \boldsymbol{B}_t \boldsymbol{B}_s' \tag{10.6.17}$$

其中,$\boldsymbol{B}_t = (I - \lambda_t W)^{-1}$。

整个系统的随机误差项协方差矩阵 $\boldsymbol{\Omega}$ 则可以表示为:

$$\boldsymbol{\Omega} = E[\varepsilon \cdot \varepsilon'] = \boldsymbol{B}(\Sigma \otimes \boldsymbol{I})\boldsymbol{B}' \tag{10.6.18}$$

其中,ε 是叠放在一起的 $NT \times 1$ 的误差向量,Σ 是方程间的协方差矩阵,$\boldsymbol{B}$ 是 $NT \times NT$ 分块对角矩阵,有:

$$\boldsymbol{B} = \begin{pmatrix} \boldsymbol{B}_1 & 0 & \cdots & 0 \\ 0 & \boldsymbol{B}_2 & \cdots & 0 \\ \cdots & \cdots & \ddots & \cdots \\ 0 & 0 & \cdots & \boldsymbol{B}_T \end{pmatrix}$$

$\boldsymbol{B}$ 也可以表示为 $\boldsymbol{B} = [\boldsymbol{I} - (\boldsymbol{\Lambda} \otimes \boldsymbol{W})]^{-1}$,其中 $\boldsymbol{\Lambda}$ 是 $T \times T$ 的对角矩阵,主对角线上的元素是 λ_t,$\boldsymbol{I}$ 是 $NT \times NT$ 的单位矩阵。

10.6.4 模型的估计

1. 空间滞后 SUR 模型的估计

(1) 极大似然估计法。将式(10.6.11)继续变形可以得到:

$$(\Sigma \otimes \boldsymbol{I})^{-\frac{1}{2}} (AY - X\beta) = \upsilon \tag{10.6.19}$$

其中,υ 是一个 $NT \times 1$ 的独立正态干扰向量。在正态分布的假设下,使用如下的雅可比行列式:

$$J=\left|(\Sigma\otimes \boldsymbol{I})^{-\frac{1}{2}}\cdot \boldsymbol{A}\right|=|\Sigma|^{-\frac{N}{2}}\cdot|\boldsymbol{A}| \tag{10.6.20}$$

相应的对数似然函数为：

$$L=-\frac{N}{2}\ln|\Sigma|+\ln|\boldsymbol{A}|-\frac{1}{2}\upsilon'\upsilon \tag{10.6.21}$$

且有，

$$\upsilon'\upsilon=(\boldsymbol{AY}-\boldsymbol{X\beta})'(\Sigma^{-1}\otimes \boldsymbol{I})(\boldsymbol{AY}-\boldsymbol{X\beta}) \tag{10.6.22}$$

(2) 工具变量法。三阶段最小二乘法(3SLS)(吴梅,2012)①:先用2SLS估计每个单个方程,然后再对整个方程组运用广义最小二乘法(GLS)。具体步骤如下：

第一阶段,选择工具变量,将联立模型中的内生变量对工具变量进行回归,得到内生变量拟合值,一般工具变量可以选择所有外生变量；

为每个方程选择工具变量 Q_t,将系统所有工具变量叠放在一起可以表示为 $\boldsymbol{Q}$,一般非球面误差方差 $\boldsymbol{\Omega}=\Sigma\otimes \boldsymbol{I}$ 的 IV 估计变量可以表示为：

$$b_{\mathrm{IV}}=\{\boldsymbol{Z}'\boldsymbol{Q}[\boldsymbol{Q}'(\Sigma\otimes \boldsymbol{I})\boldsymbol{Q}]^{-1}\boldsymbol{Q}'\boldsymbol{Z}\}^{-1}\boldsymbol{Z}'\boldsymbol{Q}[\boldsymbol{Q}'(\Sigma\otimes \boldsymbol{I})\boldsymbol{Q}]^{-1}\boldsymbol{Q}'\boldsymbol{y} \tag{10.6.23}$$

第二阶段,用第一阶段得到的内生变量的拟合值作为工具,代替结构式方程右边的内生变量,得到各个模型的系数估计值。第一阶段得到的内生变量的拟合值为：

$$b_{3\mathrm{SLS}}=\{\boldsymbol{Z}'[\Sigma^{-1}\otimes \boldsymbol{Q}(\boldsymbol{Q}'\boldsymbol{Q})^{-1}\boldsymbol{Q}']\boldsymbol{Z}\}^{-1}\boldsymbol{Z}'[\Sigma^{-1}\otimes \boldsymbol{Q}(\boldsymbol{Q}'\boldsymbol{Q})^{-1}\boldsymbol{Q}']\boldsymbol{y} \tag{10.6.24}$$

第三阶段,利用前面2SLS所得到的估计系数计算每个方程的残差值,估计跨方程的方差和协方差,然后利用广义最小二乘法GLS得到最终的参数估计。跨方程的方差矩阵为：

$$var(b_{3\mathrm{SLS}})=\{\boldsymbol{Z}'[\Sigma^{-1}\otimes \boldsymbol{Q}(\boldsymbol{Q}'\boldsymbol{Q})^{-1}\boldsymbol{Q}']\boldsymbol{Z}\}^{-1} \tag{10.6.25}$$

和非线性的ML估计法比较,三阶段最小二乘法比较容易实现,但是工具变量的选择将影响估计结果。

2. 空间误差SUR模型的估计

模型(10.6.13)、(10.6.14)的对数似然函数为：

$$L=-\frac{1}{2}\ln|\boldsymbol{\Omega}|-\frac{1}{2}(\boldsymbol{Y}-\boldsymbol{X\beta})'\boldsymbol{\Omega}^{-1}(\boldsymbol{Y}-\boldsymbol{X\beta}) \tag{10.6.26}$$

其中，

$$|\boldsymbol{\Omega}|=|\boldsymbol{B}(\Sigma\otimes \boldsymbol{I})\boldsymbol{B}'|=|\Sigma|^{N}\cdot|\boldsymbol{B}|^{2} \tag{10.6.27}$$

似然函数的第一部分可以表示为：

$$-\frac{1}{2}\ln|\boldsymbol{\Omega}|=-\frac{N}{2}\ln|\Sigma|-\ln|\boldsymbol{B}| \tag{10.6.28}$$

或者表示为：

$$-\frac{1}{2}\ln|\boldsymbol{\Omega}|=-\frac{N}{2}\ln|\Sigma|-\Sigma_t\ln|\boldsymbol{I}-\lambda_t\boldsymbol{W}| \tag{10.6.29}$$

所以,完整的对数似然函数为：

$$L=-\frac{N}{2}\ln|\Sigma|-\Sigma_t\ln|I-\lambda_t W|-$$

---

① 吴梅. 广东工业产业中知识溢出效应的空间经济计量实证研究[D]. 华南理工大学，2012.

$$\frac{1}{2}(\boldsymbol{Y}-\boldsymbol{X\beta})'[\boldsymbol{I}-(\boldsymbol{\Lambda}\otimes\boldsymbol{W}')](\Sigma^{-1}\otimes\boldsymbol{I})[\boldsymbol{I}-(\boldsymbol{\Lambda}\otimes\boldsymbol{W})](\boldsymbol{Y}-\boldsymbol{X\beta}) \tag{10.6.30}$$

参数估计和方程的协方差为:

$$\boldsymbol{\beta}=\{\boldsymbol{X}'[\boldsymbol{I}-\boldsymbol{\Lambda}\otimes\boldsymbol{W}')(\Sigma^{-1}\otimes\boldsymbol{I})][\boldsymbol{I}-(\boldsymbol{\Lambda}\otimes\boldsymbol{W})]\boldsymbol{X}^{-1}\}$$
$$x\boldsymbol{X}'[\boldsymbol{I}-(\boldsymbol{\Lambda}\otimes\boldsymbol{W}')](\Sigma^{-1}\otimes\boldsymbol{I})[\boldsymbol{I}-(\boldsymbol{\Lambda}\otimes\boldsymbol{W})]y \tag{10.6.31}$$

$$\Sigma=\frac{1}{N}\boldsymbol{Z}'\boldsymbol{Z} \tag{10.6.32}$$

其中,$\boldsymbol{Z}$ 是 $N\times T$ 的转换随机误差项,有:

$$\boldsymbol{Z}=[z_1,z_2,\cdots z_T] \tag{10.6.33}$$

$$z_t=(I-\lambda_t W)e_t=e_t-\lambda_t We_t \tag{10.6.34}$$

$$e_t=y_t-X_t\beta_t \tag{10.6.35}$$

10.6.5 模型的检验

1. 基本假设

SUR 模型的基本假设是,各方程的扰动项之间存在同期相关。为此,需要检验原假设:“H_0:各方程的扰动项无同期相关”。Breusch、Pagan(1980)[①]建议使用以下 LM 统计量:

$$\lambda_{\mathrm{LM}}=T\sum_{i=2}^{n}\sum_{j=1}^{i-1}r_{ij}^2\xrightarrow{d}\chi^2(n(n-1)/2) \tag{10.6.36}$$

其中,$r_{ij}=\frac{\hat{\sigma}_{ij}}{\sqrt{\hat{\sigma}_{ii}\hat{\sigma}_{jj}}}$为根据残差计算的扰动项 ε_i 与 ε_j 之间的同期相关系数,而 $\sum_{i=2}^{n}\sum_{j=1}^{i-1}$ 为同期相关系数矩阵$\begin{pmatrix} r_{11} & r_{12} & \cdots & r_{1n} \\ r_{21} & r_{22} & \cdots & r_{2n} \\ \cdots & \cdots & \ddots & \cdots \\ r_{n1} & r_{n2} & \cdots & r_{nn} \end{pmatrix}$主对角线以下各项之平方和,该矩阵为对称矩阵。

2. 空间自相关检验

对模型(10.6.7)的内生变量空间滞后原假设为:

$$H_0:\lambda_t=0(\forall t)$$

LM 统计量为:

$$\mathrm{LM}=g'_{(\lambda)|H_0}[I_{\lambda\lambda}-I_{\lambda\beta}I_{\beta\beta}^{-1}I_{\beta\lambda}]^{-1}g_{(\lambda)|H_0}\rightarrow\chi^2(T) \tag{10.6.37}$$

其中 $g_{(\lambda)|H_0}=[\Sigma^{-1}\circ(\hat{U}'Y_L)]\tau$。

对模型(10.6.13)的空间误差项原假设为:

$$H_0:\lambda_t=0(\forall t)$$

LM 统计量为:

---

① Breusch T. S., Pagan A. R.. The Lagrange Multiplier Test and Its Applications to Model Specification in Econometrics[J]. The Review of Economic Studies, 1980: 239—253.

$$\mathrm{LM}=g'_{(\rho)|H_0}[I_{\rho\rho}]^{-1}g_{(\rho)|H_0}\rightarrow\chi^2(T) \tag{10.6.38}$$

其中，$g_{(\lambda)|H_0}=[\Sigma^{-1}\circ(\hat{U}'U_L)]\tau$，式 $I_{\rho\rho}=tr(W'W)I_R+tr(WW)\Sigma^{-1}\circ\Sigma$，“$\circ$”表示 Hadamard 积。

10.7 空间面板误差分量模型[①]

用空间计量模型处理经济管理中的空间依赖和空间结构问题，已经成为经济计量的一个重要分支。主要的空间计量经济模型分为空间滞后模型（Spatial Autoregression，SAR）和空间误差模型（Spatial Error，SE）。前者研究因变量在邻近地区的行为对整个系统其他地区行为的影响。主要包括空间误差自相关模型（Spatial Error Autoregression，SEAR）和空间误差移动平均模型（Spatial Error Moving Average，SEMA）。但是，在经典空间误差模型中，假定数据不存在非空间溢出的影响因素，即本地区的所有误差冲击因素都仅因空间相关扩散影响邻近地区的经济运行，这与实际经济运行状况不符合。在现实经济管理活动中，影响区域经济发展的因素相当复杂，比如，影响区域经济发展的因素包括环境因素、人口增长和地理区位等差异性因素等，这类因素在本地区产生的作用将影响邻近地区的经济运行，即存在区域间的空间溢出影响，因此经济计量模型出不能忽略空间溢出的影响。

为此，Kelejian&Robinson（1993，1995）针对部分空间数据采用经典空间误差模型可能存在的缺陷，提出了截面数据空间误差分量模型（Spatial Error Components，SEC），SEC 模型将误差项分解为两项相互独立的误差项，即空间溢出项和非空间溢出项。这为解决经典空间误差模型空间溢出问题提供了一个有效的方法。

本节拟将截面空间误差分量（SEC）拓展至面板数据。研究面板数据空间误差分量（SEC）模型的空间相关性检验方法、面板数据 SEC 模型的估计方法等。

10.7.1 模型概述

目前的 SEC 模型只适用于截面数据分析，不言而喻，面板数据的分析不仅增加了模型的样本量，提供了更多的信息，而且可将研究对象间的差异性引入空间计量分析，本节在截面数据 SEC 模型（Kelejian & Robinson 1993，1995）的基础上，提出了面板数据空间误差分量（SEC）模型：

$$\begin{aligned} y_t&=X_t\beta+\alpha t_N+\varepsilon_t\\ \varepsilon_t&=u+v_t\\ v_t&=W\psi_t+\zeta_t \end{aligned} \tag{10.7.1}$$

式中，$t=1,\cdots,T$，y_t 为第 t 年的因变量向量，$y_t=(y_{t1},y_{t2},y_{t3},\cdots,y_{tN})'$。$X_t$ 为第 t 年的 $N\times K$ 维自变量矩阵，β 为 $K\times1$ 的系数向量，K 为自变量的个数（不含截距项），α 为截距项，如果模型为固定效应模型，为保证模型参数的可识别性，通常设定 $\alpha=0$，t_N 为 N 维全 1 的向量。u 为个体效应项，可设定为随机效应和固定效应，W 为空

---

① 林光平，林志和. 空间经济计量：理论与实证[M]. 科学出版社 2014 年版.

间权重矩阵,ε_t、ψ_t、ζ_t 均为 N 维误差项向量,$W\psi_t$ 和 ζ_t 分别代表时变的空间溢出效应和区域特定干扰项。可见 SEC 模型将误差项分为独立的两项,分别代表空间溢出效应和非空间溢出效应的冲击,克服了 SEAR 和 SEMA 经典空间计量模型中不考虑空间溢出的不足,更为合理地解释了现实中经济运行的状况。

与此同时,参考 Baltagi 等(2003,2007),KKP(2007)等面板数据空间经济计量模型的研究,本节对空间计量误差分量模型作出如下假定:

(a) $\psi_t \sim iid(0, \delta_\psi^2 I_N)$,$\zeta_t \sim iid(0, \delta_\zeta^2 I_N)$各误差项服从独立分布,且均为有限方差,$\sigma_\psi^2 < b_\psi < \infty$,$\sigma_\zeta^2 < b_\zeta < \infty$;若为随机效应 SEC 模型,则 $u \sim iid(0, \sigma_u^2 I_N)$,$\sigma_u^2 < b_u < \infty$;

(b) ψ_t,ζ_t 均含有有限四阶矩,且互不相关:$E(\psi_t \zeta_s') = 0$,$t, s = 1, \cdots, T$;随机效应 SEC 模型下,u 也含有有限四阶矩,且 $E(uv_t') = 0$,$E(u\zeta_t') = 0$;

(c) X 中每一元素均一致绝对有界,其上限 $k_x < \infty$,矩阵 $\lim X'X/NT$ 有限且非奇异;

(d) W 为对称矩阵,每一元素均为有限常数,对角线元素为 0;

(e) W 和 $M_P = (I + \theta WW')^{-1}$($\theta$ 为有限常数)的行和列均一致绝对有界,其上限分别为 $K_W < \infty$,$K_M < \infty$;当 $|i-j| > J$ 时,$w_i w_j' = 0$,w_i 为 W 第 i 行[①]。

10.7.2 模型检验

在对面板数据 SEC 模型估计之前,需要对相关的参数进行假设检验,主要是检验模型是否存在空间相关性。在经典计量模型的参考文献中,对于模型的参数检验,存在三个渐近等价的检验统计量:Wald 检验、LM 检验、LR 检验,其具体的表达式为:

$$\text{Wald}: [c(\hat{\sigma}_u) - q]' \{c'(\hat{\sigma}_u)[\hat{I}(\hat{\sigma}_u)]^{-1} c(\hat{\sigma}_u)\}^{-1} [c(\hat{\sigma}_u) - q] \xrightarrow{d} \chi^2(J) \tag{10.7.2}$$

$$\begin{aligned} &\text{LR}: -2(\ln \hat{L}_R - \ln \hat{L}_U) \xrightarrow{d} \chi^2(J) \\ &\text{LM}: \left(\frac{\partial \ln L(\hat{\sigma}_R)}{\partial \hat{\sigma}_R}\right)' [I(\hat{\sigma}_R)]^{-1} \left(\frac{\partial \ln L(\hat{\sigma}_R)}{\partial \hat{\sigma}_R}\right) \xrightarrow{d} \chi^2(J) \end{aligned} \tag{10.7.3}$$

其中,Wald 检验中 $c(\hat{\sigma}_u) - q = 0$ 为需要检验的约束条件,J 为约束条件的个数,符号 $\xrightarrow{d}$ 表示渐近服从分布。LR 检验中 $I(\sigma)$为信息矩阵,$\partial \ln(L(\sigma))/\partial\sigma$ 为导数向量,LR 检验中 $\hat{\sigma}_u$ 和 $\hat{\sigma}_R$ 分别为非受限(备择假设)和受限(零假设)情形下的参数估计量,$\ln(\hat{L}_u)$,$\ln(\hat{L}_R)$分别为非受限和受限情形下的极大似然函数值。在大样本条件下,Wald 检验、LR 检验和 LM 检验为渐近等价的检验统计量。

从检验统计量的情形来看,Wald 检验需要基于非受限模型(即 $\hat{\sigma}_u$)的参数估计量,LR 检验则同时需要非受限和受限模型(即 $\hat{\sigma}_u$ 和 $\hat{\sigma}_u$)的极大似然函数值,即 Wald 和 LR 检验都需要对非受限模型(备择假设)(即 $\hat{\sigma}_u$)进行参数估计,均属于事后检验,而 LM 检验仅需要基于受限模型(零假设)的参数估计量,即 LM 模型仅需要 $\hat{\sigma}_R$ 进行参

---

① 实际上,Anselin(1988a)、Baltagi(2007)、KKP(2007)等文献都做过类似的假定,如假设$(I - \rho W)^{-1}$行和与列和一致绝对有界。

数估计。因此 LM 检验适合进行事前检验,具有检验意义。

本研究推导面板数据 SEC 模型的空间相关性 LM 检验及随机效应或固定效应 LM 检验,由 LM 检验的表达式可以发现:LM 检验的关键在于推导导数向量和信息矩阵。

10.7.3 随机效应 SEC 模型检验统计量数理推导

首先考虑随机效应 SEC 模型:

$$\begin{aligned} y_t &= X_t\beta+\alpha\iota_N+\varepsilon_t \\ \varepsilon_t &= u+u_t \\ v_t &= W\psi_t+\zeta_t \end{aligned} \tag{10.7.4}$$

其中:u 为随机效应项,令 $\varepsilon=(\varepsilon_1',\varepsilon_2',\cdots\varepsilon_T')'$,$\psi=(\psi_1',\psi_2',\cdots,\psi_T')'$,$y$,$X$ 同样设定。将 SEC 模型重新进行排列可以得到:

$$\begin{aligned} y &= X\beta+\alpha I_{NT}+\varepsilon=Z\eta+\varepsilon \\ \varepsilon &= (\iota_T\otimes I_N)u+(I_T\otimes W)\psi+I_{NT}\zeta \end{aligned} \tag{10.7.5}$$

式中:ι_N 为 T 维全 1 向量,ι_{NT} 为 $NT\times 1$ 维全 1 向量,I_N 和 I_T 分别为 N 和 T 维单位矩阵,符号⊗代表 Kronecker 积,$Z=(X,\iota_{NT})$,$\eta=(\beta',\alpha')$。由式可知,随机效应 SEC 模型误差项方差为:

$$\Omega_\varepsilon=E(\varepsilon\varepsilon')=\sigma_u^2(J_T\otimes I_N)+\sigma_\psi^2(I_T\otimes WW')+\sigma_\zeta^2 I_{NT} \tag{10.7.6}$$

在误差项正态分布的假设下,因变量 y 的概率的概率密度函数为:

$$y=\frac{1}{(2\pi)^{\frac{NT}{2}}}\frac{1}{|\Omega_\varepsilon|^{\frac{1}{2}}}\exp\left(-\frac{1}{2}\varepsilon'\Omega_\varepsilon^{-1}\varepsilon\right) \tag{10.7.7}$$

则相应的对数似然函数为:

$$\ln L=-\frac{NT}{2}\ln 2\pi-\frac{1}{2}\ln|\Omega_\varepsilon|-\frac{1}{2}\varepsilon'\Omega_\varepsilon^{-1}\varepsilon \tag{10.7.8}$$

式中,$\varepsilon=y-Z\eta$,令 $\theta=(\sigma_u^2,\sigma_\psi^2,\sigma_\zeta^2)'$,$\sigma=(\eta',\theta')'$,则 σ 对应的一阶导数为:

$$\begin{aligned} \frac{\partial \ln L}{\partial \eta} &= Z'\Omega_\varepsilon^{-1}(y-Z\eta) \\ \frac{\partial \ln L}{\partial \theta_i} &= -\frac{1}{2}tr\left(\frac{\partial \Omega_\varepsilon}{\partial \theta_i}\Omega_\varepsilon^{-1}\right)-\frac{1}{2}\varepsilon'\frac{\partial \Omega_\varepsilon^{-1}}{\partial \theta_i}\varepsilon \end{aligned} \tag{10.7.9}$$

Hessian 矩阵中元素如下:

$$\frac{\partial^2 \ln L}{\partial \eta\partial \hat{\eta}}=-Z'\Omega_\varepsilon^{-1}Z \tag{10.7.10}$$

$$\frac{\partial^2 \ln L}{\partial \eta\partial \theta_i}=-Z'\Omega_\varepsilon^{-1}\frac{\partial \Omega_\varepsilon}{\partial \theta_i}\Omega_\varepsilon^{-1}\varepsilon \tag{10.7.11}$$

$$\begin{aligned} \frac{\partial^2 \ln L}{\partial \theta_i\theta_j}=&-\frac{1}{2}tr\left(\frac{\partial^2 \Omega_\varepsilon}{\partial \theta_i\theta_j}\Omega_\varepsilon^{-1}\right)+\frac{1}{2}tr\left(\frac{\partial \Omega_\varepsilon}{\partial \theta_i}\Omega_\varepsilon^{-1}\frac{\partial \Omega_\varepsilon}{\partial \theta_j}\Omega_\varepsilon^{-1}\right)+\frac{1}{2}\varepsilon'\Omega_\varepsilon^{-1}\frac{\partial^2 \Omega_\varepsilon}{\partial \theta_i\theta_j}\Omega_\varepsilon^{-1}\varepsilon- \\ &\frac{1}{2}\varepsilon'\Omega_\varepsilon^{-1}\frac{\partial \Omega_\varepsilon}{\partial \theta_i}\Omega_\varepsilon^{-1}\frac{\partial \Omega_\varepsilon}{\partial \theta_j}\Omega_\varepsilon^{-1}\varepsilon-\frac{1}{2}\varepsilon'\Omega_\varepsilon^{-1}\frac{\partial \Omega_\varepsilon}{\partial \theta_j}\Omega_\varepsilon^{-1}\frac{\partial \Omega_\varepsilon}{\partial \theta_i}\Omega_\varepsilon^{-1}\varepsilon \end{aligned} \tag{10.7.12}$$

因此,信息矩阵中所对应的元素分别为:

$$I_{\eta\eta}=-E\left(\frac{\partial^2 \ln L}{\partial_\eta \partial'_\eta}\right)=Z'\Omega_\varepsilon^{-1}Z \tag{10.7.13}$$

$$I_{\eta\theta_i}=-E\left(\frac{\partial^2 \ln L}{\partial_\eta \partial\theta_i}\right)=Z'\Omega_\varepsilon^{-1}\frac{\partial\Omega_\varepsilon}{\partial\theta_i}\Omega_\varepsilon^{-1}E(\varepsilon)=0 \tag{10.7.14}$$

$$I_{\theta_i\theta_j}=-E\left(\frac{\partial^2 \ln L}{\partial\theta_i \partial\theta_j}\right)=\frac{1}{2}tr\left(\frac{\partial\Omega_\varepsilon}{\partial\theta_i}\Omega_\varepsilon^{-1}\frac{\partial\Omega_\varepsilon}{\partial\theta_j}\Omega_\varepsilon^{-1}\right) \tag{10.7.15}$$

因此信息矩阵可以表示成:

$$I(\sigma)=\begin{pmatrix} Z'\Omega_\varepsilon^{-1}Z & 0 \\ 0 & I(\theta)\end{pmatrix} \tag{10.7.16}$$

其中,$I(\theta)$中的元素为:

$$\frac{1}{2}tr\left(\frac{\partial\Omega_\varepsilon}{\partial\theta_i}\Omega_\varepsilon^{-1}\frac{\partial\Omega_\varepsilon}{\partial\theta_j}\Omega_\varepsilon^{-1}\right) \tag{10.7.17}$$

上式的推导需要下面两个等式得以推出:

$$E\left(\varepsilon'\Omega_\varepsilon^{-1}\frac{\partial^2\Omega_\varepsilon}{\partial\theta_i\theta_j}\Omega_\varepsilon^{-1}\varepsilon\right)=tr\left(E\left(\frac{\partial^2\Omega_\varepsilon}{\partial\theta_i\theta_j}\Omega_\varepsilon^{-1}\varepsilon\varepsilon'\right)\right)=tr\left(\Omega_\varepsilon^{-1}\frac{\partial^2\Omega_\varepsilon}{\partial\theta_i\theta_j}\right)$$

$$E\left(\varepsilon'\Omega_\varepsilon^{-1}\frac{\partial\Omega_\varepsilon}{\partial\theta_j}\Omega_\varepsilon^{-1}\frac{\partial\Omega_\varepsilon}{\partial\theta_i}\Omega_\varepsilon^{-1}\varepsilon\right)=tr\left(\Omega_\varepsilon^{-1}\frac{\partial\Omega_\varepsilon}{\partial\theta_i}\Omega_\varepsilon^{-1}\frac{\partial\Omega_\varepsilon}{\partial\theta_j}\right)=tr\left(\frac{\partial\Omega_\varepsilon}{\partial\theta_i}\Omega_\varepsilon^{-1}\frac{\partial\Omega_\varepsilon}{\partial\theta_j}\Omega_\varepsilon^{-1}\right) \tag{10.7.18}$$

考虑到 Ω_ε 的形式比较复杂,令 $\sigma_1^2=T\sigma_M^2+\sigma_\xi^2$,$\overline{J_T}=J_T/T$,$E_T=I_T-\overline{J_T}$,$J_T$ 为 $T\times T$ 阶全 1 的矩阵,对 Ω_ε 进行谱分解:

$$\begin{aligned}\Omega_\varepsilon&=\sigma_u^2(J_T\otimes I_N)+\sigma_\psi^2(I_T\otimes WW')+\sigma_\xi^2 I_{NT}=\\&(\overline{J_T}\otimes(\sigma_\psi^2WW'+\sigma_1^2I_N))+(E_T\otimes(\sigma_\psi^2WW'+\sigma_\xi^2I_N))\end{aligned} \tag{10.7.19}$$

$\overline{J_T}$,E_T 的性质符合谱分解的要求,根据 Magnus(1978,1982):

$$|\Omega_\varepsilon|=|\sigma_\psi^2WW'+\sigma_1^2I_N|\times|\sigma_\psi^2WW'+\sigma_\xi^2I_N|^{T-1} \tag{10.7.20}$$

$$\Omega_\varepsilon^{-1}=(\overline{J_T}\otimes(\sigma_\psi^2WW'+\sigma_1^2I_N)^{-1})+(E_T\otimes(\sigma_\psi^2WW'+\sigma_\xi^2I_N)^{-1}) \tag{10.7.21}$$

由式 $\Omega_\varepsilon=E(\varepsilon\varepsilon')=\sigma_u^2(J_T\otimes I_N)+\sigma_\psi^2(I_T\otimes WW')+\sigma_\xi^2I_{NT}$ 可以得到:

$$\begin{aligned}&\frac{\partial\Omega_\varepsilon}{\partial\sigma_u^2}=J_T\otimes I_N\\&\frac{\partial\Omega_\varepsilon}{\partial\sigma_\psi^2}=I_T\otimes WW'\\&\frac{\partial\Omega_\varepsilon}{\partial\sigma_\xi^2}=I_{NT}\end{aligned} \tag{10.7.22}$$

由式 $I(\sigma)=\begin{pmatrix} Z'\Omega_\varepsilon^{-1}Z & 0 \\ 0 & I(\theta)\end{pmatrix}$可以得到,矩阵对于 η 和 θ 分块的对角矩阵,因此,关于 θ 元素的假设检验只需要考虑它的子信息矩阵。

由于 $J_TE_T=\overline{J_T}E_T=0$,$J_T\overline{J_T}=J_T$,$J_TJ_T=TJ_T$ 令,$\Omega_1=\sigma_\psi^2WW'+\sigma_1^2I_N$,$\Omega_2=\sigma_\psi^2WW'+\sigma_\xi^2I_N$,再记 $\Omega_1^{-2}=(\Omega_1^{-1})^2$,再根据式(10.7.9)和(10.7.17),得到的导数向量 $\frac{\partial\ln L}{\partial\sigma_{u2}}$、$\frac{\partial\ln L}{\partial\sigma_\varphi{}^2}$、$\frac{\partial\ln L}{\partial\sigma_\zeta{}^2}$和 $I(\theta)$表达式如(10.7.23)、(10.7.24)、(10.7.25)和(10.7.26)

所示：

$$\frac{\partial \ln L}{\partial \sigma_u^2}=-\frac{T}{2}tr\,\Omega_1^{-1}+\frac{T}{2}\varepsilon'(\overline{J_T}\otimes\Omega_1^{-2})\varepsilon \tag{10.7.23}$$

$$\frac{\partial \ln L}{\partial \sigma_\psi^2}=-\frac{1}{2}tr(WW'\Omega_1^{-1})-\frac{T-1}{2}tr(WW'\Omega_2^{-1})+$$

$$\frac{1}{2}\varepsilon'(\overline{J_T}\otimes\Omega_1^{-1}WW'\Omega_1^{-1})\varepsilon+\frac{1}{2}\varepsilon'(E_T\otimes\Omega_2^{-1}WW'\Omega_2^{-1})\varepsilon \tag{10.7.24}$$

$$\frac{\partial \ln L}{\partial \sigma_\zeta^2}=-\frac{1}{2}tr(\Omega_1^{-1})-\frac{T-1}{2}tr(\Omega_2^{-1})+\frac{1}{2}\varepsilon'(\overline{J_T}\otimes\Omega_1^{-2})\varepsilon+\frac{1}{2}\varepsilon'(E_T\otimes\Omega_2^{-2})\varepsilon \tag{10.7.25}$$

$$I(\theta)=\begin{pmatrix}\frac{T^2tr(\Omega_1^{-2})}{2} & \frac{T}{2}tr(WW'\Omega_1^{-2}) & \frac{T}{2}tr(\Omega_1^{-2})\\ \frac{T}{2}tr(WW'\Omega_1^{-2}) & \frac{1}{2}tr(WW'\Omega_1^{-1})^2+\frac{T-1}{2}tr(WW'\Omega_2^{-1})^2 & \frac{1}{2}tr(WW'\Omega_1^{-2})\\ \frac{T}{2}tr(\Omega_1^{-2}) & \frac{1}{2}tr(WW'\Omega_1^{-2}) & \frac{1}{2}tr(\Omega_1^{-2})+\frac{T-1}{2}tr(\Omega_2^{-2})\end{pmatrix} \tag{10.7.26}$$

1. 联合检验和边际检验统计量的推导

根据空间相关性或随机效应，进一步证明联合检验，边际检验和条件检验等多种检验统计量，联合检验和边际检验的零假设及备择假设如下：

联合检验：

$$H_0^A:\sigma_u^2=0,\ \sigma_\psi^2=0,\ H_1^A:\sigma_u^2=0,\ \sigma_\psi^2\neq 0$$

随机效应边际检验：

$$H_0^B:\sigma_u^2=0(\text{已知 }\sigma_\psi^2=0),\ H_1^B:\sigma_u^2\neq 0(\text{已知 }\sigma_\psi^2=0)$$

空间相关性检验：

$$H_0^C:\sigma_\psi^2=0(\text{已知 }\sigma_u^2=0),\ H_1^C:\sigma_\psi^2\neq 0(\text{已知 }\sigma_u^2=0)$$

在 H_0^A 的情况中，$\sigma_1^2=\sigma_\zeta^2$，$\Omega_1=\Omega_2=\sigma_\zeta^2 I_N$。此时，模型为不含有随机效应或空间相关性模型，可采用 OLS 估计，导数向量简化为：

$$\left.\frac{\partial \ln L}{\partial \sigma_u^2}\right|H_0^A=-\frac{NT}{2\hat\sigma_\zeta^2}+\frac{T}{2\hat\sigma_\zeta^4}e'(\overline{J_T}\otimes I_N)e \tag{10.7.27}$$

$$\left.\frac{\partial \ln L}{\partial \sigma_\psi^2}\right|H_0^A=-\frac{NT}{2\hat\sigma_\zeta^2}tr(WW')+\frac{T}{2\hat\sigma_\zeta^4}e'(I_T\otimes WW')e \tag{10.7.28}$$

$$\left.\frac{\partial \ln L}{\partial \sigma_\zeta^2}\right|H_0^A=-\frac{NT}{2\hat\sigma_\zeta^2}+\frac{T}{2\hat\sigma_\zeta^4}e'e \tag{10.7.29}$$

其中，$\hat\sigma_\zeta^2$ 为 OLS 估计的方差，e 为估计的残差值。子信息矩阵 $I(\theta)$ 可以简化为：

$$I(\hat{\theta})=\begin{pmatrix}\frac{NT^2}{2\hat{\delta}_\zeta^4} & \frac{T}{2\hat{\delta}_\zeta^4}tr(WW') & \frac{NT}{2\hat{\delta}_\zeta^4}\\ \frac{T}{2\hat{\delta}_\zeta^4}tr(WW') & \frac{T}{2\hat{\delta}_\zeta^4}tr(WW'WW') & \frac{T}{2\hat{\delta}_\zeta^4}tr(WW')\\ \frac{NT}{2\hat{\delta}_\zeta^4} & \frac{NT}{2\hat{\delta}_\zeta^4}tr(WW') & \frac{NT}{2\hat{\delta}_\zeta^4}\end{pmatrix}=$$

$$\frac{NT}{2\hat{\delta}_\zeta^4}\begin{pmatrix}T & \frac{tr(WW')}{N} & 1\\ \frac{tr(WW')}{N} & \frac{tr(WW'WW')}{N} & \frac{tr(WW')}{N}\\ 1 & \frac{tr(WW')}{N} & 1\end{pmatrix} \tag{10.7.30}$$

根据随机效应的边际检验:$H_0^B:\sigma_u^2=0$(已知 $\sigma_\psi^2=0$),$H_1^B:\sigma_u^2\neq 0$(已知 $\sigma_\psi^2=0$)。现在已知 $\sigma_\psi^2=0$,则信息矩阵中只含有 $\sigma_u^2,\sigma_\zeta^2$,边际检验的信息矩阵为:$\hat{I}_{u\zeta}=\frac{NT}{2\hat{\sigma}_\zeta^4}\begin{pmatrix}T & 1\\ 1 & 1\end{pmatrix}$,关于 σ_u^2 的子矩阵的逆 $\hat{I}_u^{-1}=\frac{2\hat{\sigma}_\zeta^4}{NT(T-1)}$。则根据式(10.7.4)和(10.7.27)可得,对应的 LM 检验为:

$$LM_u=\left(\frac{NT}{2\sigma_\zeta^2}\right)^2\left(\frac{1}{N\sigma_\zeta^2}e'(\overline{J_T}\otimes I_N)e-1)^2\ \frac{2\sigma_\zeta^4}{NT(T-1)}\right)=$$

$$\frac{NT}{2(T-1)}\left(\frac{e'(\overline{J_T}\otimes I_N)e}{e'e}-1\right)^2 \tag{10.7.31}$$

也就是说经典面板数据模型研究文献当中,随机效应 LM 检验,在零假设的前提下,$LM_u\sim\chi^2(1)$。

根据空间相关性边际检验:$H_0^C:\sigma_\psi^2=0$(已知 $\sigma_u^2=0$), $H_1^C:\sigma_\psi^2\neq$(已知 $\sigma_u^2=0$),此时已知 $\sigma_u^2=0$,信息矩阵中只含有 σ_ψ^2 和 σ_ζ^2,令$\frac{tr(WW')}{N}=P_1$,$\frac{tr(WW'WW')}{N}=P_2$,对应的信息矩阵为 $\hat{I}_{\psi\zeta}=\frac{NT}{2\hat{\sigma}_\zeta^4}\begin{pmatrix}P_2 & P_1\\ P_1 & 1\end{pmatrix}$,关于 σ_ψ^2 的逆矩阵为:$\hat{I}_\psi^{-1}=\frac{2\hat{\sigma}_\zeta^4}{NT}(P_2-P_1^2)^{-1}$。

因此,根据式(7-4)和(7-28)对应的 LM 检验为:

$$LM_\psi=\frac{2\hat{\sigma}_\zeta^2}{NT}\left(\frac{1}{2\hat{\sigma}_\zeta^4}\right)^2\left(\frac{e'(I_T\otimes WW')e}{\hat{\sigma}_\zeta^2}-NTP_1\right)^2(P_2-P_1^2)^{-1}=$$

$$\frac{NT}{2(P_2-P_1^2)}\left(\frac{e'(I_T\otimes WW')e}{\hat{\sigma}_\zeta^2}-P_1\right)^2 \tag{10.7.32}$$

当 $T=1$ 时,LM 转化为截面数据空间误差分量模型空间相关性检验,上式(10.7-32)简化为:$LM_\psi=\frac{N}{2(P_2-P_1^2)}\left(\frac{e'(I_T\otimes WW')e}{e'e}-P_1\right)^2$,同样 $LM_\psi\sim\chi^2(1)$。

根据联合检验: $H_0^A:\sigma_u^2=0,\sigma_\psi^2=0$,$H_1^A:\sigma_u^2=0,\sigma_\psi^2\neq 0$。此时的导数向量和信息矩阵如下所示:

导数向量:

$$\frac{\partial \ln L}{\partial \sigma_u^2}\bigg| H_0^A = -\frac{NT}{2\hat{\sigma}_\zeta^2} + \frac{T}{2\hat{\sigma}_\zeta^4} e'(\overline{J_T} \otimes I_N) e$$

$$\frac{\partial \ln L}{\partial \sigma_\psi^2}\bigg| H_0^A = -\frac{NT}{2\hat{\sigma}_\zeta^2} tr(WW') + \frac{T}{2\hat{\sigma}_\zeta^4} e'(I_T \otimes WW') e$$

$$\frac{\partial \ln L}{\partial \sigma_\zeta^2}\bigg| H_0^A = -\frac{NT}{2\hat{\sigma}_\zeta^2} + \frac{T}{2\hat{\sigma}_\zeta^4} e'e$$

信息矩阵：

$$I(\hat{\theta}) = \begin{pmatrix} \frac{NT^2}{2\hat{\sigma}_\zeta^4} & \frac{T}{2\hat{\sigma}_\zeta^4} tr(WW') & \frac{NT}{2\hat{\sigma}_\zeta^4} \\ \frac{T}{2\hat{\sigma}_\zeta^4} tr(WW') & \frac{T}{2\hat{\sigma}_\zeta^4} tr(WW'WW') & \frac{T}{2\hat{\sigma}_\zeta^4} tr(WW') \\ \frac{NT}{2\hat{\sigma}_\zeta^4} & \frac{NT}{2\hat{\sigma}_\zeta^4} tr(WW') & \frac{NT}{2\hat{\sigma}_\zeta^4} \end{pmatrix} =$$

$$\frac{NT}{2\hat{\sigma}_\zeta^4} \begin{pmatrix} T & \frac{tr(WW')}{N} & 1 \\ \frac{tr(WW')}{N} & \frac{tr(WW'WW')}{N} & \frac{tr(WW')}{N} \\ 1 & \frac{tr(WW')}{N} & 1 \end{pmatrix}$$

沿用 P_1，P_2 的记法，信息矩阵 $I(\theta)$ 简化为：

$$I(\hat{\theta}) = \frac{NT}{2\hat{\sigma}_\zeta^4} \begin{pmatrix} T & P_1 & 1 \\ P_1 & P_2 & P_1 \\ 1 & P_1 & 1 \end{pmatrix} \tag{10.7.33}$$

根据求逆矩阵的法则，信息矩阵中，关于 σ_u^2，σ_ψ^2 的逆矩阵为：

$$\hat{I}_{u\psi}^{-1} = \frac{2\hat{\sigma}_\zeta^4}{NT}\left[\begin{pmatrix} T & P_1 \\ P_1 & P_2 \end{pmatrix} - \begin{pmatrix} 1 \\ P_1 \end{pmatrix}(1 \quad P_1)\right]^{-1} = \frac{2\hat{\sigma}_\zeta^4}{NT}\begin{pmatrix} T-1 & 0 \\ 0 & P_2 - P_1^2 \end{pmatrix}^{-1} \tag{10.7.34}$$

因此，对应的联合检验为：

$$LM_{u\psi} = \begin{pmatrix} \frac{\partial \ln L}{\partial \hat{\sigma}_u^2} & \frac{\partial \ln L}{\partial \hat{\sigma}_\psi^2} \end{pmatrix} (\hat{I}_{u\psi}^{-1}) \begin{pmatrix} \frac{\partial \ln L}{\partial \hat{\sigma}_u^2} \\ \frac{\partial \ln L}{\partial \hat{\sigma}_\psi^2} \end{pmatrix} = LM_u + LM_\psi \tag{10.7.35}$$

因此，联合检验 $LM_{u\psi} \sim \chi^2(2)$①

2. 条件检验统计量的推导

本部分推导随机效应 SEC 模型的空间相关性条件检验②，原假设和备择假设分别

---

① 值得注意的是，此时，由于 $LM_{u\psi} = LM_u + LM_\psi$，而根据稳健检验文献（Bera & Yoon，1993；Anselin 等，1996；Bera 等，2010），假定 LM_ψ^* 为稳健检验，则有 $LM_\psi^* = LM_{u\psi} - LM_u$ 可见，本文中 $LM_\psi^* = LM_\psi$，即 LM_ψ 具有稳健检验的性质。

② 考虑到空间经济计量模型重点关注空间相关性是否存在，而且随机效应的条件检验需要基于 SEC 模型的估计量，是目前尚未解决的课题，因此，本文条件检验仅考虑空间相关性条件检验。

为:$H_0^D:\sigma_\psi^2=0$(已知 $\sigma_u^2>0$),$H_1^D:\sigma_\psi^2\neq0$(已知 $\sigma_u^2>0$)。

在 H_0^D 下,$\Omega_1=\sigma_1^2 I_N$,$\Omega_2=\sigma_\xi^2 I_N$,则导数向量式(10.7.23)~(10.7.25)可简化为:

$$\frac{\partial \ln L}{\partial \sigma_u^2}\bigg| H_0^D=-\frac{NT}{2\hat{\sigma}_1^2}+\frac{T\tilde{e}'(\bar{J}_T\otimes I_N)\tilde{e}}{2\tilde{\sigma}_1^4} \tag{10.7.36}$$

$$\frac{\partial \ln L}{\partial \sigma_\psi^2}\bigg| H_0^D=-\frac{1}{2\sigma_1^2}tr(WW')-\frac{T-1}{2\tilde{\sigma}_\xi^2}tr(WW')+\frac{\tilde{e}'(\bar{J}_T\otimes WW')\tilde{e}}{2\tilde{\sigma}_1^4}+\frac{\tilde{e}'(E_T\otimes WW')\tilde{e}}{2\tilde{\sigma}_\xi^4} \tag{10.7.37}$$

$$\frac{\partial \ln L}{\partial \sigma_\xi^2}\bigg| H_0^D=-\frac{N}{2\tilde{\sigma}_1^2}-\frac{N(T-1)}{2\tilde{\sigma}_\xi^2}+\frac{\tilde{e}'(\bar{J}_T\otimes I_N)\tilde{e}}{2\tilde{\sigma}_1^4}+\frac{\tilde{e}'(E_T\otimes I_N)\tilde{e}}{2\tilde{\sigma}_\xi^4} \tag{10.7.38}$$

其中,$2\tilde{\sigma}_1^2$,$2\tilde{\sigma}_\xi^2$ 为 H_0^D 下模型 ML 估计值,也即经典面板数据随机效应模型的 ML 估计值,$\tilde{\sigma}_1^2$,$T\tilde{\sigma}_u^2+\tilde{\sigma}_\xi^2$,$\tilde{e}$ 是 ML 估计的残差值。事实上,由于 $\tilde{\sigma}_u^2$,$\tilde{\sigma}_\xi^2$ 是 ML 估计量,根据一阶条件$\frac{\partial \ln L}{\partial \sigma_u^2}$和$\frac{\partial \ln L}{\partial \sigma_\xi^2}$得到。因此$\frac{\partial \ln L}{\partial \sigma_u^2}\bigg| H_0^D=\frac{\partial \ln L}{\partial \sigma_\xi^2}\bigg| H_0^D=0$。此时,对应信息矩阵如下:

$$I(\theta)=\begin{pmatrix} \frac{NT^2}{2\tilde{\sigma}_1^4} & \frac{T}{2\tilde{\sigma}_1^4}tr(WW') & \frac{NT}{2\tilde{\sigma}_1^4} \\ \frac{T}{2\tilde{\sigma}_1^4}tr(WW') & \left(\frac{1}{2\tilde{\sigma}_1^4}+\frac{T-1}{2\tilde{\sigma}_\xi^4}\right)tr(WW'WW') & \left(\frac{1}{2\tilde{\sigma}_1^4}+\frac{T-1}{2\tilde{\sigma}_\xi^4}\right)tr\ WW' \\ \frac{NT}{2\tilde{\sigma}_1^4} & \left(\frac{1}{2\tilde{\sigma}_1^4}+\frac{T-1}{2\tilde{\sigma}_\xi^4}\right)tr(WW') & \left(\frac{1}{2\tilde{\sigma}_1^4}+\frac{N(T-1)}{2\tilde{\sigma}_\xi^4}\right) \end{pmatrix}=$$

$$\frac{N}{2}\begin{pmatrix} TL_1 & L_1P_1 & L_1 \\ L_1P_1 & L_2P_2 & L_2P_1 \\ L_1 & L_2P_1 & L_2 \end{pmatrix} \tag{10.7.39}$$

式中,P_1,P_2 如前文定义,$L_1=\frac{T}{\tilde{\sigma}_1^4}$,$L_2=\frac{1}{\tilde{\sigma}_1^4}+\frac{T-1}{\tilde{\sigma}_\xi^4}$。

空间相关性是否存在往往是关注的重点,即本研究重点在于检验 σ_ψ^2 是否显著为0,为计算方便,将原信息矩阵按照 $\theta_0=(\sigma_\psi^2,\sigma_\xi^2,\sigma_u^2)$ 的顺序排列得到:

$$\tilde{I}_0=\frac{N}{2}\begin{pmatrix} L_2P_2 & L_2P_1 & L_1P_1 \\ L_2P_1 & L_2 & L_1 \\ L_1P_1 & L_1 & TL_1 \end{pmatrix} \tag{10.7.40}$$

则关于 σ_ψ^2,σ_ξ^2 的逆矩阵为:

$$(\tilde{I}_0)_\psi^{-1}=\frac{2}{N}\left[\begin{pmatrix} L_2P_2 & L_2P_1 \\ L_2P_1 & L_2 \end{pmatrix}-\frac{L_1^2}{TL_1}\begin{pmatrix} P_1 \\ 1 \end{pmatrix}(P_1\quad 1)\right]^{-1}=$$

$$\frac{2}{N}\begin{pmatrix} L_2P_2-\frac{L_1}{T}P_1^2 & L_2P_1-\frac{L_1}{T}P_1 \\ L_2P_1-\frac{L_1}{T}P_1 & L_2-\frac{L_1}{T} \end{pmatrix} \tag{10.7.41}$$

$$(\widetilde{I}_0)_{\psi}^{-1}=\frac{2}{N}\left[\left(L_2P_2-\frac{L_1}{T}P_1^2\right)-\frac{P_1^2\left(L_2-\frac{L_1}{T}\right)^2}{L_2-\frac{L_1}{T}}\right]^{-1}=$$

$$\frac{2}{N}\left[L_2P_2-\frac{L_1}{P}P_1^2-L_2P_1-\frac{L_1}{T}P_1^2\right]^{-1}=\frac{2}{N}[L_2(P_2-P_1^2)]^{-1} \qquad (10.7.42)$$

条件检验统计量为：

$$LM_{\psi/u}=\frac{2}{N[L_2(P_2-P_1^2)]}\left[-\frac{N}{2}P_1\left(\frac{1}{2\widetilde{\sigma}_1^2}+\frac{T-1}{2\widetilde{\sigma}_\xi^2}\right)+\frac{\widetilde{e}'(\overline{J_T}\otimes WW')\widetilde{e}}{2\widetilde{\sigma}_1^4}+\frac{\widetilde{e}'(E_T\otimes WW')\widetilde{e}}{2\widetilde{\sigma}_\xi^4}\right]$$

(10.7.43)

3. 单边形式的检验统计量

Honda(1985)认为，待检验参数为非负情形下，单边检验比双边检验具有更大的检验功效(Power)。本研究中，待检验参数 $\sigma_\psi^2,\sigma_\xi^2$ 均为非负，可考虑采用单边检验，相应的统计量如下：

单边形式的随机效应边际检验：

$$LM_1=\sqrt{LM_u}=\sqrt{\frac{NT}{2(T-1)}}\left(\frac{e'(J_T\otimes I_N)e}{e'e}-1\right) \qquad (10.7.44)$$

单边形式的空间相关性边际检验：

$$LM_2=\sqrt{LM_\psi}=\sqrt{\frac{NT}{2(P_2-P_1^2)}}\left(\frac{e'(J_T\otimes WW')e}{e'e}-P_1\right) \qquad (10.7.45)$$

单边形式的条件检验：

$$LM_3=\sqrt{LM_{\psi/u}}=\sqrt{\frac{2}{N[L_2(P_2-P_1^2)]}}\left[-\frac{N}{2}L_2P_1+\frac{\widetilde{e}'(\overline{J_T}\otimes WW')\widetilde{e}}{2\widetilde{\sigma}_1^4}+\frac{\widetilde{e}'(E_T\otimes WW')\widetilde{e}}{2\widetilde{\sigma}_\xi^4}\right]$$

(10.7.46)

明显地，上述单边检验均服从 $N(0,1)$分布。

10.7.4 固定效应SEC模型检验

根据前文的说明，首先，固定效应SEC模型可写为：

$$y_t=X_t\beta+u+v_t \qquad (10.7.47)$$
$$v_t=W\psi_t+\zeta_t$$

其中，u 为固定变量效应项，其余变量定义与随机SEC模型定义相同。假定 $E(\psi_t)=E(\zeta_t)=0,E(\psi_t\psi'_t)=\delta_\psi^2 I_N,E(\zeta_t\zeta'_t)=\delta_\zeta^2 I_N,E(\psi_t\zeta'_s)=0$(任意 t,s)。则对于任意的 t，模型的误差项方差为：

$$\Omega_u=E(v_tv'_v)=\delta_\psi^2 WW'+\delta_\zeta^2 I_N \qquad (10.7.48)$$

研究中仍采用LM检验研究固定效应SEC模型的空间相关性检验。同样地，LM检验的关键在于推导导数向量和信息矩阵。

由上式固定效应模型排列得到：

$$y=X\beta+(l_T\otimes u)+v \qquad (10.7.49)$$
$$v=(I_T\otimes W)\psi+\xi$$

式中，$u=(u_1,u_2,\cdots,u_n)'$为固定效应向量，其余变量类似式(10.7.9)定义。

在正态分布的假设下,因变量 y 的概率密度函数为:

$$y=\frac{1}{(2\pi)^{\frac{NT}{2}}\left|\Omega_{u}\right|^{\frac{T}{2}}}\prod_{t=1}^{T}\exp\left(-\frac{v_{\Omega_{u}}'^{-1}v_{t}}{2}\right) \tag{10.7.50}$$

因此,对应的对数似然函数为:

$$\ln L=-\frac{NT}{2}\ln 2\pi-\frac{T}{2}\ln\left|\Omega_{u}\right|-\frac{1}{2}\sum_{t=1}^{T}v_{t}'\Omega_{u}^{-1}v_{t} \tag{10.7.51}$$

式中,$v_t=y_t-X_t\beta-u$。令 $\theta=(\sigma_{\psi}^2,\sigma_{\xi}^2)'$ 以及 $\delta=(\beta',u',\theta')'$,则 δ 对应的导数向量为:

$$\begin{cases}\dfrac{\partial\ln L}{\partial\beta}=\sum\limits_{t=1}^{T}X_{t}'\Omega_{u}^{-1}v_{t}\\ \dfrac{\partial\ln L}{\partial u}=\sum\limits_{t=1}^{T}\Omega_{u}^{-1}v_{t}\\ \dfrac{\partial\ln L}{\partial\theta_{i}}=-\dfrac{T}{2}tr\left(\dfrac{\partial\Omega_{u}}{\partial\theta_{i}}\Omega_{u}^{-1}\right)-\dfrac{1}{2}\sum\limits_{t=1}^{T}v_{t}'\dfrac{\partial\Omega_{u}^{-1}}{\partial\theta_{i}}v_{t}\end{cases} \tag{10.7.52}$$

Hessian 矩阵中的元素如下:

$$\frac{\partial^{2}\ln L}{\partial\beta\partial\beta'}=-\sum_{t=1}^{T}X_{t}'\Omega_{u}^{-1}X_{t} \tag{10.7.53}$$

$$\frac{\partial^{2}\ln L}{\partial\beta\partial u'}=-\sum_{t=1}^{T}X_{t}'\Omega_{u}^{-1} \tag{10.7.54}$$

$$\frac{\partial^{2}\ln L}{\partial\beta\partial\theta_{i}}=-\sum_{t=1}^{T}X_{T}'\Omega_{u}^{-1}\frac{\partial\Omega_{u}}{\partial\theta_{i}}\Omega_{u}^{-1}v_{t} \tag{10.7.55}$$

$$\frac{\partial^{2}\ln L}{\partial u\partial u'}=-\sum_{t=1}^{T}\Omega_{u}^{-1} \tag{10.7.56}$$

$$\frac{\partial^{2}\ln L}{\partial u\partial\theta_{i}}=-\sum_{t=1}^{T}\Omega_{u}^{-1}\frac{\partial\Omega_{u}}{\partial\theta_{i}}\Omega_{u}^{-1}v_{t} \tag{10.7.57}$$

$$\begin{aligned}\frac{\partial^{2}\ln L}{\partial\theta_{i}\partial\theta_{j}}=&-\frac{T}{2}tr\left(\frac{\partial^{2}\Omega_{u}}{\partial\theta_{i}\partial\theta_{j}}\Omega_{u}^{-1}\right)+\frac{T}{2}tr\left(\frac{\partial\Omega_{u}}{\partial\theta_{i}}\Omega_{u}^{-1}\frac{\partial\Omega_{u}}{\partial\theta_{j}}\Omega_{u}^{-1}\right)+\\ &\frac{1}{2}\sum_{t=1}^{T}v_{t}'\Omega_{u}^{-1}\frac{\partial^{2}\Omega_{u}}{\partial\theta_{i}\partial\theta_{j}}\Omega_{u}^{-1}v_{t}-\frac{1}{2}\sum_{t=1}^{T}v_{t}'\Omega_{u}^{-1}\frac{\partial\Omega_{u}}{\partial\theta_{i}}\Omega_{u}^{-1}v_{i}\frac{\partial\Omega_{u}}{\partial\theta_{j}}\Omega_{u}^{-1}v_{t}-\\ &\frac{1}{2}\sum_{t=1}^{T}v_{t}'\Omega_{u}^{-1}\frac{\partial\Omega_{u}}{\partial\theta_{j}}\Omega_{u}^{-1}v_{i}\frac{\partial\Omega_{u}}{\partial\theta_{i}}\Omega_{u}^{-1}v_{t}\end{aligned} \tag{10.7.58}$$

因此,信息矩阵为:

$$I(\delta)\begin{pmatrix}X'(I_{T}\otimes\Omega_{u}^{-1}X) & \sum\limits_{t=1}^{T}X_{\Omega_{u}}'^{-1} & 0 & 0\\ \sum\limits_{t=1}^{T}\Omega_{u}^{-1}X_{t} & T\Omega_{u}^{-1} & 0 & 0\\ 0 & 0 & \dfrac{T}{2}tr(WW'\Omega_{u}^{-1})^{2} & \dfrac{T}{2}tr(WW'\Omega_{u}^{-2})\\ 0 & 0 & \dfrac{T}{2}tr(WW'\Omega_{u}^{-1}) & \dfrac{T}{2}tr(\Omega_{u}^{-2})\end{pmatrix} \tag{10.7.59}$$

1. 联合检验和边际检验统计量的推导

本部分推导空间相关性及固定效应的联合 LM 检验和边际 LM 检验,各检验的零假设及备择假设如下:

联合检验:$H_0^E: u=\alpha t_N, \sigma_\psi^2=0, H_0^E: u\neq\alpha t_N$ 或 $\sigma_\psi^2\neq 0$。

固定效应边际检验:$H_0^F: u=\alpha t_N$(已知 $\sigma_\psi^2=0$),$H_1^F: u\neq\alpha t_N$(已知 $\sigma_\psi^2=0$)。

空间相关性边际检验:$H_0^G: \sigma_\psi^2=0$(已知 $u=\alpha t_N$),$H_1^F: \sigma_\psi^2=0$(已知 $u\neq\alpha t_N$)。

在 H_0^E 的假设下,$\Omega_u=\sigma_\xi^2 I_N$。此时,模型的个体效应项相等,模型(10.7.49)简化为不含固定效应和空间相关性的 Pool 数据模型,可采用 OLS 估计。导数向量简化为:

$$\frac{\partial \ln L}{\partial \beta}\bigg| H_0^E = \frac{1}{\hat{\sigma}_\xi^2}\sum_{t=1}^{T} X_t'\hat{v}_t \tag{10.7.60}$$

$$\frac{\partial \ln L}{\partial u}\bigg| H_0^E = \frac{1}{\hat{\sigma}_\xi^2}\sum_{t=1}^{T} \hat{v}_t \tag{10.7.61}$$

$$\frac{\partial \ln L}{\partial \sigma_\psi^2}\bigg| H_0^E = -\frac{T}{2\hat{\sigma}_\xi^2}tr(WW') + \frac{1}{2\hat{\sigma}_\xi^4}\sum_{t=1}^{T} \hat{v}_t WW'\hat{v}_t \tag{10.7.62}$$

$$\frac{\partial \ln L}{\partial \sigma_\xi^2}\bigg| H_0^E = -\frac{NT}{2\hat{\sigma}_\xi^2} + \frac{1}{2\hat{\sigma}_\xi^4}\sum_{t=1}^{T} \hat{v}_t'\hat{v}_t \tag{10.7.63}$$

其中,$\hat{\sigma}_\xi^2$ 是 OLS 估计的方差估计值,$\hat{\sigma}_\xi^2=\frac{1}{NT}\hat{v}'\hat{v}$,$\hat{v}_t$ 为 OLS 估计的残差值,$\hat{v}_t=y_t-X_t\hat{\beta}-\hat{u}$,$\hat{\beta}$,$\hat{u}$ 都是 OLS 估计量($\hat{u}=\hat{\alpha}t_N$)。此时的信息矩阵简化为:

$$I(\hat{\delta}) = \begin{pmatrix} \frac{1}{\hat{\sigma}_\xi^2}X'X & \frac{1}{\hat{\sigma}_\xi^2}\sum_{t=1}^{T}X' & 0 & 0 \\ \frac{1}{\hat{\sigma}_\xi^2}\sum_{t=1}^{T}X_t & \frac{T}{\hat{\sigma}_\xi^2}I_N & 0 & 0 \\ 0 & 0 & \frac{T}{2\hat{\sigma}_\xi^4}tr(WW')^2 & \frac{T}{2\hat{\sigma}_\xi^4}tr(WW') \\ 0 & 0 & \frac{T}{2\hat{\sigma}_\xi^4}tr(WW') & \frac{NT}{2\hat{\sigma}_\xi^4} \end{pmatrix} \tag{10.7.64}$$

针对固定效应边际检验:$H_0^F: u=\alpha\tau_T(\sigma_\psi^2)=0, H_1^F: u\neq\alpha\tau_T(\sigma_\psi^2=0)$。

此时,由于信息矩阵为分块对角矩阵,令 $\tau=(\beta',u')'$,$\theta=(\sigma_\psi^2,\sigma_\xi^2)'$,则关于 u 的检验统计量只与 τ 有关而与 θ 无关。关于 τ 的子信息矩阵为:

$$\hat{I}_\tau = \frac{1}{\hat{\sigma}_\xi^2}\begin{pmatrix} X'X & \sum_{t=1}^{T}X_t' \\ \sum_{t=1}^{T}X_t & TI_N \end{pmatrix} \tag{10.7.65}$$

其中,关于 u 的逆矩阵为:

$$\hat{I}_u^{-1} = \hat{\sigma}_\xi^2\left[TI_N - \left(\sum X_t\right)(X'X)^{-1}\left(\sum X_t'\right)\right]^{-1} \tag{10.7.66}$$

根据式(10.7.4)和式(10.7.64)可得,对应的LM检验为:

$$LM_u = \left(\frac{1}{\hat{\sigma}_\xi^2}\right)^2 \left(\sum \hat{v}_t'\right)(\hat{I}_u^{-1})\left(\sum \hat{v}_t\right) =$$

$$\left(\frac{1}{\hat{\sigma}_\xi^2}\right)\hat{v}'(t_T \otimes I_N)[TI_N - (t_T' \otimes I_N)X(X'X)^{-1}X'(t_T \otimes I_N)]^{-1}(t_T \otimes I_N)\hat{v} =$$

$$\left(\frac{1}{\hat{\sigma}_\xi^2}\right)\hat{v}'L[TI_N - L'X(X'X)^{-1}X'L]^{-1}L'\hat{v} \tag{10.7.67}$$

式中,$L=t_T\otimes I_N$。式(10.7.67)即固定效应的边际检验。可知,在零假设下,$LM_u \sim \chi^2(n-1)$。

针对空间相关性边际检验:$H_0^G:\sigma_\psi^2=0$(已知$u=\alpha t_T$),$H_1^G:\sigma_\psi^2\neq 0$(已知$u=\alpha t_T$)。此时,$u=\alpha t_T$,即固定效应不存在,此时的模型与随机效应SEC模型中$\sigma_u^2=0$(随机效应不存在)时的模型完全一致,因此空间相关性边际检验也完全一致,如下:

$$LM_\psi = \frac{NT}{2(P_2-P_1^2)}\left(\frac{\hat{v}'(I_T\otimes WW')\hat{v}}{\hat{v}'\hat{v}}-P_1\right)^2 \tag{10.7.68}$$

对应的单边检验为:

$$LM_1=\sqrt{LM_\psi}=\sqrt{\frac{NT}{2(P_2-P_1^2)}}\left(\frac{\hat{v}'(I_T\otimes WW')\hat{v}}{\hat{v}'\hat{v}}-P_1\right) \tag{10.7.69}$$

针对联合检验:$H_0^E:u=\alpha\tau_T,\sigma_\psi^2=0$,$H_1^E:u\neq\alpha t_T,\sigma_\psi^2\neq 0$ 此时,导数向量和信息矩阵如式(10.7.60)~式(10.7.63)所示。为了便于矩阵运算,本研究令$\vartheta=(u',\sigma_\psi^2,\sigma_\xi^2,\beta')'$,将式(10.7.63)重新排列,此时的信息矩阵为:

$$I(\hat{\vartheta}) = \begin{pmatrix} \frac{T}{\hat{\sigma}_\xi^2}I_N & 0 & 0 & \frac{1}{\hat{\sigma}_\xi^2}\sum_{t=1}^{T}X_t \\ 0 & \frac{T}{2\hat{\sigma}_\xi^4}tr(WW')^2 & \frac{T}{2\hat{\sigma}_\xi^4}tr(WW') & 0 \\ 0 & \frac{T}{2\hat{\sigma}_\xi^4}tr(WW') & \frac{NT}{2\hat{\sigma}_\xi^4} & 0 \\ \frac{1}{\hat{\sigma}_\xi^2}\sum_{t=1}^{T}X_t' & 0 & 0 & \frac{1}{\hat{\sigma}_\xi^2}X'X \end{pmatrix} \tag{10.7.70}$$

$$\hat{I}_{u\psi}^{-1} = \left[\begin{pmatrix} \frac{TI_N}{\hat{\sigma}_\xi^2} & 0 \\ 0 & \frac{Ttr(WW')^2}{2\hat{\sigma}_\xi^4} \end{pmatrix} - \begin{pmatrix} 0 & \frac{\sum X_t}{\hat{\sigma}_\xi^2} \\ \frac{Ttr(WW')}{2\hat{\sigma}_\xi^4} & 0 \end{pmatrix}\begin{pmatrix} \frac{2\hat{\sigma}_\xi^4}{NT} & 0 \\ 0 & \hat{\sigma}_\xi^2(X'X)^{-1} \end{pmatrix}\begin{pmatrix} 0 & \frac{Ttr(WW')}{2\hat{\sigma}_\xi^4} \\ \frac{\sum X_t'}{\hat{\sigma}_\xi^2} & 0 \end{pmatrix}\right]^{-1}$$

$$= \begin{pmatrix} \frac{TI_N}{\hat{\sigma}_\xi^2} - \frac{1}{\hat{\sigma}_\xi^2}\left(\sum X_t\right)(X'X)^{-1}\left(\sum X_t'\right) & 0 \\ 0 & \frac{Ttr(WW')^2}{2\hat{\sigma}_\xi^4} - \frac{T(trWW')^2}{2N\hat{\sigma}_\xi^4} \end{pmatrix}^{-1} = \begin{pmatrix} \tilde{I}_u^{-1} & 0 \\ 0 & \tilde{I}_\psi^{-1} \end{pmatrix} \tag{10.7.71}$$

可见，与随机效应 SEC 模型的联合检验类似，$LM_{u\psi}=LM_{u+}LM_{\psi}$①。$LM_{u\psi}\sim\chi^2(n)$。

2. 条件检验统计量推导

与随机效应的 SEC 模型类似，本部分推导固定效应 SEC 模型的空间相关性条件检验，原假设和备择假设分别为：$H_0^H:\delta_\psi^2=0$（已知 $\mu\neq\alpha I_T$），$H_1^H:\delta_\psi^2=0$（已知 $\mu\neq\alpha I_T$）。

在 H_0^H 下，$\Omega_u=\delta_\xi^2 I_N$，但此时模型的个体效应项并不相等，即存在固定效应，原假设为经典的面板数据固定效应模型，则关于 σ_ψ^2 导数向量②为：

$$\frac{\partial \ln L}{\partial \delta_\psi^2}\bigg| H_0^H=-\frac{T}{2\hat{\delta}_\psi^2}tr(WW')+\frac{1}{2\hat{\delta}_\xi^4}\sum_{t=1}^{T}=\widetilde{v}_t'WW'\widetilde{v}_t \tag{10.7.72}$$

式中，σ_ξ^2 为在 H_0^H 下模型的 LSDV(Least Squares Dummy Variable)估计值，也等价于经典面板数据固定效应的组内估计量，$\overline{v}_i$ 为组内估计量的残差。此时的信息矩阵为：

$$\widetilde{I}_{\psi\xi}=\frac{NT}{2\hat{\sigma}_\xi^4}\begin{pmatrix}P_2 & P_1\\ P_1 & 1\end{pmatrix} \tag{10.7.73}$$

则对应条件检验为；

$$LM_{\psi|u}=\frac{NT}{2(P_2-P_1^2)}\left(\frac{\widetilde{v}'(I_T\otimes WW')\widetilde{v}}{\widetilde{v}'\widetilde{v}}-P_1\right)^2 \tag{10.7.74}$$

对应的单边检验为：

$$LM_2=\sqrt{\frac{NT}{2(P_2-P_1^2)}}\left(\frac{\widetilde{v}'(I_T\otimes WW')\widetilde{v}}{\widetilde{v}'\widetilde{v}}-P_1\right) \tag{10.7.75}$$

式中，$P_1=\dfrac{tr(WW')}{N}$，$P_2=\dfrac{tr(WW'WW')}{N}$与随机效应 SEC 对应一致。③

(1) 转换检验统计量的推导

Lee & Yu(2010)证明。采用组内估计方法时，去均值的转换方法将导致模型误差项自相关，从而使得误差项方差矩阵奇异，以及方差估计量不一致(T 有限)，建议采用正交转换方法去除模型中的固定效应，本研究就是采用这种思路来处理模型中的固定效应。

回顾经典的固定效应模型，均采用 $M=I_N\otimes E_T$④ 进行去均值转换，其中 $E_T=I_T-\tau_T\tau_T'/T$。因为 $M(u\otimes\tau_T)=(I_N\otimes E_T)(u\otimes\tau_T)=(u\otimes E_T\tau_T)=0$，$E_Tt_T=0$，因此，此转换方法可以去除固定项。

若本研究采用经典方法去除固定项，即采用 $M=E_T\otimes I_N$，对误差项(10.7.52)进

① 显然，类似于随机效应 SEC 模型，LM_u 和 LM_ψ 也都是稳健检验统计量。

② 类似于随机效应 SEC 模型，对其他变量的一阶导数在零假设下等于 0。

③ 需要注意的是，对固定效应 SEC 模型而言，空间相关性的条件检验与边际检验表达式完全一致，不同的是，前者是基于固定效应模型的组内估计量及其残差值，而后者是基于 Pool 数据模型的 OLS 估计及其残差值。

④ 经典面板数据与空间面板数据模型的排列方式不同，前者的排列方式为：$y_i=(y_{i1},y_{i2},\cdots,y_{it})'$排成一列后为：$y=X\beta+(u\otimes\tau_T)+\epsilon$。

行转换,同样可以去除固定效应,但是转换后的误差项 $M\varepsilon=(E_T\otimes I_N)[(I_T\otimes W)\psi+I_{NT}\zeta]$,对应的方差协方差矩阵为:

$$var(M\varepsilon)=E(M\varepsilon)(M\varepsilon)'=$$
$$(E_T\otimes I_N)[(I_T\otimes W)\psi+I_{NT}\zeta][(I_T\otimes W)\psi+I_{NT}\zeta]'(E_T\otimes I_N)'=$$
$$\sigma_\psi^2(E_T\otimes WW')+\sigma_\zeta^2(E_T\otimes I_N) \tag{10.7.76}$$

式中,E_T 为奇异矩阵,秩为 $T-1$,可见,转化后的误差项的方差协方差矩阵为奇异矩阵,与经典固定效应转换方法存在同样的问题。

误差项的方差协方差矩阵为奇异矩阵,说明了误差项之间并不独立,存在一定的相关关系,这可能导致错误的结论。此外,若采用常规的转换方法,方差协方差矩阵不可逆(除非采用广义逆矩阵),GLS 方法或 ML 估计法都难以进行。

本节采用 Lee & Yu(2010)建议的正交转换方法对式(10.7.52)误差项进行转换,如下:

令 $J_T=\tau_T\tau'_T$,$\overline{J_T}=J_T/T$,$E_T=I_T-\overline{J_T}$。式中,τ_T 为 T 维的全 1 向量,I_T 为 T 维单位矩阵,则 J_T 为 $T\times T$ 的全 1 矩阵,再令 $F_T=[F_{T,T-1},t_T/\sqrt{T}]$为 E_T 的正交特征向量,$F_{T,T-1}$为对应于特征值 1 的特征向量,$t_T/\sqrt{T}$为对应特征值为 0 的特征向量,根据 Lee & Yu(2010),以下等式均成立:

① $F'_{T,T-1}F_{T,T-1}=I_{T-1}$;

② $F'_{T,T-1}\tau_T=0$;

③ $E_T\tau_T=0$;

④ $E_TF_{T,T-1}=F_{T,T-1}$;

⑤ $F'_{T,T-1}F_{T,T-1}=E_T$;

其中,等式①,②可以直接由正交矩阵和正交向量的性质得到,等式③可直接验证得到,等式④可由 $F_{T,T-1}$是 E_T 的特征值 1 的特征向量这一性质得到,等式⑤简单证明如下:

由于 F_T 是 E_T 的正交特征向量,由正交向量的性质可以得到,$F_TF'_T=I_T$,即有:

$$F_TF'_T=\left[F_{T,T-1},\frac{1}{\sqrt{T}}\tau'_T\right]=F_{T-1}F'_{T-1}+\frac{1}{T}\tau_T\tau'_T=I_T \tag{10.7.77}$$

由此,等式⑤可以得证。

因此,在上述等式成立的情况下,本节采用 $Q=F'_{T,T-1}\otimes I_N$ 进行正交转换。记 $y^*=Qy$,$x^*=Qx$,$v^*=Qv$,由此,空间误差模型转换为:

$$\begin{aligned} y^* &= X^*\beta+v^* \\ v^* &= (I_{T-1}\otimes W)\psi^*+\zeta^* \end{aligned} \tag{10.7.78}$$

由于 $Q(\tau_T\otimes u)=(F'_{T,T-1}\tau_T\otimes u)=0$,正交转换已经去除固定效应。此时,$E(v^*v^{*\prime})=\sigma_\psi^2(I_{T-1}\otimes WW')+\sigma_\xi^2I_{N(T-1)}$为正定矩阵。可见,正交转换方法克服了常规去均值转换方法带来的误差项自相关问题。

转换后(10.7.78)的模型符合样本量为$(N,T-1)$的空间相关性边际检验的模型形式,因此,可以直接得到转换检验为:

$$LM^{*}=\frac{N(T-1)}{2(P_2-P_1^2)}\left(\frac{\hat{v}^{*\prime}(I_{T-1}\otimes WW')\hat{v}^{*}}{\hat{v}^{*\prime}\hat{v}^{*}}-P_1\right)^2 \tag{10.7.79}$$

式中，$\hat{\delta}_{\zeta}^{2}$ 和 $\hat{\beta}^{*}$ 为模型的 OLS 估计量。$\hat{v}'^{*}$ 为 OLS 估计的残差值。$\hat{v}^{*\prime}=y^{*}-X^{*}\hat{\beta}^{*}$，$\hat{\delta}_{\zeta}^{2*}=\frac{\hat{v}^{*\prime}\hat{v}^{*}}{N(T-1)}$。

对应的单边检验为：

$$LM^{*}=\sqrt{\frac{N(T-1)}{2(P_2-P_1^2)}}\left(\frac{\hat{v}^{*\prime}(I_{T-1}\otimes WW')\hat{v}^{*}}{\hat{v}^{*\prime}\hat{v}^{*}}-P_1\right) \tag{10.7.80}$$

综上，本研究关于固定效应 SEC 模型的空间相关性检验，推导了检验统计量：边际检验、条件检验和转换检验以及单边形式的检验统计量，同时还推导了固定效应检验及联合检验。

10.7.5 参数估计

本节研究面板数据 SEC 模型的估计方法。通过对经济计量模型估计研究中，常用的极大似然估计法。本节结构安排如下，第一部分和第二部分分别研究随机效应 SEC 模型和固定效应 SEC 模型的估计方法，并通过数理推导证明估计量的性质。

1. 随机效应 SEC 模型估计方法

极大似然估计法研究：

Greene(2007)认为，极大似然法估计量具有一致性和渐进有效性。因此，首先考虑随机效应空间误差分量模型的极大似然估计法，模型如下：

$$\begin{aligned} y&=Z\eta+\varepsilon \\ \varepsilon&=(\tau_T\otimes I_N)u+(I_T\otimes W)\psi+I_{NT}\zeta \end{aligned} \tag{10.7.81}$$

其中，$Z=(X,\tau_{NT})$，$\eta=(\beta',\alpha')$，其他设定和模型假定如上一章节一致，根据模型假定，随机效应 SEC 模型的误差项方差为：

$$\Omega_{\varepsilon}=E(\varepsilon\varepsilon')=\delta_u^2(J_T\otimes I_N)+\delta_{\psi}^2(I_T\otimes WW')+\delta_{\xi}^2 I_{NT} \tag{10.7.82}$$

上式中，τ_T 为 $T\times$ 全 1 向量。$J_T=\tau_T\tau'_T$ 为 $T\times T$ 的全 1 矩阵。

在误差项正态分布的假设下，对数似然函数为：

$$\ln L=-\frac{NT}{2}\ln 2\pi-\frac{1}{2}\ln|\Omega_{\varepsilon}|-\frac{1}{2}\varepsilon'\Omega_{\varepsilon}^{-1}\varepsilon \tag{10.7.83}$$

令 $\theta=(\sigma_u^2,\sigma_v^2,\sigma_{\zeta}^2)'$，则极大似然估计法对应的一阶条件为：

$$\begin{aligned} \frac{\partial \ln L}{\partial \eta}&=Z'\Omega_{\varepsilon}^{-1}(y-Z\eta)=0 \\ \frac{\partial \ln L}{\partial \theta}&=-\frac{1}{2}tr\left(\frac{\partial\Omega_{\varepsilon}}{\partial\theta}\Omega_{\varepsilon}^{-1}\right)+\frac{1}{2}\varepsilon'\frac{\partial\Omega_{\varepsilon}^{-1}}{\partial\theta}\varepsilon=0 \end{aligned} \tag{10.7.84}$$

式(10.7.84)进一步简化，得到极大似然估计量的解：

$$\hat{\eta}=(Z'\hat{\Omega}_{\varepsilon}^{-1}Z)^{-1}Z'\hat{\Omega}_{\varepsilon}^{-1}y \tag{10.7.85}$$

$$tr\left(\frac{\partial\Omega_{\varepsilon}}{\partial\theta}\Omega_{\varepsilon}^{-1}\right)=e'\Omega_{\varepsilon}^{-1}\frac{\partial\Omega_{\varepsilon}}{\partial\theta}\Omega_{\varepsilon}^{-1}e \tag{10.7.86}$$

其中，$e=y-Z\hat{\eta}$，可见极大似然估计法的关键在于求 $\hat{\Omega}_{\varepsilon}^{-1}$，即 $\theta=(\sigma_u^2,\sigma_v^2,\sigma_{\zeta}^2)'$ 的估计量。

令 $\delta_1^2=T\delta_u^2+\delta_\xi^2,\overline{J_T}=J_T/T,E_T=I_T-J_T$,对 Ω_ε 进行谱分解,可以得到;

$$\Omega_\varepsilon=\delta_u^2(J_T\otimes I_N)+\delta_\psi^2(I_T\otimes WW')+\delta_\xi^2 I_{NT}=$$
$$(\overline{J_T}\otimes(\delta_\psi^2 WW'+\delta_1^2 I_N))+(E_T\otimes(\delta_\psi^2 WW'+\delta_\xi^2 I_N)) \quad (10.7.87)$$

根据谱分解法则(Magnus,1978,1982)得到:

$$|\Omega_\varepsilon|=|\delta_\psi^2 WW'+\delta_1^2 I_N|+|\delta_\psi^2 WW'+\delta_\xi^2 I_N|^{T-1} \quad (10.7.88)$$

$$\Omega_\varepsilon^{-1}=(\overline{J_T}\otimes(\delta_\psi^2 WW'+\delta_1^2 I_N)^{-1})+(E_T\otimes(\delta_\psi^2 WW'+\delta_\xi^2 I_N)^{-1}) \quad (10.7.89)$$

由式(10.7.87)可得:

$$\frac{\partial\Omega_\varepsilon}{\partial\delta_1^2}=\overline{J_T}\otimes I_N,\ \frac{\partial\Omega_\varepsilon}{\partial\delta_\psi^2}=I_T\otimes WW',\ \frac{\partial\Omega_\varepsilon}{\partial\delta_\xi^2}=E_T\otimes I_N \quad (10.7.90)$$

令 $\Omega_1=\delta_\psi^2 WW'+\delta_1^2 I_N$,$\Omega_2=\delta_\psi^2 WW'+\delta_\xi^2 I_N$,将(10. 7. 9),(10. 7. 10)代入(10.7.6),可以得到;

$$tr(\Omega_1^{-1})=e'[\overline{J_T}\otimes\Omega_1^{-2}]e$$
$$tr(W^2\Omega_1^{-1})+(T-1)tr(W^2\Omega_2^{-1})=e'[\overline{J_T}\otimes W^2\Omega_1^{-2}]e+e'[E_T\otimes W^2\Omega_2^{-2}]e$$
$$(T-1)tr(\Omega_2^{-1})=e'[E_T\otimes\Omega_2^{-2}]e$$

(10.7.91)

式(10.7.91)是参数 $\theta=(\sigma_u^2,\sigma_v^2,\sigma_\xi^2)'$ 的方程组,但显然无法求出 $\theta=(\sigma_u^2,\sigma_v^2,\sigma_\xi^2)'$ 的解析解,因此,选用迭代法进行求解,步骤如下:

① 对模型(10.7.1)进行 OLS 方法估计,得到估计量 η_0 和残差序列 $e_0=y-Z\eta_0$;

② 用 e_0 代替 e,对式(10.7.84)进行方程组求解,如果可求出 $\theta=\theta(e)$,则令 $\theta=\theta(e_0)$,如果显性解并不存在,则必定可以找到若干个解,选择使似然函数值最大的解,设为 θ_0;

③ 计算 $\Omega_0^{-1}=\Omega_\varepsilon^{-1}(\theta_0)$,代入式(10.7.85),得到,$\eta_1=(Z'\Omega_0^{-1}Z)^{-1}Z'\Omega_0^{-1}y$。

按照此步骤①~③持续迭代,直至收敛。

通过引理和定理可以证明,本文的迭代方法得到的收敛解即为极大似然估计法的唯一解。且该估计量一致,渐近有效且渐近正态分布。

(1) LS-FGLS 估计量的数理推导

理论上,极大似然估计法的估计量的迭代解具有良好的大样本性质,但在实际的迭代过程中,由于非线性方程组求解的复杂性,以及对方差取值范围的不确定性,当 N 或 T 较大时,即使采用上述迭代方法,极大似然估计法依旧存在着极大的运算困难。因此,本研究提出采用可行广义最小二乘法(FLGS)估计模型的系数。

由式(10.7.5)可知,一般地,FGLS 估计量的表达式为:$\hat{\eta}_F=(Z'\Omega_0^{-1}Z)^{-1}Z'\Omega_0^{-1}y$,其中,$\hat{\Omega}_\varepsilon^{-1}$ 为 Ω_ε^{-1} 的估计量。可见 FGLS 的关键在于估计 Ω_ε,即等价方差系数 σ_u^2,σ_v^2,σ_ξ^2。

由式(10.7.87)可以得到:

$$E(\varepsilon_{it}^2)=\delta_u^2+\delta_\psi^2 w_i w_i'+\delta_\xi^2,\ t=1,2,\cdots,T \quad (10.7.92)$$

$$E(\varepsilon_{it}\varepsilon_{is})=\delta_u^2,\ t<s,s=2,\cdots,T \quad (10.7.93)$$

LS 估计方法的步骤如下;

① 首先,对模型(10.7.81)进行 OLS 估计,得到残差序列 $\tilde{\varepsilon}_{it}$;

② 对式(10.7.93),固定 t 和 s,$\widetilde{\sigma}^2_{u,ts}=\frac{1}{2}\sum_{i=1}^{N}\widetilde{\varepsilon}_{it}\widetilde{\varepsilon}_{is}$,$\widetilde{\sigma}^2_u=\frac{2}{T(T-1)}\sum_{s=2}^{T}\sum_{t<s}\widetilde{\sigma}^2_{u,ts}$;

③ 对于固定的 t,本文采用 $\varepsilon^2_{it}-\delta^2_u=\delta^2_\psi w_i w'_i+\delta^2_\zeta$ 来估计系数 $\widetilde{\sigma}^2_{\psi t}$,$\widetilde{\sigma}^2_{\zeta t}$,即:$\widetilde{\phi}=(\widetilde{\delta}^2_{\psi t},\widetilde{\delta}^2_{\zeta t})=(Q'Q)^{-1}Q'(\widetilde{\varepsilon}^2_{it}-\widetilde{\delta}^2_u)$;

④ 令 $\widetilde{\sigma}^2_\psi=\frac{1}{T}\sum_{t=1}^{N}\widetilde{\sigma}^2_{\psi t}$,$\widetilde{\sigma}^2_\zeta=\frac{1}{T}\sum_{t=1}^{T}\widetilde{\sigma}^2_{\zeta t}$。

式子中,Q 为 $N\times 2$ 的矩阵,第 i 行为$(1,d_1)$,$d_1=w_i w'_i$。

定理 7.1. 当 $N\to\infty$,LS 估计量 $\widetilde{\theta}=(\hat{\sigma}^2_u,\hat{\sigma}^2_v,\hat{\sigma}^2_\zeta)$为一致估计量。

(2) GMM—FGLS 估计量

令 $\overline{\varepsilon}=(I_T\otimes W)\varepsilon$,$Q_0=E_T\otimes I_N$,$Q_1=\overline{J_T}\otimes I_N$,其中,$\overline{J_T}=J_T/T$,$J_T$ 为 T 维全为 1 矩阵。$\overline{E_T}=I_T-\overline{J_T}$,可知 Q_0Q_1 均为对称幂等矩阵。且 $Q_0+Q_1=I_{NT}$,$Q_0Q_1=0$。

构造条件矩估计 $\sigma^2_u,\sigma^2_v,\sigma^2_\zeta$,如下:$T\times T$

$$
\begin{aligned}
&\frac{E(\varepsilon'Q_0\varepsilon)}{N(T-1)}=\delta^2_\psi T_1+\delta^2_\zeta\\
&\frac{E(\overline{\varepsilon}'Q_0\overline{\varepsilon})}{N(T-1)}=\delta^2_\psi T_3+\delta^2_\zeta T_1\\
&\frac{E(\overline{\varepsilon}'Q_0\varepsilon)}{N(T-1)}=\delta^2_\psi T_2\\
&\frac{E(\varepsilon'Q_0\varepsilon)}{N}=\delta^2_1+\delta^2_\psi T_1\\
&\frac{E(\overline{\varepsilon}'Q_0\overline{\varepsilon})}{N}=\delta^2_1 T_1+\delta^2_\psi T_3\\
&\frac{E(\overline{\varepsilon}'Q_0\varepsilon)}{N}=\delta^2_\psi T_2
\end{aligned}
\tag{10.7.94}
$$

式中,$\delta^2_1=T\delta^2_u+\delta^2_\zeta$,$T_1=\frac{tr(W'W)}{N}=\frac{tr(W^2)}{N}$,$T_2=\frac{tr(W'W'W)}{N}=\frac{tr(W^3)}{N}$,$T_3=\frac{tr(W'W'WW)}{N}=\frac{tr(W^4)}{N}$。

$$\Gamma[\delta^2_1,\delta^2_\psi,\delta^2_\zeta]'-\gamma=0 \tag{10.7.95}$$

其中:

$$\Gamma=\begin{bmatrix}0 & T_1 & 1\\ 0 & T_3 & T_1\\ 0 & T_2 & 0\\ 1 & T_1 & 0\\ T_1 & T_3 & 0\\ 0 & T_2 & 0\end{bmatrix}$$

$$\gamma=\left(\frac{E(\varepsilon'Q_0\varepsilon)}{N(T-1)},\frac{E(\overline{\varepsilon}'Q_0\overline{\varepsilon})}{N(T-1)},\frac{E(\overline{\varepsilon}'Q_0\varepsilon)}{N(T-1)},\frac{E(\varepsilon'Q_0\varepsilon)}{N},\frac{E(\overline{\varepsilon}'Q_0\overline{\varepsilon})}{N},\frac{E(\overline{\varepsilon}'Q_0\varepsilon)}{N}\right)$$

令 G,g 分别为样本 Γ,γ 的样本估计值,由于 Γ 为常数估计矩阵,因此 $G=\Gamma,g=\left(\frac{(\tilde{\varepsilon}'Q_0\tilde{\varepsilon})}{N(T-1)},\frac{E(\tilde{\tilde{\varepsilon}}'Q_0\tilde{\tilde{\varepsilon}})}{N(T-1)},\frac{E(\tilde{\tilde{\varepsilon}}'Q_0\tilde{\varepsilon})}{N(T-1)},\frac{E(\tilde{\varepsilon}'Q_0\tilde{\varepsilon})}{N},\frac{E(\tilde{\tilde{\varepsilon}}'Q_0\tilde{\tilde{\varepsilon}})}{N},\frac{E(\tilde{\tilde{\varepsilon}}'Q_0\tilde{\varepsilon})}{N}\right)'$,$\tilde{\varepsilon}$ 为模型(10.7.1)OLS 估计残差值。

令:

$$G[\delta_1^2,\delta_\psi^2,\delta_\xi^2]'-g=\zeta(\delta_1^2,\delta_\psi^2,\delta_\xi^2) \tag{10.7.96}$$

式中,$\zeta(\delta_1^2,\delta_\psi^2,\delta_\xi^2)$ 为相应的误差项。可知,前三个矩条件不含 δ_1^2,而后三个矩条件不含 δ_ξ^2,将前三个矩条件和后三个矩条件分别写成:

$$\Gamma^0[\delta_\psi^2,\delta_\xi^2]'-\gamma^0=0,\ \Gamma^1[\delta_1^2,\delta_\psi^2]'-\gamma^1=0 \tag{10.7.97}$$

则相应地有:

$$G^0[\delta_\psi^2,\delta_\xi^2]'-g^0=\zeta^0(\delta_\psi^2,\delta_\xi^2),\ G^1[\delta_1^2,\delta_\psi^2]'-g^1=\zeta^1(\delta_1^2,\delta_\psi^2) \tag{10.7.98}$$

其中 $\zeta=[\zeta^0(\delta_\psi^2,\delta_\xi^2),\zeta^1(\delta_1^2,\delta_\psi^2)]'$。

进行广义矩估计,需附上如下假定:

(g)$(\Gamma^0)',(\Gamma^0),(\Gamma^1)',(\Gamma^1)$ 的最小特征值都显著大于 0,即 $\lambda_{\min}[(\Gamma^i)'(\Gamma^i)]\geqslant\lambda_*>0$ 成立,$i=0,1$。其中 λ_* 由 $\delta_1^2,\delta_\psi^2,\delta_\xi^2$ 决定。

首先,考虑 GMM 等权重估计量①,由式(10.7.17)得到:

$$(\tilde{\delta}_\psi^2,\tilde{\delta}_\xi^2)=\arg\min\{\zeta^0(\delta_\psi^2,\delta_\xi^2)',\zeta^1(\delta_\psi^2,\delta_\xi^2),\delta_\psi^2\in[0,b_1],\delta_\xi^2\in[0,b_2]\} \tag{10.7.99}$$

这里 $b_1\geqslant b_\psi,b_2\geqslant b_\xi$,GMM 估计量的一致性需要参数空间为紧集来保证(Potsher & Prucha,2000)。给定 $\tilde{\delta}_\psi^2,\tilde{\delta}_\xi^2$,采用(10.7.15)的第四个矩条件来估计 $\tilde{\delta}_1^2$,$\tilde{\delta}_1^2=\tilde{\varepsilon}'Q_1\tilde{\varepsilon}/N-\tilde{\delta}_\psi^2T_1=g_4-\tilde{\delta}_\psi^2T_1$,$g_4$ 为 g 的第四个元素。

定理 7.2. 假设(a)~(e)和(g)均满足,且 $\hat{\eta}$ 为 η 的一致估计量,则当 $N\to\infty$ 时,GMM 估计量 $(\tilde{\delta}_1^2,\tilde{\delta}_\psi^2,\tilde{\delta}_\xi^2)\xrightarrow{P}(\delta_1^2,\delta_\psi^2,\delta_\xi^2)$。

此外 GMM 估计的文献中(如 Hansen,1982,Hasen 等(1996)),采用矩条件在真实值处的方差矩阵来构造最优权重矩阵,以得到渐进有效的估计量。进一步构造最优权重矩阵如下:

$$\Xi=var(\sqrt{N}\zeta)=NE(\zeta\zeta')=\begin{pmatrix}A_1&0\\0&A_2\end{pmatrix} \tag{10.7.100}$$

其中 A_1,A_2 为 3×3 的矩阵,$A_i=\begin{pmatrix}tr(S_i)&tr(S_iW^2)&tr(S_iW)\\tr(S_iW^2)&tr(S_iW^4)&tr(S_iW^3)\\tr(S_iW)&tr(S_iW^3)&tr(S_iW^2)\end{pmatrix},i=1,2$。

式中,$S_1=\frac{2}{N(T-1)}\Omega_2^2,S_2=\frac{2}{N}\Omega_1^2,\Omega_1=\delta_\psi^2WW'+\delta_1^2I_N,\Omega_2=\delta_\psi^2WW'+\delta_\xi^2I_N$,记 $\Omega_1^2=(\Omega_1)^2,\Omega_2^2=(\Omega_2)^2$。

---

① 即 GMM 估计权重矩阵为单位矩阵。

Ξ 由 $\delta_1^2,\delta_\psi^2,\delta_\xi^2$ 来决定。采用 $\widetilde{\Xi}$ 来估计 Ξ。其中 $\delta_1^2,\delta_\psi^2,\delta_\xi^2$ 采用等权重 GMM 估计量 $\widetilde{\delta}_1^2,\widetilde{\delta}_\psi^2,\widetilde{\delta}_\xi^2$ 来替代。明显的 $\widetilde{\Xi}$ 是 Ξ 的一致估计量。最优权重 GMM 估计量如下：

$$(\widetilde{\delta}_1^2,\widetilde{\delta}_\psi^2,\widetilde{\delta}_\xi^2)=\arg\min\{\zeta(\delta_1^2,\delta_\psi^2,\delta_\xi^2)'\widetilde{\Xi}^{-1}(\delta_1^2,\delta_\psi^2,\delta_\xi^2),$$
$$\delta_1^2\in[0,b_3],\delta_\psi^2\in[0,b_1],\delta_\xi^2\in[0,b_2] \qquad (10.7.101)$$

这里 $b_1\geqslant b_\psi,b_2\geqslant b_\zeta,b_3\geqslant b_T b_u+b_\zeta$。

定理 7.3. 假设 $\widetilde{\Xi}^{-1}$ 的最小特征值和最大特征值满足，$0<\bar{\lambda}_*\leqslant\lambda_{\min}(\Xi^{-1})\leqslant\bar{\lambda}_{\max}<\infty$，且 $\widetilde{\eta},\widetilde{\Xi}$ 分别为 η,Ξ 的一致估计量，当 $N\to\infty$ 时，GMM 估计量 $(\widetilde{\delta}_1^2,\widetilde{\delta}_\psi^2,\widetilde{\delta}_\xi^2)\xrightarrow{P}(\delta_1^2,\delta_\psi^2,\delta_\xi^2)$。

定理 7.4. 假设(a)～(e)都满足，$\widetilde{\eta}_F$ 为 FLGS 的估计量。其中 $\widetilde{\Omega}_\varepsilon^{-1}$ 为 Ω_ε^{-1} 的一致估计量。则 $(NT)^{1/2}(\widetilde{\eta}_F-\eta)\xrightarrow{D}N(0,Q^{-1})$，其中 $Q=p\lim(NT)^{-1}Z'\Omega_\varepsilon^{-1}Z$。

定理 7.5. 基于误差项方差的一致估计量基础上，FLGS 估计量与 GLS 估计量有相同的渐近分布，而 GLS 估计量为最小方差无偏估计量(BLUE)，可知 FLGS 估计量为渐近有效且正态分布。

明显地，对于误差项方差的估计来说，GMM 估计量比 LS 估计量更为充分地利用了残差信息，将使得随机效应 SEC 模型比 FLGS 模型更为有效。

2. 固定效应 SEC 模型估计方法研究

固定误差分量模型，与随机效应空间误差分量类似，固定效应空间误差分量模型的极大似然估计法无法直接得到 $\delta_\psi^2,\delta_\xi^2$ 的解，需要通过迭代法求解。同样地，固定效应空间误差分量模型极大似然估计同样存在着非线性方差求解的复杂性和不确定性，以及极大的运算困难。此外，由于 T 为有限常数，截距项 u 的估计值不一致，将导致 $\delta_\psi^2,\delta_\xi^2$ 不一致，虽然 $\hat{\beta}$ 仍为一致性估计量，但其有效性将降低。

本节采用 Lee 和 Yu(2010a)的正交转换法对式(10.7.49)进行转换，采用 $Q=F'_{T,T-1}\otimes I_N$ 进行正交转换。记 $y^*=Qy,x^*=Qx,v^*=Qv$，由此，空间误差模型转换为：

$$y^*=X^*\beta+v^* \qquad (10.7.102)$$
$$v^*=(I_{T-1}\otimes W)\psi^*+\zeta^*$$

由于 $Q(\tau_T\otimes u)=(F'_{T,T-1}\tau_T\otimes u)=0$，正交转换已经去除固定效应。此时，$E(v^*,v^{*\prime})=\sigma_\psi^2(I_{T-1}\otimes WW')+\sigma_\xi^2 I_{N(T-1)}$ 为正定矩阵。可见，正交转换方法克服了常规去均值转换方法带来的误差项自相关问题。

对转换后的模型，仍采用极大似然估计法或 GMM-FLGS 方法。

考虑极大似然估计法，转换后的模型对数似然函数为：

$$\ln L=-\frac{N(T-1)}{2}\ln 2\pi-\frac{1}{2}\ln|\Omega_v^*|-\frac{1}{2}v^{*\prime}\Omega_v^{*-1}v^* \qquad (10.7.103)$$

可见上式是随机效应 SEC 模型中，样本量为$(N,T-1)$的特殊形式(不存在随机效应)。因此，可采用随机效应模型的极大似然估计法的迭代法方法，估计量具有一致性、有效性等大样本性质,可直接应用随机效应 SEC 模型的极大似然估计法证明结论。

接下来,推导 $\delta_\psi^2,\delta_\xi^2$ GMM 估计量,并在此基础上构造 FGLS 估计量进行参数估计。

转换后的 FGLS 估计量[①]可以表示为:

$$\hat{\beta}^*=(X^{*\prime}\hat{\Omega}_v^{-1}X^*)^{-1}X^{*\prime}\hat{\Omega}_v^{*-1}y^* \tag{10.7.104}$$

参照随机效应 SEC 模型方法,构造 GMM 估计的矩条件进行误差项方差估计。令 $\bar{v}^*=(I_T\otimes W)v^*$,$Q_0^*=E_{T-1}\otimes I_N$,$Q_1^*=\overline{J_{T-1}}\otimes I_N$,其中,$\overline{J_{T-1}}=J_{T-1}/T-1$,$J_{T-1}$ 为 $T-1\times T-1$ 维全 1 矩阵。$\overline{E_{T-1}}=I_{T-1}-\overline{J_{T-1}}$,可知 Q_0^* Q_1^* 均为对称幂等矩阵。且 $Q_0^*+Q_1^*=I_{N(T-1)}$,$Q_0^*Q_1^*=0$。

构造条件矩估计 $\sigma_u^2,\sigma_v^2,\sigma_\xi^2$,如下:

$$\begin{aligned}
&\frac{E(v'^*Q_0^*v^*)}{N(T-1)}=\delta_\psi^2T_1+\delta_\xi^2\\
&\frac{E(\bar{v}'^*Q_0^*\bar{v}^*)}{N(T-1)}=\delta_\psi^2T_3+\delta_\xi^2T_1\\
&\frac{E(\bar{v}'^*Q_0^*v^*)}{N(T-1)}=\delta_\psi^2T_2\\
&\frac{E(v'^*Q_1^*v^*)}{N}=\delta_\xi^2+\delta_\psi^2T_1\\
&\frac{E(\bar{v}'^*Q_1^*\bar{v}^*)}{N}=\delta_\xi^2T_1+\delta_\psi^2T_3\\
&\frac{E(\bar{v}'^*Q_1^*v^*)}{N}=\delta_\psi^2T_2
\end{aligned} \tag{10.7.105}$$

其中:$T_1=\dfrac{tr(W'W)}{N}=\dfrac{tr(W^2)}{N}$,$T_2=\dfrac{tr(W'W'W)}{N}=\dfrac{tr(W^3)}{N}$,$T_3=\dfrac{tr(W'W'WW)}{N}$。

明显地,式(10.7.104)前 3 个矩条件和后 3 个矩条件可以合并,得到:

$$\begin{aligned}
&\frac{E(v'^*v^*)}{N(T-1)}=\delta_\psi^2T_1+\delta_\xi^2\\
&\frac{E(\bar{v}'^*\bar{v}^*)}{N(T-1)}=\delta_\psi^2T_3+\delta_\xi^2T_1\\
&\frac{E(\bar{v}'^*v^*)}{N(T-1)}=\delta_\psi^2T_2
\end{aligned} \tag{10.7.106}$$

式(10.7.106)为固定效应 SEC 模型的矩条件,可以写成如下形式:

$\Gamma[\delta_\psi^2,\delta_\xi^2]'-\gamma=0$

$$\Gamma=\begin{bmatrix}T_1 & 1\\ T_3 & T_1\\ T_2 & 0\end{bmatrix},\gamma=\left(\frac{E(\varepsilon'Q_0\varepsilon)}{N(T-1)},\frac{E(\bar{\varepsilon}'Q_0\bar{\varepsilon})}{N(T-1)},\frac{E(v'^*v^*)}{N(T-1)},\frac{E(\bar{v}'^*\bar{v}^*)}{N(T-1)},\frac{E(\bar{v}'^*v^*)}{N(T-1)}\right)' \tag{10.7.107}$$

---

① 需要注意的是,式(10.7.104)展开后,与式(10.7.101)表达式一样,区别在于对 $\delta_\psi^2,\delta_\xi^2$ 的估计量。

令 G,g 分别为样本 Γ,γ 的样本估计值，由于 Γ 为常数估计矩阵，因此 $G=\Gamma,g=\left(\frac{E(\varepsilon'Q_0\varepsilon)}{N(T-1)},\frac{E(\bar{\varepsilon}'Q_0\bar{\varepsilon})}{N(T-1)},\frac{E(v'^*v^*)}{N(T-1)},\frac{E(\bar{v}'^*\bar{v}^*)}{N(T-1)},\frac{E(\bar{v}'^*v^*)}{N(T-1)}\right)'$，$\tilde{\varepsilon}$ 中每一个元素为 OLS 估计残差值。

令：

$$G[\delta_\psi^2,\delta_\xi^2]'-g=\zeta(\delta_\psi^2,\delta_\xi^2) \tag{10.7.108}$$

进行广义矩估计，需附上如下假定：

$(\Gamma)',(\Gamma)$ 的最小特征值都显著大于 0，即 $\lambda_{\min}[(\Gamma)'(\Gamma)]\geqslant\lambda_*>0$ 成立，$i=0,1$。其中 λ_* 由 $\delta_\psi^2,\delta_\xi^2$ 决定。

首先，考虑 GMM 等权重估计量，由下式可以得到：

$$(\tilde{\delta}_\psi^2,\tilde{\delta}_\xi^2)=\arg\min\{\zeta(\delta_\psi^2,\delta_\xi^2)'\delta_\psi^2\in[0,b_1],\delta_\xi^2\in[0,b_2]\} \tag{10.7.109}$$

这里 $b_1\geqslant b_\psi,b_2\geqslant b_\xi,b_\psi,b_\xi$ 分别为 $\delta_\psi^2,\delta_\xi^2$ 上界。

定理 7.6. 假设(a)～(e)和(i)均满足，且 $\tilde{\beta}$ 为 β 的一致估计量，则当 $N\to\infty$ 时，GMM 估计量 $(\tilde{\delta}_1^2,\tilde{\delta}_\psi^2,\tilde{\delta}_\xi^2)\xrightarrow{P}(\delta_1^2,\delta_\psi^2,\delta_\xi^2)$。

定理 7.6 的证明可以直接参考随机效应 SEC 模型 GMM-FGLS 估计中的定理得到证明。

为了得到渐近有效的 GMM 估计量。进一步构造最优权重矩阵如下：

$$\Xi=\begin{pmatrix} tr(S) & tr(SW^2) & tr(SW) \\ tr(SW^2) & tr(SW^4) & tr(SW^3) \\ tr(SW) & tr(SW^3) & tr(SW^2) \end{pmatrix} \tag{10.7.110}$$

式中，$S_1=\frac{2}{N(T-1)}(\delta_\psi^2WW'+\delta_1^2I_N)^2$。

Ξ 由 $\delta_\psi^2,\delta_\xi^2$ 来决定。采用 $\tilde{\Xi}$ 来估计 Ξ。其中 $\delta_\psi^2,\delta_\xi^2$ 采用等权重 GMM 估计量 $\tilde{\delta}_\psi^2$，$\tilde{\delta}_\xi^2$ 来替代。明显的 $\tilde{\Xi}$ 是 Ξ 的一致估计量。最优权重 GMM 估计量如下：

$$(\tilde{\delta}_1^2,\tilde{\delta}_\psi^2,\tilde{\delta}_\xi^2)=\arg\min\{\zeta(\delta_1^2,\delta_\psi^2,\delta_\xi^2)'\tilde{\Xi}^{-1}(\delta_\psi^2,\delta_\xi^2),\delta_\psi^2\in[0,b_1],\delta_\xi^2\in[0,b_2] \tag{10.7.111}$$

定理 7.7. 假设 Ξ^{-1} 的最小特征值和最大特征值满足 $0<\bar{\lambda}_*\leqslant\lambda_{\min}(\Xi^{-1})\leqslant\bar{\lambda}_{\max}(\Xi^{-1})<\bar{\lambda}_{**}<\infty$，且 $\tilde{\beta},\tilde{\Xi}$ 分别为 β,Ξ 的一致估计量，当 $N\to\infty$ 时，GMM 估计量 $(\tilde{\delta}_\psi^2,\tilde{\delta}_\xi^2)\xrightarrow{P}(\delta_\psi^2,\delta_\xi^2)$。

定理 7.7 的证明可以直接参考随机效应 SEC 模型 GMM-FGLS 估计中的定理得到证明。

10.7.6 面板数据 SEC 模型的空间 Hausman 检验

10.7.3 及 10.7.4 节研究了面板数据 SEC 模型的估计方法，分别得到了随机效应 SEC 模型和固定效应 SEC 模型的 FGLS 估计量。本章基于 GMM-FGLS 估计量，构造空间 Hausman 检验,判定面板数据 SEC 模型的个体效应。

本节结构安排如下:首先,证明在面板数据 SEC 模型设定下,经典面板数据 Hausman 检验失效,而空间 Hausman 检验是有效的;第二部分通过数理推导,证明关于辅助回归模型相关参数的 Wald 检验与空间 Hausman 检验等价。

1. 空间 Hausman 检验的构造

本研究中,随机效应 SEC 的 GMM-FGLS 估计量记为 $\hat{\beta}_{RS}$,固定效应 SEC 模型 GMM-FGLS 估计量记为 $\hat{\beta}_{FS}$。可以知道,固定效应统计量 $\hat{\beta}_{FS}$ 在 H_0 和 H_1 下仍为一致估计量,但在 H_1 下不再有效。随机效应估计量 $\hat{\beta}_{RS}$ 在 H_0 下虽然一致,但不再是有效估计量。也就是说,面板数据模型中常采用的经典 Hausman 检验,对于面板数据空间误差分量模型的个体效应判断失效。由于估计量 $\hat{\beta}_{RS}$ 和 $\hat{\beta}_{FS}$ 满足 Hausman(1978)的条件,即在 H_0 下,$\hat{\beta}_{RS}$ 为一致并渐近有效的估计量,$\hat{\beta}_{FS}$ 为一致但非有效的估计量。在 H_1 下。$\hat{\beta}_{FS}$ 仍为一致估计量,但 $\hat{\beta}_{RS}$ 不一致。因此,可以借鉴 Hausman(1978)的方法,构造空间 Hausman 检验。

令 $\hat{q}=\hat{\beta}_{FS}-\hat{\beta}_{RS}$,由 Hausman(1978)中的定理可以知道:$m=NT\hat{q}'\hat{V}(\hat{q})^{-1}\hat{q}$ 是在 H_0 下服从中心化的 $\chi^2(K)$分布。K 为自变量的个数。在 H_1 下,$m=NT\hat{q}'\hat{V}(\hat{q})^{-1}\hat{q}$ 服从非中心化的 $\chi^2(K)$分布,非中心化参数为,$\delta^2=\bar{q}'\hat{M}(\hat{q})^{-1}\bar{q}$。其中,$\bar{q}=p\lim(\hat{\beta}_{FS}-\hat{\beta}_{RS})$[①],$\hat{M}(\hat{q})=\hat{V}(\hat{q})/NT$。

2. 空间 Hausman 检验辅助回归

由空间 Hausman 检验的文献综述可知,Hausman(1978)、Arellano(1993)、Baltagi & Liu(2007)等学者认为:由随机效应估计量和固定效应估计量构造的 Hausman 检验可能在有限样本下表现较差,并由此提出各种 Hausman 检验辅助回归方程,试图得到有限样本性质更为优越的 Hausman 检验统计量。本文在上述研究的基础上,针对面板数据 SEC 模型的空间 Hausman 检验,构造辅助回归模型。

(1) 空间 Hausman 检验统计量的等价性数理证明

首先,参考 Hausman & Taylor(1981)的研究思路,证明基于 $\hat{q}_1=\hat{\beta}_G-\hat{\beta}_W$,$\hat{q}_2=\hat{\beta}_G-\hat{\beta}_B$,$\hat{q}_3=\hat{\beta}_W-\hat{\beta}_B$ 的三种 Hausman 检验统计量在数量上相等。其中 β_G、β_W 和 β_G 分别为面板数据 SEC 模型的 GLS 估计量,组内估计量和组间估计量。

为了便于表述,先考虑不含截距项的模型:

$$\begin{aligned} y&=X\beta+\varepsilon \\ \varepsilon&=\tau_T\otimes u+(I_T\otimes W)\psi+\xi \end{aligned} \tag{10.7.112}$$

对应的 GLS 估计量为:

① $\bar{q}$ 为两个估计量差值的概率极限。在 H_1 下,$\hat{\beta}_{FS}$ 仍为一致估计量,而 $\hat{\beta}_{RS}$ 为非一致估计量。$\bar{q}$ 实际上衡量随机效应估计量 $\hat{\beta}_{RS}$ 不一致性的偏离程度。

$$\hat{\beta}_G=(X'\Omega_\varepsilon^{-1}X)^{-1}X'\Omega_\varepsilon^{-1}y \tag{10.7.113}$$

由分解可知，$\Omega_\varepsilon^{-1}=\bar{J}_T\otimes\Omega_1^{-1}+E_T\otimes\Omega_2^{-1}$，则 GLS 估计量为转化为：

$$\begin{aligned}\hat{\beta}_g=&[X'(\bar{J}_T\otimes\Omega_1^{-1})X+X'(E_T\otimes\Omega_2^{-1})X]^{-1}X'(\bar{J}_T\otimes\Omega_1^{-1})y+\\&[X'(\bar{J}_T\otimes\Omega_1^{-1})X+X'(E_T\otimes\Omega_2^{-1})X]^{-1}X'(E_T\otimes\Omega_2^{-1})y\end{aligned} \tag{10.7.114}$$

令 $\hat{\beta}_W$ 为组内估计量，由前述的固定效应空间误差分量模型的估计量，可知：

$$\begin{aligned}\hat{\beta}_W=&(X^{*\prime}\Omega^*X^*)^{-1}X^{*\prime}\Omega^*y^*=\\&[X'Q'(I_{T-1}\otimes\Omega_2^{-1})QX]^{-1}X'Q'(I_{T-1}\otimes\Omega_2^{-1})Qy\end{aligned} \tag{10.7.115}$$

因为 $Q'(I_{T-1}\otimes\Omega_2^{-1})Q=(F_{T,T-1}F'_{T,T-1}]\otimes\Omega_2^{-1}=E_T\otimes\Omega_2^{-1}$，则 $\hat{\beta}_W=(X'(E_T\otimes\Omega_2^{-1})X)^{-1}X'(E_T\otimes\Omega_2^{-1})y$。

可以得到：

$$X'(E_T\otimes\Omega_2^{-1})y=X'(E_T\otimes\Omega_2^{-1})X\hat{\beta}_W \tag{10.7.116}$$

再令 $\hat{\beta}_B$ 为组间估计量，考虑均值模型：

$$\begin{aligned}\bar{y}&=\bar{X}\beta+\bar{\varepsilon}\\\bar{\varepsilon}&=u+W\bar{\psi}+\bar{\xi}\end{aligned} \tag{10.7.117}$$

其中，$\bar{y}$ 是 $\bar{y}_i$ 的向量形式，$\bar{y}_i=\frac{1}{T}\sum\limits_{t=1}^{T}y_{it}$，其他变量定义方法如同。则模型的误差项方差为：

$$\Omega_B=E(\bar{\varepsilon}\,\bar{\varepsilon}')=(\delta_u^2+\delta_\varepsilon^2/T)I_N+(\delta_\varphi^2/T)WW'=T\Omega_1 \tag{10.7.118}$$

式两端同时乘 $\Omega_1^{-1/2}/\sqrt{T}$，再进行 GLS 估计，可以得到组间估计量为：

$$\hat{\beta}_B=\left(\bar{X}'\frac{\Omega_1^{-1/2\prime}}{\sqrt{T}}\frac{\Omega_1^{-1/2}}{\sqrt{T}}\bar{X}\right)^{-1}\bar{X}'\frac{\Omega_1^{-1/2\prime}}{\sqrt{T}}\frac{\Omega_1^{-1/2}}{\sqrt{T}}\bar{y} \tag{10.7.119}$$

明显地：$\bar{y}=(\tau'_T\otimes I_N)y/T$，$\bar{X}=(\tau'_T\otimes I_N)X/T$，则式子(10.7.38)进行转换为：

$$\hat{\beta}_B=\left(\frac{X'(\tau_T\otimes I_N)}{T}\frac{\Omega_1^{-1}}{T}\frac{(\tau'_T\otimes I_N)}{T}X\right)^{-1}X'\frac{(\tau_T\otimes I_N)}{T}\frac{\Omega_1^{-1}}{T}\frac{(\tau'_T\otimes I_N)}{T}y \tag{10.7.120}$$

由式(10.7.120)，可以得到：

$$X'(\bar{J}_T\otimes\Omega_1^{-1})y=X'(\bar{J}_T\otimes\Omega_1^{-1})X\hat{\beta}_B \tag{10.7.121}$$

将式子(10.7.116)和(10.7.121)代入(10.7.114)：

$$\begin{aligned}\hat{\beta}_G=&[X'(\bar{J}_T\otimes\Omega_1^{-1})X+X'(E_T\otimes\Omega_2^{-1})X]^{-1}X'(\bar{J}_T\otimes\Omega_1^{-1})X\hat{\beta}_B+\\&[X'(\bar{J}_T\otimes\Omega_1^{-1})X+X'(E_T\otimes\Omega_2^{-1})X]^{-1}X'(E_T\otimes\Omega_2^{-1})X\hat{\beta}_W\end{aligned} \tag{10.7.122}$$

令 $F_B=[X'(\bar{J}_T\otimes\Omega_1^{-1})X+X'(E_T\otimes\Omega_2^{-1})X]^{-1}X'(\bar{J}_T\otimes\Omega_1^{-1})X$，$F_W=[X'(\bar{J}_T\otimes\Omega_1^{-1})X+X'(E_T\otimes\Omega_2^{-1})X]^{-1}X'(E_T\otimes\Omega_2^{-1})X$。

明显地,$F_B+F_W=I_K$ 式可以简化为:

$$\hat{\beta}_G=F_B\hat{\beta}_B+F_W\hat{\beta}_W \tag{10.7.123}$$

可见,$\hat{\beta}_G$ 是 $\hat{\beta}_B$,$\hat{\beta}_W$ 的加权平均线性组合,注意到 $\hat{\beta}_B$,$\hat{\beta}_W$ 分别是随机效应空间误差分量模型和固定效应空间误差分量模型 FGLS 估计量所对应的 GLS 估计量。

定理 7.8. 假定 $\hat{\beta}_G$、$\hat{\beta}_W$ 和 $\hat{\beta}_B$ 分别为面板数据空间误差分量模型的 GLS 估计量,组间估计量和组内估计量。则基于 $\hat{q}_1=\hat{\beta}_G-\hat{\beta}_W$,$\hat{q}_2=\hat{\beta}_G-\hat{\beta}_B$,$\hat{q}_3=\hat{\beta}_W-\hat{\beta}_B$ 的三种 Hausman 检验统计量在数量上相等。

证明. 令基于 $\hat{q}_1$,$\hat{q}_2$,$\hat{q}_3$ 的 Hausman 检验统计量分别为 H_1,H_2,H_3,由式(10.7.123)可得:

$$\hat{q}_1=\hat{\beta}_G-\hat{\beta}_W=F_B\hat{\beta}_B+F_W\hat{\beta}_W-\hat{\beta}_W=F_B\hat{\beta}_B-(I-F_W)\hat{\beta}_W=-F_B\hat{q}_3$$

因此:

$H_1=\hat{q}_1'V_1^{-1}\hat{q}_1=\hat{q}_3'F_B'(F_BV_3F_B')^{-1}F_B\hat{q}_3$,因为 F_B 为非奇异矩阵。可知:$H_1=\hat{q}_3'V_3\hat{q}_3=H_3$。$H_1=H_2$ 类似可以得到证明。

若考虑到面板数据空间误差分量模型中含有截距项。即式(10.7.85)则由式(10.7.123)可类似得到:

$$\begin{pmatrix}\hat{\beta}_G\\ \hat{\alpha}_G\end{pmatrix}=\Delta\begin{pmatrix}\hat{\beta}_B\\ \hat{\alpha}_B\end{pmatrix}+(I-\Delta)\begin{pmatrix}\hat{\beta}_W\\ 0\end{pmatrix} \tag{10.7.124}$$

其中,$\Delta=[Z'(\bar{J}_T\otimes\Omega_1^{-1})Z+Z'(E_T\otimes\Omega_2^{-1})Z]^{-1}Z'(\bar{J}_T\otimes\Omega_1^{-1})Z$。其中:$Z=(X,\tau_{NT})$。令 $\hat{F}_B$ 为 Δ 的前 $k\times k$ 阶子阵矩($\hat{}_B$ 与 F_B 不相等),$\hat{}_W=I-K$ 的前 $k\times k$ 阶子矩阵。

因为 $I-\Delta=[Z'(\bar{J}_T\otimes\Omega_1^{-1})Z+Z'(E_T\otimes\Omega_2^{-1})Z]^{-1}Z'(E_T\otimes\Omega_2^{-1})Z$,而 $\tau_T'E_T\tau_T=0$。可知,$Z'(E_T\otimes\Omega_2^{-1})Z$ 除前 $k\times k$ 阶子矩阵之外其他元素均为 0,具有 $\begin{pmatrix}A & 0\\ 0 & 0\end{pmatrix}$ 的结构。可见,$I-\Delta=\begin{pmatrix}F_W' & 0\\ 0 & 0\end{pmatrix}$,则 $\Delta=\begin{pmatrix}F_B' & 0\\ 0 & 0\end{pmatrix}$,则可得到 $\hat{\beta}_G=F_B\hat{\beta}_B+F_W\hat{\beta}_W$。

类似于不含截距项的情形,可以得到相同的结论。

(2) 空间 Hausman 检验辅助回归模型

同样首先考虑不含截距项的情形,即模型(10.7.1)。事实上,进行 Hausman 检验的实质,就是检验个体效应项 u 与自变量 X 是否存在相关性。本文直接对此进行设定,即令 $u_i=X_{it}\pi+u_{it}$ 取平均值后可以得到:

$$u_i=\pi_i+\bar{\mu}_i \tag{10.7.125}$$

假设 $\bar{\mu}_i\sim iid(0,\sigma_\mu^2)$。明显地,个体效应项 u 与自变量 X 不存在相关性$\Leftrightarrow\pi=0$。即如果 $\pi=0$,表明 u 与 X 之间不存在相关性,应采用随机效应 SEC 模型估计量。如果 $\pi\neq0$,表明 u 与 X 之间存在相关性,应采用固定效应 SEC 模型估计量。接下来,构造关于 $\pi=0$ 的检验。

将上式写成向量形式：$\bar{X}\pi+\bar{\mu}$，代入模型(10.7.121)中，得到：

$$y=X\beta+(\tau_T\otimes I_N)\bar{X}\pi+(\tau_T\otimes I_N)\mu+(I_T\otimes W)\psi+\xi \tag{10.7.126}$$

不妨令 $\delta_\mu^2=\delta_u^2$，将模型(10.7.95)误差项写为：$\varepsilon=(\tau_T\otimes I_N)\mu+(I_T\otimes W)\psi+\xi$。

而$(\tau_T\otimes I_N)\bar{X}=(\bar{J}_T\otimes I_N)X$，则模型(10.7.95)转化为：

$$y=X\beta+(\bar{J}_T\otimes I_N)X\pi+\varepsilon \tag{10.7.127}$$

令 $P=\bar{J}_T\otimes I_N$，由 GLS 的模型估计理论，可得到：

$$\begin{pmatrix}\hat{\beta}_G\\ \hat{\pi}_G\end{pmatrix}=\begin{bmatrix}X'\Omega_\varepsilon^{-1}X & X'\Omega_\varepsilon^{-1}PX\\ X'P'\Omega_\varepsilon^{-1}X & X'P'\Omega_\varepsilon^{-1}PX\end{bmatrix}^{-1}\begin{bmatrix}X'\Omega_\varepsilon^{-1}y\\ X'P'\Omega_\varepsilon^{-1}y\end{bmatrix} \tag{10.7.128}$$

因为：$\Omega_\varepsilon^{-1}=\bar{J}_T\otimes\Omega_1^{-1}+E_T\otimes\Omega_2^{-1}$。则：

$$\Omega_\varepsilon^{-1}P=(\bar{J}_T\otimes\Omega_1^{-1}+E_T\otimes\Omega_2^{-1})(\bar{J}_T\otimes I_N)=\bar{J}_T\otimes\Omega_1^{-1} \tag{10.7.129}$$

$$P'\Omega_\varepsilon^{-1}P=(\bar{J}_T\otimes I_N)(\bar{J}_T\otimes\Omega_1^{-1})=(\bar{J}_T\otimes\Omega_1^{-1}) \tag{10.7.130}$$

随后，根据分块矩阵的逆矩阵运算法则，可得：

$$\begin{bmatrix}X'\Omega_\varepsilon^{-1}X & X'\Omega_\varepsilon^{-1}PX\\ X'P'\Omega_\varepsilon^{-1}X & X'P'\Omega_\varepsilon^{-1}PX\end{bmatrix}^{-1}=$$

$$\begin{bmatrix}(X'\Omega_\varepsilon^{-1}X-X'\Omega_\varepsilon^{-1}PX)^{-1} & -(X'\Omega_\varepsilon^{-1}X-X'\Omega_\varepsilon^{-1}PX)^{-1}\\ -(X'\Omega_\varepsilon^{-1}X-X'\Omega_\varepsilon^{-1}PX)^{-1} & X'\Omega_\varepsilon^{-1}X-X'\Omega_\varepsilon^{-1}PX+(X'\Omega_\varepsilon^{-1}PX)^{-1}\end{bmatrix} \tag{10.7.131}$$

将(10.7.100)代入(10.7.98)

$$\begin{pmatrix}\hat{\beta}_G\\ \hat{\pi}_G\end{pmatrix}=\begin{bmatrix}(X'(E_T\otimes\Omega_2^{-1})X)^{-1} & -(X'(E_T\otimes\Omega_2^{-1})X)^{-1}\\ -(X'(E_T\otimes\Omega_2^{-1})X)^{-1} & (X'(E_T\otimes\Omega_2^{-1})X)^{-1}+(X'(\bar{J}_T\otimes\Omega_1^{-1})X)^{-1}\end{bmatrix}\times\begin{bmatrix}X'\Omega_\varepsilon^{-1}y\\ X'(\bar{J}_T\otimes\Omega_1^{-1})y\end{bmatrix}$$

将上式分别展开后可以得到：

$$\hat{\beta}_G=(X'(E_T\otimes\Omega_2^{-1})X)^{-1}X'\Omega_\varepsilon^{-1}y-(X'(E_T\otimes\Omega_2^{-1})X)^{-1}X'(\bar{J}_T\otimes\Omega_1^{-1})y \tag{10.7.132}$$

$$\hat{\pi}_G=-(X'(E_T\otimes\Omega_2^{-1})X)^{-1}X'\Omega_\varepsilon^{-1}y+[X'(E_T\otimes\Omega_2^{-1})X)^{-1}]X'(\bar{J}_T\otimes\Omega_1^{-1})y+[X'(\bar{J}_T\otimes\Omega_1^{-1})X)^{-1}]X'(\bar{J}_T\otimes\Omega_1^{-1})y=\hat{\beta}_B-\hat{\beta}_W \tag{10.7.133}$$

且 $var(\hat{\pi}_G)=var(\hat{\beta}_B)+var(\hat{\beta}_W)=[X'(\bar{J}_T\otimes\Omega_1^{-1})X)]^{-1}+[X'(E_T\otimes\Omega_2^{-1})X]^{-1}$。

因此，关于检验 $\hat{\pi}_G=0$ 的 Wald 检（$\hat{q}_3$）与空间 Hausman 检（$\hat{q}_1$）在数量上渐近

等价①。

如 Arellano(1993)所言:构造空间 Hausman 检验辅助回归模型具有以下优点:

第一、辅助回归模型提供了可直接估计的扩展模型,避免了随机效应 SEC 模型和固定效应 SEC 模型估计中,由于误差项方差系数估计量的不稳定而导致空间 Hausman 检验出现较大的偏差。

第二、如果误差项中存在未知的自相关或者异方差,则随机效应估计量和固定效应估计量均为非有效的估计量,违背了 Hausman 检验的前提条件,导致个体效应判断错误的概率增加。而基于辅助回归模型的检验方法对于误差项未知的自相关或异方差稳健。

第三、辅助回归模型更加清晰地体现了 Hausman 检验的实质,即检验自变量与个体效应之间是否存在相关性,而基于面板数据 SEC 模型估计量构造的空间 Hausman 检验未能直观体现这一本质。

第四、考虑到模型可采用工具变量法进行估计,则辅助回归的方法可以扩展到动态面板数据模型中对于个体效应的检验。

拓展阅读

[1] 崔百胜,朱麟. 基于空间面板模型的中国省际居民收入差距分析[J]. 华东经济管理,2014:53—58. DOI:doi:10. 3969/j. issn. 1007—5097. 2014. 11. 011.

[2] 金春雨,王伟强. 产业集聚、知识溢出与工业经济增长——基于空间面板模型的实证研究[J]. 财经论丛,2015,1:3—9.

[3] 蒲勇健,黄骞. 中国地区金融排斥及其收敛性——基于空间面板数据模型的实证研究[J]. 武汉金融,2015,4:16—20.

[4] 王周伟,伏开宝,汪传江,等. 中国省域金融顺周期效应异质性的影响因素研究——基于技术进步与产业调整的空间经济分析视角[J]. 中国软科学,2014:27—41. DOI:doi:10. 3969/j. issn. 1002—9753. 2014. 11. 004.

[5] 王周伟,王衡. 新常态下中国省域潜在经济增长的市场潜能拉动研究——基于空间面板杜宾误差模型的经验分析[J]. 经济问题探索,2015,(8).

[6] 熊湘辉,徐璋勇. 中国新型城镇化进程中的金融支持影响研究[J]. 数量经济技术经济研究,2015,6:73—89.

[7] Allers M. A., Elhorst J. P.. A Simultaneous Equations Modelof Fiscal Policy Interactions[J]. Journal of Regional Science,2011,51(2):271－291.

[8] Anselin L., Le Gallo J., Jayet H.. Spatial Panel Econometrics[C]. In:Matyas L, Sevestre P (eds). The Econometrics of Panel Data, Fundamentals and Recent Developments in Theory and Practice, 3rd ed,2006:901－969.

[9] Baltagi B. H., Bresson G.. Maximum Likelihood Estimation and Lagrange Multiplier Tests for Panel Seemingly Unrelated Regressions With Spatial Lag and Spatial Errors: An Application to Hedonic Housing Prices in Paris[J]. Journal of Urban Economics, 2011, 69(1):24－42.

[10] Baltagi B. H., Pirotte A.. Seemingly Unrelated Regressions With Spatial Error Components

① 类似地,当模型中包含截距项时,可得到同样结论。

[J]. Empirical Economics, 2011, 40(1): 5—49.

[11] Baltagi B. H. , Bresson G. . Maximum Likelihood Estimation and Lagrange Multiplier Tests for Panel Seemingly Unrelated Regressions with Spatial Lag and Spatial Errors: An Application to Hedonic Housing Prices in Paris [J]. Urban Econ ,2011(69):24—42.

[12] Elhorst J. P.. Spatial Econometrics: From Cross — sectional Data to Spatial Panels[M]. Springer Ebooks, 2014.

[13] Elhorst J. P.. Spatial Panel Data Models[C]. In:Fischer MM, Getis A (eds). Handbook of Applied Spatial Analysis . Springer, Berlin, 2010:377—407.

[14] J. Paul Elhorst. Spatial Econometrics From Cross — Sectional Data to Spatial Panels [M] . SpringerBriefs in Regional Science,2014.

[15] Kelejian H. H. , Piras G. . Estimation of Spatial Models with Endogenous Weighting Matrices and an Application to a Demand Model for Cigarettes [C] . Paper presented at the 59th North American meetings of the RSAI. 2012.

[16] Kukenova M. , Monteiro J. . Spatial Dynamic Panel Model and System GMM: A Monte Carlo Investigation[J]. Electronic Journal, 2008.

[17] Lauridsen J. , Sánchez M. M. , Bech M. . Public Pharmaceutical Expenditure: Identification of Spatial Effects[J]. Journal of Geographical Systems, 2010, 12(2): 175—188.

[18] Le Gallo J, Chasco C. . Spatial Analysis of Urban Growth in Spain, 1900—2001[J]. Empirical Economics, 2008, 34(1): 59—80.

[19] Lee L. F. , Yu, J. . Efficient GMM Estimation of Satial Dynamic Panel Data Models with Fixed Effects [J]. Journal of Econometrics,2014,180(2):174—197

[20] López F. A. , Mur J. , Angulo A. . Spatial Model Selection Strategies in a SUR Framework. The Case of Regional Productivity in EU[J]. The Annals of Regional Science, 2014, 53(1): 197—220.

[21] Mur J. , López F. , Herrera M. . Testing for Spatial Effects in Seemingly Unrelated Regressions[J]. Spatial Economic Analysis, 2010, 5(4): 399—440.

[22] Parent Lesage J. P. . A Spatial Dynamic Panel Model with Random Effects Applied to Commuting Time[J]. Transportation on Research Part B Method logical, 2010, 44 (5): 633—645.

[23] Smale M. , Meng E. , Brennan J. P. , et al. Determinants of Spatial Diversity in Modern Wheat: Examples From Australia and China[J]. Agricultural Economics, 2003, 28(1): 13—26.

[24] Wang L. P. . Spatial Dynamic Panel Model for Analyzing the Function of R&D Investment to Economic Growth [J]. Journal of Hefei University of Technology,2010.

[25] Wang X. , Kockelman K. M. . Specification and Estimation of a Spatially and Temporally Autocorrelated Seemingly Unrelated Regression Model: Application To Crash Rates in China [J]. Transportation, 2007, 34(3): 281—300.

[26] Yu N. , Jong M. D. , Storm S. , et al. Spatial Spillover Effects of Transport Infrastructure: Evidence from Chinese Regions[J]. Journal of Transport Geogeaphy, 2013, 28(4):56—66.

[27] Zellner A. , Huang D. S. . Further Properties of Efficient Estimators for Seemingly Unrelated Regression Equations[J]. International Economic Review, 1962, 3(3): 300—313.

[28] Zhou B. B. , Kockelman K. M. . Predicting the Distribution of Households and Employment: A Seemingly Unrelated Regression Model With Two Spatial Processes[J]. Journal of Transport

Geography, 2009, 17(5): 369—376.

参考文献

[1] 陈强. 高级计量经济学及 stata 应用[M],高等教育出版社 2014 年版.
[2] 陈青青,龙志和. 面板数据空间误差分量模型的 GMM 估计及其应用[J]. 数理统计与管理,2013(1).
[3] 邓俊杰. 面板数据的空间 Hausman 检验[D]. 广东. 华南理工大学,2012.
[4] 邓明. 变系数空间面板数据模型及其应用的研究[M]. 厦门大学出版社 2014 年版.
[5] 高铁梅、王金明等. 计量经济分析方法与建模—EViews 应用及实例[M],清华大学出版社 2009 年版.
[6] [美]格林,费建平译. 计量经济分析[M]. 中国人民大学出版社 2007 年版.
[7] 林光平、龙志和. 空间经济计量:理论与实证[M]. 科学出版社 2014 年版.
[8] 龙志和. 面板数据空间误差分量模型估计方法研究[D]. 华南理工大学,2011.
[9] 吴梅. 广东工业产业中知识溢出效应的空间经济计量实证研究[D]. 华南理工大学, 2012.
[10] 于刚. 面板数据模型的参数估计问题研究[D]. 东北师范大学,2011.
[11] Anselin L., Le Gallo J., Jayet H.. Spatial Panel Econometrics[C]. In: Matyas L, Sevestre P (eds). The Econometrics of Panel Data, Fundamentals and Recent Developments in Theory and Practice, 3rd edn. Kluwer, 2008: 901—969.
[12] Anselin L.. Spacial Econometrics: Method and Models[M]. Kluwer Academic,1988.
[13] Arellano M. and S. R. Bond. Dynamic Panel Data Estimation using for GAUSS[J],mimeno
[14] Arnold M.,Wied D.. Improved GMM Estimation of the Special Autoregressive Error Model [J]. Economic Letters,2010,108(1):65—68.
[15] Arrelano M, Bond S.. Some Tests of Speci? cation for Panel Data: Monte Carlo Evidence and an Application to Employment Equations[J]. Rev Econ Stud 1991, 58(2):277—297.
[16] Balestra P., Negassi S.. A Random Coefficient Simultaneous Equation System with an Application to Direct Foreign Investment by French Firms [J]. Empirical Economics, 1992 (17):205—220.
[17] Baltagi B. H., Egger P., Pfaffermayr M.. A Generalized Spatial Panel Data Model with RandomEffects[C]. CESifo Working Paper Series 2012(3930)..
[18] Baltagi B. H., Song S. H., Jung B. C.. Testing for Serial Correlation, Spatial Autocorrelation and Random Effects Using Panel Data[J]. Econometrics, 2007,140(1):5—51.
[19] Baltagi B. H., Song S. H.. Testing Panel Data Models with Spatial Error Correlation[J]. Econometrics, 2003,117(1):123—150.
[20] Baltagi B. H.. Econometric Analysis of Panel Data[M], 3rd edn. Wiley, 2005.
[21] Bernard Fingleton. A Generalized Method of Moments Estimator for a Spatial Model with Moving Average Errors, with Application to Real Estate Prices[J]. Empirical Economics. 2008, (1).
[22] Bouayad-Agha S, Védrine L.. Estimation Strategies for a Spatial Dynamic Panel Using GMM; a New Approach to the Convergence Issue of European Regions[J]. Spat Econ Anal,2010,5 (2):205—227.
[23] Bowden R. J., Turkington D. A.. Instrumental Variables [M]. Cambridge University Press, 1984.
[24] Brady R. R.. Measuring the Diffusion of Housing Prices across Space and Time[J]. ApplyEconometrics,2011, 26(2):213—231.

[25] Breusch T. S., Pagan A. R.. The Lagrange Multiplier Test and Its Applications to Model Specification in Econometrics[J]. The Review of Economic Studies, 1980: 239—253.

[26] Debabrata Das, Harry H., Kelejian, Ingmar R., Prucha. Finite Sample Properties of Estimators of Spatial Autoregressive Models with Autoregressive Disturbances[J]. Papers in Regional Science . 2003 (1) .

[27] Debarsy N., Ertur C., LeSage J. P.. Interpreting Dynamic Space-Time Panel Data Models. StatMethodol, 2012, 9(1—2):158—171.

[28] Driscoll J. C., Kraay A. C.. Consistent Covariance Matrix Estimation with Spatially Dependent Panel Data[J]. Review of Economics and Statistics, 1998,(80):549—560.

[29] Elhorst J. P., Piras G., Arbia G.. Growth and Convergence in a Multi-Regional Model with Space-Time Dynamics[J]. Geoge Anal, 2010,42(3):338—355.

[30] Elhorst J. P.. Serial and Spatial Autocorrelation[J]. Econ Lett, 2008a,100(3):422—424.

[31] Elhorst J. P.. A spatiotemporal Analysis of Aggregate Labour Force Behaviour by Sex and Ageacross the European Union[J]. Geoge Syst, 2008b,10(2):167—190.

[32] Elhorst J. P.. Dynamic Models in Space and Time[J]. Geoge Anal,2001,33(2):119—140.

[33] Elhorst J. P.. Unconditional Maximum Likelihood Estimation of Linear and Log-Linear Dynamicmodels for Spatial Panels[J]. Geoge Anal ,2005, 37(1):62—83.

[34] Elhorst, J. P.. Specification and Estimation of Spatial Panel Data Models [J]. International Regional Science Review, 2003,(26):244—268.

[35] Fiebig D. G.. Seemingly Unrelated Regression: In a Companion to Theoretical Econometrics[J] Blackwell edited by B. H. Baltagi, 2001:101—21.

[36] Harry H., Kelejian, Ingmar, R. Prucha. A Generalized Spatial Two-Stage Least Squares Procedure for Estimating a Spatial Autoregressive Model with Autoregressive Disturbances[J]. The Journal of Real Estate Finance and Economics . 1998, (1).

[37] Hausman, J. A.. An Instrumental Variables Approach to Full Information Estimators for Linear and Certain Nonlinear Econometric Models[J]. Econometrica,1975,(43): 727—738.

[38] Hausman, J. A.. Specification and Estimation of Simultaneous Equation Models[C] . In Handbook of econometrics . Elsevier, 1983:392—448.

[39] Kapoor M., Kelejian H. H., Prucha I. R.. Panel Data Models with Spatially Correlatederror Components[J]. Econom, 2007, 140(1): 97—130.

[40] Kelejian H. H., Prucha I. R.. Estimation of Simultaneous Systems of Spatially Interrelated Cross Sectional Equations[J]. Journal of Econometrics, 2004, 118(1): 27—50.

[41] Kelejian HH. Random Parameters in Simultaneous Equations Framework: Identification and Estimation [J] . Econometrica ,1974,(42):517—527.

[42] Korniotis G. M. Estimating Panel Models with Internal and External Habit Formation[J]. BusEcon Stat, 2010,28(1):145—158.

[43] Lee L. F., Yu J.. Some Recent Developments in Spatial Panel Data Models[J]. Reg SciUrban Econ40, 2010a, (5): 255—271.

[44] Lindstrom M. J., Bates D. M.. Newton-Raphson and EM Algorithms for Linear Mixed-Effects Model for Repeated-Measures Data [J] . Journal of the American Statistical Association, 1988, (83):1014—1022.

[45] Luc Anselin, Nancy Lozano-Gracia. Errors in Variables and Spatial Effects in Hedonic House Price Models of Ambient Air Quality[J]. Empirical Economics. 2008 (1).

[46] Manfred M., Fischer, Claudia Stirb? ck. Pan-European Regional Income Growth and Club-

Convergence[J]. The Annals of Regional Science . 2006, (4).

[47] Montes-Rojas G. V.. Testing for Random Effects and Serial Correlation In SpatialAutoregressive Model[J]. Stat Plan Infer, 2010(140):1013—1020.

[48] Murphy KJ, Hofler RA. Determinants of Geographic Unemployment Rates: A Selectively Pooled-Simultaneous Model[J]. Review of Economics and Statistics, 1984,(66):216—223.

[49] Parent O., LeSage J. P.. A Space-Time ? lter for Panel Data Models Containing Random Effects[J]. Comput Stat Data Anal, 2011(55):475—490.

[50] Robin Dubin, R. Kelley Pace, Thomas G. Thibodeau. Spatial Autoregression Techniques for Real Estate Data[J]. Journal of Real Estate Literature . 1999 ,(1) .

[51] Schubert U.. REMO: An Interregional Labor Market Model of Austria [J] . Environment and Planning, 1982,(A14):1233—1249.

[52] Swamy Pavb. Efficient Inference in a Random Coefficient Regression Model [J] . Econometrica, 1970,(38):311—323.

[53] Swamy Pavb. Linear Models with Random Coefficients[C] . In Zarembka P(ed) . Frontiers in econometrics,1974:143—168.

[54] White, E. N. , G. J. D. Hewings. Space-time Employment Modeling: Some Results Using Seemingly Unrelated Regression Estimators[J]. Journal of Regional Science ,1982,(22): 283—302.

[55] Windmeijer, F.. A finite Sample Correction for the Varianee of Linear Effieient Two StepGMME Stimators[J],Journal ofEeonometries,2005(126):25—59.

[56] Yang Z., Li C., Tse Y. K.. Functional form and Spatial Dependence in Spatial Panels[J]. Econ 2006,91(1):138—145.

[57] Yu J., de Jong R., Lee L. F.. Estimation for Spatial Dynamic Panel Data with ? xed Effects: The Case of Spatial Cointegration[J]. Econometrics, 2012(167):16—37.

[58] Zellner A.. An Efficient Method of Estimating Seemingly Unrelated Regressions and Tests for Aggregation Bias [J]. Journal of American Statistical Association, 1962,(57):348—368.

第11章 空间联立方程模型

11.1 空间联立方程模型概述

11.1.1 空间相关性时的空间联立方程模型

有关 n 个跨地区单位因素的空间联立方程模型的方程系统可以表示为[①]：

$$Y_n = Y_n B + X_n C + \overline{Y}_n \Lambda + U_n, \tag{11.1}$$

其中，$Y_n = (y_{1,n}, \cdots, y_{m,n})$；$x_n = (x_{1,n}, \cdots, x_{k,n})$；$U_n = (u_{1,n}, \cdots, u_{m,n})$；$\overline{Y}_n = (\overline{y}_{1,n}, \cdots, \overline{y}_{m,n})$；$\overline{y}_{j,n} = W_n y_{j,n}, j = 1, \cdots, m$。

式中 $y_{j,n}$ 表示的是在 j 个方程中的 n 个有关因变量的跨地区观察值的向量；$x_{l,n}$ 表示的是在 l 个方程中的 n 个有关外生变量的跨地区观察值的向量；$u_{j,n}$ 表示的是在 j 个方程中的 n 个扰动项向量；W_n 表示的是关于已知常量 $n \times n$ 的加权矩阵，B，C 和 Λ 分别定义为 $m \times m$，$k \times m$ 和 $m \times m$ 的参数矩阵。

在模型中有关外生变量的空间溢出效应通过向量 $\overline{y}_{j,n}, j = 1, \cdots, m$ 来表现。向量 $\overline{y}_{j,n}$ 通常指的是 $y_{j,n}$ 的空间滞后形式。$\overline{y}_{j,n}$ 的第 i 个元素可以由以下公式表示：

$$\overline{y}_{ij,n} = \sum_{r=1}^{n} w_{ir,n} y_{rj,n} \tag{11.2}$$

如果 i 地区元素和 r 地区元素的相关性十分显著，那么我们通常认为加权矩阵是非零矩阵 $w_{ir,n}$。在这些情况下，i 地区元素和 r 地区元素通常被认为是相邻的。通常这样的相邻元素之间，他们在某种程度上——比如地位位置或者技术相关性——是非常的接近的。

我们假设 Λ 不是对角矩阵，所以第 j 个内生变量不仅由这个内生变量的空间滞后决定，同时也由其他内生变量的空间滞后来决定。

11.1.2 空间自相关和空间残差相关的空间联立方程模型

上面我们假设了内生变量的决定因素可以是其本身的空间滞后效应，那么接下来我们同样认为随机扰动项的决定因素也可以是其本身空间滞后效应。特别地，我们将扰动项的空间滞后效应表示为以下空间自回归过程：

---

① 本部分编译整理自：Kelejian，H. H.，Prucha，I. R.. Estimation of Simultaneous Systems of Spatially Interrelated Cross Sectional Equations[J]. Journal of Econometrics，2004(118)：27—50.

$$U_n=\overline{U}_nR+E_n,\tag{11.3}$$

其中,$E_n=(\varepsilon_{1,n},\cdots,\varepsilon_{m,n})$;$R=diag_{j=1}^{m}(\rho_j)$;$\overline{U}_n=(\overline{u}_{1,n},\cdots,\overline{u}_{m,n})$;$\overline{u}_{j,n}=W_nu_{j,n}$,$j=1,\cdots,m$。

这里 $\varepsilon_{j,n}$ 表示的是 $n\times1$ 的新息向量,ρ_j 表示的是第 j 个方程的空间自回归参数。就像前面提到的一些变量的称谓,这里我们同样认为 $\overline{u}_{j,n}$ 代表的是关于 $u_{j,n}$ 的空间滞后矩阵。因为这里我们假设了矩阵 R 是对角矩阵,所以我们可以知道扰动变量矩阵的决定因素只有该扰动变量的滞后项。尽管如此,接下来由于对于新息变量 $\varepsilon_{j,n}$,$j=1,\cdots,m$ 的相关假设,我们可以发现扰动项不仅与各元素空间相关,而且方程之间的扰动项也是空间相关的。

接下来,我们要对式(11.1)和式(11.2)进行重新定义,得以更好地找到分解内生变量所包含的各种效应的方法。首先我们定义:

$$y_n=vec(Y_n),\ \overline{y}_n=vec(\overline{Y}_n),\ x_n=vec(X_n),$$

$$u_n=vec(U_n),\ \overline{u}_n=vec(\overline{U}_n),\ \varepsilon_n=vec(E_n)$$

由前述,我们可以发现 $\overline{y}_n=(I_m\otimes W_n)y_n$。而且,如果 A_1 和 A_2 两者的行数和列数一致,我们认为 $vec(A_1A_2)=(A_2'\otimes I)vec(A_1)$ 成立。那么式(11.1)和式(11.2)可以分别表示为:

$$\begin{aligned}y_n&=B_n^*y_n=C_n^*x_n+u_n,\\u_n&=R_n^*u_n+\varepsilon_n,\end{aligned}\tag{11.4}$$

其中,$B_n^*=[(B'\otimes I_n)+(\Lambda'\otimes W_n)]$,$C_n^*=(C'\otimes I_n)$,$R_n^*=(R\otimes W_n)=diag_{j=1}^{m}(\rho_jW_n)$,$R=diag_{j=1}^{m}(\rho_j)$。

最后,我们对式(11.1)进行排他性的限制(exclusion restrictions)。具体地,将 β_j,γ_j 和 λ_j 分别看作是矩阵 B,C 和 Λ 的第 j 列非零向量;类似地,$Y_{j,n}$,$X_{j,n}$ 和 $\overline{Y}_{j,n}$ 将分别作为内生变量、外生变量和内生变量的滞后变量出现在方程中。因此,我们可以将式(11.1)和式(11.2)表示成下列形式($j=1,\cdots,m$):

$$\begin{aligned}y_{j,n}&=Z_{j,n}\delta_j+u_{j,n},\\u_{j,n}&=\rho_jW_nu_{j,n}+\varepsilon_{j,n}\end{aligned}\tag{11.5}$$

其中,$Z_{j,n}=(Y_{j,n},X_{j,n},\overline{Y}_{j,n})$;$\delta_j=(\beta_j',\gamma_j',\lambda_j')'$。

11.2 空间联立方程模型的假设

接下来,我们将介绍 7 个假设。

假设 1. 空间权重矩阵 W_n 的对角线上的元素都是 0。

假设 2. (a)矩阵 $I_{mn}-B_n^*$ 可逆;(b)矩阵 $I_n-\rho_jW_n$ 可逆,且 $|\rho_j|<1$,$j=1,\cdots,m$。

假设 3. 矩阵 $I_{mn}-B_n^*$ 和 $I_n-\rho_jW_n$ 的每一行和每一列的和均被一致地限定为是绝对值。

假设4. 外生回归变量矩阵 X_n(非随机的)是列满秩的(因为 n 足够大)。另外,矩阵 X_n 每一个元素同样被一致地限定为是绝对值。

下面一个假设定义了更新过程(innovations process)的基本特征。我们将会定义矩阵 $V_n=[v_{1,n},\cdots,v_{m,n}]$ 是关于基本新息的一个 $n\times m$ 的矩阵,同时认为 $v_n=vec(V_n)$。

假设5. 认为新息向量(innovations)ε_n 可以表示为:$\varepsilon_n=\Sigma'_*\otimes I_n)v_n$。

这里我们设定 Σ_* 是一个 $m\times m$ 的可逆矩阵;同时设定随机变量$\{v_{ij,n}:i=1,\cdots,n,j=1,\cdots,m\}$,对每个 n 来说,都是独立的且均值为0、方差为1的分布,每个分布均不取决于 n。进一步,我们认为矩阵 $\Sigma=\Sigma'_*\Sigma$,因此矩阵 Σ 对角线上每一个元素都限定为某一个常数 b,且认为 $b<\infty$。

向量 $\varepsilon_n(i)$ 和向量 $\upsilon_n(i)$ 分别表示的是矩阵 E_n 和矩阵 V_n 的第 i 个行向量。可以观察发现 $E_n=V_n\Sigma_*$,即 $\varepsilon_n(i)=\upsilon_n(i)\Sigma_*$,然后由假设5推导可以得到,所有新息向量$\{\varepsilon_n(i)=1\leqslant i\leqslant n\}$相互独立且服从均值为0、方差协方差矩阵为 Σ 的分布。

因此,可以认为扰动过程(disturbance process)的新息向量在空间上是不相关的。然而,与传统联立方程模型类似,模型允许这种同一截面单位的新息(innovations)在方程之间也是相关的。这一性质可以从 $E\varepsilon_n=0$ 且 $E\varepsilon_n\varepsilon'_n=\Sigma\otimes I_n$ 观察得到。

我们建议的估计方法是工具变量法。设定矩阵 H_n 代表所运用估计方法的一个 $n\times p$ 的工具变量矩阵。正如下面将要讨论的,事实上,矩阵 H_n 将多次作为线性独立列向量组$(X_n,W_nX_n,\cdots,W_n^sX_n)$的一个子集,这里的 $s(s\geqslant 1)$是一个大小有限的整数,通常小于或者等于2。所以接下来的假设是关于工具变量的。

假设6. 工具变量矩阵 H_n(非随机性的)至少包括了线性独立列向量组(X_n,W_nX_n)。矩阵 H_n 的每一个元素都限定为是绝对值。进一步认为矩阵 H_n 有下列特征:

(a)$Q_{HH}=\lim\limits_{n\to\infty} n^{-1}H'_nH_n$ 是有限可逆矩阵;

(b)$Q_{HZ_j}=\lim\limits_{n\to\infty} n^{-1}H'_nE(Z_{j,n})$是有限矩阵且是列满秩矩阵,其中 $j=1,\cdots,m$;

(c)$Q_{HWZ_j}=\lim\limits_{n\to\infty} n^{-1}H'_nW_nE(Z_{j,n})$是有限矩阵且是列满秩矩阵,其中 $j=1,\cdots,m$;

(d)$Q_{HZ_j}-\rho_jQ_{HWZ_j}$ 是列满秩矩阵,其中 $j=1,\cdots,m$;

(e)$\Xi_j=\lim\limits_{n\to\infty} n^{-1}H'_n(I_n-\rho_jW_n)^{-1}(I_n-\rho_jW'_n)^{-1}H_n$ 是有限可逆矩阵,其中 $j=1,\cdots,m$。

接下来的假设是为了确保自回归参数 $\rho_1,\cdots,\rho_m$ 是"显著地特别"(identifiably unique)(参见 Kelejian 和 Prucha(1999)①)。

假设7. 设定 $j=1,\cdots,m$,有:

$$\Gamma_{j,n}=n^{-1}E\left\{\begin{matrix} 2u'_{j,n}\bar{u}_{j,n} & -\bar{u}'_{j,n}\bar{u}_{j,n} & n \\ 2\bar{\bar{u}}'_{j,n}\bar{u}_{j,n} & -\bar{\bar{u}}'_{j,n}\bar{\bar{u}}_{j,n} & tr(W'_nW_n) \\ (u'_{j,n}\bar{\bar{u}}_{j,n}+\bar{u}'_{j,n}\bar{u}_{j,n}) & -\bar{u}'_{j,n}\bar{\bar{u}}_{j,n} & 0 \end{matrix}\right\} \tag{11.6}$$

---

① 本部分编译整理自:Kelejian, H. H., Prucha, I. R.. A Generalized Moments Estimator For the Autoregressive Parameter in a Spatial Model[J]. International Economic Review, 1999(40), 509—533.

其中,$\bar{u}'_{j,n}=W_n u_{j,n}$,$\bar{\bar{u}}_{j,n}=W_n\bar{u}_{j,n}=W_n^2 u_{j,n}$。同时我们设定 $\eta_{j,n}$是矩阵$\Gamma'_{j,n}\Gamma_{j,n}$的最小特征值,然后我们设定 $\eta_{j,n}\geqslant\eta>0$,也就是说最小特征值是大于 0 的。为方便接下来的推导,我们以同样的方式定义 $\bar{\varepsilon}_{j,n}$和 $\bar{\bar{\varepsilon}}_{j,n}$,即 $\bar{\varepsilon}_{j,n}=W_n\varepsilon_{j,n}$,$\bar{\bar{\varepsilon}}_{j,n}=W_n^2\varepsilon_{j,n}$。

11.3 空间联立方程模型的检验

这部分我们将对回归残差中标准检验的基本架构进行分析,并且讨论如何将它们与空间联立方程模型联系起来,同时运用于该模型。对于空间自相关性的 Moran 或者说 Cliff-Ord 统计检验可以表达成①:

$$I=\frac{\sum_{i=1}^{n}\sum_{j=1}^{n}\hat{u}_i\hat{u}_j w_{ij}}{\sum_{i=1}^{n}\hat{u}_i^2}(n/s)=\frac{\hat{u}'W\hat{u}}{\hat{u}'\hat{u}}(n/s) \tag{11.7}$$

这里的 W 指的是$n\times n$ 的加权矩阵,表示为对所观察数据地理单位之间的空间接近或者临近的测量。最简单的形式是 W 表示为由 1(临近)和 0(不临近)组成的矩阵。关于 W 加权矩阵的详细描述可以见 Anselin 和 Kelejian(1997)的文章②。一般地,加权矩阵通常会行标准化使得 W 是非对称性的。在(11.7)中 n 表示的是观察变量的个数,s 是在加权矩阵里面所有元素的和。对于行标准化的 W,s 是和 n 相等的,因此(n/s)会在(11.7)中消失。

由于(11.7)是一个缩放形式,所以事实上可以不考虑有没有对 W 进行行标准化,而直接可以得出以下表达式:

$$c==\frac{\hat{u}'W\hat{u}}{\hat{u}'\hat{u}} \tag{11.8}$$

在标准的回归形式中,c 的分布容易建立:Cliff 和 Ord(1972)提出,在空间自相关的零假设下,统计量是渐近正态分布的,而且开始的二阶可以进行 z-score 检验③。这种形式的检验被广泛地运用到应用空间计量分析中去。该分布形式主要依赖的是幂等矩阵 W 的形式。对于一般的加权矩阵形式:

$$E(c)=(n/s)\frac{tr(MW)}{(n-k)} \tag{11.9}$$

$$var(c)=(n/s)^2\ \frac{\{tr(MWMW')+tr(MW)^2+[tr(MW)]^2\}}{(n-k)(n-k+2)-[E(c)]^2} \tag{11.10}$$

这里 z-score 检验的形式为:

---

① 本部分编译整理自:Leslie W. Hepple. Testing for Spatial Autocorrelation in Simultaneous Equation Models[J]. Comput., Environ and Urban Systems, 1997(21): 307—315.

② 本部分编译整理自:Anselin L. & Kelejian H. H.. Testing for Spatial Error Autocorrelation in the Presence of Endogenous Regressors[J]. International Regional Science Review, 1997(20): 153—175.

③ 本部分编译整理自:Cliff A. D., & Ord K.. Testing for Spatial Autocorrelation Among Regression Residuals[J]. Geographical Analysis, 1972(4): 267—284.

$$z=\frac{c-E(c)}{var(c)^{1/2}} \tag{11.11}$$

精确的分布可以由下列分布函数来估计：

$$p(c<q)=p\left(\frac{u'MWMu}{u'Mu}<q\right)=p[(u'MWMu-qu'Mu)<0]=$$
$$p[(u'M(W-qI)Mu<0] \tag{11.12}$$

这是在正常变量(normal variables)中的二次形式，$M(W-qI)M$ 是核心，分布可以由 MWM 的特征值和特征函数的数值积分来估计得到。

11.4 空间联立方程模型的估计

本节我们介绍有限信息和全要素信息的工具变量，估计上述介绍的空间联立方程模型的参数，最终得到这些变量的有限分布①。

11.4.1 广义空间二阶最小二乘估计

这部分我们将介绍一个可以求解 j 维方程的参数估计的广义空间二阶最小二乘估计方法(GS2SLS)。这一过程是参考了 Kelejian 和 Prucha(1998)对于单一方程的空间自回归模型。我们这里假设的 GS2SLS 模型包括了三个步骤。第一步我们需要用到 H_n 作为工具矩阵并运用最小二乘法(2SLS)去估计方程(11.4)中的模型参数向量 δ_j。基于 2SLS 对于 δ_j 的估计我们可以对于扰动项 $\mu_{j,n}$ 进行求解。第二步是运用以上估计出的扰动项去估计自回归参数 ρ_j，这里要用到的 Kelejian 和 Prucha(1999)里面用到的广义矩估计方法。最后一步便是将求解出的 ρ_j 去解释扰动项 $\mu_{j,n}$ 的空间自回归性，这里需要用到 Cochran-Orcutt-type 转换。GS2SLS 估计的 δ_j 的结果将由这个转换模型的 2S ρ_j S 估计出来，且将 H_n 作为方法求解的工具矩阵。

(1) 最初的 2SLS 估计

考虑到(11.4)中的方程系统，加上 $\widetilde{Z}_{j,n}=P_H Z_{j,n}$，其中 $P_H=H_n(H_n'H_n)^{-1}H_n'$，这里的 H_n 指的是在假设 6 里面定义的一个矩阵。考虑到 H_n 假设，我们就有 $\widetilde{Z}_{j,n}=(\widetilde{Y}_{j,n},X_{j,n}\overline{\overline{Y}}_{j,n})$，其中 $\widetilde{Y}_{j,n}=P_H Y_{j,n}$，$\overline{\overline{Y}}_{j,n}=P_H\widetilde{Y}_{j,n}$。2SLS 估计的 δ_j 向量由下式得到：

$$\widetilde{\delta}_{j,n}=(\widetilde{Z}'_{j,n}Z_{j,n})^{-1}\widetilde{Z}'_{j,n}y_{j,n} \tag{11.13}$$

2SLS 估计的残差给定为：

$$\overline{\mu}_{j,n}=y_{j,n}-Z_{j,n}\widetilde{\delta}_{j,n} \tag{11.14}$$

---

① 本部分编译整理自：Kelejian H. H. Prucha I. R.. Estimation of Simultaneous Systems of Spatially Interrelated Cross Sectional Equations[J]. Journal of Econometrics, 2004(118): 27—50.

Kelejian H. H., Prucha I. R.. A Generalized Spatial Two-stage Least Squares Procedure for Estimating a Spatial Autoregressive Model with Autoregressive Disturbances[J]. Journal of Real Estate Finance and Economics, 1998(17): 99—121.

(2) 有关空间自回归系数的估计

在这一步里面我们将运用 Kelejian 和 Prucha(1999)里面用到的广义矩估计方法对每一个方程的扰动序列过程进行估计。更好地观察方程式(11.2)中的关系是指出 $\mu_{j,n}-\rho_j\bar{\mu}_{j,n}=\varepsilon_{j,n}$。这里左乘 W_n 将得到 $\bar{\mu}_{j,n}-\rho_j\bar{\bar{\mu}}_{j,n}=\bar{\varepsilon}_{j,n}$。这两种关系意味着($j=1,\cdots,m$):

$$\begin{aligned}
&n^{-1}\varepsilon'_{j,n}\varepsilon_{j,n}=n^{-1}\mu'_{j,n}\mu_{j,n}+\rho_j^2n^{-1}\bar{\mu}'_{j,n}\bar{\mu}_{j,n}-2\rho_jn^{-1}\mu'_{j,n}\bar{\mu}_{j,n},\\
&n^{-1}\bar{\varepsilon}'_{j,n}\bar{\varepsilon}_{j,n}=n^{-1}\bar{\mu}'_{j,n}\bar{\mu}_{j,n}+\rho_j^2n^{-1}\bar{\bar{\mu}}'_{j,n}\bar{\bar{\mu}}_{j,n}-2\rho_jn^{-1}\bar{\bar{\mu}}'_{j,n}\bar{\mu}_{j,n},\\
&n^{-1}\varepsilon'_{j,n}\bar{\varepsilon}_{j,n}=n^{-1}\mu'_{j,n}\bar{\mu}_{j,n}+\rho_j^2n^{-1}\bar{\mu}'_{j,n}\bar{\bar{\mu}}_{j,n}-2\rho_jn^{-1}[\mu'_{j,n}\bar{\bar{\mu}}_{j,n}+\bar{\mu}'_{j,n}\bar{\mu}_{j,n}]
\end{aligned}\tag{11.15}$$

考虑到假设 5,$E(n^{-1}\varepsilon'_{j,n}\varepsilon_{j,n})=\sigma_{jj}$,这里 σ_{jj} 是矩阵 Σ 的 j 维对角元素。注意到 $\bar{\varepsilon}_{j,n}=W_n\varepsilon_{j,n}$,它是由假设(1)和(5)中的 $E(n^{-1}\varepsilon'_{j,n}\varepsilon_{j,n})=\sigma_{jj}n^{-1}tr(W'_nW_n)$ 和 $E(n^{-1}\varepsilon'_{j,n}\varepsilon_{j,n})=\sigma_{jj}n^{-1}tr(W_n)=0$ 得到。这里的 $\alpha_j=(\rho_j,\rho_j^2,\sigma_{jj})'$,$\gamma_{j,n}=n^{-1}[E(\mu'_{j,n}\mu_{j,n})E(\bar{\mu}'_{j,n},\bar{\mu}_{j,n}),E(\mu'_{j,n},\bar{\mu}_{j,n})]'$。

我们可以期望上述方程可以表述为下列方程:

$$\gamma_{j,n}=\Gamma_{j,n}\alpha_j\quad(j=1,\cdots,m)\tag{11.16}$$

很明显,如果 $\Gamma_{j,n}$ 和 $\gamma_{j,n}$ 已知,而 ρ_j 和 σ_{jj}=由 $\alpha_j\Gamma_{j,n}^{-1}\gamma_{j,n}$ 来决定。我们运用 Kelejian 和 Prucha(1999)定义的有关 $\Gamma_{j,n}$ 和 $\gamma_{j,n}$ 两个变量的方程:

$$G_{j,n}=\begin{bmatrix}
2\tilde{\mu}'_{j,n}\tilde{\tilde{\mu}}_{j,n} & -\tilde{\tilde{\mu}}'_{j,n}\tilde{\tilde{\mu}}_{j,n} & n\\
2\,\tilde{\tilde{\tilde{\mu}}}'_{j,n}\tilde{\tilde{\mu}}_{j,n} & -\tilde{\tilde{\tilde{\mu}}}'_{j,n}\tilde{\tilde{\tilde{\mu}}}_{j,n} & tr(W'_nW_n\\
(\bar{\mu}'_{j,n}\tilde{\tilde{\tilde{\mu}}}_{j,n}\tilde{\tilde{\mu}}_{j,n}\tilde{\tilde{\mu}}_{j,n}) & -\tilde{\tilde{\mu}}'_{j,n}\tilde{\tilde{\tilde{\mu}}}_{j,n} & 0
\end{bmatrix}\tag{11.17}$$

$$g_{j,n}=n^{-1}[\bar{\mu}'_{j,n}\bar{\mu}_{j,n},\tilde{\tilde{\mu}}'_{j,n}\tilde{\tilde{\mu}}_{j,n},\bar{\mu}'_{j,n}\tilde{\tilde{\mu}}_{j,n}]'\tag{11.18}$$

这里我们认为 $\tilde{\tilde{\mu}}_{j,n}=W_n\bar{\mu}_{j,n}$,$\tilde{\tilde{\tilde{\mu}}}_{j,n}=W_n\tilde{\tilde{\mu}}_{j,n}=W_n^2\bar{\mu}_{j,n}$,因此有:

$$g_{j,n}=G_{j,n}\alpha_j+\zeta_{j,n},\tag{11.19}$$

其中 $\zeta_{j,n}$ 认为是回归残差的一个向量。(ρ_j,σ_{jj}) 的广义矩估计量是 $(\tilde{\rho}_j,\tilde{\sigma}_{jj})$,是基于方程(11.19)的非线性最小二乘估计量来定义得到的。

$$(\tilde{\rho}_j,\tilde{\sigma}_{jj})=\underset{\rho_j\in[-a,a],\sigma_{jj}\in[0,b]}{\arg\min}[g_{j,n}-G_{j,n}\sigma_j]'[g_{j,n}-G_{j,n}\sigma_j],\tag{11.20}$$

这里的 $a>1$ 是先定常量。

(3) 广义空间 2SLS 估计

认为 μ 是标量,定义 $y^*_{j,n}(\mu)=y_{j,n}-\mu W_ny_{j,n}$,且 $Z^*_{j,n}(\mu)=Z_{j,n}-\mu W_nZ_{j,n}$,运用 Cochran-Orcutt-type 转换得到:($j=1,\cdots,m$)

$$y^*_{j,n}(\rho_j)=Z^*_{j,n}(\rho_j)\delta_j+\varepsilon_{j,n},\tag{11.21}$$

这里假设 ρ_j 是已知的。广义二阶最小二乘法(GS2SLS)估计量 δ_j,定义为 $\hat{\delta}_{j,n}$,是基于式(11.21)的 2SLS 估计量,例如:

$$\hat{\delta}_{j,n}=[\hat{Z}^*_{j,n}(\rho_j)'\hat{Z}_{j,n}(\rho_j)]^{-1}\hat{Z}^*_{j,n}(\rho_j)'y^*_{j,n}(\rho_j),\tag{11.22}$$

这里有 $\hat{Z}_{j,n}(\rho_j)=P_H Z^*_{j,n}(\rho_j)$，且 $P_H=H_n(H'_nH_n)^{-1}H'_n$。我们将有效性的广义空间二阶最小二乘估计变量(FGS2SLS) δ_j 定义为 $\hat{\delta}^F_{j,n}$，且广义矩估计量 $\bar{\rho}_{j,n}$ 代替其中的数值。

$$\hat{\delta}^F_{j,n}=[\hat{Z}^*_{j,n}(\bar{\rho}_{j,n})'Z^*_{j,n}(\bar{\rho}_{j,n})]^{-1}\hat{Z}^*_{j,n}(\bar{\rho}_{j,n})'y^*_{j,n}(\bar{\rho}_{j,n})。\tag{11.23}$$

11.4.2 广义空间三阶最小二乘估计

广义空间三阶最小二乘估计(GS3SLS)是在广义空间二阶最小二乘估计(GS2SLS)的基础上进行的，所以之前关于广义空间二阶最小二乘估计(GS2SLS)的讨论在这里继续成立。

GS2SLS 估计量考虑了潜在的空间相关性，但是运用的是有限制的信息，并没有考虑方程之间的潜在相关性，需要对新息向量 ε_j 进行分析。为了利用所有的系统信息，将(11.21)式表述为下列形式：

$$y^*_n(\rho_j)=Z^*_n(\rho)\delta+\varepsilon_n,\tag{11.24}$$

这里有 $y^*_n(p)=(y^*_{1,n}(p_1)',\cdots,y^*_{m,n}(p_m)')'$，$Z^*_n(\rho)=diag^m_{j=1}(Z^*_{j,n}(\rho_j))$，且 $\rho=(\rho_1,\cdots,\rho_m)'$，$\delta=(\delta'_1,\cdots,\delta'_m)'$。回忆 $E\varepsilon_n=0$ 和 $E\varepsilon_n\varepsilon'_=\Sigma\otimes I_n$。如果 ρ 和 Σ 是已知的，有关 δ 的一个自然地系统工具变量将表示为：

$$\check{\delta}_n=[\hat{Z}_n(p)'(\Sigma^{-1}\otimes I_n)Z^*_n(\#)]^{-1}\hat{Z}^*_n(\rho)'(\Sigma^{-1}\otimes I_n)y^*_n(\rho)\tag{11.25}$$

这里 $\hat{Z}^*_n(\rho)=diag^m_{j=1}(\hat{Z}^*_{j,n}(\rho_j))$，$\hat{Z}^*_{j,n}(\rho_j)=P_HZ^*_{j,n}(\rho_j)$。为了与之前的有限信息的估计量对应，我们在这里将上述估计量称为广义空间三阶最小二乘(GS3SLS)估计量。

拓展阅读

[1] 陈得文，苗建军. 空间集聚与区域经济增长内生性研究——基于 1995～2008 年中国省域面板数据分析[J]. 数量经济技术经济研究，2010(9)：82—93.

[2] 柯善咨，姚德龙. 工业集聚与城市劳动生产率的因果关系和决定因素——中国城市的空间计量经济联立方程分析[J]. 数量经济技术经济研究，2008(12)：3—14.

[3] 李胜兰，初善冰，申晨. 地方政府竞争、环境规制与区域生态效率[J]. 世界经济，2014(4)：88—110.

[4] 李炫榆，宋海清，李碧珍. 集聚与二氧化碳排放的空间交互作用——基于空间联立方程的实证研究[J]. 山西财经大学学报，2015(5)：1—13.

[5] 汪冲. 寡头型国有土地供应、土地信贷融资与财政调整——基于城市面板数据的联立方程空间计量研究[J]. 上海财经大学学报，2011(4)：75—81.

[6] Baltagi, Badi H. & Deng, Ying. EC3SLS Estimator for a Simultaneous System of Spatial Autoregressive Equations with Random Effects [J]. Econometric Reviews. 2015 (34): 658—693.

[7] Gebremeskel H. Gebremariam, Tesfa G. Gebremedhin & Peter V. Schaeffer. Analysis of County Employment and Income Growth in Appalachia: a Spatial Simultaneous-equations Approach [J]. Empirical Economics. 2010(38): 23—45.

[8] P. Wilner Jeanty, Mark Partridge, Elena Irwin. Estimation of a Spatial Simultaneous Equation

Model of Population Migration and Housing Price Dynamics [J]. Regional Science and Urban Economics. 2010(40): 343—352.

参考文献

[1] Anselin, L., Kelejian, H. H.. Testing for Spatial Error Autocorrelation in the Presence of Endogenous Regressors [J]. International Regional Science Review, 1997(20): 153—175.

[2] Cliff, A. D., Ord, 1. K.. Testing for Spatial Autocorrelation among Regression Residuals [J]. Geographical Analysis, 1972(4), 267—284.

[3] Kelejian, H. H., Prucha, I. R. A Generalized Moments Estimator for the Autoregressive Parameter in a Spatial Model [J]. International Economic Review, 1999(40), 509—533.

[4] Kelejian, H. H., Prucha, I. R. A Generalized Spatial Two-stage Least Squares Procedure for Estimating a Spatial Autoregressive Model with Autoregressive Disturbances [J]. Journal of Real Estate Finance and Economics, 1998(17): 99—121.

[5] Kelejian, H. H., Prucha, I. R.. Estimation of Simultaneous Systems of Spatially Interrelated Cross Sectional Equations [J]. Journal of Econometrics. 2004(118): 27—50.

[6] Leslie W. Hepple.. Testing for Spatial Autocorrelation in Simultaneous Equation Models [J]. Comput., Environ. and Urban Systems. 1997(21): 307—315.

第 12 章 空间向量自回归模型

12.1 空间向量自回归模型概述

传统经济计量方法是以经济理论为基础来描述变量之间关系的模型。但是，经济理论通常并不足以对变量之间的动态关系提供一个严密的说明，而且内生变量既可以出现在方程的左侧又可以出现在方程的右侧，使得估计和推断变得更加复杂。向量自回归模型却能很好地解决这一问题，向量自回归是基于数据和统计性质建立模型①。

空间计量经济学是基于空间经济理论和地理空间数据，以建立、检验以及运用经济模型为核心，综合运用数学、统计学方法与计算机技术对经济活动的空间自相关和空间不均匀性进行定量分析，研究空间经济活动的一门经济学学科②。空间向量自回归(SpVAR)模型，引入了空间和时间滞后两个维度，研究变量之间空间的相互关系。与传统的向量自回归(VAR)模型和结构向量自回归(SAVR)模型有很大的区别③。

向量自回归模型常用于预测相互联系的时间序列系统及分析随机扰动对变量系统的动态冲击，从而解释各种经济冲击对经济变量形成的影响④。空间向量自回归在向量自回归的基础上引入空间加权矩阵 W，在预测相互联系的时间序列系统及分析随机扰动对变量系统的动态冲击时，更加全面和准确。

12.2 空间向量自回归模型设定

12.2.1 向量自回归模型

VAR 模型的数学表达式为：

$$y_t = \delta + \sum_{i=1}^{p} B_i y_{t-i} + \eta_t,\ t = 1,2,\cdots,T \tag{12.1}$$

---

① 高铁梅. 计量经济分析方法与建模——EViews 应用及实例(第二版)[M]. 清华大学出版社 2009 年版。

② 沈体雁，冯等田，孙铁山. 空间计量经济学[M]. 北京大学出版社 2010 年版。

③ Beenstock 和 Felsenstein(2007)认为 SpVAR 与向量自回归不同的是引入了空间动态的概念，空间向量自回归包含两种空间动态，一种是同期空间滞后(Contemporaneous Spatial Lags)，一种是滞后空间滞后(Lagged Spatial Lags)；与结构向量自回归的不同是引入了时间动态的概念。

④ 张延群(2012)认为向量自回归模型(VAR)是时间序列计量经济学的标准分析工具，VAR 模型一般不区分内、外生变量，易于估计，能够很好地拟合数据，具有很好的灵活性和实用性，特别适合描述小变量集合的数据生成过程，因此作为预测或者模型评价的基准模型被广泛应用；沈体雁等(2010)认为 VAR 模型同样可以用来模拟区域经济活动的时间序列。

式中：y_t 是 k 维内生变量列向量，p 是滞后阶数，T 是样本个数。B_i 是 $k\times k$ 维待估计系数矩阵。η_t 是 k 维扰动列向量，它们之间可以同期相关，但不与自己的滞后期相关且不与等式右边的变量相关。$\eta_t \sim$ i. i. d$(0,\Sigma)$，其中 Σ 为 k 维向量 η_t 的方差协方差矩阵，是一个 $k\times k$ 的正定矩阵。

12.2.2 结构向量自回归(SVAR)模型

因为 VAR 模型并没有给出变量之间当期相关关系的确切形式，即在模型的右端不含内生变量的当期值，而这些当期相关关系隐藏在误差项的相关结构之中，是无法解释的，为了解决这一问题就引入了结构 VAR 模型，即在模型中引入变量之间的当期关系。

SAVR 模型的数学表达式为①：

$$C_0 y_t = \alpha + \sum_{i=1}^{p} C_i y_{t-i} + \varepsilon_i \tag{12.2}$$

12.2.3 空间向量自回归模型

在结构向量自回归(SAVR)模型的基础上，引入空间和时间滞后两个维度，就演变成空间向量自回归(SpVAR)模型(Beenstock 和 Felsenstein，2007)。

SpVAR 模型的数学表达式为②：

$$Y_{knt} = \mu_{kn} + \sum_{i=1}^{K} (\alpha_{ki} Y_{int} + \beta_{kj} Y_{int-1} + \lambda_{ki} Y^{*}_{int-1}) + \varepsilon_{knt} \tag{12.3}$$

式中：空间影响因素用 n 表示，即 $n=1,2,\cdots,N$；时间序列用 t 表示，即 $t=1,2,\cdots,T$；内生变量用 Y_k 表示，其中 $k=1,2,\cdots,K$；滞后阶数用 j 表示，即 $j=1,2,\cdots,p$。μ_{kn}、α_{ki}、β_{kj}、λ_{ki} 表示要估计的系数，$Y^{*}_{int-1}=wY_{int-1}$ 表示空间滞后效应。

我们也可以用 $k\times k$ 矩阵 A、B、A 来取代 α_{ki}、β_{kj}、λ_{ki}，将(12.3)式写成矩阵形式，还可以将式(12.3)做简单变换，表示为：

$$Y_t = \mu + A^{*} Y_t + B^{*} Y_{t-1} + \Lambda^{*} Y^{*}_{t-1} + \varepsilon_t \tag{12.4}$$

式中，Y、μ 是 $NK\times 1$ 的列向量，$A^{*}=I_N \otimes A$，$B^{*}=I_N \otimes B$ 和 $\Lambda^{*}=I_N \otimes A$ 都是的分块 $NK\times NK$ 矩阵。

$$Y_t = \Pi_0 + \Pi_1 Y_{t-1} = \Pi_2 Y^{*}_{t-1} + \upsilon_t \tag{12.5}$$

设 $M=(I_{NK}-A^{*})^{-1}$；则 $\Pi_0=M\mu$；$\Pi_1=MB^{*}$；$\Pi_2=M\Lambda^{*}$；$\upsilon=M\varepsilon$。

在(12.5)式中，如果 Π_1 统计显著，说明存在时间动态；如果 Π_2 统计显著，说明存在时间-空间动态。

12.3 空间向量自回归模型的估计

空间 VAR 模型将所有的变量都认定为内生的，解释变量除了自身的滞后期，还

① 高铁梅．计量经济分析方法与建模——EViews 应用及实例(第二版)[M]．清华大学出版社 2009 年版。

② 本文所采用的 SpVAR 模型是基于 Michael Beenstock 和 Daniel Felsenstein(2007)模型，具体可以参见二者合作的"Spatial Vector Autoregressions"，但与其论文中的略有不同。在郭国强(2013)的论文中，空间 VAR 的模型表达式为：$\alpha Y_{it}=\beta Y_{it-1}+\lambda Y^{*}_{it-1}+\mu_i+\varepsilon_{it}$。

包括空间加权矩阵表示的空间因素项，在估计这类模型时所要解决的最主要问题是内生性问题①。

12.3.1 广义矩估计

为了更好地解决内生性问题，本节选择广义矩估计的方法。广义矩估计方法先是对估计方程进行一阶差分以去掉固定效应的影响，然后用一组滞后的解释变量作为差分方程中相应变量的工具变量，从而获得一致性估计。对于上面的空间向量自回归模型，我们可以采用类似于结构向量自回归模型的广义矩估计方法，其基本思路是：

由(12.4)式可以知道，空间向量自回归模型中 A 有 $K(K-1)$ 个未知的结构参数，B、Λ 有 K^2 个未知的结构参数，故模型共有参数 $K(3K-1)+K=3K^2$ 个。由(12.5)式可知，模型共有参数 $2K^2$ 个，所以我们要对模型施加 $K(K-1)/2$ 个约束。

对(12.5)式进行一阶差分可得：

$$\Delta Y_t = Y_t - Y_{t-1} = \Pi_1(Y_{t-1}-Y_{t-2}) + \Pi_2(Y_{t-1}^*-Y_{t-2}^*) + \upsilon_t - \upsilon_{t-1} = \Pi_1\Delta Y_{t-1} + \Pi_2\Delta Y_{t-1}^* + \Delta\upsilon_t \tag{12.6}$$

因为，$Y_t = \begin{bmatrix} Y_t^1 \\ \vdots \\ Y_t^K \end{bmatrix}_{NK\times 1}$，$Y_t^* = \begin{bmatrix} Y_t^{1*} \\ \vdots \\ Y_t^{K*} \end{bmatrix}_{NK\times 1}$，所以，$\Delta Y_1 = \begin{bmatrix} \Delta Y_t^1 \\ \vdots \\ \Delta Y_t^K \end{bmatrix}_{NK\times 1}$，$\Delta Y_t^* = \begin{bmatrix} \Delta Y_t^{1*} \\ \vdots \\ Y_t^{K*} \end{bmatrix}_{NK\times 1}$。

对(12.6)式进行转置可得：

$$(\Delta Y_t)' = (Y_t - Y_{t-1})' = (\Delta Y_{t-1})'\Pi_1' + (\Delta Y_{t-1}^*)'\Pi_2' + (\Delta\upsilon_t)' = [(\Delta Y_{t-1})', (\Delta Y_{t-1}^*)']\begin{bmatrix} \Pi_1' \\ \Pi_2' \end{bmatrix} + (\Delta\upsilon_t)' \tag{12.7}$$

由(12.7)式可知，当我们选择工具变量的时候，可以选择：

$\begin{bmatrix} Y_{t-2}, Y_{t-3}, \cdots, Y_1 \\ Y_{t-2}^*, Y_{t-3}^*, \cdots, Y_1^* \end{bmatrix}$作为$\begin{bmatrix} (Y_{t-1}-Y_{t-2}) \\ (Y_{t-1}^*-Y_{t-2}^*) \end{bmatrix}$的工具变量；

$\begin{bmatrix} (Y_{t-2}-Y_{t-3}), (Y_{t-3}-Y_{t-4}), \cdots, (Y_2-Y_1) \\ (Y_{t-2}^*-Y_{t-3}^*), (Y_{t-3}^*-Y_{t-4}^*), \cdots, (Y_2^*-Y_1^*) \end{bmatrix}$作为$\begin{bmatrix} Y_{t-1} \\ Y_{t-1}^* \end{bmatrix}$的工具变量。

在实际运用空间向量自回归模型时，可以选用差分或水平或系统进行估计。

12.3.2 脉冲响应分析

在面板 VAR 模型中，当假定不同横截面 i 中的扰动项 ε_{it} 之间没有相关性，在做脉冲响应时，冲击源全部来自于不同的内生解释变量，并且其相应结果对所有的横截面都是一样的，即每个横截面内的不同变量对冲击的反应都是一样的；但在面板空间 VAR 模型中，当假定不同横截面 i 中的扰动项 ε_{it} 之间没有相关性，不同截面之间也会

---

① 郭国强. 空间计量模型的理论和应用研究[D]. 华中科技大学，2013。

通过空间加权矩阵 W 而将波动传递到相邻的横截面单元，继而再扩散到更远的地区。另外，VAR 模型中的波动来源是所有的内生变量，但空间面板 VAR 模型中的波动来源不仅仅是所有的内生变量，而且这些波动发生在不同的横截面也会导致波动影响的过程和结果发生变化，因为冲击会通过加权矩阵发生横截面之间的相互传递和扩散，同时由于每个横截面空间分布上的差异，所以最终导致不同横截面发生冲击的时候，通过空间加权矩阵扩散的过程和最终效果也各不相同。

拓展阅读

[1] Arturas Juodis. Cointegration Testing in Panel VAR Models Under Partial Identification and Spatial Dependence, UvA-Econometrics Working Papers, Universiteit van Amsterdam, Dept. of Econometrics, 2013: 13—08.

[2] Arturas Juodis. Cointegration Testing in Panel VAR Models Under Partial Identification and Spatial Dependence. UvA-Econometrics Working Papers, Universiteit van Amsterdam, Dept. of Econometrics, 2014: 14—08

[3] Eugen Ursu, Pierre Duchesne. Estimation and model adequacy checkingfor multivariate seasonal autoregressivetime series models with periodicallyvarying parameters, StatisticaNeerlandica, 2009, 63(2): 183—212.

[4] Gary L. Shoesmith. Space-Time Autoregressive Models and Forecasting National, Regional and State Crime Rates, International Journal of Forecasting, 2013, 29(1): 1—28.

参考文献

[1] 郭国强. 空间计量模型的理论和应用研究[D]. 华中科技大学，2013。

[2] 饶华春. 中国金融发展与企业融资约束的缓解——基于系统广义矩估计的动态面板数据分析[J]. 金融研究，2009(9)：156—163.

[3] 张延群. 向量自回归(VAR)模型中的识别问题——分析框架和文献综述[J]. 数理统计与管理，2012(5)：805—812.

[4] Michael Beenstock, Daniel Felsenstein. Spatial Vector Autoregressions [J]. Spatial Economic Analysis, 2007, 2(2): 167—196.

[5] MutlJan. Panel VAR Models with Spatial Dependence [J]. Institute of Advanced Studies, Monteiro Jose Antonio, PollutionHavens: A Spatial Panel VAR Approach, 2009.

[6] Maddala G. S. , Kim I. M. . Unit Roots, Cointegration and Structural Change [M]. Cambridge University Press, 1999.

[7] Valter Di Giacinto. On Vector Autoregressive Modeling in Space and Time [J]. Journal of Geographical Systems[J], 2010, 12(2): 125—154.

第13章 空间误差修正模型

13.1 空间误差修正模型概述

Engle和Granger(1987)[①]指出,协整和误差修正是一个镜子的两面,误差修正模型就是刻画了长期相关的协整向量的动态变化过程。于是,空间误差修正模型(SpECM)可定义为长期相关的空间协整向量的动态变化过程。传统的误差修正模型(ECM)仅仅包含了时间序列的动态变化,而空间误差修正模型同时包含了空间上和时间序列上的动态变化。因此,空间误差修正模型是误差修正模型的推广,它扩充了传统误差修正模型空间单元是相互独立的假定。

众所周知,经济面板数据是典型的非平稳数据(因其均值或者方差随着时间的变化而变化),但是,空间经济学者往往倾向于不考虑经济面板数据的不平稳性或者不能适当地处理其不平稳性。虽然有些学者考虑了经济面板数据的不平稳和误差修正问题,却没有考虑空间经济学问题,例如假定经济面板数据单元不存在空间相关性。所以,研究空间面板协整(SPC)和空间误差修正是十分有必要的。

空间误差修正模型(SpECM)包括三种不同的协整和三种不同的误差修正[②]。关于协整的分类,可分为局域面板协整、空间面板协整和全域面板协整。如果变量间的协整关系发生在空间单元内,而不是空间单元间,即空间单元间是相互独立的,称为局域面板协整,即通常意义下的面板协整;如果变量间的协整关系发生在空间单元间,而不是空间单元内,此时,变量间的长期趋势受到空间单元间相互影响而决定,而和空间单元内的变化发展无关,称为空间面板协整;如果变量间的协整关系同时发生在空间单元内和空间单元间,则称为全域面板协整。同样地,误差修正分为局域误差修正、空间误差修正和全域误差修正。当误差修正存在于空间单元之内而不是空间单元之间时,称之为局域误差修正,即通常意义上的误差修正;当误差修正存在于空间单元之间而不是空间单元之内时,称之为空间误差修正;当误差修正同时存在于空间单元之内和之间时,称之为全域误差修正。

---

① Engle R., Granger C. W. J.. Co-integration and Error Correction: Representation, Estimation and Testing[J]. Econometrica, 1987, 55(2): 251—276.

② Beenstock & Felsenstein. Spatial Error Correction and Cointegration in Nonstationary Panel Data: Regional House Prices in Israel. Journal of Geographical Systems, 2010, 12: 189—206.

13.2 空间误差修正模型的设定

我们用 Y_{it} 和 X_{ikt} 分别表示空间面板数据的被解释变量和解释变量,其中 $i=1,2,\cdots,N$ 表示 N 个空间单元(个体),$t=1,2,\cdots,T$ 表示已知的 T 个时间点,$k=1,2,\cdots,K$ 表示模型中的 K 个解释变量。假设 Y 和 X 是不平稳的,而且包含空间面板单位根,因此 $Y\sim I(d)$,$X\sim I(d)$,$d\geqslant 1$。Phillips 和 Moon(1999)①指出如果数据是不平稳的,那么面板数据模型中可能会出现伪回归。正如 kao(1999)②和 Pedroni(1999)③所提出的,如果模型中的残差是平稳的,那么模型的参数估计就不是虚假(伪)的。

我们考虑包含固定效应的齐次面板模型,其中 $K=1$:

$$Y_{it}=\alpha_i+\beta X_{it}+\theta Y_{it}^*+\delta X_{it}^*+u_{it} \tag{13.1}$$

带星号的变量表示空间滞后项,有如下定义:

$$Y_{it}^* = \sum_{j\neq 1}^{N} w_{ij} Y_{jt},\ X_{it}^* = \sum_{j\neq 1}^{N} w_{ij} X_{jt}$$

其中,w_{ij} 是行单位化的空间权重即 $\sum_i w_{ij}=1$。在模型(13.1)中,u_{it} 表示残差,α_i 表示空间固定效应。空间依赖性可能在 u 中出现,然而由于模型(13.1)中,空间滞后的设定,在 u 中是不可能存在空间依赖性。

在非空间面板中,若 $\theta=\delta=0$,且存在面板协整,则预示着 $d=1$ 时 $u\sim I(0)$。当 $u\sim I(0)$ 时,β 的估计就不是虚假的。在空间面板中,$Y^*\sim I(d)$,$X^*\sim I(d)$ 也就意味着空间滞后变量必须与它们的原始数据有同样的差分阶数,这是因为空间滞后变量是原始数据的线性组合。因此,如果 Y 是差分平稳的,那么 Y^* 也必须是差分平稳的。或者,如果 Y 是趋势平稳的,那么 Y^* 也必须是趋势平稳的。

由于 X^* 和 Y^* 是不平稳的,而且与 X 和 Y 有同样的差分阶数,所以当空间面板数据是不平稳的,协整空间就扩大了。空间面板协整(SPC)定义如下:在 Y 和 X 不存在空间滞后的情况下(即 $\theta=\delta=0$),当 u 是不平稳的,SPC 就存在了;如果 u 是平稳的,那么 SPC 就不存在了。

对于 Stock(1987)④最初建立时间序列数据来说,当模型是协整的,β 的 OLS 估计就是强一致性的,这是因为 $\hat{\beta}$ 是 T-一致性,而不是 $\sqrt{T}$-一致性。这就意味着在 X 和 u 不独立的时候,$\hat{\beta}$ 会更快的收敛于 β。因此,在非平稳时间序列中,一般情况下 $\hat{\beta}$ 是一致性的,也就没有必要为 X 找一个渐近的工具变量。Phillips 和 Moon(1999)建立了

① Chihwa Kao. Spurious Regression and Residual Based Tests for Cointegration in Panel Data[J]. Journal of Econometrics, 1999, 90(1): 1—44.

② Chihwa Kao. Spurious Regression and Residual Based Tests for Cointegration in Panel Data[J]. Journal of Econometrics, 1999, 90(1): 1—44.

③ Peter Pedroni. Critical Values for Cointegration Tests in Heterogeneous Panels with Multiple Regressors [J]. Oxford Bulletin of Economics and Statistics, 1999, 61(1): 653—670.

④ James H. Stock, Asymptotic Properties of Least Squares Estimators of Cointegrating Vectors [J]. Econometrica, 1987, 55(5): 1035—1056.

非空间面板数据下的强一致性，得出 β、θ、δ 的估计也是强一致性的。因此模型(13.1)中 X^* 和 Y^* 的系数估计可能不需要依赖于工具变量。在有限样本中，估计可能会有点不同，但是即使在有限样本中，其偏差也是可以忽略的(Banerjee et al. 1986)①。因此，在非平稳空间面板数据中，关于是 GMM 方法还是 IV 方法更适用于来估计空间滞后系数的争论并没有出现(Leea，2007)②。

关于方程(13.1)的 SpECM 的一阶形式如下：

$$\Delta Y_{it}=\gamma_{0i}+\gamma_1\Delta Y_{it-1}+\gamma_2\Delta X_{it-1}+\gamma_3\Delta X_{it-1}^*+\gamma_4\Delta X_{it-1}^*+\gamma_5 u_{it-1}+\gamma_6 u_{it-1}^*+\upsilon_{it} \tag{13.2}$$

其中，υ_{it} 是残差，假定其在时期上不存在序列相关，但是它可能在空间上是相关的，例如 $\text{cov}(\upsilon_{it}\upsilon_{jt})=\sigma_{it}\neq 0$。$\gamma_3$ 为局域误差修正系数，刻画了时间维度上的误差修正机制，预期为负数，这是因为当 Y_{it-1} 大于方程(13.1)中的均衡值时，u_{it-1} 是正的。因此，Y_{it} 在向均衡值修正的过程中，预期是不断变小的，直至达到均衡值。在短期内，X 对 Y 的影响可能与长期内 X 对 Y 的影响是不同的，于是，γ_2 可能和方程(13.1)中的是不同的。γ_1 表示短期内 Y 受到的上一期的影响，测度了 Y 的惰性。如果误差修正存在空间溢出，Y 的动态变化就会受到相邻空间单元 u^* 的影响。因此，γ_6 表示空间误差修正系数，预期和 γ_1 符号一致。短期的 SAR 系数 γ_3 可能和方程(13.1)中长期相对应的系数 θ 是不同的，X 的短期空间滞后也是一样的，γ_4 可能和方程(13.1)的 δ 是不同的。和方程(13.1)中 α_i 是长期固定空间效应一样，方程(13.2)中 γ_{0i} 的是短期的固定空间效应。

当面板数据是差分平稳的时候，SpECM 中所有的变量都是平稳的，这是因为当方程(13.1)是协整时，u 和 u^* 是平稳的。如果 $\gamma_5=\gamma_6=0$，方程(13.2)就变成了一个空间自相关模型，这是因为它包含 ΔX 和 ΔY 的空间滞后和时间滞后。当 γ_5 是负时，存在局域误差修正；当 γ_6 是非零时，存在空间误差修正。当这两者都满足时，我们就称之为全域误差修正。

13.3 空间误差修正模型的检验

已有的面板单位根和协整统计检验都假定空间单元之间没有空间依赖性。面板单位根和协整检验业已应用到空间面板数据。Baltagi et al. (2007)③研究了空间依赖性对几种单位根检验影响的大小，包括 Im et al. (2003)④提出的异质性的空间单位根

① Banerjee A., Hendry DF, Dolado J.. Exploring Equilibrium Relationships in Econometrics Through Static Models: Some Monte Carlo Evidence[J]. Oxford Bulletin of Economics and Statistics, 1986, 48(3): 253—277.

② Lung-feiLeea. GMM and 2SLS Estimation of Mixed Regressive, Spatial Autoregressive Models[J]. Journal of Econometrics, 2007, 137: 489—514.

③ Badi H. Baltagil, Georges Bresson, Alain Pirotte. Panel Unit Root Tests and Spatial Dependence[J]. Journal of Applied Econometrics, 2007, 22(2): 339—360.

④ Kyung So Im, M. Hashem Pesaran, Yongcheol Shin. Testing for Unit Roots in Heterogeneous Panels [J]. Journal of Econometrics, 2003, 115(1): 53—74.

检验。他们发现,当残差的空间自相关系数比较大(如 0.8)时,IPS 检验就会被高估了,这也就导致了更倾向于拒绝单位根检验的零假设。但是,如果空间自相关系数为 0.4,IPS 检验值就接近于它的名义值。因此,认为空间依赖性不是很强,IPS 检验(以及大多数其他单位根检验)是可以用来识别空间依赖面板数据中单位根。Pesaran (2007)①通过一个共同因子把 IPS 检验扩展为一个包含横截面依赖性的 CIPS 检验,我们也用了这个检验,但是需要强调的是它并不是 IPS 检验真正的空间扩展的替代。

Kao(1999)在假定异质性只有固定效应这一种形式来表示的情况下,建立了基于残差的面板协整检验。相比之下,Pedroni(1999)是在剔除异质性引起的固定效应的情况下,提出了基于残差的面板协整检验,异质性可能存在于协整向量或者误差修正系数之中。由于 Pedroni 的检验更具有一般性,我们采用这种半参数 group-t 统计量,该统计量是基于不同横截面单元得到的 DF 统计量的均值,于是,当 T 比较小的时候,比其他方法具有更好的效果。

对于每个横截面单元的 Dickey-Fuller 回归的估计,采用方程(13.1)的估计残差:

$$\Delta\hat{u}_{it} = \rho_i\hat{u}_{it-1} + \upsilon_{it} \tag{13.3}$$

$$\upsilon_{it} = \sum_{j=0}^{J}\delta_{ij}\varepsilon_{it-j} \tag{13.4}$$

$$\varepsilon_{it} \approx \text{i. i. d.}(0,\sigma_i^2) \tag{13.5}$$

其中,J 是计算 υ_i 长期方差的带宽,其方差 $\widetilde{\sigma}_i^2=\sigma_i^2\sum_{j=0}^{J}\delta_{ij}^2$ ($\delta_{i0}=1$,且在 υ 不存在自相关情况下,对于 $j>0$ 有 $\delta_{ij}=0$)。当 υ 序列不相关时,υ_i 的短期方差和长期方差是相同的;当存在相关时,υ_i 的长期方差是大于其短期方差的,这是因为:

$$d_i = \widetilde{\sigma}_i^2 - \sigma_i^2 = \sigma_i^2\sum_{j=1}^{J}\delta_{ij}^2 > 0 \tag{13.6}$$

然后,有:

$$P = \sqrt{N}\bar{t} - \frac{1}{2\sqrt{NT}}\sum_{i=1}^{N}\frac{d_i}{\widetilde{\sigma}_i\sigma_{\hat{u}_i}} \tag{13.7}$$

其中,$\bar{t}$ (t-bar)是对方程(12.3)中参数 ρ 进行估计时得到的 t 统计量的均值。

最后,协整检验统计量就是:

$$z=\frac{P-E\sqrt{N}}{\sigma_E}\Rightarrow N(0,1) \tag{13.8}$$

其中,E 和 σ_E 由蒙特卡罗随机模拟得到,它是 Pedroni(1999)为多种 K(协变量的个数)提供的。例如,在 $P=0.05$(双边)显著性水平下,当 $K=4$ 时,t-bar 的临界值为 -2.47。

这些面板协整和单位根检验统计量假定横截面单元之间是独立的。但是,依赖性至少有以下两种方式存在。第一,可能存在未观察到的共同因素,而且该因素影响所

① M. Hashem Pesaran. A Simple Panel Unit Root Test in the Presence of Cross Section Dependence[J]. Journal of Applied Econometrics, 2007, 22(2): 265—312.

有的横截面单元；第二，就像方程(13.1)中空间滞后变量引起横截面单元之间的依赖性那样，横截面单元之间可能存在空间相关性。但是，空间滞后变量(如方程(13.1)中的 X^* 和 Y^*)可能被当作其他变量(如假定属于协整向量)。另外，如果方程(13.1)中的残差存在空间自相关，那么结论就又会有所不同。如果这些残差和 Baltagi et al.(2007)做出的单位根检验结果有很强的空间相关性，那么，协整检验就会被高估；但是，如果这种空间相关性并不那么强的话，协整检验的值就会很可能接近于它的名义值。

13.4 空间误差修正模型的估计

依据前文所述以及已有文献在这方面的研究，采用广义矩估计(Generalized Method of Moments，GMM)方法对空间误差修正模型(SpECM)的参数进行估计更合适。GMM 估计是基于模型实际参数满足一定矩条件而形成的一种参数估计方法，是矩估计方法的一般化。因为它不要求扰动项的准确分布信息，允许随机误差项存在异方差和序列相关，所得到的参数估计量比其他参数估计方法更合乎实际。

首先，关于 GMM 的假定如下：

假定 1. 线性假定(linearity)

$$y_i = x_i'\beta + \varepsilon_i (i=1,\cdots,n) \tag{13.9}$$

其中，$x_i \equiv (x_{i1}, x_{i2}, \cdots, x_{ik})'$ 为第 i 个观测数据。

假定 2. 渐近独立的平稳过程

记 L 维工具变量 z_i(可能与 x_i 有重叠部分)，w_i 由 $\{y_i, x_i, z_i\}$ 中不重复的变量构成且不含常数项。随机过程 $\{w_i\}$ 为渐近独立的平稳过程。

假定 3. 工具变量的正交性

所有工具变量 z_i 均为“前定”，即与同期扰动项正交。定义 L 维列向量 $g_i \equiv z_i\varepsilon_i$，则 $E(g_i) = E(z_i\varepsilon_i) = 0$。

假定 4. 秩条件

$L \times K$ 维矩阵 $E(z_i x_i')$ 满列秩，即 $\mathrm{rank}[E(z_i x_i')] = K$。记 $\Sigma_{ZX} \equiv E(z_i x_i')$。

假定 5. $\{g_i\}$ 为鞅差分序列，其协方差矩阵 $S \equiv E(g_i g_i') = E(\varepsilon_i^2 z_i z_i')$ 为非退化矩阵。

假定 6. 四矩阵 $E[(x_{ik} z_{ij})^2]$ 存在且有限，$\forall i, j, k$(finite fourth moments)。

然后 GMM 的推导如下，与总体矩条件 $E(g_i) = E(z_i\varepsilon_i) = 0$ 相对应的样本矩条件为：

$$g_n(\hat{\beta}) \equiv \frac{1}{n}\sum_{i=1}^{n} z_i(y_i - x_i'\hat{\beta}) = 0 \tag{13.10}$$

将上式看成一个联立方程组，则未知数 $\hat{\beta}$ 共有 K 个，而方程个数为 L 个(z_i 的维度)。如果 $L<K$，为不可识别，则 $\hat{\beta}$ 有无穷多解。如果 $L=K$，为恰好识别，则 $\hat{\beta}$ 有唯一解，即 $\hat{\beta}_{IV}$。如果 $L>K$，为过度识别，则 $\hat{\beta}$ 无解。此时传统的矩估计法行不通。既然无法找到$\hat{\beta}$使得$g_n(\hat{\beta})=0$,那么,总可以找到$\hat{\beta}$使得$g_n(\hat{\beta})$尽可能地接近0,比如,使二次型$(g_n(\hat{\beta}))'(g_n(\hat{\beta}))$最小。更一般地,可以用一个"权重矩阵"$W$来构成二次型。假设$\hat{W}$为一个$L\times L$维对称正定矩阵,而且$p\lim_{n\to\infty}\hat{W}=W$,其中$W$为非随机的对称正定矩阵。定义最小化的目标函数为:

$$\min_{\hat{\beta}} J(\hat{\beta},\hat{W})\equiv n(g_n(\hat{\beta}))'\hat{W}(g_n(\hat{\beta})) \tag{13.11}$$

其中,因子n只是为了统计量计算方便而加上的,不影响最小化。定义"GMM估计量"为此无约束二次型最小化问题的解(Hansen,1982):

$$\hat{\beta}_{GMM}(\hat{W})\equiv\arg\min_{\hat{\beta}} J(\hat{\beta},\hat{W}) \tag{13.12}$$

其中,"argmin"(argument of the minimum)表示能使$J(\hat{\beta},\hat{W})$最小化的$\hat{\beta}$的取值。不同矩条件的强弱程度一般不同,一个强的矩条件意味着其对应的方差较小矩阵$S=E(g_ig_i'$的主对角线元素,是一个比较紧的约束,故会通过得到更大的权重)。

根据方程(13.10),$g_n(\hat{\beta})$是$\hat{\beta}$的一次函数,故$J(\hat{\beta},\hat{W})$是$\hat{\beta}$的二次型函数,通过向量微分可以得到其最小化问题的解:

$$\hat{\beta}_{GMM}(\hat{W})=(S'_{ZX}\hat{W}S_{ZX})^{-1}S'_{ZX}\hat{W}S_{Zy} \tag{13.13}$$

其中,$S_{ZX}\equiv\frac{1}{n}\sum_{i=1}^{n}z_ix'_n$,$S_{Zy}\equiv\frac{1}{n}\sum_{i=1}^{n}z_iy_i$。秩条件$\text{rank}[E(z_ix'_n)]=K$及$\hat{W}$为正定矩阵保证了在大样本下,$(S'_{ZX}\hat{W}S_{ZX})^{-1}$存在。

拓展阅读

[1] 高远东,花拥军. 地方财政农业支出对地区农业经济增长作用研究——基于空间面板协整与空间误差修正模型[J]. 经济增长研究,2011(12):54—61.

[2] 王小平. 地方财政收入的空间非均衡、溢出效应与经济增长——基于省际空间面板协整模型的研究[J]. 山西财经大学学报,2014(21):1—12.

[3] 张志强. 金融发展、研发创新与区域技术深化[J]. 经济评论,2012(3):82—92.

[4] Anselin L.. Thirty Years of Spatial Econometrics [J]. Papers in regional science, 2010, 89(1): 3—25.

[5] Beenstock M., Felsenstein D. Spatial Error Correction and Cointegration in Nonstationary Panel Data: Regional House Prices in Israel [J]. Journal of Geographical Systems, 2010, 12(2): 189—206.

[6] Jezghani F., Moghaddasi R., Yazdani S. et al. Spatial Price Transmission: A Study of Rice Markets in Iran [J]. World Applied Sciences Journal, 2013, 21(4): 646—650.

参考文献

[1] Badi H. Baltagi1, Georges Bresson, Alain Pirotte. Panel Unit Root Tests and Spatial Dependence [J]. Journal of Applied Econometrics, 2007, 22(2): 339—360.

[2] Banerjee A., Hendry DF, Dolado J.. Exploring Equilibrium Relationships in Econometrics Through Static Models: Some Monte Carlo Evidence [J]. Oxford Bulletin of Economics and Statistics, 1986, 48(3): 253—277.

[3] Chihwa Kao. Spurious Regression and Residual Based Tests for Cointegration in Panel Data [J]. Journal of Econometrics, 1999, 90(1): 1—44.

[4] Engle R., Granger C. W. J.. Co-integration and Error Correction: Representation, Estimation and Testing [J]. Econometrica, 1987, 55(2): 251—276.

[5] James H. Stock. Asymptotic Properties of Least Squares Estimators of Cointegrating Vectors [J]. Econometrica, 1987, 55(5): 1035—1056.

[6] Kyung So Im, M. Hashem Pesaran, Yongcheol Shin. Testing for Unit Roots in Heterogeneous Panels [J]. Journal of Econometrics, 2003, 115(1): 53—74.

[7] Lung-fei Leea. GMM and 2SLS Estimation of Mixed Regressive, Spatial Autoregressive Models [J]. Journal of Econometrics, 2007(137): 489—514.

[8] M. Hashem Pesaran. A Simple Panel Unit Root Test in the Presence of Cross Section Dependence [J]. Journal of Applied Econometrics, 2007, 22(2): 265—312.

[9] Peter Pedroni. Critical Values for Cointegration Tests in Heterogeneous Panels with Multiple Regressors [J]. Oxford Bulletin of Economics and Statistics, 1999, 61(1): 653—670.

[10] Phillips P. C. B., Moon H. Linear Regression Limit Theory for Nonstationary Panel Data [J]. Econometrica, 1999, 67(5): 1057—1111.

[11] Timo Mitze. Within and between Panel Cointegrationin the German Regional Output-Trade-FDI Nexus [J]. InvestigacionesRegionales, 2011(21): 93—118.

[12] 陈强. 高级计量经济学及 stata 应用(第二版)[M]. 高等教育出版社 2014 年版.

[13] 高铁梅, 王金明, 梁云芬, 刘玉红. 计量经济分析方法与建模(第二版)[M]. 清华大学出版社 2009 年版.

第 14 章 时空相关经济模型

本章对空间模型的时空基础进行研究,其理论性相对较强。在进行本章节的讨论之前,我们先要假设各地区仅受其自身以及其他地区前期变量的影响(即没有同期影响)。而严格的时空框架将导致同期空间依赖的长期均衡。限于目前的研究水平,我们暂且认为在时空过程中没有空间同期性,为了讨论方便,也为了探讨常见模型间的关系,我们还要作出一些其他假定,包括 $\boldsymbol{W}$ 是对称矩阵,X 要么为常数,要么按固定速度增长且没有时间结构的变化。即有如下假设:

(1) 时空过程无空间同期性;

(2) $\boldsymbol{W}$ 是对称矩阵;

(3) X 为常数或者按固定速度增长但无时间结构变化。

严格的时间模型假定给我们提供了起点,计量经济学提供了一系列具备深厚经济理论基础的非时空模型。局部调整模型就是这种模型的一个典型例子——采用自变量和因变量的滞后变量。

在地区数据中,传统的时间模型允许区域的因变量暂时依赖于各自的过去值 $y_{t-j}, j=1,\cdots,j-1$。通过引入时间滞后的空间滞后项(空间时间滞后项)Wy_{t-1} 和 WX_{t-1},传统的时间模型可以改造成包含区域间空间依赖性的模型。除了传统的时间滞后项,把这些空间时间滞后项纳入模型中就形成了时空模型。

我们已经注意到,横截面空间滞后模型会表现出同期依赖性,这在一些应用中似乎不合常理。然而,随着时间的推移,不是同期的横截面就可能会出现空间依赖。本章我们主要讨论时空模型中怎样得到具有空间依赖的均衡解。我们将重点探讨在区域数据样本中常见的横截面空间依赖现象的时空基础。我们将展示时空数据的生成过程是如何与空间计量经济学和统计学中流行的横截面模型联系在一起的。另外,该分析也表明未来需要进一步探索更复杂的空间模型。

14.1 时空调整的空间计量经济模型概述

14.1.1 时空的局部调整模型

我们从一个简单的局部调整模型入手,以此来说明如何把时间模型运用到时空模型中。以 Greene(1997)的时间局部调整模型为出发点,将其扩展到时空模型框架中。我们空间局部调整模型的基本等式如(14.1)式至(14.3)式:

$$y_t^* = U_t\varphi + WU_t\gamma + \alpha\iota_n \tag{14.1}$$

$$y_t = (1-\phi)y_t^* + \phi G_1 y_{t-1} + \varepsilon_t \tag{14.2}$$

$$G_1 = \theta I_n + \pi W \tag{14.3}$$

y_t^* 代表因变量 y_t 的均衡值，$n\times p$ 阶矩阵 U_t 包含一个非恒定的外生解释变量，干扰项 ε_t，是 $n\times 1$ 阶行列式，服从 $N(0,\sigma^2 I_n)$ 分布。参数 ϕ 代表因变量过去值 y_{t-1} 和 y_t^* 均衡值之间的局部调整程度。参数 φ 代表本地区解释变量的影响，γ 代表邻近地区解释变量的影响，α 是截距项系数，θ 和 π 衡量的是 $n\times n$ 阶矩阵 G_1 的时间效应和空间效应。

因变量的均衡值 y_t^* 取决于本地区的解释变量(U_t)，用空间滞后项代表邻近地区的观察值(WU_t)、截距项(ι_n)。这些解释变量的系数项分别为 φ、γ 和 α。该类模型设定观察值 y_t(由 ϕ 控制)是均衡值 y_t^*、因变量过去值 y_{t-1} 和邻近地区的因变量值 Wy_{t-1} 的线性组合。

由(14.1)式至(14.3)式可以得到(14.4)式，表明 y_t 取决于因变量 Gy_{t-1} 的空间和时间滞后项、解释变量的空间滞后项 WU_t、以及和解释变量 U_t 的传统关系。

$$y_t=U(1-\phi)\varphi+WU_t(1-\phi)\gamma+\iota_n(1-\phi)\alpha+\phi G_1 y_{t-1}+\varepsilon_t \tag{14.4}$$

举一个具体的例子，考虑购物广场面临的情形。通常，在模型中购物广场的业绩是其规模、竞争商场规模的函数。对于购物广场而言，包括坐落在附近的便利店、食品店和服装店都是其竞争者。

在这个例子中，假定变量 U_t 代表购物广场的规模，空间滞后变量 WU_t 代表附近竞争者的平均规模。如果用 y_t 衡量商场的销售额，它应该和该商场的规模成正比，和竞争者的规模成反比。y_t^* 是给定该商场和竞争者规模的情况下，该商场的预期销售额。以前该商场的销售额、以前竞争者的销售额都会影响当前该店的销售额。Lee 和 Pace(2005)建立了一个时空模型(同期空间元素)，来模拟休斯敦商店的销售额，发现了很强的空间依赖。研究表明，商店的规模是非常重要的，商场规模显示了很强的时间和空间依赖。

用(14.6)式中的符号可以简化(14.4)式，这些符号代表结构参数，它与解释变量一起形成一个单一矩阵 X_t。结果是一个经典的时空模型(14.5)式：

$$y_t=X_t\beta+G_1 y_{t-1}+\varepsilon_t \tag{14.5}$$

$$G=\tau I_n+\rho W,\tau=\lambda\theta,\rho=\lambda\pi,\beta=(1-\lambda)[\varphi\quad\gamma\quad\alpha]' \tag{14.6}$$

$$X_t=[U_t WU_t\quad\iota_n]$$

总之，有些模型里的一个细小变化，采用在非空间计量经济学里的解释变量和因变量的滞后项，就能产生一个如(14.5)式的时空形式。

14.1.2 时空模型和 SAR 模型的关系

由空间经济学中理论可知横截面空间模型和时空模型的长期均衡相关联，另外在空间统计和空间计量经济学文献中讨论过的横截面模型，这里应用时空过程和横截面空间模型之间的关系可以推动新的空间设定，而不仅只局限于局部调整模型。

我们从(14.7)式的模型开始，y_t 是时间 $t(t\geqslant 0)$的一个 $n\times 1$ 阶因变量，$n\times k$ 阶矩阵 X_t 代表解释变量。这是一个时空自回归模型(STAR)(Pfeifer 和 Deutsch，1980；Cressie，1993；Pace 等，2000)。其中，过去一期的自变量不包含同期空间交互项。下面我们将说明，这种动态关系意味着横截面稳定状态，这可以看成是一个同期空间交互项。

$$y_t=Gy_{t-1}+X_t\beta+\upsilon_t \tag{14.7}$$

$$X_t = \lambda^t X_0 \tag{14.8}$$

$$G = \tau I_n + \rho W \tag{14.9}$$

$$d_t = X_t \gamma \tag{14.10}$$

$$\upsilon_t = r + d_t + \varepsilon_t \tag{14.11}$$

标量参数 τ 代表每个区域在时间 t 和 $t-1$ 之间的依赖,而标量参数 ρ 则反映了每个区域在时间 t 和邻近区域在时间 $t-l$ 之间的依赖。标量参数 λ 允许解释变量以每期不变的速度(λ)增长。$\lambda=1$ 代表 X_0 随时间没有增长;$\lambda>1$ 代表解释变量随时间增长。我们假定 $\lambda>\tau$。

和以前一样,空间权重矩阵 $\boldsymbol{W}$ 是一个 $n\times n$ 阶非负的外生矩阵。假定 $\boldsymbol{W}$ 是对称的,且可缩放为最大的特征值 1,最小的特征值大于或等于 -1 的形式。用其最大特征值缩放任何对称的权重矩阵,提供了一种获得最大特征值 1 的对称矩阵的途径。相应地,一个对称的双重随机矩阵有一个为 1 的最大特征值。

假定 G 由单位矩阵和对称权重矩阵 $\boldsymbol{W}$ 组成,那么 G 也是对称的。由于 G 是实对称阵,它有 n 个实特征根及 n 个正交实特征向量。G 的最大特征值为 $\tau+\rho$。我们假定有如(14.12)式所示的稳定性限制。

$$(\tau+\rho)^t < \kappa,\ \rho\in[0,1),\ \tau\in[0,1) \tag{14.12}$$

其中,κ 是一个小的正数。这也确保了 t 值足够大。可以假定,为了分析的方便,G^t 取值很小。虽然我们能够检查负的 τ 和 ρ,但为了简化推导,我们选择仅仅检验正 τ 和 ρ,因为负的 τ 和 ρ 没有多大意义。

一般化过程涉及假定 $n\times 1$ 阶扰动向量 υ_t 可以被分为三个部分,分别代表遗漏变量独立于解释变量 r、遗漏变量和解释变量 d_t 和随机扰动项 ε_t 相关。第一部分是 $n\times 1$阶向量 r 捕获了和 X_t 不相关的遗漏变量,X_t 不随时间变化。这可能包括适宜性和区位特征,例如陆地、水、边界长度或者是难以界定的区域性特征。为了简化,我们假定 r 服从 $N(0,\sigma^2 I_n)$分布。第二部分是 $n\times 1$ 阶向量 $d_t=X_t\gamma$,代表和 X_t 相关的遗漏变量的作用,其中 $\gamma\neq 0$ 反映了相关强度。由于 $X_t=\lambda^t X_0$,该部分可能会随着时间的推移而减少。第三部分是一个随机 $n\times 1$ 阶向量,我们假定其服从 $N(0,\sigma^2 I_n)$分布,独立于 ε_{t-i},其中 $i\in(0,t]$。我们进一步假定 ε_{t-i},其中 $i\in(0,t]$,独立于 r 和 X_t。

STAR 模型仅仅采用了往期因变量和当期自变量来解释当期因变量向量的变化。遵从 Elhorst(2001),我们采用递归关系:$y_{t-1}=(Gy_{t-2}+X_{t-1}\beta+r+d_{t-1}+\varepsilon_{t-1})$,由(14.7)式的模型得到,经过时间 t,考虑动态系统的状态,这一点在(14.13)式至(14.17)式中得以体现:

$$y_{t-1}=(I_n\lambda^t+G\lambda^{t-1}+\cdots+G^{t-1}\lambda)X_0\beta+G^t y_0+z \tag{14.13}$$

$$z=z_1+z_2+z_3 \tag{14.14}$$

$$z_1=(I_n+G+\cdots+G^{t-1})r \tag{14.15}$$

$$z_2=(I_n\lambda^t+G\lambda^{t-1}+\cdots+G^{t-1}\lambda)X_0\gamma \tag{14.16}$$

$$z_3=\varepsilon_t+G\varepsilon_{t-1}+G^2\varepsilon_{t-2}+\cdots+G^{t-1}\varepsilon_1 \tag{14.17}$$

在(14.13)式中对足够大的 t 求因变量的期望就得到长期均衡值,如(14.18)式至(14.21)式所示。注意,包含 r 和 ε 的各项在 y_t 的期望值中消掉了,由于它们的期望值为零,因此一个矩阵乘以这些零向量仍为零。由于这是一个长期过程,为了收敛,我们

假定 t 足够大。这可以确保(14.13)式中的向量 $G^t y_0$ 会最终消失,因此长期均衡值并不依赖初始值 y_0。

另外,为了使(14.19)式演化到简单的表达式(14.20)式[对于绝对值 $abs(a)<1$,采用了几何级数定义 $(1-a)^{-1}=1+a+a^2+\cdots$],我们需要消掉 $G^t\lambda^{-t}$。如果 $\lambda=1$,根据相同的收敛准则,必须确保(14.13)式中的向量 $G^t y_0$ 也会消失。在解释变量不断增长的情况下($\lambda>1$),这有助于 $G^t\lambda^{-t}$ 的收敛。

$$E(y_t)\approx(I_n\lambda^t+G\lambda^{t-1}+\cdots+G^{t-1})X_0(\beta+\gamma) \tag{14.18}$$

$$\approx(I_n\lambda^t+G\lambda^{-1}+\cdots+G^{t-1}\lambda^{-(t-1)})\lambda^t X_0(\beta+\gamma) \tag{14.19}$$

$$\approx(I_n-\lambda^{-t}G)^{-1}X_t(\beta+\gamma) \tag{14.20}$$

$$\approx\left(I_n-\frac{\rho}{\lambda-\tau}W\right)^{-1}\left(\frac{\lambda}{\lambda-\tau}\right)X_t(\beta+\gamma) \tag{14.21}$$

(14.21)式与(14.22)式存在关联,(14.22)式是一个基于时间 t 截面观察值集的截面空间回归模型(其中 ξ_t 是干扰项),期望值如(14.23)式所示:

$$y_t=\rho^* Wy_t+X_t\beta^*+\xi_t \tag{14.22}$$

$$E(y_t)=(I_n-\rho^* W)^{-1}X_t\beta^* \tag{14.23}$$

(14.21)式和(14.23)式的关系是,对于一个足够大的样本 n,相同的方法运用到时空模型(14.7)式和横截面模型(14.22)式中得到的估计值具有(14.24)式和(14.25)式所示的关系:

$$\rho^*=\frac{\rho}{\lambda-\tau} \tag{14.24}$$

$$\beta^*=\frac{\lambda(\beta+\gamma)}{\lambda-\tau} \tag{14.25}$$

包含和解释变量相关的遗漏变量的标准非空间模型,得到参数 $\beta+\gamma$,它是 β^* 的一部分。但是,经过长时间迭代,$m_t=\lambda(\lambda-\tau)^{-1}$ 放大 $\beta+\gamma$ 得到结果 β^*。而且 m_t 包含时间自回归参数 τ 和控制增长趋势参数 λ。如果 $\lambda=1$(解释变量没有增长),将会得到经典的时间乘数 $(1-\tau)^{-1}$。

(14.23)式中的长期空间乘数类似于传统的空间乘数 $(I_n\rho W)^{-1}$,但空间依赖参数 ρ 通过乘以 $(\lambda-\tau)^{-1}$ 变大了。结果是 $\lambda>1$ 伴随 X 的增长减少了系统的空间依赖,这可以用 ρ^* 来衡量,其他都是一样的。这是由于该系统赋予当期值较大的权重,而模型的空间影响需要时间来实现。$\lambda>1$ 给过去值更大的权重,允许更长的时间来实现空间影响。时间依赖参数也会影响整体的空间依赖,因为较高的时间依赖既增强了过去值的影响,也增强了空间扩散的作用。

该结果表明横截面空间回归和时空回归对依赖的估计会产生不大相同的结果,即便是这两种模型设定都正确。例如,截面空间模型会得到较高的空间依赖估计值,而时空回归会导致较高的时间依赖和较低的空间依赖。虽然这两类模型的估计结果很不相同,但它们的回归过程都是正确的,只是根据不同的信息集计算得到的而已。某个时点的截面样本反映了不同的信息集,重点在于估计和推断长期均衡值,该长期均衡值产生于时空过程的演变中。相反,若采用时空面板数据集,估计和推断的重点在时间动态上,该时间动态包含在时间依赖参数中。

在实际应用中,采用时空面板数据集得到的参数估计值,具有低空间依赖性和高时间依赖性。这会导致未引入空间成分的纯粹时间回归是正确的错误推断。必须注意这两种回归模型的设定具有不同的含义。低空间依赖和高正向时间依赖过程,意味着高空间依赖的长期均衡。相反,采用纯时间回归设定意味着没有空间效应的长期均衡。其含义是很小的空间依赖估计值能极大地改变有关潜在时空过程的推断及其模型估计结果的解释。

同样的问题也可能存在于来自简单截面数据的解释变量参数 β^* 。当 $\lambda(\lambda-\tau)^{-1}>1$ 时,这些来自时空模型和 β 相关的参数会根据长期乘数波动。对于时间序列分析而言,当长期乘数影响自回归模型时,这是一个众所周知的结果。如前文所述,β^* 也包含了参数 γ 代表的遗漏变量的效应,γ 反映了纳入的变量和遗漏变量之间的相关度。

(14.24)式中所示的关系是横截面空间自回归模型解释的基础。由于这些模型并没有明确说明时间的作用,故而我们常常说它们反映了一种均衡或稳态结果。这也说明了这些模型中解释变量变化的影响。(14.22)式和(14.23)式明确表明 y_i 和 y_j $(i\neq j)$同期相互影响。但是,X 的变化在未知的将来会导致一种新的稳态均衡,在很多情况下 X 的变化更直观。

14.1.3 时空模型和 SEM 模型的关系

14.1.2 节讨论了时空模型和空间自回归模型的关系,本节的分析将扩展至具有误差项模型。从(14.26)式至(14.30)式。

$$y_t=G(y_{t-1}-X_{t-1}\beta)+X_t\beta+v_t \tag{14.26}$$

$$X_t=\lambda^t X_0 \tag{14.27}$$

$$G=\tau I_n+\rho W \tag{14.28}$$

$$d_t=X_t\gamma \tag{14.29}$$

$$v_t=r+d_t+\varepsilon_t \tag{14.30}$$

我们现在采用递推关系:$y_{t-1}=G(y_{t-2}-X_{t-2}\beta)+X_{t-1}\beta+r+d_{t-1}+\varepsilon_{t-1}$,这可由(14.26)式中的模型得出,在经过时间 t 后考虑该动态系统的状态,如(1.31)式至(1.35)式所示:

$$y_t=\lambda^t X_0\beta+G(y_0-X_0\beta)+z \tag{14.31}$$

$$z=z_1+z_2+z_3 \tag{14.32}$$

$$z_1=(I_n+G+\cdots+G^{t-1})r \tag{14.33}$$

$$z_2=(I_n\lambda^t+G\lambda^{t-1}+\cdots+G^{t-1}\lambda)X_0\gamma \tag{14.34}$$

$$z_3=\varepsilon_t+G\varepsilon_{t-1}+G^2\varepsilon_{t-2}+\cdots+G^{t-1}\varepsilon_1 \tag{14.35}$$

考虑(14.31)式中因变量的期望值,当 t 变得足够大时,可以得到如(14.36)式所示的长期均衡值:

$$E(y_t)\approx X_t\beta+\left(I_n-\frac{\rho}{\lambda-\tau}W\right)^{-1}X_t\left(\frac{\gamma\lambda}{\lambda-\tau}\right) \tag{14.36}$$

当 $\gamma=0$ 时,(14.36)式中时空系统中的长期均衡值是非空间性的,以致没有和解释变量相关的遗漏变量存在。当存在和纳入变量相关的遗漏变量时$(\gamma\neq 0)$,公式变得更复杂,我们注意到,由于两者期望值为零,因此乘以零向量后矩阵也为零,涉及 r 和 $\varepsilon_{t-i}(i\in[0,t])$的项从 y_t 的期望值中消失。

总结这些发展时，时空模型和横截面空间模型之间存在重要关系。这种关系推动了我们对截面模型和时空模型的理解。同时，该关系也被许多空间面板模型文献忽略。本节主要关注如何在传统面板数据模型的基础上扩展误差协方差结构以考察空间依赖。

14.1.4 时空加权回归模型

地理加权回归模型很好地刻画了空间非平稳性。时空数据分析中，不但存在着空间非平稳性，还同时存在时间非平稳性，为了同时刻画时空非平稳性，Huang，Wu 和 Barty(2010)提出了一种时空加权回归模型用以分析房产数据，来刻画房产价格与其相应的自变量随着时空变化的规律。时空加权回归模型实质上是一种时空变系数模型，将传统的线性回归模型的常值系数刻画成关于时间和空间位置的非参数函数。

时空加权回归模型形式如下：

$$Y_i = \beta_0(u_i, v_i, t_i) + \sum_k \beta_k(u_i, v_i, t_i) X_{ik} + \varepsilon_i \quad i = 1, \cdots, n$$

其中$(y_i, x_{i1}, x_{i2}, \cdots, x_{id})$为观测点在$(u_i, v_i, t_i)$处因变量 Y 和自变量 $X_1, X_2, \cdots, X_d$ 的观测值$(i=1,\cdots,n)$。$\beta_k(u_i, v_i, t_i)(k=0,1,\cdots,d)$为第 i 个观测点(u_i, v_i, t_i)处的未知参数，是(u_i, v_i, t_i)的任意函数。$\varepsilon_i(i=1,\cdots,n)$为独立同分布的误差项，通常假设其服从 $N(0,\sigma^2)$的分布。

14.2 时空可加经济模型的估计与检验

14.2.1 时空可加模型的定义

时空可加模型记为如下形式：

$$y_i = \beta_0 + \sum_{j-1}^{p} \beta_i x_{ij} + m_1(u_i, v_i) + m_2(t_i) + \varepsilon_i \quad i = 1, \cdots, n \tag{14.37}$$

其中(u_i, v_i, t_i)对应于第 i 个观测点的时空位置，$(y_i, x_{i1}, x_{i2}, \cdots, x_{ip})(i=1,\cdots,n)$是观测点在$(u_i, v_i, t_i)$处因变量 Y 和自变量 $X_1, X_2, \cdots, X_P$ 的观测值$(i=1,\cdots,n)$，$\varepsilon_i(i=1,\cdots,n)$为独立同分布的误差项，通常假定其服从 $N(0,\sigma^2)$分布，$\beta_0, \beta_j(j=1,2,\cdots,p)$为常数，$m_1(\cdot), m_2(\cdot)$为未知的光滑函数，并且假设 $Em_1(\cdot)=Em_2(\cdot)=0$。

显然该模型是一类特殊的部分线性可加模型，下面主要基于 profile 最小二乘方法来估计模型中的参数分量和非参数分量。

14.2.2 基于 profile 最小二乘方法的时空可加模型的估计

令：

$$Y=\begin{bmatrix} y_1 \\ y_2 \\ \vdots \\ y_n \end{bmatrix} \quad X=\begin{bmatrix} 1 & x_{11} & \cdots & x_{1p} \\ 1 & x_{21} & \cdots & x_{2p} \\ \cdots & \cdots & \ddots & \cdots \\ 1 & x_{n1} & \cdots & x_{np} \end{bmatrix}$$

首先，假定模型中常系数向量 $\beta=(\beta_0, \beta_1, \cdots, \beta_p)^T$ 已知，则模型(14.37)可以写成：

$$y_i - X^T\beta = m_1(u_i, v_i) + m_2(t_i) + \varepsilon_i,\ i=1,2,\cdots,n \tag{14.38}$$

模型变成一个有两个分量的可加模型。对于只有两个分量的可加模型，Opsomer Ruppert(1997)研究了模型的估计及其性质。将这一研究方法，可以应用到模型(14.38)的研究。具体步骤为：

(1) 用局部线性方法来估计非参数光滑函数 $m_1(\cdot)$。假设 $m_1(\cdot)$ 对任意的 (u_0, v_0) 都有连续的二阶倒数，用泰勒展开，$m_1(\cdot)$ 可以表示为：

$$m_1(u,v) \approx m_1(u_0,v_0) + \frac{\partial m_2}{\partial u}(u-u_0) + \frac{\partial m_1}{\partial v}(v_0)(v-v_0) =$$

$$a_1 + b_1(u-u_0) + c_1(v-v_0)$$

那么接下来的问题就是找到 (a_1, b_1, c_1) 使得 $\sum_{i=1}^{n}\{[y_i - X_i^T\beta - m_2(t_i)] - [a_1 + b_1(u_i-u_0) + c_1(v-v_0)]\}^2 K_{h_1}(d_{0i})$ 达到最小。其中 $K(\cdot)$ 为核函数，h_1 为窗宽，d_{0i} 表示 (u_0, v_0) 与 (u_i, v_i) 之间的距离。

(2) 记：

$$Y = \begin{bmatrix} y_1 \\ y_2 \\ \vdots \\ y_n \end{bmatrix},\ X = \begin{bmatrix} X_1^T \\ X_2^T \\ \vdots \\ X_n^T \end{bmatrix},\ m_1 \begin{bmatrix} m_1(u_1,v_1) \\ m_1(u_2,v_2) \\ \vdots \\ m_1(u_n,v_n) \end{bmatrix},\ m_2 = \begin{bmatrix} m_2(t_1) \\ m_2(t_2) \\ \vdots \\ m_2(t_n) \end{bmatrix}$$

令：

$$D_{u_0v_0} = \begin{bmatrix} 1 & u_1-u_0 & v_1-v_0 \\ \cdots & \cdots & \cdots \\ 1 & u_n-u_0 & v_n-v_0 \end{bmatrix},\ D_{i_0} = \begin{bmatrix} 1 & t_1-t_o \\ \cdots & \cdots \\ 1 & t_n-t_o \end{bmatrix},$$

$$S_1 = \begin{bmatrix} e_1^T\{D_{u_1v_1}^T K_{u_1v_1} D_{u_1v_1}\}^{-1} D_{u_1v_1}^T K_{u_1v_1} \\ e_2^T\{D_{u_2v_2}^T K_{u_2v_2} D_{u_2v_2}\}^{-1} D_{u_2v_2}^T K_{u_2v_2} \\ \cdots \\ e_n^T\{D_{u_nv_n}^T K_{u_nv_n} D_{u_nv_n}\}^{-1} D_{u_nv_n}^T K_{u_nv_n} \end{bmatrix},\ S_2 = \begin{bmatrix} e_2^T\{D_{t_1}^T K_{t_1} D_{t_1}\}^{-1} D_{t_1}^T K_{t_1} \\ e_2^T\{D_{t_2}^T K_{t_2} D_{t_2}\}^{-1} D_{t_2}^T K_{t_2} \\ \cdots \\ e_2^T\{D_{t_n}^T K_{t_n} D_{t_n}\}^{-1} D_{t_n}^T K_{t_n} \end{bmatrix}$$

$$K_{i_0} = \{K_{h_1}(t_1-t_0), K_{h_2}(t_2-t_0), \cdots, K_{h_n}(t_n-t_0)\}$$

且 $K_{u_jv_j} = diag\{K_{h_j}(d_{j1}), K_{h_j}(d_{j2}), \cdots, K_{h_j}(d_{jn})\}$，$S_k^* = (I_n - 11^T)S_k$，$k=1,2$。解式子(14.38)，得到 $m_1(u_0, v_0)$ 的估计

$$\hat{m}_1(u_0,v_0) = (1,0,0)(D_{u_0v_0}^T K_{z_0} D_{u_0v_0})^{-1} D_{u_0v_0}^T K_{z_0}(Y - X\beta - m_2)$$

得到 m_1 的估计为：

$$\hat{m}_1 = [\hat{m}_1(u_1,v_1), \cdots, \hat{m}_n(u_n,v_n)]^T = S_1^*(Y - X\beta - m_2) \tag{14.39}$$

(3) 按照上面的步骤，同样可以得到 m_2 的估计为：

$$\hat{m}_2 = S_2^*(Y - X\beta - m_1) \tag{14.40}$$

于是 m_1、m_2 的值可以通过解下列方程求出：

$$\begin{bmatrix} I_n & S_1^* \\ S_2^* & I_n \end{bmatrix}\begin{bmatrix} m_1 \\ m_2 \end{bmatrix} = \begin{bmatrix} S_1^* \\ S_2^* \end{bmatrix}(Y - X\beta) \tag{14.41}$$

最终解的 m_1、m_2 为：

$$\hat{m}_1 = W_1(Y - X\beta),\ \hat{m}_2 = W_2(Y - X\beta)$$

其中：

$W_1=I_n-(I_n-S_1^*S_2^*)^{-1}(I_n-S_1^*)$，$W_2=I_n-(I_n-S_2^*S_1^*)^{-1}(I_n-S_2^*)$

将 $\hat{m}_1$、$\hat{m}_2$ 带入(14.38)可以得到线性回归模型：

$$Y_i-\overline{Y}_i=(X_i-\overline{X}_i)^T\beta+\varepsilon_i,\ i=1,\cdots,n \tag{14.42}$$

写成矩阵形式为：

$$\overline{Y}=\overline{X}\beta+\varepsilon \tag{14.43}$$

这里，$\varepsilon=(\varepsilon_1,\cdots,\varepsilon_n)^T$，$\overline{Y}=(I-S)Y$，$\overline{X}=(I-S)X$，$S=W_1+W_2$。

最终可以得参数分量 β 的估计：

$$\hat{\beta}=[\overline{X}^T\overline{X}]^{-1}\overline{X}^T\overline{Y} \tag{14.44}$$

更进一步地，定义非参数部分的估计分别为：

$$\hat{m}_1=W_1(Y-X\hat{\beta})\hat{m}_2=W_2(Y-X\hat{\beta}) \tag{14.45}$$

根据前面参数分量和非参数分量的估计，所以又因变量的拟合值为：

$$\hat{Y}=X\hat{\beta}+\hat{m}_1+\hat{m}_2=X\hat{\beta}+S(Y-X\hat{\beta})=LY \tag{14.46}$$

其中 $L=S+\overline{X}[\overline{X}^T\overline{X}]^{-1}\overline{X}^T(I-S)$。

所以模型拟合的残差向量为：

$$\hat{\varepsilon}=Y-\hat{Y}=(I-L)Y \tag{14.47}$$

另外，对于上面拟合过程窗宽的选择，这里采取常见的交叉证实法(Cross-Validation，CV)，即最佳的窗宽是使得下式达到最小的 h 的值：

$$GCV(h)=\sum_{i=1}^{n}\left(\frac{\hat{\varepsilon}_i}{1-I_n}\right)^2 \tag{14.48}$$

这里 l_n 为矩 L 阵的对角元素。

14.2.3 约束条件 $A\beta=b$ 下的时空可加模型的估计

对于上面的时空可加模型，在对参数向量没有任何约束的情况下，基于两步估计，已经估计出来参数向量以及未知函数的各表达形式。但是，在一些检验问题的讨论中或者其他一些场合，需要求带一定线性约束的估计问题。下面利用 lagrange 乘数法，来处理半参数时空数据模型在约束条件 $A\beta=b$ 下的参数估计问题。这里约定：A 是 $k\times p$ 的矩阵，β 是 $p\times 1$ 的列向量，b 是 $k\times 1$ 的列向量。

第一步：依照 lagrange 乘数法，建立一个函数：

$$F(\beta,\lambda)=(\overline{Y}-\overline{X}\beta)^T(\overline{Y}-\overline{X}\beta)+2\lambda^T(A\beta-b) \tag{14.49}$$

这里，λ 是 $k\times 1$ 的向量。

第二步：函数 $F(\beta,\lambda)$ 分别对 β、λ 求导，可以得到下面两个等式：

$$\frac{\partial F(\beta,\lambda)}{\partial\beta}=-2\overline{X}^T\overline{Y}+22\overline{X}^T\overline{Y}\beta+2A^T\lambda=0 \tag{14.50}$$

$$\frac{\partial F(\beta,\lambda)}{\partial\beta}=2(A\beta-b)=0 \tag{14.51}$$

第三步：解方程(14.50)，得到 $\beta=\hat{\beta}-(\overline{X}^T\overline{X})^{-1}A^T\lambda$。这里 $\hat{\beta}=[\overline{X}^T(I-S)^T(I-$

$S)X]^{-1}X^T(I-S)^T(I-S)Y$。再把 β 带入(14.51)得到 $b=A\hat{\beta}-A(\bar{X}^T\bar{X})^{-1}A^T\lambda$。而 $A(\bar{X}^T\bar{X})^{-1}A^T$ 的逆矩阵是存在的,因此推得 λ 的估计为:

$$\hat{\lambda}=[A(\bar{X}^T\bar{X})^{-1}A^T]^{-1}(A\hat{\beta}-b) \tag{14.52}$$

最后,得到 β 的约束估计为:

$$\hat{\beta}_c=\hat{\beta}-(\bar{X}^T\bar{X})^{-1}A^T[A(\bar{X}^T\bar{X})^{-1}A^T]^{-1}(A\hat{\beta}-b) \tag{14.53}$$

相应地可定义两个非参数函数的约束估计分别为:

$$\hat{m}_1=W_1(Y-X\hat{\beta}_c),\ \hat{m}_2=W_2(Y-X\hat{\beta}_c) \tag{14.54}$$

14.2.4 模型约束条件的检验

上一节,我们研究了时空可加模型在约束条件 $A\beta=b$ 下的参数估计问题,这一节,我们进一步来对约束条件进行检验,也就是 $H_0:A\beta=b$ vs $H_1:A\beta\neq b$。经计算推理,模型在 H_1 时的残差平方和为:

$$RSS(H_1)=(Y-\hat{Y})^T(Y-\hat{Y})=Y^T(I-L)^T(I-L)Y=Y^TM_1Y \tag{14.55}$$

这里,$M_1=(I-L)^T(I-L)$。

模型在 H_0 时的残差平方和为:

$$\begin{aligned}RSS(H_0)&=(Y-\hat{Y}_c)^T(Y-\hat{Y}_c)=[Y-X\hat{\beta}_c-S(Y-X\hat{\beta}_c)]^T[Y-X\hat{\beta}_c-S(Y-X\hat{\beta}_c)]=\\&[Y-\bar{X}\hat{\beta}_c]^T[Y-\bar{X}\hat{\beta}_c]=[\bar{Y}-\bar{X}\hat{\beta}+\bar{X}(\hat{\beta}-\hat{\beta}_c)]^T[\bar{Y}-\bar{X}\hat{\beta}+\bar{X}(\hat{\beta}-\hat{\beta}_c)]=\\&[\bar{Y}-\bar{X}\hat{\beta}]^T[\bar{Y}-\bar{X}\hat{\beta}]+2(\hat{\beta}-\hat{\beta}_c)^T\bar{X}^T(\bar{Y}-\bar{X}\hat{\beta})+(\hat{\beta}-\hat{\beta}_c)^T\bar{X}^T\bar{X}(\hat{\beta}-\hat{\beta}_c)\end{aligned} \tag{14.56}$$

这里,$[\bar{Y}-\bar{X}\hat{\beta}]^T[\bar{Y}-\bar{X}\hat{\beta}]=RSS(H_1)$,$2(\hat{\beta}-\hat{\beta}_c)^T\bar{X}^T(\bar{Y}-\bar{X}\hat{\beta})=0$,$(\hat{\beta}-\hat{\beta}_c)^T\bar{X}^T\bar{X}(\hat{\beta}-\hat{\beta}_c)=\hat{\beta}^TA^T[A(\bar{X}^T\bar{X})^{-1}A^T]A\hat{\beta}$。

因此 $RSS(H_0)-RSS(H_1)=Y^T(I-S)^T\bar{X}[\bar{X}^T\bar{X}]^{-1}A^T[A(\bar{X}^T\bar{X})^{-1}A^T]^{-1}A[\bar{X}^T\bar{X}]^{-1}\bar{X}^T(I-S)Y$,这里令 $M_0=(I-S)^T\bar{X}[\bar{X}^T\bar{X}]^{-1}A^T[A(\bar{X}^T\bar{X})^{-1}A^T]^{-1}A[\bar{X}^T\bar{X}]^{-1}\bar{X}^T(I-S)$。

最终构造的检验统计量为:

$$T=\frac{[RSS(H_0)-RSS(H_1)]/v_1}{RSS(H_1)/\delta_1}=\frac{Y_TM_0Y/v_1}{Y^TM_1Y/\delta_1} \tag{14.57}$$

其中 $v_1=tr(M_0)$,$\delta_1=tr(M_1)$。统计量 T 的分子反映了在 H_0 与 H_1 时模型拟合的差异。若它们有显著差异,则倾向于拒绝 H_0,所以大的 F 值趋向于拒绝 H_0。因为 M_0 和 M_1 都是非对称幂等矩阵,检验统计量 T 在原假设条件下一般不服从 F 分布。但是我们可以在假定模拟误差为正态分布的条件下用 F 逼近法求其检验 p 值。Gleveland & Devlin(1988)已经证明了的 T 分布可以用自由度为(r_1,r_2)的 F 分布来逼近,其中 $r=v_1^2/v_2$,$r_2=\delta_1^2/\delta_2$,$v_2=tr(M_0^2)$,$\delta_2=tr(M_1^2)$。若 t 为 T 的观测值,那么检验 p 值有这样的结论:$p_0=P_{H_0}(T-t)\approx P(F(r,r)>t)$。

F 为服从自由度为(r,r)的 F 分布的随机变量。对于给定的显著水平 α，如果 $p_0<\alpha$，那么就拒绝原假设。

拓展阅读

[1] 陈新保，Songnian，Li，等. 时空数据模型综述[J]. 地理科学进展，2009，28(1)：9—17. DOI：doi:10.11820/dlkxjz.2009.01.002.

[2] 刘丹，霍德明. 基于时空模型的中国房价收入关系研究[J]. 中国经济问题，2010 (6)：3—10.

[3] 徐爱萍，圣文顺，舒红. 时空积和模型的数据插值与交叉验证[J]. 武汉大学学报：信息科学版，2012，37(7)：766—769.

参考文献

[1] Cressie，N.. Statistics for Spatial Data[M]. Revised edition. John Wiley，1993.

[2] Elhorst，J. P.. Dynamic Models in Space and Time[J]. GeographicalAnalysis，2001(33)：119—140.

[3] Greene，W.. Econometric Analysis[M]. 3rd edn. Prentice—Hall，1997.

[4] Huang B.，Wu，B.，Barry M.. Geographicallyand Temporally Weighted Regression for ModelingSpatioTemporalVariation inHouse[J]. InternationalJournal ofGeographical Information Science，2010(24)：383—401.

[5] Lee，M.，R. K. Pace，Spatial Distribution of Retail Sales[J]，Journalof Real Estate Finance and Economics，2005(31)：53—69.

[6] Opsomer，J. D.，Ruppert D.. A Root—n Consistent Backfitting Estimator For Semi Parametric Additive Modeling[J]. Journal of Computational & Graphical Statistics，1999(8)：715—732.

[7] Pace，R. K.，D. Zou. Closed — Form Maximum Likelihood Estimatesof Nearest Neighbor Spatial Dependence[J]，Geographical Analysis，2000(32)：154—172.

[8] Pfeifer，P. E.，S. J. Deutsch. A Three—Stage Iterative Procedure forSpace—Time Modeling[J]. Technometric，1980(22)：35—47.

第15章 空间计量经济交互模型

空间交互模型产生于定量地理学领域,源于 Wilson 和 Webber 等使用熵理论以及信息理论解释空间内的移动或联系。这些研究使空间交互模型体系的发展可以追溯到更早的零售重力模型(Reilly,1931),而广泛使用的 Huff 的重力模型(Huff,1963)也被认为是空间交互模型的一个特例。SIM 本质上是非行为模型,它强调空间对象的吸引和距离的延迟,不强调个体之间的差异。但通过为不同类型的客户分别建立模型,SIM 可以很好地揭示客户空间行为规律。引力模型常常用于国际与区域贸易、运输经济、人口迁移、商品流动、网络信息交流以及上班通勤等研究领域,用来解释这些领域产生于"来源地—目的地"(OD)的流量。关于国际贸易引力模型的理论基础,已存在大量相关文献(Anderson,1979;Anderson 和 van Wincoop,2004)。在区域科学文献中,引力模型被称为空间交互模型(Sen 和 Smith,1995),因为地区之间的交互作用直接与地区规模的测度成正比例。以区域之间的商品流量为例,区域大小的衡量标准通常是地区生产总值或地区的总收入。模型预测认为,相似规模地区之间商品流动的交互作用比不相似规模区域之间的交互作用更大。在区域间知识流动的情形下(LeSage、Fischer 和 Scherngell,2007),地区规模可以用专利存量来衡量,那么具有相似知识存量的地区之间就会显示出比以知识流动为形式的空间交互作用更强。

这些模型依赖于来源地和目的地之间的距离函数,也依赖于其他与来源地和目的地特征相关的解释变量。空间交互模型假设,把距离作为解释变量可以消除区域间来源地—目的地流量中的空间依赖性。但是,长期以来认为在传统空间交互模型中利用距离函数就能有效捕获地区间流量空间依赖的观点,颇受质疑。Griffith(2007)对这一主题的区域科学文献进行了历史回顾,认为是 Curry(1972)首次提出了流量中的空间依赖问题。Griffith 和 Jones(1980)在对加拿大人口通勤流量的研究中注意到,来自某一来源地的流量"随着其近邻来源地出行倾向的增强或减弱而同向变动";他们还发现,指向某一目的地的流量"随着其近邻目的地吸引力偏好的增强或减弱而同向变动"。

LeSage 和 Pace(2008)指出,因为来源地—目的地之间的流量在本质上具有空间特性,因此假设这些流量相互独立是相当大胆的。对传统引力模型进行扩展,纳入了被解释变量的空间滞后项,用以表示模型中来源于近邻地区的流量。与传统包含 n 个样本地区观测点的空间计量模型相比,这些模型包含了 $n^2=N$ 对"来源地—目的地"组合,每对"来源地—目的地"组合就是一个观测点。空间交互模型意图解释 N 对"来源地—目的地"样本之间流量水平的变化。

本章将介绍 LeSage 和 Pace(2008)提出的空间交互模型及其最大似然估计过程，以及该模型的贝叶斯 MCMC 估计过程。15.1 节介绍了相关符号，并推导出一系列包含空间依赖的空间计量交互模型。15.2 节介绍了 LeSage 和 Pace(2008)提出的空间计量交互模型最大似然估计方法，以及贝叶斯 MCMC 估计的步骤①。

15.1 空间计量经济交互模型概述

15.1.1 空间回归分析中区域之间的流量

用 Y 表示一个 $n\times n$ 阶矩阵，其元素代表由 n 个来源地向 n 个目的地之间的流量，如表 15.1 所示，n 列表示不同的来源地区，n 行表示不同的目的地区。这些流量反映了一个来源地和目的地数量相等的封闭系统。

表 15.1 来源地—目的地的流量矩阵

目的地＼来源地	来源地 1	来源地 1	…	来源地 n
目的地 1	$o_1\rightarrow d_1$	$o_2\rightarrow d_1$	…	$o_n\rightarrow d_1$
目的地 2	$o_1\rightarrow d_2$	$o_2\rightarrow d_2$	…	$o_n\rightarrow d_2$
…	…	…	…	…
目的地 n	$o_1\rightarrow d_n$	$o_2\rightarrow d_n$	…	$o_n\rightarrow d_n$

给定如表 15.1 所示的来源地—目的地流量矩阵的组织形式，我们可以用 $Y\iota/n$ 计算得到一个 $n\times 1$ 阶的向量，该向量的元素代表从 n 个来源地流向每一个目的地流量的均值，这里，ι 是一个 $n\times 1$ 阶元素均为 1 的向量。同样，$Y\iota/n$ 也将得到一个 $n\times 1$ 阶向量，表示从 n 个目的地流向每一个来源地流量的均值。

基于表 15.1 的流量矩阵，我们用两种方式可以得到一个 $N(=n^2)\times 1$ 阶的向量，一种方式是如表 15.2 A 部分所示的以来源地为中心的排序，另一种方式就是表 15.2 B 部分所示的以目的地为中心的排序。

表 15.2 以来源地为中心和以目的地为中心的 OD 流量排列

A 部分：以来源地为中心的 OD 流量排列		
以来源地为中心的索引 $L^{(o)}$	来源地索引 $o^{(o)}$	目的地索引 $d^{(o)}$
1	1	1
…	…	…
n	1	n
…	…	…
$N-n+1$	n	1
…	…	…

① [美]詹姆斯・穆沙杰等，肖光恩等译. 空间计量经济学导论[M]. 北京大学出版社 2014 年版.

N	n	n
B部分:以目的地为中心的OD流量排列		
以目的地为中心的索引 $l^{(d)}$	来源地索引 $o^{(d)}$	目的地索引 $d^{(d)}$
1	1	1
…	…	…
n	n	1
…	…	…
$N-n+1$	1	n
…	…	…
N	n	n

在表 15.2 中,索引 $l^{(o)}$、$l^{(d)}$ 分别表示以来源地为中心和以目的地为中心从 1 到 N 的排序。来源地和目的地索引范围均是从 1 到 n,分别表示来源地和目的地。

以列表示来源地、行表示表目的地的一个矩阵为起点,可以使用 vec 算子来获得以来源地为中心的排序。vec 算子通过连续堆积矩阵列,把矩阵转变为一个列向量,$y^{(o)}=\text{vec}(Y)$。同样,可以使用 $y^{(d)}=\text{vec}(Y')$ 获得以目的地为中心的排序。通过向量置换矩阵 P 把这两个排序联系起来,即 $Py^{(o)}=y^{(d)}$。基于置换矩阵的特性,可以得出 $y^{(o)}=P^{-1}y^{(d)}=P'y^{(d)}$。本章讨论的重点是以来源地为中心的排序,其堆积向量 $y^{(o)}$ 的前 n 个元素反映从来源地 1 流向所有 n 个目的地的流量,最后 n 个元素代表从来源地 n 流向目的地 1 至 n 的流量。我们把指定这种来源地—目的地流量向量作为空间计量交互模型中的被解释变量 y。

传统的引力模型或者空间交互模型通常依赖于一个单一向量或一个 $n\times k$ 阶的解释变量矩阵,我们称之为 X,X 包含了 n 个地区中每个地区的 k 种特性。把矩阵 X 重复 n 次,就得到一个代表目的地特征的 $N\times k$ 阶矩阵,我们标为 X_d。LeSage 和 Pace (2008)注意到 X_d 等于 $\iota_n\otimes X$,其中,ι_n 是一个元素均为 1 的 $n\times 1$ 阶向量。我们还可以获得另一个能体现来源地特征的矩阵 X_o。把第一个区域的特征变量重复 n 次作为 X_o 的第一个 n 行,再将第二个区域的特征重复 n 次作为 X_o 的下一个 n 行,以此类推就得到 $N\times k$ 阶矩阵 $X_o=X\iota_n$。国际贸易模型通常依赖于单一解释变量向量 X,如收入,来反映地区的规模。这就会导致 $N\times 1$ 阶向量 X_d、X_o,而不是解释变量矩阵。

我们注意到,可以用向量置换矩阵 P,把样本数据以来源地为中心的排序和以目的地为中心的排序进行相互转换。例如,如果我们采用以目的地为中心排序(与以来源地为中心的排序相反),目的地的解释变量矩阵的具体形式就是 $X_d^{(d)}=(X\otimes\iota_n)$。这可以用以下关系加以说明:$P'X_dP=P'(\iota_n\otimes X)P=X_d^{(d)}$,从而把以来源地为中心的目的地解释变量 X_d 转换成以目的地为中心的排序方案 $X_d^{(d)}$。运用克罗内克积乘积的法则,可以简化表达式 $P'(\iota_n\otimes X)P$(Horn 和 Johnson,1994;推论 4.3.10,第 260 页),所以 $P'(\iota_n\otimes X)P=X\otimes\iota_n$,从而 $X_d^{(d)}=X\otimes\iota_n$。

15.1.2 空间计量交互模型概述

每个来源地和目的地之间的距离，也作为解释变量向量包含在引力模型中。如果我们用 G 表示 $n\times n$ 阶来源地与目的地之间的距离矩阵，$g=\text{vec}(G)$ 就是一个 $N\times 1$ 阶距离向量，通过堆积来源地—目的地距离矩阵的列就可以得到这个向量。

这样就可以得到如(15.1)式所示的回归模型。此模型与标准引力模型的对数转换形式是一样的(Sen 和 Smith，1995，方程 6.4)。

$$y=\alpha\iota_N+X_d\beta_d+X_o\beta_o+\gamma g+\varepsilon \tag{15.1}$$

向量 β_d 和 β_o 是对应于目的地和来源地地区特征的 $k\times 1$ 阶参数向量。如果被解释变量 y 和解释变量矩阵 X 进行了对数转换，那么估计系数就表示来源地—目的地流量对各种来源地和目的地的地区特征的弹性反应。标量参数 y 反映了距离 g 的影响，α 代表的是常数项系数。$N\times 1$ 阶向量 ε 具有均值为 0、方差为常数且扰动项之间的协方差为 0 的特征。

针对(15.1)式的非空间模型，LeSage 和 Pace(2008)提出了一个空间自回归的模型扩展，其如(15.2)式所示。该模型可以视为对目的地与来源地间空间依赖的滤波模型。

$$(I_N-\rho_d W_d)(I_N-\rho_o W_o)y=\alpha\iota_N+X_d\beta_d+X_o\beta_o+\gamma g+\varepsilon \tag{15.2}$$

其中，$N\times N$ 阶矩阵 W_d 是从典型的描述 n 个地区空间连接性的行随机 $n\times n$ 阶矩阵 W 构造而来的。假定 W 和一个对称矩阵相似，这样它就有实数特征值和 n 个正交特征向量。利用克罗内克乘积，矩阵 W_d 就可以表达如(15.3)式：

$$W_d=I_n\otimes W=\begin{pmatrix} W & 0_n & \cdots & \cdots \\ 0_n & W & \cdots & \cdots \\ \vdots & \vdots & \ddots & \vdots \\ 0_n & \cdots & \cdots & W \end{pmatrix} \tag{15.3}$$

这样构造的原因在于表 15.2 所给出的来源地中心的记法。用 Y_1 表示从第一个来源地到所有目的地的流量，那么空间滞后项 WY_1 就包含了从该来源地到每个目的地的近邻地区的空间平均流量，$i=1,\cdots,n$。同样，空间滞后项 WY_2 也可产生从第二个来源地至每个目的地的近邻地区的空间平均流量，以此类推。这就促使我们使用克罗内克积来重复空间滞后 n 次，以获得 $N\times N$ 阶空间权重矩阵，用以描述基于目的地的空间依赖关系。

这种类型的空间依赖反映了一种直觉，即导致流量从来源地流向目的地的力量，同样可能也会造成流向目的地附近或毗邻区域的流量，这种情况恰好被空间滞后项 $W_d y$ 所反映。此空间滞后项也从形式上体现了 Griffith 和 Jones(1980)所提出的观点：向某一目的地的流量"随着与其邻近的目的地吸引力倾向的增强或减弱而同向变动"。

采取同样的方法，我们还可以创建 $N\times N$ 阶行随机空间权重矩阵 $W_o=W\otimes I_n$。值得注意的是，$W(Y_1')$ 给出了从每一来源地的周边区域流向第一个目的地的空间平均流量。对所有的目的地重复以上步骤,得到WY',并且 $\mathrm{vec}(WY')=(W\otimes I_n)\mathrm{vec}(Y)=(W\otimes I_n)y$。由矩阵乘积而得到的空间滞后项 $W_o y=(W\otimes I_n)y$,使用来源地的近邻地区流向每一个目的地的平均流量,描述了基于来源地的空间依赖。这种类型的空间依赖反映了这样一种观点,即导致流量从任一来源地流向特定目的地的力量也可能会造成流量从这一来源地的近邻地区流向该目的地。此空间滞后项 $W_o y$ 也从形式上表现了 Griffith 和 Jones(1980)所提出的观点:来自某一来源地的流量"随着与其邻近来源地出行(离开)倾向的增强或减弱而同向变动"。

正如我们在解释变量矩阵中已经指出的,向量置换矩阵 P 可用来对样本数据进行以来源地为中心的排序和以目的地为中心的排序进行相互间的转换。例如,如果我们采用以目的地中心的排序(与这里使用的以来源地为中心的排序相反),则目的地权重矩阵的具体形式就为 $W_d^{(d)}=W\otimes I_n$。与矩阵 X_d 的情形一样,我们可以利用以下关系:

$$P'W_dP=P'(I_n\otimes W)P=W\otimes I_n=W_d^{(d)} \tag{15.4}$$

从而得到目的地为中心排序方案下的目的地权重矩阵。

模型(15.2)是基于如下事实而提出的:两种类型的依赖都有可能存在于我们的来源地—目的地流量空间关系中。该模型可被视为一个连续的空间滤波器,分别使用$(I_N-\rho_d W_d)$和$(I_N-\rho_o W_o)$在 y 中相继过滤来源地—目的地之间的流量。值得注意的是,我们可以变换过滤的秩序,仍然得到相同的模型。也就是说,我们可以首先使用滤波器$(I_N-\rho_d W_d)(I_N-\rho_o W_o)$滤掉来源地依赖,然后再去掉目的地依赖。这主要是因为,基于克罗内克乘积的混合乘积法则,交叉乘积项$(W\otimes I_n)(I_n\otimes W)P=W\otimes W$ 与$(I_n\otimes W)(W\otimes I_n)$是一致的。

展开乘积:

$$(I_N-\rho_d W_d)(I_N-\rho_o W_o)=I_N-\rho_d W_d-\rho_o W_o+\rho_d\rho_o W_d\cdot W_o=$$
$$I_N-\rho_d W_d-\rho_o W_o-\rho_w W_w$$

就能引导我们去思考第三种依赖,即在上述乘积中显示的

$$W_w=W_o\cdot W_d=(I_n\otimes W)(W\otimes I_n)=W\otimes W。$$

这类空间权重矩阵体现的是从来源地近邻地区流向目的地近邻地区的平均流量,LeSage 和 Pace(2008)将此类依赖称为"来源地到目的地的依赖",以区别于基于目的地的空间依赖和基于来源地的空间依赖。这促使 LeSage 和 Pace(2008)提出了一个一般空间自回归交互模型,如(15.5)式所示,把来源地依赖、目的地依赖和来源地到目的地的依赖全部考虑在内:

$$y=\rho_d W_d y+\rho_o W_o y+\rho_w W_w y+\alpha\iota_N+X_d\beta_d+X_o\beta_o+\gamma g+\varepsilon \tag{15.5}$$

包含被解释变量空间滞后项的空间回归模型的两大动因——遗漏变量和时空动态,同样适用于本模型。我们可以从非空间的理论关系开始说起,比如用于激发非空间移民交互模型的效用理论,或者用于推导出非空间贸易流量引力方程的 CES 效用函数垄断竞争模型。如果我们假定存在遗漏变量的情况,不仅同现有变量关联,而且

显示有空间依赖，那么诸如(15.5)式所示的包含被解释变量的空间滞后项(以及解释变量的)模型就会产生。换言之，(15.5)式模型的SDM变形有可能适合于来源地—目的地流量空间计量模型。同样，当来源地—目的地流量同时显示时间依赖和时空依赖时，时空动态性是(15.5)式模型可以用来描述这一过程的长期稳态均衡的动因。

在贸易文献中，Anderson 和 van Wincoop(2004)认为交互项是很重要的。因为它反映了如下事实，即双边贸易流量不仅取决于双边贸易壁垒，还取决于所有贸易伙伴间的贸易壁垒。在模型中，贸易壁垒或多边贸易阻力常常以目的地"到岸价格"(CIF)和来源地"离岸价格"(FOB)之间的差来表现。以上的论述实质上是说双边预测不能轻易扩展应用到多边世界，因为它们忽略了连接所有贸易伙伴之间的相互作用。另外一个值得注意的文献是 Behrens，Ertur 和 Koch(2007)所做的研究，他们将CES效用函数垄断竞争模型加以扩展，导出了一个包含被解释变量空间滞后项的贸易流量引力方程。他们通过使用一个CES模型的定量分析版本来实现，并发现价格指数(代表多边贸易阻力)间接地依赖于贸易流量。这连同另一事实——模型中的双边贸易流量取决于来自所有其他贸易伙伴的流量——一起共同推导出一个显示贸易流量空间自回归结构的贸易模型。他们得出一个直观的结论：当商品总体上可替代时，从任一来源地流向特定目的地的贸易流量将取决于双边贸易壁垒(替代品价格)的整体分布。

困扰贸易实证文献的一个问题在于缺乏可靠的区域价格信息(Anderson 和 van Wincoop，2004)。因此，Anderson 和 van Wincoop(2004)建议用非统计的方法来替代不可观测的价格。这正如我们已经提过的，潜在的、不可观测的并且具有空间依赖的变量存在，就会推导出如(15.5)式所示的模型，此模型中利用被解释变量空间滞后项来说明不可观测的变量。

LeSage 和 Pace(2008)指出，这个一般模型将会派生出9种有趣的实证模型。基于对参数$\rho_i(i=d,o,w)$给予不同的限制条件，我们列举其中的4种。可以用模型比较方法来检验这些参数约束条件。不过，与参数约束条件相关的这9种模型族的嵌套性质可以让我们使用传统的似然比来检验。这4种模型列举如下。

非空间模型：当约束条件$\rho_d=\rho_o=\rho_w=0$时，式(15.5)可以推导出非空间模型，它不存在空间自回归依赖。

空间模型分为以下三类：

模型1 当约束条件$\rho_w=0$时，式(15.5)可推导出一个具有可分离的来源地和目的地自回归依赖的模型，两个空间权重矩阵W_d和W_o体现了这种自回归依赖，但是排除了W_w所代表的来源地近邻和目的地之间的"来源地—目的地"依赖。

模型2 当约束条件$\rho_w=-\rho_d\rho_o$时，式(15.5)就能推导出一个连续滤波模型，其中包含来源地依赖W_d、目的地依赖W_o以及乘积可分离的交互依赖W_w，它们合在一起作为滤波器。

$$(I_N-\rho_d W_d)(I_N-\rho_o W_o)=(I_N-\rho_o W_o)(I_N-\rho_d W_d)=I_N-\rho_d W_d-\rho_o W_o+\rho_d\rho_o W_w$$

模型3 无约束条件模型，如(15.5)式所示，包含3个矩阵W_d、W_o和W_w，代表了该族模型中最一般的形式。对ρ_d、ρ_o和ρ_w施加适当的约束条件，就可以获得更多其他具体模型。

15.2 空间计量经济交互模型的估计

15.2.1 空间计量交互模型的极大似然估计

似然法为极大似然估计和贝叶斯估计是分析的起点。我们注意到,模型设定的简化对数似然函数形式如(15.6)式所示:

$$\ln L=\kappa+\ln|I_N-\rho_d W_d-\rho_o W_o-\rho_w W_w|-\frac{N}{2}\ln[S(\rho_d,\rho_o,\rho_w)] \tag{15.6}$$

其中,$S(\rho_d,\rho_o,\rho_w)$表示残差平方和,在简化掉不依赖于 ρ_d、ρ_o、ρ_w 的参数 α、β_o、β_d、γ、σ^2 和常数项 κ 之后,它才表现为依赖参数标量的函数(LeSage 和 Pace, 2008)。

LeSage 和 Pace(2008)指出,只需利用 $n\times n$ 阶矩阵 W 的迹就可计算(15.6)式中的 $N\times N$ 阶矩阵的对数行列式,这就极大地简化了这些模型的估计。注意到,如果我们利用模型的特殊结构,就不需要使用克罗内克积 $\iota_n\otimes X$,$X\otimes\iota_n$ 来重复 $n\times k$ 阶数据矩阵,就可以更进一步简化计算。用克罗内克积代数法则就可以获得矩量矩阵,而不需直接处理 $N\times N$ 阶矩阵。给定任意的、可相乘的矩阵 A、B、C,则$(C'\otimes A)\text{vec}(B)=\text{vec}(ABC)$(Horn 和 Johnson,1994,引理 4.3.1,第 254-255 页)。利用 $Z=(\iota_N,X_d,X_o,g)$,我们可以得到如(15.7)式所示的矩量矩阵 $Z'Z$,其中符号 0_k 表示 $1\times k$ 阶元素均为 0 的向量。

$$Z'Z=\begin{bmatrix} N & 0_k & 0_k & \iota_n'G\iota_n \\ 0_k' & nX'X & 0_k'0_k & X'G\iota_n \\ 0_k' & 0_k'0_k & X'X & X'G'\iota_n \\ \iota_n'G\iota_n & \iota_n'G'X & \iota_n'GX & tr(G^2) \end{bmatrix} \tag{15.7}$$

采用克罗内克积代数法则,还可以让我们避免形成 $N\times N$ 阶矩阵 W_d、W_o 或 W_w。因为 $W_d y=(I_n\otimes W)\text{vec}(Y)$,利用$(C'\otimes A)\text{vec}(B)=\text{vec}(ABC)$,可以得到 $W_d y=\text{vec}(WY)$。同样,我们可得 $W_o y=\text{vec}(YW')$,$W_w y=\text{vec}(WYW')$。我们利用这些可以将(15.5)式重新表达为如(15.8)式所示,这里,E 是一个 $n\times n$ 阶理论扰动项矩阵。

$$\text{vec}(Y)-\rho_d\text{vec}(WY)-\rho_o\text{vec}(YW')-\rho_w\text{vec}(WYW')=Z\delta+\text{vec}(E) \tag{15.8}$$

(15.8)式左边的表达式是四个部分的线性组合,一个是被解释变量向量 $\text{vec}(Y)$,另外三个代表该向量的空间滞后项,分别反映基于目的地的依赖 $\text{vec}(WY)$、基于来源地的依赖 $\text{vec}(YW')$以及来源地到目的地的依赖 $\text{vec}(WYW')$。这样,我们就可以将参数估计表示成四个独立部分的线性组合,每一部分我们用 $\hat{\delta}^{(t)}=(Z'Z)^{-1}Z'\text{vec}[F^{(t)}(Y)]$表示,当 $t=1,\cdots,4$ 时,$F^{(t)}(Y)$分别等于 Y、WY、YW'和 WYW'。这些独立组成部分可以用来决定 $\hat{\delta}$ 的参数估计,如(15.9)式所示:

$$\hat{\delta}=(\hat{\delta}^{(1)},\hat{\delta}^{(2)},\hat{\delta}^{(3)},\hat{\delta}^{(4)})\begin{pmatrix}1\\-\rho_d\\-\rho_o\\-\rho_w\end{pmatrix} \tag{15.9}$$

我们可以运用表达式 $\hat{\delta}^{(t)}, t=1,\cdots,4$，把这些项写成样本数据 X、Y 和参数 ρ_d、ρ_o、ρ_w 的函数。对于参数 $\hat{\delta}^{(t)}$，我们就可以简化对数似然函数，参数 $\hat{\delta}$ 包含了与模型解释变量相关的 α、β_d、β_o、γ 参数。

这些组成部分的剩余矩阵 $\hat{E}^{(t)}, t=1,\cdots,4$，其形式如(15.10)式所示，可以用来表示简化对数似然函数的整体剩余矩阵 $\hat{E}=\hat{E}^{(1)}-\rho_d\hat{E}^{(2)}-\rho_o\hat{E}^{(3)}-\rho_w\hat{E}^{(4)}$：

$$\hat{E}^{(t)}=F^{(t)}(Y)-\hat{\alpha}^{(t)}\iota_n\iota_n'-X\hat{\beta}_d^{(t)}\iota_n'-\iota_n(\hat{\beta}_o^{(t)})'X'-\hat{\gamma}^{(t)}G \tag{15.10}$$

为了极大化对数似然值，我们引入叉乘矩阵 Q，它由各种剩余矩阵组成。定义 $Q_{ij}=tr(\hat{E}^{(i)\prime}\hat{E}^{(j)}), i=1,\cdots,4, j=1,\cdots,4$，那么我们模型的剩余平方和就变成 $S(\rho_d,\rho_o,\rho_w)=\tau(\rho_d,\rho_o,\rho_w)'Q_t(\rho_d,\rho_o,\rho_w)$，这里的 $\tau(\rho_d,\rho_o,\rho_w)=(1-\rho_d-\rho_o-\rho_w)'$。

因此，对于任何数值集(ρ_d,ρ_o,ρ_w)，$S(\rho_d,\rho_o,\rho_w)$，再计算只需要并不依赖于 n 或 k 的少量运算。数行列式项的预计算值，也可以表示成这些能运用 LeSage 和 Pace(2008)提出的有效方法进行计算的参数的函数。两者一起就可以让我们对这些参数的最大似然函数进行快速优化。使用 2 GHz Intel 双核笔记本电脑，计算涉及 $n=359$ ($N=128\,881$)个美国大都市区之间人口迁移流量的极大对数似然函数，花费了大约 5 秒钟。

15.2.2 空间计量交互模型的贝叶斯估计

标准空间回归模型的贝叶斯马尔可夫链蒙特卡罗(MCMC)估计可以应用于这些模型。我们可以使用两种有效的方式来扩展模型：第一，可以利用 Geweke(1993)提出的方法，把非空间模型扩展成空间自回归模型，来满足厚尾型随机扰动分布的要求。第二，可以处理在"来源地—目的地"流量建模中普遍出现的问题，即很多"来源地—目的地"对的流量值为 0。在空间计量交互模型中，我们可以将 0 流量视为这些特定的"来源地—目的地"之间流量负效用(或收益)的表现。比如，来源地—目的地之间人口迁移流量的缺失，可能就是在这些地点之间迁移而产生的负效用的体现。

我们转向空间计量交互模型的贝叶斯稳健估计，就为每个观测点引入一组潜在的方差标量。换言之，我们用以下式子替代 $\varepsilon:N(0,\sigma^2 I_N)$：

$$\begin{aligned}
&\varepsilon\sim N(0,\sigma^2\widetilde{V})\\
&\widetilde{V}_{ii}=\widetilde{V}_i,\ i=1,\cdots,N\\
&V=\text{vec}(R)\\
&R=\begin{pmatrix} v_{11} & v_{12} & \cdots & v_{1n}\\ v_{21} & v_{22} & \cdots & v_{2n}\\ \vdots & \vdots & \ddots & \vdots\\ v_{n1} & v_{n2} & \cdots & v_{nn}\end{pmatrix}
\end{aligned} \tag{15.11}$$

假定 $n\times n$ 阶矩阵 R 中的每一个方差 $v_{ij}, i=1,\cdots,n, j=1,\cdots,n$，符合事前的 $\chi^2(\lambda)$独立同分布，具有单位均值，并且其方差和模式取决于事前给定的超参数 λ，我们就可以对(15.11)式中的 N 个方差进行估计。较小的 λ 值(5 左右)就会产生这样的事前分布:个体的 v_{ij} 估计都集中在它们事前单位均值的周围,然而,如果极大地偏离事前的统一值,模型的残差就会非常大。这种大的残差则表明异常值的存在,或者表明,相对于"来源地—目的地"流量样本的主体而言,出现了非典型的或异常的来源地—目的地组合存在。

MCMC 估计要求我们从模型所有参数的完整条件分布集合中连续抽样。我们提出条件分布(利用我们的计算效率)的矩量矩阵结构。模型的参数为:$\delta,\alpha,\rho_d,\rho_o,\rho_w$ 和 $\widetilde{V}_{ii}, i=1,\cdots,N$,其中,$\delta=[\alpha,\beta_d,\beta_o,\gamma]'$。$N\times N$ 阶矩阵 $\widetilde{V}$ 包含区别于同方差模型的方差标量参数。

当假定参数 δ 服从无信息量先验分布而且参数 σ^2 服从独立先验分布逆伽马分布 $IG(a,b)$ 时,我们可以给出参数 δ 和 σ^2 的条件分布。采用舍选抽样法,在 $-1<\rho_d,\rho_o,\rho_w<1$ 范围内,我们假定这些参数服从先验平均分布,并给出稳定性约束 $\sum_i p_i>-1$,$\sum_i p_i<1, i=d,o,w$。我们设定方差标量 v_{ij}。服从 Geweke 的自由度为 λ 的先验卡方独立同分布。我们将 λ 视为退化的超参数,但也注意到 Koop(2003)曾将 λ 扩展为指数先验分布。我们的先验分布形式上可以表示为:

$$\pi(\delta)\sim N(c,T),\ T\to\infty \tag{15.12}$$

$$\pi(\lambda/v_{ij})\sim \text{iid}\ \chi^2(\lambda) \tag{15.13}$$

$$\pi(\sigma^2)\sim IG(a,b) \tag{15.14}$$

$$\pi(\rho_i):\ U(-1,1),\ i=d,o,w \tag{15.15}$$

参数 δ 的条件后验分布为多元正态分布形式:

$$\begin{aligned}
&p(\delta|\rho_d,\rho_o,\rho_w,\sigma^2,\widetilde{V})\propto N(\bar{\delta},\sigma^2\bar{D})\\
&\bar{\delta}=\beta^{(1)}-\rho_d\beta^{(2)}-\rho_o\beta^{(3)}-\rho_w\beta^{(4)}\\
&\beta^{(i)}=(Z'\widetilde{V}^{-1}Z)^{-1}Z'\bar{\delta}^{-1}F^{(i)}(Y)\\
&F^{(i)}(Y)=Y,WY,YW',WYW',\ i=1,\cdots,4\\
&\bar{D}=(Z'\widetilde{V}^{-1}Z)^{-1}
\end{aligned} \tag{15.16}$$

基于我们的先验分布,参数的条件后验分布与一个逆伽马分布成正比:

$$\begin{aligned}
&p(\sigma^2|\rho_d,\rho_o,\rho_w,\delta,\widetilde{V})\propto IG\left[a+\frac{N}{2},\tau'\widetilde{Q}\tau/(2+b)\right]\\
&\tau=(1-\rho_d-\rho_o-\rho_w)'\\
&\widetilde{Q}_{ij}=tr[(E^{i\prime}\odot\widetilde{R}')(\widetilde{R}\odot E^{(j)})],\ i,j=1,\cdots,4\\
&\widetilde{R}=\begin{pmatrix} v_{11}^{-1/2} & v_{12}^{-1/2} & \cdots & v_{1n}^{-1/2}\\ v_{21}^{-1/2} & v_{22}^{-1/2} & \cdots & v_{2n}^{-1/2}\\ \vdots & \vdots & \ddots & \vdots\\ v_{n1}^{-1/2} & v_{n2}^{-1/2} & \cdots & v_{nn}^{-1/2}\end{pmatrix}\\
&E^{(i)}=F^{(i)}(Y)-\alpha^{(i)}\iota_n\iota_n'-X\beta_d^{(i)}\iota_n'-\iota_n-(\beta_o^{(i)})'X'-\gamma^{(i)}G
\end{aligned}$$

$$\beta^{(i)}=(\alpha^{(i)},\beta_d^{(i)},\beta_o^{(i)},\gamma^{(i)})'=(Z'\widetilde{V}^{-1}Z)^{-1}Z'\widetilde{V}^{-1}F^{(i)}(Y)$$

这里，$\tau'\widetilde{Q}_\tau$ 代表给定参数 ρ_d,ρ_o,ρ_w 任意赋值后的残差平方和。

每个方差标量 $v_{ij},i,j=1,\cdots,n$ 的条件后验分布，均能表示成如(15.17)式所示，E_{ij} 代表矩阵 E 的第 i 行第 j 列元素：

$$p\left(\frac{E_{ij}^2+\lambda}{v_{ij}}\,|\,\rho_d,\rho_o,\rho_w,\sigma^2,\delta\right)\propto\chi^2(\lambda+1) \tag{15.17}$$

$$E=E^{(1)}-\rho_dE^{(2)}-\rho_oE^{(3)}-\rho_wE^{(4)}$$

在此模型中，对 ρ_d,ρ_o,ρ_w 中的每一个参数，我们都必须基于另外两个依赖参数和其他参数(δ,σ^2,V)进行抽样。参数 ρ_d 的对数条件后验分布形式如(15.18)式所示，另外两个空间依赖参数也有类似的表达式：

$$p(\rho_d\,|\,\rho_o,\rho_w,\delta,\sigma^2,\widetilde{V})\propto(I_N-\rho_dW_d-\rho_oW_o-\rho_wW_w)\cdot$$
$$\exp\left[-\frac{1}{2\sigma^2}\tau(\rho_d,\rho_o,\rho_w)\widetilde{Q}\tau(\rho_d,\rho_o,\rho_w)\right] \tag{15.18}$$

我们注意到，其中行列式项可以使用与极大似然估计相同的快速算法来计算。参数 $\rho_i,i=d,o,w$ 的抽样利用基于调和正态随机游走的 Metropolis-Hastings 算法来完成。

拓展阅读

[1] 李鲲鹏，文益俊. 交互效应面板模型的 EM 算法和 MCMC 算法[J]. 数量经济技术经济研究，2012.

[2] 马子量，郭志仪，马丁丑. 空间交互视角下的中国省级区域城市化进程分析[J]. 中国人口科学，2014：88—98.

[3] 王美今，林建浩，余壮雄. 中国地方政府财政竞争行为特性识别："兄弟竞争"与"父子争议"是否并存？[J]. 管理世界，2010：22—31.

[4] 张华，丰超. 扩散还是回流：能源效率空间交互效应的识别与解析[J]. 山西财经大学学报，2015.

参考文献

[1] Anderson J. E. van Wincoop E.. Trade Costs[J]. Journal of Economic Literature，2004，42(3)：691—751.

[2] Anderson J. E.. A Theoretical Foundation for the Gravity Equation[J]. American Economic Review，1978，69(1)：106—116.

[3] Behrens K. C. Ertur，Koch W.. Dual Gravity：Using Spatial Econometrics to Control for Multilateral Resistance[C]. CORE Discussion Paper，2007，59.

[4] Curry L.. A Spatial Analysis of Gravity Flows[J]. Regional Studies，1972(6)：137—147.

[5] Geweke J.. Bayesian Treatment of the Independent Student t Linear Model[J]. Journal of Applied Econometrics，1993(8)：19—40.

[6] Griffith D. A.，Jones K. G.. Explorations into the Relationship between Spatial Structure and

Vpatial Interaction[J]. Environment and Planning A, 1980(12): 187—201.

[7] Griffith D. A.. Spatial Structure and Spatial Interaction: 25 Years Later[J]. The Review of Regional Studies, 2007, 37(1): 28—38.

[8] Horn R. A., Johnson C. R.. Topics in Matrix Analysis [M]. Cambridge University Press, 1994.

[9] Koop G.. Bayesian Econometrics[M]. John Wiley & Sons, 2003.

[10] LeSage J. P., Fischer M. M., Scherngell T.. Knowledge Spillovers across Europe, Evidence from a Poisson Spatial Interaction Model with Spatial Effects[C]. Papers in Regional Science, 2007, 86(3): 393—421.

[11] LeSage J. P., Pace R. K.. Spatial Econometric Modeling of Origin Destination Flows[J]. Journal of Regional Science, 2008, 48(5): 941—967.

[12] Sen A. Smith T. E.. Gravity Models of Spatial Interaction Behavior [M]. Springer-Verlag, 1995.

第16章 矩阵指数空间计量经济模型

16.1 矩阵指数空间计量经济模型概述

Lesage 和 Pace(2007)①提出可以采用矩阵指数空间模型(Matrix Exponential Spatial Specification,MESS)来描述空间相关性,这一模型可视为一个前期影响程度呈指数衰减特征的时空过程。矩阵指数可以替代空间自回归过程,作为建立空间回归模型的基础。它实质上是用空间上的指数衰减替代了空间自回归过程的几何衰减。

与常规的空间自回归模型相比,矩阵指数空间模型具有计算上的优势,因为它消除了在进行极大似然估计和贝叶斯模型估计时对对数行列式计算的需要。同时,该类空间模型形式也具有理论优势。

Chiu 等(1996)提出了采用指数形式的协方差矩阵模型。这一方法有两点优势:第一,矩阵指数模型的协方差矩阵是正定的,从而在优化过程中无需设定参数的范围和检验矩阵的正定性;第二,矩阵指数逆矩阵的形式更为简单,从而有理论和计算上的优势。

16.2 MESS 空间自回归模型的设定与似然估计

考虑这样一类模型的估计,其被解释变量 y 经过了下式中的线性变换 Sy:

$$Sy=X\beta+\varepsilon \tag{16.1}$$

其中,向量 y 包含被解释变量的 n 个观测量,X 代表关于解释变量观测值的 $n\times k$ 阶矩阵,S 是一个 $n\times n$ 阶的正定矩阵,n 个元素向量构成的 ε 服从 $N(0,\sigma^2 I_n)$ 分布,k 元素向量 β 为待估参数向量。设定 $S=(I_n-\rho W)$,就可以写出常规的空间自回归模型:

$$y=(I_n-\rho W)^{-1}X\beta+\eta,\ \eta=(I_n-\rho W)^{-1}\varepsilon, \tag{16.2}$$

上式中 η 的方差-协方差矩阵为 $\Sigma_\rho=\sigma^2[(I_n-\rho W)(I_n-\rho W)^{-1}]^{-1}$。

MESS 模型的对数似然函数为:

$$\ln L(\beta,\sigma,\alpha;y)=-\frac{n}{2}\{\ln(\sigma^2)+\ln(2\pi)\}+\ln|S(\alpha)|-\frac{1}{2\sigma^2}(S(\alpha)y-X\beta)'(S(\alpha)y-X\beta) \tag{16.3}$$

① LeSage J., Pace R. K.. A Matrix Exponential Spatial Specification[J]. Journal of Econometrics, 2007 (140): 190—214.

将 β 和 σ 固定,上式(16.3)对应的简化对数似然函数为:

$$\ln L(\alpha;y)=\kappa+\ln|S(\alpha)|-(n/2)\ln(y'S(\alpha)'MS(\alpha)y) \tag{16.4}$$

其中,κ 表示一个常数标量,$M=I_n-H$ 和 $H=X(X'X)^{-1}X'$ 都是幂等矩阵。$|S|$ 项是从 y 到 Sy 转换的雅克比行列式。雅克比行列式将避免利用奇异或近似奇异转换来人为地增加回归拟合度。

矩阵指数可以被用作 S 的一种形式,其中 W 为一个对角线元素为 0 的 $n\times n$ 阶的非负矩阵,α 代表一个实参数标量:

$$S=e^{\alpha W}=\sum_{i=0}^{\infty}\frac{\alpha^i W^i}{i!} \tag{16.5}$$

式 16.5 中,W 为空间权重矩阵,其中,$W_{ij}>0$ 表明观测值 j 是观测值 i 的一个近邻,$W_{ii}=0$ 表明排除自身依赖。$(W^2)_{ij}>0$ 表明观测值 j 是观测值 i 的近邻的近邻。类似的关系在确定更高阶近邻的 W 的高阶幂中也成立,从而与矩阵 W 相关的矩阵指数 S 对高阶近邻关系施加了衰减影响。

MESS 空间计量模型就是利用高阶邻近关系影响的指数衰退模式,替代空间自回归过程中高阶近邻关系影响的常规几何衰减。

如果 W 是行随机的,则 S 与一个行随机矩阵成比例,因为行随机矩阵的乘积仍是行随机的。

在非空间的条件下,Chiu、Lenoard 和 Tsui(1996)提出使用矩阵指数,并讨论了其几项性质:

(1) S 是正定的;

(2) 任何正定矩阵都是某一矩阵的矩阵指数;

(3) $S^{-1}=e^{-\alpha W}$;

(4) $|e^{\alpha W}|=e^{tr(\alpha W)}$。

性质(1)表明残差的协方差可表示为:

$$\Sigma_\alpha=\sigma^2(S(\alpha)S(\alpha)')^{-1}=\sigma^2(S(\alpha)')^{-1}S(\alpha)^{-1}=\sigma^2(e^{-\alpha W'}e^{-\alpha W}) \tag{16.6}$$

由于非奇异矩阵的内积仍是正定的,保证协方差矩阵是正定的,从而无需设定参数范围,也无需在参数估计过程中进行正定性的检验。性质(3)将简化矩阵指数的计算。性质(4)将极大简化了 MESS 的对数似然函数。

将几何衰减形式与指数衰减形式相比较,令 $I_n-\rho W$ 等于 $e^{\alpha W}$,可以得到 ρ 和 α 之间的等式关系,即 $\rho=1-e^\alpha$,从而构成 SAR 模型和 MESS 模型之间的关系。

由性质(4)可知,$tr(W)=0$,从而导致 $|e^{\alpha W}|=e^{tr(\alpha W)}=e^0=1$,简化对数似然函数的形式为:

$$\ln L(\alpha;y)=\kappa-(n/2)\ln(y'S(\alpha)'MS(\alpha)y) \tag{16.7}$$

因此,极大化对数似然函数等同于极小化总的残差平方和($y'S'MSy$)。

16.3 MESS 空间自回归模型的贝叶斯估计方法

MESS 模型的贝叶斯估计方法将包括模型中参数 α、β、σ 先验分布的形式。在样本量非常大时，MESS 模型的应用比空间自回归形式具有优势，有关参数 β 和 σ^2 的先验信息不会对其后验分布施加太大影响。但是即使在大样本情况下，由于模型中空间依赖参数的重要作用，参数 α 也可能产生影响。

考虑以上因素，我们以无信息量的先验分布 $\pi(\beta,\sigma^2|\alpha)\propto\kappa$ 开始，其中 σ 服从逆伽马分布，$(\beta|\sigma)$ 服从多元正态分布，并假定 $\pi(\alpha)$ 为 α 的任意先验分布，且 α 独立于 β 和 σ。

通过贝叶斯定理，将似然函数和先验信息结合起来，获得核后验分布：

$$p(\beta,\sigma^2,\alpha|D)\propto\sigma^{-(n+1)}exp\left[-\frac{1}{2\sigma^2}(Sy-X\beta)'(Sy-X\beta)\right]\pi(\alpha) \tag{16.8}$$

利用伽马分布的特征，通过积分消除参数 σ^2 从而获得：

$$p(\beta,\alpha|D)\propto\{[y'S'(\alpha)MS(\alpha)y]+[\beta-\beta(\alpha)]'X'X[\beta-\beta(\alpha)]\}-n/2\pi(\alpha) \tag{16.9}$$

$$\beta(\alpha)=(X'X)^{-1}X'S(\alpha)y$$

上式(16.9)中的联合分布是一个多元 t 分布，可以对 β 求积分从而得到空间依赖参数 α 的后验分布：

$$p(\alpha|D)\propto\{[y'S'(\alpha)MS(\alpha)y]\}^{-(n-k)/2}\pi(\alpha) \tag{16.10}$$

其期望值和方差分别为：

$$E(\alpha\mid D)=\alpha^*=\frac{\int_{-\infty}^{+\infty}\alpha\cdot p(\alpha\mid D)d\alpha}{\int_{-\infty}^{+\infty}p(\alpha\mid D)d\alpha} \tag{16.11}$$

$$\mathrm{var}(\alpha\mid D)=\frac{\int_{-\infty}^{+\infty}[\alpha-\alpha^*]^2\cdot p(\alpha\mid D)d\alpha}{\int_{-\infty}^{+\infty}p(\alpha\mid D)d\alpha} \tag{16.12}$$

利用以 $\beta(\alpha^*)$ 为中心的多元 t 密度，后验均值和方差—协方差矩阵为：

$$\begin{aligned}&E(\beta|D)=(X'X)^{-1}X'S(\alpha^*)y\\&\mathrm{var}-\mathrm{cov}(\beta)=\frac{1}{n-k-2}\left(\int_{-\infty}^{+\infty}Z(\alpha)p(\alpha\mid D)d\alpha\right)(X'X)^{-1}\end{aligned} \tag{16.13}$$

16.4 MESS 空间自回归模型的扩展及其贝叶斯估计

Lesage 和 Pace(2009)对上述 MESS 模型进行了扩展，变形如下①：

$$Sy=X\beta+\varepsilon$$

$$S=e^{\alpha W}$$

$$W=\sum_{i=1}^{m}\left(\phi^iN_i\Big/\sum_{i=1}^{m}\phi^i\right)$$

$$\varepsilon\sim N(0,\sigma^2V),V_{ij}=(v_1,\cdots,v_n),V_{ij}=0(i\neq j)$$

$$\pi(\beta)\sim N(c,T)$$

$$\pi(r/v_i)\sim\chi^2(r)$$

① LeSage J.，Pace R. K.. Introduction to Spatial Econometrics[M]. CRC Press，2009.

$$
\begin{aligned}
&\pi(\sigma^2)\sim IG(a,b)\\
&\pi(\alpha)\sim U(-\infty,0]\\
&\pi(\varphi)\sim U(0,1)\\
&\pi(m)\sim U^D[1,m_{\max}]
\end{aligned}
\tag{16.14}
$$

与 Lesage 和 Pace(2007)所提出的 MESS 模型不同的是,上式中空间权重矩阵的形式更为复杂。

给定分布假设后,$\beta,\sigma^2,\phi,\alpha,m,v_i$ 的先验密度取决于下式中的比例常数:

$$
\begin{aligned}
&\pi(\beta)\propto\exp\left[-\frac{1}{2}(\beta-c)'T^{-1}(\beta-c)\right]\\
&\pi(\sigma^2)\propto(\sigma^2)^{-(\alpha+1)}\exp\left(-\frac{b}{\sigma^2}\right)\\
&\pi(\phi)\propto 1\\
&\pi(\alpha)\propto 1\\
&\pi(m)\propto 1\\
&\pi(v_i)\propto v_i^{-\left(\frac{r}{2}+1\right)}\exp\left(-\frac{r}{2v_i}\right)
\end{aligned}
\tag{16.15}
$$

对于估计参数不同的设定形式将出现各种不同的模型,在此做出下列分类:

MESS1——ρ 和 m 都固定,没有参数 v_i 的模型。

MESS2——ρ 固定,m 需估计,没有参数 v_i 的模型。

MESS3——m 固定,ρ 需估计,没有参数 v_i 的模型。

MESS4——ρ 和 m 都需估计,没有参数 v_i 的模型。

MESS5——ρ、m 和 v_i 都需估计的模型。

根据贝叶斯恒等式,有:

$$
p(\beta,\sigma^2,V,\phi,\alpha,m|D)=p(D|\beta,\sigma^2,V,\phi,\alpha,m)\cdot\pi(\beta,\sigma^2,V,\phi,\alpha,m)\tag{16.16}
$$

连同参数先验分布的先验独立性假设,可以建立参数的联合后验分布密度 $p(\beta,\sigma^2,V,\phi,\alpha,m|D)$。

利用 M-H 抽样法从后验分布中为 MESS 模型的参数 ϕ,α,m 进行抽样。使用正态分布作为 α 的建议密度,舍选抽样方法被用来约束 α 的范围。

使用均匀分布作为 ϕ 的建议分布,同时在区间$[1,m_{\max}]$中,以离散均匀分布作为 m 的建议分布。利用上述形式已知的参数条件分布进行抽样,可以估计 MESS 模型的参数 β,σ^2,V。

为了在 Gibbs 抽样中使用 M 抽样进行估计,我们需要获得 β,σ^2,V 的条件分布:

$$
\begin{aligned}
&p(\beta|\alpha,\sigma,V,\phi,m)\sim N(c^*,T^*)\\
&c^*=(X'V^{-1}X+\sigma^2T^{-1})^{-1}(X'V^{-1}Sy+\sigma^2T^{-1}c)\\
&T^*=(X'V^{-1}X+\sigma^2T^{-1})^{-1}\sigma^2
\end{aligned}
\tag{16.17}
$$

注意:如果给定参数 $\beta,\sigma^2,V,\phi,\alpha,m$,向量 Sy 和 $X'V^{-1}X$ 可视为已知,使得条件分布易于抽样。

σ^2 的条件分布见下式:

$$
p(\sigma^2|\beta,\alpha,V,\phi,m)\propto(\sigma^2)^{-\left(\frac{n}{2}+a\right)}\exp\left(-\frac{e'V^{-1}e+2b}{2\sigma^2}\right)\tag{16.18}
$$

该分布与参数为$\left(\frac{n}{2}+a\right)$和$e'V^{-1}e+2b$的逆伽马分布成比例，其中$e=Sy-X\beta$。

给定其他参数，V的条件分布与自由度为$r+1$的卡方密度成比例，具体而言，可将每个v_i的条件后验分布表示为：

$$p\left(\frac{e_i^2+r}{v_i}|\beta,\alpha,\sigma^2,v_{-i},\phi,m\right)\sim\chi^2(r+1) \tag{16.19}$$

其中，$v_{-i}=(v_1,\cdots,v_{i-1},v_{i+1},\cdots,v_n)$。

由于α,ϕ,m的条件分布形式未知，需要进行M-H抽样。

MCMC估计过程包括用$\beta^0,\sigma^0,V^0,\phi^0,\alpha^0,m^0$表示的参数的任意初始值为起点，然后按顺序从条件分布集合中为模型参数抽样。

(1) $p(\beta|\sigma^0,V^0,\alpha^0,\phi^0,m^0)$是一个正态分布，其均值和方差——协方差见上式，更新参数向量β的值，记为β^1；

(2) $p(\sigma^2|\beta^1,V^0,\alpha^0,\phi^0,m^0)$是一个逆伽马分布，更新的参数记为$\sigma=\sigma^1$；

(3) $p(v_i|\beta^1,\sigma^1,v_{-i},\alpha^0,\phi^0,m^0)$可以从卡方分布中获得；

(4) $p(\alpha|\beta^1,\sigma^1,V^1,\phi^0,m^0)$，这里使用Metropolis步骤从正态建议密度中抽样，同时利用舍选抽样将α限制在理想的区间，其概率与α的理想条件分布成比例；

(5) $p(\phi|\beta^1,\sigma^1,V^1,\alpha^1,m^0)$，该抽样使用基于(0,1)区间上$\phi$的均匀分布；

(6) $p(m|\beta^1,\sigma^1,V^1,\alpha^1,\phi^1)$，该抽样基于一个将$m$限制在区间$[1,m_{\max}]$的整数的离散均匀分布。

抽样过程按照步骤(1)至(6)依次进行，每完成一次抽样，对$\beta^0,\sigma^0,V^0,\phi^0,\alpha^0,m^0$的初始值进行更新。每完成一次抽样，获得参数的样本，用来构建模型参数的联合后验分布。

16.5 MESS空间误差模型的设定与似然估计

模型的扰动项中可能包含空间依赖，空间误差模型将考虑误差项中的空间效应。给定被解释变量y和k个解释变量X的N个观察点，模型表达式见公式(16.20)，其中β代表k元素待估参数向量，残差项服从方差-协方差矩阵为Ω的多元正态分布：

$$\begin{gathered}y=X\beta+\varepsilon\\ \varepsilon\sim N(0,\Omega)\end{gathered} \tag{16.20}$$

当观测值i位于观测值j附近时，空间误差模型依赖于$\Omega_{ij}\neq0$的设定。下面将对方差-协方差矩阵采取不同形式的设定，具体地，利用实标量参数ϕ、λ、γ、θ、α，以及$n\times n$阶实数空间权重矩阵W，公式(16.21)给出条件(CSG)、同期(SSG)、线性移动平均(MAL)、二次移动平均(MAQ)和矩阵指数(MESS)四种不同的设定形式。由于CSG和MAL形式均要求空间权重矩阵为对称阵，因此，W矩阵采取对称阵：

$$
\begin{aligned}
&\text{CSG: } \Omega^{-1}=I_n-\phi W \\
&\text{SSG: } \Omega^{-1}=I_n-2\rho W+\rho^2 W^2 \\
&\text{MAL: } \Omega=I_n+\gamma W \\
&\text{MAQ: } \Omega=I_n+2\theta W+\theta^2 W^2 \\
&\text{MESS: } \Omega=e^{\alpha W}=\sum_{i=0}^{\infty}\frac{\alpha^i W^i}{i!}
\end{aligned}
\tag{16.21}
$$

对公式(16.21)中 MESS 形式的方差-协方差矩阵进行泰勒级数展开,如公式(16.22):

$$
\begin{aligned}
&\Omega=I_n+\alpha W+\frac{\alpha^2}{2}W^2+\frac{\alpha^3}{6}W^3+\frac{\alpha^4}{24}W^4+\frac{\alpha^5}{120}W^5+\cdots \\
&\Omega^{-1}=I_n-\alpha W+\frac{\alpha^2}{2}W^2-\frac{\alpha^3}{6}W^3+\frac{\alpha^4}{24}W^4-\frac{\alpha^5}{120}W^5+\cdots
\end{aligned}
\tag{16.22}
$$

对于正的 α 和非负的 W,MESS 和 MAL、MAQ 均能得到非负的方差-协方差矩阵元素;对于负的 α,MESS 和 SSG 均得到负值和正值元素混合矩阵。

根据矩阵指数的四条性质,可得公式(16.23)的简化对数似然函数,其中(•)表示每个形式相关的空间依赖参数。

$$
\begin{aligned}
&\ln L(\cdot)=\kappa-\frac{1}{2}\ln|\Omega(\cdot)|-\frac{n}{2}\ln\{[(y-X\beta(\cdot)]'\Omega(\cdot)^{-1}[(y-X\beta(\cdot)]\} \\
&\beta(\cdot)=[X'\Omega(\cdot)^{-1}X]^{-1}X'\Omega(\cdot)^{-1}y
\end{aligned}
\tag{16.23}
$$

由于 $n\times n$ 阶方差-协方差矩阵的对数行列式的计算较为复杂,对于 MESS 的 $\Omega(\cdot)$,极大似然估计可采用非线性最小二乘法。

当不同模型产生相同估计时,考虑各形式相关的权重矩阵,设 C,S,L,Q 和 W 代表上述 5 种不同的设定形式,使各式相等,得到:

$$
C=I_n-e^{\alpha W},S=I_n-e^{-\frac{\alpha}{2}W},Q=e^{\frac{\alpha}{2}W}-I_n,L=e^{\alpha W}-I_n \tag{16.24}
$$

从而有公式(16.25):

$$
\Omega=I_n+L=(I_n+Q)^2=(I_n-S)^{-2}=(I_n-C)^{-1}=e^{\alpha W} \tag{16.25}
$$

16.6 MESS 空间杜宾模型的设定与似然估计

Piribauer 和 Fischer(2014)在对空间增长回归模型进行研究时,在 Lesage 和 Pace(2007,2009)的基础上,提出矩阵指数形式的空间杜宾模型[①]:

$$
\begin{aligned}
&Sy=\beta_0\iota_N+X\beta+WX\gamma+\varepsilon \\
&\varepsilon\sim N(0,\sigma^2 I_N)
\end{aligned}
\tag{16.26}
$$

模型的似然函数表达式见公式(16.27):

$$
\ln L(\alpha,\delta,\sigma^2|y)=-\frac{N}{2}[\ln(\sigma^2)+\ln(2\pi)]+\ln|S(\alpha)|
$$

① Piribauer P., Fischer M. M.. Model Uncertainty in Matrix Exponential Spatial Growth Regression Models[J]. Geographical Analysis, 2014,47(3):240—261.

$$-\frac{1}{2\sigma^2}\ln(y(\delta)'S(\alpha)'MS(\alpha)y(\delta)) \tag{16.27}$$

$$\begin{aligned} &M=I_N-Z(Z'Z)^{-1}Z' \\ &Z=[\iota_N \quad X \quad WX] \\ &\delta=[\beta_0 \quad \beta \quad \gamma]' \end{aligned} \tag{16.28}$$

同样，当固定 δ 和 σ 时，简化的对数似然函数见公式(16.29)：

$$\ln L(\alpha y)=\kappa-\frac{N}{2}\ln(y'S(\alpha)'MS(\alpha)y) \tag{16.29}$$

16.7 MESS空间计量模型的最新研究进展

Han 和 Lee(2013)对有限个滞后项的空间杜宾误差模型进行分析，模型的参数采用平滑性先验分布假设。同时，对于空间杜宾误差模型、空间自回归模型和矩阵指数空间模型三类模型，作者提出采用贝叶斯选择方法选取合适的模型进行实证分析。文章中还得出三类模型的边际似然函数。与最大似然估计结果相比，高阶空间滞后系数模型的贝叶斯估计结果更为精确①。

Han 和 Lee(2013)对 SAR 模型和 MESS 模型的选择问题进行研究，作者提出采用 J 检验的方法对这类非嵌套模型进行选择判断②。

Rodrigues 等(2014)对指数矩阵形式的空间模型的偏协方差和边际协方差结构进行研究，通过实验分析，指出这类模型存在着一项缺点，即两区域之间的边际相关性和条件相关性往往存在相反的关系③。

Figueiredo(2014)将 MESS 模型扩展到面板形式，并将模型估计结果与空间面板自回归模型进行比较④。

Piribauer 和 Fischer(2014)在 Lesage 和 Pace(2007,2009)的基础上，对矩阵指数空间模型的不确定性进行分析。作者认为模型的不确定性源于两方面：第一，区域之间空间权重矩阵的选择；第二，选择合适的解释变量。考虑到以上两点不确定性的存在，作者采用贝叶斯信息准则(BIC)矩阵建立包含指数矩阵的空间杜宾模型(SDM)，这类模型能够对大范围的空间增长回归模型进行分析，同时采用不同的空间权重矩阵。

Debarsy 等(2015)对 MESS 模型的大样本属性进行研究，采用拟极大似然估计(QML)的方法对 MESS 和 SAR 模型进行分析比较，得出异方差情形下，对 MESS 模

---

① Xiaoyi Han, Lung-fei Lee. Bayesian Estimation and Model Selection For Spatial Durbin Error Model With Finite Distributed Lags[J]. Regional Science and Urban Economics, 2013 (43): 816—837.

② Xiaoyi Han, Lung-fei Lee. Model Selection Using J-Test For The Spatial Autoregressive Model Vs. The Matrix Exponential Spatial Model[J]. Regional Science and Urban Economics, 2013 (43): 250—271.

③ Erica Rodrigues et al. A Closer Look at the Spatial Exponential Matrix Specification[J]. Spatial Statistics, 2014 (9): 109—121.

④ Figueiredo C., Silva A. R. D.. A Matrix Exponential Spatial Specification Approach to Panel Data Models[J]. Empirical Economics, 2014: 1—15.

型进行 QML 估计的结果满足一致性,而对 SAR 采用 QML 估计的结果则无法满足。未知的异方差情形下,MESS(1,1)模型(即因变量和误差项中均存在指数形式的权重矩阵)的 QML 估计结果满足一致性①。

此外,作者还采用 GMM 的估计方法,结果表明,在同方差情形下,GMM 的估计结果和正态性假设下的 ML 估计同样有效,相比非正态假设情况下 QML 估计的结果更为有效。相比 SAR 模型,MESS 模型拥有计算上的优势。

拓展阅读

[1] 邱瑾,戚振江. 基于 MESS 模型的服务业影响因素及空间溢出效应分析——以浙江省 69 个市县为例[J]. 财经研究,2012.

[2]LeSage,J. P.. Bayesian Estimation of Spatial Autoregressive Models [J]. International Regional Science Review,1997,20(20):113—129.

[3] Lacombe,Donald J.. An Introduction to Bayesian Inference in Spatial Econometrics [M]. Wiley-Interscience,July 24,2008.

[4] Le S,et al. What Regional Scientists Need to Know about Spatial Econometrics [J]. Review of Regional Studies,2014,44(1):13—32.

[5] Paul Elhorst J.. Spatial Econometrics from Cross-Sectional Data to Spatial Panels [M]. Springer-Verlag Berlin and Heidelberg GmbH & Co. K,September 30,2013.

参考文献

[1] Erica Rodrigues et al. A Closer Look at the Spatial Exponentialmatrix Specification [J]. Spatial Statistics,2014 (9):109—121.

[2] Figueiredo C.,Silva A. R. D.. A Matrix Exponential Spatial Specification Approach to Panel Data Models [J]. Empirical Economics,2014:1—15.

[3] LeSage J.,Pace R. K.. A Matrix Exponential Spatial Specification [J]. Journal of Econometrics,2007,(140):190—214.

[4] LeSage J.,Pace R. K.. Introduction to Spatial Econometrics [M]. CRC Press,Boca Raton,2009.

[5] Nicolas Debarsy,Fei Jin,Lung-Fei Lee. Large Sample Properties of the Matrix Exponential Spatial Speciation with an Application to FDI [J]. Journal of Econometrics,2015(188) :1—21.

[6] Piribauer P.,Fischer M. M.. Model Uncertainty in Matrix Exponential Spatial Growth Regression Models [J]. Manfred M Fischer,2014.

[7] Xiaoyi Han,Lung-fei Lee. Bayesian Estimation and Model Selection for Spatial Durbin Error Model with Finite Distributed Lags [J]. Regional Science and Urban Economics,2013 (43):816—837.

[8] Xiaoyi Han,Lung-fei Lee. Model Selection Using J-test for the Spatial Autoregressive Model vs. the Matrix Exponential Spatial Model [J]. Regional Science and Urban Economics,2013 (43) :250—271.

① Nicolas Debarsy,Fei Jin,Lung-Fei Lee. Large Sample Properties of the Matrix Exponential Spatial Speciation with an Application to FDI[J]. Journal of Econometrics,2015 (188):1—21.